Bernt Engelmann, 1921 in Berlin geboren, erlebte den Zweiten Weltkrieg zunächst als Soldat bei der Luftwaffe, dann als Angehöriger einer Widerstandsgruppe, wurde zweimal von der Gestapo verhaftet und erst bei Kriegsende, nach langer »Schutz«haft in Gefängnissen und Konzentrationslagern, aus dem KZ Dachau befreit.

Engelmann arbeitete schon während seines Studiums als Journalist für Gewerkschaftszeitungen, dann als Reporter, Korrespondent und Redakteur beim »Spiegel«, später für das NDR-Fernsehmagazin »panorama«. Seit 1962 ist er freier Schriftsteller. Viele seiner Bücher – »Die Aufsteiger«, »Hotel Bilderberg«, »Die Laufmasche«, »Deutschland-Report«, »Schwarzbuch Helmut Kohl«, »Großes Bundesverdienstkreuz«, »Berlin«, »Du deutsch?«, »Die Beamten. Unser Staat im Staate«, »Wir Untertanen. Ein deutsches Gesichtsbuch« und andere sowie, zusammen mit Günter Wallraff, »Ihr da oben, wir da unten« – wurden in alle wichtigen Sprachen übersetzt und sind sowohl in den USA wie in der GUS, in Frankreich, Großbritannien, Schweden, Finnland, Polen, Italien, Ungarn sowie in Japan erschienen. Die Weltgesamtauflage seiner mehr als 40 Buchtitel hat die 15-Millionen-Grenze überschritten. In Deutschland erscheinen seine Bücher im Steidl Verlag.

Bernt Engelmann, engagierter Gewerkschafter, war von 1977 bis 1984 Vorsitzender des Verbands deutscher Schriftsteller (VS) in der IG Druck und Papier, von 1972 bis 1984 Präsidiumsmitglied des PEN-Zentrums BRD, ist langjähriges Mitglied der IG Metall und gehört der Tarif- und Verhandlungskommission des VS an. 1984 wurde er mit dem Heinrich-Heine-Preis ausgezeichnet.

Bernt Engelmann

Wie wir die Nazizeit erlebten

Steidl

Bitte bestellen Sie unser kostenloses Gesamtverzeichnis.

1. Auflage Juli 1993
2. Auflage Mai 1994

Umschlag: Klaus Detjen
Satz, Lithographie, Druck: Steidl Göttingen
Gedruckt auf Pegasus Book Paper der
Steinbeis Temming Papier GmbH, Glückstadt
Printed in Germany
ISBN 3-88243-274-8

Inhalt ›Im Gleichschritt marsch‹

Inhalt ›Bis alles in Scherben fällt‹

BERNT ENGELMANN

1933–1939
IM GLEICHSCHRITT MARSCH

Vorbemerkung des Autors

Dieser Schilderung des Lebens in Deutschland während der Nazi-Herrschaft, deren erster Band, *›Im Gleichschritt marsch!‹*, die Jahre 1932–1939 beschreibt, liegen – neben meinen eigenen Erinnerungen – die Berichte von vielen Personen zugrunde. Ihre Aussagen sind größtenteils wörtlich, anhand von Tonbandaufzeichnungen, in den Text aufgenommen worden.

Dabei wurden – wie es meinen Interviewpartnern von mir zugesichert worden war – die meisten Namen, Orts- und sonstigen Angaben, die auf die wahre Identität der betreffenden Personen schließen lassen könnten, abgeändert. An dem Wahrheitsgehalt ändert sich dadurch nichts.

Alle Schilderungen tatsächlicher Ereignisse wurden, da im Abstand von fast einem halben Jahrhundert Irrtümer und Verwechslungen nicht auszuschließen waren, sorgfältig überprüft und, wo nötig, korrigiert.

Zahlenangaben, zum Beispiel in bezug auf Preise oder Löhne, wurden mit den amtlichen Statistiken verglichen. Ebenfalls zur Überprüfung, besonders von Stimmungsberichten, wurden die vorhandenen Lageberichte des Sicherheitsdienstes (SD) sowie die ›Deutschland-Berichte der Sozialdemokratischen Partei Deutschlands (Sopade)‹ aus den Jahren 1934–1940 herangezogen.

Wie die Republik unterging

Die Herrschaft der Nazis, die sie selbst das ›Dritte Reich‹ nannten, begann für mich nicht erst am 30. Januar 1933, einem Montag. Da wehte, als ich morgens, kurz vor acht Uhr, zur Schule kam, am Mast des kleinen Türmchens auf dem Dach unseres Gymnasiums in Berlin-Wilmersdorf eine große Hakenkreuzfahne. Unter den Schülern und erst recht bei den Lehrern herrschte große Aufregung. Alle standen auf dem Schulhof herum und redeten aufeinander ein. Im Vorübergehen hörte ich, wie ein älterer Lehrer den Hausmeister anfuhr: »Nun holen Sie sie doch endlich herunter! Es ist ein Skandal! Warum stehen Sie hier herum?«

Der Hausmeister antwortete, ziemlich unverschämt grinsend, daß der Schlüssel zur Turmtür verschwunden sei. Der Herr Direktor telefoniere gerade mit der Schulbehörde, die entscheiden solle, was nun zu geschehen habe. Einige ältere Schüler, die dabeistanden, lachten. Einer sagte: »Vielleicht ist Adolf Hitler schon Reichskanzler geworden – dann muß die Fahne natürlich am Mast bleiben!«

»Dann rollen bald Köpfe!« ließ sich ein anderer vernehmen, und der Hausmeister nickte beifällig.

Der Lehrer tat so, als hätte er nichts gehört, und wandte sich ab. Dann wurde es plötzlich still auf dem Schulhof. Alle reckten die Hälse und starrten nach oben, wo jemand aus einer Dachluke kletterte, und als erkennbar wurde, wer der Mann auf dem Dach war und was er dort machte, begannen erst einige wenige, dann immer mehr Schüler und Lehrer Beifall zu klatschen. Die Pfui-Rufe und Pfiffe, die folgten, gingen unter in dem nun schon stürmischen Applaus.

Der Mann auf dem Dach war Dr. Levy, unser Französischlehrer. Wir erkannten ihn daran, daß der linke Ärmel seines Jacketts leer war und lose im Wind flatterte, als er sich von außen über das Dach dem Türmchen näherte, die eiserne Feuerleiter hinaufstieg, sich über das Gitter schwang und die Hakenkreuzfahne einholte.

In der zweiten Stunde hatten wir bei Dr. Levy Unterricht. Alle

Hoffnungen, er würde mit uns über den Vorfall sprechen, wurden enttäuscht. Die Stunde verlief wie gewöhnlich: Wir nahmen ein neues Stück durch, und dann schrieb Dr. Levy die unregelmäßigen Verben an die Tafel. Die Reihe wurde immer länger, und als die Tafel voll war, schob er sie nach oben, um auf der zweiten, bisher verdeckten Tafel die letzten, noch fehlenden Verben anzuschreiben. Aber da standen bereits, in großen Blockbuchstaben, zwei Worte: SALOPE JUIF!

Diese Vokabeln waren uns unbekannt, und auch Dr. Levy, so schien es zunächst, wußte damit nichts anzufangen. Jedenfalls starrte er kopfschüttelnd auf die Tafel. Dann drehte er sich zur Klasse um und fragte: »Hat jemand von euch das geschrieben? Nein? Ich glaube es euch – in dieser Klasse gibt es keinen, dem ich so etwas zutraue ... Weiß jemand, was die Worte bedeuten sollen? Nein? Ich dachte es mir ... Also, ›salope‹ bedeutet umgangssprachlich und figürlich soviel wie ›Sau‹. Das Wort ist auch im Französischen feminin – ›la salope‹ –, und daher müßte das Adjektiv richtig ›juive‹ heißen, nicht ›juif‹. ›Le juif‹ ist die französische Bezeichnung für ›Jude‹, ›juif, juive‹ heißt ›jüdisch‹ ... Was dort geschrieben steht, könnte also mit ›jüdische Sau‹ übersetzt werden. Gemeint ist vermutlich ›Judensau‹, aber derjenige, der mir diese Beschimpfung zugedacht hat, kann mit der französischen Sprache nicht umgehen und war nicht einmal imstande, aus dem Lexikon richtig abzuschreiben ...«

Dann nahm er den Schwamm, wischte das Wort ›SALOPE‹ aus und schrieb dafür ein neues Wort. Nun stand ›MANCHOT JUIF‹ an der Tafel. ›Manchot‹, das wußten wir von ihm, war die umgangssprachliche Bezeichnung für Kriegskrüppel, die einen Arm verloren hatten – wie er 1917 bei Arras.

An diesem Tag, dem 30. Mai 1932, fühlten sich die Nazis schon ›so gut wie an der Macht‹, wie ich einen von ihnen sagen hörte, als wir mittags nach Hause gingen. Es war ein Untersekundaner, drei oder vier Jahre älter als ich. Er trug auch in der Schule Breecheshosen, braune Motorradstiefel und unter dem Pullover, den er noch auf dem Schulhof auszog, ein Braunhemd mit Hakenkreuzarmbinde, Koppel und Schulterriemen.

Der Grund für die Siegesgewißheit, die sich unter den Nazis ausgebreitet hatte, war ihr Sieg bei den Landtagswahlen in Oldenburg, wo sie tags zuvor die absolute Mehrheit errungen hatten. Außerdem war der Reichskanzler Brüning, dem der Reichspräsident v. Hindenburg ›das Vertrauen entzogen‹ hatte, soeben zurückgetreten. Viele rechneten damit, daß Hitler Brünings Nachfolger werden würde, obwohl sich erst im April bei den Präsidentenwahlen fast zwei Drittel aller deutschen Wähler gegen ihn entschieden hatten.

Die etwa vierzig Nazis unter den rund 450 Schülern unseres Gymnasiums waren wohl davon überzeugt, daß die Stunde ihres Sieges schon geschlagen hätte. Jedenfalls führten sie sich an diesem Montag so auf; die Flaggenhissung und die Verunglimpfung des einzigen jüdischen Lehrers stellten nur den Auftakt dar zu dem, was sich im Laufe des Vormittags noch ereignete:

In der großen Pause gingen drei Schüler aus der Oberstufe, einer in SA-, die beiden anderen in HJ-Uniform, zum Direktor, um sich über Dr. Levy zu beschweren. Es war eine offene Provokation, denn die Reichsregierung hatte ein striktes Uniformverbot für alle politischen Kampfverbände erlassen. Der Direktor hätte eigentlich sofort die Polizei rufen müssen. Statt dessen hörte er sich an, was die drei gegen Dr. Levy vorbrachten: Er habe als Jude kein Recht, sich in ›deutsche Angelegenheiten‹ einzumischen, außerdem habe er die Fahne der ›Bewegung‹ entweiht! Anstatt die drei hinauszuwerfen, versprach der Direktor ihnen eine ›sorgfältige Prüfung‹ des Falles, und den Studienrat Dr. Levy beurlaubte er ›bis auf weiteres‹. Es sprach sich an der Schule wie ein Lauffeuer herum. Die meisten Schüler waren empört, die Nazis feixten.

So ermuntert, begannen sie mittags, als der Unterricht vorbei war, Jagd auf jüdische Mitschüler zu machen. Ihr erstes Opfer war Philipp Löwenstein, ein schmächtiger, immer sehr blasser Junge von knapp zwölf Jahren aus meiner Parallelklasse.

Vier Hitlerjungen aus der Mittelstufe, alle einen Kopf größer und wesentlich stärker als Philipp, überfielen ihn am Hohenzollerndamm und schlugen ihn mit Fäusten und Schulterriemen so zusammen, daß er aus Mund und Nase blutend am Boden lag und sich vor Schmerzen krümmte. Als einige meiner Klassenkameraden und ich herbeigerannt kamen, ließen sie eilig von ihm ab und zogen sich auf die andere Straßenseite zurück. Einer schrie uns zu: »Wenn Hitler heute an die Macht kommt, dann hängen wir sie alle auf, diese Judensäue!«

Als ich dann mit einiger Verspätung zu Hause am Mittagstisch Platz nahm, erkundigte ich mich als erstes, ob es wirklich stimme, daß Hitler heute zum Reichskanzler ernannt werden würde. Ich war sehr erleichtert, als ich erfuhr, daß sich die Nazis zu früh gefreut hatten. Ich erzählte dann meinen Eltern, was in der Schule passiert war und wie sich unser Direktor von den Hitlerjungen hatte einschüchtern lassen.

»An solcher Feigheit geht die Republik zugrunde«, sagte mein Vater, und meine Mutter meinte, schon auf der letzten Elternversammlung sei ihr einiges aufgefallen: Der Direktor habe zwar erklärt, er werde ›mit äußerster Strenge‹ jede Politisierung seiner Schule verhindern, aber er habe es vermieden, etwas zu sagen, das sich gegen die Nazis richtete. Es ging immer nur gegen die anderen, sagte sie, und das mit sehr markigen Sprüchen. Man erkenne es ja schon am Ton, wenn einer mit den Nazis sympathisiere.
Bald darauf zogen wir von Berlin fort, und ich kam auf eine neue Schule, wo vom ›Dritten Reich‹ glücklicherweise noch nichts zu spüren war.
Seitdem sind fast fünfzig Jahre vergangen, und zwölf davon *waren* dann das ›Dritte Reich‹, die Jahre der Nazi-Herrschaft. Sie haben meine Generation geprägt, die Hoffnungen der einen gründlich zerstört, die schlimmsten Befürchtungen der anderen noch bei weitem übertroffen. Und dennoch begegnet man mitunter Überlebenden dieser Jahre, an denen die größte Katastrophe der neueren deutschen Geschichte anscheinend spurlos vorübergegangen ist.

1. Schatten der Vergangenheit

»Hören Sie, lieber Doktor, dieses ewige Verhandeln, das ist doch Quatsch, das führt doch zu nichts! Die einzige Sprache, die der Russe versteht, ist eiserne Härte! Nachgeben ist Schwäche, und die nutzt er sofort aus. Er muß die Überlegenheit zu spüren bekommen, glauben Sie mir das!«

Es war in Detmold, im Herbst 1981. Der Herr am Nebentisch des Hotelrestaurants, in dem ich zu Mittag gegessen hatte, redete so laut, daß ich die Lektüre der ›Lippischen Rundschau‹ unterbrach und zu ihm hinsah. Es war ein hochgewachsener Endsechziger mit kurzgeschnittenen grauen Haaren, ein sonnengebräunter, energischer Managertyp. Am Revers seines dunkelblauen Blazers trug er ein winziges Rotarierabzeichen.

»Stellen Sie sich vor, lieber Doktor, die Sowjets greifen *uns* wieder an! Dann helfen keine wirtschaftlichen Sanktionen und keine bloßen Proteste . . . Man darf beim Russen keinen Zweifel daran aufkommen lassen, daß man selbst der Stärkere ist, sonst fällt er erbarmungslos über einen her. Ich kenne doch den Iwan! Damals, im Dezember '43, westlich von Kiew, bei Schitomir, da war ich als junger Dachs . . .«

Während er nun von seinen Kriegserlebnissen erzählte, rechnete ich nach: 1943/44, als die sowjetischen Truppen bei ihrer großen Gegenoffensive eine deutsche Armee nach der anderen eingekesselt und aufgerieben hatten, mußte dieser Herr am Nebentisch schon etwa dreißig Jahre alt gewesen sein, jedenfalls alt genug, um gewußt zu haben, daß der Krieg im Osten mit einem *deutschen* Überfall, erst auf Polen, dann auf die Sowjetunion, begonnen hatte, und wer dann mit wem ›erbarmungslos‹ umgegangen war.

Er erzählte gerade seinem Gesprächspartner – der sich mir dann mehrmals, etwas verlegen, zuwandte, wie wenn er für den anderen um Entschuldigung bitten wollte –, daß er damals ›Panzerführer bei der Leibstandarte‹ war; daß er sich freiwillig zum Fronteinsatz im Osten gemeldet hatte. Ich mußte an jemanden denken, der vor vielen Jahren ebenfalls in Rußland gewesen war und damals ganz

ähnlich geredet hatte: ›Hart durchgreifen‹, ›keine Schlappheit‹, ›Volkstumskampf‹ und ›staatspolitische Notwendigkeiten‹ ... Schon seit Tagen verfolgten mich solche und ähnliche Erinnerungen, immer wieder wachgerufen durch irgendwelche Äußerungen anderer, die ich zufällig gehört oder gelesen hatte. Am Morgen dieses Tages, im Speisewagen des Zugs, mit dem ich von Köln nach Bielefeld gereist war, hatten sich zwei Herren über die Lage in Mittelamerika unterhalten. Der eine hatte die Militärs verteidigt, die sich der Guerilleros – ›Das sind doch Partisanen, und da gibt's bekanntlich kein Pardon!‹ – anders als durch sehr drastische ›Maßnahmen‹ nicht mehr erwehren könnten.
»Wo gehobelt wird, fallen Späne«, hatte er noch hinzugefügt und damit meine Erinnerung an eine Zeit wachgerufen, als dieses Sprichwort immerzu zur Entschuldigung von Greueltaten herhalten mußte, wie sie unser Land seit dem Dreißigjährigen Krieg nicht mehr erlebt hatte.
Später, beim Umsteigen in Bielefeld, als ich durch die Unterführung zum Zug nach Detmold gegangen war, hatte ich die mit schwarzer und roter Farbe an die Tunnelwand gemalten Parolen gelesen: ›Türken raus!‹, ›Ali go home‹ und ein paar Meter weiter ›Haut ab ihr Judenschweine‹. In demselben Tunnel, so hatte ich mich erinnert, waren am 10. November 1938, vor fast auf den Tag genau dreiundvierzig Jahren, mehrere tausend jüdische Männer aus ganz Westfalen auf dem Weg ins KZ Buchenwald von SS-Leuten mit Lederpeitschen ›bearbeitet‹ worden; auf den Steinstufen der Treppe gegenüber hatten sie den 75jährigen Rabbiner mit Stiefeltritten ›erledigt‹ ...
Und jetzt, im Hotelrestaurant in Detmold, sagte der grauhaarige Manager mit dem Rotarierabzeichen gerade zu dem anderen Herrn an seinem Tisch: »Ach, Sie haben ja keine Ahnung, Doktor! Für uns gab es doch damals nicht den geringsten Zweifel an unserer guten Sache und am Endsieg. So sind wir doch aufgewachsen und erzogen worden – zu Hause, in der Schule und bei der HJ. Ich war ja schon *vor* '33 dabei. Beinahe wäre ich deshalb noch kurz vor dem Abitur vom Gymnasium geflogen ...«
Er lachte fröhlich und erzählte, daß seine Familie damals ihren ganzen Einfluß habe aufbieten müssen, damit er mit einer Verwarnung davonkam. Man habe ihm seinen ›jugendlichen Idealismus‹ zugute gehalten.
»Wir verstanden uns natürlich vor allem als Schutzwall gegen die rote Gefahr ... Vergessen Sie nicht, Doktor, daß ein bolschewistischer Umsturz drohte! Denken Sie an die sechs Millionen Arbeits-

losen, die es 1932 gab! Wir kleinen Fabrikanten wären doch die ersten gewesen, die sie aufgehängt hätten!« Sein Gegenüber machte einen Einwand.

Ich konnte nicht verstehen, was er sagte, aber gewiß fand er, daß der Grauhaarige die Ängste der Detmolder Bürger übertrieben dargestellt hatte. Jedenfalls gab dieser nun zu, daß die Kommunisten in Detmold keine große Rolle gespielt hätten; daß die Mehrheit der Bevölkerung, zumal auf dem Lande, ›national gesinnt‹ gewesen wäre.

»Auch die meisten Beamten und sogar ein Großteil unseres Personals hatten durchaus gesunde Ansichten«, sagte er. Er erinnerte sein Gegenüber daran, daß die Partei Hitlers, die NSDAP, schon kurz vor der Machtübernahme in Lippe-Detmold einen großen, für den schließlichen Durchbruch entscheidenden Wahlsieg errungen hatte.

»Das war am 15. Januar 1933, zwei Wochen vor der Machtergreifung – erinnern Sie sich, Doktor? Oder waren Sie damals noch nicht hier?«

Diesmal konnte ich die Antwort verstehen. Der als ›Doktor‹ Angeredete erwiderte, daß er sich gerade erst ein paar Tage vor diesem Datum in Detmold niedergelassen hätte.

»Na ja, da kannten Sie sich hier noch nicht aus. Aber gesehen werden Sie es doch auch haben: das Fahnenmeer, die jubelnde Menschenmenge, die ungeheure Begeisterung. Ich werde das nie vergessen! Soviel glückstrahlende Gesichter habe ich weder vorher noch seitdem je wieder gesehen. Es war ein wahrer Freudentaumel ... Am Abend des 30. Januar 1933, als Hitler endlich Reichskanzler geworden war, da holte mein Vater selbst die besten Flaschen aus dem Keller und schrie noch mitten in der Nacht von unserem Balkon immerfort ›Sieg Heil! Sieg Heil!‹ ... Und meine Mutter weinte vor lauter Freude. ›Daß ich *das* noch erleben darf‹, sagte sie, ›jetzt wird alles gut ...‹ Im übrigen ist dann ja alles wirklich sehr korrekt und diszipliniert zugegangen, jedenfalls hier in Detmold. Daran müssen Sie sich doch auch noch erinnern, Doktor?! Bei uns ist niemandem ein Haar gekrümmt worden – auch später nicht, jedenfalls: soviel ich weiß ...«

Er brach ab.

Vielleicht hatte sein Gesprächspartner eine Bemerkung gemacht, die ihm nicht gefiel. Jedenfalls fuhr der Grauhaarige nach kurzem Zögern in leicht verändertem Ton fort: »Na ja, wir sind inzwischen alle klüger geworden ... Obwohl ich mir manchmal wünsche, unsere heutige Jugend hätte wenigstens halb soviel Disziplin wie wir damals und etwas mehr Begeisterungsfähigkeit für die wesentlichen Dinge – na, Sie wissen schon . . .«

Dann winkte er den Kellner heran, zahlte und erklärte, daß er noch mal ins Werk müsse.

»Morgen früh kommt wichtige ausländische Kundschaft – da gibt's immer noch einiges zu tun . . . Also, es hat mich wirklich sehr gefreut, lieber Doktor! Bis auf bald einmal wieder, hoffe ich . . .«

Kaum hatte der Grauhaarige den Speisesaal verlassen, wechselte sein Gesprächspartner auf den gerade frei gewordenen Platz. Es war ein kleiner, rundlicher Herr von Mitte Siebzig mit Apfelbäckchen und flinken Augen hinter funkelnden Brillengläsern. Er bestellte sich eine Tasse Kaffee und begann unvermittelt ein Gespräch mit mir.

Nachdem er sich erkundigt hatte, ob ich für längere Zeit in Detmold sei oder nur auf der Durchreise und ob ich mir die Stadt schon angesehen hätte – es lohne sich wirklich –, sagte er: »Also, ganz so braun, wie es der Herr, der an meinem Tisch saß, geschildert hat, war Detmold nun wirklich nicht! Natürlich hatte die Hitler-Partei auch hier in Lippe ihre Anhänger, aber unser Ländchen war keineswegs eine Nazi-Hochburg. Und was Detmold betrifft, so war es – wie im Grunde auch heute noch – eine biedere Kleinstadt mit damals erst etwa achtzehntausend Einwohnern. Die Stadt hatte kaum Industrie. Man sprach zu Recht von der ›stillen Vornehmheit der einstigen Residenz‹ . . .«

Er erzählte dann, daß er aus Anklam in Pommern gebürtig sei, in Greifswald studiert hatte und im Januar 1933 als Assistenzarzt nach Detmold ans Krankenhaus gekommen war. Er hatte sich später als praktischer Arzt hier niedergelassen.

»Ich kenne mich in Detmold aus«, erklärte er, »und ich kann Ihnen versichern: Es gab im Lippischen auch vor 1933 eine demokratische Tradition. Das weiß ich von meiner Frau, einer hiesigen Pastorentochter. Bis 1932 waren die Sozialdemokraten die bei weitem stärkste Partei in Lippe-Detmold. Ihr Vorsitzender, der alte Heinrich Drake, genoß allgemeine Achtung. Er war bis zur Machtübernahme durch die Nazis der Chef der hiesigen Landesregierung . . .«

Lippe war damals noch selbständig gewesen, ein Land des Deutschen Reichs wie Hessen oder Bayern. Neben der SPD hatten dort vor allem die Nationalliberalen von der Deutschen Volkspartei eine Rolle gespielt. An dritter Stelle standen die Deutschnationa-

len unter Führung von Geheimrat Hugenberg, der auf einem Gut in der Nähe von Detmold lebte. Den vierten und fünften Platz nahmen das gemäßigt konservative Lippische Landvolk und die liberale Staatspartei ein, und erst an siebter Stelle in der Wählergunst, noch hinter den Kommunisten und nur knapp vor dem in Lippe fast bedeutungslosen katholischen Zentrum, kamen die Nazis. Sie hatten bis 1932 im ganzen Ländchen weniger als dreitausend Anhänger und waren kaum mehr als eine Splitterpartei ohne Sitz im Landesparlament. Bei den letzten Landtagswahlen im Freistaat Lippe-Detmold, am 15. Januar 1932, hatte die Nazi-Partei jedoch einen mächtigen Stimmenzuwachs zu verzeichnen gehabt und fast vierzig Prozent der Wähler für sich gewinnen können.
»Aber«, erklärte der alte Herr, »dazu muß man wissen, daß es für die Nazis bei dieser Wahl um Kopf und Kragen ging, und was sie alles anstellten, um diesen Erfolg zu erringen!«
Während der Weltwirtschaftskrise, die 1929 begonnen und sich bis 1932 ständig verschärft hatte, waren durch das wachsende Elend und die Massenarbeitslosigkeit immer mehr Wähler den Parolen der Nazis – ›Gemeinnutz geht vor Eigennutz‹, ›Arbeit und Brot für jeden‹, ›Brechung der Zinsknechtschaft‹ – sowie dem Irrtum erlegen, daß es sich bei der NSDAP tatsächlich um eine nationalsozialistische Partei handelte. Vor allem aus dem untersten Mittelstand hatten sich viele für den ›starken Mann‹ begeistert, der jedem versprach, was er hören wollte, und für alles Elend die Juden verantwortlich machte.
Bei den Reichstagswahlen im Juli 1932 hatte der Zustrom, den die Hitler-Partei aus dem Heer der arbeitslosen kleinen Angestellten, der vor dem Ruin stehenden Kleinbauern und Gewerbetreibenden bekam, seinen Höhepunkt erreicht.
Von da an begannen ihr die Wähler wieder davonzulaufen, und bei den erneuten Reichstagswahlen im November 1932 erlitt die NSDAP im ganzen Reich schwere Rückschläge. Allein im Freistaat Lippe verlor sie fast ein Viertel ihrer Wähler vom Juli, und außerdem drohte der Hitler-Partei die Spaltung.
Der Reichswehrgeneral Kurt v. Schleicher, den der Reichspräsident v. Hindenburg dann mit dem Kanzleramt betraute, versuchte im Dezember, sich die ihm fehlende Mehrheit im Parlament dadurch zu verschaffen, daß er einigen der, wie er meinte, gemäßigteren Nazi-Führer Kabinettsposten anbot. Er verhandelte mit dem ›Reichsorganisationsleiter‹ der NSDAP, Gregor Strasser, gleichzeitig aber auch mit den rechten Sozialdemokraten in der Führung des Allgemeinen Deutschen Gewerkschaftsbundes.

Gegen Jahresende 1932 sahen sich Hitler und seine Getreuen in der Lage von Schwimmern, die sich schon in greifbarer Nähe des rettenden Ufers wähnten und dann feststellen müssen, daß sie die Strömung weit zurückgerissen hat und in den Untergang zu ziehen droht: Die Wähler liefen ihnen davon, der Strasser-Flügel drohte abzufallen und ins Regierungslager überzugehen, und, was für Hitler das Schlimmste war, seine finanziellen Förderer in Industrie und Bankwelt wollten nicht mehr zahlen.
»So boten die Nazis in einer gerade verzweifelten Anstrengung noch einmal alle ihre Kräfte auf, um sich bei den – im Grunde bedeutungslosen – Landtagswahlen in Lippe zu behaupten«, fuhr der alte Herr fort. »Hätten sie nämlich hier erneut eine Schlappe erlitten, und wäre es auch nur ein Minus von zwei-, dreitausend Wählerstimmen gewesen, dann hätten die Leute, auf die es den Nazis ankam, sie endgültig abgeschrieben und fallengelassen. Die Partei wäre dann höchstwahrscheinlich auseinandergebrochen, und dann . . .«
Er machte eine Handbewegung, die zu besagen schien, daß uns Deutschen dann das ›Dritte Reich‹ und Europa der Zweite Weltkrieg mit allen Scheußlichkeiten, die damit verbunden waren, hätten erspart bleiben können.
»In den Tagen um die Jahreswende 1932/33 stand es in Deutschland tatsächlich auf des Messers Schneide, und deshalb kam der sonst belanglosen lippischen Landtagswahl vom 15. Januar 1933 so überaus große Bedeutung zu! Die Nazi-Führung war sich dessen auch bewußt. Jedenfalls machten Hitler und Goebbels den Detmolder Landtag zum Ziel des gewaltigsten Propagandafeldzugs, den es bis heute jemals in Deutschland bei einer Wahl gegeben hat. Glauben Sie mir, als ich Anfang Januar '33 als junger Arzt nach Detmold kam – mitten in diesen Wahlkampf hinein! –, da wäre ich am liebsten gleich umgekehrt. Sie können sich nicht vorstellen, was damals über Lippe-Detmold hereinbrach!«
Das Ländchen, an Fläche nur ein Viertelprozent des Reichsgebiets und mit weniger Einwohnern als eine mittlere Großstadt, erlebte dann tatsächlich einen beispiellosen Wahlkampf. Die Nazi-Führung bot ihre letzten Reserven an Geld und Propagandamaterial auf, holte aus dem ganzen Reich Redner, Agitatoren, Redakteure und Helfer herbei und setzte zu einem Großangriff auf die Gunst der knapp hunderttausend lippischen Wähler an. Mehrere tausend SA- und SS-Leute aus anderen Gegenden wurden nach Lippe-Detmold geschafft – alles mit dem Ziel, den Verfall der Partei aufzuhalten und die Geldgeber sowie die bürgerliche Presse und damit

die öffentliche Meinung mit einem neuerlichen spektakulären Wahlsieg zu beeindrucken. Denn ein weiterer Rückschlag wäre für Hitler und die NSDAP katastrophal gewesen.
»Stellen Sie sich vor«, fuhr der alte Herr fort, »innerhalb von nur zehn Tagen, vom 4. bis zum 14. Januar, mußte unser Ländchen *neunhundert* Veranstaltungen der Nazis über sich ergehen lassen! Neunzig Parteiredner waren hier eingesetzt. Hitler selbst sprach in diesen zehn Tagen hier auf *sechzehn* Großkundgebungen! Die örtliche Nazi-Zeitung, der ›Lippische Kurier‹, brachte täglich Sonderseiten und Extrablätter heraus, und die ihre Kampfparolen grölenden SA-Kolonnen marschierten von früh bis spät durch die Dörfer und Städtchen. Auf jedem Marktplatz spielte eine SA-Kapelle oder ein Spielmannszug stundenlang Marschmusik, und Dutzende von Lautsprecherwagen fuhren durch das Land.«
Er machte eine Pause und sah mich triumphierend an.
»Wissen Sie, warum ich Ihnen das erzähle? Nun, ich will es Ihnen sagen: Weil trotz dieser beispiellosen Wahlkampfanstrengungen, trotz aller Tricks, Versprechungen und massiven Einschüchterungsversuche am 15. Januar 1933 dann doch mehr als sechzig Prozent der lippischen Wähler *nicht* für die Nazis gestimmt haben! Gewiß, die Hitler-Partei brachte es auf insgesamt etwa 39000 Stimmen – das waren knapp sechstausend mehr als bei den Reichstagswahlen zwölf Wochen zuvor und immer noch zweitausend weniger als im Juli 1932. Aber die Nazis schafften es damit, den Eindruck zu erwecken, daß der Trend sich wieder zu ihren Gunsten gewendet habe.«
Ich erfuhr dann noch, daß auch die Linken – Sozialdemokraten und Kommunisten – es am 15. Januar 1933 in Lippe auf über vierzigtausend Stimmen, also mehr als die Nazis, gebracht hatten. Aber das war, trotz der erheblichen Zugewinne von SPD und KPD, von der Presse kaum beachtet worden. Alle Zeitungen hatten in ihren Schlagzeilen auf den ›Sieg der Hitler-Partei‹ hingewiesen, obwohl die demokratischen Parteien – von der SPD bis zu den Konservativen – von fast 50000 lippischen Wählern unterstützt worden waren, gegen 39000 Stimmen für die Nazis und 11000 für die Kommunisten.
»So wurde genau der von Hitler gewünschte Eindruck erzielt: Die NSDAP hatte wieder zugenommen und war zur stärksten Partei in Lippe geworden. Damit senkte sich die Waage zugunsten der Nazis, und vierzehn Tage später wurde Hitler von Hindenburg zum Reichskanzler ernannt.«
»Und wie wirkte sich das für das Land Lippe-Detmold aus?« er-

kundigte ich mich. »Hitler muß den lippischen Wählern doch sehr dankbar gewesen sein.«
Der alte Herr schüttelte den Kopf.
»Von Dankbarkeit konnte nicht die Rede sein, im Gegenteil. Unser Ländchen verlor seine Selbständigkeit, auf die es so stolz gewesen war. Es wurde dann, zusammen mit anderen Kleinstaaten, von einem Reichsstatthalter diktatorisch regiert. Der neugewählte Landtag wurde nach Hause geschickt und nicht mehr gebraucht ... Aber davon ahnten die Leute noch nichts, als sie am 30. Januar 1933 Hitlers Einzug in die Reichskanzlei feierten. Es jubelten ja ohnehin nur die Anhänger der Nazis – die ›schweigende Mehrheit‹, fast zwei Drittel der hiesigen Bevölkerung, hatte keinen Grund zum Feiern und blieb an diesem Tag zu Hause ...«
Er schwieg und schien das Gespräch beenden zu wollen. Aber nun hatte ich noch eine Frage: »Können Sie sich an diesen 30. Januar 1933 noch erinnern?«
Er schien ein wenig überrascht.
»Aber gewiß«, sagte er nach einem Augenblick des Überlegens, »ich erinnere mich noch recht genau: Ich war damals erst vier Wochen in Detmold, arbeitete am Krankenhaus und hatte als jüngster Assistenzarzt Spätdienst in der Ambulanz. Ich weiß noch, wie mir die Oberschwester ganz aufgeregt erzählte, daß Hitler Reichskanzler geworden sei. ›Ist das nicht wunderbar?‹ sagte sie. ›Jetzt wird bestimmt alles besser!‹ Ich lachte darüber. Ich interessierte mich überhaupt nicht für Politik. Später, in der Teepause, fiel mir ein, daß mein Vater – er war Studienrat – gesagt hatte, wenn Hitler an die Macht käme, hätten wir bestimmt bald wieder Krieg. Ich hielt das für übertrieben, außerdem schreckte mich der Gedanke nicht sehr, denn mir als Mediziner, so sagte ich mir, kann ja auch im Krieg nicht viel passieren. Ärzte bleiben zu Hause oder arbeiten in einem Lazarett. Nein, ich machte mir keine großen Sorgen wegen der Nazis ...«
»Auch keine Hoffnungen?«
Er schien nachzudenken. Schließlich sagte er: »Ich habe mich damals tatsächlich gefragt, ob mir die ›Machtergreifung‹ Hitlers nützen könnte. Ich hatte in Greifswald studiert, und von meinen Kommilitonen war mir immer wieder gesagt worden, daß die Berufsaussichten für uns Mediziner von Jahr zu Jahr schlechter würden, weil es zu viele Ärzte in Deutschland gebe. Wenn aber Hitler an die Macht käme, dann würde er die jüdische Konkurrenz ›ausschalten‹, und dann hätte jeder von uns ›Ariern‹ seine eigene, auskömmliche Praxis ...«

Er warf mir einen raschen Blick zu, als erwartete er einen Einwand. Aber da ich schwieg, fuhr er fort: »Das war natürlich Unsinn – es gab damals, 1932/33, etwa fünfzigtausend zugelassene Ärzte im ganzen Deutschen Reich. Das waren weniger als die Hälfte dessen, was es heute allein in der Bundesrepublik an Ärzten gibt. Aber viele sahen damals in den knapp zehntausend jüdischen Ärzten eine ernste Gefahr für unseren Berufsstand. Man beneidete die jüdischen Kollegen, weil sie den stärksten Zulauf an Patienten hatten und so viele der berühmtesten Mediziner Juden waren. Dagegen waren die Aussichten für Leute wie mich, einen Beamtensohn ohne Vermögen, bald eine eigene Praxis eröffnen zu können, nicht gerade rosig ...«

Er brach ab, aber ehe ich etwas dazu sagen konnte, setzte er eilig hinzu: »Sie dürfen mich, bitte, nicht mißverstehen! Ich war durchaus kein wilder Antisemit. Wir hatten zu Hause jüdische Nachbarn, mit denen wir uns ganz gut verstanden, und meine Eltern riefen, wenn es nötig war, immer unseren jüdischen Hausarzt, den alten Dr. Marcuse. Nein, ich hatte wirklich keine Vorurteile! Außerdem stellte ich mir unter der von den Nazis versprochenen ›Ausschaltung‹ der jüdischen Konkurrenz nichts Schlimmes vor – vielleicht eine zeitweise Beschränkung der Zulassung oder etwas Ähnliches ... Möglicherweise habe ich mir da auch nur etwas vorgemacht, denn im Grunde konnte man ja ahnen, was von den Nazis zu erwarten war.«

»Wie meinen Sie das?«

»Nun, mir haben die Nazis jedenfalls immer Angst eingeflößt – mit ihrem brutalen Auftreten, ihrem Hang zur Gewalttätigkeit und ihrer blutrünstigen Sprache ... Am Abend des 30. Januar 1933, als ich in der Ambulanz Dienst hatte, bekam ich auch gleich einen Vorgeschmack von dem, was ihren Gegnern bevorstand. Ich hatte alle Hände voll zu tun mit den vielen Verletzten, die eingeliefert wurden – Kommunisten, Reichsbannerleute, mehrere jüdische Geschäftsinhaber, der Verwalter vom Konsumverein ... Sie waren von der siegestrunkenen SA zusammengeschlagen worden. Und dann die Hetze in den Zeitungen! Am ärgsten ging es damals gegen Fechenbach, den Redakteur des sozialdemokratischen ›Volksblatts‹ – sagt Ihnen sein Name etwas?«

Felix Fechenbach war der engste Mitarbeiter Kurt Eisners gewesen, des ersten bayerischen Ministerpräsidenten nach der Revolution von 1918. Der den Rechtsextremisten besonders verhaßte, bei der Münchner Arbeiterschaft sehr populäre Sozialist Eisner war im Februar 1919 ermordet worden, und danach hatte die politische

Rechte ein Kesseltreiben gegen Fechenbach begonnen. 1922 war Fechenbach wegen angeblichen Landesverrats zu einer elfjährigen Zuchthausstrafe verurteilt worden. Es hatte sich um Rachejustiz an einem ohne Zweifel Unschuldigen gehandelt. 1924 war Fechenbach dann unter dem Druck der empörten Öffentlichkeit ›begnadigt‹ und aus dem Zuchthaus entlassen worden.

»Ich wußte nicht, daß Fechenbach dann in Detmold gewesen ist«, sagte ich. »Kannten Sie ihn persönlich?«

»Ja, ich habe ihn einmal behandelt. Sie müssen wissen, daß Fechenbach wegen seines mutigen Auftretens gegen die Nazis von diesen als ihr ›Todfeind‹ angesehen wurde. Der ›Lippische Kurier‹ hatte wochenlang eine regelrechte Mordhetze gegen den ›Juden und Volksverräter‹ Fechenbach betrieben. Dann, etwa vier, fünf Wochen nach der Machtübernahme durch die Nazis, an einem Sonntag im März '33 – es war wohl am Tage der Reichstagswahl, wenn ich mich recht erinnere – wurde Herr Fechenbach von vier SA-Männern auf offener Straße überfallen und zusammengeschlagen. Ich habe es noch deutlich vor Augen, wie er da vor mir auf der Trage lag, kaum sprechen konnte, aber die geschwollenen, blutigen Lippen zu einem mühsamen Lächeln verzog und zu mir sagte: ›Ich hatte eine kleine Karambolage mit den Nazis, Herr Doktor. Sie mögen mich nicht, und das beruht auf Gegenseitigkeit ...‹ Ein sehr tapferer Mann war er ...«

»Und was ist aus ihm geworden?«

»Nachdem ich ihn versorgt hatte, erkundigte ich mich, ob ich seine Familie verständigen sollte. Da sagte er, er hätte seine Frau und seine beiden Kinder schon gleich nach dem 30. Januar von Detmold weg in Sicherheit gebracht. Ich fragte ihn, warum er nicht auch sofort abgereist sei, und er antwortete: ›Sie können mich dumm nennen, Herr Doktor, aber ich kann doch nicht einfach davonlaufen! Die Arbeiter hier vertrauen mir doch, und ich will nicht, daß sie mich für feige und treulos halten ...!‹ Ein paar Tage später – er war gerade erst aus dem Krankenhaus entlassen – wurde Herr Fechenbach von den Nazis in ›Schutzhaft‹ genommen – um ihn ›vor dem Volkszorn zu schützen‹, wie es in der Zeitung damals hieß. Ich erinnere mich noch genau an das Foto in der ›Lippischen Landeszeitung‹, das ihn zwischen grinsenden Hilfspolizisten in SA- und SS-Uniform zeigte. Daneben waren Bilder vom besetzten Volkshaus, von SA-Posten vor dem Laden der Konsumgenossenschaft und vor einem jüdischen Schuhgeschäft. Die Überschrift lautete: ›Bewegtes Straßenbild in Detmold‹ oder so ähnlich.«

»Das war ja fast noch objektive Berichterstattung . . .«
»Ja, die ›Landeszeitung‹ als bürgerliches Blatt war sehr zurückhaltend, und zwischen den Zeilen spürte man sogar manchmal Kritik. Die Nazi-Zeitung hingegen schrieb ganz offen von ›Abrechnung‹, und daß dies erst der Anfang sei.«
»Und Fechenbach kam ins KZ?«
»Sie hatten ihn zunächst ins Detmolder Gefängnis eingeliefert, aber einige Zeit später stand eine Meldung in den Lokalblättern, die lediglich besagte, er sei bei seiner Überführung in ein Konzentrationslager ›auf der Flucht erschossen‹ worden. Aber niemand in Detmold bezweifelte, daß der den neuen Machthabern als Sozialdemokrat und Jude besonders verhaßte Fechenbach ermordet worden war.* Das sprach zwar niemand offen aus, aber hinter vorgehaltener Hand flüsterte man sich zu, daß ›das‹ doch unerhört sei.«
Im Sommer 1933 hatten sich tatsächlich die meisten Deutschen den neuen Verhältnissen schon anzupassen versucht, zumindest äußerlich. Es gab kaum noch offen geäußerte Kritik an den zahlreichen Rechtsverletzungen, die sich die Nazis zuschulden kommen ließen. Viele ehemalige Anhänger der demokratischen Parteien waren – oft nur aus Angst – der NSDAP beigetreten.
Vor allem die Geschäftsleute und die Beamten hatten sehr schnell ihr Mäntelchen nach dem Wind gehängt.
»Auch ich bin damals, wie die meisten, den Weg des geringsten Widerstands gegangen«, gab der alte Herr offen zu. »Ich habe brav ›Heil Hitler‹ gesagt, wo es nötig schien, und bin der NS-Ärzteschaft beigetreten, außerdem noch einigen anderen der vielen Nazi-Organisationen, zum Beispiel der NS-Volkswohlfahrt, dem Reichsluftschutzbund und was es noch so alles gab – natürlich als reiner Beitragszahler! Beinahe hätte mich unser Oberarzt, der ein strammer Nazi war, dazu gebracht, mich als Sturmbannarzt bei der SS aufnehmen zu lassen. Zum Glück war ich ein paar Zentimeter zu kurz geraten für die SS, und auch nicht blond genug . . . Ich habe dann so getan, als ob mir das sehr leid täte . . .«
»Sie lehnten also das Regime innerlich ab?«
»Ach, wissen Sie, ganz ehrlich gesagt: Ein entschiedener Gegner der Nazi war ich damals noch nicht. Ich fand ihr Vorgehen häufig empörend – die Mißachtung aller rechtsstaatlichen Normen und die Brutalität, mit der sie Wehrlose terrorisierten –, ja, und ich

* Der ›Fall Fechenbach‹, von den Anfängen der Auseinandersetzung mit den deutschen Rechten bis zu Fechenbachs Ermordung, ist ausführlich geschildert in einer Biographie von Hermann Schueler, *Auf der Flucht erschossen. Felix Fechenbach 1894–1933.* Köln 1981.

hatte auch Angst, selber politisch anzuecken. Ich bin jedem Gespräch darüber aus dem Wege gegangen und habe den Mund gehalten.«
Er gab dann auch zu, daß ihm einiges, was damals geschah, durchaus imponiert hätte.
»Das mit der ›Volksgemeinschaft‹ und der ›nationalen Wiedergeburt‹, die ganze Aufbruchstimmung des Jahres 1933 – das hat mich nicht kalt gelassen. Ich fand auch richtig, daß endlich etwas gegen die Massenarbeitslosigkeit getan wurde. Die Winterhilfe war eine großartige Sache. Für die Beseitigung des Elends und für stabile Verhältnisse konnte, so meinte ich, gar nicht genug getan werden. Daß das meiste nur Propaganda war, merkte ich damals noch nicht, und was die zahlreichen unliebsamen Begleiterscheinungen betraf, so habe ich mir eingeredet, daß mich das nichts anginge. Ich war schließlich kein Jude und auch kein Sozialdemokrat oder gar ein Kommunist . . . Also habe ich zu allem geschwiegen und mich damit getröstet, daß es sich dabei nur um Übergangserscheinungen handeln könnte. So wie mir ist es wohl den meisten damals ergangen.«
Er trank seinen Kaffee aus, und ebenso unvermittelt, wie er das Gespräch mit mir begonnen hatte, beendete er es nun. Er zahlte, ließ sich vom Kellner in den Mantel helfen, wünschte mir noch einen angenehmen Aufenthalt in Detmold und verließ das Restaurant.

»Haben Sie noch einen Wunsch, mein Herr?« erkundigte sich der Kellner, während er den Nebentisch bereits abräumte. Außer ihm und mir war niemand mehr im Lokal.
Ich zögerte, mir noch einen Kaffee zu bestellen. Ich sah auf die Uhr: Es war zwanzig Minuten vor drei . . . – ich hatte noch sehr viel Zeit bis zu meiner Verabredung, und das unfreundliche Herbstwetter lud nicht zum Spazierengehen ein.
Der Kellner schien meine Gedanken zu erraten.
»Bis drei Uhr ist geöffnet«, sagte er. »Ich bringe Ihnen gern noch einen Kaffee . . .«
Nachdem er ihn serviert hatte, blieb er am Ende des Tisches stehen.
»Im Januar '33«, teilte er mir mit, »war ich hier Pikkolo, im dritten Lehrjahr. Ich bin Jahrgang 1916 – bis 1934 habe ich es in Detmold ausgehalten. Ich war dann mal hier, mal da. Jetzt, wo ich bald in Rente gehe, arbeite ich wieder, wo ich einmal angefangen habe. Es hat sich nicht viel verändert seit damals, bis auf einige Gäste . . .«

Er wandte sich zur Seite und deutete mit dem Kinn auf einen Tisch, der mit einer Holzwand vom übrigen Lokal zur Hälfte abgetrennt war.

»Da in der Nische«, sagte er, »da saßen immer die Herren im Braunhemd: der Herr Redakteur Pommerenke vom ›Lippischen Kurier‹, Herr Dr. Schröder von der Gauleitung, Herr Sturmführer Segler . . .«

Er nannte noch einige Namen.

Offenbar hatte er einiges mit angehört, was mir der alte Arzt über die Nazizeit in Detmold erzählt hatte, und wollte mich wissen lassen, daß er auch etwas darüber berichten könnte, sofern ich Wert darauf legte.

Ich nickte ihm aufmunternd zu.

»Manchmal kam auch Herr Dr. Meyer. Das war der Gauleiter und später sogar der Reichsstatthalter. Wenn der da war, wurde es immer sehr spät . . .«

Einmal, so erzählte er dann, habe es einen Zwischenfall gegeben, an den er sich noch genau erinnere.

Etwa drei Wochen nach der ›Machtergreifung‹, im Februar 1933, hätten die Herren Pommerenke und Segler in angeheitertem Zustand ihn, den Pikkolo, damit beauftragt, einem der im gutbesuchten Lokal sitzenden Gäste, dem Rechtsanwalt Dr. Rosenbaum, einen Zettel zu überbringen. ›*Saujud, verschwinde!*‹ lauteten die ersten Worte, die darauf standen.

Es sei ihm sehr peinlich gewesen, erzählte der Kellner, aber er habe nicht gewagt, die Ausführung des Auftrags zu verweigern. Dr. Rosenbaum war dann aufgesprungen, ganz rot im Gesicht. Er hatte geschrien: »Ich bin Frontkämpfer! Zweimal verwundet vor Ypern und Verdun! Ich bin Vizefeldwebel der Reserve und habe das Eiserne Kreuz Erster und Zweiter Klasse! Muß ich mir das bieten lassen?!«

Dr. Rosenbaum hatte dann den Zettel bei den anderen Gästen im Lokal herumgezeigt, aber alle hatten verlegen weggesehen und geschwiegen. Es war plötzlich ganz still gewesen, so still, daß man das Klappern der Töpfe aus der Küche hatte hören können.

»Dann hat der Sturmführer Segler plötzlich in die Stille hineingerufen: ›Nun hau schon ab, du Saujud! Oder sollen wir dir Beine machen?!‹, und der Herr Redakteur Pommerenke hat laut gelacht. Herr Dr. Rosenbaum ballte die Fäuste und fing am ganzen Körper zu zittern an. Ich dachte schon, jetzt passiert etwas Schlimmes, aber der Herr Dr. Rosenbaum hat sich dann nur umgedreht, Geld auf den Tisch gelegt und ist rasch gegangen, ohne noch ein Wort zu sagen. Er war ein guter Gast, der Herr Dr. Rosenbaum. Er gab immer ein sehr nobles Trinkgeld . . .«

An dem letzten Abend, so erfuhr ich dann, hatte der jüdische Rechtsanwalt einen Zwanzigmarkschein liegen lassen. Das war natürlich viel zuviel gewesen, denn seine Zeche hatte nur 3,80 RM betragen.

»Als ich dem Oberkellner dann den Schein gab, sagte er zu mir: ›Lauf hinterher und bring dem Herrn Doktor das Wechselgeld . . .‹ Aber ich habe ihn auf der Straße dann nicht mehr gesehen . . . Wissen Sie, mein Herr, 16,20 Mark – das war damals sehr viel Geld – das war fast auf den Pfennig soviel, wie mein Vater damals an wöchentlicher Arbeitslosenunterstützung für eine vierköpfige Familie bekam . . .«

Er hatte deshalb das Geld, das von Dr. Rosenbaums Zeche übriggeblieben war und das er nicht mehr hatte loswerden können, seiner Mutter geben wollen. Aber sie hatte ihm aufgetragen, es am nächsten Morgen vor Beginn seines Dienstes dem Herrn Dr. Rosenbaum in die Wohnung zu bringen. Der brauchte, so hatte sie ihrem Sohn erklärt, das Geld jetzt vielleicht noch dringender als sie.

Als er dann kurz nach sechs Uhr in der Frühe an der Wohnungstür des Rechtsanwalts klingelte, da dauerte es eine ganze Weile, ehe sich etwas rührte. Er wollte schon wieder gehen, als die Tür geöffnet wurde. Herr Dr. Rosenbaum stand da, in Hut und Mantel. Er war ganz blaß, und am Mantel trug er eine breite Spange mit Kriegsauszeichnungen.

»Er starrte mich an, und ich mußte ihm erst erklären, wer ich sei und was ich wollte. Dann erkannte er mich, stellte die Tasche ab, die er in der Hand hielt, und lehnte sich an den Türpfosten. Er hatte wohl erwartet, von der Hilfspolizei abgeholt zu werden. Die kamen nämlich immer ganz früh am Morgen, damit die Nachbarschaft nichts merkte. Ich gab ihm dann das Geld. Er wollte mir eine Mark schenken, aber ich habe sie nicht genommen. Der Oberkellner, dem ich alles erzählt habe, sagte nur: ›Man schämt sich, ein Deutscher zu sein . . .‹ Ich habe das nie vergessen.«

Ein paar Tage später, gleich nach dem Reichstagsbrand in Berlin, den die Nazis den Kommunisten in die Schuhe geschoben hatten, war, so erzählte der Kellner weiter, sein Vater verhaftet worden. Er war Gewerkschaftssekretär und Sozialdemokrat, hatte sich nie etwas zuschulden kommen lassen und konnte es gar nicht begreifen, was man von ihm, einem Kriegsteilnehmer und rechtschaffenen Mann, eigentlich wollte.

Erst sechs Wochen später hatte die Familie eine Nachricht von ihm bekommen: ›Bin in Schutzhaft. Es geht mir gut.‹ Bald danach hatte man ihn freigelassen.
»Mein Onkel, der Bruder meiner Mutter«, erzählte der Kellner, »war nämlich der SA-Sturmführer Segler. Der hat sich schließlich von meiner Mutter dazu bewegen lassen, etwas für meinen Vater zu tun. Es muß ihr sehr schwergefallen sein, ihren Bruder um Hilfe zu bitten. ›Segler, der größte Faulpelz von Lippe-Detmold‹, wie die Leute von ihm sagten, hatte sich 1920 einem dieser Freikorps angeschlossen, die im Ruhrgebiet und in Thüringen gegen die Arbeiterschaft eingesetzt wurden. Als es Anfang 1924 damit endgültig vorbei war, wurde er Wachmann bei Oetker in Bielefeld, bis ihn die Firma hinauswarf – wegen einiger Diebstähle ... Von da an lag er seiner Mutter und seinen Geschwistern auf der Tasche, bis ihn eines Tages ein ehemaliger Freikorpsleutnant damit beauftragte, in Lippe einen neuen SA-Sturm aufzubauen ... Diesem Kerl verdankte mein Vater seine Freilassung, und das hat ihn mehr geschmerzt als alles andere. Er ist überhaupt sehr verbittert gewesen nach dieser sogenannten Schutzhaft. Er hat kaum noch mit uns gesprochen, und von Politik wollte er nichts mehr wissen.«
Der Kellner, so berichtete er noch, war Anfang 1934 von Detmold fort und ins Ausland gegangen. 1938 hatte ihn das ›Dritte Reich‹ wieder eingeholt, als das Sudetenland ›heimgeholt‹ worden war. Da hatte er in Karlsbad gearbeitet und war dann zur deutschen Wehrmacht eingezogen worden.

Ich hatte meinen Kaffee längst ausgetrunken. Es war kurz vor drei Uhr, und ich wollte nun gehen.
»Übrigens«, ließ sich der alte Kellner noch einmal vernehmen, nachdem er bei mir kassiert hatte, »in einem Punkt hatte der Herr durchaus recht, der hier vorhin am Nebentisch saß und so laut sprach ...«
Er nannte einen Namen und eine Firma, und ich begriff, daß er den energischen Grauhaarigen meinte, der von seinen Kriegserlebnissen bei der ›Leibstandarte‹ geschwärmt hatte.
»Er sagte doch, wir seien inzwischen alle klüger geworden«, sagte er. »Sehen Sie, *er* hat nämlich damals, im März '33, dafür gesorgt, daß mein Vater in ›Schutzhaft‹ kam. Er war gerade erst einundzwanzig Jahre alt und spielte sich als Juniorchef auf. Dabei hatte er im Jahr zuvor mit Ach und Krach das Abitur geschafft ... Kurz vor Weihnachten '32, da stiefelte er schon in SS-Uniform durch den Betrieb und setzte meinen Vater, der zwölf Jahre dort gearbei-

tet hatte, einfach auf die Straße – wegen ›Störung des Betriebsfriedens und Ungehorsams‹. Mein Vater hatte sich geweigert, dem jungen Herrn den Sportwagen zu waschen, noch dazu nach Feierabend ... ›Na, warte, du Marxistenschwein, das wirst du mir büßen‹, waren seine Worte – mein Vater hat es uns oft erzählt, als er dann arbeitslos war ... Na ja, inzwischen ist er ja, wie er selbst sagt, klüger geworden, und morgen erwartet er gute Kunden aus Israel. Er hat bereits den besten Tisch reservieren lassen und ein großes Menü bestellt ...«

»So ist das eben. Aber von der Machtergreifung, da schwärmt er noch heute«, sagte ich und ging zur Tür, um mir Detmolds ›stille Vornehmheit‹ anzusehen.

2. Wie das ›Dritte Reich‹ begann

Ich sah mir Detmolds schöne Altstadt an, auch das ehemals fürstliche Schloß, das Neue Palais und den Lustgarten, die Straße mit dem hübschen Namen ›Rosental‹ und die winkligen Gassen nebenan mit den zahlreichen, sorgsam restaurierten Fachwerkhäusern.
Ich versuchte mir vorzustellen, wie es hier wohl damals, im späten Januar 1933, ausgesehen haben mochte: Das Rosental ein Meer von Hakenkreuzfahnen? Passanten in braunen und schwarzen Uniformen oder mit Partei- und ›Hoheits‹abzeichen am Mantelkragen? Marschkolonnen der Hitlerjugend mit Fanfaren und Trommeln, feixende SA-Posten vor den jüdischen Geschäften und ›Führer‹bilder in den Schaufenstern der ›arischen‹ Läden, zwischen Torten oder Würsten? Überall jener ›nationale Kitsch‹, der dann auch der Nazi-Führung zuviel wurde, und immer irgendwo Marschmusik . . .?
›Es wird in Detmold ähnlich gewesen sein wie überall sonst im Deutschen Reich‹, sagte ich mir, ›nicht anders als bei uns damals . . .‹
Ich bemühte mich, es mir genau in Erinnerung zu rufen. Ich war damals gerade zwölf Jahre alt. Meine Eltern waren ein Jahr zuvor, im Juni 1932, von Berlin, wo ich geboren und aufgewachsen war, nach Düsseldorf gezogen. Ich hatte mich schon ganz gut an die neue Umgebung gewöhnt und besuchte die Quarta eines Gymnasiums, dessen Lehrerkollegium meist dem katholischen Zentrum nahestand, aber in seiner Behandlung des Lehrstoffs und der Schüler eher rheinisch-liberal war. Über die Tagespolitik wurde in der Schule grundsätzlich nicht gesprochen, auch nicht in der Oberstufe. Von der Ernennung Hitlers zum Reichskanzler nahm unser Gymnasium zunächst keine Notiz.
Das ›Dritte Reich‹ begann für mich erst mittags, nach der Schule, als ich mit meinen Eltern und meiner dreizehn Jahre älteren Kusine Lilly, die aus Berlin zu Besuch gekommen war, bei Tisch saß. Mein Vater war während des Essens plötzlich aufgestanden und

hatte sich, trotz eines vorwurfsvollen Blicks meiner Mutter, im Nebenzimmer die Mittagsnachrichten des Westdeutschen Rundfunks angehört. Als er zurück an den Mittagstisch kam, wirkte er, der eben noch ganz heiter war, wie versteinert.
Wir fragten ihn besorgt, was er denn habe, ob ein Unglück geschehen sei. Er sagte nur: »Ja . . .« Und nach einer Pause setzte er leise hinzu: »Hitler ist zum Reichskanzler ernannt worden . . .«
Ich weiß nicht mehr, was dann gesprochen wurde oder ob überhaupt noch jemand etwas sagte. Aber ich kann mich noch deutlich an das entsetzte Gesicht meiner Kusine erinnern. Sie war mit einem jüdischen Arzt verheiratet, der in Berlin-Neukölln, einer Arbeitergegend, seine Praxis hatte.
»Ich muß sofort zurück nach Berlin«, flüsterte sie.
Obwohl ich eigentlich noch zu jung war, die Zusammenhänge zu verstehen, wußte ich sofort, was meine Kusine fürchtete. Dafür hatten die Erlebnisse gesorgt, die ich kurz vor unserem Wegzug aus Berlin an meiner dortigen Schule gehabt und nicht vergessen hatte.
Ich verstand deshalb sehr gut, daß mein Vater Hitlers Ernennung zum Reichskanzler als den Beginn einer entsetzlichen, nunmehr unabwendbaren Katastrophe ansah. Er hatte schon mehrfach und erst ein paar Tage zuvor mit uns darüber gesprochen, was kommen würde, falls die Nazis die Macht übernehmen sollten.
»Sie werden alles zerstören«, hatte er gesagt, »das Recht, die Ordnung, die Kultur – alles, was uns etwas wert ist. Sie werden schlimmer hausen, als wir es uns heute vorstellen können. Hitler wird, sobald er an die Regierung kommt – was Gott verhüten möge! –, sofort mit der Aufrüstung beginnen und einen neuen Krieg vorbereiten. Vier, fünf Jahre wird er dafür brauchen, und noch einmal so lange wird es dauern, bis unser armes Land wieder vollständig geschlagen sein wird. Aber eher werden wir diese Pest bestimmt nicht wieder los . . .«
Ich hatte daraufhin viele Fragen: Ob es denn wirklich so schlimm werden könnte – schließlich gebe es doch die Polizei, die Gerichte und die Reichswehr . . . Ob es nicht möglich und vielleicht auch besser für uns wäre, Deutschland würde den Krieg nicht wieder verlieren? Gegen wen Hitler denn Krieg führen wollte? Gegen Frankreich oder Rußland? Oder ›nur‹ gegen Polen oder die Tschechoslowakei? Etwa auch gegen England?
Er hatte mir dann geduldig erklärt, daß letztlich ganz Europa, auch England, in einen solchen Krieg mit Hitler-Deutschland verwickelt werden würde; daß am Ende auch die Amerikaner wieder

eingreifen würden, und damit wäre dann die Chance eines deutschen Sieges endgültig dahin.

»Aber bis dahin, bis die Nazis abtreten müssen, weil sie den von ihnen angezettelten Krieg verloren haben, können zehn, vielleicht auch zwölf oder noch mehr Jahre vergehen«, hatte er abschließend gesagt. »Das wird eine sehr schlimme Zeit für alle sein, die gegen die Nazis sind, und erst recht für diejenigen, die Hitler zu seinen Sündenböcken machen wird – vor allem für die Juden . . .«

Ich hatte dann noch wissen wollen, ob sich die Übernahme der Regierung durch die Nazis nicht noch verhindern ließe, und mein Vater hatte dazu gemeint: »Vielleicht – wenn sich alle anderen ausnahmsweise nicht gegenseitig bekämpfen, sondern zur Verhinderung einer solchen Katastrophe zusammenschließen würden . . .«

Es hatte nicht sehr hoffnungsvoll geklungen, aber es war für mich die nachträgliche Bestätigung dafür gewesen, daß ich mich instinktiv richtig verhalten hatte, als ich – wovon mein Vater nichts wußte und auch meine Mutter allenfalls etwas ahnte – schon Anfang 1932 in Berlin der Sozialistischen Arbeiterjugend ›Rote Falken‹ beigetreten war. Als Bürgersohn und Gymnasiast aus sogenanntem ›gutem‹, linksliberalem Elternhaus hatte ich dort eigentlich nichts zu suchen, und unter meinen Mitschülern war nur einer, der von meiner Mitgliedschaft etwas wußte, sie billigte und mich sogar darum beneidete. Aber er hatte inzwischen, weil sein Vater, ein Schriftsetzer und aktiver Gewerkschafter, arbeitslos geworden war, die Schule verlassen müssen, und wir hatten den Kontakt zueinander verloren.

Als ›Roter Falke‹ hatte ich auch schon in Düsseldorf Erfahrungen mit den Nazis gemacht. Ich war dabeigewesen, als am Hindenburgwall, in der Nähe des Arbeitsamts, wo immer viele Erwerbslose zu finden waren, antifaschistische Flugblätter verteilt wurden. Es muß kurz vor Weihnachten 1932 gewesen sein, denn ich erinnere mich deutlich, daß die Arbeitslosen zwischen vielen kleinen und größeren Christbäumen herumstanden und sich an den Kanonenöfen der Baumverkäufer aufwärmten. Unter der Hand wurden aus Holland eingeschmuggelter Tabak, Zigarettenpapier, Schokolade und manchmal auch spottbillige japanische Fahrräder gehandelt. Hie und da versuchten braununiformierte SA-Männer mit verlockenden Angeboten von warmen Mahlzeiten aus ihrer Feldküche und Gutscheinen für nagelneue braune Schaftstiefel aus echtem Leder jüngere Erwerbslose zum Eintritt in ihre Organisation zu bewegen.

Gegen diese SA-Werber richtete sich unsere Flugblattaktion. Die

Handzettel, auf denen vor den ›braunen Rattenfängern‹ gewarnt und zum gemeinsamen Kampf aller Antifaschisten gegen die Nazis aufgerufen wurde, fanden bei den Arbeitslosen meist Zustimmung. Viele ermunterten uns, weiterzumachen, und als uns die SA-Leute entdeckten und uns Prügel androhten, gab es immer ein paar Männer, die sich schützend vor uns stellten und die Braunen zum Rückzug zwangen.

Aber einmal sahen wir uns auf dem Heimweg durch den Hofgarten der Rache der Nazis schutzlos ausgeliefert: Da tauchten plötzlich in höchstens noch zwanzig Schritt Entfernung SA-Männer und Hitlerjungen auf, alle weit größer und stärker als wir, deren Anführer gerade fünfzehn Jahre alt war. Wir hatten trotzdem keine Angst vor der Schlägerei, die unausweichlich bevorstand, wenn wir weitergingen. Wir waren noch ganz fröhlich und durchaus bereit, uns kräftig zu wehren.

Aber dann sahen wir den Totschläger, den der größte der Hitlerjungen in der Hand hielt. Es war ein mit gelbem Leder überzogenes Ding mit biegsamem Griff und einer wippenden Stahlkugel daran, so groß wie ein Pingpongball. Wir erkannten auch, gerade noch rechtzeitig, die im matten Laternenlicht bläulich schimmernden Schlagringe an den Fäusten der anderen und sahen den Ochsenziemer in der Hand des einen der beiden SA-Männer.

Da zogen wir es vor, rasch in den Büschen zu verschwinden und dann so schnell wir konnten nach Hause zu rennen. Weil wir bessere Läufer waren als unsere gestiefelten Verfolger, konnten wir sie bald abschütteln. Aber es war ein deprimierendes Erlebnis für uns, vor dem nackten Terror geflohen zu sein. Auf dem nächsten Gruppenabend wurde die Frage diskutiert, ob wir uns ebenfalls bewaffnen sollten. Aber die meisten schlossen sich der Ansicht des Gruppenleiters an, daß es für uns überhaupt nicht in Frage käme, uns nach Art von Strauchdieben mit Schlagringen oder Totschlägern auszurüsten. Unsere Waffen seien die besseren Argumente und die Solidarität aller Antifaschisten. Als einer der Jüngsten verfolgte ich die Diskussion, ohne selbst eine Meinung zu vertreten, aber ich hatte erhebliche Zweifel, ob es richtig war, sich nicht zu wehren. Jedenfalls wußte ich, was mein – von dem Vorfall im Hofgarten nicht unterrichteter – Vater und andere Erwachsene meinten, wenn sie von einer ›Gewaltherrschaft‹ sprachen, der wir ausgeliefert sein würden, falls es Hitler mit seinen Nazis gelingen sollte, an die Macht zu kommen.

Nun, am Mittag des 30. Januar 1933, *waren* Hitler und seine SA bereits an der Macht, und der Sender Langenberg des Westdeut-

schen Rundfunks, aus dem im Jahr darauf der ›gleichgeschaltete‹ Reichssender Köln wurde, hatte die Nachricht bereits ausgestrahlt. Als wir am Abend des Tags der ›Machtergreifung‹ noch einmal Radio hörten, vernahm ich zum erstenmal die Stimme des neuen Reporters. Sie klang ganz anders – nicht mehr unbeteiligt und sachlich, sondern geradezu fanatisch engagiert, den Zuhörern ihre eigene Gläubigkeit und Begeisterung suggerierend.
Ich war damals stumm vor Staunen und zugleich von Grauen erfüllt. Ich fühlte mich an die schwülstigen Phrasen jenes HJ-Führers in Berlin-Wilmersdorf erinnert, der erst Philipp Löwenstein brutal zusammengeschlagen und dann allen Juden mit Aufhängen gedroht hatte, am nächsten Morgen aber vor die Klasse getreten war und erklärt hatte: »Was wir brauchen, ist eiserner Wille zur nationalen Selbstbehauptung, Vaterlandsliebe, Selbstzucht und Opferbereitschaft! Deutschland muß leben, auch wenn wir sterben müssen!«
Während der Rundfunksprecher sich in immer größere Begeisterung hineinsteigerte, dachte ich an mein Erlebnis im Düsseldorfer Hofgarten, an die stählernen Schlagringe und den gefährlich wippenden, mit gelbem Leder überzogenen Totschläger in der Hand des Hitlerjungen.

Viele Jahre später, als das ›Dritte Reich‹ bereits untergegangen war, fand ich im Archiv des einstigen ›Reichssenders Köln‹ den Sprechertext vom Abend des 30. Januar 1933. Während ich ihn las, erging es mir so wie damals, als ich ihn als Zwölfjähriger zum erstenmal gehört hatte: Die Worte erfüllten mich mit Staunen und Ekel zugleich.
»Wie eine Flamme schlägt es über Deutschland auf: Adolf Hitler ist Reichskanzler! Millionen Herzen sind angezündet, Jubel und Dankbarkeit suchen nach einem Ausbruch . . .«
So stand es tatsächlich im Manuskript des Rundfunksprechers, und er sprach diesen Text, wie ich mich deutlich erinnere, so, als versuchte ein von Begeisterung überwältigter Augenzeuge seinen Zuhörern den grandiosen Sieg Caracciolas beim Autorennen um den Grand Prix von Monaco zu schildern: »Ein Zug von hunderttausend Fackeln brandet die Wilhelmstraße herauf . . . Durchs Brandenburger Tor sind sie marschiert, die braunen Kolonnen der SA – als Sieger eines langen, opferreichen Kampfes. Blutrot leuchten die Fahnen, auf weißem Grund das Hakenkreuz – Symbol der aufgehenden Sonne! Ein herrlicher, ein wunderbarer Anblick!
Und *jetzt* – tatsächlich! In diesem Augenblick ertönt von Süden her der harte Marschtritt des ›Stahlhelm‹. Gebannt lauscht die

Menge, die Fackeln wogen . . . Überall Fackeln, Fackeln und – jubelnde Menschen! Hunderttausend Kehlen jauchzen ihr *Sieg Heil – Heil Hitler!* in die Nacht!
Und dort, über der jubelnden Menschenmenge und dem Meer von lohenden Fackeln steht, aufrecht und bis ins Innerste ergriffen, der Reichspräsident von Hindenburg, der greise Feldmarschall und Sieger von Tannenberg, an seinem Fenster . . . Daneben in der Reichskanzlei der Führer – *ja, es* ist *der Führer!* Da steht er mit seinen Ministern: Adolf Hitler . . . Der unbekannte Soldat des Weltkrieges, der unbeugsame Kämpfer, der Fahnenträger der *Freiheit . . .!*
Seine Augen in die Ferne gerichtet. Gewiß sinnt er über die langen Jahre des Kampfes, denkt an die Blutopfer der Bewegung, den langen, entbehrungsreichen Marsch – Und *nun – ja! Ja!* Brausend klingt es zu dem jungen Reichskanzler herauf aus dem Chor der Hunderttausend – das Deutschlandlied! Von der Maas bis an die Memel . . . Deutschland, Deutschland, über alles, über alles in der Welt!
Wie ein Gebet steigt es zum Himmel, wie Dank und Jubel zugleich! Wie der Choral von Leuthen . . .! Und *nun: Ja! Ja!* Nun stimmt die Menge das Kampflied der nationalsozialistischen Bewegung an, das Horst-Wessel-Lied!
Wie ein Ruck geht es durch die unübersehbare, wogende Menge: Hunderttausend Arme recken sich gläubig und dankbar zum Deutschen Gruß . . . Sie grüßen den Führer und ehren damit zugleich die unvergessenen Opfer des Kampfes – Kam'raden, die Rotfront und Reaktion erschossen . . . *Ja! Wirklich:* Sie marschieren im Geist in diesen Reihen mit!
So mancher dort in der Menge wischt sich verstohlen die Tränen ab, Tränen der Dankbarkeit und der Freude! *Heil dir, unser Führer, Heil dem deutschen Vaterland!,* singen die Herzen, und das alte Mütterchen dort in der Menge am Straßenrand spricht es aus, was alle empfinden, alle die Männer und Frauen dort unten und auch die wackeren SA- und SS-Männer, die in langen Kolonnen vorbeimarschieren hinter der Hakenkreuzfahne: *Dank dir, Allmächtiger, daß wir diesen Tag erleben durften!*«
Während ich durch Detmolds Rosengarten ging und mich an den 30. Januar 1933 erinnerte, fiel mir wieder ein, was sich bei uns zu Hause am Abend jenes Tages noch ereignet hatte:
Ich wollte gerade zu Bett gehen, als das Telefon klingelte. Es war Fräulein Bonse, eine Dame, die wir damals erst seit kurzer Zeit kannten, eine Frau um die Vierzig mit silbergrauem Haar, das sie

streng frisiert trug, was den Kontrast zu ihrem jugendlichen Gesicht noch erhöhte. Sie war für eine Institution tätig, die für Oberschüler und Studenten Ferienkurse, Studienreisen ins Ausland und akademische Austauschprogramme organisierte. Meine Eltern hatten sie durch gemeinsame Bekannte kennengelernt, und sie hatte uns auch schon ein paarmal besucht, wobei es darum gegangen war, daß ich an einem deutsch-englischen Schüleraustausch teilnehmen sollte. Aber am Abend des 30. Januar 1933 rief Fräulein Bonse aus einem ganz anderen Grund bei uns an.

Ich sollte jemandem, der in unserer Nachbarschaft wohnte, aber kein Telefon hatte, rasch etwas ausrichten: In einer Stunde würde er mit dem Auto abgeholt, er möge sich schnellstens reisefertig machen.

»Und der Herr weiß Bescheid?« erkundigte ich mich.

Fräulein Bonse hatte mit der Antwort etwas gezögert. Schließlich trug sie mir auf: »Sag ihm, bitte, es sei sehr dringend, er müßte noch vor Mitternacht in Roermond sein.«

Der Mann, dem ich diese Nachricht dann überbrachte, war ein Bildhauer. Er arbeitete noch in seinem Atelier, als ich bei ihm eintraf. Ich erinnerte mich, ihn ein paarmal auf der Straße gesehen zu haben, auch daß aus seinem Fenster noch vor einigen Wochen, kurz vor den letzten Reichstagswahlen, eine rote Fahne gehangen hatte.

Er hörte sich ruhig an, was ich ihm auszurichten hatte, und er schien mir nicht einmal überrascht. Er fragte nur: »Ist es tatsächlich so eilig?«

»Bestimmt«, gab ich zur Antwort, »sonst hätte sie nicht ausdrücklich gesagt, es sei *sehr* dringend.«

Er nickte dazu nur. Als er mich dann zur Tür gebracht hatte, drückte er mir fest die Hand und sagte: »Danke! Und richte auch dem Fräulein meinen Dank aus. Sag ihr, ich hoffe, sie hat meinetwegen keine Schwierigkeiten mit dem lieben Gott . . .«

Beim Nachhausegehen fiel mir ein, daß Roermond gar nicht in Deutschland liegt, sondern schon jenseits der nahen holländischen Grenze. Es wurde mir auch klar, daß Fräulein Bonse, eine gute Katholikin, von der mein Vater gesagt hatte, daß sie mit Ministerialdirektor Dr. Klausener, dem Führer der ›Katholischen Aktion‹, eng zusammenarbeitete, dafür gesorgt hatte, daß der Bildhauer ins Ausland flüchten konnte, wo ihm die Nazis nichts anzuhaben vermochten.

Am nächsten Morgen sprach ich mit meinen Eltern darüber. »Das also steckt dahinter«, sagte meine Mutter, die schon beim Bäcker an der Ecke gewesen war und gehört hatte, was die Leute aus der Nachbarschaft erzählten: In aller Frühe hatten SS-Leute die Haustür des Bildhauers aufgebrochen, wohl um ihn zu verhaften, aber er sei verschwunden gewesen. Wahrscheinlich war er noch rechtzeitig gewarnt worden. »Hoffentlich hat dich keiner gesehen«, fügte meine Mutter noch hinzu. Und mein Vater meinte: »Das Fräulein Bonse muß über sehr gute Informationen verfügen – wir sollten sie bald wieder einmal einladen . . .« Und nach einer kleinen Pause fuhr er fort: »Das ist eine wirklich sehr interessante Zeit, in der wir jetzt leben. Ich wünschte allerdings, sie wäre etwas weniger interessant . . .«

Als ich spät am Abend zurückkam in mein Detmolder Hotel, war dessen Restaurant noch erleuchtet. Ich wollte noch ein Bier trinken, wäre auch nicht abgeneigt gewesen, das Gespräch mit dem alten Kellner fortzusetzen. Doch er hatte seinen Dienst bereits beendet, und so ging ich bald zu Bett.

Vor dem Einschlafen ließ ich den Nachmittag noch einmal Revue passieren. ›Seltsam‹, dachte ich, ›wie gut man sich doch, selbst an lange zurückliegende Ereignisse, erinnern kann – sofern man sich erinnern *will* . . .‹

3. Zwischen Tanzstunde und Folterkeller

Einige Tage nach meinem Besuch in Detmold traf ich in Düsseldorf eine alte Bekannte aus gemeinsamer Schulzeit. Vor einem Schaufenster in der Schadowstraße sprach sie mich an, eine noch recht gut aussehende, sehr gepflegte und elegant gekleidete ältere Dame.

»Ist das nicht ...? Natürlich bist du's!«

Jetzt erkannte ich sie auch. Es war Marga, die mit Ali, Günter, Kulle, Susanne, Ingrid und mir befreundet gewesen war. Wir hatten uns seit damals ganz aus den Augen verloren, und es gab viel zu erzählen.

Wir beschlossen, gemeinsam eine Tasse Kaffee zu trinken, und während wir zur Königsallee gingen, berichtete sie mir, wie es ihr ergangen war: Nach dem Abitur und dem Arbeitsdienst hatte sie ein Medizinstudium in München begonnen, es aber schon bald abgebrochen und 1939 einen Offizier geheiratet, der dann im Krieg an der Ostfront gefallen war. Bis 1949 hatte sie in Bayern gelebt, war dann wieder nach Düsseldorf gezogen und hatte mit ihrer Rente und den Mietshäusern, die sie von ihren Eltern und zwei Tanten geerbt hatte, ihr gutes Auskommen.

Nein, sie hatte nicht wieder geheiratet, und das einzige Kind aus ihrer kurzen Ehe, eine Tochter, lebte als Frau eines Hoteliers in der Schweiz.

Wir saßen dann in demselben Café, wo wir uns schon als Pennäler, wenn das Taschengeld reichte, mitunter getroffen hatten. Es lag nicht weit vom Corneliusplatz, der damals, als wir uns kannten, in Albert-Leo-Schlageter-Platz umbenannt worden war – zu Ehren eines 1923 von der französischen Besatzung des Rheinlands wegen Sabotage standrechtlich erschossenen ›Alten Kämpfers‹. Aber nur fanatische Nazis und die dienstlich dazu angewiesenen Straßenbahnschaffner benutzten den neuen Namen; wir sagten weiterhin ›Corneliusplatz‹ und verabredeten uns an der ›Normaluhr‹ Ecke Königsallee.

»Weißt du noch, wie wir uns alle da zum erstenmal getroffen haben?« fragte Marga. »Ich habe es nicht vergessen, nicht einmal das Datum! Es war am Freitag, dem Dritten im Dritten '33 – meinem Geburtstag. Ich hatte ein neues Kleid für die erste Tanzstunde bekommen – kannst du dich daran erinnern?«

Ich überlegte und sagte auf gut Glück: »Es war ein grünes Kleid, nicht wahr?«

Ich hatte richtig geraten. Grün war Margas Lieblingsfarbe. Sie hatte immer grüne Kleider getragen, wenn wir zusammen ausgingen.

»Am 3. März '33«, bemerkte ich nachdenklich, »da ist hier allerhand losgewesen. Es war die Woche nach dem Reichstagsbrand, und am Sonntag, dem 5. März, waren die entscheidenden Wahlen . . .«

»Daran kann ich mich überhaupt nicht erinnern«, sagte Marga, »aber damals war ja immerzu etwas los: Aufmärsche, Paraden, Führers Geburtstag, Erntedankfest, Tag der nationalen Arbeit, Kraft durch Freude, Winterhilfswerk, und immerzu hatten wir schulfrei – das war das Schönste daran!«

»Das war doch alles erst viel später«, wandte ich ein. »Hast du vergessen, was uns damals, in der ersten Märzwoche, so tief beeindruckt hat?«

Ich meinte die erste große Terrorwelle, die durch Deutschland ging und auch in Düsseldorf viele Opfer gefordert hatte. Die Verfassung war weitgehend außer Kraft gesetzt worden. SA- und SS-Truppen rasten auf Lastwagen durch die Straßen, brachen in Häuser und Wohnungen ein, trieben ihre Opfer mit Schlägen auf die Straße und verschleppten sie in die Keller ihrer Unterkünfte oder in leerstehende Fabriken und Lagerhallen. Wir hatten es einmal selbst gesehen.

»Ich kann mich erinnern, daß es damals sehr aufregend war«, sagte Marga. »Die Leute waren wie elektrisiert und redeten dauernd von ›Volksgemeinschaft‹ und ›nationaler Erhebung‹. Immerzu wurde geflaggt, marschiert und gesungen. Ich wäre so gern in den BDM* eingetreten, aber meine Mutter erlaubte es nicht – na ja, so hatte ich keinen ›Dienst‹, und wir trafen uns in der Stadt, gingen ins Café oder ins Kino. Weißt du noch, wie wir uns ›Mädchen in Uniform‹ angesehen haben – irgendwo in so einem Flohkino in einer Arbeitergegend, in Gerresheim oder Bilk . . .«

»Es war in Oberbilk. Wir fuhren mit der Linie 18 hin – hast du vergessen, was wir da sahen?«

* BDM = Bund Deutscher Mädel, weibliche Hitlerjugend.

»Ich sagte es doch schon: ›Mädchen in Uniform‹, mit Dorothea Wieck in der Hauptrolle. Es war ein wundervoller Film, aber er war nicht jugendfrei, und deshalb mußten wir ja in dieses Vorstadtkino, wo man es nicht so genau nahm.«
Als wir nach dem Kino mit der Straßenbahn wieder nach Hause gefahren waren, hatten wir unterwegs einen jener Lastwagen gesehen, auf denen SA-Leute ihre ›Schutzhäftlinge‹ abtransportierten. In der Oberbilker Allee hatte es sich dann ereignet:
Einer der Verhafteten, ein junger Mann mit einer stark blutenden Platzwunde am Kopf, sprang von dem gerade haltenden Lastwagen ab und auf das Trittbrett zur hinteren Plattform des zweiten Wagens unserer in voller Fahrt befindlichen Straßenbahn. Es war kurz nach Feierabend, die Bahn war überfüllt, aber die Leute halfen dem Mann und machten ihm Platz. Niemand sagte etwas, und es war plötzlich ganz still im Wagen. Der Schaffner tat so, als hätte er nichts bemerkt. Nur eine alte Frau nahm ein Tuch, wischte dem jungen Mann das Blut aus dem Gesicht und sagte dabei ganz laut: ›Eine verfluchte Schande ist das, was diese Lumpen sich erlauben!‹ Keiner widersprach, und es hinderte auch niemand den Flüchtling, an der nächsten Haltestelle, am Worringer Platz, wieder auszusteigen und in einem dunklen Hausflur zu verschwinden, ehe der Lastwagen mit den SA-Leuten, der wohl irgendwo im Verkehr steckengeblieben war, die wieder abfahrende Straßenbahn erreicht hatte. Ich erzählte Marga von diesem gemeinsamen Erlebnis, das sich meinem Gedächtnis so stark eingeprägt hatte. Sie lachte und sagte: »Jetzt erinnere ich mich auch daran! Ich hatte deshalb noch großen Ärger mit meinem Vater. Du wirst dich erinnern: Ich mußte doch damals um 7 Uhr abends zu Hause sein. Ich kam an diesem Abend eine Viertelstunde zu spät, und zu meiner Entschuldigung erzählte ich meinen Eltern, daß die Straßenbahn aufgehalten worden wäre, weil da einer der Hilfspolizei zu entkommen versucht hätte. Mein Vater war ganz außer sich, als ich berichtete, daß der Mann ihnen tatsächlich entwischt sei. ›Hat denn keiner diesen Bolschewisten festgehalten?‹ schrie er, und er wollte sogar von mir wissen, in welches Haus der Mann geflüchtet wäre, weil er es der Polizei melden wollte.«
»War dein Vater so ein strammer Nazi?« erkundigte ich mich.
»Und ob! Du weißt ja: Er war Landgerichtsrat, und er behauptete immer, man würde ihn längst befördert haben, wenn er den Schwarzen und den Juden nicht ein Dorn im Fleische wäre als ein aufrechter, national gesinnter Burschenschafter aus einer schlagenden Verbindung. Meine Mutter, die sehr katholisch und kir-

chentreu war, versuchte ihn dazu zu bewegen, dem Zentrum beizutreten. Statt dessen war er 1932 heimlich bei den Nazis Mitglied geworden. Als Hitler Reichskanzler wurde, geriet er völlig aus dem Häuschen. ›Jetzt werde ich Landgerichtsdirektor, vielleicht sogar Senatspräsident beim Oberlandesgericht!‹ sagte er zu meiner Mutter und zeigte ihr stolz sein Parteibuch. Und weißt du, was dann passierte? Meine Mutter brach in Tränen aus. Dann packte sie einen Koffer und erklärte, sie verließe das Haus und käme nicht wieder zurück, solange er nicht seinen Austritt aus der Hitlerpartei erklärt habe.«

»Und? Hat es etwas genützt?«

»Natürlich nicht – nach zwei oder drei Tagen kam meine Mutter wieder zurück. Der Kinder wegen, wie sie sagte. Mein Vater, der über ihren Auszug sehr unglücklich gewesen war, weinte fast vor Freude und Rührung, als sie endlich wieder nach Hause kam. Sie feierten ihre Versöhnung mit Sekt, und mein Bruder und ich durften länger aufbleiben und bekamen auch ein Glas ab. Meine Eltern sind dann wohl zu einer stillschweigenden Übereinkunft gekommen, sich gegenseitig nicht zu provozieren. Vater nahm, ehe er die Wohnung betrat, sein Parteiabzeichen ab – ›das Bonbon‹, wie es meine Mutter nannte –, und er stimmte auch zu Hause keine Lobeshymnen auf das ›Dritte Reich‹ und den ›Führer‹ mehr an. Mutter hielt sich ebenfalls zurück und verkniff sich in seiner Gegenwart alle kritischen Bemerkungen über das, was sie, wenn wir allein waren, als ›die braune Pest‹ bezeichnete . . .«

»Und das ging gut?«

»Na ja, es gab natürlich trotzdem ab und zu Krach, zum Beispiel, als mein Vater eines Tages eine Einkaufstüte von Alsberg entdeckte und meiner Mutter Vorhaltungen machte, daß sie als die Ehefrau eines Parteigenossen und Landgerichtsdirektors – er war inzwischen endlich befördert worden – in einem jüdischen Geschäft eingekauft hätte. Mutter antwortete, sie mache ihre Besorgungen, wo es ihr passe. Sie richte sich nach Preis und Qualität, nicht nach Taufschein, Parteibuch oder ›Arier‹nachweis. Und mein Vater bat sie dann händeringend, doch zu bedenken, wie sehr es ihm schaden würde, wenn man sie beim Betreten oder Verlassen eines jüdischen Geschäfts beobachtete und seine Dienstaufsichtsbehörde davon benachrichtigte. Ich weiß nicht, ob sie sich dann danach gerichtet hat – wahrscheinlich nicht. Aber es gab dann auch immer weniger jüdische Geschäfte. Die meisten wurden ja damals von den Inhabern notgedrungen verkauft – ›arisiert‹, wie man es nannte . . . Und vom Sommer 1934 an interessierte es meinen Vater auch gar nicht mehr, ob Mutter etwas tat, was die Partei mißbilligte. Da ließ seine Begeisterung für Hitler und die ›nationale Erhebung‹ plötzlich nach. Er war wie umgewandelt, und eine Zeitlang hörte man von ihm überhaupt nichts mehr, was mit Politik zu tun hatte ...«

»Wie kam denn das?«

»Ich habe es erst ein paar Jahre später erfahren, als ich schon verheiratet war. Da besuchte er uns mal – mein Mann war in Frankreich –, und als wir abends noch beisammensaßen, da hat er es mir erzählt. Es hing mit dem sogenannten ›Röhm-Putsch‹ zusammen. Wir waren im Juni '34 während der Sommerferien mit der ganzen Familie in Garmisch gewesen. Auf der Rückreise machten wir noch für ein paar Tage Station in München, wo meine Eltern sich mit alten Freunden trafen. Und am 30. Juni, einen Tag bevor wir wieder nach Düsseldorf zurückfahren wollten, passierte etwas Furchtbares ...«

An diesem Tage hatte Hitler seine ›alte Garde‹ liquidieren lassen: seinen einzigen Duzfreund, den ›Obersten SA-Führer‹ Ernst Röhm, und mindestens hundertfünfzig weitere hohe SA-Führer. Sie wurden im ganzen Reich, vor allem in Berlin und in München, nachts aus dem Bett gezerrt und zu ihrer Hinrichtungsstätte gefahren, wo man sie ohne Erklärung einfach an die Wand stellte und erschoß. Ebenfalls ermordet wurden die engsten Mitarbeiter des Vizekanzlers v. Papen, Dr. Edgar Jung und der Führer der ›Katholischen Aktion‹, Ministerialdirektor Erich Klausener, sowie Hitlers Vorgänger als Reichskanzler, General Kurt v. Schleicher, und dessen Frau. Zu den Opfern gehörten aber noch sehr viele Personen, die entweder aus reiner Rachsucht umgebracht wurden oder weil sie zuviel aus Hitlers Vergangenheit und Privatleben wußten, darunter der gefährlichste Rivale Hitlers in der NSDAP, Gregor Strasser, der Pater Bernhard Stempfle, der 1924 bei der Abfassung von *Mein Kampf* mitgeholfen hatte, der Polizeichef von München, August Schneidhuber, sowie Dutzende von anderen Kampfgenossen und Weggefährten des ›Führers‹. Insgesamt wurden viele hundert, wahrscheinlich mehr als tausend Menschen am 30. Juni und 1. Juli 1934 ermordet, wogegen Hitler selbst in einer Rede vor dem Reichstag am 13. Juli erklärte, es seien 61 Personen erschossen worden, darunter neunzehn ›höhere SA-Führer‹; weitere dreizehn seien, ›als sie sich der Verhaftung widersetzten‹, ums Leben gekommen, und drei hätten ›Selbstmord begangen‹, zusammen also 77 Todesopfer, die er offiziell zugab. Hitler behauptete auch, es habe sich um ›Staatsnotwehr‹ gehandelt, aber es steht fest,

daß von einem unmittelbar bevorstehenden Putsch der SA keine Rede sein konnte.
Bei der Überrumpelungsaktion, mit der Hitler – der Reichswehr-Generalität und den alten Geld- und Machteliten zuliebe – alle sozialrevolutionären Elemente ausschalten und daneben ein paar alte Rechnungen begleichen wollte, gab es auch einige ›Pannen‹, und um eine solche hatte es sich auch bei dem Vorfall gehandelt, der Margas Vater so nahe gegangen war und seine Begeisterung für Hitler in stumme Abneigung verwandelt hatte.
Am Abend des 30. Juni 1934 hatte einer seiner Freunde, der Musikkritiker der ›Münchner Neuesten Nachrichten‹, Dr. Wilhelm Schmid, noch ein wenig Cello gespielt. Seine Frau bereitete unterdessen das Abendbrot für die drei Kinder. Das jüngste war erst zwei, das älteste neun Jahre alt. Sobald die Kinder gegessen hatten und zu Bett gegangen waren, wollte das Ehepaar sich mit Margas Eltern und anderen alten Freunden in einem Weinlokal in der Stadt treffen. Aber daraus war nichts geworden:
Gegen 19.20 hatte es bei den Schmids geklingelt. Vier SS-Männer waren eingetreten und hatten Dr. Schmid barsch aufgefordert, mit ihnen zu kommen. Sie waren zu keiner Erklärung bereit gewesen. Dr. Schmid hatte sich nicht einmal von seiner Frau und den Kindern verabschieden können. Er, der sich nie um Politik gekümmert hatte, war ohne Widerstand mitgegangen. Zwei Tage später hatte Frau Schmid von der Polizei Nachricht erhalten, daß ihr Mann ›tödlich verunglückt‹ sei. Die Leiche war zur Bestattung freigegeben, aber der versiegelte Sarg durfte nicht geöffnet werden.
Frau Schmid, die sich achtundvierzig Stunden lang mit Unterstützung von Margas Vater und anderen Freunden vergeblich bemüht hatte, etwas über den Verbleib ihres Mannes herauszufinden, erfuhr dann, daß es sich bei der Verhaftung und anschließenden Erschießung ihres Gatten – ohne Untersuchung, ja, ohne Überprüfung der Personalien – um eine Verwechslung gehandelt hätte. Man hatte einen SA-Führer Willi Schmidt gesucht, der aber bereits von einem anderen SS-Trupp gefaßt und erschossen worden war. Zum Trost bot ihr der ›Reichsführer SS‹ Heinrich Himmler einen größeren Geldbetrag an, den sie mit Entrüstung ablehnte.
Am selben Tag, an dem Frau Schmid von der ›versehentlichen‹ Erschießung ihres Mannes erfuhr, konnte sie in der Zeitung lesen, daß das Blutbad vom 30. Juni und 1. Juli 1934 vom Reichskabinett nachträglich für ›rechtens‹ erklärt worden war und daß der Reichspräsident v. Hindenburg den ›Führer und Reichskanzler‹ zu

seinem ›mutigen persönlichen Eingreifen‹ beglückwünscht und ihm seinen ›besonderen Dank‹ ausgesprochen hatte.
»Das war für meinen Vater zuviel«, sagte Marga. »Mein Bruder und ich, wir haben damals gar nicht verstanden, was mit ihm los war, und auch Mutter wollte es uns nicht erklären. Allerdings hatte Vaters plötzliche Abkehr von seinen Idealen auch noch andere Auswirkungen, die uns zwar rätselhaft waren, für uns Kinder aber große Annehmlichkeiten hatten: Er paßte nämlich gar nicht mehr auf, ob wir auch pünktlich nach Hause kamen. Das habe ich natürlich ausgenutzt, vor allem an den Tanzstundennachmittagen. Da warst du ja nicht dabei . . .«
Sie hatte recht. Ich war ja fast zwei Jahre jünger als sie und hatte erst 1936, als ich fast 16 war, in die Tanzstunde gehen dürfen. Nur weil ich schon mit neun Jahren aufs Gymnasium gekommen war, hatte ich mit Marga und den anderen älteren Freunden gemeinsam alle Klassen bis zum Abitur absolviert und auch die Freizeit meist zusammen mit ihnen verbracht, ausgenommen die Tanzstunde.
Die Kurse, die meine Freundinnen und Freunde besuchten, fanden am späten Nachmittag statt, und manchmal holte ich sie ab, um mit ihnen noch ein Stündchen durch die Stadt zu bummeln. Einmal, als ich vor dem Haus auf sie wartete und auf die aus dem geöffneten Fenster im ersten Stock vernehmbare Schallplattenmusik lauschte, nach der meine Freunde Foxtrott, Quickstep und andere – von den Nazis als ›vernegerte Musik‹ abgelehnte, aber vielleicht gerade deshalb so populäre – Modetänze lernten, sah ich Hedwig vorbeigehen.
Ich lief ihr nach, wir begrüßten uns herzlich, und dann sagte sie: »Hast du einen Augenblick Zeit? Ich muß dir etwas erzählen.«
Wir gingen in das Eis-Café an der Ecke, fanden einen freien Tisch am Fenster, von wo aus ich den Eingang der Tanzschule sehen konnte, und dann berichtete mir Hedwig leise und nachdem sie sich zuvor – ›mit deutschem Blick‹, wie man damals spottete – vergewissert hatte, daß uns niemand hören konnte, wie es ihrem Mann, dem Fritz, ergangen war.
Hedwig war mehr als zehn Jahre lang die Hausangestellte meiner Eltern gewesen. Ich kann mich noch erinnern, wie sie zu uns kam – ein schüchternes siebzehn- oder achtzehnjähriges Mädchen vom Land, aus der sorbischen Lausitz, sehr mager und blaß. Ich war noch ein kleiner Junge von knapp vier Jahren, aber ich weiß noch, wie meine Mutter und ich von Anfang an Hedwig gut leiden mochten, und sie mochte uns auch, wie sich dann zeigte. Nur mein Vater hatte zunächst Vorbehalte gegen das neue Mädchen, weil sie

ihn beharrlich mit ›gnädiger Herr‹ anredete. Aber nach vierzehn Tagen hörte sie damit auf und legte dann auch ihre Schüchternheit ebenso ab wie ihre Blässe und Magerkeit. Sie war, als sie mit uns von Berlin nach Düsseldorf umzog, eine mollige junge Frau von Ende Zwanzig und gehörte zur Familie. Daß sie sich bald nach der Übersiedlung ins Rheinland in einen etwa gleichaltrigen Mann, einen sehr ruhigen, zuverlässigen Handwerker, verliebt, bald darauf mit ihm verlobt und ihn ein halbes Jahr später geheiratet hatte, war von meinen Eltern und mir teils mit Freude für sie, teils mit Trauer über ihren Weggang aufgenommen worden. Wir hatten sie seitdem oft vermißt.

Als Kind und auch später hatte Hedwig mich mitunter getröstet. An jenem Spätnachmittag aber war sie es, die offensichtlich bei mir Trost suchte. Sie, die sonst immer so lustig gewesen war und soviel mit mir gelacht hatte, wirkte ganz verzweifelt und schien den Tränen nahe. Ihr Fritz war von der Geheimen Staatspolizei verhaftet worden. Vor vierzehn Tagen schon hatten ihn zwei Gestapo-Beamte frühmorgens, als er gerade zur Arbeit gehen wollte, ohne Angaben von Gründen mitgenommen.

»Warum hast du uns nicht gleich Bescheid gesagt?« wollte ich wissen.

»Ich wollte euch da nicht hineinziehen«, sagte Hedwig. »Eigentlich sollte ich dir auch jetzt nichts davon erzählen. Aber ich muß einfach mal mit jemandem darüber sprechen . . .«

Was sie mir dann erzählte, ist mir bis heute im Gedächtnis geblieben, und damals hat es mich noch lange bis in meine Träume verfolgt: Fritz, von dem ich wußte, daß er der inzwischen verbotenen Kommunistischen Partei angehört hatte, war offenbar von einem früheren Genossen an die Gestapo verraten worden – ›unter der Folter‹, wie Hedwig sagte.

»Folter?« fragte ich ungläubig. »Du meinst, sie haben ihn so lange verprügelt, bis er redete . . .«

Davon hatte ich gerüchtweise gehört, auch davon, daß Verhaftete einfach umgebracht worden waren, ›auf der Flucht erschossen‹, wie es dann – eine Zeitlang fast täglich – in der Zeitung hieß, wobei es ein offenes Geheimnis war, daß das nicht stimmte.

Aber unter ›Folter‹ stellte ich mir etwas anderes vor: die Leiden eines Gefangenen der Indianer am Marterpfahl, die Anwendung des ›Schwedentrunks‹ oder der ›Spanischen Stiefel‹ im Dreißigjährigen Krieg oder die Torturen, mit denen die Inquisition im finstersten Mittelalter angebliche Hexen gepeinigt hatte, etwa die ›Eiserne Jungfrau‹, die ich in Nürnberg gesehen hatte, die Daumenschrau-

ben oder die Streckleiter. Dergleichen konnte es doch heute nicht mehr geben, jedenfalls nicht mitten in Europa, im Rheinland, in *unserer* Stadt und im Jahre 1934! Das traute ich nicht einmal den übelsten SA-Rabauken zu.
»Erst haben sie ihn in ein eisernes Spind gesperrt«, sagte Hedwig leise und sehr bemüht, ihre Erregung zu unterdrücken. Dann beugte sie sich dicht an mein Ohr und berichtete mir, was dann weiter geschehen war: »Zwölf Stunden lang war er darin zusammengepfercht, bis zum späten Abend. Dann sind sie zurückgekommen und haben ihn sich vorgenommen. Zuerst haben sie ihm angespitzte Hölzchen unter die Fingernägel getrieben, dann haben sie ihn gezwungen . . .« Sie erzählte mir, wie es weitergegangen war. Mir wurde schlecht, und ich stürzte hinaus.

Als ich wieder bei ihr Platz genommen hatte, sagte sie bekümmert: »Ich hätte es dir nicht erzählen dürfen, aber ich konnte es einfach nicht mehr für mich behalten. Es tut mir leid – und sprich ja mit niemandem darüber, auch nicht zu Hause!«
Ich versprach es ihr, aber dann wollte ich Genaueres wissen: »Wer ist so gefoltert worden und hat den Fritz dann verraten? Und woher weißt du das alles?«
Hedwig erzählte mir den Rest der Geschichte:
Ihr Mann hatte auch nach dem Verbot der KPD mit seinen Genossen Kontakt gehalten, natürlich unter großen Vorsichtsmaßnahmen. Fritz hatte ihr nicht gesagt, welche ›illegale Arbeit‹ er übernommen hatte, aber er war manchmal abends an die holländische Grenze gefahren, ›wohl um Genossen ins Ausland zu bringen‹, wie Hedwig meinte. ›Es ist besser, du weißt von nichts‹, hatte ihr Fritz gesagt.
Dann war, drei Tage bevor sie Fritz abholten, sein jüngerer Bruder, ein Maschinenschlosser, von zwei Gestapobeamten auf der Straße festgenommen worden, als er von der Arbeit nach Hause kam. Sie hatten ihn in die Prinz-Georg-Straße gebracht, wo die Geheime Staatspolizei in einem großen Wohngebäude untergebracht war, und dort hatten sie ihn so lange ›sonderbehandelt‹, bis er ihnen die gewünschten Auskünfte über seinen Bruder Fritz gab. Danach war auch Hedwigs Mann abgeholt worden.
»Jetzt werden sie den Fritz genauso schrecklich quälen«, flüsterte Hedwig, und ich konnte ihr nur stumm die Hand drücken, um ihr mein Mitgefühl zu zeigen, denn ich wußte nicht, was ich hätte sagen sollen. Aber ich wollte noch erfahren, woher sie so genau über die Verhörmethoden der Gestapo unterrichtet war.

Doch sie schüttelte nur den Kopf und biß die Lippen zusammen. »Ich kann es dir nicht sagen«, erklärte sie schließlich. »Du mußt das verstehen. Ich weiß es von einem, der ihn hinterher gesehen und gesprochen hat. Es stimmt alles – leider . . .«
Ich glaubte es ihr.
Ich hatte ohnehin keinen Zweifel daran gehabt, daß es mit dem, was sie mir erzählt hatte, seine Richtigkeit haben mußte. Sie hätte sich dergleichen niemals selbst ausdenken können, und ich kannte Hedwig lange genug, um zu wissen, daß sie nicht log.
Wir hatten dann noch eine Weile lang stumm nebeneinander gesessen, bis es sieben Uhr war und das Café geschlossen wurde. Die Tanzstunde meiner Freunde war längst vorbei. Ich hatte gar nicht mehr darauf geachtet.

Sollte ich Marga davon erzählen?
Während ich noch meinen Erinnerungen an Hedwig und ihren Mann nachhing, hatte sie ständig geredet – vom Mittel- und vom Schlußball, von den Kleidern, die sie getragen hatte, von den Schlagern und Filmen unserer Schulzeit, von unserer Radtour rheinaufwärts, die bis nach Basel geplant gewesen war, aber bereits in Koblenz geendet hatte, weil uns nach einem Abstecher zu den Weinschenken des Ahrtals das Geld ausgegangen war, und von so manchen anderen heiteren Jugenderinnerungen.
Was war aus Hedwig und Fritz geworden?
Hedwig war danach öfter bei uns zu Hause gewesen. Einmal hatte sie Post bekommen von ihrem Mann, aus einem Konzentrationslager im Emsland. Er schrieb, es ginge ihm den Umständen nach gut. Meine Mutter hatte dann ein Paket für ihn gepackt, das ihm Hedwig schicken sollte, und beide weinten sie . . . Ein oder zwei Jahre später war Fritz wieder freigelassen worden. Er hatte auch wieder Arbeit, und an einem der ersten Sonntage nach seiner Rückkehr kam er zu uns, ›nur mal guten Tag zu sagen und auch danke schön‹. Er war noch stiller als früher, und da wir wußten, daß entlassene KZ-Häftlinge nichts sagen durften über ihre Zeit im Lager, fragten wir ihn auch nicht danach.
»Hast du es gesehen«, fragte mich meine Mutter, als er wieder gegangen war, »daß der graue Haare bekommen hat?«

»Woran denkst du?« fragte Marga, und ohne meine Antwort abzuwarten, fuhr sie fort: »Weißt du noch, wie wir zum erstenmal ins Theater gegangen sind?«
Und dann erzählte sie weiter, nannte die Namen der Schauspieler,

wußte auch noch, wem wir in der Pause begegnet waren und welchen Eindruck es auf uns gemacht hatte, als der Marquis Posa *›Sire, geben Sie Gedankenfreiheit!‹* gerufen hatte und ungeheurer Applaus bei offener Szene aufgebrandet war. Aber sie wußte offenbar nicht und war erstaunt, als ich es ihr sagte, *warum* die Leute damals so stürmisch Beifall geklatscht hatten: Es war eine einzigartige Gelegenheit für sie gewesen, aus der Anonymität des dunklen Zuschauerraums heraus gegen die Unterdrückung jeder Kritik durch die Nazis öffentlich zu protestieren. Und unsere damaligen Machthaber hatten den Vorfall auch so verstanden. Schillers *Don Carlos* war sofort vom Spielplan abgesetzt worden – auf Anordnung des Gauleiters Florian, wie es geheißen hatte.

»Ach so«, sagte Marga und fuhr fort, in Erinnerungen an unsere Schulzeit zu schwelgen. Sie erwähnte auch mehrmals und ganz unbefangen ihre und unser aller damalige Freundin Susanne, die unseren großen blonden Biologielehrer angeschwärmt hatte, die einmal, als wir an einem Frühsommerabend einer Wette wegen von einer Buhne an den Oberkasseler Rheinwiesen in den eiskalten und schon damals nicht gerade sauberen Strom gesprungen waren, Kulle vor dem Ertrinken gerettet hatte und die dann 1935 plötzlich von der Schule abgegangen war ... Hatte Marga vergessen, daß die blauäugige, blondbezopfte, uns eben noch im ›Rassenkunde‹unterricht als ›nach Wuchs und Schädelform zur besonders wertvollen nordischen Rasse gehörig‹ gepriesene Susanne ein paar Wochen später, nachdem die ›Nürnberger Gesetze‹ erlassen worden waren, als ›Volljüdin‹ gegolten hatte und vom Unterricht ausgeschlossen worden war? Marga schien sich daran nicht mehr zu erinnern, und ich unterließ es, davon zu sprechen, schon gar nicht von Hedwig und Fritz, die Marga nicht gekannt hatte. Aber ich konnte nicht umhin, an Susanne zu denken, die dann von ihren Eltern nach England geschickt worden war – mit Hilfe von Fräulein Bonse und einer christlichen Hilfsorganisation.

Ich habe damals Susanne zum Bahnhof gebracht, an den Zug nach Ostende. Ihre Eltern hatten zu Hause von ihr Abschied genommen, weil das, wie sie sagten, ›besser war‹.

»Wir gehen nicht gern in die Stadt«, hatte Susannes Mutter gesagt, »wir sind so bekannt ...« Ihr Vater, Susannes Großvater, war Senatspräsident am Oberlandesgericht gewesen, und Susannes Vater hatte, bis ihm 1933 der Rücktritt ›nahegelegt‹ worden war, dem Vorstand der angesehensten Bürgergesellschaften, Kunst- und Sportvereine angehört. Das war nun vorbei, denn als ›Nichtarier‹ hatten Susannes Eltern, wie ihnen nun sogar von ihrem Hausmeister erklärt worden war, ›in Deutschland nichts mehr verloren‹. Sie waren aus der ›Volksgemeinschaft‹ ausgeschlossen, und daran änderte auch die Tatsache nichts, daß Susannes Vater im Weltkrieg als Offizier an der Westfront gestanden hatte, zweimal verwundet und mit dem EK I, dem Eisernen Kreuz Erster Klasse, ausgezeichnet worden war.

Susanne hat, wie sie mir später erzählte, ihre Eltern nicht mehr wiedergesehen. Als sie 1942 die Aufforderung erhielten, sich unter Zurücklassung ihrer gesamten übrigen Habe mit nicht mehr als 50 Kilogramm Gepäck am nächsten Morgen im Viehhof zur ›Evakuierung‹ nach Polen einzufinden, nahmen sie sich das Leben.

Wußte Marga das alles nicht? Sie war doch mit Susanne besonders eng befreundet gewesen. War es ihr vielleicht peinlich, davon zu reden, weil sie sich nach Susannes Abgang von der Schule bald von ihr zurückgezogen hatte?

»Susanne soll noch immer in England leben«, sagte Marga gerade, und ich bestätigte es ihr.

»Wenn du noch Kontakt zu ihr hast, dann richte ihr bitte aus, daß ich mich sehr freuen würde, von ihr zu hören. Wir waren doch so gut befreundet!«

Ich versprach es ihr.

Als wir uns nach anderthalb Stunden am Corneliusplatz, neben der alten ›Normaluhr‹, voneinander wieder verabschiedeten, meinte Marga: »Es war schön, dich einmal wiederzusehen nach so langen Jahren. Es hat mich sehr gefreut, mal wieder von den alten Zeiten zu reden! Man vergißt so vieles, und dann erinnert man sich plötzlich wieder daran . . . Alles in allem hatten wir doch eine wirklich herrliche, wunderbar unbeschwerte Jugend, nicht wahr?«

4. Wie wir gleichgeschaltet wurden

Am Abend nach der Begegnung mit Marga fuhr ich zu Kulle, der nicht weit von Düsseldorf lebte. Er begrüßte mich mit großer Herzlichkeit. Nachdem er mich seiner Frau und deren ebenfalls zu unserem abendlichen Beisammensein eingeladener Freundin vorgestellt hatte, zeigte er mir sein Haus, das er erst ein paar Monate zuvor bezogen hatte. Es war mit viel Geschmack und großem Kunstverstand eingerichtet. Ich bewunderte seine Sammlung Aachen-Lütticher Barockschränke und -kommoden, die Genrebilder flämischer Meister und manches andere.

Kulle, der mit Vornamen eigentlich Engelbert hieß, davon aber nur höchst ungern Gebrauch gemacht hatte, war ohne Zweifel ein wohlhabender Mann geworden. Allen düsteren Prophezeiungen unserer Lehrer zum Trotz hatte er es doch ›zu etwas gebracht‹: Er war ordentlicher Professor, Dekan und Institutsleiter in just dem Fach, das ihm während unserer gemeinsamen Schulzeit die größten Schwierigkeiten bereitet hatte.

Ich erinnerte ihn daran, und er lachte.

»Du weißt doch noch«, sagte er dann, »daß ich bis zur Untertertia bei den Patres war. Als die Nazis dann das Kolleg schlossen und ein halbes Dutzend Ordensgeistliche ins Gefängnis steckten – wegen angeblichen Devisenschmuggels und sogenannter Sittlichkeitsverbrechen –, da kam ich zurück nach Düsseldorf, zu meinen darüber sehr bekümmerten Eltern.«

Richtig, ich erinnerte mich wieder. Schon 1933, kaum daß das von Hitler zur Aufpolierung seines angekratzten internationalen Ansehens so dringend benötigte Konkordat mit dem Heiligen Stuhl unterzeichnet worden war, hatten die Nazis mit der sogenannten ›Gleichschaltung‹ der kirchlichen Jugendverbände begonnen. Es folgte das Verbot zahlloser katholischer Publikationen, und dann wurden Klosterschulen und -krankenhäuser geschlossen und Tausende von Priestern, Ordensbrüdern und Laienführern verhaftet. Die Nazi-Zeitungen, vor allem das antisemitische und antiklerikale Hetzblatt ›Der Stürmer‹ und das offizielle Organ der SS,

›Das Schwarze Korps‹, hatten in Schilderungen der ›grenzenlosen Verkommenheit‹ des katholischen Klerus geschwelgt.

»Anfangs hatte ich es dann sehr schwer«, sagte Kulle. »Zwei der Oberschulen, die für mich in Frage gekommen wären, nahmen mich nicht auf. Dann kam ich zu euch aufs Gymnasium, weil unser Direx, ein ehemaliger Zentrumsmann, meinen Vater kannte. Aber ich kam dann nicht mit, vor allem in den naturwissenschaftlichen Fächern. Alles, womit ich hätte glänzen können – Kirchen- und Heiligengeschichte, Morallehre und fromme Gesänge –, war da nicht mehr gefragt, und zu Hause jammerten meine Eltern über das Loch in der Haushaltskasse, das meine Rückkehr gerissen hatte. Auf dem Kolleg hatte ich ein Stipendium gehabt . . .«

»Deine Eltern waren sehr fromm, nicht wahr?«

Kulle lachte.

»Na ja«, meinte er dann, »sie kamen vom Lande, vom Niederrhein. Sie gingen jeden Sonntag zur Messe und zur Kommunion, und vor allen Mahlzeiten wurde bei uns gebetet. Aber aufs Kolleg hatten sie mich nur geschickt, weil das Beamtengehalt meines Vaters nicht ausreichte, drei Söhne auf die höhere Schule zu schicken und sie womöglich auch noch studieren zu lassen. Also vertraute uns mein Vater der Kirche an und sich selbst der Zentrumspartei, denn sein Abteilungsleiter bei der Oberpostdirektion war ein wichtiger Zentrumsmann . . . Nachdem Hitler an die Macht gekommen war, hatte mein Vater große Angst. Er war dann sehr erleichtert, als das Zentrum im März '33 dem Ermächtigungsgesetz zustimmte, nachdem Hitler erklärt hatte, er sehe die Kirchen als ›die wichtigsten Faktoren zur Erhaltung unseres Volkstums‹ an und lege größten Wert auf freundschaftliche Beziehungen zum Papst. Aber dann war plötzlich im Zuge der ›Gleichschaltung‹ Schluß mit dem Zentrum wie mit sämtlichen anderen Parteien. Die meisten seiner einflußreichen Parteifreunde wurden aus ihren Ämtern entfernt und durch stramme Nazis ersetzt. Da geriet mein Vater in Panik und trat in die NSDAP ein – er hatte Angst, man würde ihn sonst nicht befördern. Dafür nahm er, sozusagen, das Hakenkreuz auf sich und paßte sich an.«

»Warst du eigentlich sehr unglücklich«, erkundigte ich mich, »als die Nazis euer Kolleg geschlossen haben und du nach Düsseldorf zurückkamst? Mir ist es damals so vorgekommen, als ob du nicht sonderlich traurig darüber gewesen bist . . .«

Er lachte wieder.

»Ich war heilfroh – abgesehen von der Schule, wo die Umstellung wirklich sehr hart für mich war. Aber sonst hatte ich bestimmt nichts dagegen, wieder unter richtigen, ganz gewöhnlichen Menschen zu sein! Es war für mich ein tolles Erlebnis, mit euch über die ›Kö‹ zu bummeln, anstatt als Kollegiat mit den Patres durch den Kreuzgang zu wandeln. Von der Düsseldorfer Königsallee, ihren Schaufenstern, Leuchtreklamen, Kinos und Cafés, erst recht von den schicken Mädchen und den vielen eleganten Frauen, die man dort sah, davon haben wir im Kolleg doch geträumt! Ich war den Nazis richtig dankbar dafür, daß sie unser Klosterleben beendet hatten . . .«

»Stimmt«, sagte ich, »du wurdest anfangs von unserer Clique, vor allem von Susanne und mir, mit einem gewissen Argwohn betrachtet. Denn so ausgesprochen kirchenfeindlich wie du damals benahmen sich nur die wildesten Nazi-Rabauken. Ich höre dich noch, wie du beim Wandertag besonders laut ›Spieß voran, drauf und dran, setzt aufs Klosterdach den roten Hahn!‹ gesungen hast.«

Kulle grinste.

»Oder auch: ›. . . setzt aufs Klosterdach den Herrn Kaplan!‹« sagte er. »Ja, ich weiß – ich habe mich damals ziemlich blöde benommen. Aber das war wohl nur eine natürliche Reaktion, meinst du nicht auch?«

»Klar«, sagte ich. »Du hast dich ja dann auch erfolgreich vor der HJ gedrückt, und auch sonst . . .«

»Nun mach keinen Widerstandskämpfer aus mir«, sagte Kulle. »Ich habe mich, so gut es ging, aus allem herausgehalten. Ich wollte endlich meine Freiheit – das war alles . . . Bis zum Abitur ist mir das ja auch gelungen, und danach, beim Arbeitsdienst und bei der Wehrmacht, da brauchte man ja zum Glück in keiner NS-Organisation mehr zu sein . . . Es war also kein großes Kunststück und schon gar keine Heldentat.«

Es war wirklich nicht allzu schwierig gewesen, sich von der HJ fernzuhalten, sogar dann nicht, wenn sie einen schon vereinnahmt hatten. Ich selbst war im Mai 1933, ohne eigenes Zutun, Mitglied des Jungvolks geworden, das sich die unpolitische Jugendgruppe, der ich damals angehörte, einfach ›eingegliedert‹ hatte. Einige Monate lang war ich also dabeigewesen, und es hatte mir, solange ich mit den alten Freunden beisammen war und wir unseren ›Dienst‹ in gewohnter Weise gestaltet hatten, sogar Spaß gemacht. Aber als uns die Jungvolkführer dann ›gleichzuschalten‹ begannen und aus der Probezeit die reguläre Mitgliedschaft werden sollte, wurde mir bewußt, was das bedeutet hätte. Zum Glück gab es einen unverdächtigen Anlaß, mich vom Jungvolk abzumelden, nämlich einen mehrmonatigen Auslandsaufenthalt, und damit war ich glücklich wieder draußen, wo ich dann auch blieb, ohne bis zum Abitur deshalb auch nur die geringsten Schwierigkeiten gehabt zu haben.

Wir hatten unseren Rundgang durch sein Haus beendet, und während wir zurück ins Wohnzimmer gingen, sagte Kulle: »Ich hatte übrigens vor kurzem ein Streitgespräch mit jemandem, der glatt behauptete, praktisch *alle* Angehörigen unserer Jahrgänge seien mit mehr oder weniger großer Begeisterung in der Hitlerjugend gewesen. Ich konnte ihn mit der Statistik leicht widerlegen: 1938, als wir unser Abitur machten, hatte die HJ fünf Jahre Zeit gehabt, jede und jeden ›einzugliedern‹, und es waren ja auch viele von den Nazis aufgelöste bündische und kirchliche Jugendverbände einfach im ganzen in die Hitlerjugend ›übernommen‹ worden. Tatsächlich hatten HJ, Jungvolk, BDM und Jungmädel im Jahre 1938 zusammen etwa 7,7 Millionen Mitglieder, jedenfalls nach den offiziellen Angaben, und die waren eher zu hoch als zu niedrig.«

»Gewiß«, sagte ich, »aber 7,7 Millionen – das müssen fast zwei Drittel aller in Frage kommenden Jugendlichen gewesen sein.«

»Richtig, aber das heißt doch auch, daß immerhin über ein Drittel der deutschen Jugend, mehr als vier Millionen Jungen und Mädchen, *nicht* mitgemacht hat. Und wenn man weiß, daß auch von den offiziell als HJ-Mitglieder geführten Jugendlichen nicht eben wenige nur den Beitrag bezahlt haben, sich vom ›Dienst‹ aber – durch ein Attest des Hausarztes oder wegen ›schulischer Mängel‹ – befreien ließen, vielleicht auch einfach drückten, dann muß einem doch klarwerden, daß es sehr viele waren, die mit der HJ nichts oder möglichst wenig zu tun haben wollten.«

Tatsächlich war erst von 1937 an der Druck stärker geworden, und im März 1938, als man uns schon zum Reichsarbeitsdienst und etwas später zur Wehrmacht eingezogen hatte, war ein Gesetz erlassen worden, nach dem alle Jugendlichen für den Dienst in der Hitlerjugend in ähnlicher Weise wie für den Wehrdienst erfaßt werden sollten. Aber das hatte unsere Jahrgänge nicht mehr berührt.

»Wir jedenfalls mußten nicht zur HJ«, stellte Kulle abschließend fest, »und wer dem Verein beitrat, der war entweder wirklich dafür oder tat so, als ob er es wäre, aus dem einen oder anderen Grund . . .«

»Versucht ihr, eure Vergangenheit zu bewältigen?« mischte sich nun Kulles Frau in unser Gespräch ein, kaum daß wir im Wohnzimmer vor dem brennenden Kaminfeuer Platz genommen hatten.

Sie war wesentlich jünger als er und hatte, wie Kulle mir später erzählte, einen hohen SS-Führer zum Vater gehabt, der von den Jugoslawen gehenkt worden war. Ehe sie geheiratet hatten, war sie Kulles Assistentin gewesen.

»Da gibt es nicht viel zu bewältigen«, sagte Kulle. »Im übrigen hat es, meiner Meinung nach, nur drei Typen von richtigen Nazis gegeben: Da waren einmal die Angehörigen der Weltkriegsgeneration, die sich mit der deutschen Niederlage ebensowenig abfinden konnten wie mit der Abschaffung der Monarchie und der Weimarer Republik – Leute, die nicht mehr ins Zivilleben zurückfanden, Landsknechtstypen, verkrachte Leutnants und reine Abenteurer« – er warf seiner Frau einen Blick zu, der wohl besagen sollte: solche, wie dein Vater –, »sodann die anderweitig zu kurz Gekommenen, meist unterster Mittelstand – Hilfsbuchhalter, Hausmeister, Schnürsenkelverkäufer, die dann als Blockwarte, Kreisleiter oder Amtswalter der ›Deutschen Arbeitsfront‹ sich mächtig aufspielten und, weil sie früher häufig schlecht behandelt worden waren, die ängstlichen Bürger schikanierten. Schließlich gab es als dritte und letzte Gruppe noch das Lumpenproletariat, darunter viele Arbeitsscheue, Rowdies und Ganoven. Alle übrigen Mitglieder der Nazi-Partei und ihrer vielen Organisationen waren eingeschüchterte Spießer oder reine Opportunisten, wobei es unter den letzteren etliche Intellektuelle und eiskalte Technokraten gab – die waren besonders gefährlich . . .«

»Du hast eine Kategorie vergessen«, meldete sich die etwa gleichaltrige Freundin von Kulles Frau zu Wort, die bis dahin schweigend zugehört hatte. »Es gab auch wirklich Überzeugte, die an den ›Führer‹ glaubten wie an den Heiland und von ihm wie hypnotisiert waren. Meine Mutter, zum Beispiel. Sie hat nie einen Vorteil davon gehabt, daß sie ›Alte Kämpferin‹ in der NSDAP und der NS-Frauenschaft war, jedenfalls keinen materiellen Vorteil – sie durfte in der ersten Reihe sitzen, wenn irgendeine Veranstaltung war, und einmal hat sie dem ›Führer‹ einen Blumenstrauß überreicht – das war der Höhepunkt ihres Lebens. Sie hatte nur Arbeit mit dem Kassieren der Beiträge, dem Sammeln von Spenden und der Lauferei bei den zahllosen Dienststellen, wenn sie für eine kinderreiche Familie eine bessere Wohnung oder dann im Kriege für Ausgebombte eine Unterkunft beschaffen wollte. Sie hat sich wirklich abgerackert! Jede freie Minute, die der Haushalt ihr ließ, opferte sie für irgendeine ›Aufgabe‹. Sie hielt alles für richtig und notwendig, was die Nazis machten, und alles, was über Greueltaten geflüstert wurde, für dummes oder böswilliges Geschwätz.

Aber sie hat nie jemandem bewußt geschadet, sondern immer nur das Beste gewollt. 1945, im Mai, da brach eine Welt für sie zusammen. Wir waren damals – ich war gerade 16 Jahre alt – als Evakuierte in Fürstenfeldbruck. Mutter gehörte zu denen, die von den Amerikanern gezwungen wurden, sich im nahegelegenen KZ Dachau alles anzusehen, und ich mußte sie begleiten. Ich werde das nie vergessen – die Berge von Leichen verhungerter Häftlinge ... Mutter erlitt einen Nervenzusammenbruch, und sie hat sich nur sehr langsam wieder davon erholt.«

»Und dann?« fragte Kulle. »Glaubte sie immer noch an den ›Führer‹? Oder war sie dann kuriert? Sie muß doch gewußt haben, Grete, daß es Konzentrationslager gab und daß dort im Namen des ›Führers‹ zwölf Jahre lang die schrecklichsten Verbrechen verübt worden waren?«

Aber Grete schüttelte den Kopf. »Was ihren Glauben an Hitler betraf, so hat sie sich selbst *da*von nicht beirren lassen. ›Das hat der Führer bestimmt nicht gewollt!‹ hat sie auch später noch gesagt, und ein anderer ihrer unverrückbaren Glaubenssätze lautete: ›Der wirkliche Nationalsozialismus war sauber und anständig!‹ Daran hat sie festgehalten, bis sie vor drei Jahren starb.«

»Und wie ordnete sie die KZs in dieses Weltbild ein?« wollte Kulle wissen.

»So, wie man es ihr auf den Parteiversammlungen erklärt hatte«, gab Grete zur Antwort. »Da hieß es: Das Gesindel muß von den Straßen! Gewohnheitsverbrecher, Sittenstrolche und sogenannte ›Volksschädlinge‹, zum Beispiel Wucherer oder Schieber, werden in den Konzentrationslagern zu ehrlicher Arbeit erzogen. Man bringt ihnen Disziplin und Sauberkeit bei, und natürlich wird keinem ein Haar gekrümmt.«

»Das habe ich zu Hause auch so gehört, als ich zehn oder zwölf Jahre alt war«, warf Kulles Frau ein. »Eine wichtige Erziehungsarbeit, hieß es. Allerdings war bei uns mehr von ›gefährlichen Staatsfeinden‹ die Rede. Ich hörte auch, daß sie ›hart angefaßt‹ würden.«

»Jedenfalls werdet ihr mir recht geben«, sagte Kulle, »daß niemand nachher behaupten konnte, er oder sie hätte gar nicht gewußt, daß es solche KZs überhaupt gegeben hat ...«

Er sagte es mit spürbarer Bitterkeit, und als ich ihn darauf fragend ansah, fuhr er fort: »Mein Vater, der ja nur ein einfacher Pg.* gewesen ist, ein ängstlicher Mitläufer, behauptete 1945, keinerlei Ahnung davon gehabt zu haben, daß Hunderttausende in Konzentra-

* Pg: Bei den Nazis gebräuchliche Abkürzung für ›Parteigenosse‹

tionslager gesperrt und zu Tode gequält worden seien. Dabei war er ein eifriger Zeitungsleser ...«

»Haben es denn die Zeitungen melden dürfen, daß dieser oder jener ins KZ eingeliefert worden sei?« fragte seine Frau erstaunt. »Ich dachte, das sei verheimlicht worden.«

»Nein«, sagte ich, »es stand wirklich von Anfang an beinahe täglich in der Zeitung: ›Volksschädling ins Konzentrationslager eingeliefert‹ oder auch ›Den Häftlingen im Konzentrationslager geht es gut‹. Es wurden auch Bilder veröffentlicht, wobei sich die Fotografen aus der Masse der Eingesperrten diejenigen aussuchten, von denen sie meinten, sie würden abstoßend wirken.«

»Außerdem«, fuhr Kulle fort, »war es ja eine stehende Redensart: ›Pst! Sei vorsichtig! Sonst kommst du noch ins KZ!‹ Ob einer einen politischen Witz erzählte oder am Stammtisch über etwas murrte, das vom Gauleiter angeordnet worden war – immer kam von einem, der es gut meinte, eine solche Warnung. Das war ja das Geheimnis der fast reibungslosen ›Gleichschaltung‹: die Angst der Leute vor dem Terror! Und gerade weil sie im allgemeinen nichts Genaues über die Vorgänge in den KZs wußten, hatten sie noch größere Angst davor ...«

»Natürlich muß dein Vater von der Existenz der Lager gewußt haben, auch wenn er sicherlich keine Ahnung davon hatte, was dort wirklich geschah«, meinte seine Frau.

»Ja«, sagte Kulle, »und es hatte auch seinen Grund, weshalb er später so hartnäckig dabei blieb, keinerlei Kenntnis davon gehabt zu haben.«

Dann erzählte er uns, warum seiner Meinung nach sein Vater nicht hatte wissen wollen, daß es Konzentrationslager gab, und welche Folgen eine Anzeige mit politischem Hintergrund für den Angezeigten mit großer Wahrscheinlichkeit hatte: Im Sommer 1935 waren seine Eltern zum ersten Mal mit den Kindern in Urlaub gefahren. Der Vater hatte die ersehnte Beförderung und damit eine Gehaltsaufbesserung erhalten, und so waren sie für vierzehn Tage nach Schleiden in der Eifel gereist. Sie wohnten dort in einer Pension, zusammen mit anderen Feriengästen, darunter einem Kunstmaler, mit dem Kulles Vater ab und zu abends bei einem Glas Bier gesessen und, wie er sagte, einige ›recht interessante‹ Gespräche geführt hatte.

Eines Morgens gegen Ende des Urlaubs, als die Familie an einem der Tische im Garten zum Frühstück Platz genommen hatte, war Kulles Vater aufgestanden und hatte sich vom gerade frei gewordenen Nebentisch eine Zeitung geholt, die dort liegengeblieben war. Der Kunstmaler hatte dort gesessen. Als er mit einem freundlichen ›Auf Wiedersehn! Wünsche noch einen angenehmen Tag!‹ ins Haus gegangen war, hatte er Kulles Vater einen bedeutsamen Blick zugeworfen.

Kulles Vater hatte gerade wieder Platz genommen und sich der Lektüre der liegengebliebenen Zeitung widmen wollen, als ein am Vortag eingetroffenes Ehepaar erschien und sich am Nebentisch zum Frühstück niederließ. Kulles Eltern sagten höflich ›Guten Morgen!‹, was von den neuen Gästen mit vorwurfsvollem Blick und lautem ›Heil Hitler!‹ erwidert wurde. Kulles Vater hatte daraufhin ebenfalls ›Heil Hitler‹ gesagt und wohl gehofft, daß damit alles wieder im Lot wäre.

Aber dann – er hatte gerade die Zeitung ausgebreitet und darin zu lesen begonnen – war Kulles Vater erschrocken zusammengefahren und hatte plötzlich ganz blaß ausgesehen. Erst nach einer ganzen Weile und angestrengtem Nachdenken war er dann unvermittelt aufgesprungen, hatte die Zeitung scheinbar sehr wütend zusammengeknüllt und war zu dem Tischnachbarn gegangen.

›Heil Hitler! Bitte, entschuldigen Sie die Störung, aber hier ist etwas so Unerhörtes geschehen‹, hatte ihn die Familie sagen hören, ›daß ich Sie unbedingt sprechen muß – von Parteigenosse zu Parteigenosse, sozusagen . . .‹

Die beiden Männer – der andere war, wie sich dann herausstellte, ein SS-Untersturmführer – hatten dann die Zeitung wieder geglättet, sie betrachtet und darüber geredet. ›Ein Emigrantenhetzblatt, das der Jude Georg Bernhard in Paris herausgibt!‹, war von dem Untersturmführer zu vernehmen gewesen. Dann hatte sich Kulles Vater wieder an den Frühstückstisch gesetzt, sehr erleichtert, wie es schien, und der SS-Führer war ins Haus gegangen und hatte telefoniert. Zehn Minuten später war der Kunstmaler, der gerade zu einer Wanderung hatte aufbrechen wollen, von zwei Gestapo-Beamten festgenommen und abtransportiert worden.

»Wir erfuhren nicht, was mit dem Mann dann geschah«, sagte Kulle, »und am nächsten Tag reisten wir ab. Es wurde über den Vorfall nicht mehr gesprochen . . .«

»Meinst du wirklich«, fragte Kulles Frau, »daß dein Vater ein so schlechtes Gewissen hatte wegen dieses Vorfalls? Er hat doch nur sich und euch schützen wollen, denn er mußte doch annehmen, daß der SS-Führer am Nebentisch sehen konnte, um was für ein gefährliches Blatt es sich handelte, das dein Vater da las. Und dann wäre *er* verhaftet und verhört und womöglich ins KZ eingeliefert worden.«

»Gewiß«, sagte Kulle, »aber er hätte ja auch sagen können, die Zeitung wäre von ihm gefunden worden – irgendwo weit weg von der Pension, auf einem Spaziergang durch den Wald, zum Beispiel . . .«

»Meinst du, die Gestapo hätte ihm das geglaubt? Daß er – es konnte ja nur am Vortag gewesen sein – nachmittags im Wald eine Zeitung findet und sie aufhebt, um sie erst am nächsten Tag zum Frühstück zu lesen?«

»Du hast recht«, gab Kulle zu. »Er hatte wohl nur die Wahl zwischen zwei Möglichkeiten: Entweder nahm er selbst das nicht genau abzuschätzende Risiko auf sich, mit der bei strengster Strafe verbotenen Zeitung erwischt zu werden und die Konsequenzen zu tragen. Oder er konnte sich aus jeder Gefahr befreien, indem er unaufgefordert den anderen preisgab. Er wählte das für ihn geringste Übel, und das war zugleich das größte Übel für den Kunstmaler – und zugleich für uns alle, denn nur so funktionierte ja der Terror! Wenn er die Zeitung einfach beiseite gelegt und vorsichtig abgewartet hätte, wie sein Tischnachbar sich verhielt, wäre mit größter Wahrscheinlichkeit gar nichts passiert. Aber dazu fehlten meinem Vater die Nerven. Er war kein bösartiger Denunziant, sondern nur ein ängstlicher, um seinen mühsam errungenen Beamtenposten besorgter Mann, und weil die meisten Leute ebenso ängstlich waren wie er, hatten die SS, die Gestapo und der Sicherheitsdienst ein so leichtes Spiel mit uns. Zur Einschüchterung der Mehrheit genügte es, daß jeder wußte oder wenigstens ahnte, wie brutal und skrupellos das Regime gegen diejenigen vorging, die sich der ›Gleichschaltung‹ nicht fügten oder gegen irgendeines der tausend Verbote verstießen. Denn es war ja nur eine kleine Minderheit, die die große Mehrheit in Schach hielt . . .«

5. Wie viele Nazis gab es?

Hatte wirklich nun eine kleine Minderheit die große Mehrheit der Deutschen terrorisiert? Ich versuchte mich zu erinnern, wie viele Nazis es in den für mich während meiner Schulzeit überschaubar gewesenen Bereichen gegeben hatte. Unter meinen Mitschülern waren ›richtige‹, das bedeutete: gläubige, alle ›Herrenmenschen‹- und ›Lebensraum‹-Thesen, ›Rasse‹-Theorien und Propagandalügen widerspruchslos akzeptierende Jungen oder Mädchen weit in der Minderzahl gewesen. Ihre Anzahl wechselte infolge gelegentlicher Zu- oder Abgänge, aber im Durchschnitt waren es in den Jahren 1933 bis 1938 jeweils höchstens fünf, manchmal auch nur zwei oder drei in jeder Schulklasse gewesen, der ich angehört hatte. Die Klassenstärken hatten zwischen etwa 35 Schülern am Ende der Unterstufe und 22 kurz vor dem Abitur gelegen. Im ganzen hatte der Anteil der ›richtigen‹ Nazis nie mehr als achtzehn, meist knapp über zehn Prozent ausgemacht, und bei den Lehrern war es kaum anders gewesen.

Gewiß, die Herren Studienräte und Oberstudienräte, erst recht der Direktor und in besonderem Maße die zur Staatsprüfung anstehenden Referendare und Assessoren trugen meist ein Parteiabzeichen oder das einer der Gliederungen am Rockaufschlag, grüßten vorschriftsmäßig mit ›Heil Hitler!‹ und behandelten den Unterrichtsstoff nach den Richtlinien. Aber keiner von den älteren und nur wenige von den jüngeren Lehrern waren wirkliche Nazis gewesen. Einer, der sich manchmal besonders hitlertreu gebärdete, hatte, wie wir wußten, eine jüdische Freundin, mit der er zusammenlebte und die er auf diese Weise wohl zu schützen hoffte.

Nur der uns Schülern und, wie wir spürten, auch den meisten Studienräten sehr unsympathische Turnlehrer war ein hundertzehnprozentiger Nazi, so daß sich auch für die gesamte Lehrerschaft ein ähnliches Verhältnis ergab wie bei uns Schülern. Doch das besagte, wie ich mir eingestehen mußte, noch nicht sehr viel. Gymnasien konnten allenfalls als repräsentativ für den gehobenen Mittelstand und das Bildungsbürgertum gelten; Kinder von Arbeitern,

Landwirten, kleinen Angestellten und Beamten der unteren Ränge, also der breiten Mehrheit der Bevölkerung, waren damals auf höheren Schulen und zumal auf Gymnasien noch eine Seltenheit, und hinzu kam, daß sich meine Berechnungen ja nur auf *ein* Gymnasium beschränkten, das in einer überwiegend katholischen rheinischen Großstadt als noch verhältnismäßig liberal galt.
Also versuchte ich die Frage, ob meine Altersgenossen mehrheitlich Nazis gewesen waren oder nicht, auf andere Weise zu ergründen. Unmittelbar vor Hitlers Machtübernahme, Ende 1932, hatte die Hitlerjugend nur etwa hunderttausend Mitglieder gezählt. Nach einer HJ-eigenen Statistik waren fast siebzig Prozent der Mitglieder vor 1933 ›Jungarbeiter und Lehrlinge‹ gewesen und nur zwölf Prozent Schüler. Dagegen gab es damals rund zehn Millionen Jugendliche im Deutschen Reich, die anderen, im ›Reichsausschuß deutscher Jugendverbände‹ zusammengeschlossenen Organisationen angehörten – mehr als in irgendeinem anderen Land der Welt. Es gab Vereinigungen der ›Bündischen‹ Jugend, wie Wandervogel, Deutsche Freischar oder den Großdeutschen Jugendbund; es gab evangelische, katholische, jüdische und sozialistische Jugendverbände, den Jungdeutschlandbund und etwa hundert weitere Gruppen von mehr als nur lokaler Bedeutung.
Die HJ hatte nicht mehr als ein Prozent der in Verbänden organisierten Jugendlichen für sich gewinnen können, ehe Hitler an die Macht gekommen war, und die meisten dieser Jung-Nazis, mehr als zwei Drittel, hatten bereits im Berufsleben gestanden und waren Fabrikarbeiter oder Lehrlinge gewesen. Also mußte man der Frage wohl anders nachgehen.
Etwa um die Zeit, als ich zu dieser Erkenntnis gelangt war, traf ich einen fast gleichaltrigen Freund, einen führenden Gewerkschafter, und als wir am Abend noch zusammen ein Glas Bier tranken, fragte ich ihn: »Sag mal, Werner, wie war das, als du zur Schule gingst: Gab es da viele Nazis bei euch?«
»Ich bin nur bis Ostern 1935 zur Schule gegangen«, antwortete er. »Ich habe ja auch nur die Volksschule besucht, und ich war gerade 14, als ich entlassen wurde. Vor '33, da gab es bei uns in Ludwigshafen ohnehin nur wenige Nazis, und auf meiner Volksschule spielte die HJ überhaupt keine Rolle. Erst nach Hitlers Machtübernahme tauchten die ersten Braunhemden auf. Das waren meist Söhne von kleinen Beamten oder Angestellten. Sie waren aber in der Minderzahl, jedenfalls solange ich zur Schule ging, und so benahmen sie sich einigermaßen. Unser Klassenlehrer, ein Deutschnationaler, gebärdete sich nach '33 immer mehr als stram-

mer Nazi. Ich bekam es manchmal zu spüren, daß mein Vater Kommunist war. Ich mußte mich sehr anstrengen, vor allem bei den Hausaufgaben und den Aufsätzen, denn sonst hieß es bei ihm gleich: ›Na ja, bei *dem* Elternhaus – kein Wunder, daß du im Deutschen versagst!‹ Ich wäre ihm dann am liebsten an den Hals gesprungen . . .«

»Ist dein Vater verhaftet worden?«

»Damals, als ich zur Schule ging, war ihm noch nichts passiert. Er arbeitete bei der Staatsbahn, am Güterbahnhof, und er war bei seinen Kollegen und Vorgesetzten sehr angesehen. Seine Arbeitskollegen, die in die SA eingetreten waren, haben ihn sogar gewarnt, wenn eine Verhaftungswelle bevorstand. ›Franz, heute ist dicke Luft – vielleicht solltest du mal zu deinen Verwandten fahren‹, sagten sie. Dann ging mein Vater am Feierabend nicht nach Hause, sondern fuhr mit der Bahn nach Ellerstadt, wo seine Schwester und sein Schwager eine kleine Landwirtschaft hatten. Das waren nur ein paar Kilometer, und er fuhr als Staatsbahner umsonst. Einer von den Kollegen sagte meiner Mutter Bescheid, damit sie sich keine Sorgen machte. Zum Beispiel, gleich nach dem Reichstagsbrand, Ende Februar, da mußte er sogar für mehrere Tage verschwinden, und meine Mutter schickte mich morgens, vor der Schule, zum Güterbahnhof, damit ich dem Vorsteher ausrichtete, mein Vater sei an Grippe erkrankt. ›So, so‹, sagte der dann zu mir, ›da soll er sich mal in acht nehmen und nicht zu früh wieder aufstehen . . .‹ Und dann wünschte er meinem Vater baldige Genesung und schenkte mir ein Fünferl für ein Eis. Der wußte natürlich Bescheid. Auf diese Weise blieben wir unbehelligt – bis Ostern 1935. Gleich nach den Feiertagen – ich war eben aus der Volksschule entlassen und hatte noch ein paar Tage frei, ehe ich meine Lehrstelle antreten konnte – kam frühmorgens die Gestapo – zwei Männer in Ledermänteln, mit Pistolen in der Hand. Wir hatten eine Zweizimmerwohnung im Hinterhaus, reichlich eng für eine fünfköpfige Familie. Die beiden Gestapo-Leute stellten alles auf den Kopf, kippten die Schubladen aus, rissen die Betten auseinander, sogar die Salzkumpe leerten sie auf dem Tisch aus und suchten auch in der Asche im Ofen nach irgend etwas, woraus sie meinem Vater einen Strick drehen konnten.«

»Haben sie etwas gefunden?«

Werner lachte.

»Nein, das, was sie suchten, fanden sie jedenfalls nicht. Die Schriften, die mein Vater in den Jahren zuvor gesammelt und eifrig studiert hatte, die waren, dick in Wachspapier verpackt, unter der

Holzlege vergraben, und die fanden sie natürlich nicht. Sie beschlagnahmten nur ein paar Bücher, zum Beispiel Walter Mehrings *Zur deutschen Geschichte*, ein Buch, das ich schon als Zehnjähriger mit großem Interesse gelesen hatte, auch mein Lieblingsbuch, *Der Schatz der Sierra Madre* von Traven, und von Heinrich Mann *Der Untertan.* Aber meinen Vater nahmen sie mit. Er wurde dann wegen angeblicher ›Vorbereitung zum Hochverrat‹ zu zwei Jahren Gefängnis verurteilt – ein für die Nazizeit ausgesprochen mildes Urteil, das eigentlich nur zeigte, daß sie ihm nichts hatten vorwerfen können.«

»Und wie ist es dir ergangen?«

»Bis mein Vater wieder freikam – im Oktober 1938 –, war es für uns sehr schwer. Meine Mutter bekam eine winzige Beihilfe vom Sozialamt, die nicht einmal für die Miete reichte, und sie nahm dann eine Putzstelle an. Meine Geschwister waren noch zu klein, um etwas dazuzuverdienen, und so trug ich morgens, bevor ich zur Arbeit ging, noch die Zeitung aus – das brachte ein paar Mark, die wir dringend brauchten. Meine Lehrstelle, die mir mein Vater besorgt hatte, verlor ich schon nach einer Woche wieder – wegen ›politischer Unzuverlässigkeit‹. Der Inhaber des Betriebs war Kreisleiter der NSDAP, und er wollte, wie er mir sagen ließ, keinen Sohn eines ›kommunistischen Hochverräters‹ als Lehrling . . . Der Industrie- und Handelskammer war diese Bestrafung eines Vierzehnjährigen so peinlich, daß sie mir umgehend eine neue Lehrstelle verschaffte, in einem Nazi-Musterbetrieb, der vor allem ›Führer‹bilder und Parteidrucksachen herstellte. ›Kunstanstalt‹ nannte sich das, und ich war sehr glücklich und zufrieden, daß ich dort unterkam.«

»Da waren doch sicherlich nur Nazis beschäftigt. Ging das gut . . .?«

»Das ging sogar sehr gut, und die Kollegen im Betrieb waren alles andere als Nazis. Sie waren fast alle alte Sozialdemokraten und Gewerkschafter, dazu sehr gute, unersetzliche Facharbeiter, die sich einiges herausnehmen konnten. Sie waren eine verschworene Gemeinschaft, und sie haben mich von Anfang an sehr anständig behandelt. ›Denen‹, sagte der Meister zu mir, ›mußt du es zeigen!‹, und mir war klar, daß er mit ›denen‹ die Nazis meinte, die meinen Vater ins Gefängnis gebracht hatten. Er gab mir auch frei, wenn meine Mutter und ich alle sechs Wochen einmal Besuchserlaubnis bekamen – für zwanzig Minuten durften wir dann in Gegenwart eines Gefängnisbeamten mit meinem Vater sprechen. Wenn ich dann, bedrückt von der Gefängnisatmosphäre, zurück in den Betrieb kam, munterte mich der Meister auf und sagte: ›Das geht vorbei! Eines Tages ist der ganze Spuk vorüber ... Sei froh, daß dein Vater gesund ist und daß man ihn dort anständig behandelt – es hätte sehr viel schlimmer kommen können!‹ Ich wußte, was er damit meinte, denn einer der Kollegen war im März '33 für einige Wochen in KZ-Haft gewesen und litt seitdem unter ständigen Schmerzen und schweren Depressionen ...«

»Wie standen denn die Arbeiter zum ›Dritten Reich‹? Ich meine nicht nur die in deinem Betrieb, sondern auch die in den Großunternehmen. Du hast doch da sicherlich einen besseren Einblick gehabt.«

»Die Kollegen im graphischen Gewerbe stellten sicherlich einen Sonderfall dar. Das waren fast ausnahmslos gewerkschaftlich und politisch erfahrene Facharbeiter, denen man so leicht nichts vormachen konnte und die fest zusammenhielten. Mit den Chemiearbeitern von der BASF, beispielsweise, konnten die Nazis anders umgehen, denn da waren die Facharbeiter gegenüber den Angelernten und Hilfskräften oftmals in der Minderzahl. Im ganzen gesehen hatte die Arbeiterschaft durch die Hitlerherrschaft nur Nachteile: die Gewerkschaften waren gleich zu Anfang zerschlagen worden, die Tarifautonomie hatte man beseitigt, die Löhne wurden von den sogenannten ›Treuhändern der Arbeit‹ festgesetzt, die sich nur mit den Unternehmern abstimmten und die Arbeiter nicht einmal fragten. Tatsächlich gingen die Realeinkommen der Arbeiter und Angestellten immer weiter zurück, wogegen die Einkommen aus Kapital- und Betriebsvermögen steil anstiegen. ›Nicht Erhöhung der Stundenlöhne, sondern Einkommenssteigerung allein durch Leistung‹, hatte Hitler ja als ›ehernen Grundsatz‹ aufgestellt. Damals, als die Löhne ja größtenteils auf Akkordarbeit beruhten, bedeutete das, daß die Arbeiter nur einen höheren Lohn bekommen konnten, wenn sie schneller und länger arbeiteten ...«

»Aber merkten sie das? Die Propaganda behauptete ja, es ginge ihnen immer besser ...«

»Ja, natürlich – in ihren öffentlichen Reden erklärten sich alle Naziführer mit der Arbeiterschaft solidarisch und stellten sich als ihre Wohltäter hin. Aber die Praxis war eine andere Sache. Da gab es das ›Gesetz zur Ordnung der nationalen Arbeit‹ vom Januar 1934, das die Unternehmer zu ›Betriebsführern‹ erklärte, die Arbeiter und Angestellten zur ›Gefolgschaft‹, und nach dem ›Führerprinzip‹ war damit der Unternehmer alleiniger ›Herr im Hause‹, dem ›die Treue zu halten war‹. Es gab keinen Betriebsrat, keine Jugendvertretung, keinerlei Mitspracherecht mehr. Nur die Funktionäre der ›Deutschen Arbeitsfront‹ konnten, wenn es allzu grobe Mißstände gab, für Abhilfe sorgen. Aber das betraf dann Dinge, wie die sanitären Einrichtungen oder die Schlösser an den Spinden – Löhne, Akkordhöhen, Überstunden und Abzüge wurden von oben diktiert. Und von 1935 an gab es wieder, wie zu Kaiser Wilhelms Zeiten, die sogenannten ›Arbeitsbücher‹. Ohne Arbeitsbuch durfte niemand beschäftigt werden, und außerdem war es nun mit der Freizügigkeit vorbei, denn wenn ein Unternehmer einen Arbeiter, der gekündigt hatte, nicht weggehen lassen wollte, dann brauchte er ihm sein Arbeitsbuch nicht auszuhändigen.«

»Aber natürlich wagte keiner, dagegen aufzumucken – oder doch?«

Werner dachte einen Augenblick lang nach.

»Nicht offen – dann hätte der ›Betriebsführer‹ die Gestapo antelefoniert, und eine halbe Stunde später wären die ›Rädelsführer‹ hinter Schloß und Riegel gewesen. Aber es gab passiven Widerstand, und manchmal konnten bessere Arbeitsbedingungen auch tatsächlich durchgesetzt werden, sofern alle zusammenhielten, was selten genug der Fall war. Denn natürlich haben sich einige Sand in die Augen streuen oder auch korrumpieren lassen. Das reichte von den ›Kraft durch Freude‹-Urlaubsreisen, die man von der Arbeitsfront vermittelt bekam und die wirklich sehr preiswert waren, bis zur Hoffnung auf einen ›Volkswagen‹.«

»Ich erinnere mich gar nicht daran, daß es den damals schon gegeben hat. Das war doch nur eine Propagandaphrase: ›Für jeden Volksgenossen einen Volkswagen!‹ – von Hitler persönlich erfunden.«

»Du hast insofern recht«, sagte Werner, »als der ›Volkswagen‹ während der Nazizeit nicht gebaut wurde. Aber vorausbezahlen konnte man ihn, und man bekam auch einen Bezugsschein mit Bestellnummer, wenn man drei Viertel des Kaufpreises – der auf nur 990 RM festgesetzt worden war – einbezahlt hatte. Also zahlten viele Arbeiter fleißig ein, Monat für Monat ließen sie sich auch noch 5 Mark vom Lohn abziehen, von dem ohnehin, außer der Steuer und den Sozialabgaben, der Arbeitsfrontbeitrag, die obligatorische Spende für die NS-Volkswohlfahrt und ein paar Groschen für die Winterhilfe, für ›Kraft durch Freude‹ und irgendeinen ›freiwilligen‹ Beitrag abgezogen wurden. Da blieb nicht viel übrig, abgesehen von der Hoffnung auf den ›Volkswagen‹, und die wurde bitter enttäuscht. Keiner hat für seine ›Bestell-Nummer‹ einen Wagen oder das Geld zurückbekommen . . .«

»Dennoch meine ich, daß die Beseitigung der Arbeitslosigkeit tiefen Eindruck auf die Arbeiterschaft gemacht haben muß – sie war schließlich davon am meisten betroffen.«

»Ja«, sagte Werner, »das stimmt. Davon haben sich die Leute blenden lassen. Das war das Hauptargument, mit dem die Nazis viele überzeugt haben. Dabei war, wie wir heute wissen, damals aber allenfalls ahnten, die Arbeitslosigkeit erst im Herbst 1936 so weit beseitigt, daß man von normaler Beschäftigungslage sprechen konnte. Fast vier Jahre dauerte es also, und in dieser Zeit hatten sich auch die anderen großen Industrienationen von der Weltwirtschaftskrise, die 1929 begonnen hatte, wieder erholt – ohne Terror und Gewaltmaßnahmen, ohne die gewaltigen Kriegsvorbereitungen, für die im Deutschen Reich die Arbeitslosen von den Straßen geholt worden waren ... Und für den einzelnen, zumal wenn er Familienvater war, hatte es wahrhaftig nicht nur Vorteile, wenn er, anstatt Stempelgeld zu beziehen, für einen kümmerlichen Stundenlohn körperliche Schwerstarbeit leisten mußte, oft fern von seiner Familie in einem Barackenlager notdürftig untergebracht und aus Gulaschkanonen verpflegt. Denn so war es ja häufig beim Bau der Reichsautobahnen, die aus rein strategischen Gründen gebaut wurden, und erst recht beim Bau des Westwalls. Ein Großteil der Westwall-Bauarbeiter war dienstverpflichtet, ohne Rücksicht auf den erlernten Beruf, und es wurden auch Zigtausende junger Männer eingesetzt, die man einfach zum Arbeitsdienst einberufen und in eine Uniform gesteckt hatte. Die bekamen dann fünfundzwanzig Pfennig Sold am Tag und allenfalls eine Zulage, etwa in Höhe eines Stundenlohnes. Und das ganze Arbeitsbeschaffungsprogramm wurde mit der Notenpresse finanziert – oder, was beinahe noch schlimmer war, mit Wechseln der Reichsbank. Die Zeche haben wir dann ja bezahlen müssen ...«

Wir tranken noch ein letztes Bier und wollten gerade zahlen, als sich der Wirt, ein breitschultriger, ziemlich korpulenter Mann von, wie er uns dann sagte, schon vierundsiebzig Jahren, zu uns gesellte. Er fragte, ob er bei uns Platz nehmen dürfe, und lud uns zu einem hausgebrannten Doppelkorn ein.

»Wir haben gerade über die Nazizeit gesprochen – ob damals die Masse der kleinen Leute besser oder schlechter dran war. Was meinen Sie?«

Er antwortete nicht gleich, füllte erst die Gläser, prostete uns zu und nahm einen kräftigen Schluck. Dann sagte er und sah uns dabei über seine Brillengläser hinweg prüfend an: »Da sind Sie bei mir gerade richtig – haben Sie das gewußt? Nein? Na, es ist ja auch schon lange her. Also, kurz gesagt, ich war sicherlich damals der eifrigste Parteigenosse hier im Viertel, vielleicht in der ganzen Stadt. 1930 bin ich der NSDAP beigetreten. Damals war ich noch nicht Gastwirt, sondern hatte gerade den Laden meines Vaters übernommen, der plötzlich gestorben war – Elektrogeräte und Schallplatten führten wir. Die Nazis waren meine ganze Hoffnung, denn wir standen vor dem Ruin. Kaum noch Kundschaft, und wer kam, kaufte auf Pump oder zahlte fünfzigpfennigweise ab. Wir rackerten uns ab und konnten nicht leben und nicht sterben . . .«

»Wieso hofften Sie auf die Nazis?« fragte Werner.

»Sie hatten ein Programm, wie es besser nicht hätte sein können«, gab der Wirt zur Antwort. »Brechung der Zinsknechtschaft, Kommunalisierung der Großwarenhäuser und ihre Vermietung zu billigen Preisen an kleine Gewerbetreibende, das hätte uns gerettet, denn die billigen Glühbirnen von Woolworth und die Schlagerschallplatten zu Schleuderpreisen, die es in den Warenhäusern gab, die lockten uns die Kunden weg. Und zu allem Überfluß gab es auch noch den großen Laden von Oppenheim in der Hauptstraße mit zwei Filialbetrieben in den Vororten. Das war ein jüdischer Betrieb, viel größer als wir – der konnte billiger einkaufen und sich viel Reklame leisten. Die Nazis aber hatten versprochen, uns von der jüdischen Konkurrenz ebenfalls zu befreien, und das war auch das einzige, was sie von ihren Versprechen gehalten haben! Nur übernahm dann einer der Filialleiter vom Oppenheim das Geschäft. Es wurde in Elektro-Schmidt umbenannt, und die Konkurrenz wurde noch schärfer. Die großen Warenhäuser und die Einheitspreisgeschäfte blieben auch bestehen, und von einer Vermietung der Verkaufsflächen an kleine Leute wie uns war überhaupt nicht mehr die Rede!«

»Aber Sie blieben trotzdem ein überzeugter Anhänger von Hitler?« fragte Werner.

»Na ja«, sagte der Wirt. »Wir hofften weiter, meine Frau und ich. Nur meine Mutter frotzelte uns ständig: ›Na‹, sagte sie, ›wann ziehen wir denn nun um mit dem Laden? Im Erdgeschoß von ›Tietz‹ hätten wir bestimmt einen größeren Umsatz!‹ Ich sprach dann mit unserem Kreisleiter darüber. Erst vertröstete er mich und sagte, man müsse dem Führer etwas Zeit lassen. Die großen Aufgaben ließen sich nicht alle auf einmal und im Handumdrehen bewältigen. Und dann, Ende 1934, als ich noch mal bei ihm war und erklärte, so ginge es nicht weiter, und ich sei schließlich ein ›Alter

Kämpfer‹, der große Opfer für die Bewegung gebracht habe, da riet er mir, doch einfach den Laden zuzumachen oder dem Schmidt als weitere Filiale anzubieten. Er würde mir etwas viel Besseres verschaffen.«

»Und darauf sind Sie eingegangen?« fragte ich.

»Was sollte ich machen? Vom goldenen Parteiabzeichen allein konnten wir nicht leben. Wir standen vor dem Konkurs«, sagte der Wirt und seufzte, als er an seine damaligen Sorgen dachte. Ich erinnerte mich jetzt an einen ähnlichen Fall: Der Vater eines meiner Mitschüler, ein wohlhabender Fabrikant, hatte einen Fahrer, der Obermüller hieß und, wie sich 1933 zeigte, schon seit vielen Jahren in der Nazi-Partei gewesen war. Vielleicht hatte er sich auch eine große Karriere im ›Dritten Reich‹ erhofft, aber er blieb Chauffeur, wie man damals sagte, nur daß er nun an seiner Livree das goldene Parteiabzeichen tragen durfte. Der Vater meines Klassenkameraden war dann ebenfalls der Nazi-Partei beigetreten. ›Obermüller‹, hörte ich ihn einmal zu seinem Parteigenossen Fahrer sagen, ›morgen wird es nichts mit Ihrem freien Samstag – vormittags müssen Sie die gnädige Frau zum Friseur und zur Schneiderin fahren, und abends gehen wir in die Oper – da wird es spät!‹ Und er, der ›Alte Kämpfer‹ mit dem goldenen Parteiabzeichen, antwortete nur kleinlaut: ›Jawoll, Herr Direktor – da kann man nichts machen . . .‹ Ähnlich enttäuschend war es wohl unserem Wirt ergangen.

Er schenkte uns noch einmal die Gläser voll und fuhr dann fort: »Im Oktober 1935, da ging dann auch das bißchen Geld zu Ende, das wir für unser Geschäft bekommen hatten, und ich war noch immer ohne Einkommen. Arbeit hatte ich mehr als genug: Ich kassierte die Parteibeiträge und sammelte für die NS-Volkswohlfahrt, ich lief mit dem ›Völkischen Beobachter‹ von Wohnung zu Wohnung, um Abonnenten zu werben, nahm an allen Veranstaltungen teil und stand mit anderen Alten Kämpfern ›Ehrenwache‹, und am ersten Sonntag jeden Monats, wenn es in allen Haushaltungen und Restaurants nur Eintopf geben durfte und die damit erzielten Ersparnisse ans WHW, an das Winterhilfswerk, abzuführen waren, da hatte ich besonders viel zu tun. ›Treppen-Terrier‹, so spotteten die Leute über mich. Einmal, als ich die Eintopfspende beim Metzger Kuhbier kassieren wollte, hörte ich dessen Tochter rufen: ›Vater, der Treppen-Terrier vom WHW ist da – was soll ich ihm geben?‹ Wie ein Bettler kam ich mir vor, und man konnte den Braten, den die Kuhbiers trotz der Vorschrift im Ofen hatten, bis ins Treppenhaus riechen. ›Gib ihm acht Groschen und zwei von den ›Trommler‹-Zigaretten‹, konnte ich den alten Kuhbier antworten hören, ›die raucht ja doch keiner . . .‹ Die Zigarettenmarke ›Trommler‹ wurde von irgendeinem tüchtigen Fabrikanten für die SA hergestellt und war besonders schlecht . . . Also, kurz und gut, im Oktober 1935 hatte ich es gründlich satt – und das sagte ich dem Kreisleiter auch. Erst wollte er mich in seiner üblichen Art abkanzeln – ›die Partei ist keine Versorgungsanstalt‹ und so weiter – und wieder vertrösten. Aber zum Glück fiel ihm noch etwas ein, und er fragte mich: ›Sie sind doch nicht vorbestraft?‹, worauf ich ihm sagte, daß ich in der Kampfzeit dreimal zu Geld- und zweimal zu Haftstrafen verurteilt worden wäre – wegen Übertretung des Uniformverbots, wegen Hausfriedensbruchs, als wir eine gegnerische Versammlung gesprengt hatten, und wegen Beleidigung meines Konkurrenten Oppenheim. Das wären ›Ehren‹-Strafen, sagte der Kreisleiter, und das machte mich sogar zu einem ›Märtyrer der Bewegung‹. Dann erkundigte er sich, ob ich noch in der Kirche wäre. Meine Frau war katholisch geblieben, aber ich hatte kurz zuvor, wegen der Kirchensteuer, meinen Austritt erklärt und war nun ›gottgläubig‹, wie das damals hieß. Das gab den Ausschlag. ›Ausgezeichnet‹, sagte der Kreisleiter. ›Ich sorge dafür, daß Sie die Kantine in der neuen SS-Kaserne übernehmen können. Ich spreche nachher mit dem Adjutanten vom Kommandeur – der macht das . . .‹ Ja, und so wurde ich Gastwirt und bin es bis heute geblieben . . .«

Wir tranken unsere Gläser leer.

»Dann hat es sich ja doch noch für Sie gelohnt«, sagte Werner, als wir aufbrachen, und der Wirt stimmte ihm sogar zu. Wir gingen dann noch gemeinsam bis zur nächsten U-Bahn-Station.

»Das war ein typisches Schicksal eines ›Alten Kämpfers‹«, meinte Werner. »Denn nur ein kleiner Bruchteil der Anhängerschaft Hitlers aus der Zeit vor seinen großen Wahlerfolgen hat dann später Karriere gemacht. Allenfalls rückte einer in irgendeinem Beamtenapparat zwei Stufen höher auf, als es seiner Qualifikation und Dienstzeit entsprach. Aber die großen Karrieren haben hauptsächlich die anderen gemacht – die Opportunisten und Technokraten. Ich schätze, höchstens fünf Prozent der ›Alten Kämpfer‹ hat es weitergebracht als unser ›gottgläubiger‹ Kantinenpächter.«

Die NSDAP hatte zum Jahresbeginn 1935 genau ermittelt, wie viele Mitglieder sie eigentlich knapp zwei Jahre nach der ›Machtergreifung‹ nun wirklich hatte – ›im Gegensatz zu den vorhandenen Mitgliedsnummern‹, die auf über vier Millionen angestiegen waren, weil man die Abgänge durch Tod oder Austritt nicht berücksichtigt hatte. Es ergab sich, daß es Anfang 1935 etwa 2,5 Millionen Pg's gab – davon fast ein Drittel sogenannte ›Alte Kämpfer‹, also Leute, die schon vor dem 30. Januar 1933 Mitglied der Nazi-Partei gewesen waren. Von diesen rund 800 000 waren etwa 125 000 schon vor September 1930, als die Nazis ihren ersten großen Wahlerfolg erzielten, der Partei beigetreten – so wie der damals noch als Inhaber eines kleinen Ladengeschäfts tätige Gastwirt. Nein, sicherlich hatten die meisten davon später keine großen Vorteile gehabt. Vierzig, vielleicht fünfzigtausend Männer und einige wenige Frauen – das waren die Nutznießer gewesen, die ›Goldfasanen‹, wie man die höheren Ränge der Partei-›Bonzokratie‹ spöttisch nannte, die Leute an den Schalthebeln der Macht, die ›Höheren SS- und Polizeiführer‹, die Männer in den Spitzenpositionen der Ministerien, der unzähligen Verbände und Gliederungen und nicht zuletzt des ›Reichssicherheitshauptamts‹, der eigentlichen Terrorzentrale, die von 1934 an mit ganz wenigen – kaum mehr als zwei Dutzend – SS-Führern den perfekten Polizeistaat aufzubauen begannen.

Für den SD, den geheimen ›Sicherheitsdienst‹ der SS, dessen Zentrale im Berliner Reichssicherheitshauptamt war, hatten die Nazi-Führer mit Vorliebe Leute eingesetzt, die weder Mitglied der NSDAP noch sonst als Anhänger des Regimes bekannt waren.

6. Wie der letzte Widerstand gebrochen wurde

Mit einem Terror sondergleichen hatte das ›Dritte Reich‹ begonnen. Schon in den ersten Wochen nach Hitlers Machtübernahme waren weit über hunderttausend Personen – vor allem kommunistische und sozialdemokratische Funktionäre, Gewerkschafter, linke und liberale Intellektuelle und andere ›Mißliebige‹ – willkürlich verhaftet, verschleppt, mißhandelt, in zahlreichen Fällen auch getötet worden.

Damit hatte die Nazi-Führung den ersten Widerstand im Keim erstickt und die Masse der Bevölkerung so weit eingeschüchtert, wie es ihr nötig erschien. In den folgenden Jahren waren die führenden Nazis bemüht, den zur Aufrechterhaltung ihrer Macht erforderlichen Terror zu legalisieren und zu bürokratisieren. Das begann schon bald nach dem Blutbad vom 30. Juni und 1. Juli 1934, als die SA-Führung fast vollständig liquidiert worden war und die SS, zur Belohnung für die geleisteten Henkerdienste, ihre Selbständigkeit erhalten hatte. Sie fing sofort damit an, ihre Organisation immer mehr mit dem Polizeiapparat zu verschmelzen und in dem Gestrüpp der Zuständigkeiten eine für sie vorteilhafte ›Ordnung‹ zu schaffen. Als erstes wurden die letzten noch bestehenden ›privaten‹ Konzentrationslager aufgelöst, die einzelne SA-Führer sich eingerichtet hatten und wo es die schrecklichsten Quälereien und Folterungen gegeben hatte. Die Opfer waren meist Personen gewesen, die sich in den Jahren der Weimarer Republik den besonderen Haß des jeweiligen SA-Führers zugezogen hatten, zum Beispiel gegnerische Rechtsanwälte oder mutige Journalisten. Aber auch wohlhabende jüdische Geschäftsleute, die sich politisch überhaupt nicht betätigt hatten, waren in diese ›Privat-KZs‹ verschleppt worden. Häufig hatten die SA-Führer dann die Familien solcher Opfer erpreßt – immer mit der Drohung, die willkürlich ›Verhafteten‹ sonst noch schlimmer zu quälen oder zu ermorden. Manche SA-Hauptsturm- oder Standartenführer hatten sich auf diese Weise gewaltig bereichert.

Mit diesen ›Auswüchsen‹, wie sie es beschönigend nannten, begann die SS-Führung Ende 1934 Schluß zu machen. Aber wer gedacht hatte, daß fortan weniger willkürliche Verhaftungen vorgenommen werden würden und daß die Nazis ihre Gefangenen wenigstens nicht mehr zu quälen gedachten, irrte sich gewaltig. Wie die SS die ›Ordnung‹ vornahm, läßt sich ablesen aus der erhalten gebliebenen ersten ›Lager- und Disziplinarordnung‹ für das KZ Dachau, abgefaßt von dem ersten Kommandanten, dem ehemaligen Polizeikommissar Theodor Eicke, der im Juli 1934 Inspekteur aller Konzentrationslager und Kommandeur der SS-Wachverbände wurde. Eicke übernahm dann diese ›Lagerordnung‹ für sämtliche KZs im Deutschen Reich, und es hieß darin beispielsweise:

»... *§ 11: Wer im Lager, an der Arbeitsstelle, in den Unterkünften, in Küchen und Werkstätten, Aborten und Ruheplätzen zum Zwecke der* Aufwiegelung *politisiert, aufreizende Reden hält, sich mit anderen zu diesem Zweck zusammenfindet, Cliquen bildet oder sich umhertreibt, wahre oder unwahre Nachrichten zum Zwecke der gegnerischen Greuelpropaganda über das Konzentrationslager oder dessen Einrichtungen sammelt, empfängt, vergräbt, weitererzählt, an fremde Besucher oder an andere weitergibt, mittels Kassiber oder auf andere Weise aus dem Lager hinausschmuggelt, Entlassenen oder Überstellten schriftlich oder mündlich mitgibt, in Kleidungsstücken oder anderen Gegenständen versteckt, mittels Steinen usw. über die Lagermauer wirft oder Geheimschriften anfertigt, ... wird kraft revolutionären Rechts* als Aufwiegler aufgehängt.

§ 12: Wer einen Posten oder SS-Mann tätlich angreift, den Gehorsam oder an der Arbeitsstelle die Arbeit verweigert, andere zum Zwecke der Meuterei zu den gleichen Taten auffordert oder verleitet, als Meuterer eine Marschkolonne oder eine Arbeitsstätte verläßt, andere dazu auffordert, während des Marsches oder der Arbeit johlt, schreit, hetzt oder Ansprachen hält, wird als Meuterer auf der Stelle erschossen ...

Mit vierzehn Tagen strengem Arrest und mit 25 Stockhieben zu Beginn und am Ende der Strafe werden bestraft, wer in Briefen oder sonstigen Mitteilungen abfällige Bemerkungen über nationalsozialistische Führer, über Staat und Regierung, Behörden und Einrichtungen macht, marxistische oder liberalistische Führer oder Novemberverbrecher verherrlicht ...« usw.

Über den Verfasser dieser schier endlose Strafbestimmungen enthaltenden ›Lagerordnung‹ hatte mir Werner auf dem Heimweg noch einiges erzählt.

Theodor Eicke, der aus Hampont, einem Dorf in der Nähe von Château-Salins in Lothringen, stammte, war von 1920 an Polizei-

kommissar in Werners Heimatstadt Ludwigshafen gewesen. Dort – wie schon zuvor bei anderen Polizeiverwaltungen, unter anderem in Thüringen – hatte er sich an republikfeindlichen, rechtsextremistischen Bestrebungen beteiligt, war wiederholt verwarnt und schließlich aus dem Dienst entlassen worden.
Die damals zum IG Farben-Konzern gehörende Badische Anilin- und Soda-Fabrik, die heutige BASF, der größte Industriebetrieb Ludwigshafens mit seinerzeit knapp achtzehntausend Beschäftigten, stellte den 31jährigen Ex-Polizeibeamten Eicke 1923 als ›Sicherheitskommissar‹ ihres Werkschutzes ein. 1928 trat Eicke der NSDAP, wenig später auch der SS bei, wurde 1930 Führer des SS-Sturms Ludwigshafen und ein Jahr später als SS-Standartenführer mit der Organisation und Leitung der SS in der Rheinpfalz beauftragt.
Wegen der Vorbereitung von Bombenanschlägen gegen politische Gegner kam er dann im März 1932 vor Gericht und erhielt eine Zuchthausstrafe von zwei Jahren, was dazu führte, daß er seine Anstellung beim Werkschutz verlor. Aufgrund seiner guten Beziehungen zu den verschiedenen Polizei- und Sicherheitsdiensten gelang es Eicke, aus der Untersuchungshaft zu fliehen. Im damals faschistischen Italien übernahm er im Auftrag Himmlers die Leitung eines Lagers in Malcesine am Gardasee, das die italienischen Behörden dort für geflohene, in Deutschland steckbrieflich gesuchte SS-Leute eingerichtet hatten.
Gleich nach Hitlers Machtübernahme, im Februar 1933, kehrte Eicke jedoch nach Deutschland zurück und tauchte wieder in Ludwigshafen auf, wo ihm niemand mehr etwas anhaben konnte.
»Ich kann mich noch an ihn erinnern«, hatte Werner dazu bemerkt. »Es muß im Winter 1931/32 gewesen sein. Ich war zehn oder elf Jahre alt und hatte nach der Schule meinem Vater eine Brotzeit für die Mittagspause zum Güterbahnhof bringen müssen. Da kam der Eicke – er war damals noch der große Mann beim Werkschutz – in einem Auto vorgefahren. Der Fahrer riß die Wagentür für ihn auf und stand stramm, wie für einen General. Mein Vater zeigte ihn mir und sagte: ›Das ist der übelste Nazi-Verbrecher in der ganzen Rheinpfalz. Der hat einige Menschenleben auf dem Gewissen. Es ist kein Zufall, daß ihn die Industrie sich als Wachhund hält und daß er jetzt hier herumschnüffelt. Er kommt bestimmt wegen der Fässer . . .‹, und dann zeigte er auf einen Verschlag am Ende des Güterbahnhofs, vor dem zwei Bahnpolizisten Wache hielten. ›Das Zeug hat etwas mit Sprengstoff zu tun‹, sagte mein Vater, und das hat mir großen Eindruck gemacht, und ich

kann mich auch noch an das brutale Gesicht dieses Burschen erinnern . . .«

Eicke war schon damals, noch vor seiner Verurteilung und Flucht nach Italien, in der ganzen Pfalz berüchtigt gewesen wegen seiner Gewalttätigkeit und Roheit. Auch vielen Nazis hatte er mißfallen, und ein paarmal war er sogar mit dem Gauleiter der NSDAP in der Pfalz, Josef Bürckel, einem ehemaligen Volksschullehrer aus Neustadt an der Weinstraße, heftig aneinandergeraten. Als Eicke Mitte Februar 1933 vom Gardasee zurück nach Ludwigshafen kam, hatte Gauleiter Bürckel bereits mit der ›Gleichschaltung‹ begonnen und die Zügel fest in der Hand, und schon nach wenigen Tagen kam es zu einem heftigen Zusammenstoß zwischen den beiden rivalisierenden Naziführern, bei dem SS-Oberführer Eicke gegen den Gauleiter tätlich wurde und ihn niederschlug.

Eickes Rechnung, sich nun zum Alleinherrscher in der Pfalz aufzuschwingen, ging jedoch nicht auf. Der Gauleiter saß am längeren Hebel. Er alarmierte die Polizei, die den tobenden Eicke schließlich überwältigen konnte, ihn auf Anweisung des Gauleiters in ›Schutzhaft‹ nahm und zunächst ins Gefängnis einlieferte, wo man den vor Wut außer sich geratenen SS-Führer kurzerhand in eine Zwangsjacke steckte. Sodann verständigte man den ›Reichsführer SS‹ Heinrich Himmler, und der ordnete an, daß Eicke zur Beobachtung seines Geisteszustands in eine psychiatrische Klinik kam.

Fast vier Monate lang wurde der SS-Rabauke in der geschlossenen Abteilung der Würzburger Psychiatrie festgehalten, und er wäre wohl noch für viele Jahre dort geblieben, hätte nicht der ›Reichsführer‹ einen skrupellosen und brutalen, ihm blind ergebenen Mann benötigt. Himmler erinnerte sich an Eicke, ordnete seine Freilassung an und unterstellte ihm Ende Juni 1933 das Konzentrationslager Dachau, knapp ein Jahr später sämtliche KZs. Eicke war es dann auch, der bei dem Blutbad vom 30. Juni und 1. Juli 1934 mitgewirkt und mit eigener Hand den Stabschef der SA, Ernst Röhm, erschossen hatte. Wenige Tage später war Eicke zum ›Inspekteur der Konzentrationslager und SS-Wachverbände – SS-Totenkopf-Verbände –‹ ernannt und zum SS-Gruppenführer (General) befördert worden. Er hatte damit fast unbegrenzte Macht über Zehntausende von Gefangenen und führte sogleich seine selbstverfaßte ›Lager- und Disziplinarordnung‹ ein, die nicht nur Hängen und Erschießen, Stockhiebe und wochenlangen Dunkelarrest bei Wasser und Brot als ›normale‹ Strafen einführte, sondern auch noch einige besondere, von Eicke erdachte und an Dachauer

Häftlingen erprobte Quälereien, an erster Stelle das besonders gefürchtete ›Baumhängen‹.
Dabei wurden dem – etwa wegen heimlichen Rauchens einer Zigarette oder Aufsuchens des Aborts ohne Erlaubnis – zu Bestrafenden die Hände mit einem Strick fest auf den Rücken gebunden. Dann wurde der Körper hochgehoben und mit der Fessel, die die Handgelenke band, an einen zwei Meter über dem Boden in einen Baum oder Pfosten eingeschlagenen Nagel gehängt, so daß die Füße frei in der Luft hingen und das ganze Körpergewicht an den nach hinten gebogenen Gelenken lastete. Die Folge war ein langsames Ausrenken der Schultern unter sehr großen Schmerzen. Oft wurden die Schreie der Gemarterten noch durch Peitschenhiebe bestraft. Ohnmächtige wurden mit Kaltwassergüssen wieder zum Bewußtsein gebracht, und wer diese Tortur, die zwischen dreißig Minuten und vier Stunden dauerte, lebend überstand, der war ein für immer körperlich und seelisch gebrochener Mensch.

Gerüchte über das, was in den – den Presseberichten zufolge ›einwandfreien‹ – Konzentrationslagern tatsächlich vor sich ging, kursierten in Deutschland besonders im Herbst und Winter 1934. SS-Leute vom Wachpersonal hatten in angetrunkenem Zustand im Wirtshaus davon erzählt; Fahrer, die die SS-Küche des einen oder anderen Lagers belieferten, waren zufällig Zeugen einer Bestrafung geworden, und Ehefrauen der wenigen Verheirateten unter den Angehörigen der ›Totenkopf‹-SS hatten nicht geschwiegen über das, was ihnen von ihren Männern über die Vorgänge in den KZs berichtet worden war.
»Ich kann mich daran erinnern«, sagte Werner. »Es war im Winter '34/35, ich war knapp 14 ... Die Jungen aus dem Vorderhaus hatten mich im Durchgang zum Hof abgefangen und in eine Ecke gedrängt. Sie wollten wissen, warum ich nicht in der HJ sei. Ich sagte: ›Ich mag nicht ...‹ Da lachten sie, und einer von ihnen, zwei Jahre älter als ich, sagte hämisch: ›Quatsch! Du *darfst* nicht, weil dein Vater ein Staatsfeind ist! Paß nur auf, sonst kommst du auch ins KZ, wie er!‹ Ich wußte ja, daß er zum Glück nicht im KZ war, sondern gerichtlich abgeurteilt und im Justizgefängnis. Aber ich nutzte die Gelegenheit, sie zum Reden zu bringen, und sagte: ›KZ? Das gibt's doch gar nicht, das sind doch Greuelmärchen ...!‹ Und darauf sagte er auch prompt: ›Und ob's die gibt! Mein Bruder ist bei der Totenkopf-SS in Buchenwald, da kommen die Volksschädlinge hin und werden kaputtgemacht. Von Ludwigshafen sind auch welche da: der Erwin Mehlmann, das Kom-

munistenschwein, und der alte Landauer, die Judensau.‹ Ich kannte sie beide. Mehlmann war ein Freund meines Vaters, und sie haben ihn dann umgebracht. Der alte Landauer hatte das Kurzwarengeschäft in der Maxstraße, und er hat uns Kindern immer ein Bonbon geschenkt, wenn wir für Mutter etwas holten ... ›Der Jude Landauer‹, erzählte er, ›muß die Latrine mit einer Zahnbürste putzen, und wehe, wenn da noch der kleinste Fleck ist – dann muß er auf den Bock!‹ Ich fragte, was das sei, und er erklärte: ›Da werden sie draufgeschnallt, wenn sie nicht parieren, und dann kriegen sie fünfundzwanzig auf den nackten Hintern, mit dem Ochsenziemer. Und dann gibt's einen Eimer kaltes Wasser über den Kopf, und er muß dann noch sagen: Danke, Herr Rottenführer! Ich verspreche mich zu bessern. So ist das. Mein Bruder hat ihm selber mal eine solche Tracht Prügel verpaßt!‹ So prahlten sie damit – ich habe das nie vergessen«, schloß Werner, und nach einer Weile sagte er noch: »Und nach 1945, als der Spuk vorbei war, da taten sie alle so, als hätten sie nie etwas davon gehört. Sie wußten angeblich nicht einmal etwas von der Existenz solcher Konzentrationslager!«

Ehe wir uns an diesem Abend trennten, traf ich mit Werner noch eine Verabredung für den folgenden Monat, wo er für ein paar Tage in Hamburg sein würde. Dort wollte ich ihn treffen, um gemeinsam jemanden aufzusuchen, von dem Werner sagte: »Das ist ein wichtiger Zeuge – vielleicht der letzte, der noch lebt ...«

Wie war es möglich gewesen, daß nach dem Ende der Nazi-Herrschaft so viele Menschen hatten behaupten können, die Existenz der KZs, erst recht die Vorgänge in diesen Lagern wären ihnen völlig unbekannt gewesen? Ich hatte in den ersten Nachkriegsjahren selbst oft genug Gelegenheit, solche Behauptungen zu hören und war ihnen stets entgegengetreten, denn ich hatte die feste Überzeugung, daß jeder, der das ›Dritte Reich‹ bewußt miterlebt hatte, die Unwahrheit sagte, wenn er erklärte, davon nichts gehört oder gesehen zu haben.

Mindestens gerüchtweise wußten alle davon.

Aber möglicherweise, überlegte ich mir jetzt, haben sie es verdrängt, was ihnen damals zu Ohren kam, wollten es nicht glauben, ja, nicht einmal gehört haben ... Und die damaligen Machthaber unterstützten diesen Prozeß der Verdrängung: Die Nazi-Propaganda versuchte diesen sich hartnäckig haltenden Gerüchten dadurch entgegenzuwirken, daß sie sie als ›Greuelmärchen‹ abtat, die von böswilligen, dem neuen Staat und der Partei feindlich ge-

sinnten Leuten frei erfunden worden wären. Die Bevölkerung wurde aufgefordert, solche Gerüchtemacher der Gestapo zu melden, die diese ›Staatsfeinde‹ dann ›unschädlich‹ machen würde.
Es war höchst gefährlich, öffentlich darüber zu sprechen, was man über die Konzentrationslager erfahren hatte. Denn Hand in Hand mit der Gestapo arbeitete der geheime ›Sicherheitsdienst‹ der SS, der unter der Abkürzung ›SD‹ ebenfalls gegen Ende 1934 erstmals bekannt wurde.
Der ›SD‹ hatte nicht nur seine Spitzel innerhalb der Nazi-Partei und aller ihrer Gliederungen, die zu überwachen anfangs seine Aufgabe gewesen war, sondern breitete sein Netz bald über ganz Deutschland aus. Er beschäftigte schließlich rund hunderttausend nebenberufliche Informanten, die sich über alles und jedes unterrichteten und darüber der Zentrale Meldung machten. Sie lieferten nicht nur allgemeine Stimmungsberichte, sondern bespitzelten auch jeden, der ihnen durch irgendeine Bemerkung oder Handlung verdächtig geworden war.
Bald traute sich niemand mehr, einem anderen gegenüber, dessen Gesinnung er nicht ganz genau kannte, Äußerungen zu machen, die als ›regimefeindlich‹ oder auch nur kritisch ausgelegt werden konnten, und niemand wußte auch, ob sich nicht unter seinen engeren Freunden, ja in seiner nächsten Verwandtschaft, ein SD-Spitzel befand.
Ich selbst erlebte zum erstenmal, was es mit dem ›SD‹ – dessen Existenz und Name mir noch unbekannt war – auf sich hatte, als ich Anfang 1935, gegen Ende der Weihnachtsferien, mit meinen Eltern in einer westfälischen Kleinstadt bei einer befreundeten Familie zu Besuch war, der dort ein Hotel, das ›erste Haus am Platz‹, gehörte.
Ich war fast vierzehn Jahre alt und hatte am Silversterabend bis nach Mitternacht aufbleiben dürfen. Wir hatten, gemeinsam mit anderen Freunden des Hotelier-Ehepaars, an einem großen Tisch in einer Nische des Restaurants gesessen. Nach dem ›Silvester-Souper‹ begannen die Erwachsenen zu den Klängen eines Fünf-Mann-Orchesters Walzer, Tango, English-Waltz, Slowfox und Foxtrott zu tanzen. Es herrschte bald eine recht ausgelassene Stimmung, und um Mitternacht prosteten sich alle zu, stießen miteinander an, wünschten sich ein glückliches neues Jahr und küßten sich, wobei das Licht im Saal für eine Minute ausgeschaltet wurde.
Als es wieder hell geworden war, ebbte der Lärm im Saal plötzlich ab. Ein dicker, kurzatmiger Mann in brauner Parteiuniform mit extrabreitem Lederkoppel und braunen Schaftstiefeln war auf das

Podium geklettert, um eine Ansprache zu halten. Die meisten Leute schienen darüber nicht sehr glücklich zu sein. Der Redner hatte auch schon eine schwere Zunge, und einige lachten sogar, als er sich mit seinen schwülstigen nationalen Phrasen zu verheddern begann. Andere forderten jene, die sich lustig zu machen begannen, mit eindringlichen Gesten und Gebärden auf, doch ja still zu sein, und dann schloß der Braununiformierte seine kurze Rede mit einem markigen: »Gott erhalte unseren Führer!«

»Aber bald – hoffentlich . . .«, wagte ein älterer Herr an unserem Tisch leise zu bemerken, doch laut genug, die entsetzten Blicke einiger anderer auf sich zu lenken. Die Ehefrau des Hoteliers, eine Jugendfreundin meiner Mutter, flüsterte dieser zu: »Um Gottes willen . . .! Hoffentlich hat der Heinz nichts gemerkt!«

Dr. Heinz war der Verlobte ihrer Tochter. Er saß fast am anderen Ende des Tisches. Ich sah zu ihm hinüber. Sein Windhundgesicht war völlig ausdruckslos. Er bemerkte meinen Blick und lächelte, aber es war kein sympathisches Lächeln. Dann stand er auf und forderte, kaum daß die Musik wieder zu spielen begonnen hatte, mit einer kleinen Verbeugung seine Verlobte zum Tanz auf.

Dr. Heinz war Mediziner. Er hatte gerade erst sein Staatsexamen bestanden und beabsichtigte, Militärarzt zu werden. Er war, wie ich ihn selbst hatte sagen hören, ›begeistert vom neuen Deutschland, von der Bewegung und von den großen Möglichkeiten, die der Führer uns eröffnet hat‹. Aber er gehörte nicht der Partei oder gar einem der Nazi-›Kampfverbände‹ an, ›nur der NS-Studentenschaft‹.

Das hörte sich harmlos an.

Was ich damals nicht wußte, sondern erst einige Jahre später erfuhr, erklärte dann manches, was meine Eltern, erst recht deren Freunde, das Hotelier-Ehepaar, und auch mich sehr erschreckte und uns in seinen Ursachen rätselhaft war: Der unvorsichtige ältere Herr, ein in der westfälischen Stadt sehr angesehener Rechtsanwalt, wurde schon einige Tage nach Neujahr von der Gestapo verhaftet. In der örtlichen Zeitung hieß es dann nur, er sei ›als gefährlicher Staatsfeind entlarvt‹ und ›in ein Konzentrationslager eingeliefert‹ worden.

Später, als meine Eltern und ich wieder zu Hause waren, erhielten wir einen Brief von dort, worin die Freunde mitteilten, ›der kurz nach Silvester so plötzlich Erkrankte‹ habe ›Gott sei Dank nicht lange leiden müssen‹; seine aus Esterwegen eingetroffene Urne sei ›in aller Stille beigesetzt‹ worden.

Bei Esterwegen im ostfriesischen Emsland war ein damals berüch-

tigtes, 1936 aufgelöstes Konzentrationslager, so daß es für meine Eltern leicht zu erraten war, daß man den Gefangenen dort umgebracht hatte.
Meine Eltern und deren Freunde, die von dem Schicksal dieses wegen einer einzigen unvorsichtigen Bemerkung im vermeintlichen Freundeskreis auf schreckliche Weise zu Tode gekommenen Mannes noch stärker betroffen waren, hatten dann, als wir sie später im Jahr wieder besuchten, lange gerätselt, wer den Rechtsanwalt verraten haben mochte.
Sie wagten nur im Flüsterton darüber zu sprechen, und vorsichtshalber ließen sie dabei das Grammophon spielen. Niemand vom Personal war in der Nähe gewesen, als die folgenreiche Bemerkung fiel. Also mußte es einer oder eine der an unserem Tisch sitzenden guten Bekannten gewesen sein. Sie mochten es aber keinem zutrauen, schon gar nicht dem Dr. Heinz, der demnächst ihre Tochter heiraten sollte. Der Hotelier, ›Onkel Franz‹, wie ich ihn nannte, sagte dazu: »Ausgeschlossen! Ein so seriöser Mann wie unser Schwiegersohn, der nicht einmal in der Partei ist – der macht doch so etwas nicht! Er ist schließlich Akademiker . . .« Ein Umstand, auf den er besonders stolz war. Und dann fügte ›Onkel Franz‹ noch hinzu: »Ich habe mich übrigens nochmals bei Kreisleiter Müllershagen vergewissert: Dieser Nationalsozialistische Deutsche Studentenbund – das ist mehr oder weniger eine Zwangsorganisation. Da muß man wohl Mitglied sein, wenn man keine Schwierigkeiten an der Universität haben will. Außerdem ist er ja nun mit dem Studium fertig und wird jetzt, wie er sagte, aus dem Verein austreten und auch nirgendwo sonst mehr Mitglied werden. Er will ja zum Militär – da fragt niemand nach Partei- oder NS-Ärztebund-Mitgliedschaft . . .«
Aber sie irrten sich sehr, und auch der dicke Kreisleiter, der die Neujahrsansprache gehalten hatte, war falsch unterrichtet gewesen: Er hatte den NS-Deutschen Studenten-Bund, abgekürzt NSDStB, mit der Deutschen Studenten*schaft* verwechselt, einer von den Nazis ›gleichgeschalteten‹ Massenorganisation, bei der die Mitgliedschaft tatsächlich für einen Studierenden kaum zu vermeiden war.
Für den NSDStB, dem Dr. Heinz angehörte, traf jedoch das genaue Gegenteil zu: Hier war die Mitgliedschaft nicht nur freiwillig, sondern unterlag auch sehr strenger Auswahl. Es waren überhaupt nur ›höchstens fünf Prozent der Studierenden‹, wie es in den Richtlinien hieß, ›zum NSDStB zugelassen‹. Wegen der seit 1933 sehr stark zurückgegangenen Gesamtzahl der Studenten

hatte der NSDStB im ganzen Deutschen Reich nur insgesamt etwa dreitausend Mitglieder, und er sollte – so hatte es der damalige ›Stellvertreter des Führers‹, Rudolf Heß, formuliert – ›eine Art von intellektueller SS‹ und ›die politische Elite‹ der Nazi-Partei an den Hochschulen sein. Der NSDStB stellte nämlich den Kadernachwuchs, speziell für den SD, den geheimen Sicherheitsdienst. Daher übernahm dann auch ein mit Dr. Heinz befreundeter und etwa gleichaltriger Arzt, Dr. Gustav Adolf Scheel, der auch ein hoher SS-Führer war und eine einflußreiche Stellung im SD und in der Umgebung Himmlers hatte, von 1936 an die Führung des NSDStB. Kurz, es handelte sich keineswegs um einen ›harmlosen Verein‹, sondern um eine besonders gefährliche Gruppe, deren Mitglieder nach beendetem Studium als Beamte, Ärzte, Lehrer, Architekten, Rechtsanwälte oder in einem anderen angesehenen Beruf tätig wurden, zugleich aber oft, ohne daß jemand in ihrer Umgebung etwas davon ahnte, dem SD angehörten und ihre Mitbürger bespitzelten.

Dies alles wußten wir damals, im Frühjahr 1935, natürlich noch nicht. Wir ahnten es allenfalls, und jedesmal, wenn einer oder eine aus unserem Freundes- oder Bekanntenkreis von der Gestapo heimgesucht wurde und es sich dann herausstellte, daß sie erstaunlich genaue Kenntnis von Dingen hatte, die ihr eigentlich gar nicht bekannt sein konnten, wuchsen nicht nur Furcht und Respekt vor der beinahe allwissenden Geheimpolizei, sondern auch Mißtrauen und Vorsicht.

Was das Mißtrauen betraf, so begann man erst diejenigen heimlich zu verdächtigen, mit denen es kleine Reibereien gegeben hatte. Konnte es sein, so fragte man sich, daß der Nachbar von Frau Meinerzhagen, dem sie wegen Teppichklopfens während der Mittagsruhe mit polizeilicher Anzeige gedroht hatte, so weit gegangen war, sich mit einer Denunziation bei der Gestapo zu revanchieren? Woher sonst konnten die Gestapobeamten wissen, daß bei Meinerzhagens um Mitternacht ausländische Sender empfangen worden waren, teils mit ›Nigger-Jazz‹ im Programm, teils mit ›Greuelmärchen‹ in den Nachrichten . . .?

Frau Meinerzhagen, die sich darauf hinausgeredet hatte, daß sie den ganz neuen Radioapparat nur einmal ausprobieren wollte – als Kriegerwitwe sei sie an ›feindlichen‹ Sendern wahrlich nicht interessiert –, war mit einer strengen Verwarnung davongekommen. Aber seitdem grübelte sie – und alle ihre verläßlichen Freunde und Verwandten grübelten mit ihr –, wer sie denunziert haben konnte.

Sie war mit ihrer Tochter allein im Haus gewesen. Sie hatte die Fenster und die dicken Vorhänge davor fest geschlossen, und nur ein- oder zweimal war die Lautstärke des Radios vielleicht ein wenig größer gewesen, weil sie etwas ganz genau hatte hören wollen. Es konnte nur dem Nachbarn aufgefallen sein, der möglicherweise ein Loch durch die Wand gebohrt hatte ... Oder war es denkbar, daß in ihrem Telefon, das neben dem Rundfunkgerät stand, ein Abhörgerät versteckt war ...?
Fortan stülpte nicht nur Frau Meinerzhagen, sondern ihr ganzer Freundeskreis, jedesmal, wenn Abhörgefahren ausgeschlossen sein sollten, einen dicken Kaffeewärmer über das Telefon. Aber man durfte dann auch nicht vergessen, ihn später wieder zu entfernen, denn man hätte sich natürlich verdächtig gemacht, wäre jemand ins Zimmer gekommen und hätte die seltsame Verkleidung des Telefons gesehen.
Der Kaffeewärmer war indessen nur eine von vielen Vorsichtsmaßnahmen, die getroffen wurden und die ebenso lächerlich wie unwirksam waren. Die Angst aber, die sehr viele Menschen in Deutschland hatten, war echt und leider auch allzu sehr begründet. Denn immer wieder, oft gerade da, wo man es am wenigsten erwartet hatte, schlug die Gestapo zu.

Das nächste Opfer, das wir kannten und das uns näherstand als der Rechtsanwalt, den wir erst an jenem Silvesterabend 1934 kennengelernt hatten, war der evangelische Pfarrer unserer Gemeinde. Es war ein freundlicher, nur manchmal etwas ungeduldiger Herr, Ende der Fünfzig, der mit seiner kränklichen Frau und zwei Söhnen, von denen der Jüngere auf unser Gymnasium ging, nur hundert Meter von unserer Wohnung entfernt in einem bescheidenen Reihenhaus lebte.
Meine Eltern zahlten zwar Kirchensteuer und Gemeindeabgaben, spendeten auch bei Hauskollekten, nahmen am Gemeindeleben und an den sonntäglichen Gottesdiensten aber nur äußerst selten teil. Auch ich war nur in Ausnahmefällen zur Kirche gegangen und deshalb um so überraschter, als meine Eltern mir Anfang 1935 geraten hatten, mich zum Konfirmandenunterricht anzumelden und mich ›einsegnen‹ zu lassen.
»Man muß jetzt der Kirche mehr Rückhalt geben«, hatte mein Vater dazu bemerkt. »Sie ist die letzte Bastion gegen die Barbarei.«
Meine Mutter war etwas präziser. Sie sagte: »Man muß Pfarrer Klötzel, der sich in seinen Predigten sehr mutig gegen die Grausamkeit und Willkür, vor allem auch gegen den Rassenwahn, aus-

gesprochen hat, unbedingt den Rücken stärken. Wir sollten am Sonntag mal zur Kirche gehen.«

Also hatte ich am Konfirmandenunterricht teilgenommen, den Pfarrer Klötzel selbst erteilte und der viel interessanter war, als ich angenommen hatte. Er verstand es sehr gut, der Bibel und dem Katechismus aktuelle Bedeutung zu geben, zwar in vorsichtiger Umschreibung, aber jedem, der nicht allzu begriffsstutzig war, durchaus verständlich. Auch machte Pfarrer Klötzel keinen Hehl daraus, daß er dem ›Pfarrer-Notbund‹ und der ›Bekennenden Kirche‹ angehörte und daß er die von den Nazis geschaffene ›Glaubensbewegung Deutsche Christen‹ entschieden ablehnte.

Die fanatischen Nazis unter den deutschen Protestanten hatten 1932 diese Glaubensbewegung gegründet, und der Führer dieser ›Deutschen Christen‹ war der ostpreußische Militärpfarrer Ludwig Müller, der im September 1933, nachdem die Gestapo den anfangs starken Widerstand gegen seine Kandidatur rücksichtslos beseitigt hatte, von einer eingeschüchterten Synode zum ›Reichsbischof‹ gewählt worden war.

Der ›Reibi‹, wie Müller dann spöttisch genannt wurde, hatte von Hitler den Auftrag, den in zahlreiche Landeskirchen unterschiedlicher Richtung und etliche freie Religionsgemeinschaften gespaltenen deutschen Protestantismus in einer Reichskirche zu einen und rigoros ›gleichzuschalten‹. Aber es entstand eine Gegenbewegung, die ›Bekennende Kirche‹, die fest entschlossen war, sich dem ›Reibi‹ nicht zu unterwerfen.

Auf der Bekenntnissynode vom Mai 1934 in Wuppertal-Barmen und auf einer weiteren Tagung im November 1934 in Berlin-Dahlem erklärten sich die versammelten Pfarrer für allein berechtigt, die Evangelische Kirche Deutschlands zu repräsentieren. Der Dahlemer Pfarrer Martin Niemöller, ein ursprünglich weit rechts stehender Konservativer, der im Weltkrieg U-Boot-Kommandant gewesen war und noch im Sommer 1933, wie viele andere evangelische Pfarrer, seine Begeisterung für das ›nationale Wiedererwachen‹ laut verkündet hatte, war von da an der Wortführer der ›Bekennenden Kirche‹.

Von den insgesamt etwa 17000 Pastoren waren knapp 3000 ›Deutsche Christen‹, ebenfalls rund 3000 Pfarrer gehörten der ›Bekennenden Kirche‹ an, und die große Mehrheit verhielt sich vorsichtig abwartend. Denn einerseits erforderte es viel Mut, sich als ›Bekenntnispfarrer‹ der Nazifizierung der Kirche, den Rassentheorien und anderen antichristlichen Lehren der Nazis sowie ihrem ›Führer‹kult offen zu widersetzen, andererseits wollten nur wenige

Pfarrer die Judenhetze und den Größenwahn der ›germanischen Herrenmenschen‹ bejahen.
Pfarrer Klötzel, bei dem ich dann im April 1935 konfirmiert wurde, war von Natur aus ein sehr konservativer, vorsichtiger und bedächtiger Mann. Aber in Gewissensfragen war er kompromißlos. ›Jeder, auch der Einfältigste, kann Recht von Unrecht unterscheiden‹, sagte er. ›Wenn wir aber sehen, daß schreiendes Unrecht geschieht, wenn wir gar selbst, und sei es auf höheren Befehl, Unrecht tun sollen, dann müssen wir uns dem widersetzen und Gott mehr gehorchen als den Menschen, die möglicherweise verblendet sind.‹
Im Mai 1935, an einem Spätnachmittag, etwa vierzehn Tage nach meiner Konfirmation, trafen meine Mutter und ich Pfarrer Klötzel auf der Straße. Wir begrüßten uns und sprachen ein paar Worte miteinander. Der Pastor entschuldigte sich dann. Er habe noch einen Hausbesuch bei einer Familie zu machen, der großes Leid widerfahren sei. Außerdem fühle er sich nicht wohl und fürchte, eine Grippe zu bekommen.
Meine Mutter sagte, er solle sich in acht nehmen – die Maiabende seien noch sehr kühl, fügte sie eilig hinzu. Pfarrer Klötzel nickte nur und lächelte. Dann, schon im Weggehen, drehte er sich noch einmal zu uns um und sagte: »Irgendwann wird uns auch wieder die Sonne scheinen . . .«
Am nächsten Tag hörte ich schon auf dem Weg zur Schule, daß der Pfarrer ›abgeholt‹ worden sei. Dann sah ich seinen Sohn kommen und lief zu ihm. »Ist es wahr?« fragte ich ihn.
»Ja«, erwiderte er traurig, »sie kamen mit einem Schutzhaftbefehl. Wegen ›Kanzelmißbrauchs‹ . . . Und er ist gar nicht gut beieinander! Sie haben ihn richtig in den Wagen gestoßen, diese feigen Schurken!«
Einige Wochen später fand in Pastor Klötzels Kirche der Trauergottesdienst für ihn, den im KZ ›Verstorbenen‹, statt. Die Kirche war überfüllt wie nie zuvor, und einige hundert Menschen standen noch vor der Tür. In der Kirche sah ich viele, die fromm katholisch waren, wie Fräulein Bonse, aber auch eine Frau, deren Mann als kommunistischer Funktionär im Zuchthaus saß. Selbst mein Vater, der seit Jahren nicht zur Kirche gegangen war, hatte diesmal dabeisein wollen.
Ein junger Vikar vom ›Pfarrer-Notbund‹ hielt die Predigt. Zum Schluß begann er mit kräftiger Stimme ›Ein' feste Burg ist unser Gott‹ zu singen, die Orgel fiel ein, und alle, drinnen wie draußen auf der Straße, sangen mit.

Um diese Zeit und in den folgenden Monaten wurden in ganz Deutschland mehr als siebenhundert Pfarrer der ›Bekennenden Kirche‹ von der Gestapo verhaftet und in Konzentrationslager gesperrt. In den folgenden Jahren bis Ende 1937 wanderten weitere fast tausend ›Bekenntnispfarrer‹ in die KZs, und viele von ihnen kamen dort ums Leben. Zu dieser Zeit hatte Reichsbischof Müller seine Versuche, alle Protestanten in seine ›Reichskirche der Deutschen Christen‹ zu zwingen, endgültig aufgegeben, war zurückgetreten und aus dem öffentlichen Leben verschwunden. Als am 1. Juli 1937 auch Pastor Niemöller ins Untersuchungsgefängnis Berlin-Moabit kam, war der Widerstand der ›Bekennenden Kirche‹ schon fast gebrochen. Niemöller wurde später von einem Sondergericht zu einer gelinden, durch die erlittene Untersuchungshaft als verbüßt geltenden Strafe verurteilt und aus der Haft entlassen. Doch die Nazis hatten den Respekt vor der Justiz, selbst vor ihren eigenen Sondergerichten, längst verloren. Schon beim Verlassen des Gerichtssaals wurde Pastor Niemöller von der Gestapo in ›Schutzhaft‹ genommen. Er kam ins KZ, erst nach Sachsenhausen, dann nach Dachau, wo er erst bei Kriegsende von den alliierten Truppen befreit wurde.
Fast gleichzeitig mit Niemöllers erneuter Verhaftung wurde die große Mehrheit der noch auf freiem Fuß befindlichen evangelischen Geistlichen gezwungen, einen persönlichen Treueid auf den ›Führer‹ abzulegen. Damit war auch die letzte Bastion gefallen, die dem Terrorregime zumindest moralischen Widerstand geleistet hatte. Die Kapitulation vor dem Unrecht war vollständig.

7. Konnte man wirklich nichts dagegen machen?

»Es war eine schwere Zeit für uns alle«, sagte Dr. Barsch, als er mich zur Tür geleitete. »Was haben wir nicht alles ertragen müssen . . .! Ich bin ja dann auch noch in größere Schwierigkeiten gekommen, und bei dem großen Luftangriff 1942 habe ich meine ganze Bibliothek und wertvolle Manuskripte verloren – ein unersetzlicher Verlust!«
Er hatte mir schon alles ausführlich erzählt und wiederholte es nur zum Abschied noch einmal. In dem großen Spiegel, vor dem ich gerade stand und mir den Mantel anzog, konnte ich sein Gesicht jetzt genau betrachten. Es war noch markanter geworden, und mit dem wehenden weißen Haar, das an den Schläfen abstand, sah er seinem großen Vorbild Gerhart Hauptmann nun noch ähnlicher.
Der inzwischen fünfundachtzigjährige Dr. Barsch hatte mich sehr freundlich empfangen und war sofort bereit gewesen, meine Fragen zu beantworten.
»Ich begrüße das sehr«, hatte er gesagt, »diese Möglichkeit einer Klarstellung und Bereinigung. Mit dem nötigen zeitlichen Abstand und im rechten Licht betrachtet, sieht alles ganz anders aus. Sie werden es sehen . . .«
Wir hatten dann ein langes Gespräch geführt und Erinnerungen ausgetauscht an die Jahre 1932 bis 1937, als wir Nachbarn gewesen waren, Haus an Haus gewohnt hatten. Damals war Dr. Barsch der Feuilletonchef einer angesehenen Tageszeitung, außerdem ein – unter klangvollem Pseudonym schreibender – Lyriker und angehender Dramatiker gewesen.
Anfangs hatte ihn mein Vater sehr geschätzt.
»Ein wirklich interessanter und geistreicher Mann«, war sein Urteil über unseren Nachbarn. »Einige seiner Gedichte sind beachtlich.«
Aber dann, nach dem 10. Mai 1933, war es vorbei mit den Gesprächen über den Gartenzaun und den gegenseitigen Einladungen ›zu einem Glas Wein nach dem Abendessen‹. Der Grund, weshalb er

von Dr. Eberhard Barsch nichts mehr wissen wollte und die nachbarlichen Beziehungen fortan auf Distanz brachte, war ein Artikel im Feuilleton, von Eberhard Barsch namentlich gezeichnet. Er hatte meinen Vater so erregt, wie ich es bis dahin noch nicht erlebt hatte. Er war nach der gerade begonnenen Lektüre dieses Beitrags vom Frühstückstisch aufgesprungen, hatte die Zeitung zusammengeknüllt, sie dann aber wieder geglättet und dazu bemerkt: »Dieses Dokument der Schande muß man sorgfältig aufbewahren – für spätere Zeiten . . .«

Die ›Schande‹, von der mein Vater sprach, war die Bücherverbrennung, und Dr. Barsch hatte sie in seinem Blatt auch noch verherrlicht!

Am 10. Mai 1933 waren abends in Berlin – ausgerechnet vor der von Wilhelm v. Humboldt gegründeten Universität! – sowie in zahlreichen anderen Universitätsstädten die Werke aller jüdischen sowie zahlreicher aus anderen Gründen den Nazis mißliebigen Autoren öffentlich verbrannt worden – ein Akt der Barbarei, wie ihn die Welt seit dem Ende des Mittelalters nicht mehr erlebt hatte!

Die Liste der geächteten Verfasser, insgesamt mehr als zwanzigtausend, war, was die zeitgenössische Literatur betraf, fast lückenlos. Nur ganz wenige bedeutende Namen blieben verschont, aber dafür wurden auch die Werke zahlreicher ausländischer Autoren unter Schmähungen in die Flammen geworfen, so die von Upton Sinclair, H. G. Wells, Jack London, André Gide, Émile Zola, Marcel Proust – die Liste war schier endlos und umfaßte auch die Namen großer Wissenschaftler wie Albert Einstein oder Sigmund Freud.

»Dieser wahrhaft revolutionäre Akt der Selbstreinigung«, hatte Dr. Eberhard Barsch dazu geschrieben, »hat seinen flackernden Schein nicht allein auf das verdiente Ende einer bis ins Mark verfaulten, nun endgültig vergangenen Epoche geworfen, sondern zugleich auf den Beginn einer neuen Ära, auf die nationale Wiedergeburt unseres Volkes. Endlich kann die deutsche Volksseele wieder selbst zum Ausdruck kommen. Die reinigende Kraft des Feuers hat der schleichenden Vergiftung und Zersetzung ein Ende gemacht . . .«

Die ›neue Ära‹, deren schauerlichen Beginn Dr. Eberhard Barsch als eine ›Großtat‹ gefeiert hatte, fing dann tatsächlich an mit einer Reglementierung des gesamten kulturellen Lebens in einem Umfang, wie sie seit den Tagen der finstersten Reaktion in Europa nicht mehr stattgefunden hatte.

Binnen weniger Monate war alles und jedes, was mit Kultur zu tun hatte, den strikten Befehlen des nun für alle Kulturbereiche zuständigen Reichsministers für ›Volksaufklärung und Propaganda‹, Dr. Joseph Goebbels, unterworfen. Am 22. September 1933 ›krönte‹ er sein Werk mit der Schaffung einer ›Reichskulturkammer‹, deren Leitung er selbst übernahm. »Der Sinn der Reichskulturkammer«, verkündete der Minister in einer Rede, die von allen deutschen Sendern übertragen wurde, »ist der Zusammenschluß aller Schaffenden in einer geistigen Kultureinheit.« Die neue Organisation stehe unter dem Schutz und der Führung des Reiches, und das Reich habe nicht nur nach dem ›Führerprinzip‹ die Richtlinien des geistigen und künstlerischen Fortschritts zu bestimmen, sondern auch die kulturschaffenden Berufe zu lenken und zu organisieren sowie zu reinigen von allem ›Entarteten‹, allem, was nicht im Einklang stehe mit der nationalsozialistischen Weltanschauung.
Sieben Einzelkammern wurden dann eingerichtet: eine Reichskammer der bildenden Künste, eine Reichsmusikkammer, eine Reichstheaterkammer, eine Reichsschrifttumskammer, eine Reichspressekammer, eine Reichsrundfunkkammer und eine Reichsfilmkammer.
Alle in diesen Bereichen Tätigen mußten der für sie zuständigen Kammer beitreten und sich den von ihr erlassenen Bestimmungen und Richtlinien unterwerfen. Die Kammern hatten das Recht, die Abstammung ihrer Mitglieder zu überprüfen, denn ›Nichtarier‹, vor allem Personen jüdischen Glaubens oder mit jüdischen Vorfahren, waren nicht zugelassen. Auch ›politisch Unzuverlässige‹ wurden nicht aufgenommen oder konnten jederzeit wieder ›ausgestoßen‹ werden. Das bedeutete, daß nur den Nazis völlig Unverdächtige Mitglied einer Kammer werden und bleiben konnten. Die anderen durften in Deutschland ihren Beruf nicht mehr ausüben und wurden damit auch ihres Lebensunterhalts beraubt.
Die Folge dieser beispiellosen Maßnahmen war, daß nun Tausende von Künstlern, Schriftstellern, Film- und Theaterregisseuren, Kameraleuten, Bühnenbildnern, Redakteuren und anderen Mitarbeitern der Presse und des Rundfunks Deutschland verließen, und da in allen nun von den Kammern beherrschten Kulturbereichen gerade die besten und international berühmtesten Repräsentanten in der Mehrzahl entweder ›Nichtarier‹ oder jedenfalls nicht ›rein arisch‹ oder mit ›Nichtariern‹ verheiratet oder aber ›politisch unzuverlässig‹ im Sinne der Nazis waren, verödete das bis dahin so lebendige deutsche Kulturleben in einem Maße, wie man es sich kaum noch vorzustellen vermag.

»Niemand, der in den dreißiger Jahren in Deutschland lebte und sich über die Dinge Gedanken machte«, schrieb später der amerikanische Korrespondent William L. Shirer, der bis 1941 in Berlin gewesen war, »wird jemals vergessen können, wie verheerend das Kulturniveau eines einst hochstehenden Volkes absank. Das war natürlich von dem Augenblick an unvermeidlich, in dem die Führer der NSDAP entschieden, Kunst, Literatur, Presse, Rundfunk und Film hätten ausschließlich den Propagandazwecken des neuen Regimes und seiner ausgefallenen Weltanschauung zu dienen. Von keinem einzigen heute lebenden deutschen Schriftsteller von einiger Bedeutung – ausgenommen Ernst Jünger und Ernst Wiechert in den Anfangszeiten des Nationalsozialismus« – wobei anzumerken ist, daß Wiechert 1938 für zwei Monate ins Konzentrationslager kam – »wurden Schriften während der Nazi-Herrschaft in Deutschland verlegt. Fast alle emigrierten, voran Thomas Mann; die wenigen, die blieben, schwiegen oder wurden zum Schweigen gebracht . . .«

Die massenhafte Flucht oder Auswanderung der vielen Anerkannten und Erfolgreichen hatte für die in Deutschland zurückgebliebenen Künstler und Schriftsteller, soweit sie in die neuen Kammern aufgenommen wurden, einen großen Vorteil, nämlich daß sie, die bis dahin allenfalls Mittelmäßigen oder gar ganz Erfolglosen, mangels besseren Angebots nun ins Rampenlicht rückten.

Auch Eberhard Barsch hatte wohl gehofft, daß seine bis dahin von den Bühnen verschmähten Dramen jetzt, nach der großen ›Reinigung‹ des Kulturlebens, endlich aufgeführt werden würden. Vielleicht hatte er sich nur deshalb den Nazis so sehr angebiedert.

Ich fragte ihn danach.

»Aber, nein«, erwiderte er eifrig und keineswegs verlegen, »das sehen Sie völlig falsch! Mein Artikel zur Bücherverbrennung – das mußte doch eigentlich jeder merken! – war doch nur eine – als solche deutlich markierte – Pflichtübung! Ich nahm die Rede, die Goebbels in Berlin gehalten hatte, als Vorlage, übernahm die schlimmsten Passagen beinahe wörtlich, fügte noch einige sehr starke Adjektive hinzu und hoffte, daß gerade diese ungeheuren Übertreibungen jedem aufmerksamen Leser zeigten, wie hier einer *gezwungenermaßen* und entschieden *gegen* seine eigene Überzeugung etwas lobte, das er in Wirklichkeit aus tiefster Seele verabscheute . . .«

»Wer hat Sie denn dazu gezwungen?« warf ich ein, und er setzte eilig hinzu: »Sehen Sie, ich mußte befürchten, in Kürze entlassen zu werden. Der Chefredakteur hatte bereits einem ›Alten Kämp-

fer‹ aus der Wirtschaftsredaktion Platz machen müssen. Der Ressortleiter für Innenpolitik war schon am 1. April entlassen worden. Ich mußte befürchten, als nächster an der Reihe zu sein, und hätte dann nirgendwo mehr eine Anstellung bekommen, die meinen Fähigkeiten entsprach. Also mußte ich rasch beweisen, daß ich nicht der ›von des Gedankens Blässe angekränkelte‹ Liberale war, für den die Nazis mich hielten. Um aber meinen Freunden klarzumachen, daß ich dies nur geschrieben hatte, um mir meine Stellung zu erhalten – und das auch im Interesse der Allgemeinheit! –, trug ich so dick auf, daß keiner, der mich kannte, ernsthaft glauben konnte, dies sei meine wahre Meinung. So ist das auch von vielen meiner Freunde und Bekannten verstanden worden. Sie stärkten mir den Rücken und forderten mich auf, nur ja auszuharren und nicht auch noch unser Feuilleton den Nazis zu überlassen. Verstehen Sie mich jetzt?«
Welchen Sinn hätte es gehabt, ihn zu fragen, was denn ein fanatischer Nazi-Kulturredakteur Schlimmeres hätte schreiben können, als er es ›in gewollter Übertreibung‹ getan hatte? Statt dessen fragte ich ihn, wie sein entsetzlicher Artikel zur Bücherverbrennung denn auf die neue Chefredaktion seines Blattes gewirkt hätte.
»Sie waren begeistert«, erwiderte er mit zufriedenem Lächeln, »sie reagierten genauso, wie ich es erwartet hatte. Nun war ich ihr Mann, und mein Feuilleton war gerettet. Natürlich«, fügte er eilig hinzu, »mußte ich den neuen Machthabern auch weiterhin einige Konzessionen machen, aber ich behielt doch einen bedeutenden Teil meiner Unabhängigkeit und konnte manches zwischen den Zeilen spürbar werden lassen. Hier und da gelang es mir sogar, scharfe Kritik einzuflechten. Erinnern Sie sich vielleicht noch meines Leitartikels über ›nationalen Kitsch‹? Nein? Schade, er ist leider mit allen anderen wichtigen Sachen 1942 bei dem großen Luftangriff auf unsere Stadt verbrannt ... Dieser Beitrag hat damals Aufsehen erregt. Sogar die Gauleitung hat sich eingeschaltet. Aber es konnte mir niemand etwas anhaben, denn auch das ›Schwarze Korps‹, die Wochenzeitung der SS, wandte sich fast zur gleichen Zeit gegen diese Kommerzialisierung und Verkitschung nationaler Symbole ...«
Er hielt inne, und da er wohl meine Skepsis spürte, gab er dem Gespräch eine neue Richtung.
»Sehen Sie, ich hatte auch persönliche Gründe, ganz besonders vorsichtig zu sein. Aber dennoch habe ich auf meine Weise der kulturfeindlichen Politik des Regimes Widerstand geleistet. Im

Sommer 1937, zum Beispiel, habe ich eine Doppelseite ›Entartete Kunst‹ ins Blatt gebracht – mit herrlichen Abbildungen der Werke von Chagall, Pechstein, van Gogh, Gauguin, Cézanne und Kokoschka auf der einen und den schrecklichsten Beispielen für den schlechten Geschmack der Nazi-Führer auf der anderen Seite. Gewiß, im Text mußte ich es notgedrungen andersherum darstellen, aber die Bilder sprachen für sich selbst, und es hat viele Leser gegeben, die ganz naiv anfragten, ob wir die Bildunterschriften nicht vertauscht hätten . . .« Er kicherte, offenbar noch immer stolz auf diesen gewagten Streich.

»Darf ich fragen, welche persönlichen Gründe Sie hatten, besonders vorsichtig zu sein?«

Er schien auf meine Frage gewartet zu haben, denn er begab sich sofort an seinen Schreibtisch, nahm eine Mappe mit verschiedenen Schriftstücken heraus, öffnete sie und entnahm ihr ein großes Doppelblatt, das außen die Aufschrift ›Meine Ahnen‹ trug. Auf den beiden Innenseiten war der Stammbaum der Familie Barsch aufgezeichnet.

»Interessant, nicht wahr?« bemerkte er bereits, während er mir die Stammtafel überreichte.

Ich überflog die vielen Namen und stutzte bei einem.

»Ach, Sie stammen von Schadow ab?«

Er strahlte.

»Sie haben den damals ›wunden Punkt‹ auf Anhieb gefunden«, sagte er, sehr zufrieden.

Johann Gottfried Schadow, der große deutsche Bildhauer, hatte sich 1785 mit der jüdischen Juwelierstochter Marianne Devidels aus Wien vermählt. Aus dieser Ehe stammte der zu seiner Zeit sehr berühmte Maler Friedrich Wilhelm v. Schadow, der von 1827 bis 1859 die Düsseldorfer Kunstakademie geleitet hatte, geadelt worden war und nach dem man eine der Hauptstraßen der Düsseldorfer Innenstadt benannt hatte. Sie war auch in der Nazi-Zeit nicht umbenannt worden. Eine Tochter des Malers und Akademiedirektors war Eberhard Barschs Großmutter gewesen – nach Nazibegriffen hatte es sich bei ihr um einen ›jüdischen Mischling 2. Grades‹ gehandelt, und das war für ihren Enkel, den einstigen ›Schriftleiter‹ Dr. Barsch, nicht mehr gefährlich. Soweit hatten die Nazis ihre Ansprüche auf ›Rassenreinheit‹ nicht treiben können, sonst hätten sie am Ende überhaupt niemanden mehr gefunden, der für sie im kulturellen Bereich als Propagandist verwendbar gewesen wäre.

Die einzige ›Volljüdin‹ im Stammbaum der Familie Barsch war

Marianne Schadow, die Ehefrau des großen Bildhauers. Aber sie war lange vor 1800 geboren und zählte selbst nach den strengen Regeln des ›SS-Rasse- und Siedlungs-Hauptamts‹ nicht mehr als eine den Ururenkel belastende Ahnin.
»Mit den Bendemanns sind wir auch verwandt«, sagte Herr Dr. Barsch.
Das war nun, wie ich zufällig wußte, noch etwas weiter hergeholt. Eduard Bendemann, nach dem ebenfalls eine Düsseldorfer Straße hieß, war als Sohn eines Bankiers aus altangesehener jüdischer Familie 1811 in Berlin geboren. Er hatte sich taufen lassen, ehe er Lida, eine Tochter des Bildhauers Schadow aus dessen zweiter, ›arischer‹ Ehe, geheiratet hatte.
Bendemann, einer der berühmtesten deutschen Maler des 19. Jahrhunderts, war dann der Nachfolger seines Schwagers, des jüngeren Schadow, in der Leitung der Düsseldorfer Kunstakademie gewesen. Auch er war geadelt worden, und sein Sohn, Felix v. Bendemann, nach Nazi-›Rasse‹-Begriffen ›Halbjude‹, hatte die Seeoffizierslaufbahn eingeschlagen und es um die Jahrhundertwende in der kaiserlichen Kriegsmarine zum Admiral und Chef der Marinestation ›Nordsee‹ gebracht.
Aber das alles war, soweit es die Abstammung des Dr. Barsch betraf, ganz unerheblich, denn von einer Blutsverwandtschaft mit den Bendemanns konnte ja keine Rede sein. Die in Düsseldorf lebenden Familien v. Schadow und v. Bendemann waren verschwägert und befreundet gewesen, aber daraus hätten selbst die größten ›Rasse‹fanatiker unter den Nazis dem ›Schriftleiter‹ Dr. Barsch keinen Strick drehen können.
Das sagte ich ihm auch, aber er erwiderte auf meinen Einwand nur: »Ja, gewiß«, sagte er, »nach den ›Nürnberger Gesetzen‹ konnte mir niemand etwas anhaben – aber, wissen Sie, ich hatte mich vor 1933 im Kollegenkreis mitunter gerühmt, ein Nachfahre dieser Großen der deutschen Kunst zu sein, des älteren und des jüngeren Schadow und auch des Akademiedirektors Bendemann. Für das Kulturressort und das Feuilleton waren das ja Pluspunkte. Hinzu kam – und das können Sie aus dieser Ahnentafel nicht ersehen –, daß meine Frau eine geborene Barnay zur Mutter hatte, eine Tochter des großen Schauspielers und Begründers der ›Deutschen Bühnengenossenschaft‹, Ludwig Barnay, von dem auch das ›Berliner Theater‹ gegründet und geleitet worden war. Auch dieses Umstands hatte ich mich als junger Mann mitunter gerühmt. Schließlich wollte ich ja, daß die Dramaturgen auf meine Stücke aufmerksam wurden. Aber wie mir dann nach 1933 bewußt wurde,

war auch Ludwig Barnay Jude gewesen, und meine Frau galt als seine Enkelin von 1935 an als ›jüdischer Mischling 2. Grades‹ … Das war eine sehr starke Belastung für mich, alles in allem.«
»Ich erinnere mich nur ganz dunkel an Ihre Frau«, sagte ich. »Haben Sie sich nicht von ihr scheiden lassen?«
»Ja, gewiß«, antwortete Dr. Barsch, »wir haben uns im Herbst '33 im gegenseitigen Einvernehmen getrennt, vor meiner Aufnahme in die Reichspressekammer. Wir sind gute Freunde geblieben, und zum Glück ist ihr ja auch nichts passiert. Aber die Scheidung war unvermeidlich unter den besonderen Umständen. Ich hätte sonst mein Ressort abgeben müssen und wäre entlassen worden.«
»Tatsächlich?«
»Man hat mir damals von der Verlagsleitung aus nahegelegt, mich von meiner Frau zu trennen. Es hätte sonst, wegen meiner exponierten Stellung, allergrößte Schwierigkeiten gegeben – sie waren ja nicht zimperlich, die Herren von der Gestapo, die mit den Präsidien der Reichspresse- und Reichsschrifttumskammer Hand in Hand arbeiteten …«
Ich erinnerte mich an eine ganze Reihe von Männern, die sich während der zwölfjährigen Naziherrschaft *nicht* von ihren ›viertel-‹, ›halb-‹ oder auch ›volljüdischen‹ Ehefrauen getrennt und dafür eine berufliche Benachteiligung in Kauf genommen hatten. Oft waren sie mit stillschweigender Billigung ihrer Vorgesetzten und Kollegen selbst darum eingekommen, aus ›exponierten‹ Stellungen in weniger öffentlich sichtbare und nicht ›kammerpflichtige‹ Bereiche versetzt zu werden, und fast alle hatten das ›Dritte Reich‹ überstanden, ohne daß sie oder ihre Frauen, die gerade durch die Ehe mit ihnen, den ›Ariern‹, vor Verfolgung weitgehend geschützt waren, dadurch Schaden genommen hätten.
Ich wechselte das Thema und erkundigte mich, ob er während der Nazizeit, neben seiner Arbeit als Leiter des Feuilletons, viel veröffentlicht habe.
Er war sehr erfreut, darüber reden zu können.
»Ja, gewiß«, sagte er, »wußten Sie das nicht?«
Und schon ging er zu seinem Bücherschrank.
Während der nächsten halben Stunde hätte ich sicherlich viele Dutzend Gedichte, Kurzgeschichten, Novellen und wahrscheinlich auch wichtige Szenen aus seinen – auch in der Nazizeit nicht aufgeführten, aber in Privatdrucken vorliegenden – Dramen lesen oder anhören und allerlei Bemerkungen dazu machen müssen, denn er brachte einen Stapel von etwa zehn, zwölf kartonierten, schon etwas vergilbten Bändchen sowie einen dickeren Leinen-

band, den er im Begriff war, beiseite zu legen, als es an seiner Wohnungstür läutete.
Er bat mich, ihn zu entschuldigen und mir derweilen die Gedichtbändchen anzusehen. Dann ging er öffnen und stellte dabei den Leinenband in den Bücherschrank zurück.
Ich nahm ihn wieder heraus, blätterte ein wenig darin und sah mir dann den Titel an. Er lautete ›Jungdeutschland im Dritten Reich‹. Es war ein Sammelwerk mit Beiträgen zahlreicher, inzwischen völlig in Vergessenheit geratener Autoren, die in den Jahren nach 1933 hochgeschätzt gewesen waren und den Platz der vielen aus Deutschland vertriebenen oder mit Schreibverbot belegten Schriftsteller von Weltruf eingenommen hatten: Hans Friedrich Blunck, Hans Zöberlein, Hertha Torriani-Seele, Heinrich Anacker – und dazwischen fand ich auch zweimal den Dichternamen unseres früheren Nachbarn Dr. Barsch. Das eine Gedicht hatte die Überschrift ›Die Pflicht ist Wegeweiser‹, das andere – Dr. Barsch hatte es mit einem Lesezeichen markiert und darauf handschriftlich vermerkt: ›Zum Reichsparteitag 1935 – Anerkennungsschreiben von Reichsminister Dr. Goebbels‹ – war betitelt: ›Unser Arbeitsdienst‹. Es begann mit den Zeilen:

›Was wir im Herzen haben,
ist junge Kraft.
Wir hacken und wir graben
mit Leidenschaft.‹

Es folgten weitere fünf Strophen, und die beiden letzten lauteten:

›Und doch sind wir inmitten
des Volks, der Zeit.
Wer durch den Dienst geschritten,
ist liebeweit.

Die nackten Schultern tragen
des Wetters Brand,
Wir wollen und wir wagen:
ein neues Land!‹

Ich stellte den grauen Leinenband zurück in den Bücherschrank und dachte, was wohl die Bendemanns, Schadows und Barnays sowie die mehr als zwei Millionen anderen von den auf dem Reichsparteitag am 15. September 1935 in Nürnberg verkündeten

›Rasse‹-gesetzen betroffenen Deutschen von diesem kulturellen Beitrag des Dr. Barsch gehalten haben mochten, der die ›Feierstunde‹ ihrer Diskriminierung und Verfolgung ›umrahmt‹ hatte.
Gewiß hätten sie dem Dichter, der sich vor 1933 der Verwandtschaft mit ihnen gerühmt hatte, nicht zum Vorwurf gemacht, daß er weder aus Deutschland emigriert war noch dem Naziregime den geringsten Widerstand geleistet hatte. Aber, so mochten sie sich gefragt haben, war es wirklich nötig gewesen, sich den braunen Machthabern gegenüber so liebedienerisch zu verhalten? Hatte sich Dr. Barsch nicht mit einem Übermaß an Loyalität an die Seite ihrer Verfolger gestellt? War er *da*zu gezwungen gewesen?
Das Schriftleitergesetz vom Oktober 1933, mit dem die gesamte deutsche Presse ›gleichgeschaltet‹ worden war, hatte zwar von allen Redakteuren, neben der Reichsangehörigkeit und der ›arischen‹ Abstammung, auch des Ehepartners, ein ›Bekenntnis zum nationalsozialistischen Staat‹ gefordert. Alle im Pressebereich Tätigen waren verpflichtet gewesen, ›aus Zeitungen alles fernzuhalten, . . . was geeignet ist, die Kraft des Deutschen Reiches nach außen und innen, den Gemeinschaftswillen des deutschen Volkes, die deutsche Wehrhaftigkeit, Kultur oder Wirtschaft zu schwächen‹. Aber es wurde von keinem ›Schriftleiter‹ gefordert, schwülstige Hymnen zu den Parteitagen der NSDAP selbst zu verfassen.
Als Dr. Barsch wieder ins Zimmer zurückgekommen war, fragte ich ihn rundheraus, ob er eigentlich, zumindest zeitweise, ein überzeugter Nazi gewesen sei oder was ihn sonst bewogen habe, ein ›Übersoll‹ an Beweisen seiner Loyalität zu erbringen. Der kleine ›dunkle Punkt‹ in der Ahnentafel, noch dazu vor 1800, konnte ihn dazu doch nicht veranlaßt haben, und von seiner ›halbjüdischen‹ Frau war er doch bereits vor Jahresende 1933 geschieden worden.
»Konnte man noch mehr von Ihnen verlangen?« wollte ich wissen.
»Hören Sie, Sie waren noch sehr jung damals. Sie können gar nicht wissen, welcher Druck auf uns Älteren gelastet hat. Sie haben keine Vorstellung davon, was es hieß, ständig gewärtig sein zu müssen, von der Gestapo abgeholt und in ein KZ gesperrt zu werden! Ich habe damals ein solches Lager von innen gesehen – Gott sei Dank nicht als Gefangener! Es war eine Besichtigung, die das ›Promi‹, das Reichspropagandaministerium, für einige in- und ausländische Journalisten arrangiert hatte . . . Es war furchtbar – ich werde das nie vergessen . . .! Sie hatten natürlich dafür gesorgt, daß alles sauber und ordentlich aussah. Aber man *spürte* doch, was

wirklich dahintersteckte! Man konnte die Angst der Häftlinge, die sagten, es ginge ihnen gut, förmlich riechen! – Einer war dabei, den ich kannte, ein Sportredakteur, mit dem ich ein paar Wochen zuvor noch abends im Lokal gegenüber dem Pressehaus gesessen hatte – er sah entsetzlich aus! Kahlgeschoren, verängstigt, um Jahre gealtert . . . Er hatte einen Freund, nach dem die Gestapo fahndete, bei sich übernachten lassen und mit Geld versehen . . . Das war natürlich bodenloser Leichtsinn gewesen, aber es hat mich oft nachts nicht schlafen lassen, wenn ich daran dachte, daß mir so etwas auch passieren könnte – meine Frau hatte noch einen Schlüssel von meiner Wohnung . . .«

Ich verabschiedete mich.

Er begleitete mich zur Tür und redete weiter von seinen damaligen Ängsten und Sorgen, von einer Untersuchung, in die er auch verwickelt gewesen war – wegen eines politischen Witzes, den jemand in der Kneipe erzählt hatte und der zur Anzeige gebracht worden war – natürlich nicht von ihm.

Als er hinter mir schon die Tür schließen wollte, fragte ich ihn: »Erinnern Sie sich noch an Frau Ney, die von der Konditorei an der Ecke . . .«

»Ja, natürlich! Es gab dort zweifellos den besten Kuchen weit und breit. Frau Ney war eine sehr tüchtige Geschäftsfrau, tat allerdings immer sehr fromm – aber das hat dem Kuchen nichts geschadet, und dem guten Kaffee, den es bei ihr gab, auch nicht. Gibt es einen besonderen Grund, weshalb Sie danach fragen?«

»Nein«, erwiderte ich, »es fiel mir nur gerade ein . . .«

8. Von Menschen, die zu helfen verstanden

Fast jeder in unserer Gegend kannte Frau Änne Ney, die Chefin der Konditorei an der Straßenbahngabel, wo sich die Linien trennten, die in die einzelnen Vororte und Nachbarstädte führten. Änne Neys Ehemann, der Konditor, ein wirklicher Meister seines Fachs, war meist in der Backstube. Verließ er sie, dann zog er sich zuvor um und erschien in einem eleganten, maßgeschneiderten Straßenanzug, ›ein Gentleman vom Scheitel bis zur Sohle‹, wie seine Frau zufrieden festzustellen pflegte.
Der Kuchen-, Torten-, Pralinen- und Eisverkauf sowie das stets gutbesuchte Café waren ihre Domäne. Sie nahm die telefonischen Bestellungen entgegen, die weit über das Stadtviertel hinaus, selbst in Nachbarstädte wie Duisburg oder Krefeld, von einem Fahrer ausgeliefert wurden, wachte über die Bedienung am Büffet, wechselte mit jedem der Käufer, den sie kannte, ein paar freundliche Worte und fand auch noch Zeit, sich mit den Stammgästen im Café zu unterhalten. Sie hörte sich gern an, was sich bei ihnen Neues in der Familie und im Berufsleben ereignet hatte, und war stets bereit, helfend oder vermittelnd einzugreifen, wenn ihre guten Dienste benötigt wurden.
Mein Vater pflegte jeden Nachmittag für eine halbe Stunde in dieses Café zu gehen. Meist setzte er sich gar nicht an eines der Marmortischchen, sondern bekam seinen Kaffee in dem winzigen Kontor serviert, wo Änne Ney die telefonischen Kuchenbestellungen entgegennahm und sich vom Stehen hinter dem Büffet etwas ausruhte, denn sie war ›nicht mehr die Jüngste‹, wie sie mitunter seufzend feststellte, und hatte ein Hüftleiden, das ihr oft sehr zu schaffen machte.
Im Kontor unterhielten sich mein Vater und Änne Ney meist im Flüsterton, und ich fand bald heraus, daß diese Gespräche, an denen oft der eine oder andere Stammgast teilnahm, so etwas wie eine politische Nachrichtenbörse waren – und manchmal auch mehr.
Denn Frau Ney, die ich ›Tante Änne‹ nennen durfte und bei der

ich fast unbegrenzten Kredit genoß, was meine sommerlichen Eiskäufe betraf – sie stellte die 70 oder manchmal auch 90 Pfennig am Ende der Woche einfach meinem Vater in Rechnung, der das meist gar nicht bemerkte –, hatte gute Verbindungen nach allen Seiten hin. Leute, die es unter den Nazis zu Macht und Einfluß gebracht hatten, waren früher von ihr zwar kritisiert, aber nie im Stich gelassen worden, wenn ihnen gegen Ende des Monats das Geld für eine Tasse Kaffee gefehlt hatte. Diese nunmehr sehr einflußreichen und inzwischen auch wohlhabenden ›Alten Kämpfer‹, darunter sogar der Gauleiter und der Polizeipräsident, hatten sich eine gewisse Anhänglichkeit an sie und sogar Respekt vor ihr bewahrt, obwohl sie genau wußten, daß Änne Ney keine Sympathie für das Regime hatte. Aber schließlich war sie eine ältere Dame, gehbehindert zudem und immer höflich. Sie durfte daher als völlig harmlos gelten, und man ließ ihr, auch wenn sie freundlich, aber bestimmt, Kritik an – zumal kirchenfeindlichen – Maßnahmen der Nazis äußerte, ein erstaunlich hohes Maß an ›Narrenfreiheit‹. Daß diese Einschätzung von Frau Änne Ney vom Standpunkt der Nazis aus gänzlich falsch war, wußte ich schon bald. Sie wußte auch, daß ich dahintergekommen war, aber das störte sie nicht. Es herrschte vielmehr zwischen ›Tante Änne‹ und mir ein stillschweigendes Einverständnis, daß darüber nie gesprochen und das gegenseitige Vertrauen nur in Anspruch genommen werden durfte, wenn es unbedingt nötig war. Aber auch in solchen dringenden Fällen galt zwischen uns die Regel, alles ganz normal, fast beiläufig, zu besprechen, auf das Wesentliche zu beschränken und jede Dramatisierung zu vermeiden.

»Hier ist dein Eis«, sagte sie etwa, und ich sah mit einem Blick, daß die Portion größer war als üblich, was bedeutete, daß sie irgend etwas von mir wollte. Dann ging ich nicht gleich wieder, sondern schleckte an meiner Eistüte und blieb in der Nähe des Kuchenbüffets stehen, bis ›Tante Änne‹ die Zeit für gekommen hielt, ihre Frage zu stellen, was wiederum abhing von den Kunden, die gerade bedient wurden.

»Kennst du die kleine Wolf, die Ruth? Sie ist etwa so alt wie du, vielleicht auch erst 14 . . .«, fragte sie mich dann, widmete sich aber gleich wieder einem neuen Kunden, während ich über ihre Frage nachdachte.

Die Wolfs waren Juden, ich kannte sie flüchtig. Es waren keine alteingesessenen, wohlhabenden Bürger, wie etwa die Eltern meiner jüdischen Schulfreundin Susanne, sondern sie kamen aus Schlesien oder Westpreußen. Der Vater von Ruth Wolf, die nicht auf die hö-

here Schule ging, sondern in der Abgangsklasse der Volksschule war, hatte eine kleine Schneiderei. Es waren ihm, so hatte ich von Rolf, einem meiner Klassenkameraden, der in derselben Straße wohnte, am Morgen schon gehört, die Scheiben eingeworfen und die zur Anprobe fertigen Stücke von den Schneiderpuppen gerissen und zertrampelt worden.
»Stoff geklaut haben sie auch«, hatte Rolf gesagt, »und Knallfrösche in die Regale geschmissen . . . Eine Schweinerei ist das!« hatte er leise hinzugefügt, obwohl er doch in der HJ war und sonst alles großartig fand, was die Nazis machten, vor allem das ›Führerprinzip‹.
Warum mochte sich ›Tante Änne‹ nach Ruth Wolf erkundigt haben? Während ich noch darüber nachdachte, hörte ich sie zu einer älteren Dame, die eine große Torte gekauft hatte, leise sagen: »Das arme Mädchen hat einen furchtbaren Schock erlitten – es schläft nämlich hinten im Laden, im Umkleideraum, weil die Eltern nur eine Wohnküche haben . . .«, und ich fing auch den Seitenblick auf, den sie mir zuwarf, so daß ich mir zusammenreimen konnte, daß von Ruth Wolf die Rede war.
»Wie geht es dem Fräulein Bonse?« fragte mich ›Tante Änne‹ einen Augenblick später, als gerade niemand in der Nähe war, und sie fügte, ein paar Kuchenkrümel von der Glasplatte wischend, nachdenklich hinzu: »Das Mädchen hat kein Englisch in der Schule gelernt, sonst wäre das ja vielleicht eine Möglichkeit . . .«
Dann kam wieder ein Kunde.
»Heil Hitler, Frau Ney – ich möchte eine schöne große Schokoladentorte und dann noch ein paar Mohrenköpfe und so . . .«
»Grüß Gott, Herr Sturmbannführer«, hörte ich ›Tante Änne‹ freundlich sagen und fand das reichlich kühn. »Oder sind Sie jetzt gar schon Obersturmbannführer? Noch nicht? Na, das wird schon bald werden, da bin ich ganz sicher . . . Wieviel Kuchen soll es denn sein?«
Sie hantierte schon mit dem Papptablett und füllte es mit Mohrenköpfen, Himbeertörtchen, Kremschnitten und Schillerlocken, wobei sie sagte: »Das sieht ja ganz nach einer Geburtstagsfeier aus, Herr Sturmbannführer! – Tatsächlich? Nun, dann gratuliere ich herzlich und wünsche Ihnen alles Gute, vor allem baldige Beförderung – vielleicht erlauben Sie mir . . .?«
Sie schenkte ein großes Glas ihres Hausmarken-Weinbrands für den Sturmbannführer ein, auch ein Gläschen für sich, stieß mit ihm an und plauderte weiter.
Ich überlegte mir währenddessen, daß sie offenbar vorhatte, Ruth

Wolf, die sie vermutlich gar nicht näher kannte, ins Ausland zu schicken, damit sie dort sicher wäre vor solchen Überfällen und sich von dem Schock erholen könnte.
›Tante Änne‹ wollte wohl von mir wissen, ob auch eine Volksschülerin ohne Englischkenntnisse am akademischen Austausch oder, wie ich im Vorjahr für acht Wochen, an einem Ferienkurs in England teilnehmen könnte. Und es schien sie auch zu interessieren, ob sich mit Fräulein Bonse über diesen speziellen Fall reden ließe, woran ich keinen Zweifel hatte.
So sagte ich zu ihr, nachdem der Sturmbannführer gegangen war: »Das Fräulein ist in Ordnung, sogar prima. Willst du ihre Telefonnummer wissen?«
»Ach, ich glaube es ist besser, *du* rufst sie eben mal an. Dich kennt sie ja. Frag sie doch bitte, ob sie wohl so freundlich wäre, mich auf eine Tasse Kaffee zu besuchen, möglichst noch heute – oder gleich morgen früh. Es eilt mir sehr damit. Und erklär ihr bitte, daß ich zu ihr käme, wenn ich aus dem Geschäft weggehen könnte und wenn mir das Treppensteigen nicht so schwerfiele«, woraus ich schließen konnte, daß ›Tante Änne‹ sich auch schon anderweitig nach ihr erkundigt hatte. Woher sollte sie sonst wissen, daß Fräulein Bonse nicht berufstätig war und über ihre Zeit frei verfügen konnte, auch, daß sie vier Treppen hoch, in einer schönen Atelierwohnung mit Blick auf den Rhein, wohnte?
Ich telefonierte also mit ihr. Sie sagte, sie käme in etwa einer Stunde zu Frau Ney, und sie fragte nicht einmal, worum es sich handelte. Es genügte ihr, daß es ›Tante Änne‹ sehr eilig habe, sie zu sprechen.
Ich ging nach Hause und machte Schularbeiten.
An einem der nächsten Tage, als ich mir wieder im Café Ney ein Eis holen ging, erkundigte ich mich bei ›Tante Änne‹, ob Fräulein Bonse ihr hätte behilflich sein können.
Sie nickte nur und widmete sich zunächst einer Kundin, die hereingekommen war. Etwas später sagte sie zu mir: »Ich habe aber noch keine Nachricht, ob alles gutgegangen ist.«
Ich wußte, daß es zwecklos war, im Augenblick weitere Fragen zu stellen. Aber einige Wochen später – ich hatte die Sache schon fast vergessen – zeigte mir ›Tante Änne‹ eine bunte Ansichtskarte aus New York.
»Da wollte ich immer mal hin«, sagte sie, »natürlich nur für ein paar Tage – es soll dort keine einzige richtige Konditorei geben! Man kann es sich kaum vorstellen . . . Übrigens, das Mädchen, die Ruth, ist jetzt dort – bei ihrer Tante und ihrem Onkel. Vielleicht

können ihre Eltern bald nachkommen . . . Sie schreibt, es geht ihr gut.«
Ich wollte etwas fragen, aber es kamen wieder Kunden herein. Ehe sich ›Tante Änne‹ ihnen zuwandte, sagte sie leise zu mir: »Das Fräulein hat auch einen Draht zu den Quäkern – großartige Leute! Es ist ein Jammer, daß sie nicht katholisch sind . . .«
Mehr war zunächst nicht zu erfahren.
Zu Hause schlug ich im ›Klugen Alphabet‹, einem zehnbändigen Konversationslexikon, das ich zur Konfirmation bekommen hatte, das Stichwort ›Quäker‹ nach. Dort stand:
›Quäker (engl. Quakers *[kuäkers]*, eine von George Fox um 1650 gegr., in England und den USA verbreitete Gemeinschaft (rund 150000). Beim Gottesdienst sitzen sie schweigend beisammen, bis einer in sich die Berufung zum Predigen oder Beten empfindet; Gegner des Abendmahls, der Kindertaufe, des Kriegsdienstes und Eides. Bekannt besonders durch ihren Kampf gegen Sklaverei, für Gleichstellung der Frau und durch ihre Fürsorgetätigkeit in und nach dem Weltkriege in Europa.‹
Ich erinnerte mich sofort an einen Jugendroman, den ich gelesen hatte. Er spielte in Nordamerika, und eine Gruppe von Leuten, die sich ›Freunde‹ nannten, hatten geflüchtete Negersklaven vor ihren Verfolgern gerettet, von ihren Ketten befreit und zu einem breiten Fluß gebracht, den sie durchschwimmen mußten, damit sie das Gebiet der Nordstaaten erreichten, wo sie sicher waren, denn dort gab es keine Sklaverei.
Ich war nun sehr gespannt zu erfahren, auf welche abenteuerliche Weise wohl Ruth Wolf vor den Nazis in Sicherheit gebracht worden war.
Ich war dann etwas enttäuscht, als ich später hörte, wie alles vor sich gegangen war. Überraschend an der Geschichte war eigentlich nur, daß ich sie von jemandem erfuhr, dem ich eine, noch dazu wesentliche, Beteiligung an einem solchen ja keineswegs ungefährlichen Akt der Nächstenliebe niemals zugetraut hätte und den ich sogar für einen Nazi, weniger aus Überzeugung als aus kühler Berechnung, gehalten hatte.
Etwa vierzehn Tage nach der geheimnisvollen Mitteilung von ›Tante Änne‹ über die Quäker – es muß Ende Juni 1935 gewesen sein, ein paar Wochen vor dem Reichsparteitag, auf dem Hitler die ›Nürnberger Gesetze‹ zur Entrechtung der Juden bekanntgab – fuhr ich nachmittags in die Stadt, um mich an der Normaluhr am Corneliusplatz mit meinen Freunden zu einem Stadtbummel zu treffen.

»Geh, ehe du wieder nach Hause kommst, bei Herrn Desch vorbei«, hatte mir meine Mutter aufgetragen. »Vaters Anzug ist fertig, und du sollst ihn abholen . . .«

Herr Desch hatte ein vornehmes Schneideratelier in einer stillen Seitenstraße der Königsallee, und er war meinem Vater von ›Tante Änne‹ empfohlen worden, weil er auch die Anzüge ihres Mannes, des Konditors, der immer so elegant gekleidet war, geschneidert hatte.

Ich mochte Herrn Desch nicht. Er war groß, schlank und von geradezu erdrückender Eleganz, hatte ein Gesicht wie ein Karpfen mit kalten, etwas vorstehenden Augen und spärliches, blaßblondes Haar, das er sorgfältig gescheitelt trug, dazu eine seltsam teilnahmslose Art zu sprechen, außer wenn es sich um Stoffqualitäten und den Sitz seiner Anzüge handelte. Zu allem Überfluß war er ›Förderndes Mitglied der SS‹ und trug meist ein entsprechendes Abzeichen am Revers.

Ich kam kurz vor Geschäftsschluß, mußte aber dennoch warten, weil ein höherer SS-Führer seine maßgeschneiderte Ausgehuniform anprobierte und daran etwas auszusetzen hatte.

»Nein, Oberführer, bestimmt nicht!« hörte ich Herrn Desch sagen. »Die Litze sitzt genau nach Vorschrift – dafür lege ich meine Hand ins Feuer! Hier, sehen Sie selbst, Oberführer: Das sind die allerneuesten Bestimmungen des Organisationshauptamts . . .« Er ereiferte sich geradezu.

Schließlich hatte er ihn überzeugt, und während sich der Oberführer der neuen Uniform, die er, wie er immer wieder betonte, ›auf dem großen Empfang des Führers am Reichsparteitag‹ zu tragen beabsichtigte, in einer Umkleidekabine entledigte und sie einpakken ließ – ›mein Fahrer holt sie morgen früh ab‹, ließ er Herrn Desch wissen –, wandte sich dieser endlich mir zu und sagte, nun wieder mit seiner üblichen leisen und unbeteiligten Stimme: »Der Anzug für deinen Vater, nicht wahr? Geh am besten gleich nach hinten, in die Werkstatt. Herr Wolf hat ihn aufgebügelt und wird ihn dir einpacken. Ich komme gleich nach, sobald ich den Laden abgeschlossen habe . . .«

Ich dachte mir nichts bei dem Namen, den Herr Desch genannt hatte, und erst als ich den Schneider sah, der ängstlich darauf zu lauschen schien, ob der SS-Führer noch vorn im Geschäft wäre, und nervös reagierte, als ich ihn fragte, ob er Herr Wolf sei, ging mir ein Licht auf. Das war ja der Vater von Ruth!

»Haben Sie Ihr Geschäft aufgeben müssen?« fragte ich ihn leise. Er nickte traurig.

»Vielleicht können wir ja bald hinübermachen nach Amerika, meine Frau und ich«, flüsterte er. »Wir wohnen vorläufig hier . . .« Er machte eine Kopfbewegung zur Tür eines Hinterzimmers hin. »Herr Desch ist ein guter Mensch. ›Es ist hier sicherer für Sie, Herr Wolf‹, hat er gesagt, ›und Sie brauchen keine Miete dafür zu zahlen . . .‹ Er ist wirklich ein guter Mensch, der Herr Desch . . .«
Ich war sprachlos.
Erst als er den neuen Anzug meines Vaters einzupacken begann, faßte ich mir ein Herz und sagte: »Tante Änne, ich meine: Frau Ney hat mir die schöne Postkarte gezeigt, die Ruth ihr aus New York geschickt hat. Sie hat mir auch erzählt, daß die Quäker ihr geholfen haben . . .«
Er war gerade dabei, den Anzug mit vielen Lagen Seidenpapier auszustaffieren, doch als ich die Quäker erwähnt hatte, war er erschrocken aufgefahren.
»Pst!« flüsterte er. »Das ist nichts für fremde Ohren! Herr Desch will nicht, daß man weiß, was er macht. Er hat sie selber mit dem Auto nach Basel gefahren – denk nur! So ein vornehmer Geschäftsmann macht sich soviel Mühe für unsere Ruth! Er hat ihr sogar . . .«
Er hielt verlegen inne, denn Herr Desch war eingetreten.
»Ich hatte geschäftlich in Basel zu tun, Herr Wolf, und im Auto war Platz genug«, sagte er, und es klang so gelangweilt wie immer. »Meine Frau war froh, sich unterwegs unterhalten zu können. Ich rede nämlich nicht, wenn ich am Steuer sitze. Also, regen Sie sich nicht auf . . .«
Dann nahm er den Karton mit dem Anzug, den Herr Wolf inzwischen verschnürt und mit einem Tragegriff versehen hatte, ging mit mir in den Laden und sagte, ehe er mir die Tür aufschloß: »Fährst du in den großen Ferien wieder nach England?«
»Ja – schon in zehn Tagen.«
»Über Ostende–Dover . . .?«
»Ja, wie letztesmal.«
»Fein«, sagte er. »Ich nehme an, Fräulein Bonse weiß über alles Bescheid – die Abfahrtzeit des Zuges, die Liste der Teilnehmer und die ganzen Formalitäten . . .?«
»Ja, sie organisiert das ja alles.«
Ich war erstaunt, daß er Fräulein Bonse, zumindest ihren Namen, kannte. Ob ihm mein Vater davon erzählt hatte?
Ich zögerte noch, ihn danach zu fragen, als er sich weiter erkundigte: »Fährt nicht auch eine Gruppe nach Frankreich?«
»Ja, aber nach England reisen viel mehr. Wir treffen uns alle im

Kölner Hauptbahnhof, auch die, die nach Frankreich fahren. Bis Lüttich reisen wir zusammen.«
»Dann ist das ja wohl eine ziemlich große Gruppe, die gemeinsam bei Aachen die Grenze passiert. Was schätzt du: Wieviel werdet ihr sein?«
»So zwischen fünfundvierzig und fünfzig Jungen und Mädchen, denke ich, vielleicht auch noch ein paar mehr. Es war recht lustig, das letztemal . . .«
»Ausgezeichnet, wirklich ausgezeichnet«, meinte Herr Desch dazu, und es klang noch etwas gelangweilter als sonst. »Die Kontrolle kümmert sich wohl nicht viel um euch – oder?«
»Überhaupt nicht – wir haben einen Sammelfahrschein bis Lüttich, und dann hat jede der beiden Gruppen ihren eigenen Sammelfahrschein, den zeigt die Begleiterin einmal in Deutschland und einmal in Belgien dem Zugschaffner, der dann durchzählt, ob die angegebene Kopfzahl stimmt – das ist alles. Wir müssen natürlich so lange in den Abteilen bleiben . . .«
»Und der Zoll?«
»Der sammelt nur bei unserer Begleiterin die Devisenbescheinigungen ein – jeder darf 50 Mark mitnehmen –, und die Grenzpolizei zählt auch nur, wie viele wir sind, und läßt sich von der Begleiterin zeigen, daß die Anzahl der Reisepässe und Lichtbildausweise mit der Kopfzahl übereinstimmt . . .«
Ich begann bereits zu ahnen, warum er sich dafür so sehr interessierte, und wunderte mich nicht mehr, als Herr Desch nun auch noch wissen wollte, ob sich die Grenzbeamten jeden Ausweis genau ansähen, ob sie die Lichtbilder mit den Gesichtern verglichen und wie lange die ganze Prozedur denn so ungefähr dauerte.
»Keine fünf Minuten«, sagte ich. »Sie steigen in Aachen ein und bis Herbestal müssen sie fertig sein. Uns nehmen sie überhaupt nicht für voll. Sie prüfen nur, ob die Anzahl mit den Papieren übereinstimmt.«
»Das hört sich ja alles sehr gut an«, meinte er abschließend. »Hoffentlich bleibt es genauso, wie du es erlebt hast, aber ich denke, da wird sich wohl nichts geändert haben . . .«

Als ich zehn Tage später im Kölner Hauptbahnhof zu der Reisegruppe stieß, wunderte ich mich nicht, daß wir weit zahlreicher waren als im Jahr zuvor: etwa fünfundsechzig Jungen und Mädchen. Einige kannte ich, weil sie auch schon zum zweitenmal nach England oder Frankreich fuhren, anderen war ich in der Schule oder sonstwo schon begegnet. Nachdem wir uns begrüßt und bei der jeweils für uns zuständigen Reisebegleiterin, einer Studentin, gemeldet hatten, stiegen wir in den für uns reservierten Wagen ein und machten es uns dort bequem. Ich schaute aus dem Fenster und war nicht sonderlich überrascht, als ich den eleganten Herrn Desch sah. Er ließ sich seine Koffer von einem Gepäckträger zu einem Wagen 1. Klasse schaffen.

Im Vorübergehen sah er mich an. Seine Fischaugen blieben ausdruckslos, aber er nickte mir zu, ohne zu lächeln. Am Revers seines Staubmantels sah ich das SS-Abzeichen.

Als wir etwa anderthalb Stunden später die Grenze passiert hatten und das Grenzpolizei-, Zoll- und Zugpersonal ausgestiegen war – man hatte uns so flüchtig kontrolliert, wie ich es Herrn Desch vorausgesagt hatte –, sah ich ihn auf dem Gang unseres reservierten Wagens. Er sprach mit der Studentin, die meine Gruppe bis London begleitete. Sie gab ihm eine Tasche mit Pässen und anderen Papieren.

In Lüttich stiegen nicht nur diejenigen aus, die die nächsten Wochen in Frankreich verbringen sollten und in den Zug nach Paris umstiegen, sondern weitere sechzehn Jungen und Mädchen. Sie bildeten eine Gruppe für sich. Ein Gepäckträger kam mit einer Karre, auf der schon der Koffer von Herrn Desch stand, und dann erschien auch er.

»Stellt euer Gepäck auf die Karre«, sagte er, »und beeilt euch, bitte. Unser Zug fährt in acht Minuten ab. Im letzten Wagen sind drei Abteile für uns reserviert. Wir brauchen in Maastricht nicht umzusteigen – es ist der Kurswagen nach Rotterdam, direkt bis zum Hafen . . .«

Er sprach so gelangweilt, daß ihn seine Schützlinge, teils verwundert, teils etwas ängstlich, anstarrten. Er schien sich nichts daraus zu machen.

»Bitte, beeilt euch«, sagte er noch einmal und wandte sich zum Gehen. Der Studentin, die ihm im Zug die Pässe und Reiseunterlagen ausgehändigt hatte, nickte er einen zerstreuten Abschiedsgruß zu.

»Wohin fahren die denn?« fragte ich sie, als die Gruppe von Herrn Desch verschwunden war.

»Stell dir vor«, erzählte sie mir, »die fahren tatsächlich mit dem Schiff nach Amerika! Ich wußte das auch nicht, und Fräulein Bonse hat mir nur gesagt, daß eine Gruppe von sechzehn Jungen und Mädchen von Lüttich aus nach Holland weiterreist. Ich habe mich schon gewundert, weil es doch auch einen direkten Zug gibt. Aber die Organisation, die sie eingeladen hat, wollte, daß sie bis Lüttich mit uns reisten. Sie nennt sich ›Gesellschaft der Freunde‹, und der Herr, der sie eben in Empfang genommen hat, gehört wohl auch dazu. Es war jedenfalls wirklich sehr freundlich von ihm, sich den Umweg zu machen. Wenn er seine Gruppe in Rotterdam aufs Schiff gebracht hat, nimmt er die Nachtfähre von Hoek van Holland nach Harwich. Er muß nämlich auch nach England. Er will dort Stoffe einkaufen, und er hat dafür eine große Devisenzuteilung . . . Hier, das soll ich dir von ihm geben – kennst du ihn näher?«

Ich nahm den Umschlag, den sie mir gab, und antwortete auf ihre Frage, daß mein Vater mit ihm geschäftlich zu tun hätte. Später ging ich in den Waschraum, verriegelte die Tür und sah nach, was in dem Umschlag war: Ein Zettel steckte drin, außerdem ein kleineres, sorgfältig verschlossenes Kuvert und eine englische Pfundnote.

»Bitte gib den Brief sobald wie möglich bei der Empfängerin persönlich ab«, stand auf dem Zettel. »Fahrgeld anbei.« Die Adressatin, die einen deutschen Namen hatte, wohnte in derselben Stadt in Yorkshire, in die ich reiste. Es würde mich höchstens eine Stunde und sechs Pence an Fahrgeld kosten, den Auftrag auszuführen, und ich war sehr erfreut über die Aufbesserung meiner schmalen Reisekasse.

Wegen der sehr strengen Devisenbewirtschaftung – die Naziführung steckte ja alles Geld in die Kriegsrüstung und gab Devisen nur zum Ankauf von fehlenden Rohstoffen frei – konnten gewöhnliche Auslandsreisende bloß fünfzig, später sogar nur zehn Mark in ausländische Währung umtauschen, und die Ausfuhr deutscher Banknoten war bei strengster Strafe verboten. Das war auch das Haupthindernis für alle diejenigen, die dem Terror in Deutschland durch Auswanderung entgehen wollten: Sie durften ihre Ersparnisse nicht mitnehmen!

Ein ausgeklügeltes System von Kontrollen, Sondersteuern und -abgaben sorgte dafür, daß ein Emigrant, sofern ihn die Gestapo überhaupt ausreisen ließ, praktisch mittellos, meist nur mit zehn Mark als gesamtes Vermögen, in ein fremdes Land kam. Auch die Mitnahme von Wertsachen aller Art, die man im Ausland hätte verkaufen können, war auf ein Mindestmaß begrenzt und wurde ebenfalls streng kontrolliert.

Herr Desch hingegen schien keine Devisenschwierigkeiten zu kennen. Ob er wohl deshalb ›Förderndes Mitglied der SS‹ geworden war und Galauniformen aus feinstem englischem Tuch anfertigte? Jedenfalls brachte er, wie ich viele Jahre später erfuhr, bis zum August 1939, als der Krieg ausbrach, mehrere hundert Menschen,

hauptsächlich Kinder und Jugendliche aus jüdischen Familien, sicher und mit etwas Geld versehen ins Ausland, entweder zu Verwandten oder in die Obhut seiner Quäker-Freunde. Die damals oft gehörte Frage, ›Was soll man denn dagegen machen?‹, beantwortete er auf seine Weise.
Fräulein Bonse und ›Tante Änne‹ Ney aber fanden noch ganz andere Antworten darauf.

9. Wie die Schraube weiter angezogen wurde

»Im Winter 1935/36 verstärkte sich der Druck. Überall bekam man es zu spüren. Ich beschloß kurz vor Weihnachten trotz dieser sich zuspitzenden Lage in Ski-Urlaub zu fahren. Ich dachte mir: ›Es ist vielleicht das letzte Mal ...‹, und ich liebte die bayerischen Berge so sehr ...«

Mrs. Armstrong, nun etwa fünfundsechzig Jahre alt, eine Frau mit rundem, freundlichem Gesicht und wohlfrisiertem silbergrauem Haar, war damals zwanzig gewesen und in Hannover aufgewachsen. Als sie um Weihnachten 1935 den Entschluß gefaßt hatte, in Oberbayern Urlaub zu machen, lebte sie in Köln und arbeitete beim Rundfunk. Kurz vor der Machtübernahme war sie dort als Ton-Cutterin eingestellt worden. Margarete Nußbaum hatte sie damals geheißen.

Grete, wie sie genannt wurde, hatte sich also zehn Tage Urlaub genommen und war zum Wintersport gefahren, doch schon bei der Ankunft hatte sie dann die erste böse Überraschung erlebt.

»Wir kamen am Bahnhof an und stiegen in den Omnibus, denn das Dorf, wo Freunde meiner Eltern ein Ferienhaus hatten und wo ich wohnen wollte, hatte keine eigene Bahnstation. Ich schaute aus dem Fenster. Die Sonne ging gerade unter, und die weiten, schneebedeckten Wiesen schimmerten rosa – es war ganz herrlich! Doch dann kamen wir zum Ortseingang, und quer über die Landstraße gespannt war ein breites Spruchband, auf dem stand: ›Juden betreten diesen Ort auf eigene Gefahr!‹ ... Da war meine Urlaubsfreude schon dahin.«

Denn Grete galt damals, auch wenn es beim ›Reichssender Köln‹ noch niemand wußte, nach den gerade erlassenen Ausführungsbestimmungen zu den ›Nürnberger Gesetzen‹ als ›Volljüdin‹; die deutsche Reichsbürgerschaft war ihr aberkannt, und sie hatte in ihrem Vaterland nicht einmal mehr Gastrecht. Sie war im Deutschen Reich nur noch ›geduldet‹, und das mit ganz erheblichen Einschränkungen ihrer bürgerlichen Rechte, würde in Kürze ihre Anstellung verlieren und weder in ihrem erlernten Beruf noch in einem anderen, der ihren Fähigkeiten und Neigungen entsprach, eine Arbeitsstelle finden.

»Irgendwie hatte ich gehofft, in dem schönen Ferienort wäre vielleicht die Zeit stehengeblieben und es hätte sich nichts verändert gegenüber früher. Natürlich war das eine törichte Illusion, an die ich mich geklammert hatte und derentwegen ich aus der Großstadt in die Berge gefahren war, weil ich wenigstens für ein paar Tage aus dem Nazi-Alltag herauswollte. Aber kaum hatte ich mich von dem ersten Schock erholt, erlebte ich den nächsten: Im ›Gasthaus zur Post‹, wo ich zu Abend essen wollte, hingen am Eingang gleich drei große Schilder. Auf dem ersten stand: ›Weiber mit roten Krallen und mit langen Hosen haben hier nicht Zutritt!‹ Ich hatte zwar keine rotlackierten Fingernägel, trug aber Skihosen, so daß es mich ebenfalls betraf. Auf dem zweiten Schild stand: ›Hier grüßt jeder mit dem Deutschen Gruß: Heil Hitler‹, und das dritte Schild hatte die Aufschrift: ›Für Hunde und Juden verboten!‹ Da habe ich kehrtgemacht, bin hungrig ins Bett gegangen und habe die halbe Nacht geheult – mein Traum von dem letzten Stückchen heiler Welt war dahin . . . Nicht die Schilder selbst waren für mich eine so schreckliche Überraschung – ich kannte das ja aus Hannover und aus Köln, wo zum Beispiel der Hausmeister in der Luxemburger Straße, wo ich ein möbliertes Zimmer bewohnte, neben dem Eingang auch einige Schilder angebracht hatte, darunter eins, auf dem stand: ›Wohnen in diesem Hause deutsche Volksgenossen, die am Geburtstag unseres Führers nicht flaggen?‹, und ein zweites, das schlicht besagte: ›Die Juden sind unser Unglück.‹ Was mich damals in dem kleinen oberbayerischen Ort in Verzweiflung gestürzt hat, war die totale Vergiftung eines schönen idyllischen Fleckchens und seiner mir als fromm und bieder in Erinnerung gebliebenen Bewohner. Schon am übernächsten Morgen, ohne einmal Ski gelaufen zu sein, bin ich wieder nach Köln zurückgefahren.«

Sie besann sich einen Augenblick.

Dann schüttelte sie den Kopf und sagte: »Nein, das stimmt gar nicht – ich fuhr erst zu meinen Eltern nach Hannover. Sie freuten sich sehr, daß ich zu Weihnachten nach Hause kam. Doch dann gab es Streit zwischen uns, und das war schrecklich!«

Sie seufzte.

»Es ist schwer, jemandem klarzumachen, um was es dabei ging, denn wie soll man es heute noch verstehen, daß meine Eltern damals glücklich waren über die ›Nürnberger Gesetze‹? Sie sahen darin eine Garantie oder, wie Hitler erklärt hatte, ›eine endgültige

gesetzliche Regelung‹, die ihnen das Verbleiben in ihrer geliebten Heimat möglich machte. Nach drei schrecklichen Jahren der Willkür und des Terrors waren sie darüber schon sehr froh . . .«
Tatsächlich wurden die ›Nürnberger Gesetze‹ von vielen der davon betroffenen ›Nichtarier‹ als eine halbwegs erträgliche Konsolidierung aufgefaßt. Gewiß, das sogenannte ›Blutschutzgesetz‹, das Ehen und außereheliche Beziehungen zwischen ›Nichtariern‹ und ›Ariern‹ künftig untersagte und unter Zuchthausstrafe stellte, Juden die Beschäftigung weiblicher Hausangestellter ›arischen Blutes‹ unter 45 Jahren verbot und ihnen auch das Recht absprach, die ›Reichsflagge zu zeigen‹, wurde als bewußte Beleidigung und abscheuliche Diskriminierung empfunden. Aber weil die ›Nürnberger Gesetze‹ der wirtschaftlichen Betätigung der Juden keine Hindernisse in den Weg legten und sie unter ›Gastrecht‹ stellten, atmeten viele der Betroffenen erleichtert auf, weil sie annahmen, daß nun alle Schikanen und Willkürakte aufhören würden. Es könnte, so nahmen sie an, nun weder Boykotthetze, Einschlagen oder Beschmieren der Schaufenster, Erpressen von ›Spenden‹ oder unbegründete Verhaftungen mehr geben, von Mißhandlungen und Verschleppungen ganz zu schweigen.
Die Hauptsache, so meinten solche Optimisten, wäre die Tatsache, daß man ihnen weder ihr Heimatrecht nahm noch die Möglichkeit, außerhalb des öffentlichen Dienstes und der ›Kulturkammer‹bereiche in der freien Wirtschaft ihren Lebensunterhalt zu verdienen, sei es als Lohn- oder Gehaltsempfänger, sei es als Gewerbetreibende, Unternehmer, Vermieter, Landwirte oder im freien Beruf.
Grete Nußbaums Vater, als Sohn getaufter Eltern jüdischer Herkunft evangelisch erzogen, Frontoffizier des Ersten Weltkriegs, Doktor der Rechtswissenschaft und ehedem Anhänger der nationalliberalen Deutschen Volkspartei, war fest davon überzeugt gewesen, daß er nun seine schon vom Vater gegründete Außenhandelsfirma, die vor allem Werkzeugmaschinen exportierte, ganz wie bisher würde weiterführen können.
Gretes Mutter, Tochter eines wohlhabenden Notars, der mit einer Bankierstochter jüdischer Herkunft verheiratet gewesen war, galt nun nach den ›Nürnberger Gesetzen‹ als ›Mischling 1. Grades‹, war Eigentümerin zweier großer Geschäftshäuser in der Schillerstraße und einiger Wohnhäuser in Linden, und sie hatte gefürchtet, daß sie diesen ererbten Immobilienbesitz würde aufgeben müssen. Nach Verkündung der ›Nürnberger Gesetze‹, die als ›endgültige Regelung‹ nichts vorsahen, was für ›nichtarische‹ Haus-

und Grundeigentümer nachteilig gewesen wäre, war sie völlig beruhigt. Hinzu kam, daß sie ihre langjährige Haushälterin behalten konnte, weil sie über fünfundvierzig Jahre alt und somit nach Ansicht des Gesetzgebers gegen ›Rassenschande‹ gefeit war, und daß auch der Gärtner, der zugleich als Chauffeur und Hausdiener fungierte, weiter seiner Arbeit nachgehen konnte.

»Meine Eltern begriffen damals gar nicht, was ich meinte«, sagte die nunmehrige Mrs. Armstrong, »als ich ihnen erklärte, ich könnte in Deutschland nicht länger leben. ›Wo willst du denn hin – ohne Devisen?‹ fragte mein Vater, und meine Mutter erkundigte sich, ob ich vielleicht Liebeskummer hätte. Das war nicht der Fall, obwohl es mich auch schmerzte, daß ich mit meinen ›arischen‹ Freunden nun nicht einmal mehr tanzen durfte, ohne sie und mich dem Verdacht der ›Rassenschande‹ und damit einer Zuchthausstrafe auszusetzen, und daß ich in Deutschland jetzt nur noch einen ›Nichtarier‹ würde heiraten können, wo ich doch keinen einzigen Infragekommenden kannte. Am schlimmsten aber war es für mich, daß ich meinen Beruf aufgeben mußte. Die Arbeit beim Rundfunk in Köln gefiel mir, und ich war dort unter netten Kollegen. Ich fühlte mich dort wohl, zumal die meisten, mit denen ich dort arbeitete, keine Nazis waren. Auch wenn niemand darüber sprach, so merkte man das. Zum Beispiel, wenn ein Reporter kam und Bandaufnahmen vom Besuch des ›Führers‹ brachte, die erkennen ließen, wie reserviert die Rheinländer sich verhalten hatten, dann beratschlagten sie, was zu tun wäre, und schließlich sagte der zuständige Redakteur zu mir: ›Fräulein Nußbaum, Sie haben doch bestimmt noch etwas Jubel in Reserve. Schneiden Sie, wo es Ihnen nötig erscheint, ein bißchen dazwischen, damit es nicht gar so dünn klingt und wir am Ende Ärger kriegen – aber keine Übertreibungen, wenn ich bitten darf!‹

Niemand beim Sender wußte, daß ich nach den ›Nürnberger Gesetzen‹ als ›Volljüdin‹ galt. Aber kurz bevor ich in Urlaub gegangen war, hatte mich Frau Jansen von der Personalabteilung daran erinnert, daß mein ›Arier‹nachweis noch ausstehe. ›Ist ja nur 'ne Formalität, Fräulein Nußbaum‹, hatte sie gesagt, ›beschaffen Sie sich doch bitte bald die Taufscheine, damit ich das abhaken kann – es sind nur noch vier oder fünf im ganzen Haus, die fehlen. Am 31. Januar 1936 ist die Meldung nach Berlin fällig ...‹ Das Verrückte war, daß die Nazis, die doch von der Kirche nichts wissen wollten und die Pfarrer schikanierten, ihre ganzen ›Rasse‹theorien nur auf die in den Kirchenbüchern verzeichneten Taufen der Vorfahren stützen konnten. Als ›Beweis‹ für die ›arische‹ Abstammung eines Menschen gab es nur die Taufbescheinigungen der Eltern und Großeltern – nichts anderes! Nun waren zwar meine Eltern beide schon als Kleinkinder kurz nach ihrer Geburt evangelisch getauft worden, aber die Eltern meines Vaters hatten sich erst kurz vor ihrer Heirat dazu entschlossen, und bei der Mutter meiner Mutter war es ebenso gewesen. Außerdem war im Register vermerkt – mein Vater hatte sich beim Pfarrer danach erkundigt, und es war ihm zu seinem Leidwesen bestätigt worden –, daß die Großeltern ›vom mosaischen Glauben zum Christentum‹ übergetreten wären. Kurz, da war gar nichts zu machen, und so hatte ich mich entschlossen, noch vor Neujahr 1936 beim Rundfunk zu kündigen. Gleich nach Weihnachten schrieb ich von Hannover aus ans Personalbüro. Ich gab an, ich beabsichtige, in Kürze zu heiraten, und bat um Entlassung zum nächstmöglichen Termin. So brauchte ich mich wenigstens nicht der demütigenden Prozedur des ›Arier‹nachweises zu unterziehen . . .«

Sie war dann, da sie bei ihren Eltern kein Verständnis für ihre Emigrationsabsichten gefunden hatte, zurück nach Köln gefahren. Es gab niemanden, mit dem sie sich hätte aussprechen können, und sie war sich völlig im unklaren darüber, wohin sie auswandern und wie sie es im einzelnen bewerkstelligen sollte. Sie wollte nur so bald wie möglich das Land verlassen, wo Gastwirte ›Hunden und Juden‹ den Zutritt verboten und idyllische Dörfer schon am Ortseingang kaum verhüllte Morddrohungen gegen ›Nichtarier‹ auf Transparenten verkündeten.

Eine Freundin in Hannover hatte ihr den Rat gegeben, doch erst einmal ihre Schulkenntnisse in Englisch oder Französisch aufzufrischen, am besten durch Teilnahme an einem Kurs im Ausland. Da gäbe es keine Devisenschwierigkeiten, weil auch viele Ausländer ähnliche Kurse in Deutschland mitmachten, und das könnte dann gegeneinander aufgerechnet werden. Die Freundin hatte ihr dann die Adresse der ›Stelle‹ gegeben, die diese Austauschprogramme organisierte. ›Das ist eine sehr patente Frau, wie ich gehört habe, und sie wird dir sicherlich helfen können. Es ist in Düsseldorf – das ist ja nicht weit von Köln . . .‹ Da Grete Nußbaum noch ein paar Tage Urlaub hatte, fuhr sie am Tag nach ihrer Rückkehr aus Hannover zu der angegebenen Adresse im nahen Düsseldorf, und so lernte sie Fräulein Bonse kennen.

»Ich hatte gleich Vertrauen zu ihr, vielleicht gerade wegen ihrer so spröden Art«, erinnerte sich Mrs. Armstrong. »Sie lud mich zu einer Tasse Tee ein, stellte ein paar Fragen, sehr höflich, aber ganz unpersönlich, und dann sagte sie plötzlich: ›Hören Sie, Fräuleinchen, ich bin eigentlich gar nicht für Sie zuständig, sondern nur für Oberschüler und Studenten. Wenn Sie allerdings ernste und dringende Gründe haben sollten, will ich Ihnen trotzdem zu helfen versuchen. Sie können ganz offen mit mir sprechen – so, wie Sie es noch vor drei Jahren getan hätten, als Herr Hitler noch nicht Reichskanzler war . . .‹ Das gab den Ausschlag. Ich habe ihr dann alles erzählt, ziemlich durcheinander und ohne Pause. Sie hat sich alles sehr aufmerksam angehört, ohne etwas zu sagen. Nur einmal unterbrach sie mich und schien wirklich erschrocken. ›Um Himmels willen‹, sagte sie, ›wenn jemand erfährt, daß Sie seit drei Jahren für die Hauptabteilung Politik des Reichssenders Köln arbeiten . . .‹ Ich sagte ihr, es wisse dort niemand etwas von meiner jüdischen Abstammung, und ich hätte auch schon gekündigt. Aber sie schien trotzdem sehr besorgt, und mit gutem Grund, wie sich dann zeigte . . .«

Fräulein Bonse stellte Grete Nußbaum dann noch viele Fragen, machte sich Notizen und sagte schließlich, sie brauche zwei, drei Tage Zeit, ehe sie ihr etwas Endgültiges sagen könnte. Inzwischen sollte ›das Fräuleinchen‹, wie sie Grete nannte, sofort ihren Reisepaß, der in Kürze ungültig wurde, verlängern lassen und angeben, daß sie am Akademischen Austauschdienst teilnehmen wolle und daß es dringend sei. Fräulein Bonse nannte ihr den Namen eines Beamten im Kölner Polizeipräsidium, an den sie sich wenden sollte.

›Haben Sie oder Ihre Wirtsleute Telefon?‹ erkundigte sich Fräulein Bonse dann noch und notierte sich die Nummer. »Drei Tage später – am 7. Januar, am Morgen nach dem Dreikönigstag, ich erinnere mich noch ganz genau – rief Fräulein Bonse in aller Frühe an. Meine Vermieterin schlief noch, aber das Telefon stand in der Diele, und ich kam gerade aus dem Bad und nahm den Anruf entgegen.

›Gut, daß Sie selbst am Apparat sind‹, sagte sie. ›Es ist etwas Unangenehmes passiert, aber Sie brauchen keine Angst zu haben. Tun Sie jetzt genau, was ich Ihnen sage . . .‹ Sie erklärte mir ganz genau, was ich zu tun hätte, und dann sagte sie nur noch, ich solle mich bitte beeilen. Es war kurz nach 7 Uhr morgens, und ich war schrecklich aufgeregt. Aber dann zwang ich mich, genau zu befolgen, was sie mir in ihrer kühlen, präzisen Art aufgetragen hatte. Ich packte einen kleinen Koffer mit dem Nötigsten sowie mit ein paar Dingen, die ich keinesfalls zurücklassen wollte, hinterließ meiner Wirtin ein paar Zeilen, sie möge sich keine Sorgen machen. Ich hätte ›wegen eines Todesfalls in der Familie plötzlich nach

München‹ reisen müssen. Ich steckte die Schlüssel, mein Postsparbuch, den Ausweis vom Rundfunk und die wenigen Wertsachen, die ich besaß, in meine Manteltasche und fuhr mit der Straßenbahn, nicht zum Kölner Hauptbahnhof, sondern nach Köln-Mülheim, einem rechtsrheinischen Vorort an der Bahnstrecke nach Düsseldorf.«

Dort hatte sie – es war gerade 8 Uhr – am Postamt ihr ganzes Spargeld abgehoben und es auf ein Postscheckkonto eingezahlt, das Fräulein Bonse ihr angegeben hatte. Es war eine größere Summe, da sie ja nicht Urlaub in Bayern gemacht hatte, sondern zu Hause gewesen war. Zehn Minuten später hatte sie einen Zug bestiegen und war bis Düsseldorf-Benrath gefahren. Die Eisenbahnfahrt hatte kaum zwanzig Minuten gedauert, um so länger die mit der Straßenbahn bis zum Café Ney, wo sie sich gegen halb zehn mit Fräulein Bonse getroffen hatte.

»Sie schien sehr erleichtert«, sagte Mrs. Armstrong, »als sie mich mit meinem Köfferchen hereinkommen sah, umarmte mich sogar, fand dann aber gleich wieder in ihre übliche reservierte Art zurück und sagte: ›So, jetzt wird erst mal gefrühstückt. Mit leerem Magen ist schlecht Krieg führen . . .‹ – das hat sich mir ganz fest eingeprägt, denn es machte mir den Ernst meiner Lage bewußt, und außerdem war es ein guter Rat, den ich auch später in allen schwierigen Situationen befolgt habe.«

Zu Grete Nußbaums Überraschung hatte Fräulein Bonse den Reisepaß, den sie zwei Tage zuvor dem Beamten im Polizeipräsidium übergeben hatte, und der Paß war sogar verlängert worden – bis zum Januar 1941!

›Es war ein großes Glück, daß Sie den Paß gleich abgegeben haben, denn so bin ich gewarnt worden, daß Ihre Verhaftung bevorstand. Heute morgen hätten die Gestapobeamten, die jetzt vermutlich schon in Ihrer Wohnung gewesen sind, Sie zum Verhör abgeholt‹, hatte Fräulein Bonse ihr erzählt und hinzugefügt: ›Jemand im Funkhaus hat Verdacht geschöpft – vielleicht durch Ihre Kündigung. Wahrscheinlich hat er sich die Personalakte daraufhin genauer angesehen und festgestellt, daß Sie kurz vor Hitlers Machtübernahme Ihre Stellung angetreten haben, in keiner Organisation sind, ihre ›arische‹ Abstammung nicht nachgewiesen haben und so weiter . . . Der Betreffende wird dann wohl, vielleicht bei der Polizei in Hannover, Erkundigungen über Sie und Ihre Familie eingeholt haben – und dann hat er vor Schreck gleich die Gestapo alarmiert . . . Na ja, es ist ja noch alles gutgegangen, und Sie brauchen keine Angst zu haben. Sie sind jetzt in Sicherheit . . .‹

»Es kam mir sehr seltsam vor, daß ich, mit nur noch einem Köfferchen und ohne Bleibe, in diesem Café, kaum eine Stunde von Köln entfernt, in Sicherheit sein sollte«, fuhr Mrs. Armstrong fort, »und zu allem Überfluß kam nun auch noch ein SS-Führer herein, mit lautem ›Heil Hitler!‹, und die Konditorsfrau, die ich bis dahin gar nicht beachtet hatte, antwortete freundlich: ›Guten Morgen, Herr Obersturmführer!‹ Er setzte sich an den Nebentisch und bestellte Kaffee. Fräulein Bonse legte ihre Hand auf meinen Arm und begann von den Einkäufen zu erzählen, die wir jetzt machen müßten – Wäsche und Strümpfe und ein paar warme Sachen, auch mindestens zwei Paar Schuhe und einen Regenmantel. Erst dachte ich, sie wollte nur unserem schwarzuniformierten Nachbarn ein harmloses Gespräch vortäuschen, aber dann merkte ich, daß sie mich tatsächlich für eine längere Reise ausstatten wollte. ›Das wird eine Menge Geld kosten‹, sagte ich, ›und ich habe nur noch fünfzig Mark bei mir . . .‹ Zu meinem Erstaunen gab sie zur Antwort, sie habe mit meiner Mutter telefoniert, und ich dürfte mir ›zum Geburtstag‹ selbst alles aussuchen, was ich brauchte. Als der SS-Führer wieder gegangen war, sagte sie: ›Wir fahren jetzt mit der Straßenbahn nach Krefeld und kaufen dort ein. Ich lege das Geld aus und bekomme es von Ihren Eltern wieder.‹ Dann trat Frau Ney hinzu und gab mir die Hand. ›Es ist für alles gesorgt, Fräulein Nußbaum‹, sagte sie. ›Unser Fahrer kommt gegen drei Uhr nachmittags nach Krefeld – wir haben eine Menge Bestellungen von dort, die er ausliefern muß. Er holt Sie am Ostwall ab und bringt Sie zu guten Freunden, wo Sie ein paar Tage bleiben können, und spätestens am kommenden Samstag sind Sie dann völlig in Sicherheit . . .‹ Ich wußte gar nicht, was ich dazu sagen sollte, wollte mich bedanken und zugleich sie fragen, warum sie das für mich täte, für eine ihr ganz Unbekannte. Und da sagte sie – ich werde das nie vergessen – ganz ruhig und freundlich: ›Weil ich mich vor meinem Herrgott nicht schämen will, wenn ich einmal vor ihm stehe . . .‹ Und dann gab sie mir wahrhaftig einen Kuß, drückte mir noch einmal fest die Hand und begleitete uns zur Tür . . .«
Es war dann alles so verlaufen, wie vorgesehen – die Einkäufe, das Treffen mit dem Fahrer des Lieferwagens, der Abschied von Fräulein Bonse, die ihr ihren Paß und noch einige Anweisungen gegeben hatte –, und am Nachmittag war sie dann auf einem schönen alten Gutshof am Westrand der Wankumer Heide angekommen und dort wie ein gerngesehener Gast empfangen worden.

Zwei Mägde hatten sich ihres – inzwischen beträchtlich angewachsenen – Gepäcks bemächtigt, die Hausfrau war gekommen und hatte sie zum Tee gebeten, und später war auch der Gutsherr, ein Graf oder Baron, dazugekommen.

»Sie stellten überhaupt keine Fragen«, erinnerte sich Mrs. Armstrong. »Sie taten so, als wäre ich von ihnen eingeladen worden, und redeten nur von völlig harmlosen Dingen. Später zeigte mir die Baronin mein Zimmer, fragte mich, ob ich auch alles hätte, was ich brauchte, und erst nach dem Abendessen, als ich bat, mich zurückziehen zu dürfen – ich war plötzlich sehr erschöpft und müde nach all den Aufregungen dieses Tages –, da sagte der Gutsherr zu mir: ›Ich wünsche Ihnen eine gute Nacht. Unter unserem Dach dürfen Sie sich völlig sicher fühlen. Morgen sehen wir weiter. Ich hörte, daß Sie einen gültigen Paß haben, aber es wird trotzdem wohl besser sein, wir vermeiden die Grenzstation. Morgen nachmittag, bevor es dunkel wird, machen wir zu dritt einen Spaziergang nach St. Jakob – eine knappe halbe Stunde nur. Meine Frau und ich gehen ein-, zweimal in der Woche dorthin. Es liegt schon in Holland. Ihr Gepäck wird dann schon in Venlo sein – da sind Sie von St. Jakob aus in zehn Minuten mit der Straßenbahn. Der Wirt vom Limburger Hof, direkt am Markt, weiß Bescheid und hat Ihnen ein Zimmer reserviert. Übermorgen früh wird Pater Vinzent Sie aufsuchen. Der regelt dann alles Weitere – er kennt sich aus ...‹ Das war ungeheuer beruhigend für mich, diese Fürsorge wildfremder Menschen.«

So war Grete Nußbaum, die jetzige Mrs. Margaret Armstrong, an einem neblig-trüben Nachmittag im Januar 1936 aus dem ›Dritten Reich‹ buchstäblich ausgewandert – in Begleitung ihrer Gastgeber über die ›grüne Grenze‹ ins benachbarte Holland, wo niemand diskriminiert wurde, weil sich die Großeltern verspätet hatten taufen lassen, und wo sie sicher war vor der Gestapo, die nach ihr, einer ›getarnten Volljüdin, die sich in den Reichssender Köln eingeschlichen hat‹, seit zwei Tagen fahndete.

Am Morgen nach dem Weggang aus ihrer und ihrer Eltern Heimat war, wie von dem Baron angekündigt, Pater Vinzent im Hotel erschienen, hatte mit ihr im Frühstückszimmer eine Tasse Kaffee getrunken und ihr einen Umschlag übergeben, worin sie ihre Fahrkarte nach London, etwas Geld, einen Gepäckschein sowie einen Einladungsbrief des Britischen Akademischen Austauschdienstes fand, der ihr sechs Monate kostenlosen Aufenthalt in England garantierte.

›Damit ist erst einmal Zeit gewonnen‹, hatte Pater Vinzent dazu bemerkt. ›In einem halben Jahr können Sie fließend Englisch, und dann wird sich auch für Sie eine passende Anstellung finden, vielleicht sogar beim Rundfunk. Ihr Gepäck haben wir übrigens schon für Sie aufgegeben – Sie können es an der Victoria Station abholen . . .‹

Es war für sie wie ein Traum gewesen: Menschen, die sie erst seit wenigen Tagen kannte wie Fräulein Bonse, gänzlich Fremde wie der heimliche Helfer im Kölner Paßamt, Frau Änne Ney, deren Fahrer, der Baron und seine Frau oder nun der Pater hatten ihr unter erheblichen Gefahren selbstlos und wie selbstverständlich geholfen, sie vor dem KZ bewahrt, ihr die Freiheit, vielleicht sogar das Leben gerettet.

War sie, so hatte sie sich gefragt, durch einen glücklichen Zufall auf einige der wenigen Hilfsbereiten und Mutigen gestoßen? Oder gab es, was sie bisher nicht bemerkt und schmerzlich vermißt hatte, unter den dem Anschein nach völlig ›gleichgeschalteten‹ Deutschen doch so etwas wie eine zwar unsichtbare, aber doch noch handlungsfähige Opposition?

Sie hatte auch nach viereinhalb Jahrzehnten, die seit damals vergangen waren, noch keine klare Antwort auf diese Fragen gefunden.

»Man weiß sowenig über den heimlichen Widerstand«, sagte sie, als ich mich verabschiedete, »und die darüber Auskunft hätten geben können, leben meist nicht mehr. Gibt es denn gar keine Möglichkeit, diese Menschen und ihr mutiges Handeln der Vergessenheit zu entreißen?«

10. Vom Widerstand in Hamburg

»Tach, Werner, schön, dich mal wiederzusehen – komm rein«, waren ihre ersten Worte, als sie die Wohnungstür öffnete.
Dann warf sie mir einen prüfenden Blick zu, und erst als Werner mich ihr als Freund und Kollegen vorgestellt hatte, gab sie auch mir die Hand und hieß uns beide eintreten.
In der aus Wohnküche und Schlafkammer bestehenden Anderthalbzimmerwohnung im dritten Stock eines alten Mietshauses im Norden von Altona, wo sie, wie ich dann erfuhr, seit über fünfzig Jahren lebte, roch es nach frisch aufgebrühtem Kaffee und Kernseife.
»Ich hab' schon gewartet«, sagte sie. »Auf deiner Karte steht, ›gegen drei‹ – es ist gleich vier!« Sie zeigte dabei auf die Ansichtskarte, mit der Werner unseren Besuch angekündigt hatte. Sie stand auf dem Bord über dem Herd, zwischen einer kleinen Flasche mit Benzin und einer Streichholzschachtel.
»Wie in alten Zeiten«, sagte Werner und schmunzelte. Dann klärte er mich auf: »Alma Stobbe war mal die illegale Postdurchgangsstelle. Sie war immer auf einen plötzlichen Besuch der Gestapo vorbereitet, sonst lebte sie wohl nicht mehr ...«
Damals hatte sie die Ansichtskarten aus Prag, Haderslev oder Stockholm mit chiffrierten Nachrichten für die Hamburger Genossen stets so aufbewahrt, daß sie sie sofort verbrennen konnte.
»Zweimal ist sie auf diese Weise ungeschoren davongekommen – nicht wahr, Alma?«
»Dreimal«, berichtigte sie ihn und schenkte uns Kaffee ein. Jetzt war sie eine schon recht zittrige alte Frau mit runzligem Gesicht und schwachen Augen. Man konnte sich kaum vorstellen, wie tatkräftig sie damals gewesen war.
Sie band sich gerade die Schürze ab, stellte einen Teller mit Streuselkuchen auf den Tisch und setzte sich zu uns.
»Nu langt mal zu«, sagte sie und kam sogleich zurück auf die Haussuchungen, von denen Werner gesprochen hatte: »Dreimal haben sie hier alles auf den Kopf gestellt, das Unterste zuoberst –

alle Schiebladen und was in der Kommode war, das Bett, vor allem das Bücherbord. Sogar die Salzkumme haben sie durchgefilzt – es sah aus wie in Sodom und Gomorrha ... Aber sie haben nichts, absolut *gar* nichts gefunden, und da mußten sie denn wohl abziehen.«

Es war eine nüchterne Feststellung, aber man konnte noch den Triumph spüren.

Sie hatte, nachdem wir ihrer Aufforderung, uns Kuchen zu nehmen, gefolgt waren, zu erzählen begonnen: Schon als 17jährige Arbeiterin war sie 1931 in die KPD eingetreten, hatte auf dem Höhepunkt der Wirtschaftskrise und Massenarbeitslosigkeit 1932 zahlreiche ihrer Kolleginnen in der Fischfabrik für die Partei gewonnen und war RGO-Gruppenleiterin geworden.

Im Bezirk Wasserkante waren die meisten der etwa 28000 Angehörigen dieser KPD-nahen ›Roten Gewerkschafts-Opposition‹ zugleich Mitglieder einer der dem Allgemeinen Deutschen Gewerkschaftsbund (ADGB) angeschlossenen Einzelgewerkschaften, und dadurch hatte die RGO erheblichen Einfluß auf den von rechten Sozialdemokraten geführten ADGB-Bezirk. Sie bemühte sich, zum Teil mit Erfolg, um die Schaffung einer antifaschistischen Einheitsfront der Arbeiter, Angestellten und Erwerbslosen, gleich ob sie Kommunisten, Sozialdemokraten oder parteilos waren.

Schon vom Januar 1933 an, vier Monate früher als für die sozialdemokratischen und christlichen Gewerkschaften, begann für die RGO die Zeit der Illegalität. Ohne daß gegen sie ein offizielles Verbot erlassen worden war, wurden ihre Funktionäre durch polizeiliche Maßnahmen und brutale Überfälle der SA und SS von Anfang an in den Untergrund gedrängt.

Obwohl sich im Frühjahr 1933 der Terror der Nazis von Monat zu Monat steigerte, gelang es der Hamburger RGO-Führung, in Verbindung mit 21 Stadtteilkomitees, rund siebentausend Mitglieder in der Hansestadt zusammenzuhalten. Es gab eine regelmäßig erscheinende und heimlich verteilte RGO-Zeitung, jeden Monat wurden die Beiträge kassiert, und etwa von Juni 1933 an begannen die RGO-Betriebszellen, Verbindung mit einzelnen Mitgliedern und Gruppen der verbotenen ADGB-Gewerkschaften aufzunehmen und sie in ihre illegale Arbeit zu integrieren.

»Ich habe noch ein Stück von den UKG, den ›Unabhängigen Klassengewerkschaften‹ – so hieß unsere illegale Zeitung, die immer sehr gut darüber informiert war, was in den Betrieben vor sich ging«, sagte Alma Stobbe und holte ein vergilbtes Exemplar aus ihrer Kommodenschublade. »Wenn der Akkord erhöht, die Arbeitszeit verlängert oder eine andere Schweinerei gegen die Kollegen gemacht wurde, dann stand das ein paar Tage später schon in den ›UKG‹ . . .«

»So etwas hattest *du* in der Wohnung . . .?!«

Werner zeigte auf die hektographierte Zeitung, die sie uns auf den Tisch gelegt hatte.

Alma Stobbe schüttelte den Kopf und lachte.

»Nein, nein, bei mir war immer alles sauber«, sagte sie. »Das alte Blatt ist eins von den vielen, die die Gestapo bei Genossen beschlagnahmen konnte. Ich habe es mir kurz nach Kriegsende, als wir Überlebenden uns das Hauptquartier dieser Bande mal ansehen gingen, als Andenken mitgenommen . . . und das hier auch!«

Sie holte noch ein Bündel Papiere aus ihrer Kommode und gab es Werner, der darin blätterte.

»Donnerwetter – das ist wirklich interessant«, meinte er dann. Es war ein ›Lagebericht über den Monat Juni 1934‹, abgefaßt von einem Hamburger Polizeikommissar und SA-Standartenführer Richter.

›. . . Im Februar–März des vergangenen Jahres‹, hieß es darin, ›haben sich in Hamburg einige neue Köpfe der KPD zusammengefunden, und zwar fünf Männer: Walter Hochmuth, ehemaliges Bürgerschaftsmitglied in Hamburg, Bennies, Griegat, Gauert und Grosse. Diese fünf Männer, alle intelligent und entschlossen, haben es verstanden, innerhalb eines Vierteljahres hier einen illegalen Parteiapparat, desgleichen die RGO, aufzuziehen, wie wohl seit der Machtergreifung kein Apparat mehr in Hamburg bestanden hat . . .‹

»Das mit dem Parteiapparat«, erklärte Alma Stobbe, »das stimmt nicht – alle fünf waren Leute von uns, der RGO. Wir waren von Anfang an streng von der KPD getrennt, damit nicht, wenn etwas schiefging, gleich beide Organisationen auf einen Schlag kaputt waren.«

›Mit einer erstaunlichen Einsatzbereitschaft‹, hieß es weiter in dem Polizeibericht, ›sowie mit beachtlicher Intelligenz ist es den fünf Männern gelungen, monatelang der fieberhaften Arbeit der Staatspolizei zu trotzen, ihre Organisation verhältnismäßig festzufügen und insbesondere allwöchentlich ihre illegalen Zeitschriften anzufertigen und zu verteilen. Als vor etwa vier Wochen zugegriffen wurde, wurde hier selbst noch nicht geahnt, welchen Umfang die Organisation angenommen hatte . . .‹

»Das war eine sehr schlimme Sache, als sie die fünf Genossen und dann sehr viele andere schnappten . . . Ich werde das nie vergessen! Vor allem nicht die Sache mit Albert Bennies: Am 20. Juli 1934 fiel er der Gestapo in die Hände, nachdem er vierzehn Monate lang illegal gearbeitet hatte und immer alles gutgegangen war. Sie haben ihn dann in den Keller vom Stadthaus gebracht und fürchterlich gequält . . . Aber der Albert hat allem standgehalten, er hat keinen verraten, keinen einzigen Genossen! Nur haben sie unglücklicherweise in seiner Tasche die Karte gefunden, die ich ihm zwei Tage vorher an der ausgemachten Stelle auf dem Friedhof Norderreihe hinterlegt hatte. Sie war aus Kopenhagen, und sie haben wohl aus den scheinbar ganz harmlosen Mitteilungen herausgefunden, daß er einen illegalen Treff hatte – auf der Reeperbahn, im ›Alkazar‹. Auch Tag und Stunde hatten sie entdeckt – unter der Briefmarke waren die Zahlen geschrieben. Der Treff sollte am nächsten Vormittag um zehn Uhr sein . . . Ja, da sind sie dann mit dem Bennies hin – fünf Kerle von der Gestapo, alle in Zivil und bewaffnet. Der arme Albert mußte vor ihnen her die Reeperbahn lang bis zu dem Haus gehen, wo der Treff stattfinden sollte. Sie hatten ihm in St. Pauli die Fesseln abgenommen, damit niemand etwas merkte. Beinahe hätten sie ihr Ziel erreicht – dann wäre nicht nur der Genosse aus Kopenhagen erwischt worden, sondern noch einer aus Harburg, von der ›Phoenix‹-Gummifabrik . . . Aber der Albert Bennies hat ihnen einen Strich durch die Rechnung gemacht – zwanzig Schritt vor dem ›Alkazar‹ hat er aus voller Kehle zu schreien angefangen: ›Achtung! Die Bullen! Vorsicht! Gestapo!‹ hat er gebrüllt, so laut er konnte, und dann hat er sich direkt vor einen Autobus geworfen, der gerade vorbeikam. Natürlich war große Aufregung – die Leute aus dem Bus und von der Reeperbahn stürzten herbei, und in dem Gedränge und Gewühl konnten die Genossen aus dem ›Alkazar‹ entkommen. Der Albert ist dann auf dem Transport ins Hafenkrankenhaus gestorben. Sie haben ihn dann heimlich beerdigt. Sie fürchteten, es könnte eine Massendemonstration werden, weil ganz Altona wußte, was da gelaufen war . . .«

Als sie ihre Geschichte beendet hatte, holte sie aus dem Küchenschrank Gläser und schenkte uns und sich einen Korn ein. »Auf Albert Bennies«, sagte sie leise, ehe sie ihr Glas leerte.

Dann zeigte sie Werner eine Stelle in dem Polizeibericht vom Juli 1934, den wir unbedingt noch lesen sollten:

›Es wurden‹, hieß es da, ›mehrere Schreibmaschinen, eine ganze Reihe von Vervielfältigungsapparaten und sogar eine richtige kleine Druckerei ausgehoben. Wenn durch das Zugreifen der Staatspolizei die Gefahr hier zunächst auch gebannt ist, so gibt dieser Vorfall zu Bedenken Anlaß, als er klar beweist, daß wenige intelligente und entschlossene Männer, die es verstehen, gewisse Mißstimmungen in der Bevölkerung auszunutzen, sehr schnell wieder Zulauf erhalten. Zum Teil ist er auch offensichtlich ein Beweis dafür, daß die Furcht vor dem Zugriff des Staates in den ehemals kommunistischen Kreisen nicht mehr in demselben Umfange besteht wie früher ... Zur Zeit schweben zwei große Ermittlungsverfahren mit je 200 Beschuldigten wegen Wiederaufnahme der RGO bis in die neueste Zeit. Auch in Mecklenburg, Bremen und Oldenburg schweben umfangreiche gleiche Verfahren, die zur Zuständigkeit des Hanseatischen Oberlandesgerichts gehören. Danach besteht auch bei dem Generalstaatsanwalt und bei dem Präsidenten des Strafsenats des Hanseatischen Oberlandesgerichts die Ansicht, daß bisher ein Abflauen in der Stärke der illegalen Arbeit der KPD nicht zu verzeichnen ist.‹

Tatsächlich, so erfuhren wir dann von Alma Stobbe, waren im Sommer 1934 mehr als achthundert RGO-Mitglieder des Bezirks Wasserkante in insgesamt fast sechzig Strafprozessen abgeurteilt worden. Viele von ihnen kamen schon während der Voruntersuchung im Stadthauskeller bei den Verhören durch die Gestapo oder im nahen KZ Fuhlsbüttel ums Leben. Die übrigen wurden zu Gefängnis- und Zuchthausstrafen verurteilt. Viele, die ihre Freiheitsstrafen voll verbüßt hatten, waren bei der Entlassung erneut verhaftet und in ein Konzentrationslager gebracht worden, und die Juden unter den Kommunisten, die langjährige Zuchthausstrafen abzusitzen hatten, waren 1941/42 nach Auschwitz gebracht und dort vergast worden – unter ihnen die Sekretärin Lieselotte Schlachcis, die mit Alma Stobbe eng zusammengearbeitet hatte und 1941 in Kopenhagen verhaftet worden war, und der Schlosser Dagobert Biermann.

»Den Biermann«, sagt sie nachdenklich, »den habe ich so um 1936 kennengelernt. Da hatten wir die RGO-Arbeit schon aufgegeben und uns eingestellt auf enges Zusammengehen mit allen illegalen Gewerkschafts- und Widerstandsgruppen. Das Wichtigste war damals der Kampf in Spanien. Die Franco-Faschisten wurden ja vor allem von Hamburg aus beliefert ... Der Dagobert Biermann war schon '33 das erste Mal verhaftet und verurteilt worden, weil er zusammen mit anderen Kommunisten die ›Hamburger Volkszeitung‹ illegal herausgegeben hat. 1935, im Mai etwa, war er dann wieder frei und kam als Schlosser auf der Deutschen Werft unter. Da hat er vielen Genossen wieder Arbeit verschafft, indem er sie als ›Spezialisten‹ für seine Kolonne anforderte, auch wenn sie dann erst angelernt werden mußten ... Im Sommer 1936 traf ich ihn zum ersten Mal. Er wollte eine wichtige Nachricht nach Kopenhagen bei mir ›auf die Post‹ geben. Wir gingen am Sonntagmorgen zusammen auf den Fischmarkt und dann ein Stück spazieren, so an der Elbe lang ... Sein Schwager, der Ewerführer Dietrich, hatte ihm von großen Waffentransporten nach Franco-Spanien berichtet ... Biermann organisierte dann einen geheimen Nachrichtendienst, der alles sammelte, was über diese Transporte von Seeleuten, Werftarbeitern oder Eisenbahnern zu erfahren war.«

Dagobert Biermann hatte nach und nach engen Kontakt zu Nazigegnern in Hamburg und Lübeck hergestellt, die am Arbeitsplatz oder aufgrund einer besonderen Vertrauensstellung zuverlässige Informationen über Transporte nach Spanien erhielten. Zu diesem Kreis gehörte der Tabakhändler Hans Schulz, in dessen Laden am Alten Steinweg viele Seeleute einkauften; der Dreher Albert Blumenstein von der Stülcken-Werft, ein alter Sozialdemokrat und Gewerkschafter; der Eisendreher Bruno Rieboldt, der bei Blohm & Voß eine illegale kommunistische Betriebszelle aufgebaut hatte; sein Schwager, der Ewerführer, und der – als Jude aus der Anwaltskammer ausgeschlossene und mit Berufsverbot belegte – Rechtsanwalt Dr. Michaelis.

Die geheime Zentrale dieses Nachrichtendienstes war das Lokal der Witwe Köpke in der Hafenstraße, wo viele Seeleute aus- und eingingen. Dort liefen die Informationen zusammen, die bald ein klares Bild von dem enormen Umfang nicht nur der Kriegslieferungen an Franco-Spanien, sondern auch der geheimen deutschen Wiederaufrüstung vermittelten. So wußten sie bald, daß die Kriegsschiffe und Kampfflugzeuge, die bei Blohm & Voss gebaut wurden, für die Wehrmacht bestimmt waren, wogegen Gewehrmunition, bei der alle sonst üblichen Angaben über Hersteller, Geschoßart und Datum fehlten, an die Franco-Truppen geliefert wurde.

Über ein Jahr lang konnten Dagobert Biermann und seine Freunde mit Alma Stobbes und anderer Hilfe diese Nachrichten ins Ausland schmuggeln. Dann waren sie einem von der Gestapo in ihre Gruppe eingeschleusten Spitzel zum Opfer gefallen. »Einer nach dem anderen ist dann verhaftet worden«, berichtete sie, »und jedesmal habe ich gezittert, ob ich wohl als nächste abgeholt würde. Aber sie haben dichtgehalten – der Albert Blumenstein kam schon bei dem ersten Verhör ums Leben. Biermann bekam sechs, Rieboldt zwölf Jahre Zuchthaus, und drei andere, deren Namen ich

nicht mehr weiß, wurden auch zu langen Strafen verurteilt. Den Dr. Michaelis, wohl weil er ein Studierter war und sie ihn für den Anführer hielten, haben sie in Berlin hingerichtet . . .«
Wieder ging sie zu ihrer Kommode und brachte uns, nachdem sie eine Weile gekramt hatte, einen alten Zeitungsausschnitt, den sie sich aufgehoben hatte.
»Da steht's«, sagte sie, »und vom ›roten Meuchelmord‹ haben sie auch noch geschrieben, wo doch jeder wußte, wer die Meuchelmörder wirklich waren. Der Doktor, der Blumenstein, der Dagobert – alle sind sie ermordet worden!«
Sie wischte sich über die Augen, ging zum Herd und machte sich dort zu schaffen.
Werner las den Zeitungsbericht und gab ihn mir.
»Eine einzige rote Linie des Meuchelmordes«, lautete die Überschrift, und im Text hieß es: »Wenn sich Juden vom Schlage eines Michaelis damit entschuldigen wollen, daß sie ja nicht so sehr in der kommunistischen Partei, sondern mehr in dem ›geistigen Kreise der Liga für Menschenrechte‹ verkehrt hätten, so sei auch noch die ›Liga der Menschenrechte‹ als eine kommunistische sogenannte ›kulturelle‹ Vereinigung mit einer erbärmlichen international-bolschewistisch-jüdischen Zielsetzung gekennzeichnet . . .«
Das Fazit aber lautete: »Judentum und Komintern waren in gleichem Maße an dem Siege der Roten in Spanien interessiert. Man hoffte durch den Sieg der Roten einen hochverräterischen Umsturz auch in Deutschland herbeiführen zu können . . .«
Tatsächlich haben Tausende von Deutschen auf seiten des republikanischen Spanien gegen die von Hitler und Mussolini militärisch unterstützten Putschisten unter Führung des Generals Franco in den ›Internationalen Brigaden‹ gekämpft, bis die Republikaner der faschistischen Übermacht schließlich unterlagen.
Allein aus Hamburg waren, wie uns Alma Stobbe dann berichtete, 123 Männer, vorwiegend Kommunisten, aber auch Sozialdemokraten, Gewerkschafter, Reichsbannerleute und Anarchisten, als Freiwillige in die ›Internationalen Brigaden‹ eingetreten. Nur etwa dreißig von ihnen waren später zurückgekehrt.
»Die hatten es satt, die Faust immer nur in der Tasche zu ballen und vor den Braunen zu kuschen«, mischte sich Alma Stobbe in unsere Unterhaltung ein. »In Spanien, da konnten sie zurückschießen . . . Aber hier, in Hamburg, da haben wir auch für Spanien gekämpft!«
Sie erzählte uns dann, wie schon im Spätsommer 1936, als Geschütze und Granaten, als Frachtgut getarnt, im Hamburger Ha-

fen verladen wurden, damit Franco seinen Putsch gegen die Regierung in Madrid erfolgreich durchführen konnte, eine Gegenaktion der Hafenarbeiter begonnen hatte. An den Werkshallen und Planken im Hafen waren über Nacht Losungen erschienen: ›Es lebe die spanische Republik! Keine Waffen für Franco!‹ Tausende von Werftarbeitern konnten sie beim Schichtwechsel lesen, bis sie von den Behörden wieder beseitigt wurden. Am nächsten Morgen las die Frühschicht neue Parolen: ›Nieder mit Hitler und Franco! Es lebe der Freiheitskampf des spanischen Volkes!‹

An den Türen und Fenstern der U- und S-Bahn-Züge tauchten Tausende von Aufklebern mit den gleichen oder ähnlichen Parolen auf, ebenso an den Schuppen und Werkstoren, auf den großen Werften, den Schiffen im Hafen und an den Landungsbrücken, ja sogar einmal auf sämtlichen Flaschen der Bierkisten für die Arbeiter von Blohm & Voß.

Im Oktober 1936 kam es zu den ersten Sabotageakten. So passierte beim Verladen großer Kisten mit ›Maschinenteilen‹ – bei denen es sich in Wahrheit um fabrikneue Feldhaubitzen handelte – ein ›Unfall‹, bei dem nicht nur fünf der Kisten im Hafenbecken versanken und zwei auf dem Kai zerschellten, sondern auch zwei die Verladung überwachende Beamte erheblich verletzt wurden. Die Gestapo nahm zahlreiche Verhaftungen unter den Hafenarbeitern vor, konnte aber keinen Schuldigen ermitteln.

In vielen Großbetrieben wurden regelmäßig Geldsammlungen durchgeführt, vorgeblich für eine Kranzspende, ein Jubilarsgeschenk oder nach altem Brauch – ›das Wirtschaftsgeld für die erste Woche‹ – für die Frau eines Kollegen, der geheiratet hatte. Meist landete das Sammelergebnis aber bei der ›Hilfe für das republikanische Spanien‹, wie es die Sammler und die angeblichen Empfänger vorher vereinbart hatten.

Als die Waffentransporte von Hamburg nach Spanien einen immer größeren Umfang annahmen und auch die ersten deutschen Soldaten der ›Legion Condor‹* eingeschifft wurden, bildete sich in den deutschen Häfen, vor allem in Hamburg, ein sogenannter ›Signaldienst‹, an dem sich auch Funktionäre der ›Deutschen Arbeitsfront‹, des braunen ›Gewerkschaftsersatzes‹, aktiv beteiligten. Dieser ›Signaldienst‹ meldete jede Verladung von Kriegsgerät und

* Tarnname der regulären deutschen Streitkräfte, die im Spanischen Bürgerkrieg auf Francos Seite eingesetzt waren, insgesamt knapp 6000 Mann, von denen etwa 450 fielen. Zur Legion Condor gehörten vor allem Luftwaffenangehörige mit Sturzkampf- (Stuka) und anderen Bombern, Flak usw. sowie Panzertruppen. Deutsche Instrukteure bildeten insgesamt 36000 Franco-Offiziere aus.

schirmte, so gut es ging, die Gegenaktionen ab, zu denen auch Arbeitsverweigerungen der Hafenarbeiter und Schiffsbesatzungen gehörten.
»Auf der ›Henrica‹«, erinnerte sich Alma Stobbe, »da hat damals die ganze Besatzung abgemustert. Die Männer erklärten, sie dächten nicht daran, Kanonen und Flugzeuge nach Spanien zu schaffen, damit sie dort gegen das Volk eingesetzt würden. Das alles war aber nur möglich, weil die überwältigende Mehrheit der Arbeiter im Hafen auf unserer Seite stand . . .«

Auf dem Heimweg erkundigte ich mich bei Werner, ob er wüßte, wie stark eigentlich die illegale Kommunistische Partei damals gewesen sei.
»Ende 1934 waren es noch etwa hundertzwanzigtausend Parteimitglieder, aber davon steckte die Hälfte in den Zuchthäusern, Gefängnissen und Konzentrationslagern. Mindestens zweitausend der führenden Kader hatten die Nazis bis dahin schon umgebracht. Daß überhaupt noch so viele Kommunisten am Leben und auf freiem Fuß waren, verdankten sie der heimlichen Unterstützung durch ehemalige Genossen, die zu den Nazis übergelaufen waren, weil sie Angst, vor allem um ihre nächsten Angehörigen, hatten, die aber innerlich noch auf unserer Seite standen. ›Beefsteaks‹ nannte man sie – außen braun, innen rot. Aber sie hatten auch Rückhalt bei den linken Sozialdemokraten, die ebenfalls einen illegalen Parteiapparat aufgebaut hatten. Nicht selten fanden die kommunistischen Funktionäre sogar in gutbürgerlichen Kreisen Rückhalt, manchmal auch Unterschlupf. Der Mann, der für Albert Bennies als Redakteur der illegalen RGO-Zeitung arbeitete, hatte sein ›Büro‹ beispielsweise in einer hochherrschaftlichen Villa in der Rothenbaumchaussee – er hat es mir selbst mal erzählt. Die Familie, der das Haus gehörte und wo er auch wohnen durfte – es waren liberale Hamburger Großbürger –, wußte genau, daß die Gestapo schon seit Monaten nach ihm fahndete. Sie organisierten es dann so, daß ihr ›Logiergast‹ – Walter hieß er – die Villa überhaupt nicht mehr verließ, außer daß er täglich einen Abendspaziergang durch den großen Garten machte. Alle Besorgungen für ihn erledigte die Mutter des Hausherrn oder dessen Frau, zum Beispiel den nicht ganz ungefährlichen Einkauf der Wachsmatrizen, auf die Walter seine Artikel tippte, und deren Ablieferung in einem Zigarrengeschäft in der Stadt, von wo ein anderer Genosse sie dann abholte. Der Vervielfältigungsapparat stand im Keller einer Leihbücherei an der Lübecker Chaussee. Aus deren Laden holten

sich die Verteiler regelmäßig die fertigen Packen ab. Das Kommen und Gehen von Leuten mit gewichtigen Einkaufs- und Aktentaschen oder kleinen Koffern fiel dort am wenigsten auf. Außerdem kamen vor allem Frauen und Kinder – ›ich soll für die Oma die Liebesromane holen, die Sie ihr zurechtgelegt haben‹, sagten sie –, und manche waren sogar in HJ- oder Jungvolk-Uniform oder in BDM-Tracht, sagten beim Hereinkommen ›Heil Hitler‹ und hoben die Hand zum Nazi-Gruß. Die Tarnung war perfekt – sonst wäre es nicht so lange gutgegangen . . .«

»Und die Abholer, auch die von HJ, Jungvolk und BDM, wußten alle, was in den Paketen war und um was es ging?«

»Bestimmt«, sagte Werner. »Die RGO hat niemals Leute für ihre Arbeit eingespannt, die nicht Bescheid wußten, um was es da ging. Mag sein, daß einige den Inhalt ihrer Pakete nicht genau kannten. Aber zumindest war ihnen klar, daß es sich um etwas streng Verbotenes handelte, daß es gegen die Nazis gerichtet war und daß sie sich damit auf keinen Fall von der Polizei erwischen lassen durften. Und den Jugendlichen war von den Eltern eingeschärft worden, mit niemandem auch nur andeutungsweise darüber zu sprechen, was in der Leihbücherei vor sich ging, weil sonst dem Vater oder dem älteren Bruder ›Kolafu‹ drohte.«

»Kolafu? Das Wort habe ich noch nie gehört.«

»Ich kannte das auch nicht. Aber ich weiß von Kollegen aus Hamburg, daß das unter Nazigegnern die übliche Bezeichnung für das Konzentrationslager Fuhlsbüttel war, das bis Ende 1935 bestanden hat. Später gab es dann Neuengamme – das lag weiter abseits . . .«

Dann kam er wieder zurück auf das Versteck, das sein Kollege Walter damals in der Villa an der Rothenbaumchaussee gefunden hatte.

»So etwas hat es, glaube ich, nur in Hamburg gegeben«, meinte er. »Da gab es ja wohl die stärkste linke Opposition, und selbst bei den sogenannten ›Wahlen‹ mußte Hitler dort 1934 noch rund fünfundzwanzig Prozent Nein-Stimmen einstecken – richtiger gesagt: Selbst die Nazis trauten sich nicht, das Wahlergebnis in Hamburg noch weiter zu verfälschen, weil sie sich sonst lächerlich gemacht hätten. In der Pfalz war das anders, da konnten sie 1934 ein Wahlergebnis von 97 Prozent Ja-Stimmen melden, und ich schätze, daß damals tatsächlich etwa siebzig Prozent der Leute bei uns für Hitler gestimmt haben, knapp die Hälfte davon aus mehr oder weniger ehrlicher Überzeugung oder schlicht aus Dummheit, der Rest aus Angst vor möglicher Entdeckung. Man wußte ja, daß die Nazis vor nichts zurückschreckten. Außerdem sagten sich die

Leute, daß das Wahlergebnis ja ohnehin gefälscht würde ... Viele von den ›Überzeugten‹ sind wohl auch nur dem Propagandarummel erlegen und haben am Ende geglaubt, was die Naziredner ihnen erzählten: daß Hitler die ›Ehre Deutschlands wiederhergestellt‹ und die Arbeitslosigkeit beseitigt habe. Bei uns in Ludwigshafen waren die meisten Beamten und Geschäftsleute stramme Hitler-Anhänger, bei den Arbeitern und kleinen Angestellten überwogen die Ängstlichen. Die Mehrheit der mittleren und erst recht die leitenden Angestellten der BASF waren Opportunisten. Es wäre jedenfalls undenkbar gewesen, daß sogenannte ›bessere‹ Leute einen Kommunisten, der von der Gestapo gesucht wurde, bei sich aufgenommen und monatelang in ihrer Villa versteckt hätten ...!«

»Meinst du wirklich?«

»Ja, bestimmt. Mein Vater und seine Genossen fanden damals nur noch Rückhalt bei ihresgleichen – wenn überhaupt! Und ich glaube, es dürfte überall sonstwo ähnlich gewesen sein, außer vielleicht in Hamburg. Selbst die Nazigegner in den gutbürgerlichen Kreisen hatten doch für ›Rote‹ nichts übrig. Sie waren entweder stockkonservativ oder fromm katholisch. Allenfalls gab es noch ein paar, die zur ›Bekennenden Kirche‹ gehörten, und einige Liberale. Die hätten zwar einen Kommunisten nicht angezeigt, aber sie wären auch bestimmt nicht bereit gewesen, ihm zu helfen – schon aus Angst! Sie wagten ja nicht mal, den Juden zu helfen ...«

»Nein«, sagte ich, »da irrst du dich. Es gab etliche Leute, auch in den sogenannten ›besseren‹ Kreisen, die keine Angst hatten. Ich habe auch gutsituierte Geschäftsleute gekannt, die nicht nur verfolgten Juden geholfen und dabei viel riskiert haben, sondern die sich auch nicht gescheut haben, mit den Kommunisten zusammenzuarbeiten. Die Hauptsache war für sie, daß es dabei gegen die Nazis ging.«

Ich dachte dabei an einen Freitagnachmittag, Anfang März 1936, als der ›Uhrmacher‹ aus Basel im Café Ney erschienen war.

11. Besuch aus Basel

Es muß am Freitag, dem 6. März 1936, gewesen sein, denn am nächsten Morgen – aber das konnten wir an diesem Nachmittag natürlich noch nicht wissen – war wieder eines jener Wochenendereignisse fällig gewesen, mit denen ›der Führer‹ damals die Welt in immer größere Aufregung versetzte.

Die erste dieser Wochenendüberraschungen hatte uns Hitler ein Jahr zuvor beschert: Am 16. März 1935 war der darauf nicht vorbereiteten Öffentlichkeit die Wiedereinführung der allgemeinen Wehrpflicht verkündet worden. In einer langen Rede vor dem Reichstag, die von allen deutschen Rundfunksendern übertragen wurde, hatte Hitler diese Maßnahme ausführlich begründet und zugleich beteuert, daß er ›nichts als den Frieden‹ wolle. Die Reichsregierung werde ›niemals über die Wahrung der deutschen Ehre und der Freiheit des Reiches hinausgehen‹. Wir hatten uns in der Aula unseres Gymnasiums versammeln müssen, um der Stimme aus dem Radio zu lauschen.

Anschließend hatten wir schulfrei, und Kulle war der Meinung gewesen, nun gäbe es Krieg, denn England und Frankreich würden diesen Bruch des Versailler Vertrags bestimmt nicht zulassen. Aber London und Paris reagierten zunächst gar nicht und dann nur mit einem schwachen Protest.

Mein Vater war der Ansicht, Hitler habe sich für seine Überraschung, der dann noch etliche folgten, mit Vorbedacht den Sonnabend ausgesucht, weil die Mitglieder der westlichen Regierungen das Wochenende meist irgendwo auf dem Lande, mit der Jagd auf Sumpfhühner oder dem Fischen von Lachsen, verbrächten und dann nur sehr schwer zu erreichen seien.

Seitdem war fast ein Jahr vergangen, und in dieser Zeit war an den Schulen ständig von ›Wehrertüchtigung‹ und von der Notwendigkeit einer Stärkung des ›Wehrwillens‹ die Rede gewesen. Für uns Schüler bedeutete das, neben Änderungen des Lehrplans für den Deutschunterricht, wo die vorgesehene Durchnahme von ›Maria Stuart‹ und ›Kabale und Liebe‹ durch ›Wallensteins Lager‹ und

Kleists ›Prinz von Homburg‹ ersetzt wurde, daß wir freitags zwei Stunden ›Spielturnen‹ als zusätzlichen, der ›Wehrertüchtigung‹ dienenden Nachmittagsunterricht bekamen, den nicht unser Turnlehrer erteilte, sondern – was die Bedeutung der Sache unterstrich – unser Ordinarius. Er hieß Dr. Konen, und wir nannten ihn unter uns ›Koko‹, weil er manchmal, wenn er den Kopf schief hielt und einen Schüler über die Brillengläser hinweg prüfend ansah, wie ein alter Papagei aussah.
Um 3 Uhr nachmittags hatten wir uns im Umkleideraum neben der Turnhalle einzufinden. Dort benutzte ›Koko‹ die paar Minuten, die wir zum Umziehen brauchten, zur Absolvierung der ihm von der Schulbehörde vorgeschriebenen, von uns nicht weiter beachteten Pflichtübung: Er teilte uns ohne große Überzeugungskraft mit, daß wir nicht zum ›Spaßvergnügen‹ gekommen seien, sondern zum ›Dienst für das Vaterland‹, zur Leibesertüchtigung als künftige Soldaten der neuen Wehrmacht und zur Stärkung unserer Muskeln sowie unseres ›Wehrwillens‹.
Dann hatten wir uns in Dreierreihe aufzustellen und uns entlang einer imaginären, von den Spitzen unserer Schuhe gebildeten Geraden ›auszurichten‹. Einer – meist der, der das Klassenbuch führte – trat vor und kommandierte: »Stillgestanden! Augen – rechts!« Dann meldete er dem Klassenlehrer, daß wir vollständig angetreten wären, worauf ›Koko‹ selbst das Kommando übernahm, und nun gab es zwei Möglichkeiten: Entweder spielten wir zweimal dreißig Minuten Fußball im Freien, auf dem großen Sportplatz, der zur Schule gehörte, oder wir blieben in der Turnhalle und spielten Handball, je nach Wetterlage. ›Koko‹, von dem wir wußten, daß er weder Nazi war noch von ›Wehrertüchtigung‹ etwas hielt, schenkte unserem Ballspiel weder drinnen noch draußen irgendwelche Beachtung. Er las vielmehr die tags zuvor erschienene, von ihm für diese lästige Doppelstunde aufbewahrte ›Berliner Illustrirte‹, bis die Zeit um war und wir, nach neuerlichem Antreten und ›Melden‹, uns wieder anziehen und nach Hause gehen konnten, von ›Koko‹ entlassen mit dem vorgeschriebenen ›Deutschen Gruß‹, bei dem er lediglich den rechten Arm hob und mit seiner ausgestreckten Hand das Zeichen gab, in den Umkleideraum zu verschwinden.
Ich staunte immer wieder, wie er es fertigbrachte, nicht klarwerden zu lassen, weshalb er den Arm erhoben und die Hand ausgestreckt hatte – zum Nazi-Gruß oder nur zum Wegschicken der Klasse?
An diesem ersten Freitag im März 1936 hatten wir Fußball ge-

spielt. Mir war heiß, und auf dem Nachhauseweg hatte ich mir im Café Ney von ›Tante Änne‹ ein Eis geholt. Ich unterhielt mich noch mit ihr, als jemand hereinkam, den weder sie noch ich kannte. Es war ein Mann von Mitte Vierzig, nicht sehr groß, eher untersetzt und sehr kräftig wirkend. Er trug einen dicken grauen Wintermantel, einen Schal, einen eleganten grauen Homburg, dunkelgraue Glacélederhandschuhe, blankgeputzte schwarze Stiefeletten mit grauen Gamaschen, sogenannten ›Hundedeckchen‹, einen zusammengerollten schwarzen Regenschirm am Arm und eine altmodische lederne Reisetasche. Ohne diese Tasche hätte man ihn für einen sonntäglichen Rennplatzbesucher halten können; es fehlte nur das Fernglas.

Er war an der Tür stehengeblieben und hatte sich erst einmal prüfend umgesehen, so als suchte er jemanden im Lokal, mit dem er sich verabredet hatte. Doch dann war er auf ›Tante Änne‹ zugegangen, hatte höflich den grauen Homburg gelüftet und sie gefragt: »Pardon, sind Sie vielleicht Frau Anna Ney?«

Als sie dies bejahte, zeigte sich auf seinem etwas hölzern und bäuerisch wirkenden Gesicht erstmals die Spur eines Lächelns.

»Das freut mich aber«, sagte er, und ich fand, er sprach genauso wie der Ansager des schweizerischen Landessenders Beromünster, dessen Nachrichten mein Vater jeden Abend hörte. »Es ist sehr gut, daß ich Sie antreffe. Mein Name ist Sprüngli. Ich bin von Basel gekommen und soll Ihnen beste Grüße bestellen von Ihrem Herrn Bruder. Es geht ihm gut.«

›Tante Änne‹, die sich zunächst reserviert verhalten hatte, begrüßte Herrn Sprüngli nun sehr freundlich, drückte ihm die Hand, bat ihn, Platz zu nehmen, bot ihm Kaffee und ein Stück Kuchen an, erkundigte sich nach ihrem Bruder, von dem sie sagte, daß sie ihn seit fast vier Jahren nicht gesehen hätte, und fragte dann: »Sie sind auf der Durchreise?«

»Ja, gewiß. Ich habe hier nur Station gemacht, um den Gruß auszurichten und um nach Ihrer Pendüle zu sehen. Ihr Herr Bruder sagte, es sei eine sehr wertvolle Stutzuhr mit einem besonders schönen Schlagwerk, ein Fabrikat von Ernest Borel in Genf. Ich kenne mich damit aus – oder haben Sie sie schon anderweitig reparieren lassen?«

»Nein«, erwiderte ›Tante Änne‹ etwas zögernd.

»Nun, dann kommt mein Besuch Ihnen vielleicht gelegen«, meinte Herr Sprüngli. »Ich bin nämlich Uhrmacher. Ihr Herr Bruder sagte mir, die fragliche Pendüle befinde sich in Ihrem kleinen Landhaus in Meerbusch, nicht sehr weit von hier, nicht wahr?«

»Etwa zwanzig Minuten mit der Straßenbahn. Hat mein Bruder sonst noch etwas gesagt, was Sie mir ausrichten sollen?«
»Nein – das heißt, er hat mir natürlich auch herzliche Grüße an Ihren Herrn Gemahl aufgetragen. Er sagte: ›Vergiß nicht, ‚Griesgen' von mir zu grüßen, und frag ihn, ob er noch die Krawatte trägt, die ich ihm zu seinem Geburtstag geschenkt habe – die dunkelblaue mit den silbernen Krönchen‹ ...«
Er sah ›Tante Änne‹ ernst und mit einer stummen Frage im Blick an, und sie schien mir jetzt etwas nervös zu sein.
Ich war sicher, daß das alles nur mir auffiel, weil ich den beiden aus nächster Nähe sehr aufmerksam zugehört und sie genau beobachtet hatte, während die übrigen Gäste im Café sich miteinander unterhielten und die beiden gar nicht beachteten.
Der Grund für mein reges Interesse war die Bemerkung, die ›Tante Änne‹ früher einmal gemacht hatte, als von der brutalen Behandlung der Kommunisten durch die Gestapo die Rede gewesen war. Ihr Mann, der Konditor, der mit Vornamen Werner hieß und nur von ihr manchmal, seiner schon früh ergrauten Haare wegen, ›Griesgen‹ genannt wurde, hatte von einem kommunistischen Arbeiter erzählt, den er kannte und der von der Gestapo furchtbar zugerichtet worden war.
»Ich bin gegen den Kommunismus«, hatte ›Tante Änne‹ dazu bemerkt. »Ich bin dafür, daß der Mensch an Gott glaubt und jede Religion achtet. Ich bin auch für das Privateigentum, zumindest für das, was man sich selbst erarbeitet hat. Aber ich würde heute jedem Kommunisten helfen, der vor den Nazis flüchten muß ... – schließlich ist unser Jupp auch ein Kommunist ... Ein Glück, daß er noch rechtzeitig in die Schweiz gegangen ist!«
›Unser Jupp‹, das wußte ich, war ihr Bruder Josef, der in Basel lebte und von dem sie schon öfter gesprochen hatte, ohne seine politische Gesinnung zu erwähnen. Aus dem Gespräch mit Herrn Sprüngli, dem angeblichen Uhrmacher, war mir nun klargeworden, daß hinter dem scheinbar ganz harmlosen Gerede mehr stekken mußte, als ich zunächst vermutet hatte.
Offenbar hatte sich der ›Uhrmacher‹ der Frau Ney gegenüber erst einmal ›ausgewiesen‹, indem er mehrere Dinge aus ›Tante Ännes‹ privater Sphäre erwähnt hatte, von denen ein Außenstehender schwerlich etwas wissen konnte, etwa das Fabrikat der Stutzuhr auf der Kommode in ihrem kleinen Landhaus in Meerbusch. Die Uhr war übrigens keineswegs reparaturbedürftig, denn ich hatte sie selbst erst am vergangenen Sonntag schlagen hören und die Zeit mit meiner Taschenuhr verglichen.

Der Fortgang des Gesprächs der beiden schien meine Vermutung vollends zu bestätigen, daß der ›Uhrmacher‹ etwas ganz anderes wollte, als nur Grüße bestellen. Ich vermutete, daß er Unterschlupf suchte, denn auf ›Tante Ännes‹ Frage, ob er es eilig hätte, antwortete Herr Sprüngli: »Nun ja, es ist gewissermaßen schon recht eilig. Aber für ein paar Tage könnte ich mich wohl freimachen. Eine solche Reparatur, das ist keine Kleinigkeit . . .«
Nun wußte ›Tante Änne‹ – und auch ich –, um was es ging: Offenbar wollte Herr Sprüngli ein sicheres Quartier, und er dachte an das die Woche über meist leerstehende Häuschen der Neys vor der Stadt.
». . . bis Mitte nächster Woche werde ich bestimmt fertig sein«, fügte Herr Sprüngli noch hinzu, und ich sah, wie ihm ›Tante Änne‹ nach kurzem Nachdenken noch einmal einen prüfenden Blick zuwarf, wobei sie sich näher zu ihm beugte und ihm über ihre Brillengläser hinweg direkt in die Augen sah. Ich erinnerte mich, daß sie einmal gesagt hatte, sie könnte jeden Spitzel an den Augen erkennen.
Offenbar war ihre Prüfung zugunsten von Herrn Sprüngli ausgefallen, denn sie lehnte sich nun zurück, atmete tief ein und sagte: »Also, gut . . .«, und zu meiner Verwunderung fuhr sie fort: »Hat mein Bruder nicht etwas über das *Stammcafé* gesagt . . .?« Sie sprach das Wort, auf das es anzukommen schien, etwas gedehnt, und Herr Sprüngli antwortete sofort: »Ja, gewiß, Ihr Herr Bruder sagte, ihm träumte neulich, daß es *unter Palmen* stünde . . .«
»Nun, dann ist ja alles in Ordnung«, sagte ›Tante Änne‹ und stand auf. »Die Straßenbahn fährt in zwölf Minuten«, fügte sie hinzu, nachdem sie einen Blick auf die Uhr über der Tür zu ihrem Kontor geworfen hatte.
»Ich will Ihnen noch rasch etwas einpacken, Herr Sprüngli«, erklärte sie dann in ihrer gewohnten, sehr freundlichen Art. »Am Sonntag nach der Messe kommen wir dann, mein Mann und ich, zum Mittagessen.« Und zu mir sagte sie, während sie schon nach hinten, in die Küche vor der Backstube, ging: »Warte bitte auf mich! Du sollst noch etwas für mich erledigen . . .«
»Gern, Tante Änne, ich hab' Zeit . . .«, rief ich ihr nach.
Während Herr Sprüngli nun sehr bedächtig seinen Kuchen aß und sich noch etwas Kaffee aus dem Kännchen einschenkte, überlegte ich, weshalb mir der angebliche Traum von ›Tante Ännes‹ Bruder Jupp, von dem ich sicher annahm, daß er nur der zwischen den Geschwistern verabredeten geheimen Losungsworte wegen erwähnt worden war, so sehr bekannt vorkam.

Dann fiel es mir ein: Das war natürlich aus einem Gedicht von Erich Kästner!

›Mir träumte neulich, daß mein Stammcafé
auf einer Insel unter Palmen stünde.
Persönlich kenne ich bloß Warnemünde,
doch Träume reisen gern nach Übersee ...‹

Von Erich Kästner kannte ich nicht nur ›Emil und die Detektive‹ und andere Kinderbücher, die ich schon als Sextaner gelesen hatte, sondern auch seine ›Gebrauchs-Lyrik‹. Drei Bände, die vor 1933 erschienen waren, standen sogar in meinem Bücherregal, neben dem Pult, an dem ich meine Hausaufgaben erledigte.
Allerdings waren sie äußerlich nicht mehr als Bücher von Kästner erkennbar. Ich hatte sie in blaues, gewachstes Papier sauber eingeschlagen und mit den vorschriftsmäßigen achteckigen Etiketten versehen, auf die ich in meiner besten Sütterlin-Schrift *›Algebra VIa‹*, *›Rassenkunde‹* und *›Geschichte – Mittelalter‹* geschrieben hatte.
Es gab in meinem Bücherregal, neben ›Winnetou‹ und ›Oliver Twist‹, ›Dr. Doolittle's Reisen‹ und ›Lederstrumpf‹, noch etliche solcher getarnten Werke, die von den Nazis verboten und am 10. Mai 1933, bejubelt von Leuten wie Herrn Dr. Barsch, öffentlich verbrannt worden waren. Nach und nach waren sie aus dem großen Bücherschrank meines Vaters in mein Regal gewandert, nachdem wir sie, zumindest dem äußeren Anschein nach, in alte, nicht mehr gebrauchte Schulbücher verwandelt hatten: Tucholskys – von John Heartfield mit Bildkollagen versehenes – Buch ›Deutschland, Deutschland, über alles ...‹ war zu einer *›Heimatkunde I‹* geworden, Erich Maria Remarques ›Im Westen nichts Neues‹ zu *›Säen und Ernten‹* und George Grosz' ›Das Gesicht der herrschenden Klasse‹ zu *›Diercke: Physikalischer Schulatlas‹*.
Da es zu viele Bücher waren, wanderte ein Teil davon in einen großen alten Wäschekorb auf dem Speicher, wobei meine Mutter vorsorglich die oberste Lage mit wirklichen alten Schulbüchern von mir abgedeckt und auf dem Truhendeckel außen ein Pappschild angebracht hatte, dessen Aufschrift die Tarnung vollständig machte.
Aber vieles hatte ich vor dem Speicher bewahrt – beispielsweise Döblins ›Berlin Alexanderplatz‹, Irmgard Keuns ›Kunstseidnes Mädchen‹ und manches andere –, in Absprache mit meinen Eltern, die natürlich auch nicht für jedes ihrer Lieblingsbücher auf den Speicher klettern wollten.

So waren Erich Kästners Gedichte bei mir geblieben, und ich kannte viele davon längst auswendig. Daher war es für mich nicht schwer gewesen, die Losungsworte zu erkennen, mit denen sich ›Tante Änne‹ und Herr Sprüngli die endgültige Gewißheit gegeben hatten, daß sie sich gegenseitig vertrauen konnten.

Nach fünf Minuten war ›Tante Änne‹ aus der Küche zurückgekommen. Sie gab mir einen Korb mit Lebensmitteln, gemahlenem Kaffee, Zigaretten und Süßigkeiten.

»Könntest du das wohl in unser Häuschen in Meerbusch bringen und den Freund meines Bruders dahin begleiten, weil er den Weg nicht kennt?«

»Mach ich gern, Tante Änne«, sagte ich und fügte leise hinzu: »Sag ihm, ich steige hinten ein, in den zweiten Wagen, und er soll erst kurz vor der Abfahrt in den ersten Wagen einsteigen, in Meerbusch aussteigen und den Weg neben den Gleisen in Fahrtrichtung weitergehen. Ich komme nach und hole ihn dann schon ein. Wo sind die Schlüssel zum Haus? Ich zeige ihm dort alles.«

Ich hatte die Freude, ›Tante Änne‹ einen Augenblick lang verblüfft zu sehen. Dann faßte sie sich aber rasch, lächelte mich an und sagte nur: »Die Schlüssel sind im Korb. Los, beeil dich, die Straßenbahn fährt gleich ab – und versuch nicht klüger zu sein, als du bist . . .«

Ich hatte dann aber die Genugtuung, daß Herr Sprüngli meine Ratschläge genau befolgte. Er stieg in den vorderen Straßenbahnwagen ein, gerade als die Bahn abfuhr, während ich von der letzten Plattform aus beobachtete, ob ihn wohl jemand ›beschattete‹.

Die Fahrt nach Meerbusch dauerte nicht viel länger als eine Viertelstunde, und unterwegs überlegte ich mir, wie ich ihn nachher ansprechen und mit ihm reden sollte. Am besten, so fand ich, würde es sein, ihm ganz unbefangen zu begegnen und das Weitere ihm zu überlassen.

Ich fragte mich, was er hier wohl wollte. Seiner Aussprache nach war er wirklich ein Schweizer. Warum war er dann aus der Schweiz, wo er doch vor der Gestapo sicher war, hierhergekommen?

Vielleicht war er ein Kurier – davon hatte ich schon gehört. Es hatte sogar einmal in der Zeitung gestanden, daß ›ein Kurier der Komintern aus Moskau‹ von der stets wachsamen Geheimen Staatspolizei erwischt worden war – ›mit Anleitungen zum bolschewistischen Aufstand und Bürgerkrieg‹, wie die Zeitungsmeldung besagt hatte.

Aber Herr Sprüngli sah eigentlich nicht so aus, als ob er Leute zum Bürgerkrieg anleiten könnte, und auch seine Ledertasche ähnelte mehr der eines Landarztes auf Patientenbesuch als der eines Revolutionärs. Aber man konnte sich da sicherlich auch täuschen ...

Am meisten beschäftigte mich jedoch die Frage, ob der ›Uhrmacher‹ tatsächlich verfolgt würde. Was konnte Herr Sprüngli sonst gemeint haben, als er andeutete, daß er es recht eilig hätte? Aber anderseits, so sagte ich mir, würde er ganz bestimmt nicht ins Café Ney gekommen sein, wenn er nicht völlig sicher gewesen wäre, etwaige Verfolger abgeschüttelt zu haben.

Es mußte also etwas anderes dahinterstecken – aber was?

In Meerbusch stiegen alle aus. Die wenigen Fahrgäste verliefen sich rasch. Herr Sprüngli ging gemächlich den Weg an den Schienen entlang, ohne sich nach mir umzusehen. Ich wartete, bis ich sicher sein konnte, daß es keine Verfolger gab. Dann lief ich Herrn Sprüngli nach und holte ihn rasch ein.

»Dort am Wegweiser biegen wir links ab«, sagte ich zu ihm, nachdem ich ihn begrüßt hatte. »Es ist gleich das erste Haus, und wir gehen am besten durch das Gartentörchen, das zur Bahn hin liegt. Da kann uns keiner von den Nachbarn sehen ...«

Er warf mir einen Blick zu, sagte aber nichts.

Wir gingen durch den Neyschen Garten zum Haus. Herr Sprüngli wartete auf der Terrasse, bis ich von der anderen Seite aus ins Haus gegangen war und ihm die Terrassentür öffnen konnte.

»Hier ist die Küche«, sagte ich und zeigte ihm den Weg, »dort ist das Bad, hier in der Diele steht das Telefon, und ein Gästezimmer ist im ersten Stock, gleich neben der Treppe links.« Dann packte ich meinen Korb aus, zeigte ihm die Vorräte an Reis, Nudeln und geräuchertem Speck und wollte mich, da er kaum mit mir sprach, schon auf den Heimweg machen, als er mich plötzlich fragte: »Du kannst nicht zufällig von deinem Fenster aus die Rheinbrücke sehen?«

»Nein – wir wohnen nicht am Rhein.« Dann fiel mir Fräulein Bonse ein. »Aber Tante Änne, ich meine Frau Ney, kennt jemanden, der sieht von seinen Fenstern aus genau auf die Oberkasseler Brücke.«

»Meinst du, daß Frau Ney den Betreffenden bitten könnte, morgen in aller Frühe ab und zu einen Blick auf die Rheinbrücke zu werfen?«

Ich sah ihn verwundert an.

Dann sagte ich: »Bestimmt – die beiden kennen sich gut, und es

handelt sich um jemanden, der in Ordnung ist . . . Aber, worauf soll sie – es ist nämlich eine Frau – denn überhaupt achten?«
»Auf Soldaten«, sagte Herr Sprüngli, »auf Marschkolonnen, Geschütze, Militärfahrzeuge aller Art – ich schätze, so von fünf Uhr in der Frühe an . . .«
»Gibt es Krieg?!« fragte ich erschrocken.
»Das kann schon sein«, war alles, was Herr Sprüngli darauf antwortete. Er sah sich in dem Haus um, vergewisserte sich, daß das Licht, der elektrische Herd und das Telefon funktionierten, schaltete das Radio ein und wieder aus und betrachtete dann von der Terrasse aus die hohe Antenne auf dem Dach.
Ich dachte derweilen angestrengt nach. Dann sagte ich: »Wir sind doch hier auf dem linken Rheinufer ›entmilitarisierte Zone‹! Wenn Hitler die Wehrmacht hier einmarschieren läßt, hat mein Vater gesagt, dann werden die Franzosen und Engländer sie bestimmt daran hindern . . .«
»Das wollen wir hoffen«, meinte dazu Herr Sprüngli nur.
Würden die Engländer und Franzosen die Wehrmacht zum Rückzug zwingen, sagte ich mir, wäre Hitler blamiert. Dann könnte es sein, daß es zum Aufstand gegen die Nazis kam, vor allem im Ruhrgebiet und im Köln–Aachener Braunkohlenrevier, und Düsseldorf lag dann ziemlich genau in der Mitte . . .
»Es ist nicht gewiß«, sagte Herr Sprüngli, meine kühnen Hoffnungen dämpfend, und nach einer Pause fügte er bedeutsam hinzu: »Aber es ist gut möglich, und man muß jedenfalls darauf vorbereitet sein . . .«
Ich dachte darüber nach.
Schließlich kam ich zu der Überzeugung, daß nicht allein Fräulein Bonse morgen früh am Fenster stehen und die Oberkasseler Rheinbrücke beobachten würde. Bestimmt gab es auch rheinabwärts, in Uerdingen, Duisburg und Wesel, und rheinaufwärts, in Neuß, Köln, Bonn, Remagen, Koblenz, Mainz, Ludwigshafen und Karlsruhe, Freunde von Herrn Sprüngli, die die Rheinbrücken im Auge behielten . . . Vielleicht war er nur für einen bestimmten Abschnitt zuständig und würde von hier aus telefonische Verbindung mit den Beobachtern halten . . . Und ganz gewiß würde er auch eine Verbindung zu seinen Genossen im Ausland benötigen – vielleicht über Funk? Ob in seiner Reisetasche wohl ein Funkgerät verborgen war? Ich wagte nicht, ihn danach zu fragen, verabschiedete mich dann und fuhr zurück zum Café Ney und richtete Tante Änne aus, was sie mit Fräulein Bonse besprechen sollte. Auch sie erschrak sehr.

»Gibt es Krieg?« fragte sie ängstlich.
»Er sagt: Das kann schon sein ...«
»Jesus, Maria und Josef«, flüsterte ›Tante Änne‹, und ich ließ sie allein.
Als ich an diesem Abend zu Bett ging, stellte ich mir den Wecker auf 5 Uhr. Am nächsten Morgen stand ich um halb sechs bereits an der Lueg-Allee, die von der Oberkasseler Rheinbrücke in gerader Linie durch die linksrheinischen Stadtteile führt, und tatsächlich – da kamen sie: Feldjäger auf Motorrädern voraus, dann eine Marschkolonne Infanterie, etwa fünfhundert Mann, dahinter im Schrittempo einige Militärlastwagen, ein Sanitätsauto und eine Feldküche ...!
Am Straßenrand standen nur sehr wenige Zuschauer. Ein SA-Mann rief plötzlich wie wild: »Heil! Heil!«, aber als er merkte, daß niemand sich an dieser Begrüßung beteiligte, hörte er damit auf.
In der Schule redeten natürlich alle von dem sensationellen Ereignis. Die meisten fanden es ›prima‹, daß auch das linksrheinische Gebiet jetzt Garnisonen der Wehrmacht bekäme. Einige machten sorgenvolle Gesichter und meinten: »Wenn das mal gutgeht!«
Nach der großen Pause wurden wir zum Rundfunkempfang der ›Führer‹rede in die Aula gerufen. Hitler sprach in der Kroll-Oper in Berlin vor dem eilig zusammengerufenen Reichstag: »Im Interesse des primitivsten Rechts eines Volkes auf Sicherung seiner Grenzen zur Wahrung seiner Verteidigungsmöglichkeiten hat daher die deutsche Reichsregierung mit dem heutigen Tage die volle und uneingeschränkte Souveränität in der entmilitarisierten Zone des Rheinlandes wiederhergestellt!«
Danach brüllten die sechshundert Nazi-Abgeordneten minutenlang ›Heil! Heil! Heil!‹ und trampelten mit ihren Stiefeln wie wild auf das Parkett.
Von der übrigen langen Rede prägte sich mir nur ein Satz ein: »Wir haben in Europa keine territorialen Forderungen zu stellen, Deutschland wird niemals den Frieden brechen!«
Hinterher hatten wir schulfrei.
Zu Hause herrschte dann an diesem und am nächsten Tag große Spannung. Mein Vater hörte ständig die Rundfunknachrichten, deutsche und ausländische. Am Sonntagnachmittag, ehe wir uns mit Freunden trafen, um gemeinsam mit ihnen in einem Ausflugslokal Kaffee zu trinken, sagte er: »Die englische Regierung ist heute, am Sonntag, zusammengetreten, das hat es in den letzten hundert Jahren nicht gegeben ...! Aber sie unternehmen nichts,

weder die Engländer noch die Franzosen! Und dabei wäre es eine einzigartige Gelegenheit für sie, dem braunen Spuk ohne große Opfer ein Ende zu machen. Es wird ihnen bestimmt schon bald sehr leid tun, daß sie jetzt nicht energisch gehandelt haben . . .«

Jahre später erfuhr ich, wie recht er gehabt hatte: Hitler hatte der Wehrmacht Anweisung gegeben, sich im Fall einer militärischen Intervention der Franzosen oder Engländer sofort und kampflos auf das rechte Rheinufer zurückzuziehen.

Im Nürnberger Hauptkriegsverbrecherprozeß sagte General Jodl aus, daß allein die französischen Grenztruppen ausgereicht hätten, die sehr schwachen Streitkräfte der Wehrmacht ›wegzublasen‹.

Hitler selbst hatte genau gewußt – so sagten mehrere seiner Minister, Generale und Mitarbeiter übereinstimmend aus –, daß er mit der Besetzung des Rheinlands ein gewaltiges Risiko eingegangen war. Sein Dolmetscher Paul Schmidt hatte ihn sagen hören: »Die achtundvierzig Stunden nach dem Einmarsch ins Rheinland sind die aufregendste Zeitspanne meines Lebens gewesen. Wären die Franzosen damals ins Rheinland eingerückt, hätten wir uns mit Schimpf und Schande zurückziehen müssen, denn die militärischen Kräfte, über die wir verfügten, hätten keineswegs auch nur zu einem mäßigen Widerstand ausgereicht . . . Ein Rückzug unsererseits aber hätte den Zusammenbruch bedeutet . . .« Der amerikanische Korrespondent in Berlin, William L. Shirer, notierte sich einige Monate später:

›Bei einem Rückblick auf jene Tage läßt sich deutlich erkennen, daß der geglückte Rheinland-Coup Hitler einen Sieg einbrachte, dessen Folgen weitaus verhängnisvoller sein sollten, als man damals übersehen konnte . . .‹

Tatsächlich stand ein Wochenende lang alles auf des Messers Schneide. Aber da sich bei den Westmächten kein ernsthafter Widerstand bemerkbar machte, errang Hitler den Triumph, den er sich erhofft hatte, und verschaffte sich neue Popularität, nicht allein bei seinen Anhängern, sondern auch bei vielen, die schon im Begriff gewesen waren, ins Lager der heimlichen Opposition überzugehen. Denn die Unzufriedenheit großer Teile der Bevölkerung hatte im Laufe des Winters 1935/36, vor allem wegen der geringen Löhne bei steigenden Preisen und erhöhtem Akkord, stark zugenommen.

Am Montag nach dem Einmarsch der Wehrmacht ins Rheinland ging ich gleich nach der Schule zu ›Tante Änne‹ ins Café.

»Was macht der Besuch?« erkundigte ich mich.
»Schon wieder abgereist«, sagte ›Tante Änne‹.

Drei Wochen später, nach einem Propagandarummel ohnegleichen, hielt die Nazi-Führung sogenannte Wahlen ab. Das Wahlrecht wurde zur Wahlpflicht erklärt, das geforderte Ankreuzen der Einheitsliste der NSDAP wurde geschickt verbunden mit der Frage, ob der Wähler der ›Wiederherstellung der Ehre des deutschen Volkes und der vollen Souveränität des Reiches‹, wie sie der ›Führer‹ durch die Rheinlandbesetzung erreicht habe, zustimme oder nicht.
Die Nazi-Partei und ihre vielen Hilfsorganisationen übten den stärksten Druck auf die Wähler aus, den es jemals in Deutschland gegeben hat. In den Betrieben, den Hausgemeinschaften, den Ämtern und sogar in den Schulen lautete drei Wochen lang die Parole: ›Bei dieser Wahl darf keiner fehlen! Jede Stimme dem Führer! Wer nicht für Adolf Hitler stimmt, ist ein Volksverräter!‹
Am Sonntag, dem 29. März 1936, kurz vor Mitternacht, konnte der Reichspropagandaminister Dr. Goebbels triumphierend das ›Wahl‹ergebnis bekanntgeben: ›99 Prozent aller Deutschen haben für Adolf Hitler und die NSDAP gestimmt!‹
Es überraschte niemanden in Deutschland. Jeder wußte, welcher Druck ausgeübt und wie in den Wahllokalen gedroht, manipuliert und gefälscht worden war.
Ein ganzes Volk hatte sich dem Terror gebeugt.

12. Der Führer hat immer recht

Kurz nach Ostern 1936 durfte ich nach Berlin fahren und besuchte dort zahlreiche Verwandte und Freunde. Es gab für mich eine Überraschung nach der anderen, denn alles war anders geworden, als ich es in Erinnerung gehabt hatte. Mehr als drei Jahre Naziherrschaft waren imstande gewesen, einen Wandel zu schaffen, wie ich ihn mir nicht in den kühnsten Träumen vorgestellt hatte.
Schon die lange Bahnfahrt war voller seltsamer Erlebnisse gewesen. Ich hatte einen Fensterplatz in einem Abteil gefunden, in dem nur zwei Männer saßen, die sich leise unterhielten, ohne mich zu beachten. Es waren, wie ich dann ihrem Gespräch entnahm, Autobahnarbeiter, die über die Osterfeiertage bei ihren Familien auf Urlaub gewesen waren. Sie sprachen von der ›verfluchten Schinderei‹, die für sie jetzt wieder beginne, von der miserablen Unterbringung und Verpflegung. In Duisburg kam eine Frau ins Abteil, Mitte 30, mit Schneckenfrisur und im Schneiderkostüm, an der Bluse ein großes NS-Frauenschaftsabzeichen. Mit einem betont fröhlichen ›Heil Hitler!‹ begrüßte sie uns und nahm Platz. Die beiden Arbeiter erwiderten ganz mechanisch den Nazi-Gruß und setzten ihre inzwischen etwas lauter gewordene Unterhaltung fort. Ich sagte ›Good morning‹ und fügte mit betont englischer Aussprache ›Gu-ten Mor-gen‹ hinzu – ein kleiner Trick, den ich seit meiner Rückkehr vom Ferienkurs in Yorkshire im vergangenen Jahr schon wiederholt mit Erfolg angewandt hatte. Damit entzog ich mich jeder Möglichkeit einer Kritik, denn Ausländer, besonders Engländer, waren zu dieser Zeit bei den Nazis hochangesehene, geradezu umworbene Gäste.
Sie lächelte mir freundlich zu, wie ich es erwartet hatte, und vertiefte sich dann in den ›Illustrierten Beobachter‹. Doch schon nach ein paar Minuten ließ sie das Blatt sinken, warf den beiden Arbeitern einen strengen Blick zu und sagte: »Muß das wirklich sein – diese Meckerei?! Noch dazu in Gegenwart eines jungen Ausländers . . . Sie sollten froh sein, daß Sie Arbeit haben, und dem Führer dankbar sein, daß er die Arbeitslosigkeit beseitigt hat!«

Die beiden Arbeiter sahen sie erschrocken an.
Dann faßte sich der Ältere von den beiden und sagte ganz ruhig: »Hören Sie mal, junge Frau: Wir arbeiten bei Wind und Wetter im Freien – mit der Schaufel, für 51 Pfennig Stundenlohn. Da gehen dann noch die Abzüge runter und die freiwilligen Spenden, die sie uns auch gleich mit abziehen, und 15 Pfennig Schlafgeld täglich für einen Strohsack in einer zugigen Holzbaracke und weitere 35 Pfennig für ein sogenanntes Mittagessen aus dem Suppenkessel, das *Sie* nicht anrühren würden – da leg ich meine Hand für ins Feuer! Vor einem halben Jahr gab es noch 66 Pfennig pro Stunde, und die Antreiberei wird immer schlimmer . . .«
»Laß doch, Karl«, sagte der Jüngere, aber sein Kollege fuhr erbittert fort: »Ich bin gelernter Buchdrucker. Im Sommer '33 wurde ich arbeitslos. Bis zum Frühjahr '34 ging ich stempeln – das war immer noch besser als jetzt. Man war zu Hause, bei seiner Familie, und ab und zu hat man noch was nebenbei verdienen können oder hat im Garten gearbeitet . . . Jetzt bin ich dienstverpflichtet – mit zehn Tagen Urlaub im Jahr! Das macht einen kaputt, sage ich Ihnen!«
»Nun laß doch, Karl«, mischte sich der Jüngere wieder ein, »das interessiert die Dame doch gar nicht!«
»Das soll sie aber interessieren«, fuhr der Ältere unbeirrt fort. »Gewiß, Anfang '33 hatten wir noch über 6 Millionen Arbeitslose, jetzt sind es nur noch 2,1 Millionen – das ist richtig. Aber es stimmt auch, daß ich Anfang '33 noch in meinem Beruf gut verdient habe und zu Hause war, und jetzt plagen wir uns für immer niedrigere Löhne – für netto 16 Mark die Woche. Das ist eine Schweinerei, und das muß man doch noch sagen dürfen!«
Die NS-Frauenschaftlerin schwieg zunächst, offenbar beeindruckt. Dann aber, wohl mehr für mich, den vermeintlichen ›jungen Ausländer‹, sagte sie: »Es läßt sich nicht alles im Handumdrehen bessern, was die vierzehn Jahre Systemzeit uns an Elend gebracht haben. Aber jetzt haben die Menschen doch wieder Hoffnung! Sie sind von der Straße weg, und Deutschland ist wieder stark und mächtig! Wir haben unsere Ehre wieder – das ist das Allerwichtigste! Adolf Hitler hat in drei Jahren schon Wunder vollbracht, und von Jahr zu Jahr wird alles besser und schöner! Vielleicht können Sie schon nächstes Frühjahr mit Ihrer Familie Urlaub auf Madeira machen – mit ›Kraft durch Freude‹ . . . Man muß nur fest an den Führer *glauben*!«
»Ja, ja«, lenkte der Ältere ein, nachdem ihm sein Kollege einen beschwörenden Blick zugeworfen hatte. Aber dann fügte er doch

noch leise hinzu: »Madeira! Nach Feierabend in der Laube in meinem Garten sitzen, wäre mir lieber . . .«
In Dortmund mußten die beiden Arbeiter umsteigen und verließen das Abteil. Andere Leute stiegen ein, die NS-Frauenschaftlerin begrüßte sie wieder mit fröhlichem ›Heil Hitler‹, und alle, auch die, die zuvor ›Guten Tag‹, gesagt hatten, beeilten sich, den Nazi-Gruß zu erwidern.
In Hamm stieg sie dann aus, aber zuvor erkundigte sie sich bei mir, wohin meine Reise denn ginge.
»Nak Börlinn«, antwortete ich, und sie rief: »Ach, nach Berlin, in die Reichshauptstadt! Da ist es gewiß wunderbar und sehr interessant. In wenigen Monaten beginnen dort ja die Olympischen Spiele – die ganze Welt wird dann sehen, was unser Führer Adolf Hitler geleistet hat!«
Dann schenkte sie mir noch den ›Illustrierten Beobachter‹, rief ›Heil Hitler!‹ und für mich noch extra: ›Goodbye – und gute Reise!‹.

Am Bahnhof Zoologischer Garten erwarteten mich mein Onkel Karl und Tante Elsbeth, eine Schwester meiner Mutter. Zu meinem Entsetzen trug Onkel Karl ein Parteiabzeichen, Tante Elsbeth eine Frauenschaftsbrosche.
Ich bemühte mich, mir meinen Schreck nicht anmerken zu lassen, und wir begrüßten uns herzlich.
»Du wirst schrecklichen Hunger haben, Junge«, sagte Tante Elsbeth als erstes, »aber ich habe dir vom Mittagessen genug aufgehoben – Kalbsbraten mit Sahnesoße und gemischtes Gemüse, und Nachtisch natürlich: Zitronenkrem . . .«
Sie war als gute Köchin berühmt und häufte einem immer riesige Portionen auf den Teller, stets in Sorge, man könnte hungrig wieder aufstehen, und außerdem kannte ich sie als ungemein herzlich, freundlich und hilfsbereit.
Onkel Karl, dessen unerschütterliche Ruhe und trockenen Humor ich schätzte, frotzelte mich in gewohnter Weise und erkundigte sich, ob es denn in dem Provinznest, aus dem ich käme, überhaupt eine Bahnstation gäbe – Düsseldorf, das klänge so, als wäre es von dort fünf Stunden zu Fuß bis zum nächsten Bahnhof . . .
Es war, bis auf die Hakenkreuzabzeichen, die sie trugen, alles genauso, wie es früher gewesen war.
Beim Abendbrot, bei dem meine Erwartungen noch übertroffen wurden von der Menge der von Tante Elsbeth aufgetragenen Lekkerbissen, erkundigte ich mich nach meinem Vetter und meiner

Cousine, die beide noch zur Schule gegangen waren, als ich sie zum letzten Mal gesehen hatte.
»Fritz kommt meist sonntags, wenn er dienstfrei hat«, teilte mir Tante Elsbeth eifrig mit. »Es geht ihm prima, und er rechnet fest damit, nächste Woche, an Führers Geburtstag, befördert zu werden. Und das hat er auch verdient, der Fritz – er ist so pflichtbewußt und diensteifrig! – Du weißt ja, er ist bei der Leibstandarte . . .«
Ich hatte es nicht gewußt, nicht einmal, daß mein vier Jahre älterer, sehr stiller und von meinen Eltern als ›etwas beschränkt‹ angesehener Vetter Fritz zur SS gegangen war. Und nun hatte ich gar einen Cousin bei der ›Leibstandarte Adolf Hitler‹!
»Toll«, sagte ich, und mein Staunen war echt. »Und wie geht es Gudrun? Was macht sie?«
Ich erfuhr, daß meine Cousine noch bei ihren Eltern wohnte, aber meist erst am späteren Abend nach Hause käme.
»Sie arbeitet wie verrückt bei ihrer Dienststelle«, erläuterte Tante Elsbeth. »Da wird es oft acht oder neun Uhr abends, ehe sie da rauskommt, und dann laden sie ihre Chefs meist noch zum Abendessen ein – neulich sogar zu Horcher! Anschließend wird sie dann mit dem Auto nach Hause gebracht . . .«
Was mochte das für eine Dienststelle sein? Horcher – das wußte ich von meinen Eltern – war eines der vornehmsten und teuersten Restaurants in der Stadt. Aber ehe ich mich danach erkundigen konnte, sagte mein Onkel Karl, er müsse jetzt eilig zur Versammlung – alle vom Blockwart aufwärts seien bestellt. Minister Dr. Goebbels selbst als Gauleiter von Groß-Berlin werde sprechen – vor allem über die Wahl vom 29. März, bei der einiges schiefgegangen sei.
»Nanu«, wunderte ich mich, »es haben doch 99 Prozent mit Ja gestimmt . . .?!«
»Eben«, sagte er nur und zog sich schon den Mantel an.
»In allen Berliner Stimmbezirken gleichmäßig 99 Prozent«, erklärte Tante Elsbeth, »das sieht doch nicht gut aus – das macht auch im Ausland keinen überzeugenden Eindruck . . .« Sie klang bekümmert. »In Friedrichshagen sind in fünfzehn Wahllokalen von insgesamt zwanzig genauso viele Stimmen abgegeben worden, wie es Wahlberechtigte gab, und bei den anderen fünf jeweils nur eine Stimme weniger . . .«
»Das ist doch prima«, sagte ich, »und es hieß doch auch: ›Diesmal darf keiner fehlen!‹ Da kann man sich doch nicht beklagen, wenn alle kommen!«

Sie sah mich erstaunt an.
»Naja«, meinte sie dann nur und wechselte das Thema: »Onkel Karl muß viel zu oft abends noch weg, und gerade heute wäre es so schön gewesen, wenn er uns etwas vorgespielt hätte – von Schubert zum Beispiel ...«
Onkel Karl war ein guter Pianist, aber mir machte es nichts aus, daß der Musikabend ausfiel. Vielmehr beschäftigte mich die Frage, warum mein Onkel Karl zu einer Versammlung ›vom Blockwart aufwärts‹ ging. Welchen Posten hatte er sich wohl von den Nazis aufschwatzen lassen? Schon früher war es Tante Elsbeths ständige Klage gewesen, daß ihr Mann abends immer zu irgendwelchen Veranstaltungen müßte. Damals hatte es sich vor allem um ›die Loge‹ gehandelt, denn Onkel Karl war ein eifriger Freimaurer gewesen, daneben noch im Schachklub und im Gesangverein, im Bezirkswohlfahrtsausschuß und im Vorstand des Waisenhauses. Überall hatte er Ehrenämter inne und mußte ständig zu Sitzungen. Seine Frau war sehr stolz darauf, nur hätte sie ihn gern häufiger abends zu Hause gehabt.
»Karl ist einfach zu gutmütig«, hatte meine Mutter dazu gemeint. »Wenn jemand zu ihm sagt: ›Karl, du kannst uns doch nicht im Stich lassen – wir brauchen dich‹, dann macht er das eben auch noch ...«
Vielleicht war *das* die Erklärung, überlegte ich mir, aber als ich am nächsten Vormittag Tante Martha, die andere, unverheiratete Schwester meiner Mutter, in Steglitz besuchte und sie fragte, ob sie mir sagen könnte, warum Onkel Karl und Tante Elsbeth auf einmal Nazis wären oder zumindest so täten, da sagte sie nach einem tiefen Seufzer: »Sie glauben jetzt wirklich daran. Erst neulich hat Elsbeth doch allen Ernstes zu mir gesagt: ›Man darf an unserem Führer nicht zweifeln – der Führer hat immer recht ...!‹ Sie ist eine herzensgute Frau, aber sie hat leider nicht mehr Verstand als ein Huhn, und ihr Sohn, mein Neffe Fritz, der brave Junge, noch weniger – sonst wäre er doch nicht zur ›Leibstandarte‹ gegangen ...«
»Und Onkel Karl?«
»Bei Karl ist die Sache etwas komplizierter«, meinte Tante Martha. »Er hat sich nie für Politik interessiert, und plötzlich, im März, April '33 etwa, da wurde er sehr gegen seinen Willen in die Politik hineingezogen. Die Loge, die ihm soviel bedeutet hat, wurde polizeilich geschlossen, und die Freimaurerei galt auf einmal als etwas Anrüchiges. Dann haben ihn SA-Leute auf dem Kurfürstendamm angerempelt, weil er doch so jüdisch aussieht ...«

»Tatsächlich . . .?«
Jetzt, wo meine Tante Martha es sagte, wurde es auch mir bewußt: Onkel Karl sah wirklich manchmal so aus, wie die Nazi-Zeitungen Juden zu karikieren pflegten, wogegen alle Juden, die ich kannte – und das waren sehr viele, denn ich war im Berliner Westen zur Schule gegangen –, keineswegs so aussahen.
»Es war Ecke Fasanenstraße, nicht weit von der Synagoge«, fuhr Tante Martha fort. »Ein SA-Mann hat ihm den Hut vom Kopf und mit der Faust ins Gesicht geschlagen – da hat Karl es mit der Angst zu tun bekommen. Er sorgte sich vor allem um seine Familie und um das Geschäft.«
Onkel Karl war vereidigter Kunstsachverständiger, speziell für Porzellan, Glas und Keramik, und daneben hatte er ein kleines Ladengeschäft nahe dem Savignyplatz, wo es besonders wertvolle alte Gläser, Bunzlauer Krüge und antikes Porzellan zu kaufen gab. Ich konnte mir vorstellen, welche Angst Onkel Karl davor gehabt hatte, daß ihm HJ und SA Steine in die Fenster hätten werden können . . .
»Er hat jetzt ein großes Schild am Schaufenster: ›Deutsches Geschäft‹«, sagte Tante Martha. »Dabei hat er doch fast nur jüdische Kundschaft gehabt – die Herren Kreisleiter und Standartenführer verstehen ja nichts von alten Fayencen und venezianischem Glas . . .«
»Und was macht eigentlich Gudrun?« erkundigte ich mich noch, ehe ich meinen Besuch bei Tante Martha beendete, weil ich zum Mittagessen bei meiner Cousine Lilly in Neukölln eingeladen war.
»Ich weiß es auch nicht, was Gudrun eigentlich macht. Sie arbeitet bei irgendeiner neuen Dienststelle, aber weder von Karl noch von Elsbeth ist Näheres zu erfahren. Sie tun sehr geheimnisvoll. Ich weiß nur, daß sie oft abends mit einem großen Auto nach Hause gebracht wird, manchmal ziemlich spät. Der Fahrer trägt SS-Uniform . . .«

Meine Cousine Lilly wohnte in einer Neubauwohnung in der Nähe der Hermannstraße. Es war eine Arbeitergegend, in der vor 1933 der höchste Anteil kommunistischer Stimmen zu verzeichnen gewesen war. An dem langen Bretterzaun entlang dem S-Bahn-Gelände war in stark verblaßter Farbe noch immer zu lesen: ›Neukölln bleibt rot!‹
Lilly war mit Martin verheiratet, einem hochgewachsenen, sehr gut aussehenden Mann, den ich besonders gern mochte. Er stammte aus einer Kleinstadt, irgendwo in Westpreußen, hatte in

Berlin studiert und bei einem sehr bekannten Internisten als Assistent gearbeitet. Zum Leidwesen der Familie machte er sich dann mit einer Arztpraxis in Neukölln selbständig, anstatt am Kurfürstendamm.

Martin war Jude, und ich hatte gefürchtet, eine öde Praxis und traurige Gesichter vorzufinden. Statt dessen war das Wartezimmer überfüllt. Einige Patienten saßen oder standen sogar in der kleinen Diele, und meine Cousine Lilly empfing mich mit den Worten: »Du hast Pech – es wird noch eine Weile dauern, bis wir essen können! Heute geht es hier wieder einmal zu wie in einem Taubenschlag . . .«

»Soll er sich doch 'ne schicke Uniform anziehn, der Dokter«, bemerkte dazu einer der Patienten in der Diele, ein älterer Mann, der eine Strickjacke und eine Schirmmütze trug. »Sie soll'n mal seh'n, Frau Dokter, wie ville Zeit Sie dann ha'm – denn könnse schon um elfe zu Mittach essen . . .«

Später, bei Tisch, erzählte Martin: »So gut wie jetzt ist die Praxis noch nie gegangen – wenn wir mehr Platz hätten, könnte ich gut noch zwei Kollegen als Assistenten beschäftigen. Und was die Leute einem alles erzählen! Mir gegenüber nehmen sie kein Blatt vor den Mund, und sie reden sich alles von der Seele, was sie sonst nicht auszusprechen wagen, weder im Betrieb noch in der Kneipe, oft nicht einmal in der Familie.«

Er hatte, wie ich dann erfuhr, vor kurzem seine Krankenkassenzulassung verloren und angenommen, daß er nun seine Arme-Leute-Praxis würde zumachen müssen. Aber die Anzahl seiner Patienten hatte sich überhaupt nicht vermindert, sie war eher noch gestiegen. Allerdings konnten die meisten kaum etwas bezahlen, weil sie von dürftigen Unterstützungssätzen lebten oder von den niedrigen Löhnen nichts erübrigen konnten. Häufig bezahlten sie in Naturalien: etwas Obst, ein paar Köpfe Salat oder eine Gurke aus dem Garten, einige Gläser mit eingemachtem Kürbis, mitunter auch Tauben oder sogar ein Huhn. Andere boten ihre Arbeit als Klempner, Elektriker oder Tischler an, und alle waren sie ›Privatpatienten‹.

»Es geht ganz gut«, meinte Martin. »Vorgestern war sogar ein SA-Mann da . . .«

Er hatte am Abend gewartet, bis alle Patienten gegangen waren und Martin gerade die Praxis hatte schließen wollen.

»Es fehlte ihm eigentlich gar nichts«, erzählte Martin. »Der Hals war ein bißchen gerötet, wahrscheinlich vom vielen ›Heil!‹-Schreien. Er wollte sich wohl nur mal aussprechen – über die letzte

›Wahl‹, und daß er selbst mehr als fünfhundert Stimmzettel mit einem Kreuz im ›Ja‹-Feld hätte versehen müssen, und über das, wie er es nannte, ›Unrecht‹, das den Juden geschehe. ›Ick hab absolut nischt jejen Sie, det wollt' ick bloß ma' saren‹, ließ er mich zum Abschied noch wissen, und dann hat er zackig mit ›Heil Hitler‹ gegrüßt und ist gegangen, nachdem er mir drei Mark für die Behandlung auf den Schreibtisch gelegt hat. Das war die höchste Einnahme in dieser Woche . . .«
Dann erfuhr ich, daß sie ihre Auswanderung vorbereiteten. »Wir müssen hier weg, solange noch Zeit ist«, sagte Martin, und er schien mir darüber sehr traurig zu sein. »Nächstes oder übernächstes Jahr gibt es Krieg. Ich weiß genau Bescheid über die heimliche Aufrüstung – meine Patienten, soweit sie Arbeit haben, sind alle in Rüstungsbetrieben. Allein bei der AEG in Treptow wird in zwei, demnächst sogar in drei Schichten gearbeitet – nur Heereslieferungen. Und von den Kommunisten hier weiß ich, daß sie bei Erkner einen neuen Militärflugplatz bauen. Jeder Arbeiter ist dienstverpflichtet und vereidigt. Es gibt 5 Mark pro Tag bei zehnstündiger Arbeit im Akkordtempo, auch sonntags . . . Wenn der Krieg ausbricht, ist es für uns zu spät – wir müssen vorher weg, und dabei gefällt es mir so gut, und die Praxis geht doch glänzend!«

Nachmittags traf ich Bobbi, meinen alten Schulfreund, mit dem ich zusammen bei den ›Roten Falken‹ eingetreten war. Er trug ein HJ-Abzeichen.
»Nanu«, sagte ich. »Seit wann bis du dabei?«
»Schon lange – gleich im Mai '33 bin ich eingetreten. Mein Vater ist doch Beamter, und außerdem gefällt es mir prima. Die Kameradschaft ist großartig bei uns, und Pfingsten gehen wir ins Zeltlager. Wirklich, du solltest das auch machen – wir sind doch jetzt eine große Volksgemeinschaft, und was hat der Führer nicht alles geleistet . . .!«
»Ja«, sagte ich, »ich weiß schon: die Arbeitslosigkeit hat er beseitigt und die Reichsautobahn hat er gebaut . . .«
»Und der Einmarsch ins Rheinland – du wohnst doch jetzt da! Die Leute müssen doch stolz sein, daß der Führer ihnen die Ehre zurückgegeben hat!«
»Klar«, sagte ich, »das sind sie.«

13. Wie manch einer durch die Nazizeit kam

Mehr als vierzig Jahre später traf ich Bobbi wieder – im Münchner Ratskeller, wo er an einem großen Tisch unter lauter feierlich gekleideten Damen und Herren den Ehrenplatz einnahm. Von seinem kastanienbraunen lockigen Schopf war nur noch ein dünner Haarkranz übrig, und er war ziemlich dick und etwas kurzatmig geworden. Aber sein Lachen, seine Mimik, seine Stimme hatten sich nicht verändert.

Ich bat den Kellner, ihm eine Karte von mir zu geben, auf die ich ›Bobbi?‹ geschrieben hatte. Er kam sofort an meinen Tisch. Nach der Begrüßung erfuhr ich, daß er schon seit 1949 ›im Westen‹ lebte, daß es ihm gutging und daß er der Senior einer großen Frankfurter Anwaltskanzlei war. Er habe, so erzählte er mir, vorhin eine Rede halten müssen – zum Andenken an die Toten des Widerstands.

Er sah mein Erstaunen und klärte mich auf: Sein Vater, ein höherer Beamter, hatte sich 1936 – ›im Olympiade-Jahr‹ – als Oberstleutnant reaktivieren lassen und es im Krieg dann noch bis zum Generalmajor gebracht. Im Zusammenhang mit der Offiziersrevolte vom 20. Juli 1944 war er dem Verschwörerkreis zugerechnet, vom Volksgerichtshof zum Tode verurteilt und in Plötzensee hingerichtet worden.

›Es war ein furchtbarer Schock für mich – mir ist damals meine Welt zusammengebrochen . . .« Ich rechnete nach. Er war anderthalb Jahre älter als ich, 1944 mußte er knapp fünfundzwanzig Jahre alt gewesen sein und vermutlich Soldat, aller Wahrscheinlichkeit nach Offizier. Er bestätigte es.

»Ich war damals Oberleutnant und stand an der Ostfront. Als mir mein Regimentskommandeur mitteilte, mein Vater, der General, sei wegen Verschwörung gegen das Leben des Führers hingerichtet worden, habe ich ihn für verrückt gehalten. Ich konnte es nicht fassen – daß sich mein Vater, ein überzeugter Nationalsozialist und äußerst korrekter Offizier, zu so etwas hergegeben haben könnte . . .«

Er erzählte mir dann, wie sein Leben im ›Dritten Reich‹ verlaufen war: Ende 1936 war sein Vater als nunmehriger Oberstleutnant zum Wehrkreiskommando nach Breslau versetzt worden. Dorthin war die Familie umgezogen, und er hatte in Breslau sein Abitur gemacht. 1938 war er als Fahnenjunker zu einem niederschlesischen Infanterieregiment gekommen, hatte an der Besetzung des Sudetenlandes, am Einmarsch in Prag, nach Ausbruch des Zweiten Weltkriegs vom ersten Tage an am Polenfeldzug teilgenommen und war nach zwei Lehrgängen Anfang 1940 Leutnant geworden – »gerade rechtzeitig für den Feldzug in Frankreich«, wie er sagte. Später war er fast ohne Unterbrechung an der Ostfront gewesen, zweimal leicht verwundet und mit dem ›Deutschen Kreuz in Gold‹ ausgezeichnet worden.

»Als mich mein Kommandeur im Herbst 1944 zu sich kommen ließ«, erzählte er, »rechnete ich fest mit Beförderung und Ritterkreuz – statt dessen . . . Ich habe damals überhaupt nicht begriffen, warum mein Vater zur Opposition gegen Hitler übergegangen sein sollte – wir verdankten dem Führer doch alles!« Er sagte tatsächlich noch immer: ›dem Führer‹ . . .

»Mein Vater war seit 1940 wieder in Berlin, in der Bendlerstraße. Wir hatten eine hübsche Villa in Zehlendorf, Personal, Fahrer, Ordonnanzen . . . Meine Mutter war glücklich, endlich das zu haben, wonach sie sich früher immer gesehnt hatte: Anschluß an die Berliner Gesellschaft, Einladungen zu Empfängen, Bällen, Diners . . . Meine ältere Schwester hatte sich mit einem Legationsrat aus dem Auswärtigen Amt verheiratet, ich war verlobt mit – jetzt wirst du lachen! – der Tochter eines Richters am Volksgerichtshof. ›Seid nicht so laut, Kinder‹, mahnte uns meine zukünftige Schwiegermutter mitunter, wenn ich auf Heimaturlaub war und wir Tanzplatten aufgelegt hatten, ›bei diesem Krach kann Papa nicht arbeiten – er hat noch ein Dutzend Todesurteile zu schreiben . . .‹ Die Verlobung ging dann natürlich in die Brüche – glücklicherweise, wie ich rückblickend sagen darf . . .«

»Sag mal, wenn du am Polen- und am Rußlandfeldzug teilgenommen hast«, fragte ich, »dann mußt du doch selbst gesehen haben, was los war, und dann muß dir doch auch einiges klargeworden sein?«

»Sicherlich – was sie mit den Juden dort gemacht haben, war eine Schweinerei. Aber man hat uns damals immer wieder erklärt, es handele sich um eine harte Notwendigkeit; ich glaube übrigens nicht, daß mein Vater davon etwas gewußt hat – er war doch ein ›Schreibtischhengst‹, wie wir damals sagten, und mit ganz anderen

Dingen befaßt ... Nein, ich muß dir gestehen, ich habe damals überhaupt nicht begriffen, daß wir uns Verbrechern ausgeliefert hatten – das ist mir erst viel später klargeworden, als alles vorbei war ...«

Er erzählte mir dann noch, wie er in der ersten Nachkriegszeit hatte froh sein können, als Sohn eines Opfers der Nazi-Diktatur eine Studienbeihilfe zu bekommen; daß sein Schwager noch ins neue Auswärtige Amt in Bonn und dann sogar ins Bundeskanzleramt übernommen worden war – des Schwagers ›Ehrenrang‹ bei der SS war von dem hingerichteten Schwiegervater voll aufgewogen worden – und daß diese Verbindung zur Bundesregierung seiner Anwaltspraxis sehr zugute gekommen sei.

»Warum bist du eigentlich damals, 1932, mit mir zu den ›Roten Falken‹ gegangen?« fragte ich ihn später, als wir von unserer Sextanerzeit in Berlin sprachen.

Er lachte.

»Eigentlich nur deinetwegen«, sagte er dann. »Wenn meine Eltern etwas davon erfahren hätten, wäre wohl eine Tracht Prügel fällig gewesen ... Na ja, es war ja auch nur eine kurze Episode, obwohl mir vieles gut gefallen hat – die Sonnenwendfeier, zum Beispiel ...«

»Da verwechselt du wohl die ›Falken‹ mit dem ›Jungvolk‹ ...«

»Kann sein – es ist schon so lange her ...«

Als wir uns spät am Abend trennten, sagte er: »Du, beinahe hätte ich es vergessen – ich soll dich von einer Dame grüßen, die vorhin mit mir am Tisch saß. Sie sagte, ihr wäret Schulfreunde und hättet euch kürzlich in Düsseldorf wiedergesehen. Du hast sie wohl nicht erkannt, denn sie saß mit dem Rücken zu dir und sah dich nur im Vorbeigehen. Sie hätte dich so gern noch gesprochen, sagte sie, als mir der Kellner deine Karte brachte, aber sie mußte sich sehr beeilen, um noch ihren Zug zu erreichen. Sie war nur hier wegen der Feierstunde ...«

Zu meiner Verwunderung erfuhr ich, daß es sich um Marga gehandelt hatte.

»Was hat sie mit der Feier zum Andenken an die Opfer des 20. Juli zu tun?«

»Ja, weißt du das nicht?« fragte Bobbi erstaunt. »Sie ist doch die Witwe eines der hingerichteten Offiziere. Komisch, daß sie dir das nicht erzählt hat! Allerdings – sie versuchte es lange Zeit sogar vor ihrer Tochter zu verheimlichen, daß ihr Mann Adjutant bei einem der Hauptverschwörer gewesen ist und als einer der ersten an die Wand gestellt wurde ...«

»Sie hat bei unserem ersten Wiedersehen nach vielen Jahren von unserer gemeinsamen Schulzeit erzählt, von der Tanzstunde, von den Kleidern, die sie damals getragen hat . . . Von ihrem Mann erzählte sie, er sei Offizier gewesen und an der Ostfront gefallen . . .«
»Ach ja . . .?«
Ich sagte dazu nichts, aber ich nahm mir vor, bei nächster Gelegenheit Marga danach zu fragen.

Einige Wochen später, als ich wieder für einen Tag in Düsseldorf war, rief ich sie morgens an, und Marga lud mich zum Mittagessen ein. Sie wohnte im Zoo-Viertel, in einem schönen Einfamilienhaus aus den zwanziger Jahren.
»Mein Vater hat das Haus gekauft, nachdem er endlich Senatspräsident geworden war«, erklärte Marga, »Ende 1938, kurz nach meiner Verlobung. Die Hochzeit im April 1939 haben wir schon hier gefeiert – ein Glück, daß es den Bombenkrieg überstanden hat. Ich mag das Haus nämlich. Ich habe es von Anfang an gemocht . . .«
Ich kannte das Haus.
Bevor Margas Vater es gekauft hatte, war es von den Großeltern unserer gemeinsamen jüdischen Schulfreundin Susanne bewohnt worden. Auch Susannes Großvater war Senatspräsident beim Oberlandesgericht gewesen, bis man ihn 1933 hinausgeworfen hatte. Susanne und ich waren, ehe sie für immer nach England fuhr, ein paarmal hier gewesen.
Wußte Marga nichts davon?
Ich fragte sie danach, und sie antwortete: »Ja, das kann gut sein – Vater hat es jedenfalls sehr günstig kaufen können.« Sie lachte. »Komm, ich zeige es dir – wir haben ohnehin noch etwas Zeit bis zum Mittagessen . . .«
Sie führte mich durch einige sehr teuer und elegant eingerichtete Räume, bot mir dann Sherry an, und ich erkundigte mich, ob sie ganz allein hier wohne. Es wirkte alles ungemein gepflegt.
»Ja, mit Fräulein Marquart, meiner Haushälterin. Für meine Tochter ist natürlich immer ein Zimmer reserviert – sie kommt alle zwei, drei Monate zu Besuch. Wir haben ein spanisches Hausmädchen . . .«
Ehe Fräulein Marquart kam und uns zu Tisch bat, kam mir noch ein Gedanke: »Sag mal, du mußt aber sehr jung geheiratet haben – unser gemeinsames Abitur war Anfang 1938, danach mußten wir alle zum Arbeitsdienst . . .«

»Ja, genau – und beim Ernteeinsatz habe ich meinen späteren Mann kennengelernt. Wir waren auf dem Gut seines Vaters in Pommern. Danach habe ich in München mit dem Medizinstudium begonnen, weil er in der Nähe in Garnison war, und schon am 9. November haben wir Verlobung gefeiert ... Es war der glücklichste Tag meines Lebens! Mein Vater war sehr nobel und hat uns ein Bankett im Breidenbacher Hof gegeben – es war phantastisch ...!« Und dann beschrieb sie mir das Kleid, das sie an diesem Abend getragen hatte.

»Wie traurig«, sagte ich, »daß ihr euch gerade diesen Tag zum Feiern ausgesucht hattet.«

Sie sah mich überrascht an.

»Na ja«, meinte ich, »es war die sogenannte ›Reichskristallnacht‹, der Abend des 9. November 1938, als der schlimmste Pogrom begann, der je in Deutschland stattgefunden hatte.«

»Richtig«, sagte Marga, »jetzt kann ich mich wieder erinnern – die Bürgersteige waren, als wir nachts heimgingen, voller Glasscherben, und ich hatte doch so dünne Ballschuhe an und ein Kleid bis zum Boden ... Vater sagte noch, es sei unerhört, daß die Straßenreinigung das nicht sofort beseitigt hätte ...«

Das spanische Hausmädchen servierte die Vorspeise, und Marga wechselte das Thema, erzählte von ihren Enkelkindern in der Schweiz, vom Hotel ihres Schwiegersohns, der ihr – das Mädchen war wieder hinausgegangen – ›diese Perle aus Estremadura‹ verschafft habe.

»... sonst wüßte ich wirklich nicht, wie ich zurechtkommen sollte«, fuhr sie fort. »Früher, da war Hauspersonal ja überhaupt kein Problem, und im Krieg dann schon gar nicht. In den ersten Monaten meiner Ehe – wir haben am 7. April 1939 geheiratet, drei Wochen nach dem Einmarsch in die Tschechei, an dem mein Mann teilgenommen hatte –, da wohnten wir in Striegau – ein trauriges Nest im Vergleich zu Düsseldorf oder München, aber mein Mann war dorthin versetzt worden. Ich war ja noch nicht 20 und hatte keine Ahnung vom Haushalt, aber als ›Frau Leutnant‹ hatte ich natürlich ein Hausmädchen, das alles in Ordnung hielt – für 20 Mark im Monat, denk nur! –, und außerdem den Offiziersburschen meines Mannes, die ›Ordonnanz‹, wie das hieß, für die schwere Arbeit, und der Bursche bekam natürlich nur ein Trinkgeld ... Wir hatten eine schöne Wohnung in Striegau, voll eingerichtet – ich brauchte meine Aussteuer gar nicht mitzubringen ...«

»Wahrscheinlich hatte man dort eine jüdische Familie hinausgesetzt.«

»Stimmt«, sagte Marga, »jetzt, wo du es sagst, erinnere ich mich sogar, daß ich gleich zu Anfang großen Ärger hatte, weil ich ein junges Mädchen hereingelassen hatte, das vor der Tür stand und ganz ängstlich gefragt hatte, ob es sein Tagebuch holen dürfe – es sei im Wäscheschrank liegengeblieben. Ich habe es dem armen Ding natürlich erlaubt und später meinem Mann davon erzählt, der dann großes Trara darum gemacht hat: Alles in der Wohnung sei Wehrmachteigentum, und was ich mir eigentlich dabei gedacht hätte, eine Jüdin ins Haus zu lassen – es war mein erster Ehekrach!«
»Dein Mann war ein richtiger Nazi?«
»Ach was! Keine Spur! Der war Berufsoffizier und hat sich um Politik überhaupt nicht gekümmert. Er wollte bloß keinen Ärger mit dem Kreisleiter haben. Dabei war das ein ganz netter Mann, immer sehr höflich zu mir – ›Frau Leutnant, wenn Sie einen Wunsch haben, stehe ich immer zur Verfügung‹ und so –, nur wenn er zuviel getrunken hatte, wurde er ziemlich vulgär . . . Aber viel Auswahl hatte man in Striegau ja nicht, was den gesellschaftlichen Verkehr betraf: Außer den anderen Offizieren gab's nur den Landrat, den Kreisleiter, den Bürgermeister, den Amtsgerichtsdirektor und noch ein halbes Dutzend Honoratioren . . .«
»Warst du lange dort?«
»Nur etwa ein Jahr. Nach dem Polen-Feldzug wurde mein Mann nach Küstrin versetzt. Da hat es mir nicht gut gefallen, denn die Wohnung war nicht so schön wie in Striegau, und die polnischen Dienstmädchen, die ich zugewiesen bekam, machten mir dauernd Ärger – die eine heulte den ganzen Tag, die andere – eine Studentin, glaube ich – war ziemlich frech . . .«
»Man hatte sie wahrscheinlich zur Zwangsarbeit nach Deutschland geschickt«, warf ich ein.
»Vielleicht«, sagte Marga, »ich weiß es nicht und habe mich auch nicht darum gekümmert – ich war ja noch so jung, da war ich nur interessiert an den Kasinofesten, an hübschen Kleidern und an dem, was mir mein Mann dann, als er vom Mai '40 an in Frankreich war, von dort schickte: Strümpfe, Parfüm, Wäsche – na, du weißt schon . . . Als dann '41 der Rußlandfeldzug begann und ich ein Baby erwartete, habe ich die Wohnung in Küstrin aufgegeben. Bis lange nach Kriegsende habe ich dann in Bayern gelebt – das war, alles in allem, eine sehr schöne Zeit!«
Ich erfuhr dann noch, daß sie dort das Ferienhaus ihrer Verwandten bewohnt hatte, mit einer älteren Frau als ›Bedienung‹. So war sie von allem verschont geblieben – von ständigem Fliegeralarm

und Bombennächten, von Arbeitseinsatz und Lebensmittelknappheit.

Ihr Mann, so berichtete sie, war dann, nach einer schweren Verwundung und längerem Lazarettaufenthalt, im Frühjahr 1944 Adjutant eines Generals im OKW, im Oberkommando der Wehrmacht, geworden. Nun hätte sie eigentlich zu ihm nach Berlin ziehen können, aber er hatte darauf bestanden, daß sie und ihre kleine Tochter in Oberbayern blieben.

»Pfingsten '44 habe ich ihn zum letzten Mal gesehen«, sagte sie. »Er hatte sich sehr verändert . . .«

»Du erwähntest neulich, er sei an der Ostfront gefallen . . .«

»Ja – das heißt . . .«

Sie erinnerte sich wohl daran, daß ich mit Bobbi gesprochen hatte, am Abend nach der Feierstunde für die Opfer des 20. Juli, und so gab sie nun den wahren Sachverhalt zu. »Versteh das bitte nicht falsch«, fügte sie eilig hinzu, »ich habe mir das so angewöhnt, immer zu sagen, er sei gefallen – und das stimmt ja gewissermaßen auch. Damals schien es mir besser, vor den Leuten im Dorf und vor allem vor dem Kind als Witwe eines an der Front gefallenen Offiziers zu gelten. Für mich machte es ja ohnehin keinen großen Unterschied – ich hatte damit rechnen müssen, daß er nicht zurückkam, und wir waren uns auch schon ziemlich fremd geworden . . .«

»Hat dich denn die Gestapo in Ruhe gelassen?«

»Ja, zum Glück – bis auf eine Vorladung, die aber glimpflich verlief. Ich muß sagen, sie waren sogar sehr rücksichtsvoll und haben mir dann versichert, daß ich keinerlei Nachteile haben würde. Sie haben mich dann auch nicht mehr behelligt. Allerdings – heute kann ich es dir ja verraten – hatte ich damals ein Gschpusi mit einem sehr einflußreichen Mann . . . Das hat mir sicherlich sehr geholfen. Er inspizierte ab und zu die SS-Junkerschule in Tölz und kam dann zu Besuch. Ich hatte ihn in München kennengelernt. Da fuhr ich schon mal abends hin, zu einer Party bei Freunden . . .«

»Party sagte man doch wohl erst etwas später, so ab Mai '45 . . .«

»Richtig«, sagte sie und lachte, »nachdem die Amerikaner uns befreit hatten!«

Der Inspekteur der SS-Junkerschulen war dann von einem Captain oder Major des US Military Government abgelöst worden.

»Ich hab' eigentlich immer viel Spaß gehabt«, sagte sie, »und glücklicherweise auch nie ernste Schwierigkeiten. Es ist tatsächlich so gekommen, wie es Onkel Hubert, der große Festredner in unserer Familie, bei meiner Verlobungsfeier im ›Breidenbacher Hof‹

mir prophezeit hat. ›Du wirst immer auf Rosen gebettet sein, Marga, denn du bist ein Glückskind‹, hat er damals gesagt, und genau in diesem Augenblick flog ein Korken von einer Sektflasche, die ein Kellner ungeschickt geöffnet hatte, genau in die Scheiben vom Oberlicht, und die Scherben fielen auf den Tisch. ›Siehst du, liebe Marga, Scherben bringen Glück‹, sagte Onkel Hubert darauf, und wir haben alle sehr gelacht . . .«

»Es gab viele Scherben in dieser Nacht . . .«

»Ja, wir sprachen ja schon davon – es war gerade in dieser ›Kristallnacht‹ . . . Onkel Hubert machte in seiner Rede sogar eine Anspielung darauf. Er sagte so etwas wie: ›. . .auch wenn heute alles in Scherben fällt, euch braucht das nicht zu kümmern, denn euch gehört die Welt!‹ Wir wußten gar nicht, was er meinte, und haben erst beim Nachhausegehen die Bescherung gesehen . . .«

»Was war denn dein Onkel Hubert, außer Prophet, sonst noch?« erkundigte ich mich.

»Er war höherer Beamter in der Verwaltung«, sagte Marga, »ich glaube, Regierungsvizepräsident oder etwas Ähnliches, aber kein verknöcherter Bürokrat – ganz im Gegenteil, immer gut gelaunt und sehr trinkfest. An meinem Verlobungsabend allerdings, da haben wir ihn nachher stützen müssen, mein Vetter Jürgen, Vater und ich. Er schwankte ungeheuer, wie ein Schiff bei schwerer See, und sang dabei aus voller Kehle ›Gaudeamus igitur‹ . . .«

Seltsam, dachte ich, wie gut sie sich an alles erinnert, was ihr Spaß gemacht hat, und alles andere konnte sie vergessen. Und während sie weitererzählte, von Onkel Hubert, Vetter Jürgen, Tante Mimi und vielen anderen, die sie namentlich nannte, fiel mir auf, daß sie einen Vornamen überhaupt nicht erwähnt hatte, nämlich den ihres 1944 in Plötzensee hingerichteten Ehemanns.

14. Vom ›Anschluß‹ zur ›Reichskristallnacht‹

»Ich glaube, daß es Gottes Wille war, von hier einen Knaben in das Reich zu schicken, ihn groß werden zu lassen, ihn zum Führer der Nation zu erheben, um es ihm zu ermöglichen, seine Heimat in das Reich hineinzuführen. Es gibt eine höhere Bestimmung, und wir alle sind nichts anderes als ihre Werkzeuge ...«

Es war die letzte ›Führer‹-Rede, deren Rundfunkübertragung wir in der Aula unseres Gymnasiums anhören mußten. Sie galt der ›endlich vollzogenen Heimführung der Ostmark‹, wie der gewaltsame Anschluß Österreichs von Hitler genannt wurde, und der aus Niederösterreich gebürtige ›Führer‹, der es in Wien nur zum Bauhilfsarbeiter, Postkartenverkäufer und Bewohner eines ›Männerheim‹ genannten Obdachlosenasyls gebracht hatte, war bei seiner triumphalen Rückkehr schier in Ekstase geraten. Er fühlte sich als Abgesandter Gottes, aber er vergaß darüber nicht, seinen besiegten Gegenspieler, den österreichischen Bundeskanzler Kurt Schuschnigg, als ›wortbrüchigen elenden Lügner‹, als ›verrückten, verblendeten Mann‹ zu beschimpfen.

»Als am 9. März Herr Schuschnigg sein Abkommen brach, da fühlte ich in dieser Sekunde, daß der Ruf der Vorsehung an mich ergangen war«, hörten wir ihn schreien, »und was sich dann abspielte in drei Tagen, war auch nur denkbar im Vollzug eines Wunsches und Willens der Vorsehung. In drei Tagen hat der Herr sie geschlagen ... Und mir wurde am Tage des Verrats die Gnade des Allmächtigen zuteil, der mich befähigte, mein Heimatland mit dem Reich zu vereinigen ...«

Schuschnigg hatte am 13. März 1938 eine Volksabstimmung in ganz Österreich durchführen wollen, bei der – darin stimmten alle in- und ausländischen Beobachter überein – zweifellos eine große Mehrheit der Wähler für die Unabhängigkeit der Alpenrepublik gestimmt hätte.

Aber Hitler war Schuschnigg zuvorgekommen, hatte die Wehrmacht einmarschieren und ganz Österreich besetzen lassen, und im Gefolge der Wehrmacht waren Gestapo, SD, SS-Totenkopfver-

bände und zahlreiche ›Sondereinheiten‹ für Terror, Propaganda und ›Gleichschaltung‹ in die österreichischen Städte und Provinzen eingefallen.
Was sich dann abspielte, hat ein neutraler Beobachter, der amerikanische Korrespondent William L. Shirer, der gerade in Wien war, folgendermaßen geschildert: »In den ersten paar Wochen führten sich die Wiener Nationalsozialisten schlimmer auf, als ich es irgendwo in Deutschland gesehen hatte. Es war eine Orgie des Sadismus. Tag für Tag wurden zahlreiche Juden und Jüdinnen herangeholt, um von den Häuserwänden Schuschniggs Wahlparolen abzuschrubben und die Rinnsteine zu reinigen. Während sie unter Aufsicht höhnisch grinsender SA-Leute auf den Knien arbeiteten, sammelten sich Menschenmengen an, die sie verspotteten. Hunderte von jüdischen Männern und Frauen wurden auf der Straße ergriffen und mußten öffentliche Bedürfnisanstalten und Klosetts der SA- und SS-Quartiere säubern. Zehntausende kamen ins Gefängnis. Ihre Besitztümer wurden beschlagnahmt oder gestohlen . . .«
Über die Volksabstimmung, die die Nazi-Führung dann am 10. April 1938 in ganz Deutschland und Österreich durchführen ließ, hat Shirer bemerkt, es wäre unter den gegebenen Umständen vorauszusehen gewesen, wie sie ausgehen würde. Das Trommelfeuer der Nazi-Propaganda, der Terror der ›Sondereinheiten‹, die massive Einschüchterung der Bevölkerung durch Massenverhaftungen und der daraus entstandene Sog, der alle Konjunkturritter ins Lager der Nazis überwechseln ließ, hatten die Voraussetzungen für einen triumphalen Sieg des ›Führers‹ geschaffen. Eine weitverbreitete Erklärung des Wiener Kardinal-Erzbischofs Innitzer, mit der er den Nationalsozialismus ausdrücklich begrüßte und den österreichischen Katholiken empfahl, mit Ja zu stimmen, sorgte für Verwirrung bei den letzten Aufrechten der christlichen Opposition.
»Im übrigen«, schloß Shirer seinen Bericht, »fürchteten auch die österreichischen Wähler nicht ohne Grund, daß ihre Wahlzettel kontrolliert würden. Zufällig hatte ich am Abend des Wahltages, eine halbe Stunde nach Schließung der Wahllokale, als erst wenige Stimmen gezählt sein konnten, eine Rundfunksendung. Bevor ich meine Sendung durchgab, sagte mir ein nationalsozialistischer Beamter, 99 Prozent der Österreicher hätten mit Ja gestimmt. Das war fast genau die später amtlich bekanntgegebene Zahl: 99,08 Prozent in Großdeutschland, 99,75 Pronzent in Österreich.«
An diesem 10. April 1938 waren meine Mitschüler aus der Abitur-

klasse und ich bereits zehn Tage beim Arbeitsdienst, jeder und jede in einem anderen Lager, verteilt über alle Gegenden Deutschlands, und hatten den Sold für die erste Dekade – 2,50 Reichsmark – schon ausgezahlt bekommen.

»Euch steht jetzt ein großes Erlebnis bevor«, war uns vor der Abfahrt von Düsseldorf von einem hohen Arbeitsdienstführer versichert worden, »das Erlebnis der Volksgemeinschaft, das Erlebnis körperlicher Arbeit an der frischen Luft für das gemeinsame Ganze, das Erlebnis der wahren Bedeutung von Blut und Boden ...!«

Eine ähnlich schwülstige Ansprache hatte uns dann auch der Lagerführer gehalten, nachdem wir in erdbraune Uniformen mit Hakenkreuzarmbinde eingekleidet und mit fabrikneuen, nur für Paraden bestimmten blitzenden Spaten ausgerüstet worden waren.

»Und merkt euch«, hatte er zum Abschluß gesagt, »hier seid ihr alle gleich: ob Söhne von Grafen und Bankiers oder von einfachen Fabrik- und Landarbeitern, denn das ist nationalsozialistische Volksgemeinschaft!«

Indessen waren einige dann doch noch etwas gleicher als die anderen, denn eine Minute später hieß es: »Aburenten drei Schritte vortreten!«

Es gab nur zwei Abiturienten unter den fast dreihundert Arbeitsdienstpflichtigen des Lagers, und wir wurden nochmals unterteilt, nachdem uns der Lagerführer kurz in Augenschein genommen hatte. Mein Kollege, der, wie ich dann von ihm erfuhr, Peter hieß, trug wegen starker Kurzsichtigkeit eine dicke Hornbrille, und er wurde deshalb kurzerhand zum ›Professor‹ ernannt, während ich ein schlichter ›Aburent‹ blieb. An diesen Bezeichnungen hielt der Lagerführer, Oberfeldmeister Kamesaska, ein hagerer Balte mit Habichtnase und schmalen Lippen, dessen Brust zahlreiche Orden zierten, sechs Monate lang, bis zu unserer Entlassung, eisern fest. Er mochte sich keine Namen merken.

»Die beiden Kanaken da, der Aburent und der Professor, die melden sich morgen früh bei mir – für die hab' ich eine Sonderaufgabe ... Zurück ins Glied, ihr Hornochsen! Ganze Abteilung – stillgestanden!«

Er hatte die Lagermannschaft wegtreten lassen wollen, aber einer der neuen Arbeitsdienstmänner war dem Kommando ›Stillgestanden!‹ nicht rechtzeitig gefolgt, weil er sich mit seinem Hintermann unterhalten hatte.

Oberfeldmeister Kamesaska bekam einen Wutanfall. Er brüllte so laut, daß die Scheiben der Barackenfenster klirrten: »Seid ihr *wahn*sinnig geworden ...?! Saubande gottverfluchte!« Es folgte ein Schwall von erlesenen deutschen, russischen und möglicherweise lettischen Flüchen, und dann jagte er uns kreuz und quer über den weiten Platz, ließ uns über den Kies robben, ›Sprung auf, marsch, marsch!‹ und Kniebeugen üben, bis wir völlig verschwitzt und keuchend wieder antreten mußten und das ›Stillgestanden!‹ endlich klappte.

»Ihr sollt mich kennenlernen, ihr hundsföttischen Kanaken«, ließ er uns zum Abschied wissen, ehe wir endlich wegtreten durften.

Als die anderen Arbeitsdienstmänner am nächsten Morgen zum ›Stubbenroden‹, genauer: zur restlosen Beseitigung aller Baumstümpfe mittels Hacke, Spaten und Axt aus einer riesigen Waldbrandfläche, mit Gesang abmarschierten, harrten Peter und ich mit recht gemischten Gefühlen unserer ›Sonderaufgabe‹. Zu unserer angenehmen Überraschung fragte uns Oberfeldmeister Kamesaska zunächst, ob wir Karten lesen und mit einem Bandmaß umgehen könnten.

Wir bejahten dies und sahen uns im Geiste bereits die gesamte Rodungsfläche vermessen und in eine Generalstabskarte einzeichnen. Aber wir sollten, wie sich dann zeigte, eine noch dringendere Aufgabe übernehmen, nämlich die erforderlichen Vermessungen, Markierungen und Materialbedarfsberechnungen für den Bau eines Radfahrwegs.

Er sollte vom Lager zu dem – nur etwas mehr als eine halbe Wegstunde entfernten – Wohnhaus des Lagerführers und von dort zum nächsten Haltepunkt der Kreisbahn – knapp zwei Stunden zu Fuß – schnurgerade durchs Gelände führen, meist durch Heide und Sand, streckenweise auch durch Fichtenwälder. Unser Arbeitsdienstlager befand sich nämlich in einer unerschlossenen, menschenleeren Gegend Mecklenburgs, an einem östlichen Nebenarm der Müritz.

»Der Radweg muß picobello werden – wie lange werdet ihr Kanaken für das Ausmessen und Rechnen brauchen?« wollte der Oberfeldmeister Kamesaska von uns wissen, nachdem er uns mit der ehrenvollen Aufgabe vertraut gemacht hatte.

Peter sagte sofort: »Das wird einige Wochen dauern, Oberfeldmeister, wenn es picobello werden soll!«

Er nickte, und so verbrachten wir die nächsten Monate mit der Planung eines Radfahrwegs von genau 13,333 Kilometer Länge. Er führte – natürlich nur auf dem Papier – fast schnurgerade vom Arbeitsdienstlager zum Bahnhaltepunkt, nur unter Umgehung eines sumpfigen, schilfbewachsenen Müritzarms, und er sollte einen

soliden Unterbau aus Kies, eine Decke aus geteertem Schotter sowie eine Randbepflanzung mit in ein Meter Abstand gesetzten gelben und blauen Stiefmütterchen erhalten, die wir in den Entwurf ebenfalls einzeichneten.
Es war ein schöner, erholsamer Sommer für Peter und mich. Meist lagen wir an einer gegen Sicht gut geschützten Stelle, neben uns Karten, Schreib- und Zeichenblöcke, Rechenschieber, Lineal und Bleistifte. Anfangs wagten wir nicht, schwimmen zu gehen, denn ab und zu schickte Oberfeldmeister Kamesaska einen der Arbeitsdienstführer vorbei, um den Fortgang unserer Arbeit kontrollieren zu lassen. Bald lernten wir aber, uns mit diesen ›Sbirren‹, wie Peter sie nannte, zu arrangieren, meist auf der Basis von einer Flasche Lübser Pilsner für jedes zugedrückte Auge. So wurden wir hervorragende Kenner der kargen Flora und reichen Fauna Mecklenburgs, vor allem der Sumpf- und Wasservögel. Peter kannte sich gut damit aus. Er hatte vor, Zoologie zu studieren und seine Doktorarbeit über den Fischreiher zu schreiben. Fast hätten wir, da die Radwegplanung längst abgeschlossen und absolut ›picobello‹ war, auch noch an die Vermessung der schier endlosen Waldbrandfläche gehen müssen. Aber der ›Professor‹ vermochte Oberfeldmeister Kamesaska davon zu überzeugen, daß man auch eine Beleuchtung des Radwegs ins Auge fassen müßte, was angesichts des beabsichtigten Anschlusses seines Wohnhauses, später auch des Lagers, an das Stromnetz eine Kleinigkeit wäre. So konnten wir auch den Rest der Arbeitsdienstzeit messend und planend verbringen.

Als ich Peter jetzt nach langer Zeit wiederbegegnete, hatte er sich nur wenig verändert. Gewiß, die Schläfen waren grau geworden, sein Haar etwas dünner, das Gesicht hatte viele Falten, und er war nicht mehr sonnengebräunt wie damals. Aber in den Augen saß ihm noch immer der Schalk, der ihn im Sommer 1938 die Radwegbeleuchtung hatte erfinden lassen.
Es war im Sommer 1981, als wir uns in Marburg zufällig trafen. Er hatte dort einen Vortrag gehalten, und wir wohnten im selben Hotel und verbrachten den Abend zusammen. Er war zwar nicht Zoologe geworden, sondern Architekt, aber er war seit kurzem tatsächlich Professor, ehrenhalber.
»Siehst du, Kamesaska hat dich gleich richtig eingeschätzt . . .«
»Ich ihn auch«, meinte Peter. »Ein richtiger Landsknechtstyp, unbrauchbar für den Frieden, arbeitsscheu und brutal.«
»Kamesaska war picobello – zumindest für uns«, wandte ich ein. »Wir müssen ihm dankbar sein . . .«

»Seinem Stellvertreter auch – erinnerst du dich noch an ihn? Feldmeister Wondraschek, der Edel-Arier, der Lange mit dem schlaksigen Gang, der sich pfundweise Pomade ins Haar strich. Ich glaube, er war im Zivilberuf Zuhälter. Er kam uns doch manchmal kontrollieren und erstattete nach zwei Flaschen Lübser Pilsner einen sehr lobenden Bericht über unser unermüdliches Schaffen. Weißt du das nicht mehr?«
Jetzt fiel es mir wieder ein: Wondraschek erteilte auch den ›weltanschaulichen‹ Unterricht, der so wichtig war, daß auch wir Radwegvermesser daran teilnehmen mußten. Aber er fand ohnehin nur statt, wenn es in Strömen regnete.
Den ›Edel-Arier‹ nannten wir Wondraschek, weil sein Steckenpferd die angebliche Überlegenheit der ›arischen‹ Rasse war. Als deren ausgeprägteste Vertreter hatte er uns die ›nordischen‹ Menschen und als deren Elite Herrn Oberfeldmeister Kamesaska, den vielfach ausgezeichneten Baltikum- und Freikorpskämpfer, sowie sich selbst vorgestellt.
›Heldische Typen wie wir‹, pflegte er sich auszudrücken, und im krassesten Gegensatz zu ihm, Kamesaska und anderen edlen ›Ariern‹ standen das ›jüdische Untermenschentum‹, die ›semitisch-bolschewistische Hochfinanz‹, ›die Einsteins und Mandelstamms‹. Professor Albert Einstein war ihm nur aus dem Lehrbuch als ›Relativitätsjude‹ bekannt, aber mit einem Herrn Mandelstamm mußte er wohl einmal hart aneinandergeraten sein und dabei den kürzeren gezogen haben, denn er erging sich über ihn bei jedem Unterricht in den wüstesten Beschimpfungen.
»Der Dritte im Bunde«, erinnerte sich Peter, »war Unterfeldmeister Perkuleit, dieser boshafte Zwerg mit den Säbelbeinen und dem Hitler-Schnurrbart. Ihn konnte selbst Wondraschek nicht als ›nordischen‹ Helden bezeichnen, diesen heimtückischen Denunzianten und üblen Schleifer . . .«
Ich erinnerte mich nur noch dunkel an ihn, aber Peter rief mir dann ins Gedächtnis zurück, daß uns ein Arbeitsmann aus Berlin-Gesundbrunnen damals vor Perkuleit gewarnt und erzählt hatte, wie dieser zwei Jahre zuvor, ehe er Arbeitsdienstführer geworden war, die Arbeiter im Betrieb bespitzelt und mehrere Männer an die Gestapo ausgeliefert hatte. Da war Perkuleit noch Lagerverwalter gewesen.
»Ja«, sagte ich, »mit solchen Leuten wie Wondraschek und Perkuleit konnten Hitler, Göring und Goebbels die ›Reichskristallnacht‹ veranstalten . . .«
»Das stimmt nur zum Teil«, meinte Peter dazu. »Die ausführenden

Organe waren zwar solche und ähnliche Typen. Aber weder ein Wondraschek noch ein Perkuleit und auch kein Kamesaska hätte einen solchen – angeblich spontanen – ›Ausbruch des Volkszorns‹ kaltblütig planen, bis ins Detail sorgfältig vorbereiten und ›schlagartig‹ im gesamten Großdeutschen Reich in Gang setzen können. Das haben Leute ganz anderen Schlages organisiert. Erinnerst du dich noch an meinen Vetter Klaus-Günter?«

Ich sah ihn erstaunt an. Was hatte Peters Vetter mit dem Pogrom vom 9. November 1938 zu tun gehabt?

Ich erinnerte mich noch an diesen Cousin meines Freundes. Einmal hatte er uns beide sonntags für ein, zwei Stunden in unserem mecklenburgischen Lager besucht und im Auto nach Neustrelitz mitgenommen, wo wir von ihm zu Kaffee und Kuchen eingeladen worden waren. Zwei oder drei weitere Male waren wir von ihm in Berlin bewirtet worden, wohin wir an den meisten Wochenenden auf Kurzurlaub hatten fahren dürfen. Peters Vetter Klaus-Günter war ein hochgewachsener, fahlblonder Hamburger von damals Ende 20, der überaus elegante Maßanzüge trug und sehr auf gute Manieren bedacht war. Er hatte Jura studiert und, wie ich mich dunkel erinnerte, häufig von seiner ›Firma‹ gesprochen, die ihn überaus stark in Anspruch genommen hatte.

Als wir uns das zweite Mal mit ihm in Berlin trafen, war noch ›ein Kollege‹ aus seiner ›Firma‹ bei ihm, und dessen Begleiterin war zu meiner großen Überraschung meine Cousine Gudrun gewesen. Ich hatte etwas von einem ›tollen Zufall‹ gesagt und Gudrun herzlich begrüßt, war aber von Peters Vetter dahingehend korrigiert worden, daß er und seine ›Firma‹ niemals etwas dem Zufall überließen. ›Sonst hätten wir schon längst Pleite gemacht‹, hatte er lachend hinzugefügt.

Wir waren dann zu fünft in ein elegantes Tanzcafé am Kurfürstendamm gegangen, und als Peter und ich uns schon kurz nach 21 Uhr hatten verabschieden wollen, um noch den letzten Zug nach Mecklenburg zu erreichen, war Peters Vetter so freundlich gewesen, uns seinen Wagen zur Verfügung zu stellen. So konnten wir noch eine ganze Weile bleiben und wurden dann von einem Fahrer nach Neustrelitz gebracht, gerade noch rechtzeitig zur Abfahrt des letzten Zugs der Kreisbahn.

»Die Firma meines Vetters«, sagte Peter, »war das Reichssicherheitshauptamt. Klaus-Günter war Reinhard Heydrich direkt unterstellt. Und Heydrich, Chef des SD, der Gestapo und der gesamten Polizei, hat damals mit seinen Mitarbeitern die ›Reichskristallnacht‹ organisiert. Bis ins kleinste haben sie alles geplant – er hat es mir dann selbst mal erzählt, daß der Anschlag auf den deutschen Botschaftssekretär in Paris nur den Vorwand für die seit längerem vorbereitete ›Aktion‹ geliefert hat . . .«

Am 7. November 1938 hatte ein jüdischer Flüchtling in Paris, Herschel Grynspan, einen Angehörigen der deutschen Botschaft, Ernst vom Rath, niedergeschossen, um Rache zu nehmen für das, was man den Juden in Deutschland angetan hatte. Die Eltern des Täters waren kurz zuvor mit vielen tausend anderen in Deutschland ansässigen polnischen Juden in Güterwagen nach Polen abgeschoben worden.

Die Naziführung beschloß daraufhin, die geplante ›Aktion‹ am Abend des 9. November zu starten, im Anschluß an die alljährlichen Feiern zum Gedenken an die Toten des gescheiterten Hitler-Putschs im Jahre 1923 in München. Am 8. und 9. November 1938 wurden im Reichssicherheitshauptamt die letzten Vorbereitungen getroffen. Über Fernschreiber gingen an alle Gestapo- und SD-Leitstellen die Befehle hinaus.

»Es dürfen nur solche Maßnahmen getroffen werden«, hieß es darin, »die keine Gefährdung deutschen Lebens und Eigentums mit sich bringen – z. B. Synagogenbrände nur, wenn keine Brandgefahr für die Umgebung vorhanden ist; Geschäfte und Wohnungen von Juden dürfen nur zerstört, nicht geplündert werden; . . . die stattfindenden Demonstrationen sind von der Polizei nicht zu verhindern; . . . es sind so viele Juden – insbesondere wohlhabende – festzunehmen, als in den vorhandenen Hafträumen untergebracht werden können. Nach Durchführung der Festnahme ist unverzüglich mit den zuständigen Konzentrationslagern wegen schnellster Unterbringung der Juden in den Lagern Verbindung aufzunehmen . . .«

An jedem Ort im Großdeutschen Reich wurden ›Einsatzstäbe‹ gebildet. Die Gestapo lieferte die vorbereiteten Listen aller jüdischen Privatwohnungen, Geschäfte, Heime, Schulen und sonstigen Einrichtungen. Die SA- und SS-Stürme sowie die örtliche HJ erhielten Anweisung, aus jeder Einheit einige Leute auszusuchen, die sich für die geplante ›Aktion‹ eigneten; sie sollten nicht in Uniform, sondern in ›Räuberzivil‹ nach den offiziellen Feiern zum 9. November an vorher bestimmten Stellen sich einfinden. Das NSKK* hatte Fahrzeuge, Fahrer und ›Kradmelder‹ zu stellen, später auch Lastwagen für den Abtransport der Gefangenen. Die Feuerwehr

* NSKK = Nationalsozialistisches Kraftfahr-Korps, eine der SA und SS gleichgestellte Gliederung der NSDAP

mußte Äxte, Spitzhacken und anderes zur Zerstörung geeignetes Werkzeug liefern, außerdem einige ›zuverlässige‹ Beamte abstellen, die sowohl die Brandstifter anleiten als auch ein Übergreifen der Brände auf benachbarte Gebäude verhindern sollten. Ein immer größerer Kreis von Nazi-Funktionären und Beamten wurde im Laufe des 9. November in die geplante ›Aktion‹ eingeweiht. Nur die Masse der – angeblich von Rachedurst ergriffenen und zu ›spontanen‹ Aktionen bereiten – Bevölkerung ahnte sowenig von dem, was bevorstand, wie die Opfer selbst. Die waren – das Reichssicherheitshauptamt hatte in seiner Planung auch daran gedacht – schon drei Wochen vorher bei Androhung strengster Strafen zur Ablieferung aller Schuß-, Hieb-, Stich- und Schlagwaffen gezwungen worden, um jeglichen Widerstand bei dem geplanten Pogrom auszuschließen.
Die Planer und ihre engsten Mitarbeiter, darunter Peters Vetter Klaus-Günter und meine Cousine Gudrun, hatten sogar schon die Muster für die Rückmeldungen aus dem Reich entworfen. Die Gestapo- und SD-Leitstellen brauchten dann nach beendeter ›Aktion‹ nur noch die Zahlen einzutragen: ›Zerstörte Wohnungen: . . ., zerstörte Geschäfte: . . ., sonstige Zerstörungen: . . ., geschätzter Sachschaden insgesamt: . . . RM; Synagogen, in Brand gesteckt: . . ., vollständig demoliert: . . .; Todesfälle: . . . Verletzte: . . . Verhaftungen: . . .; . . . männliche Juden ins Konzentrationslager . . . eingeliefert. Sonstige Vorkommnisse . . .‹
»Es war alles perfekt vorbereitet«, sagte Peter.
»Wann hat dein Vetter dir denn das erzählt?« erkundigte ich mich.
»Etwa sechs Wochen danach. Wir waren in den Weihnachtsferien in Oberstdorf im Allgäu zum Skilaufen. Klaus-Günter war auch für ein paar Tage aus Berlin gekommen. Abends saßen wir beisammen – fünf oder sechs Vettern und Cousinen, meine Eltern und ich –, und da kam das Gespräch auf die ›Kristallnacht‹. Alle, ausgenommen Klaus-Günter, waren entrüstet über diese beispiellose Gemeinheit. Mein Vater fand es besonders empörend, daß man sogar die Synagogen demoliert und angezündet hatte. Ich sagte etwas über die widerliche Roheit und Feigheit dieser Räuberbanden, die zu viert und fünft über einzelne alte Leute und über Familien mit kleinen Kindern hergefallen sind . . .«
»Hast du selbst etwas davon gesehen?«
»Ja«, sagte Peter. »Ich kam an dem Abend spät nach Hause und sah, wie einige Kerle auf einen Mann eindroschen, der unter den Schlägen zusammenbrach, und den sie dann auf die Straßenbahnschienen zerrten. Er lag in einer Kurve, an einer ziemlich schlecht

beleuchteten Stelle. Ich habe ihn, zusammen mit einem Polizisten, der vorbeikam, ins Elisabethkrankenhaus gebracht. Es war ein weißhaariger alter Herr, ein Rechtsanwalt, glaube ich . . . Und auf dem Heimweg sah ich eine Frau mit zwei kleinen Kindern, die nur mit einem Mantel über dem Nachthemd bekleidet war. Sie und auch die Kinder waren völlig verängstigt. ›Warum schlagen sie uns?‹ schrie die Frau. ›Wir haben doch nichts getan . . .!‹ Ich bot ihr an, zu uns zu kommen, aber sie wollte zurück in ihre Wohnung und nach ihrem Mann sehen. Das erzählte ich damals, und da sagte mein Vetter Klaus-Günter: ›Habt euch doch bloß nicht so! Das sind doch Bagatellen . . . Man muß die großen geschichtlichen Zusammenhänge und die staatspolitischen Notwendigkeiten sehen! Mit der Ostmark und dem Sudetengau haben wir fast eine halbe Million Juden dazubekommen, und das sind doch nur Parasiten! Eine einmalige Härte ist besser als ein hundertjähriger Volkstumskampf . . . Außerdem sind diese Juden dickfellig. Einige haben immer noch nicht begriffen, daß dies die letzte Warnung war . . .‹ Und dann prahlte er damit, wie glänzend alles organisiert worden war – ›beste Generalstabsarbeit‹, sagte er –, und er lobte Hermann Görings ›genialen Einfall‹, den entstandenen Sachschaden von den Juden selbst bezahlen zu lassen. ›Eine Milliarde Mark müssen sie aufbringen! Eher lassen wir die reichen Juden, die im Anschluß an die Aktion in die KZs eingeliefert worden sind, nicht wieder frei . . . Denkt euch, eine Milliarde! Die können wir jetzt gut gebrauchen. Davon bauen wir den Westwall! Versteht ihr jetzt, wie nützlich diese Aktion war?‹ . . .«

»Was ist aus ihm geworden?«

»Er hat den Krieg überlebt. Die Amerikaner haben ihn dann zu einer langen Gefängnisstrafe verurteilt, aber 1950 war er wieder frei. Er bezieht sogar eine stattliche Pension, denn er wurde gegen Ende des Kriegs noch zum General der Waffen-SS befördert. Er lebt irgendwo am Bodensee – ich habe keinen Kontakt mehr mit ihm.«

»Hast du nach dem Krieg noch einmal mit ihm darüber gesprochen – über seine damalige ›Firma‹ und was er dort gemacht hat?«

»Ja«, sagte Peter, »aber wenn du glaubst, er hätte irgendwelche Einsichten oder gar Schuldgefühle gezeigt, dann irrst du dich . . . Anfang der sechziger Jahre habe ich ihn mal getroffen – es war zufällig am 9. November, und ich erinnerte ihn daran. Er war keine Spur verlegen. ›Ich habe niemandem ein Haar gekrümmt‹, sagte er, ›und an den Rasse-Quatsch, da hat doch ohnehin niemand von uns geglaubt. Wir waren doch nur Rädchen in einer großen Maschine – wichtige Rädchen, gewiß, aber im Grunde haben wir doch nichts anderes gemacht als jeder Generalstabsoffizier . . .‹ Er erzählte dann noch, daß er in der Geschäftsleitung eines großen Industrieunternehmens sei, und bemerkte dazu: ›Fachleute werden eben immer gebraucht . . .‹, und damit hatte er ja wohl leider recht . . .«

Es entstand eine Pause. Jeder hing seinen Gedanken nach.

Dann sagte Peter: »Stell dir vor, er hatte noch so ein altmodisches goldenes Zigarettenetui. Er zeigte es mir, kurz bevor ihn sein Fahrer abholte. ›Der Frau, der das gehörte, habe ich noch im Krieg ein Ausreisevisum besorgt‹, sagte er. ›Das hätte mich den Kopf kosten können. Du siehst, wir waren keine Unmenschen . . .‹ In den Deckel war eingraviert: ›Zum Andenken an Leutnant Helmut Lilienfeld‹ oder so ähnlich, dazu das Geburtsdatum, das Regiment und der Tag, an dem er gefallen war ›für sein geliebtes Vaterland‹ – so lautete die Inschrift. Das hat mir den Rest gegeben . . .«

»Es wundert mich, daß er das Etui aufgehoben und daß er es dir gezeigt hat.«

»Ich glaube«, sagte Peter und verzog dabei seinen Mund wie damals, wenn Feldmeister Wondraschek auftauchte, um uns zu kontrollieren und dann von uns mit zwei Flaschen Lübser Pilsner bestochen werden mußte, »ich bin sogar fest davon überzeugt, daß sich mein Vetter Klaus-Günter nicht nur für tüchtig hält, sondern auch für anständig und sogar edelmütig und daß er deshalb das Etui immer bei sich trägt – als vorzeigbares Beweisstück sozusagen. Denn er hat ja der Frau nicht wegen des goldenen Zigarettenetuis das Leben gerettet. Das hätte er ja einfach behalten und sie dennoch nach Auschwitz schicken können. Nein, da gab es ganz andere Gründe: Zunächst einmal handelte es sich nicht um ein anonymes Opfer, sondern um einen lebendigen Menschen, der vor ihm stand. Auf irgendeine Weise war es der Frau gelungen, mit ihm sprechen zu können. Und dann zeigte sie ihm das Zigarettenetui ihres gefallenen Mannes, zum Beweis, daß sie eine Kriegerwitwe war. Da hat er ihr geholfen, und das Etui hat er nur behalten, um ein Andenken an seine eigene Anständigkeit zu haben . . .«

»Mag sein«, sagte ich, etwas zweifelnd.

»Bestimmt«, meinte Peter. »Ich kenne ihn besser. Typen wie mein Vetter können Zehntausende kaltblütig ermorden lassen – vom Schreibtisch aus, durch fernschriftliche Befehle mit Aktenzeichen und Betreff, und dann bilden sie sich auch noch etwas ein auf ihr Organisationstalent und ihre Tüchtigkeit. Aber glaube doch nicht, daß Klaus-Günter es fertiggebracht hätte, einen alten Mann bewußtlos zu schlagen und auf die Straßenbahnschienen zu zerren, oder daß er Frauen und kleine Kinder mißhandelt und auf die Straße gejagt hätte. Ich bin sicher, daß es ihm sehr schwergefallen wäre, auch nur eine leerstehende Wohnung zu demolieren oder gar eine Synagoge zu plündern und anzuzünden. Aus der Ferne Befehle erteilen, das konnte er, aber die Befehle auszuführen, das überließen er und seinesgleichen dem Gesindel ... Wir wissen es doch – Leute, die zu jeder Schandtat bereit sind, gibt es immer und überall. Aber damals, da konnten sich selbst die Strauchdiebe und Mörder austoben, ohne die geringste Furcht vor Strafe. Die Polizei hatte ja Befehl, die Verbrecher zu schützen und sich um die Opfer nicht zu kümmern. Ich weiß es von dem Wachtmeister, der mir half, den Verletzten ins Krankenhaus zu bringen. Er hatte große Angst, dafür bestraft zu werden! Die Justiz durfte ebenfalls nicht eingreifen, und Zigtausende von SA-, SS- und NSKK-Männern wurden zu Komplizen der eigentlichen Schlägertrupps gemacht. Sogar Hitlerjungen wurden dazu angehalten, die Synagogen zu plündern und die jüdischen Friedhöfe zu schänden ...«

»Einige taten das sicherlich gern – oder meinst du nicht?«

Er tat den Einwand mit einer Handbewegung ab.

»Darauf kommt es doch nicht an! Es wäre nie passiert, wenn es nicht ›von oben‹ befohlen worden wäre, wenn nicht erstklassige Fachleute, die meisten davon Akademiker, alles perfekt organisiert hätten, damit die ›Aktion‹ ›planmäßig‹ und ›schlagartig‹ – das waren ja ihre bevorzugten Ausdrücke – im ganzen Reich durchgeführt werden konnte. Die jungen Herren im Sicherheitshauptamt machten sich dabei nicht die Hände schmutzig. Sie saßen in ihren Büros und lösten dort ihre ›staatspolitisch notwendigen‹ Aufgaben, diktierten Fernschreiben und zeichneten Listen und Einsatzbefehle ab – wie mein Vetter Klaus-Günter ...«

»... und Töchter aus gutbürgerlichem Haus wie meine Cousine Gudrun halfen ihnen dabei. Sie saßen ordentlich frisiert und in weißer Bluse an ihren Schreibmaschinen und tippten sauber und ordentlich die Listen der Opfer – ein wichtiger Dienst für ›Führer‹, Volk und Vaterland ...«

15. Bei der blonden Katrein

Ich schlief schlecht in dieser Nacht. Einiges, worüber Peter und ich gesprochen hatten, ging mir nicht aus dem Kopf.
Wir hatten uns doch auch über manches Vergnügliche unterhalten und dabei viel gelacht. Wir hatten etliche Flaschen Wein miteinander getrunken und uns, ehe wir uns trennten, zu einem Wiedersehen verabredet, auf das ich mich freute.
Aber als ich dann zu Bett gegangen war, plagten mich die Erinnerungen an die dröhnenden Axtschläge, das Splittern des Holzes, die schrillen Schreie, das plärrende Grammophon, das die absurde Begleitmusik dazu spielte . . .
So hatte ich den späten Abend des 9. November 1938 erlebt.

Meine Eltern waren umgezogen, während ich beim Arbeitsdienst gewesen war. Wir wohnten jetzt in einer kleineren Wohnung, im dritten Stock eines Neubaus in der nördlichen Stadt. Meine Mutter und ich waren an diesem Abend allein. Ich war erst einige Tage zuvor aus Mecklenburg zurückgekommen und sollte am 1. Dezember zur Luftwaffe einrücken. Darüber unterhielten wir uns, und natürlich hatte ich ihr vom Arbeitsdienst erzählt, von Peter und mir, den beiden ›Aburenten‹, die sechs Monate lang einen Radweg hatten planen dürfen, sogar mit Randbepflanzung und elektrischer Beleuchtung.
»Ich dachte«, hatte meine Mutter gesagt, »ihr hättet dort sehr schwer arbeiten müssen. Aber Arbeit scheint überhaupt nicht auf dem Programm gestanden zu haben.«
»Nein«, hatte ich einräumen müssen, »man hat uns vieles andere beigebracht – Bettenbauen mit Hilfe von Pappstreifen, allerlei Tricks zur Irreführung von Vorgesetzten, Exerzieren mit Spaten, die zu nichts anderem benutzt werden durften, und ›Rassen‹kunde natürlich . . .«
Sie war dann zu Bett gegangen, und ich hatte noch gelesen. Ich wollte um 23 Uhr die Nachrichten des Londoner Rundfunks hören, aber dazu kam ich nicht mehr.

Zuerst achtete ich nicht auf das dumpfe Geräusch, das aus der Wand zu kommen schien. Dann, als es sich wiederholte, legte ich das Buch beiseite und ging in die Diele. Als ich die Etagentür öffnete, hörte ich es deutlich durch das Treppenhaus: dumpfe Axtschläge und nun auch das Splittern von Holz und das Klirren von zerbrochenem Glas.

Nebenan trat eine Frau aus der Tür. Die mir noch fremde Nachbarin war blaß und schien Angst zu haben.

»Um Himmels willen – das können sie doch nicht machen . . .«, flüsterte sie.

Ich fragte sie, was sie meine, und sie zögerte, ehe sie noch leiser antwortete: »Im Parterre wohnen Juden . . .«

Ich lief die Treppen hinunter. Auf dem letzten Absatz vor dem Erdgeschoß hielt ich inne, denn nun sah ich, was da vorging: Die Eingangstür zu der einen der beiden Parterrewohnungen war aufgebrochen. Das Glas des großen Spiegels in der Diele lag in tausend Scherben auf dem Boden, die Kommode davor war in Stücke zerhackt.

Von drinnen hörte man, wie ein Schrank voller Geschirr und Gläser krachend und scheppernd umstürzte und aufschlug. Es folgten weitere Axtschläge. Bis ins Treppenhaus flogen Holzsplitter, Bettfedern und Stoffetzen. Über diesen Lärm hinweg aber plärrte ein Grammophon mit voller Lautstärke einen Schlager: *»Bei der blonden Katrein in der ›Goldenen Gans‹, da küssen die Buben die Mädel beim Tanz, bei der blonden Katrein, ja da . . .«*

Dann hörte ich einen Schrei, gleich darauf noch einen, wie von einem Kind in panischer Angst. Die Musik spielte weiter. Ich zögerte noch und warf einen Blick nach oben in der Hoffnung, jemanden im Treppenhaus zu sehen, der mitkommen würde. Ich sah nur die Nachbarin, die sich über das Treppengeländer beugte.

»Rufen Sie rasch das Überfallkommando!« rief ich ihr zu, aber sie schüttelte den Kopf.

»Die Polizei steht vor der Tür«, antwortete sie gerade so laut, daß ich sie noch verstehen konnte.

Dann sah ich meine Mutter. Sie war die Treppe heruntergekommen und stand im Morgenrock am Geländer im ersten Stock, sehr aufgeregt.

»Worauf wartest du?« fragte sie mich. »Hast du Angst?«

»Nein«, log ich.

»Also, dann gehen wir . . .«

Sie kam die Treppe herunter.

»Halt!« rief ich. »Bleib oben!«

Dann lief ich die letzten paar Stufen hinunter und stieß die zerschmetterte Wohnungstür ganz auf.
Ich sah umgestürzte und offenbar mit einem Vorschlaghammer zertrümmerte Schränke, zu Kleinholz zerhackte Stühle, Tische und andere Möbel, aufgeschlitzte Sessel und Kissen, zerfetzte Vorhänge und Haufen von zerschlagenem Glas und Porzellan. Aus einem der Zimmer – ich wußte noch nicht woher, kam noch immer die laute Grammophonmusik – ». . . in der ›Goldenen Gans‹, da küssen . . .«
Ein junger Bursche in braunen Schaftstiefeln, Breecheshosen und Rollkragenpullover war dabei, einen großen Silberleuchter in einen Sack zu stecken. Ein zweiter, ebenfalls in ›Räuberzivil‹, zerschnitt mit einem Brotmesser ein großes Ölgemälde, das ganz schief an der Wand hing.
»Seid ihr *wahn*sinnig geworden, ihr Saubande, ihr gottverfluchte?!« hörte ich mich brüllen. Sie waren zum Glück kaum älter als ich, siebzehn oder achtzehn Jahre alt und nicht sehr kräftig, und ich hatte den Vorteil der Überraschung, denn sie hatten mich in dem Lärm nicht kommen hören. Mein Geschrei, oft lautstark geübt bei der Radwegplanung, ließ sie zusammenschrecken. Das Bürschchen im Rollkragenpullover stellte den Silberleuchter rasch beiseite und sah mich abwartend an. Der andere ließ von dem Bild ab und rief: »Truppführer, hier ist einer . . .!«
Die Musik brach ab. Die Tür flog auf, und aus dem Schlafzimmer kam ein Kerl von Mitte Zwanzig, groß und breitschultrig, in einer blauen Monteursjacke, die eine Hand lässig in der Hosentasche.
»Was wollen *Sie* denn?« fragte er mich und trat einen Schritt näher. Hinter ihm sah ich für den Bruchteil einer Sekunde ein verängstigtes Gesicht auftauchen, und dann huschte etwas Helles an uns vorbei zur Wohnungstür.
»Sind Sie hier verantwortlich?« fragte ich im besten Kamesaska-Ton, und ohne die Antwort abzuwarten fuhr ich fort: »Dieser Mann hier meldet sich morgen früh bei Ihrem Sturmführer, samt dem Leuchter da! Das Weitere wird sich finden. Und hören Sie jetzt gefälligst auf mit dem Krach. Sie sind doch fertig – oder?«
Ich hatte die Genugtuung, daß er, während ich sprach, die Hand aus der Tasche genommen hatte und in gehörigem Abstand stehengeblieben war. Jetzt sah er sich rasch um und sagte dann: »Jawoll, wir sind hier fertig – was ist denn mit dem Leuchter?«
»Fragen Sie den Mann selbst und vergessen Sie die Meldung nicht!« Dann drehte ich mich um, ging hinaus, nicht nach oben, sondern auf die Straße.

Draußen stand ein Schupo, damit beschäftigt, einige Passanten, die stehengeblieben waren und aufgeregt miteinander flüsterten, zum Weitergehen aufzufordern. Ich mischte mich unter die Leute, ging mit ihnen ein paar Schritte weiter und behielt unsere Haustür im Auge.
Nach zwei, drei Minuten kamen sie heraus, der breitschultrige Truppführer und die beiden Burschen. Sie gingen über den Fahrdamm zu einem Lastwagen, den ich zuvor nicht bemerkt hatte, sagten etwas zu dem Fahrer, der daraufhin die Scheinwerfer einschaltete und den Motor anspringen ließ. Dann stiegen die drei auf, und der Wagen fuhr schnell davon.
Jetzt fingen die Leute an, lauter zu schimpfen.
»Unerhört ist das! Und die Polizei steht dabei! Was sind das für Zustände!«
Ich ging rasch zurück. Da ich keinen Hausschlüssel bei mir hatte, mußte ich klingeln – einmal lang, dreimal kurz, damit meine Mutter wußte, daß ich es war.
»Was haben Sie hier zu suchen?« wollte der Polizist von mir wissen. Ich hörte es summen und drückte die Haustür auf.
»Das hätten Sie besser die Leute gefragt, die eben hier herauskamen«, gab ich ihm zur Antwort, und die Umstehenden stimmten mir zu. Der Polizist wandte sich von mir ab und schnauzte die Leute an: »Machen Sie, daß Sie weiterkommen! Los, los, weitergehen!«
Ehe ich nach oben ging, warf ich rasch noch einen Blick in die zerstörte Wohnung. Unter meinen Schuhen knirschten die Glas- und Porzellansplitter. In der Diele, unter dem zerschlagenen Spiegel, stand zwischen den Teilen der zerhackten Kommode der Silberleuchter. Ich nahm ihn auf und versteckte ihn im umgestürzten Küchenschrank unter Porzellanscherben.
Nachdem ich mich vergewissert hatte, daß niemand mehr in der Wohnung war, ging ich rasch nach oben.
Meine Mutter stand in der Tür und sagte: »Wo bleibst du denn nur?«
Sie sprach, als hätte ich auf dem Heimweg von der Schule gebummelt und käme zu spät zum Mittagessen.
»Ich habe schon zweimal bei Fräulein Bonse angerufen«, fuhr sie fort, »aber sie meldet sich nicht . . .«
»Versuch es mal bei Tante Änne«, schlug ich vor, und dann erst erkundigte ich mich: »Wer ist es denn? Hast du jemanden mit heraufgebracht?«
Sie nickte.

»Das ist jetzt nicht so wichtig – es ist die Tochter. Sie ist noch fast ein Kind . . . Ich habe ihr Baldriantropfen und eine Schlaftablette gegeben, und ich hoffe, sie schläft jetzt. Aber die Eltern – sie müssen jeden Augenblick nach Hause kommen, hat sie gesagt. Die Frau, ihre Mutter, ist sehr herzkrank . . . Du mußt sie warnen und ihnen auch sagen, daß die Kleine bei uns ist, sonst . . .«
»Ich kenne die Leute doch gar nicht . . .! Wie soll ich sie auf der Straße . . .?«
»Der Vater ist ziemlich groß«, unterbrach sie mich. »Er geht etwas gebeugt, trägt einen grauen Filzhut und einen grauen Wintermantel. Die Frau ist bedeutend kleiner und etwas korpulent . . .«
Sie beschrieb mir die beiden noch etwas genauer, so wie das Mädchen sie ihr geschildert hatte, und es machte mir dann keine Mühe, sie auf der Straße zu erkennen. Sie waren kaum achtzig Schritt vom Haus entfernt, als ich sie ansprach.
»Gehen Sie bitte jetzt noch nicht in Ihre Wohnung«, sagte ich, nachdem ich sie höflich begrüßt und mich ihnen vorgestellt hatte. »Lassen Sie uns noch ein Stück die Fischerstraße hinuntergehen . . .«
»Aber ich muß nach Hause«, unterbrach mich die Frau, »unsere Tochter . . .«
»Machen Sie sich keine Sorgen um Ihre Tochter. Sie schläft heute nacht bei uns. Meine Mutter kümmert sich um sie . . .«
Wir gingen zur Fischerstraße und am alten Friedhof entlang. Nach und nach brachte ich ihnen bei, was geschehen war. Die Frau weinte leise, der Mann versuchte, sie zu trösten, und sagte dann, schon wieder recht gefaßt: »Um die Möbel ist es nicht weiter schade . . . Wir haben das schon mal erlebt, gleich zu Anfang, als wir noch das Geschäft in Hilden hatten . . . Wir wollen ohnehin bald nach Amerika, noch vor Ende des Jahres . . .«
Dann fiel ihm etwas ein, und er fragte besorgt: »Dem Bild wird doch nichts geschehen sein? Wissen Sie, ich habe es gekauft – für alles Geld, das wir noch hatten. Es ist nämlich ›entartete Kunst‹ – die darf man mitnehmen. Wir wollen es drüben verkaufen und uns davon eine neue Existenz aufbauen . . .«
»Wie sieht es denn aus?«
Er beschrieb es mir, und nach der Beschreibung wußte ich sofort, welches Bild er meinte.
»Es ist ein Chagall«, sagte er.
»Es ist zwar beschädigt«, ließ ich ihn vorsichtig wissen, »aber es ist bestimmt noch zu reparieren. Ich werde es mit nach oben nehmen, damit es nicht am Ende noch wegkommt . . .« Und dann erkun-

digte ich mich, ob sie jemanden wüßten, bei dem sie für diese und vielleicht auch die nächste Nacht unterkommen könnten.
»Sonst müssen Sie eben auch mit zu uns ziehen«, fügte ich rasch noch hinzu, obwohl ich sie ungern an ihrer zerstörten Wohnung vorbei mit nach oben genommen hätte. Am Ende wären sie doch nicht davon abzuhalten gewesen, hineinzuschauen . . .
»Wir haben nur die Freunde, bei denen wir heute abend waren«, sagte der Mann, »aber die schlafen bestimmt schon . . .«
Ich fragte, ob es ›arische‹ Freunde wären und ob sie Telefon hätten. Er bejahte beides, und nachdem ich von einem Fernsprechhäuschen aus dort angerufen und die Situation erklärt hatte, konnte ich ihnen sagen, daß sie sofort kommen sollten.
»Ich werde Sie noch begleiten. Es ist ja nicht weit . . .«
Wir mußten dann aber doch etliche Umwege machen, denn unterwegs sahen wir mehrfach Menschenansammlungen, die schon von weitem erkennen ließen, daß dort ein ähnliches Zerstörungswerk im Gange war, wie ich es gerade erst erlebt hatte. Aber schließlich erreichten wir das Haus ihrer Freunde, wo sie schon erwartet und mit einer stummen Umarmung empfangen wurden.
Auf dem Heimweg sah ich, daß nun auch in der Fischerstraße etwas vor sich ging. An einem Eckhaus, fast genau dort, wo ich eine gute halbe Stunde zuvor die Eltern des Mädchens getroffen hatte, waren viele Fenster erleuchtet, und an einigen davon standen Leute, die nach oben blickten. Aus einem Fenster im obersten Stockwerk hörte man Lärm und Schreie. Dann fiel ein Schuß, Glasscherben fielen von hoch oben auf den Bürgersteig. Noch ein Schuß, und dann stürzte jemand aus dem Fenster und schlug einige Sekunden später klatschend auf das Straßenpflaster auf.
Von allen Seiten kamen Passanten und Leute aus den umliegenden Häusern zusammengelaufen. Ein Überfallkommando und mehrere Krankenwagen fuhren vor. Ein Mann neben mir sagte: »Das war Dr. Lichtenstein, der Augenarzt . . .«
Er zeigte auf den Toten, der aus dem Fenster gestürzt war, und fügte mit deutlich spürbarer Genugtuung hinzu: »Er hat sich gewehrt – einer soll tot sein, und der andere ist sehr schwer verletzt . . .«
Zwei Sanitäter trugen gerade einen Verletzten zu einem der Krankenwagen, der sofort mit gellendem Martinshorn davonfuhr. Dann brachten sie noch jemanden aus dem Haus, den sie mit einem Tuch vollständig zugedeckt hatten.
»So sollte es allen diesen Strolchen gehen«, sagte der Mann neben mir leise, aber doch von einigen der Umstehenden vernehmbar.

Niemand widersprach ihm.
Nachdem ich den Chagall aus der zerstörten Wohnung geholt und ihn unter meinem Bett versteckt hatte, war ich nochmals losgezogen, diesmal mit dem Fahrrad. In der Sternstraße konnte ich gerade noch bremsen. Da flog eine ganze Röntgeneinrichtung aus einem Fenster im ersten Stock auf die Straße. Eine Höhensonne zerbarst mit lautem Knall auf dem Pflaster, allerlei Instrumente prasselten hinterher.
Ich sah auf das Schild neben der Haustür – es war die Praxis eines Hals-, Nasen-, Ohrenarztes, die da zerstört wurde. Vor einem Jahr noch hatte mich der alte Dr. Stern behandelt und auf meine Frage, ob mir die Mandeln entfernt werden müßten, lächelnd geantwortet: »Es soll ja Kollegen von mir geben, die sofort alles wegoperieren, was sich entfernen läßt. Aber ich rate dringend davon ab, der Natur dauernd ins Handwerk zu pfuschen. Das sollte man nur im Ausnahmefall tun . . . Ich betrachte meinen Beruf nicht als reinen Gelderwerb . . .«
Niemand war weit und breit zu sehen. Ich sammelte rasch von den Instrumenten auf, was noch brauchbar schien. Aber als ich ihm das wenige, das ich gerettet hatte, ein paar Tage später bringen wollte, teilte mir ein mürrischer Hausmeister mit: »Hier wohnen keine Juden mehr, und der Doktor, der ist im KZ. Das ist jetzt ein arisches Haus . . .«
Von der Sternstraße aus war ich in die Innenstadt gefahren. Alle jüdischen Geschäfte, die ich kannte, boten das gleiche Bild: Zertrümmerte Schaufensterscheiben, verwüstete Einrichtungen, die Waren geplündert oder auf die Straße geworfen, gleich ob es sich um Strümpfe oder um wertvolle Pelze handelte.
In einiger Entfernung sah ich einen Feuerschein am Himmel. Es war die Synagoge in der Kasernenstraße, nahe dem Schwanenspiegel, die – wie am nächsten Tag im Rundfunk zu hören war – ›einem spontanen Ausbruch des Volkszorns‹ zum Opfer gefallen und angezündet worden war. Das Volk – nur einige wenige Leute, die so spät noch auf der Straße waren – zeigte sich in Wahrheit aufs äußerste empört über diesen Akt der Barbarei, bei dem Polizei und Feuerwehr untätig zusahen. Ein dicker Kreisleiter in brauner Uniform stiefelte aufgeregt umher und schrie die murrenden Zuschauer an: »Machen Sie, daß Sie weiterkommen! Hier gibt es nichts zu glotzen! Das hat schon alles seine Ordnung!«
Auf dem Heimweg sah ich mehrmals einzelne Fußgänger oder Paare, die Koffer und Taschen mit sich trugen und sich in dunklen Hauseingängen zu verbergen suchten, wenn sie jemanden kom-

men sahen. Ich war mir nicht sicher, ob es Flüchtlinge waren oder Plünderer, die rasch aufgelesen hatten, was an Wertvollem auf der Straße zu finden gewesen war.
An der Steinstraße traf ich auf eine Frau mit einem drei- oder vierjährigen Kind. Die Frau drückte sich ängstlich an eine Hauswand, als sie den Schein meiner Fahrradlaterne sah, aber das Kind riß sich von ihr los und begann zu schreien.
Ich hielt an und fragte, ob ich ihr helfen könnte.
Sie warf mir einen, wie mir schien, haßerfüllten Blick zu, zog das Kind wieder zu sich und hielt ihm mit der Hand den Mund zu.
»Man hat uns heute nacht schon genug geholfen . . .«, sagte sie bitter. »Lassen Sie uns bitte in Ruhe und . . .«
Sie brach ab, denn nun waren Männerstimmen zu hören, Tritte von Nagelstiefeln, die näher kamen.
Ich trat dicht an sie heran und flüsterte ihr zu: »Bitte, haben Sie keine Angst . . .«
Ich legte meinen Arm um sie, und sie war wie erstarrt. Auch das Kind war jetzt still und drückte sich in den Schatten. Vier Männer in Schaftstiefeln und ›Räuberzivil‹ gingen an uns vorbei, unbekümmert laut miteinander redend.
»Morgen mach' ich blau«, sagte einer, »war ja schließlich 'n schwerer Dienst . . .«
Die anderen lachten schallend.
Einer machte noch eine deftige Bemerkung über uns, das vermeintliche Liebespaar, und wieder lachten sie, aber sie blieben nicht stehen. Ein paar Augenblicke später waren sie verschwunden, und es herrschte wieder Stille.
»Danke«, sagte die Frau, als ich meinen Arm von ihrer Schulter nahm, »und entschuldigen Sie, daß ich eben . . .«
»Haben Sie eine Bleibe?«
»Nicht mehr . . .«
»Kommen Sie, vielleicht kann ich Sie unterbringen . . .«
Mir war eingefallen, daß gleich um die Ecke das Schneideratelier von Herrn Desch war. Er wohnte im selben Haus, und so ging ich mit der Frau und dem Kind dorthin.
An der Eingangstür zündete ich ein Streichholz an, denn es war stockfinster. Ich fand das Namensschild und klingelte, nur ganz kurz. Fast im selben Augenblick hörte ich seine gelangweilte Stimme: »Ist da jemand . . .?« Ich trat zwei Schritte zurück und blickte nach oben. Ich sah niemanden. Alle Fenster waren dunkel.
»Ich bin's, Herr Desch«, sagte ich vernehmlich und nannte meinen Namen. »Verzeihen Sie die späte Störung . . .«

Nach einer kurzen Pause hörten wir ihn sagen, nun in jenem Ton, den er seiner Kundschaft gegenüber benutzte: »Ach so, es ist wegen der Uniform, ich verstehe . . . Sie kommen wirklich sehr spät, aber es macht nichts, ich bin noch auf. Einen Augenblick, wenn ich bitten darf . . .«

Gleich darauf öffnete er uns die Haustür, sehr korrekt angezogen, wie immer. Er hatte bestimmt noch nicht geschlafen, obwohl es schon gegen halb drei Uhr morgens war. Sein Fischgesicht blieb ausdruckslos, als er die Frau und das Kind sah. Er nickte nur, hieß uns eintreten und schloß die Haustür sorgfältig wieder ab.

»Es wird etwas eng werden«, sagte er, nun wieder in seinem normalen Tonfall.

In der Schneiderwerkstatt, im Bügelzimmer und sogar zwischen den Regalen mit den Stoffballen im hinteren Teil des Ladengeschäfts lagen und saßen sie überall. Einige waren eingeschlafen, andere sprachen leise miteinander. Manche waren noch so im Schock, daß sie nicht einmal aufblickten, als wir eintraten.

»In der Kochnische nebenan finden Sie heißen Tee und Milch«, sagte Herr Desch zu der Frau mit dem Kind, »und in der Kammer dahinter ist noch etwas Platz. Fürs erste wird es gehen, denke ich, und morgen sehen wir weiter. Ich komme gleich noch mal zu Ihnen . . .«

Er ging mit mir in den dunklen Laden, dessen eiserne Rolläden heruntergelassen waren. In dem schwachen Lichtschein aus der halbgeöffneten Tür zur Werkstatt sah ich auf einer Kleiderpuppe die Uniform eines SS-Führers.

»Die Verletzten sind oben in unserer Wohnung – bei meiner Frau und Fräulein Bonse«, sagte er leise. »Der Arzt war schon da. Ich weiß noch gar nicht, wohin ich die Leute bringen soll. Es sind zu viele – das kann leicht auffallen . . .«

»Was ist mit Tante Änne?«

»Es geht ihr nicht gut – sie hatte einen Herzanfall . . .«

»Ich werde morgen früh zu ihr fahren, hoffentlich geht es ihr besser – sie hat ein sehr schwaches Herz . . . Ich dachte an den Lieferwagen der Konditorei. Damit könnte man vielleicht . . .«

»Ja – das ist eine gute Idee. Ich werde gleich mal mit Fräulein Bonse darüber sprechen, wer in ihrer Bekanntschaft am Niederrhein und in der Eifel gern Kuchen ißt . . .«

Er begleitete mich noch bis zur Haustür, schloß sie leise auf und hinter mir wieder ab.

Als ich gegen drei Uhr nach Hause kam, war alles still. Kurz nach acht Uhr weckte mich meine Mutter.

»Wir müssen hinunter in die Wohnung und einiges holen – das Mädchen hat ja sonst nichts anzuziehen . . .«
Schon im Treppenhaus hörten wir es hämmern. An der Eingangstür der zerstörten Parterrewohnung stand Frau Kannegießer, die Hauseigentümerin, die im ersten Stock wohnte. Zwei Schreiner waren damit beschäftigt, die Reste der alten Tür zu beseitigen und eine neue einzusetzen.
»Vielleicht«, meinte meine Mutter, nachdem wir uns begrüßt hatten, »kann der Meister sich drinnen mal umsehen, was da noch zu reparieren ist . . .«
»Wird gemacht«, sagte der ältere der beiden Schreiner, »ich hab' mich schon mal umgesehen – es sieht schlimm aus da drinnen . . . Es ist eine Schande – man schämt sich, ein Deutscher zu sein . . .«
Frau Kannegießer nickte stumm und wischte sich die Tränen aus den Augen.
»Wir gehen jetzt mal rein und holen ein paar Sachen«, sagte meine Mutter. »Die Kleine hat sonst nichts anzuziehen . . .«
»Gut, daß Sie sie zu sich genommen haben – kommen Sie, ich begleite Sie . . .«
Doch anstatt dann nur die Kleider zu holen, begannen die beiden Frauen sogleich mit dem Aufräumen. Meine Mutter forderte mich auf, den Küchenschrank wieder aufzurichten. Der eine der beiden Schreiner half mir dabei. Frau Kannegießer holte rasch zwei Eimer, Kehrschaufeln und Besen, und erst nach einer guten Stunde, nachdem alle Scherben und Splitter beseitigt waren, suchte meine Mutter die Sachen für das Mädel zusammen, das, wie ich inzwischen von Frau Kannegießer erfahren hatte, Ruth hieß.
Es waren noch zwei Frauen aus dem Haus dazugekommen, die beim Aufräumen halfen, und als wir dann nach oben gingen, kam uns unsere Etagennachbarin entgegen und fragte: »Kann ich unten noch helfen?«
»Aber gewiß«, sagte meine Mutter, »da ist noch viel zu tun . . .«, und als die Nachbarin außer Hörweite war, flüsterte sie mir zu: »Ihr Mann ist nämlich Oberregierungsrat und ein ganz strammer Nazi, der immer mit ›Heil Hitler‹ grüßt und am liebsten ständig die Hakenkreuzfahne aus dem Fenster hängen ließe. Es wird ihr guttun, sich einmal anzusehen, was die Parteifreunde ihres Mannes so alles anrichten . . .«

Als ich eine Stunde später mit der Straßenbahn in die Stadt und von dort nach Meerbusch fuhr, um ›Tante Änne‹ zu besuchen, sah ich um mich nur sehr betretene, tieftraurige oder zornige Gesich-

ter. Ein älterer Mann, der auf dem Platz für Schwerkriegsbeschädigte saß, sagte, als die Bahn vor einem demolierten und ausgeplünderten Schuhgeschäft hielt, ganz laut, so daß jeder im Wagen es hören konnte: ›Früher wurden Plünderer erschossen, heute werden sie noch von der Polizei beschützt! So weit ist es mit Deutschland gekommen! Dafür hat man nun seine Knochen hingehalten . . .«
Niemand widersprach.
Am Luegplatz stieg eine Frau zu, die eine große NS-Frauenschaftsbrosche trug. Sie spürte wohl die Feindseligkeit der anderen Fahrgäste, denn als wir kurz hinter dem Barbarossaplatz an einem zerstörten Textilladen vorbeikamen, sagte sie zu ihrer Nachbarin: »Das hätte man nicht machen dürfen. Ich bin überzeugt davon, daß auch der Führer so etwas mißbilligt . . .!«
Die Nachbarin wandte sich ab, ohne zu antworten, und aus dem Hintergrund hörte man höhnisches Lachen.
Als ich bei ›Tante Änne‹ eintraf, empfing sie mich schon an der Tür mit den Worten: »Was heute nacht den Juden angetan worden ist, werden wir Deutschen schwer büßen müssen . . . Dann werden unsere Kirchen, unsere Wohnungen und Geschäfte verwüstet werden. Da kannst du ganz sicher sein . . .«
Es gehe ihr schon wieder besser, sagte sie, und außerdem werde sie ja dringend gebraucht. Herr Desch hatte schon mit ihr telefoniert. Der Fahrer vom Lieferwagen der Konditorei wußte auch bereits Bescheid.
»Griesgen – mein Mann – macht sich Sorgen um seine Kremtorten«, sagte sie und lachte. »Er hat nämlich wirklich sehr viel auszuliefern in den nächsten Tagen . . . Sie müssen alle ins Ausland«, fügte sie ernst hinzu. »Hier in Deutschland sind sie ihres Lebens nicht mehr sicher.«
Ich erzählte ihr, was sich am späten Abend bei uns im Haus zugetragen hatte, auch von Ruth, die jetzt bei uns sei.
»Hat man sie . . . Haben ihr die Burschen etwas angetan?«
»Ich glaube, ich kam gerade noch rechtzeitig . . .«
»Sie kann nicht bei euch bleiben«, meinte sie nach kurzem Nachdenken. »In so einem Haus mit zehn Parteien, da spricht sich das herum, und einer oder eine ist bestimmt dazu fähig, es der Gestapo zu melden . . . Weißt du was – bring sie zu mir! Hier ist sie sicher für die nächste Zeit, und ich brauche jetzt etwas Hilfe . . .«
»Klar«, sagte ich und war sehr froh. »Am späten Nachmittag bringe ich sie her.«

16. Kennen Sie Buchenwald?

»Du bist verrückt«, hatte Kulle gemeint, als ich ihm kurz nach dem Abitur erzählt hatte, daß ich meine freiwillige Meldung zur Luftwaffe eingereicht hätte. »Wieso kannst du denn nicht abwarten, bis unsere Jahrgänge dran sind?«

Ich hatte es ihm zu erklären versucht: Erstens betrug die Dienstzeit für Abiturienten, die sich freiwillig meldeten, nur zwölf Monate – im Herbst 1939 würde ich alles hinter mir haben. Zweitens konnte ich mir als Freiwilliger die Waffengattung und den Standort aussuchen. Ich hatte mir ein Städtchen in Westfalen als Garnison erbeten, wo alte Freunde meiner Eltern lebten und von wo aus ich an jedem Wochenende in zweieinhalb Stunden nach Hause fahren konnte.

Der wichtigste Grund aber war, daß meine Eltern beschlossen hatten, Deutschland zu verlassen. Mein Vater war bereits im Oktober 1938 nach England gereist, um die dortigen Möglichkeiten zu sondieren. Als offiziellen Grund für die geplante Übersiedlung wollte er die Übernahme der Vertretung einer deutschen Exportfirma angeben. Das Mißtrauen der Polizei und der Devisenstelle, die den Transfer des erforderlichen Kapitals genehmigen mußte, war am ehesten zu überwinden, wenn ich, der einzige Sohn, durch freiwillige Ableistung des Wehrdienstes unsere ›nationale Gesinnung‹ bewies. In zwölf Monaten, sobald ich vom Militär entlassen war, konnte ich dann studieren, wo ich wollte. Ich hatte mich schon um ein Stipendium an einer englischen Universität beworben.

»Du bist trotzdem verrückt«, hatte Kulle gemeint. »Es kann jeden Tag der Krieg ausbrechen . . .«

Das war ein berechtigter Einwand. Die Rüstung war in vollem Gange. Göring hatte die Losung ›Kanonen statt Butter‹ ausgegeben, und tatsächlich wurden bei ›Rheinmetall‹ und in den anderen Großbetrieben fast nur noch Geschütze, Maschinengewehre und anderes Kriegsgerät angefertigt, während Butter rationiert und nur noch auf Marken erhältlich war. Entlang der Grenze, von Südbaden bis in die Gegend von Aachen, hatte der Bau des ›Westwalls‹ begonnen, einer gigantischen Festungsanlage, zu deren eiliger Fertigstellung Hunderttausende von Arbeitern dienstverpflichtet worden waren. Auch Kulle hatte während seiner Arbeitsdienstzeit das Pech gehabt, daß sein Zug zu Westwallarbeiten herangezogen wurde, und es war eine arge Schinderei gewesen.

Im September 1938 hatte die Kriegsangst enorm zugenommen, denn Hitler schien entschlossen, die Tschechoslowakei anzugreifen. Der britische Premierminister Neville Chamberlain war zweimal nach Deutschland gekommen und hatte zu vermitteln versucht. Niemand war sich im klaren darüber, ob die Franzosen und Briten bei dem bevorstehenden deutschen Angriff auf die Tschechoslowakei ihrerseits Deutschland im Westen angreifen würden oder nicht. Die Tschechen hatten bereits mobil gemacht, doch mußten sie erkennen, daß Paris und London nicht bereit waren, ihren Beistandsverpflichtungen gegenüber Prag nachzukommen. Zwar begann auch in Frankreich die Mobilmachung von zunächst fünfundsechzig Divisionen, und die britische Flotte wurde in Alarmbereitschaft versetzt, aber die Regierungen beider Mächte wollten Hitler lieber das Sudetenland überlassen, als ernstlich einen neuen Weltkrieg riskieren.

In den letzten Septembertagen hatte sich die Kriegsangst in ganz Europa, vor allem in Deutschland und in den westlichen Hauptstädten, so weit gesteigert, daß die Menschen eine ungeheure Erleichterung empfanden, als es dann in der Nacht vom 29. zum 30. September doch noch zu einem Abkommen zwischen den Regierungen des Reichs, Englands, Frankreichs und Italiens kam und der Krieg damit vermieden wurde. Gewiß, mit dem Münchener Abkommen hatten Paris und London Hitler wieder nachgegeben und ihn damit neu gestärkt; sie hatten die Tschechoslowakei im Stich gelassen, und am 1. Oktober waren die deutschen Truppen in die Sudetengebiete eingerückt. Aber, so jedenfalls dachten die meisten, der Krieg war glücklicherweise noch einmal vermieden worden, und manche glaubten sogar, was Hitler sogleich wieder verkündet hatte, nämlich, daß er nun keinerlei territoriale Forderungen in Europa mehr habe.

Mein Vater, sonst eher skeptisch, rechnete damit, daß der Frieden noch mindestens zwei Jahre halten werde. So hatten es ihm seine englischen Freunde versichert. Dann erst, wenn England voll aufgerüstet habe, werde die große Abrechnung mit Hitler kommen.

Das hatte für mich den Ausschlag gegeben. In zwei Jahren, so hoffte ich, würde ich längst nicht mehr Soldat, sondern Student und vor allem nicht mehr in Deutschland sein.

So fuhr ich Ende November, einen Tag früher als nötig, in meine zukünftige Garnison und übernachtete bei den alten Freunden meiner Eltern, dem Hoteliersehepaar.
›Onkel Franz‹ hatte sich sehr verändert.
»Der Hitler macht das gar nicht schlecht«, sagte er. »Er hat ja wohl ungeheuer geblufft, aber er hat damit tatsächlich das erreicht, was er wollte. Jetzt ist nicht nur Österreich und das Saarland, sondern auch das Sudetenland wieder deutsch – und alles ohne Krieg –, einfach fabelhaft, was?«
Wie ich später erfuhr, war er besonders froh darüber, daß das Städtchen nun wieder eine Garnison hatte. Das gab seinem Hotel, dem ›ersten Haus am Platze‹, neuen Aufschwung. Der Umsatz an Getränken, vor allem an Sekt und Wein, hatte sich dank der Stammkundschaft aus dem Offizierskorps fast verdoppelt.
Seine Frau, ›Tante Käthe‹, machte dagegen keinen sehr frohen Eindruck. Kaum hatte sich ›Onkel Franz‹ entschuldigt, weil er im Restaurant und in der Bierstube nach dem Rechten sehen mußte, sagte sie zu mir: »Ich weiß nicht, was ich machen soll – vielleicht habe ich einen großen Fehler begangen . . . Franz weiß nichts davon, und sprich auch du um Gottes willen nicht darüber in seiner Gegenwart – er ist so anders geworden in letzter Zeit . . .«
Ihr ›großer Fehler‹ war, wie ich dann erfuhr, daß sie einen Hotelgast aufgenommen hatte, einen jüdischen Fabrikanten aus einem Nachbarort.
»Es ist zwar nur für einige Tage«, sagte sie leise. »Gestern nachmittag ist er angekommen, als Franz in Bielefeld war. Ich kannte ihn von früher her – ein sehr honoriger Mann, und ich brachte es nicht übers Herz, ihn abzuweisen . . . Er wartet nur noch auf seinen Paß – dann will er nach Schweden auswandern. Seine Frau und sein Sohn sind schon dort. Nach dieser furchtbaren Reichskristallnacht vor knapp drei Wochen haben sie ihn verhaftet, und er war, glaube ich, im KZ – ein Wunder, daß er da wieder lebend herausgekommen ist . . .«
Ich fragte sie, warum sie sich Sorgen machte. Sie könnte doch schließlich im Hotel jeden Gast aufnehmen.
»Nein«, sagte sie und seufzte tief. »Seit letzter Woche *dürfen* wir keine Juden mehr ins Hotel lassen, auch nicht ins Restaurant – es ist verboten! Wir bekommen die größten Schwierigkeiten, wenn ihn jemand erkennt . . .«
»Wo soll der Mann denn hin? Er hat wahrscheinlich keine Wohnung mehr . . .«
»So ist es«, bestätigte ›Tante Käthe‹, »die Fabrik ist ›arisiert‹, die

Wohnung wurde beschlagnahmt, und sogar das Auto haben sie ihm weggenommen. Er hat es dem Winterhilfswerk stiften müssen!«

»Phantastisch! ... Was willst du jetzt machen? Du kannst ihn doch nicht auf die Straße setzen!«

»Nein«, sagte sie, »aber bleiben kann er auch nicht. Aber mir ist da eine Idee gekommen – das ist vielleicht der beste Ausweg ... Wir müßten das aber gleich erledigen, denn gegen zehn Uhr kommt Franz gewöhnlich wieder zurück.«

Ihr Vorschlag bestand darin, daß ich die Nacht nicht im Hotel, sondern in der Jagdhütte verbringen sollte. Sie waren ohnehin sehr knapp an Zimmern, so daß es ihren Mann nicht allzusehr verwundern würde, wenn sie mich umquartierte.

Natürlich sollte ich den unerwünschten Gast mitnehmen. Sie wollte für reichlich Verpflegung und auch für Getränke sorgen, uns dann auch gleich mit dem Auto hinbringen.

Ich kannte die Hütte. Sie lag nur etwa zwanzig Autominuten entfernt an einem schönen Hang des Wesergebirges mit Blick auf den Fluß und war komfortabel eingerichtet.

»Morgen vormittag hole ich dich wieder ab«, sagte sie, »und ich bringe Herrn Kahn auch die Post mit, falls welche für ihn eintreffen sollte. Vielleicht kommt sein Paß ja schon morgen. Dann kann ich ihn auch gleich mit zur Bahn nehmen ...«

Sie schien ungeheuer erleichtert, daß ich auf ihren Vorschlag eingegangen war, denn – so sagte sie – allein wollte sie Herrn Kahn dort nicht lassen. Das könne sie dem Mann nicht zumuten nach allem, was er durchgemacht habe.

So kam es, daß ich den Abend und die letzte Nacht vor Beginn meines Militärdienstes mit jemandem verbrachte, der gerade erst aus einem Konzentrationslager entlassen worden war.

Herr Kahn war ein kleiner, etwas dicklicher Mann von Ende Vierzig mit spärlichem Haar. Er mußte stark abgenommen haben, denn sein Anzug war ihm viel zu weit geworden.

Man sah es seinem Gesicht an, daß er ein lebensfroher, gewiß auch humorvoller Mensch war. Aber er stand noch ganz unter dem Eindruck seiner schrecklichen Erlebnisse.

Schon beim Abendbrot begann er, mir davon zu erzählen:

Gleich am Morgen nach der ›Kristallnacht‹, in der auch seine Wohnung zerstört worden war – zum Glück hatte er alles Wertvolle bereits verkauft, um die Vermögensabgabe bezahlen zu können, ohne die seine Familie nicht hätte ausreisen dürfen –, war er von zwei Gestapobeamten verhaftet worden. Mit einem Lastwagen, auf dem schon ein Dutzend jüdischer Männer aus den umliegenden Dörfern waren, hatten die Gestapoleute sie nach Bielefeld gebracht. Nach langem Herumsitzen in einem Warteraum waren er und andere aufgerufen worden. Jeder mußte ein Papier unterschreiben, ohne Zeit zu haben, den Text zu lesen. Gegen Mittag waren sie dann zum Bahnhof gebracht worden.

»Sie ließen uns auf dem Bahnsteig in Fünferreihen antreten. Dann marschierten wir ab, eine Treppe hinunter und durch eine Unterführung zu einem anderen Bahnsteig. Den ganzen Weg entlang standen junge SS-Männer, die mit Lederpeitschen auf uns einschlugen. Da gab es schon die ersten Schwerverletzten. Schließlich brachten sie uns doch nicht zu einem Zug, sondern fuhren uns mit dem Lastwagen weg – nach Buchenwald . . . Kennen Sie Buchenwald?«

Ich sagte ihm, daß ich davon gehört hätte – ein KZ in der Nähe von Weimar, so erzählte man sich. »Ja«, bestätigte Herr Kahn, gar nicht weit von Weimar, wo Goethe und Schiller gelebt haben . . .«

Insgesamt waren nahezu zwölftausend jüdische Männer ins Lager Buchenwald eingeliefert worden. Sie wurden dann in großen Baracken untergebracht, die zum Teil noch im Bau waren.

»Wir waren zu etwa sechstausend Mann in einer Baracke zusammengepfercht, die noch ohne Fußboden war. Der Boden bestand aus nassem Lehm. Wir hatten nackte Bretter zum Schlafen, keine Unterlage, keine Decke, kein Licht. Die sanitären Verhältnisse waren grauenhaft . . .«

Immerhin waren sie dann mit Brot, Marmelade und Malzkaffee verpflegt worden, aber mitten in der Nacht, als gerade etwas Ruhe eingetreten war, hatten sie plötzlich Taschenlampen aufblitzen sehen, und etwa ein Dutzend von ihnen, wahllos herausgegriffen, waren von SS-Leuten herausgeholt worden.

»Wir hörten sie draußen fürchterlich schreien, und sie sind nicht mehr wiedergekommen . . .«

Dies hatte sich in den beiden folgenden Nächten wiederholt, und die Gefangenen waren so verängstigt gewesen, daß sie sich in die äußersten Winkel verkrochen.

»Einige haben Tobsuchtsanfälle bekommen und mußten festgebunden werden. Man kann sich nicht vorstellen, was diese Nächte für jeden von uns bedeutet haben . . . Es war die reine Hölle . . . Am dritten Morgen ließ die SS uns vor der Baracke antreten – wir hatten sie bis dahin nicht verlassen dürfen –, und ein Unterführer ging die Reihen ab. Jeder, der eine sichtbare Verletzung hatte, wurde gefragt, wie es dazu gekommen sei. Die ersten antworteten wahrheitsgemäß, daß sie von der SS in Bielefeld mißhandelt worden seien. Daraufhin wurden sie zusammengeschlagen und mit der Peitsche bearbeitet, bis sie sagten, sie hätten sich die Verletzungen selbst zu Hause beigebracht. Mit solchen Schikanen wurden wir den ganzen Tag hindurch in Angst gehalten. Erst vom vierten Tag an wurde es dann etwas besser . . .«

Es waren ihnen dann fertige Baracken zugewiesen worden, wo sie etwas mehr Platz hatten, und von da an war ihnen auch gestattet worden, sich von dem Geld, das sie bei sich hatten und das ihnen nicht abgenommen worden war, Eßbestecke, Lebensmittel und warme Kleidung zu kaufen. Auch die Ärzte unter ihnen konnten dann Medikamente für die zahlreichen Kranken und Verletzten im SS-Revier käuflich erwerben.

Arbeiten mußten sie, im Gegensatz zu den anderen Häftlingen, überhaupt nicht, nur morgens und abends zum Appell antreten. Sonst waren sie den ganzen Tag sich selbst überlassen. Aber die Zählappelle dauerten manchmal mehrere Stunden, und besonders die Alten litten sehr unter dem langen Stehen in der Kälte. Es gab dadurch zahlreiche Todesfälle.

»Am zwanzigsten Tag wurde ich frühmorgens beim Appell aufgerufen, zusammen mit etwa dreihundert anderen. Wir sollten entlassen werden. Wir wurden dann alle von Häftlingsfriseuren rasiert und bekamen die Haare abgeschnitten. Dann wurden wir von einem SS-Arzt untersucht. Wer Wunden oder Prellungen hatte, mußte angeben, daß sie aus der Zeit vor der Festnahme stammten. Dann kam ein höherer SS-Führer, der uns einen Vortrag hielt und erklärte, er hoffe, daß wir uns ›gebessert‹ hätten. Wenn wir dies beweisen wollten, so hätten wir jetzt Gelegenheit dazu, reichlich für das Winterhilfswerk zu stiften. Wir wurden an den Sammelbüchsen vorbeigeführt. Der SS-Führer achtete darauf, daß jeder etwas spendete. Danach mußten wir die Eßbestecke, die wir gekauft hatten, wieder abliefern, außerdem für jedes Blechbesteck 3 RM ›Benutzungsgebühr‹ bezahlen. Dann begann der Fahrkartenverkauf. Wer kein Geld hatte, mußte rechts heraustreten. Die übrigen wurden aufgefordert, so viel Geld zusammenzulegen, daß auch die anderen sich Fahrkarten kaufen könnten. Es wurde uns erklärt, daß keiner vom Platz käme, bis jeder genügend Geld für seine Fahrkarte hätte. Als auch das geregelt war, wurde uns nochmals eine Ansprache gehalten. Es wurde uns eingeschärft, draußen kein Wort zu erzählen von dem, was wir im Lager erlebt hätten, andernfalls kämen wir zurück ins Lager und könnten dann sicher sein, nie wieder lebend herauszukommen. Warum ich es Ihnen dennoch erzähle? Ich *muß* einfach darüber sprechen, ich will, daß andere es wissen und weitererzählen! Niemand hier soll sagen können, er habe davon nichts gewußt!«

Er war schrecklich aufgeregt.

Ich holte die Cognacflasche aus dem Proviantkorb, den ›Tante Käthe‹ uns dagelassen hatte, und schenkte ihm ein Glas ein.

Als er sich wieder etwas beruhigt hatte, erzählte er weiter: Bis alle Formalitäten erledigt waren und die zu Entlassenden sich am Lagertor aufgestellt hatten, war es 20 Uhr geworden. Sie hatten seit dem Morgen keine Verpflegung mehr erhalten und waren nach vierzehn Stunden Warten unter größter Nervenanspannung alle sehr erschöpft.

»Ein etwa 80jähriger Mann bat den Wachhabenden am Tor um eine Fahrgelegenheit, weil er die acht Kilometer bis zum Bahnhof in Weimar nicht mehr laufen könnte. Der Wachhabende lachte und erklärte, er könnte ihm ein Taxi rufen, aber für das Telefongespräch müßte der Alte bezahlen. Er gab ihm daraufhin drei Mark und bat, daß der Wachhabende doch gleich mehrere Taxis bestellen möge, denn auch die anderen könnten den weiten Weg nicht mehr laufen. Aber der SS-Mann ließ sich von jedem einzelnen Geld geben. Er kassierte fast sechshundert Mark . . .«

Herr Kahn erzählte noch lange. Immer wieder kam er zurück auf die ersten drei Nächte im KZ, als sie, in der halbfertigen Baracke zusammengepfercht, vor den ›Todeskommandos‹ gezittert hatten. In der Nacht wurde ich einige Male wach von seinem lauten Stöhnen. Einmal schrie er ›Nicht! Nicht schlagen!‹, und erst gegen Morgen wurde es still.

Gegen 9 Uhr – wir waren gerade beim Frühstück – hörten wir ein Auto kommen. Herr Kahn erschrak sehr.

»Ich muß mich verstecken . . .!« flüsterte er mir aufgeregt zu. Dann sahen wir, daß es ›Tante Käthe‹ war.

»Ihr Paß, Herr Kahn! Der Paß ist eben angekommen!« rief sie uns schon von weitem zu, als wir ihr entgegengingen.

Er konnte es gar nicht fassen.

Seine Hände zitterten, als er den dicken Umschlag öffnete. Der Paß enthielt das ersehnte Ausreisevisum. Er mußte aber noch heute Deutschland verlassen.

»Der Zug nach Hamburg mit Anschluß nach Kopenhagen fährt kurz nach 11 Uhr von Bielefeld ab«, sagte ›Tante Käthe‹. »Ich habe mich erkundigt. Ich werde Sie zum Bahnhof fahren.«

Sie schien sehr froh zu sein.

»Bitte nicht!« sagte Herr Kahn. »Und schon gar nicht zum Bahnhof in Bielefeld – das könnte ich, glaube ich, nicht mehr ertragen . . .«
›Tante Käthe‹ war sehr erstaunt. Sie wollte etwas einwenden, unterließ es aber und sagte schließlich, etwas pikiert: »Wie Sie wünschen, Herr Kahn . . .«
»Wir packen rasch unsere Sachen zusammen, Tante Käthe«, sagte ich, »und wir werden dann Herrn Kahn an einem Taxistand absetzen.«
»Ja«, stimmte Herr Kahn zu, »das wäre sehr freundlich. Ich nehme den Zug von Herford.«
Fünf Minuten später hatten wir alles aufgeräumt und unsere wenigen Sachen zusammengepackt. Herr Kahn stand schon in Hut und Mantel an der Tür, sein Köfferchen in der Hand.
»Sehen Sie mal«, sagte er und griff in seine Brusttasche, »wie mein Vaterland dafür sorgt, daß ich mich auch in der Fremde seiner stets erinnere.«
Er zeigte mir den Reisepaß.
Auf der ersten Seite, neben das ›Hoheitszeichen‹ mit dem Hakenkreuz, das anstelle des früheren Reichsadlers dort eingedruckt war, hatte das Paßamt ein großes schwarzes ›J‹ gestempelt.

17. Das Marschieren kann eine Idee sein

»Ich weiß nicht, woher ich den Optimismus genommen habe, daß ich meine Wehrpflicht würde ableisten können, ohne daß der Krieg dazwischenkäme«, sagte ich zu Werner, als wir wieder einmal beisammensaßen. »Zwar war es im Winter 1938/39 außenpolitisch einigermaßen ruhig, aber ich hätte mir eigentlich sagen müssen, daß das die Ruhe vor dem Sturm war ...«

»Es war sicherlich jugendlicher Leichtsinn«, meinte Werner, »du warst doch erst knapp achtzehn Jahre alt. Wenn du damals mich gefragt hättest, dann wäre meine Antwort gewesen: ›Hau ab, so rasch du kannst – der Frieden dauert nicht mehr lange!‹ Ich war zum Arbeitsdienst eingezogen worden, kaum daß ich meine Lehre beendet hatte. Ich kam nach Winzeln, das liegt bei Pirmasens in der Pfalz – wo ich doch gehofft hatte, mal etwas von der Welt zu sehen ...«

»Da hattest du es zumindest nicht weit nach Hause. Bis Ludwigshafen war das doch höchstens eine Stunde Bahnfahrt?«

»Ja«, sagte Werner, »aber wir kamen nicht oft weg. Urlaub über das Wochenende gab es höchstens einmal im Monat. Die Bauarbeiten, zu denen wir dort eingesetzt waren, hatten nämlich die allerhöchste Dringlichkeitsstufe. Da wurde Tag und Nacht und sogar sonntags gebuddelt. Das ›wichtigste Loch‹ im Westwall, wie es ständig hieß, mußte in größter Eile gestopft werden. Allein in unserer Gegend waren mehr als dreißigtausend dienstverpflichtete Arbeiter eingesetzt. Und immerzu wurden wir angetrieben – ›Tempo, Tempo‹, hieß es, ›der Führer kann nicht warten!‹ Deshalb hätte ich dir sagen können, daß es mit dem Frieden nicht mehr lange dauern konnte. Denn wozu wäre es sonst nötig gewesen, die Westgrenze in derartigem Umfang und in solcher Hast zu befestigen?«

Er erzählte mir dann, wie rücksichtslos die Dienstverpflichteten ausgebeutet worden waren. Mit Stundenlöhnen von wenig mehr als 60 Pfennig und erheblichen Abzügen für Gemeinschaftsverpflegung und Sammelunterkünfte hätten die Arbeiter kaum etwas nach Hause schicken können. Die Familien waren meist auf Fürsorgeunterstützung angewiesen.

»Da merkte jeder«, sagte er, »was es heißt, keine Gewerkschaft zu haben.«

»Und die Arbeitsfront? Hat sich die nicht um die Mißstände gekümmert?«

Er lachte.

»Als sich in dem Arbeiterlager in unserer Nähe mal ein paar Leute daran machten, die Kollegen zu organisieren, um wenigstens ein paar Beschwerden über unbezahlte Überstunden und unzureichende Verpflegung gemeinschaftlich vorbringen zu können, da rief der Baustellenleiter die Gestapo an und ließ die ›Rädelsführer‹ verhaften. ›Schweine, Kaschemmenbrüder, Verbrecher und Judenknechte‹ beschimpfte er sie . . . Na, und bei uns, beim Reichsarbeitsdienst, da hatten wir ja schon gar keine Möglichkeit, uns zu wehren. Da ging es stramm militärisch zu, und neben der Arbeit hatten wir auch schon eine regelrechte Infanterieausbildung, zunächst ohne, dann mit Waffen: Karabiner 98 k, Handgranaten, Ausbildung am leichten Maschinengewehr . . .«

Er erzählte mir dann, wie er es angestellt hatte, daß er als Sohn eines – wie in seinen Personalpapieren vermerkt war – ›wegen staatsfeindlicher Umtriebe bestraften Kommunisten‹ dennoch von seinen Vorgesetzten für einen ›harmlosen Spinner‹ gehalten wurde.

»In der Kunstdruckanstalt, bei der ich gelernt hatte«, sagte er schmunzelnd, »da waren – neben Führerbildern und Kalendern mit germanischen Monatsnamen wie Hartung, Hornung oder Gilbhart – auch allerlei schwülstige Sprüche gedruckt worden, auf Pergamentpapier und in gotischer Fraktur, die sich hundertzehnprozentige Nazis einrahmen ließen und als Wandschmuck verwendeten. Zwei dieser Sprüche, die mir besonders idiotisch erschienen waren, hatte ich mitgenommen und beim Arbeitsdienst in meinen Spind geklebt. Der eine lautete: ›Schritthalten in Reih' und Glied, der Rhythmus der Kolonne, das ist der Takt, der unser ganzes Leben durchklingt. Marschieren, das ist die Idee, die unser ganzes Leben durchzieht. Und wer sich einer Idee verschworen hat, der vermag ohne sie nicht mehr zu leben‹ . . .«

»Heinrich Anacker?«

»Nein, Baldur von Schirach – aber es macht kaum einen Unterschied. Der andere Spruch war noch schöner: ›Der Führer ist Deutschlands Retter. Unermüdlich arbeitet er für Volk und Reich. Wir wollen ihm den Teil abnehmen, den wir ihm abnehmen können.‹ Der Oberfeldmeister hat sehr gestaunt, als er bei einer

Spindkontrolle diese Meisterwerke vorfand. Er konnte nichts dagegen sagen. Er sah mich nur etwas zweifelnd an, und seitdem galt ich als stramm nationaler Schwachkopf. Meine Stubenkameraden haben den Trick natürlich durchschaut – die merkten ja, daß ich in Wirklichkeit kein Nazi war.«

»Wie ging es denn deinem Vater um diese Zeit? Hatte er wieder Arbeit am Güterbahnhof, nachdem er aus dem Gefängnis entlassen worden war?«

»Er war erst über ein halbes Jahr arbeitslos, und bei der Güterabfertigung, wo sie ihn gern wieder eingestellt hätten, durfte er als ›Staatsfeind‹ nicht mehr beschäftigt werden. Er versuchte dann, bei einer Maschinenfabrik als Hilfsarbeiter unterzukommen. Da hätte er 28 Mark brutto die Woche verdient, aber die Gestapo hat auch das nicht zugelassen. Schließlich fand er mit Hilfe eines Genossen, der dort als Fahrer des Lieferwagens arbeitete, Anstellung in einem sehr seltsamen Betrieb, in einer Branche, die 1938 einen gewaltigen Aufschwung nahm. Es war eine Bouillonwürfelfabrik . . .«

»In Ludwigshafen?«

»Nein, auf der anderen Rheinseite, in der Nähe von Mannheim. Fett und Fleisch waren ja damals sehr knapp und für die meisten unerschwinglich teuer. Also versuchten allerlei Glücksritter, aus diesem Mangel Profit zu schlagen. Der Chef meines Vaters war ein Zahnarzt, und dessen Schwager war irgendein hoher Funktionär in der NS-Ärzteschaft, der den Bouillonwürfeln hohen Nährwert, Vitaminreichtum und andere hervorragende Eigenschaften bescheinigte. Anfangs waren zwei Mädchen und der Fahrer die ganze Belegschaft der Firma, und die Produktion fand in der Waschküche der Zahnarztvilla statt, bis die Nachbarschaft sich über die ständige Geruchsbelästigung beschwerte. Der Betrieb wurde dann in eine leere Lagerhalle verlegt, und zu dieser Zeit fand mein Vater dort endlich Arbeit.«

Die Bouillonwürfel, erzählte Werner, wurden hauptsächlich aus Salz, etwas Hefe und minderwertigem Rindertalg hergestellt. Sie fanden reißenden Absatz bei Krankenhäusern, Militärküchen, Restaurants und dann auch bei den privaten Haushalten. Der Zahnarzt wurde dabei steinreich und gab seine Praxis auf. Es mußte immer neues Personal eingestellt werden, und bei Kriegsausbruch verfügte die Firma über fünfundzwanzig eigene Lieferwagen. Werners Vater hatte noch zu den ersten fünf Arbeitern gehört, sozusagen zum Stammpersonal. Aber er bekam nie mehr als 41 Pfennig Stundenlohn.

»Davon konnte er sich nicht mal eine Zigarette leisten«, sagte Werner. »Das Geld, das er und meine Mutter, die als Putzfrau arbeitete, zusammen verdienten, reichte kaum für das Allernötigste. Eine Dreier-Packung ›Eckstein‹-Zigaretten kostete zehn Pfennig. Bei etwa 18 Mark netto, die er freitags ausgezahlt bekam, war für Luxus nichts mehr übrig. 18 Mark kostete damals das billigste Paar Schuhe. Butter, das Pfund zu 1,60 RM, konnten sich meine Eltern nicht mal zu Weihnachten leisten, und die Margarine zu 70 Pfennig das Pfund auch nur einmal die Woche. Statt Fleisch gab es sogenannte ›Hermann-Göring-Koteletts‹ – kannst du dich an die erinnern?«
»Bei der Wehrmacht habe ich sie kennengelernt – es gab die unterschiedlichsten Theorien, was ihre Zusammensetzung betraf. Offiziell hießen sie ›Bratlinge‹, und sie waren angeblich aus feinstem Fischmehl. Das hat aber niemand geglaubt, denn sie schmeckten nach gar nichts ...«
»Der Betrieb, bei dem mein Vater damals beschäftigt war«, sagte Werner, »stellte auch das Pulver für diese Bratlinge her, außerdem Eipulver in Tüten zu zehn Pfennig, die ›garantiert den Nährwert von drei Eiern‹ enthalten sollten. Der Zahnarzt muß damit ein Bombengeschäft gemacht haben, und er wurde auch noch vom Staat gefördert und steuerlich begünstigt, weil seine Ersatznahrungsmittel Devisen sparen halfen. Es wurden ja kaum noch Lebensmittel importiert, nur noch kriegswichtige Rohstoffe – ›Kanonen statt Butter‹ ... Und was Textilien betraf, war es beinahe noch schlimmer.«
»Das weiß ich nicht mehr so genau. Ich erinnere mich nur, daß alle darüber klagten und daß viele bittere Witze gemacht wurden über diese Anzüge, Marke ›Deutscher Wald‹, die im Frühling auszuschlagen begannen, und im Herbst färbten sie sich ...«
»Für die Arbeiter und kleinen Angestellten«, sagte Werner, »war das eine schlimme Sache. Bevor die Aufrüstung begann, konnten sie sich einen anständigen Anzug aus reiner Wolle, natürlich ›von der Stange‹, für etwa 35 RM kaufen. 1938 bezahlten sie mindestens 50 RM für einen Anzug, der nur im Schaufenster so aussah, als ob er aus Wollstoff sei. Diese Anzüge knautschten, als ob sie aus Papier wären, und hingen wie Säcke am Körper. Mein Vater hat seinen alten Sonntagsanzug vier Jahre lang getragen. Als er sich dann, buchstäblich vom Munde abgespart, zu Weihnachten 1938 einen neuen Anzug kaufte, hätte er ihn nach kurzer Zeit eigentlich wegwerfen müssen. Nur wer 150 RM und mehr für einen Anzug bezahlen konnte, bekam dafür etwas, das der normalen

Qualität noch einigermaßen entsprach. Und mit allen anderen Textilien war es um keinen Deut besser. Das Zeug wärmte nicht und war im Nu verschlissen.«
Ich mußte an Herrn Desch denken, der sein Stofflager noch rechtzeitig mit feinstem englischem Tuch aufgefüllt hatte. Weihnachten 1938 hatte ich ihn besucht, als ich nach den ersten vier Wochen Militärdienst zum erstenmal auf Urlaub nach Hause gefahren war. Er hatte sich erkundigt, wie es bei der Wehrmacht sei. Ich erzählte ihm, daß es auszuhalten wäre und daß sie mich zu den Funkern eingeteilt hätten. Sobald die Grundausbildung beendet wäre, wahrscheinlich schon in zwei Monaten, könnte ich einen Sonderlehrgang mitmachen, und den Rest der Dienstzeit hoffte ich dann bei einer Funkstelle sehr ruhig zu verbringen. Ende November würde ich die Uniform ausziehen können ... Sein Fischgesicht blieb völlig ausdruckslos.
»Hoffen wir, daß deine Rechnung aufgeht«, sagte er.
Dann, nachdem er mir versichert hatte, daß ich von Glück sagen könnte, zu den Funkern zu kommen – Funken sei mit Abstand das Beste, das man beim Militär lernen könnte, in jeder Beziehung –, riet er mir dringend, mir von ihm eine dunkelblaue Ausgehuniform machen zu lassen, aus feinstem Gabardine, wie nur er ihn noch hätte. Ich könnte, sagte er, später die Kragenspiegel und Paspeln entfernen und die Knöpfe auswechseln lassen und hätte dann einen eleganten Zivilanzug für jede Gelegenheit, der mir noch jahrelang gute Dienste leisten würde. Er war, während er mir den Stoff anpries, zu dem für gute Kunden reservierten, lebhaften Tonfall übergegangen, und ehe ich noch etwas hatte sagen können, war er schon beim Maßnehmen.
»Aber, Herr Desch, das wird doch viel zu teuer«, hatte ich einzuwenden versucht, »das kann ich mir doch gar nicht leisten!«
Er hatte daraufhin etwas von einem ›Freundschaftspreis‹ gemurmelt und daß wir ein ›Arrangement‹ treffen würden, das mir die Abzahlung in bequemen Raten ermöglichte. Dann erkundigte er sich, wie oft ich künftig auf Urlaub käme.
»Während der Grundausbildung in den beiden nächsten Monaten werde ich, wenn alles gutgeht, jedes zweite Wochenende zu Hause sein können. Vielleicht bekomme ich noch ab und zu einen Tag Sonderurlaub. Ich bin nämlich, was ich bisher nicht wußte, ein sehr guter Schütze, und wer donnerstags beim Scheibenschießen mit dem Karabiner unter den drei Besten ist, der braucht, anstatt Sonntag um Mitternacht, erst am Montagabend wieder zurück zu sein. Sobald die Ausbildungszeit vorbei ist und der Funkerdienst

beginnt, also ab März nächsten Jahres, werde ich dann jedes Wochenende frei haben . . .«
»Ausgezeichnet«, meinte dazu Herr Desch, nun wieder in seinem üblichen, gelangweilten Tonfall. »Du könntest dann vielleicht Fräulein Bonse Nachhilfestunden geben . . .« Und als er meinen verwunderten Blick sah, fügte er leise hinzu: »Sie hat nämlich Interesse an der Amateurfunkerei . . .«
So kam es, daß ich eine maßgeschneiderte dunkelblaue Luftwaffenausgehuniform aus englischem Gabardine bekam, die ich, später in einen Zivilanzug ›für alle Gelegenheiten‹ umgewandelt, tatsächlich noch bis in die Gründerjahre der Bundesrepublik hinein getragen und mir damit über ein Jahrzehnt lang viele bewundernde oder auch neidvolle Blicke zugezogen habe, bis mir das immer noch gute Stück schließlich zu eng wurde. Auch bekam dann, von Mitte Januar 1939 an, Fräulein Bonse von mir, erst jeden zweiten, später an jedem Sonntag, den von Herrn Desch im Tausch gegen die Maßuniform erbetenen ›Nachhilfeunterricht‹.
Sie lernte sehr rasch das Morsealphabet – von ›Atom‹ (.-), ›Aesop ist tot‹ (.-.-) und ›Bohnensuppe‹ (- . . .) bis ›Zorndorfer Schlacht‹ (- -..) –, erreichte schon bald auf der Übungstaste sehr beachtliche, meine eigenen Fähigkeiten übertreffende Geschwindigkeiten, glänzte in den Fächern ›Sendetechnik‹ und ›Funkverkehr unter besonderen Umständen‹ und wurde von mir mit einem relativ einfachen, ständig zu wechselnden und bei sehr kurzen Texten kaum zu brechenden Code vertraut gemacht, dessen Grundlage Heinrich Heines Gedicht ›Die Wallfahrt nach Kevlaar‹ bildete. Die erste Strophe lautete:

> Am Fenster stand die Mutter
> im Bette lag der Sohn.
> ›Willst du nicht aufstehn, Wilhelm,
> zu schaun die Prozession?‹

Jeweils die erste Zeile der insgesamt zwanzig Strophen war die Chiffriergrundlage für einen Tag, und nach zwanzig Tagen begann es wieder mit der zweiten Zeile der ersten Strophe.
Fräulein Bonse machte auch im Verschlüsseln und Entschlüsseln gute Fortschritte. Als Lehrer konnte ich mit ihr sehr zufrieden sein, nur wunderten sich meine Freunde, warum ich an jedem freien Sonntag zwei kostbare Urlaubsstunden mit dieser kühlen, energischen Mittvierzigerin verbrachte, die wochentags in Rock und Pullover wie eine strenge Gewerbeoberlehrerin wirkte, sonntags wie die Vorsteherin eines frommen Damenstifts. Also erklärte ich meinen neugierigen Freunden, die mich zu necken begannen,

daß die sonntägliche Doppelstunde der Pflege der englischen Konversation diene. Ich wollte doch vom Dezember 1939 an in England studieren, wozu mein Freund Kulle skeptisch bemerkte: »Wenn da mal was daraus wird – man riecht doch förmlich schon den Krieg . . .«

Als ich Werner diese Episode erzählte, meinte er: »Ich war auch fest davon überzeugt, daß es im Frühjahr 1939 losgehen würde. Es fing schon an, brenzlig zu werden, als Hitler im Januar von Polen die Abtretung des Korridors, also Posens und Westpreußens, und die Wiedervereinigung Danzigs mit dem Reich forderte.«
Zwei Monate später, im März 1939, hatte sich dann die Slowakei unter stärkstem deutschem Druck von der Prager Regierung losgesagt, am 15. März folgte die ›Erledigung der Rest-Tschechei‹. Sie war gezwungen worden, sich dem ›Schutz des Reiches‹ zu unterwerfen, und eine Woche später, nachdem die Wehrmacht einmarschiert war, hatten die Nazis das ›Protektorat Böhmen und Mähren‹ errichtet und mit Rumänien ein Abkommen geschlossen, das Deutschland alle dortigen Rohstoffvorkommen auslieferte.
»Ich weiß«, gab ich zu, »es sah ein paar Tage lang kritisch aus. Aber Hitlers Rechnung ging ja wieder einmal auf, und die anderen Großmächte begnügten sich mit Protesten. Außerdem hatte Fräulein Bonse eine, wie sie sagte, ›absolut zuverlässige‹ Nachricht aus Rom, wonach Hitler seinem Freund Mussolini die feierliche Zusicherung gegeben hatte, vor 1942 nichts mehr zu unternehmen, was zum Krieg mit Frankreich und England führen könnte . . .«
»Woher hatte sie denn nur solche damals doch bestimmt streng geheimen Informationen?« wollte Werner wissen. »Und warum lernte sie bei dir funken? Hatte sie tatsächlich einen illegalen Sender? Und mit wem stand sie damit in Verbindung?«
»Ich kann nur Vermutungen anstellen, denn wir haben nie darüber gesprochen. Ich wußte, daß sie entschieden gegen die Nazis war, außerdem absolut zuverlässig, sehr mutig und hilfsbereit, wenn es sich darum handelte, Menschen gleich welcher Herkunft und politischen Richtung vor der Gestapo zu retten. Das war mir genug. Ich wollte gar nichts Genaueres wissen. Es war besser für alle, wenn jeder nur das Nötigste erfuhr . . .«
Werner nickte nur.
»Ich vermute«, fuhr ich fort, »daß es bei ihr oder in ihrem engeren Freundeskreis einen kleinen Kurzwellensender und eine Funkverbindung nach Holland gab. So ein Minisender reichte ja für die Entfernung – bis zur Grenze waren es kaum mehr als fünfzig Kilo-

meter Luftlinie, und wenn er nur, sagen wir: einmal wöchentlich, zu wechselnden Zeiten und jeweils nur für eine halbe Minute, vielleicht sogar von unterschiedlichen Standorten aus, in Betrieb genommen wurde, war er von der Funküberwachung überhaupt nicht auszumachen, zumal es bei solchen Kurzwellensendern eine ›tote Zone‹ gibt, wo sie überhaupt nicht zu hören sind . . . Ich glaube, daß ihre Gegenstation in Holland lag, denn einmal, gerade in jenen kritischen Märztagen, als die Wehrmacht in Prag einmarschierte, machte sie so eine Andeutung . . .«

Es war am Sonntag, dem 13. März 1939. Ich hatte nachmittags Fräulein Bonse besucht und war mit ihr den Code noch einmal durchgegangen, bei dem sich – wegen Heinrich Heines mitunter etwas eigenwilliger Orthographie – Schwierigkeiten ergeben hatten. Es war gegen 17 Uhr, und ich wollte mich gerade verabschieden, als das Telefon klingelte.

Wie ich dann von Fräulein Bonse erfuhr, hatte Frau Ney, meine ›Tante Änne‹, angerufen, weil ›unser Jupp‹ wissen wollte, welche Apotheke an diesem Sonntag dienstbereit sei – es wäre sehr dringend.

›Unser Jupp‹, wir wußten es beide, war ›Tante Ännes‹ Bruder, der der Kommunistischen Partei angehörte und seit 1933 in Basel lebte. Er war, wie Frau Ney das Fräulein Bonse hatte wissen lassen, plötzlich bei ihr aufgetaucht – wie drei Jahre zuvor, während der Rheinland-Besetzung, sein ›Freund‹, ›der Uhrmacher‹. Offenbar hatte er sich entschlossen, schnellstens wieder aus Deutschland zu verschwinden, denn die ›dienstbereite Apotheke‹, nach der ›Tante Änne‹ in seinem Auftrag gefragt hatte, bedeutete, daß er eine Möglichkeit suchte, über die ›grüne Grenze‹ nach Belgien oder Holland zu verschwinden. Fräulein Bonse hatte zurückgefragt, ob Frau Neys Bruder ein Rezept habe, was soviel hieß wie: Ist die Gestapo ihm auf den Fersen?

›Tante Änne‹ hatte dies verneint. Was ›unser Jupp‹ brauchte, wäre rezeptfrei, und sein Hausarzt hätte es ihm empfohlen. Das wiederum bedeutete, daß seine Instruktionen lauteten, sich unter bestimmten Umständen, die offenbar eingetreten waren, sofort wieder aus Deutschland zu entfernen.

»Die Iden des März . . .«, hatte Fräulein Bonse dazu bemerkt, und ich war sehr erschrocken.

Die Iden, die Monatsmitte, des März – ich wußte es aus Shakespeares ›Julius Caesar‹, mit dem wir in Obersekunda im Englischunterricht geplagt worden waren – bargen höchste Gefahr. Stand nun doch Krieg bevor?

»Es scheint sehr kritisch zu sein«, meinte dazu Fräulein Bonse sehr ernst, und dann murmelte sie, daß sie sich ›gleich mit Roermond‹ in Verbindung setzen müßte. Sie bat mich dann, in einer Stunde noch mal bei ihr vorbeizukommen und Frau Ney eine Nachricht zu übermitteln.
»Dann brauche ich nicht bei ihr anzurufen – je weniger man telefoniert, desto besser . . .«, meinte sie und lächelte ausnahmsweise, denn diese Grundregel hatte *ich* ihr in bezug auf den heimlichen Funkverkehr beigebracht.
Also verzichtete ich auf den Kinobesuch, den ich mir für den Spätnachmittag vorgenommen hatte. Die Nachricht, die ich ›Tante Änne‹, die im überfüllten Café sehr beschäftigt war, dann zu überbringen hatte, lautete: ›Die Maiwald-Apotheke ist ab 19 Uhr dienstbereit.‹
Sie nickte mir freundlich zu, bediente dabei eine Kundin, nahm von der Serviererin Bons entgegen, führte die Bestellungen aus und sagte beiläufig zu mir: »Schade, daß du unseren Jupp nun nicht kennenlernst . . .«
Dann humpelte sie nach hinten, denn ihr Hüftleiden machte ihr stark zu schaffen. Sie wollte wohl in die Backstube, die zum Hof lag, wo der Lieferwagen stand, wenn er nicht gerade mit Auslieferungen unterwegs war. An der Tür drehte sie sich noch einmal zu mir um und meinte lächelnd: »Das ist so ein netter Kerl – ihr hättet euch gut verstanden. Na – vielleicht das nächste Mal . . .«
Später hatte ich von ihr erfahren, daß ›unser Jupp‹ bereits hinten im Lieferwagen der Konditorei versteckt war, als ich ihr ausgerichtet hatte, wer ihren Bruder über die Grenze bringen sollte und wo der Treffpunkt war: Maiwald hieß eine Gastwirtschaft in Lobberich, nicht weit von der holländischen Grenze südlich von Venlo, und auf die Frage, welche Apotheke in der Nähe am Sonntagabend dienstbereit sei, hatte der Sohn des Wirts die Führung durch den Brachter Wald und ins nächstgelegene niederländische Dorf übernommen.
Als ich an diesem Sonntag kurz vor Mitternacht in meiner Garnison eintraf und, gerade noch vor Zapfenstreich, die Torwache des Kasernenbereichs passierte, sah ich zu meiner Verwunderung, daß alles noch auf den Beinen war.
»Um 0.45 Uhr ist Abmarsch«, wurde ich auf meiner Stube empfangen, »feldmarschmäßig und mit scharfer Munition – zur Mob-Übung! Hat man dich denn nicht benachrichtigt, daß du sofort aus dem Urlaub zurückzukommen hast?«
Ich war gar nicht zu Hause gewesen, und so hatte mich das Tele-

gramm nicht erreicht. Meine Mutter war nach England gefahren, zu meinem Vater. Anstatt in der leeren Wohnung, hatte ich bei Kulle übernachtet.

Jetzt sah ich die ernsten Gesichter meiner Kameraden. Vor allem die Älteren waren sehr bedrückt.

»Mob-Übung«, sagte einer, »das bedeutet Mobilmachung, und das heißt, daß es wahrscheinlich Krieg gibt . . .«

Von Begeisterung konnte wahrlich keine Rede sein.

Wir waren dann in der Nacht in langer Kolonne weit nach Südosten gefahren, in sogenannte ›Mob-Stellungen‹ am Westrand des Thüringer Waldes. Dort hatten wir den ganzen Montag über auf weitere Befehle gewartet, bis es gegen 18 Uhr hieß: ›Zurück in die Garnison – die Übung ist beendet.‹

Es gab ein allgemeines großes Aufatmen, die Spannung löste sich, und in unserem Funkwagen, einem komfortablen ›Horch‹-Achtzylinder-Pkw, hörten wir einige Radiostationen ab und erfuhren nun, was geschehen war:

Seit Montagmorgen, 6 Uhr, waren Einheiten der Wehrmacht in die Tschechoslowakei eingerückt, ohne auf Widerstand zu stoßen. Sie hatten das ganze Land besetzt, und soeben war Hitler in Prag eingetroffen und hatte verkündet: ›Die Tschechoslowakei hat aufgehört zu existieren!‹

Etwas später vernahmen wir aus den Kopfhörern auch seine Stimme. Mit deutlich spürbarem Triumph erklärte er: »Es entspricht daher dem Gebot der Selbsterhaltung, wenn das Deutsche Reich entschlossen ist, zur Wiederherstellung der Grundlagen einer vernünftigen mitteleuropäischen Ordnung entscheidend einzugreifen und die sich daraus ergebenden Anordnungen zu treffen. Denn es hat in seiner tausendjährigen geschichtlichen Entwicklung bereits bewiesen, daß es dank sowohl der Größe als auch der Eigenschaften des deutschen Volkes allein berufen ist, diese Aufgabe zu lösen . . .«

»Jetzt ist er völlig übergeschnappt«, meinte dazu Erwin, mein Funkerkollege, der als Obergefreiter die – nur aus mir und dem Fahrer Barczustowski bestehende – Besatzung des Funkwagens befehligte. »Der Kerl ist größenwahnsinnig wie der Anführer des Pavianrudels bei uns im Zoo . . .«

Erwin kam aus Wuppertal, war gelernter Elektriker und hatte für Hitler nichts übrig. Sein Vater war als Sozialdemokrat 1933 in ›Schutzhaft‹ gewesen, in dem berüchtigten ›Privat-KZ‹ Kemna, wo man ihm alle zehn Finger gebrochen und zerquetscht hatte, so daß er jetzt Invalide war.

Erwin und ich konnten uns ganz ungeniert unterhalten, denn Barczustowski, ein hundertzehnprozentiger Nazi, der seit Beginn der ›Mob-Übung‹ sehr still geworden war, saß am Steuer und konnte uns nicht hören.
Ich dachte an Fräulein Bonse und die Iden des März. War die Kriegsgefahr vorbei? Oder hatte Hitler nun den Weg beschritten, der unweigerlich zum Krieg, zur Niederlage und in den Untergang führte?
Als ich am Dienstagmorgen von der Kantine aus ›Tante Änne‹ anrief und mich erkundigte, ob alles in Ordnung sei und wie es ihrem kranken Bruder gehe, sagte sie: »Unser Jupp ist gesund, da mach dir keine Sorgen. Und die Leute, bei denen deine Eltern zu Besuch sind, die beginnen nun endlich aufzuwachen. Ich werde die heilige Jungfrau Maria bitten, daß nichts passiert, ehe du wieder vom Militär zurück bist ...«

»Ja«, meinte Werner dazu, »den Engländern und auch den Franzosen ging nach der Zerschlagung der Tschechoslowakei endlich ein Licht auf, daß alle Versprechen und Friedensbeteuerungen Hitlers nichts als Lügen und Täuschungen waren. Viel zu spät haben sie begriffen, daß sie durch ihr Einlenken und Nachgeben diesen Erpresser nur noch gieriger gemacht hatten ... Wir kleinen Leute – meine Eltern, deren Freunde und Genossen und sogar ich –, wir haben das sehr viel klarer gesehen. Übrigens, ich hätte uns auch solche guten Freunde und zuverlässigen Verbündeten gewünscht, wie ihr sie hattet – Leute wie diesen vornehmen Schneider, das energische Stiftsfräulein mit dem Funkgerät und die fromme Konditorsfrau mit dem Hüftleiden, die sogar Kommunisten über die ›grüne Grenze‹ half ...«
»Es handelte sich schließlich um ihren Bruder und dessen Freunde«, wandte ich ein, aber Werner sagte: »Wir konnten auch den nächsten Verwandten nicht immer trauen. Es passierte leider immer mal wieder, daß einer sich kaufen ließ und für die Nazis zu spitzeln begann. Ein Paket mit Butter und guter Wurst, Bohnenkaffee und Speck von der NS-Volkswohlfahrt, warme Mäntel für die Kinder von der Winterhilfe und die Aussicht auf eine bessere Arbeit mit ein paar Groschen mehr Lohn – da sind viele weich geworden ... ›Kohldampf macht schofel‹, sagte mein Vater immer, und gerade im Frühjahr '39 stand es schlimm um die Ernährung bei den Arbeiterfamilien. Die Arbeitszeit in den Betrieben war auf zehn, hier und da sogar auf zwölf Stunden erhöht worden, die Reallöhne sanken, weil alles teurer geworden war, und jeder Ar-

beitsplatzwechsel war genehmigungspflichtig – es war fast schon Sklaverei, was sie mit den Arbeitern trieben – alles im Zeichen der Kriegsrüstung, der ›Wehrhaftmachung‹, wie sie es nannten . . .«

»Und du meinst, daß unter solchen miserablen Arbeits- und Lebensbedingungen die Widerstandskraft und der Zusammenhalt abnahmen?«

»Leider ja. Dazu kam das pausenlose Trommelfeuer der Nazipropaganda, dem viele erlagen. Und dann noch die ewige Angst vor den Spitzeln und der Gestapo. Das hat viele mürbe gemacht. Nur ein breites Bündnis von den christlichen und konservativen Bürgern bis zu den Kommunisten hätte uns widerstandsfähig machen können. Aber das hat es ja nie gegeben – oder nur in Ausnahmefällen, wie bei euch, die ihr vor Spitzeln weitgehend sicher wart . . .«

Ich überlegte.

Vielleicht hatte Werner recht.

Aber waren wir wirklich so sicher vor Spitzeln gewesen? Einmal, so erinnerte ich mich jetzt, hätte ich mich um ein Haar jemandem anvertraut, von dessen Zuverlässigkeit ich überzeugt gewesen war und der sich in Wahrheit längst auf die Seite des Gegners geschlagen hatte.

18. Vorsicht – Feind hört mit!

Kurz nach Pfingsten 1939 reichte ich ein Gesuch um drei Tage Sonderurlaub ein mit der Begründung: ›Goldene Hochzeit der Großeltern, 75. Geburtstag des Großvaters, Hochzeit der Cousine‹.

Angesichts einer solchen Häufung von vorschriftsmäßigen Urlaubsgründen wurde mein Gesuch anstandslos bewilligt. Wesentlich dazu beigetragen hatte Erwin, mein Funkstellenleiter. Mein Antrag war von ihm ›dringend befürwortet‹ worden, und er hatte noch hinzugefügt, daß ich der ›einzig männliche Enkel‹ meiner – in Wahrheit bereits seit vielen Jahren verstorbenen – Großeltern und der ›Trauzeuge‹ meiner – keine Hochzeit planenden – Cousine wäre. Nachdem er noch mit Grünstift am Rand des Gesuchs vermerkt hatte: ›Bescheinigung des Standesamts liegt vor‹, brachte er es selbst zur Schreibstube und schmuggelte es dort in den Korb ›Zur Vorlage beim Kompaniechef‹.

»Man muß es so machen wie unser Führer: Sich nicht mit bloß einer faustdicken Lüge begnügen, sondern auch noch damit auftrumpfen«, hatte Erwin dazu bemerkt. Er war auch nicht neugierig gewesen und hatte mich nicht einmal gefragt, warum ich denn nun wirklich so eilig nach Berlin wollte.

»Amüsiert euch gut und grüß von mir – leider unbekannterweise«, war alles, was er dazu bemerkte, und ich ließ es gern dabei.

Freitag früh wurde ich zur Schreibstube gerufen, um meinen erst tags zuvor beantragten Urlaubsschein in Empfang zu nehmen. Er galt für Sonnabend, Sonntag und Montag. In der Mittagspause meinte Erwin: »Du kannst schon heute fahren, eigentlich erst nach Dienstschluß. Aber für heute nachmittag ist ja eine Funkübung angesetzt. Wir fahren nach Bielefeld, auf den Hünenberg. Barczustowski wird dich schon auf der Hinfahrt dort am Bahnhof absetzen, dann bekommst du noch den D-Zug um 14.50 Uhr. Wir werden auch ohne dich zurechtkommen . . .«

So gewann ich noch einen halben Urlaubstag, und der hundertzehnprozentige Barczustowski trug das Seine dazu bei, weil Erwin ihm erlaubt hatte, anschließend seine Freundin zu besuchen. Erwin würde dann einige Q-Gruppen senden – ›Technische Störung – Breche Funkverkehr ab‹ – und sich irgendwo am Hünenberg einen schattigen Platz zum Schlafen suchen, denn es war ein sehr heißer Junitag.

Als ich dann bereits kurz vor drei Uhr nachmittags in meiner von Herrn Desch angefertigten dunkelblauen Extrauniform – ich hatte mich im Funkwagen umgezogen – im Zug nach Berlin saß, ließ ich mir alles noch einmal durch den Kopf gehen.

Am Mittwochabend hatte ich mit meiner Mutter telefoniert. Sie war vor kurzem aus London zurückgekommen. Noch vor Jahresende, sobald ich vom Militär entlassen war, wollten wir nach England übersiedeln – vorausgesetzt, Hitler machte uns nicht doch noch einen Strich durch die Rechnung. Denn wenn er bis zum Herbst einen Krieg anfing, war an eine Entlassung aus der Wehrmacht nicht mehr zu denken.

Fräulein Bonse rechnete mit einem baldigen Kriegsbeginn. Am vergangenen Sonntag hatte ich mit ihr darüber gesprochen. Ich hatte ihr zu bedenken gegeben, daß die Nazis doch gerade erst die Rest-Tschechoslowakei zerschlagen und daraus das ›Reichsprotektorat Böhmen und Mähren‹ gemacht hätten. Diese Länder, dazu aus dem Vorjahr Österreich und das Sudetenland sowie seit kurzem auch das Memelgebiet – das müßte ihnen doch eigentlich reichen.

Fräulein Bonse war anderer Meinung.

Hitler, sagte sie, sei ein Hasardeur, und wie jeder Glücksspieler wollte er seine bisher so erfolgreiche Strähne unbedingt fortsetzen und wisse nicht, daß er jetzt eigentlich aufhören müßte. Er fiebere geradezu danach, wieder alles auf eine Karte zu setzen.

»Der Westwall ist noch lange nicht fertig«, wandte ich ein. »Ich weiß von Freunden, daß da fieberhaft gearbeitet wird, aber die Befestigungsanlagen werden bestimmt erst nächstes Jahr fertig . . .«

Fräulein Bonse meinte, dieser Umstand sei das einzige, was noch Hoffnung biete. Wenn Hitler aber dennoch in diesem Jahr Krieg führen wolle, müsse er das spätestens im September tun, gleich nach der Ernte, also schon in siebzig, achtzig Tagen. In diesem Fall müßten die Vorbereitungen bereits in vollem Gange sein, und eine bestimmte Anzahl von Leuten in Schlüsselstellungen müßte es dann schon wissen.

»Du fährst doch bald nach Berlin«, meinte sie dann. »Habt ihr in eurem dortigen Bekanntenkreis oder in der Verwandtschaft nicht irgendeinen hohen Ministerialbeamten, Wehrwirtschaftsführer,

General oder meinetwegen auch einen SS-Gruppenführer? Es wäre ungeheuer wichtig, eine wirklich zuverlässige Information zu bekommen, und zwar so bald wie möglich! Es wäre doch auch für deine eigenen Pläne von entscheidender Bedeutung ... Denk doch mal darüber nach!«
Das hatte ich getan, und es war mir auch etwas eingefallen, das zumindest einen Versuch wert schien.
Aber der eigentliche Grund, weshalb ich so eilig nach Berlin mußte, war ganz anderer Art. Herr Desch hatte mich am letzten Sonntag gebeten, so rasch wie möglich einen Kontakt zur jüdischen Gemeinde in Berlin herzustellen, natürlich ›unter Wahrung strengster Diskretion‹, wie er sich ausdrückte. In Berlin wohnten noch die meisten Juden. Viele waren erst in den letzten Jahren aus den Klein- und Mittelstädten dort hingezogen, weil sie sich in der Großstadt sicherer fühlten. Die ›Freunde‹ des Herrn Desch hatten nun die Absicht, einer größeren Anzahl davon, etwa zweihundertzwanzig bis -dreißig Personen, die Einreise in die USA noch im Laufe dieses Sommers zu ermöglichen – mit einem niederländischen Schiff, das Anfang August von Rotterdam nach New York fahren sollte. Sie wünschten, daß der Vorstand der Berliner Gemeinde die Auswahl derer träfe, die für diese Rettungsaktion in Frage kämen.
»Die Leute müssen von Berlin ins Rheinland und über die grüne Grenze gebracht werden«, hatte Herr Desch mir erklärt, aber das Wichtigste war zunächst, einen zuverlässigen Mittelsmann zu finden, der dem Gemeindevorstand die Nachricht überbringen könnte und dem dieser auch Glauben schenken würde. Er kannte den Plan selbst erst seit wenigen Tagen, und seine bisherigen Versuche, einen solchen Mittelsmann zu finden, waren fehlgeschlagen.
»Ich habe mit deiner Mutter gesprochen«, sagte er dann. »Sie erzählte mir, daß dein Vater einen Jugendfreund in Berlin hat, den du auch gut kennst – einen Herrn Dr. Elkan ...«
»Klar, ›Onkel Erich‹, er war Rechtsanwalt und Notar. Er wohnt in der Lietzenburger Straße. Was ist mit ihm?«
»Nach meinen Informationen«, sagte Herr Desch, und es klang noch gelangweilter als sonst, »ist dieser Herr als Syndikus im Vorstand der jüdischen Gemeinde ...«
»Tatsächlich? Das wundert mich sehr. Ich bin nämlich mit seinem Sohn zusammen auf der Volksschule gewesen, und der war vom Religionsunterricht befreit, weil er und seine Eltern keiner Kirche angehörten. Er lebte damals bei seiner Mutter in der Prinzregen-

tenstraße, gleich neben der Synagoge. Die Eltern waren geschieden. Ich erinnere mich, daß ich damals sehr gern mal an einem jüdischen Gottesdienst teilgenommen hätte – nur aus Neugier –, und daß ich ihn fragte, ob er mit mir hingehen würde am Freitagabend. Aber er wollte nicht und sagte: ›Meine Eltern sind ausgetreten!‹ Er und seine Mutter leben jetzt in Schweden. Sie sind schon 1933 ausgewandert, als ›Onkel Erich‹ seine Praxis aufgeben mußte . . .«

»Vielleicht«, meinte dazu Herr Desch, »ist Dr. Elkan der Gemeinde dann wieder beigetreten, als die Verfolgung begann. Auf jeden Fall scheint er mir der richtige Mann zu sein, und da ihr euch gut kennt, wird es hoffentlich keine Probleme geben. Die Sache eilt sehr . . .«

Er hatte mir dann noch ausführliche Instruktionen gegeben, die ich mir genau gemerkt hatte, denn Notizen machte ich mir vorsichtshalber nicht.

Auf der Rückfahrt in meine Garnison an diesem Sonntagabend war mir eingefallen, daß ich möglicherweise noch einen besseren Kontakt zur jüdischen Gemeinde von Berlin finden könnte. Ein Freund von mir, Heinz Elsässer, war vor ein paar Tagen bei meiner Mutter gewesen. Er hatte seine Rückfahrt nach Berlin in Düsseldorf unterbrochen, um mich wiederzusehen, und es sehr bedauert, mich nicht anzutreffen. Wir waren zusammen aufgewachsen. Seine Eltern hatten damals ganz in unserer Nähe in einer bescheidenen Hinterhauswohnung gelebt. Wir waren gemeinsam im Kindergarten gewesen, hatten auf der Straße und im Stadtpark zusammen gespielt und waren eine Zeitlang auf dieselbe Schule gegangen. Etwas später, kurz vor unserem Wegzug von Berlin, hatten wir uns bei den ›Roten Falken‹ wiedergetroffen, aber seit ich im Rheinland wohnte, waren wir uns nicht mehr begegnet.

Der Vater von Heinz war damals Kantor an der Neuen Synagoge in der Oranienburger Straße, in der nördlichen Innenstadt. Seine Mutter, eine große, stattliche Frau, stammte aus Bad Tölz und sprach noch immer bayerischen Dialekt. Sie war, wie ich mich erinnerte, weil dergleichen sehr selten vorkam, ihrem Mann zuliebe vom katholischen zum jüdischen Glauben übergetreten, so daß Heinz nach den ›Nürnberger Gesetzen‹ der Nazis nun als ›Volljude‹ galt.

Heinz Elsässer hatte bei meiner Mutter seine neue Anschrift hinterlassen, so daß ich ihn diesmal besuchen konnte. Er wohnte bei seinen Eltern, die in den Osten der Stadt umgezogen waren, irgendwo zwischen Jannowitzbrücke und Schlesischem Bahnhof. Wenn Heinz' Vater noch Kantor war, dachte ich, müßte über ihn

der gewünschte Kontakt leicht herzustellen sein, und ich nahm mir vor, gleich nach der Ankunft als erstes die Elsässers aufzusuchen.
So stieg ich, als ich gegen acht Uhr abends in Berlin ankam, zwar am Bahnhof Zoo aus und rief zunächst Tante Elsbeth an, um ihr meinen Besuch anzukündigen und ihr zu sagen, daß ich erst gegen elf Uhr käme, aber dann fuhr ich gleich mit der S-Bahn weiter zum Schlesischen Bahnhof.
Tante Elsbeth hatte sich über mein Kommen sehr erfreut gezeigt und gesagt, es würde ihr nichts ausmachen, auf mich zu warten. Das täte sie ohnehin, denn Onkel Karl sei zu einem Kursus für Luftschutzwarte, und meine Cousine Gudrun käme heute auch erst spät nach Hause. Sie sagte auch gleich, wie ich es erwartet hatte, daß sie genug zu essen für mich hätte und daß sie das Gästezimmer gleich herrichten würde.
Am Schlesischen Bahnhof erging es mir wie jedem Berliner, der weit im Westen der Stadt aufgewachsen war: Ich kannte mich überhaupt nicht aus und kam mir vor wie in einer anderen, fremden Großstadt. Es war eine trübselige Gegend. Die Menschen sahen abgearbeitet, blaß und gehetzt aus. Viele Frauen schienen jetzt erst von der Arbeit zu kommen.
Ich fragte mich durch zu der Straße, in der die Elsässers jetzt wohnten, und fand das Haus. Es war eine riesige Mietskaserne. Vor dem großen dunklen Durchgang zu den Hinterhöfen saß ein älterer Mann in Pantoffeln auf einem Küchenstuhl. Trotz der Wärme trug er eine Strickjacke und daran ein Parteiabzeichen.
»Wo wollnse denn hin?« fragte er, als ich an ihm vorbeiging, denn die Elsässers wohnten im 2. Hinterhaus.
Ich legte den Finger an die Lippen, kniff ein Auge zu und sagte im Weitergehen: »Der Kavalier genießt und schweigt . . .«, wobei ich dachte, daß es unter den sicherlich mehr als achtzig Mietsparteien doch einige weibliche Wesen geben müßte, denen er meinen Besuch zutraute.
Draußen war es noch heller Tag. Im Treppenhaus des Seitenflügels im zweiten Hinterof mußte ich die trübe Beleuchtung einschalten, um mich zurechtzufinden. Im zweiten Stock fand ich unter einem Klingelknopf das Namensschild. Frau Elsässer öffnete vorsichtig die Tür. Sie erschrak, als sie meine Uniform sah.
»Erkennen Sie mich nicht, Frau Elsässer?«
Ich nannte meinen Namen.
»Jessas!« rief sie, und dann versicherte sie mir, daß sie und erst recht ihr ›Bua‹, der Heinz, sich ›narrisch‹ freuen würden, mich wiederzusehen. Nur war der Heinz leider nicht zu Hause. Auch

ihr Mann, der Kantor, war noch nicht von der Synagoge zurück, müßte aber bald kommen, weil ja der Sabbat gleich beginne.

Ich hatte nicht daran gedacht, daß es Freitagabend war. Sie bat mich einzutreten und zum Essen zu bleiben, aber ich sagte, meine Tante erwarte mich. Dann schrieb ich ihr deren Telefonnummer auf und fragte: »Ob mich der Heinz wohl morgen früh anrufen kann?«

Sie zögerte.

»Ich weiß nicht, ob er heute nach Hause kommt«, sagte sie schließlich. Es schien ihr nicht angenehm zu sein, mich dies wissen zu lassen.

»Macht nichts«, sagte ich, »er soll mich anrufen, sobald er kann. Ich würde ihn gern morgen irgendwo treffen . . .«

Es fiel mir ein, daß es gar nicht so leicht sein würde, einen Treffpunkt zu bestimmen, der sowohl Heinz, dem nunmehrigen ›Volljuden‹, als auch mir, dem Soldaten in Uniform, ohne weiteres zugänglich war.

». . . vielleicht im Hauptpostamt in der Spandauer Straße«, fuhr ich fort, und Frau Elsässer sah mich verwundert an, so daß ich schnell hinzusetzte: »Wir können das ja noch ausmachen – Hauptsache, er ruft mich bald an!«

»Ich werde es ihm ausrichten, sobald ich ihn sehe«, sagte Frau Elsässer. Sie schien sehr besorgt. »Es ist doch nichts . . . nichts Unangenehmes?«

»Keineswegs«, beruhigte ich sie und verabschiedete mich.

»Pfüa'di«, sagte Frau Elsässer und versuchte zu lächeln, »und gut' Schabbes.«

Anstatt zurück zum Schlesischen Bahnhof ging ich nun in entgegengesetzter Richtung und war froh, als ich nach ein paar Minuten den S-Bahnhof Jannowitzbrücke sah.

Auf der eisernen Treppe zum Bahnsteig stieß ich mit jemandem zusammen, der mir eilig entgegenkam.

Es war eine junge Frau.

»Hoppla«, sagte sie und wollte weiter. Dann stutzte sie.

»Nanu – kennen wir uns nicht? Sie sind doch . . . Natürlich bist du's! Menschenskind, ist das aber 'ne Überraschung . . .!«

Es war tatsächlich Ulla.

Ich hatte sie jahrelang nicht gesehen. Sie war unsere Führerin bei den ›Roten Falken‹ gewesen, und ich hatte sie damals besonders gern gemocht.

Wir umarmten uns. Rechts und links an uns vorbei drängelten die Leute, die zum Bahnsteig wollten.

»Habta keen Zimma?« fragte einer.
Ich schlug Ulla vor, mit mir zum Alexanderplatz zu fahren und dort in irgendein Lokal zu gehen.
»Gern«, sagte sie, »aber ich muß erst mal rasch nach Hause – so wie ich aussehe ... Sagen wir, in einer Stunde?«
Sie nannte mir ein Lokal, wo ich sie erwarten sollte.

Sie kam mit kleiner Verspätung, hatte sich zurechtgemacht und ein hübsches Sommerkleid angezogen, aber man merkte ihr dennoch an, wie müde und abgespannt sie war.
»Wir müssen furchtbar ran im Betrieb«, erzählte sie mir, »zehn bis zehneinhalb Stunden täglich, und morgen früh um fünf muß ich aus den Federn – ich kann nicht lange bleiben.«
»Wo arbeitest du denn?«
»Bei der AEG, in der G-Abteilung. G bedeutet ›geheim‹. Wir werden so angetrieben, daß man meinen könnte, schon nächste Woche gibt's Krieg ... Mein Bruder arbeitet in Wittenau, ganz im Norden. Da ist ein Zweigbetrieb von den ›Dürener Metallwerken‹, wo nur Flugzeugteile hergestellt werden. Da ist es noch schlimmer als bei uns. Zwölf Stunden täglich arbeiten die neuerdings, und sie werden noch dauernd angetrieben – und das für 35 Mark in der Woche, wovon 17 gleich abgezogen werden für Beiträge, Essen und Spenden ... Ich hab' 24 Mark brutto die Woche, das sind 15 Mark netto. Kein Mensch kann davon leben. Wenn wir den Garten nicht hätten ...«
»Ich komm' dich am Sonntag besuchen«, sagte ich. »Wenn du Zeit und Lust hast, gehen wir zusammen aus. Ich muß dir noch soviel erzählen, und wer weiß, wann wir uns das nächste Mal sehen – noch vor Weihnachten, sobald meine Dienstzeit beendet ist, will ich hier weg, nach England ...«
»Wenn daraus mal was wird«, meinte Ulla. »Mein Bruder hat den Abteilungsleiter sagen hören, spätestens am 1. September fängt der Krieg an. Vielleicht geht's ja doch noch einmal gut – ich wünsch' es dir. Hier ist es wirklich nicht zum Aushalten – vor allem, daß man immerfort bespitzelt wird, macht einen ganz krank ...«
Die letzten Worte sprach sie etwas lauter, und ein Mann am Nebentisch, der sich weit zu uns herübergebeugt und offensichtlich versucht hatte, das Gespräch zu belauschen, wandte sich rasch ab.
»Komm«, sagte sie, »wir gehen ...«, und fügte leise hinzu: »Sei nicht so unvorsichtig!«
Ich brachte sie zur S-Bahn. Unterwegs fragte sie: »Was hast du eigentlich bei uns in der Gegend zu tun gehabt?«

»Ich wollte Heinz besuchen, Heinz Elsässer, aber er war nicht zu Hause. Vielleicht treffe ich ihn morgen – du erinnerst dich doch noch an ihn. Er war in unserer Gruppe – was hast du?«
Sie war stehengeblieben und schaute mich an.
»Wann hast du Heinz zum letzten Mal gesehen?« erkundigte sie sich, und ich erzählte ihr, daß ich jahrelang keinen Kontakt mehr zu ihm gehabt hätte.
»Aber vor etwa zehn Tagen tauchte er plötzlich bei meiner Mutter in Düsseldorf auf und fragte nach mir. Er hinterließ mir seine neue Adresse, und da ich hier etwas zu erledigen habe, wobei er mir sehr behilflich sein könnte . . .«
»Vergiß es«, sagte Ulla. Sie war ganz verändert. Sie schien zu überlegen, ob sie mir etwas sagen sollte oder nicht. Wir waren schon an der Sperre, als sie sich endlich dazu entschlossen hatte, mir reinen Wein einzuschenken: »Hör zu, ich kann es nicht beweisen, aber ich bin ganz sicher, daß der Heinz ein Gestapo-Spitzel ist«, flüsterte sie so leise, daß ich sie gerade noch verstehen konnte. »Er war voriges Jahr nach der ›Kristallnacht‹ sechs Wochen im KZ, und seit er wieder frei ist, passieren die merkwürdigsten Sachen. Überall schnüffelt er herum, und mehrmals flog dann hinterher etwas auf. Jemand hat mich vor ihm gewarnt, gerade noch rechtzeitig, denn zwei Tage später traf ich ihn, ganz zufällig, wie es schien. Er stellte dann so allerhand Fragen – nach meinem Bruder, ob der noch mit seinen alten Freunden Kontakt habe und so weiter. Wahrscheinlich wollte er herausbekommen, ob mein Bruder Max noch mit den Genossen in Verbindung steht. Ich habe den Heinz ganz schön abblitzen lassen. ›Max ist geheilt‹, sagte ich. ›Der ist jetzt in der SA. Ich würde mich an deiner Stelle nicht bei ihm sehen lassen . . .‹ Da ist er wieder abgezogen. Also, nimm dich ja vor ihm in acht!«
»Darauf kannst du Gift nehmen! Ein Glück, daß ich dich getroffen habe . . .«
Wir trafen noch rasch eine Verabredung für Sonntagnachmittag. Dann fuhr ich in entgegengesetzter Richtung mit der S-Bahn nach Charlottenburg. Es war genau elf Uhr, als ich bei Tante Elsbeth eintraf.
Sie nahm mich mit großer Herzlichkeit in Empfang, bewunderte die Extrauniform, meinte dann, es sei doch ein Glück, daß wir jetzt, dank dem Führer, eine starke Luftwaffe hätten, sonst wären die Polen womöglich schon in Berlin eingefallen. Dann brachte sie mir eine Platte mit kaltem Braten, eine Schüssel mit Kartoffelsalat, fragte mich, ob ich ein Bier dazu haben wollte, und erzählte mir

dann von ihrer kaum noch zu bewältigenden Arbeit in der NS-Frauenschaft, beim Winterhilfswerk und bei der NS-Volkswohlfahrt.

»Es gibt leider immer noch soviel Not«, sagte sie, »obwohl doch der Führer schon wahre Wunder vollbracht hat durch die Beseitigung der furchtbaren Arbeitslosigkeit . . .«

Dann kam Onkel Karl nach Hause, ganz erschöpft von der Hitze des Tages und dem anstrengenden Luftschutzkursus. Er trank noch ein Glas Bier mit mir und sagte dann: »Der Gauobmann hat erklärt, wir stehen jetzt unmittelbar vor der großen Bewährungsprobe – was kann er damit gemeint haben? Hoffentlich nicht, daß es bald Krieg gibt . . .«

»Hoffentlich nicht«, pflichtete ich ihm bei.

Er ging dann schon zu Bett, sehr bedrückt und nachdenklich, wie mir schien, und gar nicht, wie sonst, zu allerlei Späßen aufgelegt.

Tante Elsbeth wartete, bis er gegangen war. Dann sagte sie leise zu mir: »Er macht sich solche Sorgen, vor allem, seit er weiß, daß ich die Schiffskarten zurückgegeben habe . . .«

Sie sah meinen erstaunten Blick.

»Wir haben doch im September Silberhochzeit«, erklärte sie mir, »und da hatte ich mir ausgedacht, Onkel Karl eine besondere Freude mit einer Schiffsreise zu machen. Ich habe uns eine Kabine auf der ›Wilhelm Gustloff‹ reserviert – die macht im September eine Kreuzfahrt nach Madeira . . . Es soll ein herrliches Schiff sein – naja, sonst wäre es ja auch nicht nach einem so großen Mann, einem Märtyrer der Bewegung benannt worden!«

Gustloff, offiziell der Leiter der ›Ortsgruppe Schweiz‹ der NSDAP, in Wahrheit für den dortigen Spitzelapparat und die antisemitische Hetze durch bezahlte Journalisten zuständig, war Anfang 1936 von einem jüdischen Studenten, David Frankfurter, erschossen worden. Außer meiner Tante Elsbeth gab es wohl niemanden, der den Ermordeten für einen ›großen Mann‹ gehalten hatte. Aber darum ging es ja nicht, sondern um die zurückgegebenen Schiffskarten. Sie waren bestimmt sehr schwer zu bekommen gewesen, denn die Leute rissen sich darum, an einer solchen ›Kraft durch Freude‹-Kreuzfahrt teilnehmen zu können. Um so erstaunlicher war es, daß Tante Elsbeth die schon sicheren Plätze freiwillig aufgegeben hatte.

Ich fragte sie danach, und nach kurzem Zögern gab sie mir flüsternd zur Antwort: »Also, dir kann ich es ja sagen, aber du darfst kein Sterbenswörtchen darüber zu irgend jemandem sagen, denn man weiß ja nie, wo eine solche Information landet – der Feind hört ja überall mit! Gudrun hat es mir unter dem Siegel der Verschwiegenheit vor acht Tagen mitgeteilt: Die ›Gustloff‹ kann im September gar nicht mehr nach Madeira fahren, weil sie anderweitig gebraucht wird – als Truppentransporter . . .«

»Nanu – meinst du damit, daß es vor September Krieg gibt?!«

»Pst, nicht so laut! Gudrun *weiß* es – der SS-Gruppenführer, für den sie bei ihrer Firma arbeitet und mit dem sie sich wohl demnächst verloben wird, hat es . . .«

Sie brach ab und schaute ängstlich zur Tür.

»Gudrun kommt – kein Wort mehr darüber!«

Durchs offene Fenster hörte man eine Autotür klappen. Eine männliche Stimme und die Worte ›Also, dann Heil Hitler, meine Süße!‹ waren vernehmbar. Dann jagte das Auto davon, und eine Minute später erschien meine Cousine Gudrun mit strahlendem Gesicht und glänzenden Augen: »Stell dir vor, Mutti, wir haben uns verlobt!« rief sie. »Und am Sonntag kommt Horst-Eberhard gegen elf, um mit euch darüber zu sprechen – ist das nicht wahnsinnig schön?!«

Dann sah sie mich, und wir begrüßten uns herzlich.

»Ich gratuliere dir«, sagte ich, »und jetzt laß ich euch allein, denn du hast deiner Mutter sicherlich viel zu erzählen. Also, gute Nacht!«

Am nächsten Morgen nach dem Frühstück rief ich ›Onkel Erich‹ an. Er freute sich, daß ich ihn besuchen wollte, erkundigte sich, wie es meinen Eltern gehe, und fragte dann, ob es etwas Besonderes gebe.

»Ja«, sagte ich. »Deshalb habe ich mir Sonderurlaub verschafft und bin hergefahren. Ich habe etwas Wichtiges mit dir zu besprechen – sofern du wirklich Syndikus bei der Stelle bist, die ich meine . . .«

Es entstand eine Pause, und ich stellte mir sein erstauntes Gesicht vor. Sicherlich dachte er jetzt angestrengt nach und zwirbelte seinen Schnurrbart.

»Ja, das bin ich«, bestätigte er dann in deutlich verändertem Ton. Er zögerte noch, wie ich merkte, mehr zu sagen.

Dann schien ihm eine Idee gekommen zu sein.

»Hör zu«, sagte er, »wir treffen uns besser irgendwo in der Stadt . . . Ich hatte vergessen, daß heute Sonnabend ist. Da kommt Frau Malzan nicht, die mir den Haushalt macht, und es ist dann nicht sehr gemütlich bei mir . . . Erinnerst du dich an das Lokal, wo wir uns das letzte Mal nachmittags getroffen haben?«

»Ja«, antwortete ich, etwas zögernd, weil ich mich nicht mehr genau erinnerte. Die Begegnung hatte vor einigen Jahren stattgefunden.
»Also, sagen wir, um 16 Uhr heute nachmittag treffen wir uns dort zum Tee. Paßt dir das? Fein – und, sag mal, stehst du noch im Dienst des Vaterlands?«
Jetzt war alles klar, und ich sagte sehr erleichtert: »Ja, natürlich. Ich bin in Uniform, und ich freue mich schon auf den schönen Ausblick – so etwas gibt es ja nur einmal in Berlin, nicht wahr?«

Der Treffpunkt, den er mit mir ausgemacht und dessen Namen er wohl absichtlich nicht genannt hatte, weil er es für möglich hielt, daß unser Telefongespräch abgehört wurde, konnte nur das große Café ›Vaterland‹ sein, und dort natürlich der Teesalon, der am Sonnabendnachmittag sicherlich überfüllt war.
Das ›Haus Vaterland‹, in dem sich dieses vor allem bei Besuchern aus der Provinz sehr beliebte Café befand, lag direkt am Potsdamer Platz, dem verkehrsreichsten Punkt Berlins, auf den fünf der belebtesten Hauptstraßen mündeten. In der Mitte des Platzes stand ein Verkehrsturm, wie es ihn nirgendwo sonst gab, und von dessen gläserner Kanzel aus regelte ein Polizist mit Hilfe von Ampeln und Zeigern den von allen Seiten über den Platz flutenden Strom von Autos, Lastwagen, Omnibussen, Straßenbahnen und Fußgängern.
Warum wohl, ging es mir durch den Kopf, als ich kurz vor 16 Uhr am Potsdamer Platz aus der U-Bahn stieg, hat sich ›Onkel Erich‹ für unser Rendezvous ausgerechnet diese belebteste Gegend Berlins und das populärste Konzertcafé der Stadt ausgesucht?
Als ich mich durch das Gewühl bis zur Rolltreppe durchgekämpft hatte und eingekeilt zwischen Männern mit Aktentaschen, Hausfrauen mit großen Einkaufstaschen und Büroboten mit Stapeln von Kartons nach oben fuhr, wurde es mir klar: Man fällt nirgendwo weniger auf als in einer großen und geschäftigen Menschenmenge . . .
Punkt vier Uhr betrat ich den Teesalon. Er war so überfüllt, wie ich es vermutet hatte. Dann sah ich ›Onkel Erich‹, allein an einem Fenstertisch sitzend. Er stand auf und nickte mir freundlich zu, als er mich am Eingang stehen sah.
Ich ging zu ihm. Eine Kellnerin kam mir, in beiden Händen Tabletts haltend, entgegen und lächelte mir zu.
»Der Herr Major erwartet Sie schon«, sagte sie im Vorübergehen. Zum Glück bemerkte sie nicht mehr meine Verblüffung. Er hatte

tatsächlich etwas Militärisches an sich, ohne daß ich genau hätte sagen können, woran das lag. Vielleicht an den kurzgeschnittenen grauen Haaren, die sein breites Gesicht noch eckiger erscheinen ließen, an dem gestutzten Schnurrbart, der früher länger gewesen war, an seiner betont geraden Haltung oder an dem Schnitt seines hellgrauen Anzugs? Ich begrüßte ihn jedenfalls zunächst stramm militärisch. Dann nahm ich rasch die Mütze ab, klemmte sie unter den linken Arm, entledigte mich des rechten Handschuhs und ergriff mit einer korrekten Verbeugung die Hand, die er mir entgegenstreckte.

Er faßte meine Schultern, umarmte mich kurz und flüsterte mir dabei ins Ohr: »Wundere dich bitte nicht über das Theater . . .«

Danach trat er einen halben Schritt zurück, musterte mich und meine maßgeschneiderte Ausgehuniform vom Sitz des Scheitels bis zu den spiegelblank geputzten schwarzen Halbschuhen, nickte sehr befriedigt und bat mich, Platz zu nehmen.

Ich überließ meine weiße Mütze und die ebenfalls weißen Glacéhandschuhe der freundlichen Kellnerin, die gekommen war, meine Bestellung aufzunehmen.

»Haben hier ausjezeichneten Kuchen«, teilte mir ›Onkel Erich‹ mit. »Empfehle dir besonders das Spritzjebäck!«

Er sprach ziemlich laut und in jenem näselnden und saloppen Ton, der in den Kasinos feudaler Regimenter üblich war. Dann begann die Musik zu spielen.

›Blutrote Rosen‹ hieß das erste Stück, das zweite war ›Schöner Gigolo, armer Gigolo‹ und das dritte, allermodernste ›Du hast Glück bei den Frau'n, Bel Ami‹, und währenddessen besprachen wir alles, was zu besprechen war.

Ich sagte ihm, es ginge um die mögliche Rettung von mehr als zweihundert Menschen innerhalb der nächsten Wochen, erklärte ihm, daß der Vorstand der Berliner Gemeinde nur die Auswahl zu treffen und für den Transport ins Rheinland zu sorgen hätte – alles andere besorgten die ›Freunde‹.

Er hörte sehr aufmerksam zu, und nur in den kurzen Pausen zwischen den Musikstücken machte er einige an den Nebentischen deutlich vernehmbare Bemerkungen wie ›Zijarette jefällig?‹, ›Bin heute morjen im Tierjarten mit einem Rrrementskammraden jeritten – hält einen in Form . . .‹ oder ›Müssen uns unbedingt neue Revue im Admiralspalast anseh'n – einfach kolossal!‹

Ich erfuhr von ihm, daß der Vorstand der Berliner jüdischen Gemeinde, dem er sich als inoffizieller Berater und Kontaktmann ›in diffizilen Angelegenheiten‹ zur Verfügung gestellt habe, von der

geplanten Rettungsaktion der Quäker in großen Zügen unterrichtet sei und auch schon die ›Auswanderer‹ bestimmt habe: etwa hundertachzig Jungen und Mädchen zwischen sechzehn und einundzwanzig Jahren, die nach Amerika wollten und in einem Lehrlingsheim Sprach- und Handwerkskurse absolviert hätten, sechzig Kinder aus einem in der ›Kristallnacht‹ zerstörten Waisenhaus mit ihren Betreuern sowie einige besonders bedrohte Personen. Man habe schon sehnsüchtig auf das avisierte Auftauchen einer Kontaktperson gewartet, um die genauen Einzelheiten zu erfahren.
»Du bist also bei mir genau an der richtigen Adresse«, sagte er leise, »und was den Transport der Leute ins Rheinland betrifft, so ist auch schon alles gut vorbereitet . . .«
In der letzten Juli-Dekade sollte ein großer Möbelwagen mit Anhänger in vier bis fünf Nachtfahrten die Auswanderer zu den von Herrn Desch angegebenen Zielorten im Raum Erkelenz-Kempen-Krefeld bringen. Es müsse nur noch verabredet werden, bei wem und wie man sich von Berlin aus vor der Abfahrt jedes Transports erkundigen könne, ob alles in Ordnung sei.
»Das macht eine Dame«, sagte ich, »vielleicht notierst du dir mal die Telefonnummer . . .«
»Bel Ami, Bel Ami, Bel Ami . . .!« endete gerade die Musik, und in den fünf Minuten, in denen sich der Pianist, der Akkordeonspieler und die Herren an den Streichinstrumenten und am Schlagzeug ihren Erfrischungen zuwandten, war ›Onkel Erich‹ schweigsam und schien angestrengt nachzudenken.
»Haben Herr Major vielleicht einen besonderen Wunsch?«, erkundigte sich der Geiger, der an unseren Tisch gekommen war. ›Onkel Erich‹, in Gedanken sicherlich mit ganz anderem beschäftigt, nickte ihm freundlich zu.
»Vielleicht 'was von Lincke, was? Wäre kolossal nett!« erklärte er und strich sich seinen Schnurrbart.
»Eines Tages werde ich vielleicht auch mal deine und deiner Freunde Hilfe benötigen«, sagte er leise, als die Musik wieder eingesetzt hatte. »Ich bin dabei, mir eine zweite Identität aufzubauen – Major a. D. Erich v. Elken . . . Ich habe noch eine zweite Wohnung, in einer kleinen Pension am Botanischen Garten – für alle Fälle . . . Ich verfüge zum Glück noch über etwas Geld – und ganz gute Nerven. Jedenfalls habe ich nicht die Absicht, mich von diesen Halunken wie Ungeziefer behandeln zu lassen . . . Man kommt sich zwar dabei wie ein Hochstapler vor, aber es handelt sich schließlich um Notwehr!«
Ich dachte daran, wieviel Überwindung ihn diese Rolle gekostet

haben müßte, den angesehenen Anwalt, an dessen Praxis am Pariser Platz, gegenüber dem Brandenburger Tor, ein Emailschild mit einem grimmigen Adler und der Aufschrift ›Preußisches Notariat‹ geprangt hatte.

›Donnerwetter, Donnerwetter, wir sind Kerle . . .‹, spielte die Kapelle gerade, und ich sagte: »In ein paar Wochen werden wir Krieg haben, Onkel Erich – spätestens Anfang September . . . Sollte man nicht – solltest du nicht besser hier verschwinden, solange noch die Möglichkeit dazu besteht?«

Er sah mich an.

»Wahrscheinlich hast du recht – aber, wer so erzogen ist wie wir, der bleibt, solange er noch dringend gebraucht wird . . .«

Ich wußte nicht, wen er mit ›wir‹ meinte – vielleicht seine Generation oder die alteingesessenen jüdischen Bürgerfamilien Berlins, aber heimlich wünschte ich mir, daß dieses ›wir‹ auch mich einbezog.

›. . . also wirklich, Donnerwetter, tadellos‹, endete die Musik, und ›Onkel Erich‹ und ich klatschten, wie wir es der Kapelle schuldig waren.

Am Abend telefonierte ich mit Herrn Desch, wie ich es vorher mit ihm verabredet hatte.

»Wie steht's mit der Ware?« erkundigte er sich.

»Sie bekommen Ihre Stoffe – sogar ein bißchen mehr. Das Kontingent ist erhöht worden, alles bestens ausgesuchte Ware. Auch der Versand geht in Ordnung . . .«

»Na, ausgezeichnet. Ich warte nämlich schon darauf. Ich brauche die Sendung ganz dringend. Die Kundschaft bedrängt mich nämlich jetzt. Der eine will noch vor dem Manöverball alles fertig haben, der andere braucht seine Bestellung unbedingt noch in diesem Monat, weil dann in der Gegend die Feste beginnen. Wird sich das machen lassen – vielleicht schon nächste Woche?«

Es war mir klar, daß sich die Lage verändert haben mußte. Offenbar standen im Grenzgebiet Manöver und der Beginn von Befestigungsarbeiten bevor.

»Ich werde mich sofort darum kümmern, und ich denke, es wird sich machen lassen. Bis morgen abend – ich fahre besser schon früher zurück und komme dann gleich zu Ihnen . . .«

Zum Glück erreichte ich ›Onkel Erich‹, als ich in seiner alten Wohnung in der Lietzenburger Straße anrief. Er war sofort damit einverstanden, den Transport schon am kommenden Montag beginnen zu lassen.

»Je eher, desto besser«, sagte er, »wir sind froh, wenn wir unser Lager räumen können . . .«

Am nächsten Morgen, gleich nach dem Frühstück, fuhr ich mit der S-Bahn zur Jannowitzbrücke, um mich von Ulla zu verabschieden, denn ich wollte gleich nach dem Mittagessen wieder abreisen und den Rest meines Sonderurlaubs in Düsseldorf verbringen.
Sie war sehr überrascht, mich so früh zu sehen. Ich blieb nur ein paar Minuten, denn ich sah, daß ich sie bei der Arbeit störte. Sie hatte gerade einen Kessel voll Wäsche zum Kochen aufgesetzt und vor sich auf dem Küchentisch einen Berg von Sachen zum Stopfen und Flicken.
»Sonntag ist die einzige Gelegenheit«, sagte sie entschuldigend.
Ich erklärte ihr, daß ich früher abreisen müßte und mich nur von ihr verabschieden wollte.
»Hat alles geklappt?« erkundigte sie sich.
»Ja, und zum Glück ohne die Hilfe von Heinz . . .«
»Hat er sich bei dir schon gemeldet? Nein? Solltest du ihn noch treffen, dann sei ja vorsichtig! Er ist im Grunde kein schlechter Kerl«, fügte sie nachdenklich hinzu. »Aber sie haben ihn fertiggemacht und ihm angedroht, ihn noch mal in die Mangel zu nehmen, wenn er nicht ständig Informationen liefert . . .«
»Bist du sicher?«
Sie antwortete nicht, aber ich sah ihr an, daß sie es wußte. Als sie mich zur Tür brachte, sagte sie noch: »Paß auf dich auf – es kommen bald noch gefährlichere Zeiten. Und wenn du mal in Berlin bist, dann laß dich bei uns sehen.«
Gegen zwölf Uhr war ich wieder bei Tante Elsbeth und Onkel Karl. Ihr zukünftiger Schwiegersohn, der SS-Gruppenführer, hatte sie gerade erst verlassen, und sie waren noch ganz benommen von der großen Ehre, die ihnen zuteil geworden war. Tante Elsbeth hatte gehofft, er würde zum Mittagessen bleiben. Sie war schon seit dem frühen Morgen mit den Vorbereitungen dafür beschäftigt gewesen. Aber zu ihrem großen Kummer hatte sich der Gruppenführer mit dringenden Dienstgeschäften entschuldigt und war mit Gudrun, obwohl es doch Sonntag war, gleich wieder zurück in die ›Firma‹ gefahren. Sie beschrieb mir den wunderbaren schwarzen ›Horch‹, der vor der Tür auf ihn gewartet hatte, mit uniformiertem Fahrer *und* einer Ordonnanz . . .!
Ich zeigte mich gebührend beeindruckt und fragte dann, ob jemand für mich angerufen habe.
»Ach ja«, sagte Tante Elsbeth, »beinahe hätte ich das vergessen:

Ein Freund von dir – Heinz, sagte er nur – wollte dich sprechen. Ich habe ihm erklärt, daß du schon früher abreisen mußt. Er wollte wissen, mit welchem Zug – vielleicht kommt er zum Bahnhof ...«

Ich ging dann ein paar Minuten früher als nötig zum Bahnhof Zoo, nahm den Eingang zur Gepäckabfertigung und beobachtete aus einiger Entfernung den Aufgang zur Fernbahn. Heinz stand neben der Sperre und hielt nach mir Ausschau. Ich konnte niemanden entdecken, der so aussah, als würde er ihn überwachen. Also ging ich auf ihn zu, und wir begrüßten uns. Er sah blaß aus und schien sehr nervös.

Er begleitete mich auf den Bahnsteig, wo der Zug gerade einlief, und noch auf der Treppe stellte er die erste Frage: »Hast du jemanden von unseren alten Freunden getroffen? Einen aus der Gruppe?«

»Ich habe Verwandte besucht – meine Cousine hat sich verlobt.«

»Hast du niemanden sonst gesehen? Meine Mutter sprach davon, daß du etwas sehr Wichtiges mit meinem Vater besprechen wolltest ... Um was geht es denn?«

Ich hatte ein leeres Abteil gefunden, er stieg mit ein und sagte: »Ich fahr' bis Charlottenburg mit. Dann können wir uns noch ein bißchen unterhalten ...«

»Warum spitzelst du, Heinz?« fragte ich und sah ihm dabei ins Gesicht.

Er riß die Augen auf und wurde noch blasser.

»Wie kommst du denn *dar*auf? Wer hat dir ...«, begann er sehr aufgeregt, doch dann gab er auf. Er schluchzte und hielt sich an mir fest. »Ihr habt doch alle keine Ahnung«, sagte er mit fast tonloser Stimme. »Ihr wißt doch nicht, was sie mit mir gemacht haben und womit sie mir drohen ...«

Sein Gesicht war von Tränen überströmt. Er machte keine Anstalten sie abzuwischen.

»Warum haust du nicht ab, Heinz?«

»Dann ... dann ...«, begann er, und ich sah die Verzweiflung in seinen Augen, »dann nehmen sie sich meine Mutter vor ...«

Ich wußte, wie sehr er an ihr hing, und hatte plötzlich großes Mitleid mit ihm.

Der Zug fuhr an. In wenigen Minuten würde er am Bahnhof Charlottenburg halten, und bis dahin mußte ich ihn dazu gebracht haben, meinen Vorschlag anzunehmen, nicht nur seinetwegen, sondern auch wegen der vielen anderen Leute, die er ins Unglück bringen würde.

»Wann mußt du dich wieder bei ihnen melden?«
Er schnaubte sich gerade die Nase und warf mir einen ängstlichen Blick zu.
»Nächsten Sonnabend. Es ist immer der Sonnabend ... – warum fragst du? Was hast du vor?«
»Du fährst mit mir mit – zu mir nach Hause, und keine Widerrede! Ich verspreche dir, daß deine Eltern im Laufe der Woche nachkommen, und noch vor nächsten Sonnabend seid ihr über die Grenze und in Sicherheit. Es ist eine einmalige Chance!«
»Du bist verrückt! Ich kann doch nicht ... Ich habe nicht mal das Geld für die Fahrkarte ...!«
Er redete noch viel, aber in seinen verheulten Augen glimmte so etwas wie Hoffnung auf.
»Du nimmst meine Militärfahrkarte – viele fahren in Zivil auf Sonntagsurlaub. Ich werde mit dem Schaffner schon zurechtkommen ...«
Der Zug hielt in Charlottenburg. In den drei Minuten bis zur Weiterfahrt hatte ich ihn so weit, daß er einwilligte.
An einer großen Reklametafel auf dem Bahnsteig, direkt vor unserem Abteilfenster, hing ein großes, noch feuchtes Plakat: ›Vorsicht bei Gesprächen! Feind hört mit!‹ Das dazugehörige Bild zeigte Zivilisten und Soldaten an einem Wirtshaustisch, dahinter die große schwarze Silhouette eines Lauschers.
»Hast du keine Angst, daß ich ..., daß ich dich ...?« begann Heinz.
»Nein, jetzt nicht mehr.«
Dann wurde die Abteiltür aufgerissen und eine Mutter mit zwei kleinen Mädchen und ein Luftwaffengefreiter nahmen bei uns Platz. Der Gefreite öffnete sofort das Fenster und beugte sich hinaus.
Der Zug setzte sich in Bewegung.
Der Gefreite brüllte: »Halt! Noch nicht abfahren! Karl! Egon! Wo bleibt ihr denn?!«
Wir verließen bereits die Bahnhofshalle, und der Zug fuhr schneller. Der Gefreite schloß das Fenster und setzte sich neben mich.
»Verdammt!«, sagte er. »Jetzt sind die beiden Kumpel nicht mehr mitgekommen, und ich habe ihre Fahrscheine ...«
»Laß man gut sein«, beruhigte ich ihn, »das kriegen wir alles hin. Ich zum Beispiel habe meinen Fahrschein liegenlassen ...«

19. Der Anfang vom Ende

»Es wird höchste Zeit, daß der Führer durchgreift«, sagte ›Onkel Franz‹, »das Martyrium der Deutschen in Polen kann nicht länger hingenommen werden . . .«

Ich war bei ihm und ›Tante Käthe‹ zum Abendbrot. In ihrem Hotel, dem ›ersten Haus am Platz‹, waren in dieser vorletzten Augustwoche überhaupt keine Gäste mehr. Auch das Restaurant war gähnend leer. Teils hielten sich die Leute bei der herrschenden Hitze lieber irgendwo im Freien auf, teils hockten sie zu Hause am Radioapparat und warteten auf neue Nachrichten. Die Propaganda der Nazis gegen Polen war zur unverhüllten Hetze übergegangen. Die Verhandlungen zwischen London, Paris und Moskau über eine gemeinsame Garantie für das bedrohte Polen hatten sich festgefahren. Es hieß, Hitler habe den Tag X für den Angriff vorverlegt, jeden Augenblick könnte es losgehen. Die Zeitungen hatten Schlagzeilen wie: ›Warschau droht mit Beschießung Danzigs – Unglaubliche Ausgeburt polnischen Größenwahns!‹

›Drei deutsche Passagierflugzeuge von Polen beschossen. Deutsche Familien flüchten vor polnischen Unmenschen. Im Korridor viele deutsche Bauernhäuser in Flammen!‹

»Ich begreife nur nicht«, sagte ›Onkel Franz‹, »daß sich der Führer mit den Bolschewisten eingelassen hat!«

Zwei Tage zuvor, am 23. August, war überraschend der Abschluß eines deutsch-sowjetischen Nichtangriffs- und Freundschaftspakts bekanntgegeben worden. Die Nachricht hatte wie eine Bombe eingeschlagen! Weder die Nazis noch ihre heimlichen Gegner konnten sich erklären, wie dieser Pakt zustande gekommen war und was dahintersteckte – ausgenommen die Tatsache, daß Hitler nun freie Hand gegenüber Polen hatte. Aber wog das die Gefahren eines Bündnisses mit der Führungsmacht des Kommunismus auf? Das konservative Lager, aber auch viele ›Alte Kämpfer‹, wurden von Zweifeln geplagt.

»Das *kann* nicht gutgehen«, meinte auch ›Onkel Franz‹.

Ich wurde einer Stellungnahme enthoben, weil endlich der erwar-

tete Anruf kam, dessentwegen ich mich von ›Tante Käthe‹ zum Abendbrot hatte einladen lassen.
Es war Herr Desch.
»Die Ware ist eingetroffen«, ließ er mich als erstes wissen, »und deinem Freund Heinz und seinen Eltern geht es gut . . .«
Sie waren also alle bereits in New York! In meine große Erleichterung, daß die gesamte Rettungsaktion geglückt war, mischte sich leiser Neid.
»Wie steht's mit dem Sonntagsurlaub?« erkundigte sich Herr Desch, gelangweilt wie immer.
»Den wird es wohl nicht geben, denn wir sitzen hier, sozusagen, auf gepackten Koffern, schon reisefertig . . .«
»Ach ja? Vielleicht ändert sich das. Ich hörte eben die Nachrichten . . .«
Als ich vom Telefon zurück an den Tisch kam, erfuhr ich, was Herr Desch gemeint hatte: Der Rundfunk hatte soeben gemeldet, daß Großbritannien mit Polen einen Beistandspakt geschlossen habe!
»Das hat uns gerade noch gefehlt«, rief ›Onkel Franz‹ empört, »jetzt sind unsere englischen Freunde offen ins Lager des Gegners übergegangen, und wir sind mit den russischen Bolschewisten verbündet!«
Abends in der Kaserne erzählte mir Erwin, daß die ›Mob-Übung‹ verschoben worden sei. Eigentlich hätten wir in der kommenden Nacht abrücken sollen.
»Der Adolf hat kalte Füße bekommen«, meinte Erwin, aber der Schock, den die englische Garantie für Polen bei Hitler bewirkt und ihn zur Rücknahme des schon erteilten Angriffsbefehls bewogen hatte, hielt nicht lange an.
Am nächsten Vormittag, Samstag, dem 26. August 1939, saßen wir zu dritt im Funkwagen, Erwin, der hundertzehnprozentige Barczustowski und ich, und hörten die Rundfunknachrichten aller erreichbaren Stationen ab. Es hieß, die Briten, aber auch Mussolini und sogar der Papst, bemühten sich, doch noch eine friedliche Lösung des Konflikts mit Polen herbeizuführen.
»Hoffentlich gelingt es ihnen«, sagte Barczustowski, sehr kleinlaut.
Aber schon gegen Abend, als deutlich zu werden begann, daß alle europäischen Mächte, das faschistische Italien und das nun mit Polen verbündete England eingeschlossen, im Grunde nur bemüht waren, sich aus dem drohenden Krieg herauszuhalten, wurde uns klar, daß Hitler nun losschlagen würde.

Um 23 Uhr – wir waren gerade zu Bett gegangen – heulten die Sirenen. Kurz vor Mitternacht rückte die Abteilung ›feldmarschmäßig‹ aus.
»Jetzt kriegen die Polacken ihr Fett«, freute sich Barczustowski. »Nächste Woche sind wir in Warschau, und dann geht's weiter gen Osten! Das deutsche Volk braucht Lebensraum . . .«
Erwin brüllte ihn an: »Halten Sie die Schnauze! Sie kommen vor ein Kriegsgericht, Barczustowski, wenn Sie die geheimen Pläne der obersten Führung preisgeben!«
Dann riß er den Umschlag auf, der unseren Marschbefehl enthielt, las ihn und grinste.
»Mal herhören, Leute!«
Barczustowski und ich, seine Funkwagenbesatzung, und der Kradmelder Pliechelko, der uns ›mob-mäßig‹ zugeteilt war, stürzten herbei.
»Unsere Funkstelle rückt in eine vorgeschobene Stellung vor, die wir morgen früh, 3.30 Uhr, erreicht haben müssen. Es herrscht bis auf weiteres absolute Funkstille. Die Scheinwerfer sind mit Verdunkelungskappen zu versehen. Pliechelko fährt dem Funkwagen fünfhundert Meter voraus und sichert gefährliche Kreuzungen. Marschtempo: 50 km/h. Sonst noch Fragen?«
»Wo geht's denn hin?« erkundigte sich Pliechelko.
»Richtig«, sagte Erwin, »Das hätte ich fast vergessen! Wir fahren zunächst bis Paderborn, und dann folgen wir der Reichsstraße I in westlicher Richtung bis . . .«
»In *westlicher* . . .?«
»Unterbrechen Sie mich nicht, Barczustowski! . . . in westlicher Richtung bis Ratingen. Dort biegen wir wiederum nach Westen ab. Unsere Mob-Stellung befindet sich in Kaiserswerth, direkt am Rhein, acht Kilometer nördlich von Düsseldorf. Und da wird dann der Polacke sein Fett kriegen, nicht wahr, Barczustowski?«

Vom Sonntag, dem 27., bis zum Donnerstag, dem 31. August 1939, verbrachte unser Funktrupp eine äußerlich sehr ruhige, aber von ungeheurer Spannung beherrschte Woche in einem Gasthaus am Rhein, wo wir einquartiert worden waren.
Da Funkstille angeordnet war, hatten wir nichts zu tun. Wir hörten von früh bis spät die Rundfunkmeldungen ab, und Pliechelko fuhr ab und zu mit seinem Motorrad zum Stabsquartier, das in der Nähe untergebracht war, oder in die Stadt, wegen dieser oder jener dienstlichen Besorgung, etwa eines bestimmten Rasierwassers für den Kompaniechef oder von Wäscheklammern für die Feldküche.

Natürlich begleitete ich Pliechelko als Beifahrer, der ihn – wie Erwin sagte – ›einweisen‹ sollte, da ich mich in Düsseldorf ja auskannte. So sah ich sie alle noch, trotz Urlaubs- und Ausgangssperre, ehe es dann losging – meine Mutter, ›Tante Änne‹, Fräulein Bonse und Herrn Desch. Alle waren sie sicher, daß diesmal der große Krieg bevorstand.
»Wir müssen es durchstehen«, meinte ›Tante Änne‹, »aber ohne Krieg werden wir diese Pest nicht mehr los . . .«
Herr Desch sagte, die meisten Leute klammerten sich noch an die Hoffnung, daß die Krise in letzter Minute durch Verhandlungen und Zugeständnisse beigelegt werden könnte. Vor allem die Hitler-Anhänger glaubten fest daran, daß es dem ›Führer‹ wieder gelingen würde, London und Paris zu beschwichtigen.
»Das wäre katastrophal«, meinte Herr Desch, »denn sollten sie diesmal wieder nachgeben, dann sind sie selbst als nächste an der Reihe, und dann könnte es sein, daß sie den Krieg verlieren . . .«
»Werden sie ihn denn gewinnen, wenn sie jetzt losschlagen? Sind Sie sicher, daß Hitler unterliegen wird?«
»Ganz sicher«, sagte Herr Desch. »Hoffen wir nur, daß es nicht allzu lange dauert, und daß wir alle diesen Wahnsinn nicht gar so teuer bezahlen müssen.«

Am nächsten Morgen, Freitag, dem 1. September, hörten wir, daß die Entscheidung gefallen war: ». . . Ich habe mich daher nun entschlossen, mit Polen in der gleichen Sprache zu reden, die Polen seit Monaten uns gegenüber anwendet . . . Meine Friedensliebe und meine endlose Langmut soll man nicht mit Schwäche oder gar Feigheit verwechseln . . . Seit heute früh, 5.45 Uhr, wird jetzt zurückgeschossen, und von jetzt ab wird Bombe mit Bombe vergolten!«
Es war eine Aneinanderreihung von Lügen, eine dreister als die andere. Alle, die ihn hörten, wußten es.
Ich fuhr mit Pliechelko in die Stadt. Nirgendwo sah man größere Menschenansammlungen, es gab keine Spur von Jubel oder gar jener wilden Begeisterung, wie sie – die Älteren hatten uns davon erzählt – bei Kriegsausbruch im August 1914 überall in Deutschland geherrscht hatte.
Hier und da standen kleine Gruppen an den Zeitungsständen. Sie redeten dort sehr leise miteinander, wirkten bedrückt und eher ängstlich. Keiner winkte uns zu oder schmückte uns gar mit Blumen, wie es 1914 die Soldaten erlebt hatten.
»Sie glauben alle noch nicht so recht daran«, meinte Pliechelko,

der selten etwas sagte. »Sie haben wohl gedacht, irgendwie würde es auch diesmal noch gutgehen.«
Dann machte er kehrt und fuhr zurück nach Kaiserswerth.
»Wie sieht es in der Stadt aus?« erkundigte sich Erwin. »Hier im Ort sind die Leute wie betäubt. Aber das wird nicht lange anhalten. Sie werden bald merken, was sie sich da haben einbrocken lassen.«

BERNT ENGELMANN

1939–1945

BIS ALLES IN SCHERBEN FÄLLT

Für Kirsten

Vorbemerkung des Autors

Dieser Schilderung des Lebens in Deutschland während der Nazi-Herrschaft, deren erster Band, ›Im Gleichschritt marsch!‹, die Jahre 1932–1939 beschreibt, liegen – neben meinen eigenen Erinnerungen – die Berichte von vielen Personen zugrunde. Ihre Aussagen sind größtenteils wörtlich, anhand von Tonbandaufzeichnungen, in den Text aufgenommen worden.
Dabei wurden – wie es meinen Interviewpartnern von mir zugesichert worden war – die meisten Namen, Orts- und sonstigen Angaben, die auf die wahre Identität der betreffenden Personen schließen lassen könnten, abgeändert. An dem Wahrheitsgehalt ändert sich dadurch nichts.
Alle Schilderungen tatsächlicher Ereignisse wurden, da im Abstand von fast einem halben Jahrhundert Irrtümer und Verwechslungen nicht auszuschließen waren, sorgfältig überprüft und, wo nötig, korrigiert.

1. Wie der Krieg begann

»O ja, ich erinnere mich noch sehr gut, wie es damals war, im Herbst 1939, gleich nach Kriegsausbruch ... Alle Frauen in der Nachbarschaft und bei uns im Betrieb waren sehr bedrückt. Wir hatten Angst ... Auch die Männer, die noch daheim waren, verhielten sich ziemlich still, sogar die von der ›Arbeitsfront‹, die sonst immer das große Wort führten. Und ich – ich hatte vor allem Angst um meinen Jungen, den Schorsch. Der war beim Militär, bei der Infanterie, und vom ersten Kriegstag an vorn an der Front, in Polen ...«

Anna Neuber, eine hagere, hochgewachsene Frau mit dünnen weißen Haaren, war – so sagte sie – ›so alt wie das Jahrhundert‹, damals also 39 Jahre. Sie zeigte mir ein altes Foto von sich und ihrem Sohn: Beide sahen sie groß und kräftig aus, sie in weißer Bluse und dunklem Rock, er in Wehrmachtsuniform, etwa zwanzig Jahre alt. Jetzt lebte Frau Neuber von einer winzigen Rente in München-Giesing und verdiente sich noch etwas dazu – mit kleinen Besorgungen für die gehbehinderten Bewohner des Altenheims St. Martin und mit der Pflege einiger Gräber auf dem nahen Ostfriedhof.

»Ich war damals zum Glück noch nicht dienstverpflichtet«, sagte Frau Neuber. »Ich arbeitete ganz regulär in der Druckerei von den ›Münchner Neuesten Nachrichten‹, als Packerin in der Nachtschicht. Da hatten wir die Zeitung als erste, und ich weiß noch, welchen Schrecken ich bekam, als ich in der Nacht zum 1. September 1939 die noch druckfrische Schlagzeile las: ›Schwere Kämpfe in Gleiwitz‹ – da war mein Schorsch! Und mitten im Frieden hatten die Polen zu schießen angefangen und sogar den Rundfunksender besetzt ...«

Sie wußte es offenbar nicht besser: Polnische Freischärler hatten ihrer Meinung nach die deutsche Kriegserklärung ausgelöst, weil sie ›mitten im Frieden‹ an mehreren Stellen, vor allem in Gleiwitz, über die Grenze nach Deutschland eingedrungen waren, den bewaffneten Kampf begonnen und den Sender Gleiwitz erstürmt hatten. Es hätte dabei viele Tote gegeben, sagte sie.

Ich mußte an meine Cousine Gudrun denken, die damals noch nicht verheiratet, aber bereits mit ihrem späteren Ehemann, einem SS-Gruppenführer und General der Polizei, verlobt war.
»Der Führer macht es richtig!« hatte sie seinerzeit lachend gesagt. »Einfach toll, wie er das gedreht hat, daß uns keiner einen Vorwurf machen kann, wenn wir jetzt mit den Polen abrechnen . . .!«
Und sie war stolz darauf gewesen, daß ihr ›Amt‹ mit der Ausführung des streng geheimen Auftrags betraut worden war. Sie arbeitete damals, wie ich wußte, im Reichssicherheitshauptamt als Sekretärin, und natürlich durfte sie mit niemandem darüber sprechen, was dort im Auftrag Hitlers ›gedreht‹ worden war. Aber aus ihren Andeutungen konnte ich entnehmen, daß der Überfall auf den Sender Gleiwitz und auch alle übrigen Grenzverletzungen in Wahrheit das Werk des geheimen Sicherheitsdienstes, des SD der SS, gewesen waren.
Lange nach dem Kriege und dem Ende der Naziherrschaft war dann die Wahrheit entdeckt worden: Schon am 17. August 1939 hatte Hitler auf Vorschlag des SD-Chefs Reinhard Heydrich dem Leiter der militärischen Abwehr, Admiral Canaris, die Anweisung gegeben, der SS für ein ›Sonderunternehmen‹ 250 polnische Uniformen zur Verfügung zu stellen, dazu polnische Waffen und Soldbücher. Am Nachmittag des 31. August 1939 – am Morgen dieses Tages hatte Hitler den Beginn des militärischen Angriffs auf Polen auf 4.45 Uhr des nächsten Tages festgesetzt – erhielt SS-Sturmbannführer Alfred Naujoks, ein alter Kumpel Heydrichs aus den Anfängen des SD, mit seinen ›Polen‹ – SS-Männern aus Oberschlesien, die entsprechend eingekleidet, bewaffnet und mit polnischen Kommandos gedrillt worden waren – den Befehl, die ›Aktionen‹ durchzuführen, deren Höhepunkt der Überfall auf den deutschen Sender Gleiwitz war.
Dort hatten die falschen Polen wild um sich geschossen, das Personal in die Keller gejagt und eingesperrt, die laufende Sendung mit einer Hetzrede auf polnisch unterbrochen und sich dann wieder aus den Staube gemacht. Da Heydrich der Meinung gewesen war, »ein tatsächlicher Beweis ist für die Auslandspresse und für die deutsche Propaganda unerläßlich«, mußten auf dem Schauplatz des Scheinüberfalls auch Tote zurückbleiben – in polnische Uniformen gekleidete Häftlinge eines Konzentrationslagers, die kurz vor Beginn der ›Aktion‹ durch Injektionen getötet und, von der SS zynisch als ›Konserven‹ bezeichnet, mit einem Lastwagen zum Sender Gleiwitz geschafft wurden. Dort ließ man – es hatte ja gar keine Gegenwehr des unbewaffneten Senderpersonals gegeben

– nur einen toten ›Polen‹ zurück. Die anderen Leichen wurden in der Nähe des Zollgebäudes bei Hochlinden und bei einem grenznahen Forsthaus deponiert, wo ebenfalls Scheinüberfälle stattgefunden hatten, bei denen von deutscher Seite aus geschossen worden war. So wurde, knapp neun Stunden vor dem festgesetzten Beginn des Angriffs auf Polen, der Grund für das ›Zurückschießen‹ geliefert, den die in- und ausländische Presse dann verbreitete.

Frau Anna Neuber glaubte noch immer daran, aber wenn es nach ihr gegangen wäre, so sagte sie, hätte es dennoch keinen Krieg gegeben, schon ihres und der anderen Jungen wegen.

»In der zweiten Septemberwoche«, erinnerte sie sich, »so etwa zehn, zwölf Tage nach Kriegsbeginn, da tauchten die ersten Todesanzeigen mit Eisernen Kreuzen auf – gefallen ›Für Führer, Volk und Reich‹, hieß es da. Ich konnte keine Nacht mehr ruhig schlafen vor Angst um den Schorsch . . .«

»Die anderen Frauen haben immer zuerst die amtlichen Bekanntmachungen gelesen, was es an Lebensmittelzuteilungen gab – ›Ein Ei auf Sonderabschnitt 3‹ oder ›125 Gramm Kunsthonig‹ . . . Ich bin nie mit meinen Lebensmittelkarten ausgekommen. Vor allem fehlten mir immer Fett und Zucker. Da habe ich dann Punkte von meiner Kleiderkarte gegen Fettmarken eingetauscht. Es gab ja Kolleginnen, die wollten lieber einen schicken Badeanzug oder einen neuen Büstenhalter. Manche, die Eltern oder Geschwister auf dem Land hatten, waren auf die Fettrationen auch nicht so angewiesen. Die brachten sich sonntags von daheim ein Stück Speck oder einen Topf Schmalz mit. Ich hatte niemanden, der mir etwas gab . . . Für meine Raucherkarte, da hätte ich wohl genug Margarine bekommen, aber ich brauchte die paar Zigaretten, die uns Frauen zustanden, für die Feldpostpäckchen, die ich meinem Jungen schickte. Auch die meisten Zuckerabschnitte gingen dafür drauf – es gab ab und zu eine Tafel Schokolade oder andere Süßigkeiten, und die mochte der Schorschi so gern . . .«

Schon am 28. August 1939, vier Tage vor Kriegsbeginn, waren auf einen Schlag alle Grundnahrungsmittel – Brot und andere Backwaren, Mehl, Kartoffeln, Nährmittel, Fleisch und Wurst, Zucker, Marmelade, alle Arten von Speisefett, Hülsenfrüchte, Milch und Käse –, aber auch Tee, Kaffee, selbst Kaffee-Ersatz, Seife, Waschmittel, Kohle und Briketts, Textilien und vieles andere, vor allem Schuhe und Leder, rationiert worden.

Es gab diese Waren – wie lange vorher schon die Butter – nur noch in eng begrenzten Mengen und gegen Abgabe von amtlich ausge-

gebenen Marken, Kartenabschnitten oder besonderen Bezugscheinen.
Für den Einkauf von Tabakwaren wurden sogenannte Raucherkarten ausgegeben – M für Männer, F für Frauen –, wobei den Frauen nur die halben Mengen zugebilligt wurden. Das galt schon als eine großzügige Geste, denn zur Nazi-Ideologie gehörte auch der Grundsatz: »Die deutsche Frau raucht nicht!« Da aber alle Lebensmittel knapp waren und die Frauen durch die Schwierigkeiten des Lebensmitteleinkaufs, die langen Wartezeiten und das gesteigerte Arbeitstempo in den Betrieben ohnehin viel zu erdulden hatten, wollte man sie nicht noch mehr verbittern und gestand ihnen als Trostpflaster ein paar Zigaretten zu.
»Im Oktober 1939 waren Fett und Fleisch besonders knapp«, erzählte Frau Neuber weiter. »Daß wir kaum noch Fleisch und Butter kaufen konnten, war für mich nicht so schlimm – davon konnte ich mir ja ohnehin nur selten etwas leisten. Vor allem Margarine war knapp. Da hat man den Hunger schon gespürt! Doch mir hat es da nichts mehr ausgemacht, weil der Krieg in Polen vorbei und mein Junge heil davongekommen war ... Weihnachten 1939 war er dann zum erstenmal auf Urlaub wieder zu Hause. Da habe ich alles zusammengekratzt, was es an Sonderzuteilungen gab. Der Metzgersfrau habe ich 18 Punkte von meiner Kleiderkarte gegeben, damit sie sich ein Nachthemd kaufen konnte, und ich habe dafür einen schönen Braten bekommen. Außerdem brachte der Schorsch aus Polen einiges mit: Wurst und Schmalz in Dosen und sogar eine Gans! Das waren die schönsten Weihnachten, an die ich mich überhaupt erinnern kann ... Und wir hatten ja auch die leise Hoffnung, daß es bald Frieden geben würde. Hitler selbst hatte davon gesprochen ...«
Sie lächelte, als sie davon erzählte, wurde dann aber sehr ernst. Es schien ihr etwas eingefallen zu sein, das die Freude über die Heimkehr ihres Sohnes und die polnische Gans überschattete.
»Ich merkte damals gleich«, sagte sie, »daß der Schorschi etwas auf dem Herzen hatte. Am zweiten Weihnachtstag erzählte er es mir dann ...«
Der Gefreite Georg Neuber hatte schon in den ersten Kriegstagen miterlebt, mit welcher Grausamkeit die deutschen SS- und Polizeiverbände, die sogenannten ›Einsatzkommandos‹, gegen die polnische Bevölkerung vorgegangen waren. Bei Naklo wurde seine Kompanie Zeuge der Ermordung von etwa achtzig jüdischen Einwohnern. In einem Dorf dicht bei Bromberg hatten sie in der Schule die Leichen von mehr als fünfzig jungen Polen gefunden,

keiner älter als zwanzig Jahre, die alle durch Genickschüsse umgebracht worden waren, und kurz danach sahen sie mit eigenen Augen, wie auf dem Marktplatz von Bromberg hundert polnische Bürger, darunter Geistliche, als Geiseln erschossen wurden.
Zu dieser Massenexekution wären beinahe auch Soldaten aus Georg Neubers Kompanie eingeteilt worden. In den folgenden Wochen hatte er noch vieles mit ansehen müssen: Immer wieder waren Juden – Männer, Frauen und selbst Kinder – als angebliche ›Heckenschützen‹ abgeführt und ›liquidiert‹ worden, aber auch polnische Lehrer, Professoren, Gutsbesitzer, Ingenieure und Pfarrer.
»Der Schorsch«, sagte Frau Neuber, »hatte große Angst, daß er zu solchen Erschießungen kommandiert werden könnte. Sie müssen nämlich wissen, daß sein Vater auch von Soldaten erschossen worden ist – damals, im Mai 1919, hier in München, am hellichten Tag und völlig unschuldig!«
Am 6. Mai 1919, fünf Tage nach der Einnahme Münchens durch Truppen der Reichswehr und Angehörige jener Freikorps, aus denen sich später die Kader der Nazi-Kampfverbände vornehmlich rekrutierten, hatten sich Mitglieder des katholischen Gesellenvereins St. Josef in einem Lokal in der Augustenstraße getroffen, um über eine geplante Theateraufführung zu beraten. Die Kämpfe um die einige Wochen zuvor zur ›Räterepublik‹ proklamierte und von der Arbeiterschaft tagelang verteidigte bayerische Landeshauptstadt waren am 1. Mai beendet worden; die ›weißen‹ Sieger hatten grausame Rache an den ›Roten‹ genommen und viele hundert Zivilisten ermordet. Aber am 6. Mai schien alles wieder ruhig zu sein, so daß sich die St. Josefsbrüder völlig sicher wähnten.
Doch plötzlich stürmten Soldaten in ihr Vereinslokal. Ein Hauptmann von der Gardeschützendivision erklärte sie alle für verhaftet und beschimpfte sie als ›Spartakistenschweine‹. Die katholischen Gesellen beteuerten ihre Unschuld, erklärten, es müsse eine Verwechslung vorliegen, aber das nützte ihnen nichts. Sie wurden von den Soldaten mit Kolbenstößen auf den Hinterhof und in den Keller getrieben. Später fand man die entsetzlich verstümmelten und ausgeplünderten Leichen von 21 Teilnehmern der Versammlung. Nur sechs hatten schwer verletzt und bewußtlos das Massaker überlebt.
Unter den Toten war auch der gerade 20jährige Schlossergeselle Anton Neuber gewesen, der jungverheiratete Ehemann der Mutter des noch ungeborenen Schorsch. Es war ein furchtbarer Schlag für die damals noch nicht 19jährige Frau Neuber, und er prägte ihr weiteres Leben und auch das ihres heranwachsenden Sohnes.

»Ich wollte nie mehr etwas mit Politik zu tun haben«, sagte die alte Frau. »Ich habe mich und den Jungen aus allem herausgehalten, so gut es ging, und wir haben immer alles genauso gemacht, wie es angeordnet wurde. Deshalb habe ich damals, Weihnachten 1939, dem Jungen auch geraten, sich ja niemals aufzulehnen, seinen Vorgesetzten immer und in allem zu gehorchen und den Herrgott zu bitten, ihn davor zu bewahren, je etwas Unrechtes tun zu müssen. Außerdem, sagte ich, ist der Krieg doch wohl bald vorbei ... Das stimmte ja dann leider nicht, aber so schien es uns damals, nachdem Polen besiegt war und sich im Westen nichts rührte ... Wenn es nur etwas mehr zu essen gegeben hätte und wenn wir nicht so schwer hätten arbeiten müssen – immer bis 3 Uhr früh in der Druckerei, und das nach der Hausarbeit und dem ewigen Anstehen vor den Geschäften. Und dann der lange Heimweg bei vollständiger Verdunkelung – nicht mal eine Taschenlampe durfte man benutzen! Nein, es war zwar kein Krieg mehr, damals im Winter 1939 auf '40, aber es war eben auch kein richtiger Frieden ...«

Fast dieselben Worte hatte ich ein paar Tage zuvor von einem alten Herrn gehört, ehemals aktiver Offizier, bei Kriegsbeginn Oberstleutnant und Kommandeur eines Infanterieregiments – mit erst 41 Jahren, also nur wenig älter als Frau Neuber. Auch er hatte sich, wie er mir gleich zu Anfang unserer Unterhaltung versicherte, ›nie um Politik gekümmert‹ und ›sich aus allem herausgehalten‹; er war ›immer nur Soldat‹ gewesen. So hatte er es bis zum Kriegsende immerhin zum Generalleutnant gebracht; heute lebt er in einem oberbayerischen Landhaus in der Nähe von Garmisch von einer sehr stattlichen Pension, ein kleiner, etwas dicklicher, auch im Alter noch recht energisch wirkender Mann mit kurzen weißen Haaren.

Generalleutnant a.D. Wolfgang Scholz hatte im Dezember 1939 wie schon in den Monaten zuvor mit seinem Regiment westlich von Karlsruhe den ›Westwall‹ besetzt gehalten. Er war dort, wie er mir versicherte, ›schier verzweifelt‹, weil an der ganzen 170 Kilometer langen Oberrheinfront zwischen Karlsruhe und Basel seit Kriegsbeginn völlige, ›fast friedensmäßige‹ Ruhe herrschte.

»Meine Herren und ich«, und er meinte mit den ›Herren‹ die Offiziere seines Regiments, »hatten im September neiderfüllt den Blitzkrieg in Polen verfolgt, wo in achtzehn Tagen ein vollständiger Sieg errungen wurde und wo es Auszeichnungen und Beförderungen in Menge gab, während wir uns im ›Sitzkrieg‹ übten. Außer einigen nicht ernstgemeinten Vorstößen der Franzosen in der zweiten Kriegswoche, die wohl nur der Beruhigung ihrer polnischen Bundesgenossen galten, beschränkte sich der Krieg für uns auf gelegentliche kleine Spähtruppunternehmen und ein bißchen Artilleriegeplänkel. Damit war für mich und meine Herren kein Lametta zu gewinnen, und wir fanden, nun seien endlich wir an der Reihe ...«

Während er weiter vom langweiligen ›Sitzkrieg‹ am Oberrhein berichtete, sah ich mich in seinem behaglichen Wohnzimmer um. Gegenüber dem Panoramafenster, das einen herrlichen Blick auf das Werdenfelser Land und das Zugspitzmassiv bot, hingen zahlreiche Jagdtrophäen. Auf dem Sims des großen offenen Kamins stand ein in Silber gerahmtes Porträtfoto des Hausherrn in Generalsuniform mit dem Ritterkreuz unter den Kragenspiegeln und zahlreichen weiteren Kriegsauszeichnungen auf der Brust.

Er hatte also noch alles bekommen, wonach er sich im ersten Kriegswinter so sehr gesehnt hatte; des ›Führers‹ Huld war ihm reichlich zuteil geworden. Aber damals, sagte er, hätte er schon nicht mehr damit gerechnet.

»Wir waren auf das Schlimmste gefaßt, nämlich daß – wie wir damals sagten – ›der Frieden ausbrechen‹ könnte, ohne daß es für uns zu ernsthafter Feindberührung und zu Kampfhandlungen gekommen wäre. Zu allem Überfluß schickten uns die Propagandafritzen auch noch Unmengen von Flugblättern, die zu den gegnerischen Stellungen stoßweise hinübergeschossen werden mußten. ›Franzosen! Wollt ihr für Danzig sterben?‹ stand darauf, und auf einem anderen: ›Wir wollen keinen Krieg gegen euch! Bleibt in eurer Maginotlinie, wir bleiben im Westwall!‹ ...«

Sehr zu seinem Leidwesen waren damals auch riesige Plakatwände aufgestellt worden. An der Grenze in der Pfalz und am rechten Rheinufer verkündeten sie weithin sichtbar die friedlichen Absichten der deutschen Führung. Die Maginotlinie wurde mit großen Lautsprechern von früh bis spät mit deutscher und französischer Schlagermusik ›beschallt‹, ab und zu unterbrochen durch kurze Aufrufe an die französischen Soldaten, in den ›deutschen Kameraden‹ keinen Feind zu sehen.

»Nach Beendigung des Polen-Feldzugs zogen die Franzosen ihre im Pfälzer Wald etwa drei bis fünf Kilometer weit auf deutsches Gebiet fast kampflos vorgedrungenen Truppen wieder in ihre Befestigungsanlagen zurück«, erinnerte sich der General a. D. »Da merkten wir erst, was wir mit dieser Friedenspropaganda beim Gegner angerichtet hatten: Ganz offensichtlich hatten wir bei den Franzosen Eindruck gemacht – mit dem Resultat, daß nun auch sie ihre friedlichen Absichten beweisen wollten. Sie hatten beim Abzug unseren Landsern einiges auf die Hauswände der geräumten Grenzdörfer gemalt – defätistische Parolen wie ›Nieder mit dem Krieg! Es lebe der Frieden!‹ und so weiter ... Am Oberrhein, bei Breisach, machten deutsche und französische Schützen sogar gemeinsame Schießübungen auf eine große Strohpuppe, die wie der englische Premierminister Chamberlain angezogen und an einen Hafenkran gehängt worden war. Kurz und gut, es war schon wirklich ein ›drôle de guerre‹, wie die Franzosen es nannten, ein komischer Krieg ...«

Dann hatte er mit seiner Frau und den Kindern Weihnachten gefeiert – ›wie im tiefsten Frieden‹, in einem ›sehr gepflegten Hotel nur zwölf Kilometer Luftlinie hinter der sogenannten Front, mit Helgoländer Hummer, getrüffelter Gänseleberpastete und allem Drum und Dran‹, ›absolut friedensmäßig‹. Er schwelgte in diesen Erinnerungen, auch an die Silversterfeier – ›mit Wildschweinbraten von selbst erlegten Sauen und dem ganzen Restbestand an Burgunder‹.

Er zeigte mir dann, was er sich für seine Memoiren, an denen er schrieb, aus dem damaligen Wehrmachtsbericht notiert hatte: »Seit Kriegsbeginn betrugen die deutschen Gesamtverluste an der gesamten Westfront: 196 Tote, 356 Verwundete und 114 Vermißte. Über die Höhe der französischen Verluste sind keine Angaben möglich. Daß sie aber das Mehrfache der deutschen Ausfälle betragen, beweist, daß allein an Gefangenen 25 Offiziere und 664 Unteroffiziere und Mannschaften eingebracht wurden. Britische Truppen sind bisher in der vorderen Linie der Westfront nirgends festgestellt worden. Hieraus geht einwandfrei hervor, daß sich die Engländer bisher an irgendwelchen Kampfhandlungen nicht beteiligten.«

›Der Führer‹ hatte den Westmächten schon ein großzügiges Friedensangebot gemacht. Am 6. Oktober 1939 hatte Hitler vor dem eilig zusammengerufenen Reichstag erklärt: »... die Rückgabe des Saargebiets war die einzige Forderung, die ich als unabdingbare Voraussetzung einer deutsch-französischen Verständigung ansah ... Es existiert keine solche Forderung mehr, und es wird auch nie eine solche Forderung erhoben werden. Das heißt: Ich habe es abgelehnt, das Problem Elsaß-Lothringen überhaupt auch nur zur Sprache zu bringen ... Ich habe die Entscheidung des Jahres 1919 akzeptiert ... Frankreich weiß dies ... Ich habe statt einer Forderung an Frankreich immer nur den Wunsch gerichtet, die alte Feindschaft für immer zu begraben ... Ich habe im deutschen

Volk alles getan, um den Gedanken einer unabänderlichen Erbfeindschaft auszurotten und an Stelle dessen die Achtung einzupflanzen vor den großen Leistungen des französischen Volkes, seiner Geschichte ...
Nicht geringer waren meine Bemühungen für eine deutsch-englische Verständigung, ja darüber hinaus für eine deutsch-englische Freundschaft. Niemals und an keiner Stelle bin ich wirklich den britischen Interessen entgegengetreten ... Ich habe es geradezu als ein Ziel meines Lebens empfunden, die beiden Völker nicht nur verstandes-, sondern auch gefühlsmäßig einander näher zu bringen. Das deutsche Volk ist mir auf diesem Wege willig gefolgt ... Ich glaube auch heute noch, daß es eine wirkliche Befriedigung in Europa und in der Welt nur geben kann, wenn sich Deutschland und England verständigen ...«
»Es war die reine Anbiederung«, meinte dazu der General a. D., »aber verblüffenderweise ging weder Paris noch London darauf ein.«
›Endlich‹ war dann ein deutscher Angriff an der Westfront vorbereitet worden. Den Truppen am Westwall wurde jeder Urlaub gesperrt; Panzereinheiten aus Polen trafen am rechten Rheinufer ein, und der damalige Oberstleutnant Scholz und ›seine Herren‹ hatten neue Hoffnung geschöpft, daß nun auch sie ›zum Zuge kommen‹ würden.
Aber der Angriffstermin wurde wieder und wieder verschoben, insgesamt vierzehnmal, einmal auf Drängen Mussolinis, der einen weiteren Vermittlungsversuch unternehmen wollte, ein andermal wegen allzu schlechter Wetterbedingungen oder wegen Munitionsmangels, einmal auch, am 9. November 1939, weil am Abend zuvor im Münchner Bürgerbräukeller, wo Hitler mit seinen ältesten Kampfgefährten den Jahrestag seines mißglückten Putschversuchs von 1923 feierte, ein Sprengstoffanschlag verübt worden war, bei dem sieben ›Alte Kämpfer‹ getötet und 63 zum Teil schwer verletzt wurden. Hitler selbst war dem Attentat knapp entgangen.
»Um Neujahr herum wurde uns klar«, fuhr der General a. D. fort, »daß vor Mai überhaupt nichts mehr passieren würde, jedenfalls nicht an der Westfront. Es war sogar anzunehmen, daß während dieser langen Wartezeit doch noch ein Verständigungsfrieden mit den Westmächten zustande kommen würde. Das hat uns sehr bedrückt ... Mißverstehen Sie mich bitte nicht«, verbesserte er sich eilig, »es war schließlich Krieg, und die Gelegenheit war äußerst günstig. Wir hatten durch den Sieg über Polen und das Abkommen mit Sowjetrußland den Rücken frei, anders als 1914, wo

starke Kräfte im Osten gebunden waren. Andere Gefahrenstellen, wie etwa die Tschechoslowakei, waren bereits ausgeschaltet, und auch von Italien oder vom Balkan her drohte kein Angriff. Wir konnten also sämtliche verfügbaren, großenteils schon kampferprobten Kräfte auf den Durchbruch im Westen konzentrieren, wo der Gegner ziemlich demoralisiert und in seiner Kampfkraft uns weit unterlegen war. Solche Gelegenheit durfte man sich doch nicht entgehen lassen ...! Ich meine, vom militärischen Standpunkt aus gesehen, wäre das ein Fehler gewesen ... Sehen Sie, aus dem Ersten Weltkrieg bin ich als junger Leutnant zurückgekommen. Danach war ich noch zwei Jahre lang bei der Gardeschützendivision, die damals die notwendigen Säuberungen im Innern des Reichs vornehmen mußte – in Berlin, in Sachsen und Thüringen, dann in München, wo wir im Mai 1919 mit der Räteherrschaft aufgeräumt haben ... 1920 wurden die deutschen Streitkräfte auf 100000 Mann reduziert, wie es die Sieger in Versailles verlangt hatten, und da waren dann drei von vier Offizieren arbeitslos ... Bis 1924 habe ich mich als Zigarren- und Spirituosenvertreter durchschlagen müssen – das war eine bittere Zeit! Und als mich die Reichswehr endlich einstellte, da waren die Aussichten auf rasche Beförderung minimal. Erst nach Hitlers Machtübernahme, beim Aufbau der neuen Wehrmacht, habe ich wieder neuen Lebensmut geschöpft, und als dann endlich der Tag X gekommen war, auf den wir so viele Jahre gewartet und alles bis zum letzten Detail vorbereitet hatten – da durfte ich mit meinem Regiment nicht dabeisein, wo wirklich gekämpft wurde, sondern stand Monat für Monat an einer sogenannten Front, an der absolut nichts passierte – es war zum Verrücktwerden! Vor allem mußte man ja befürchten, daß es überhaupt nicht mehr zu Kampfhandlungen kommen und daß im Westen ein Verständigungsfrieden geschlossen werden würde ...«

Für Frau Anna Neuber, deren Mann 1919 von den Soldaten der Gardeschützendivision erschlagen worden war und deren einziger Sohn 1943 in Rußland fiel, hatte es im ersten Kriegswinter 1939/40 andere Härten gegeben: »Gleich nach Neujahr bekam ich eine Postkarte vom Arbeitsamt. Ich mußte mich dort melden und wurde dienstverpflichtet. Als ich mich bei der Druckerei abmeldete, haben mich die Kolleginnen sehr bedauert, weil ich nun in einem Rüstungsbetrieb arbeiten mußte. Da wurde für mich alles anders: Anstatt am späten Nachmittag fing die Arbeit schon früh um 6 Uhr an. Der Betrieb war nicht in der Stadt, sondern draußen in Allach, so daß ich schon vor 5 Uhr aus dem Haus mußte. Die reguläre Schicht für uns Frauen dauerte zwölf Stunden, und wenn wir abgerackert nach Hause kamen, machten die Geschäfte gerade zu oder hatten schon geschlossen ... Es war eine ewige Hetze – erst im Betrieb, wo wir ständig angetrieben wurden, schneller zu arbeiten, und dann nach Feierabend, beim Einkaufen. Man mußte dankbar sein, wenn man so spät überhaupt noch irgend etwas bekam. Auch war alles teurer geworden, obwohl es doch hieß, die Regierung habe einen Preisstopp verordnet, und niemand dürfe sich am Krieg bereichern. In Wahrheit fanden die Fabrikanten und Geschäftsleute immer neue Tricks, die Preise zu erhöhen. Zum Beispiel habe ich vor dem Krieg die billigste Margarine für 63 Pfennig das Pfund bekommen. Drei Monate später, im Winter 1939/40, gab es plötzlich nur noch eine Sorte, die sich ›Tafelmargarine‹ nannte. Sie war um keine Spur besser, kostete aber nun 98 Pfennig! Das war schlimm, denn ich mußte wirklich mit jedem Pfennig rechnen. In der Druckerei hatte ich 42 Mark netto in der Woche, aber in Allach gab es für alle dienstverpflichteten Frauen einen Einheitslohn von 35 Mark, und davon gingen 6,50 Mark für die Wochenkarte und 4,90 für die Eintopfverpflegung im Betrieb ab, dazu noch jede Woche 90 Pfennig für die Winterhilfe. Wenn ich Miete, Licht und Kohlen bezahlt hatte, blieb mir kaum eine Mark am Tag für alles übrige – Essen, Wäsche, Kleidung, Reparaturen ... Ich konnte auch nichts mehr nebenbei verdienen, ich war abends einfach zu müde, um noch putzen zu gehen bei Geschäftsleuten oder beim Doktor, wie ich es früher gemacht hatte. Wenn ich nach dem Einkaufen endlich zu Hause war, hätte ich im Stehen einschlafen können ... Zum Glück gab es damals, im ersten Kriegsjahr, bei uns in München noch keinen nächtlichen Fliegeralarm, der einen aus dem Schlaf riß, sonst hätte ich wohl damals schon schlappgemacht wie später viele andere Frauen bei uns im Betrieb. Sie konnten das Tempo einfach nicht durchhalten, vor allem die Älteren, und das war ja auch kein Wunder bei der schlechten Ernährung ...«

Sie erzählte von der Plackerei in dem großen Allacher Rüstungsbetrieb, wo der Akkord immer höher gesetzt wurde und wo die Frauen im Februar und März 1940 häufig auch noch Überstunden machen mußten – angeblich wegen einer bevorstehenden Großoffensive an der Westfront, für die es, wie der Betriebsobmann erklärt hatte, ›die letzten Kräfte für Führer, Volk und Vaterland anzuspannen‹ galt.

»Dieser Betriebsobmann«, berichtete Frau Neuber, »war ein ganz gemeiner Kerl. Säbler hieß er – wir nannten ihn ›Säbelbein‹ oder auch ›den Giftzwerg‹. Überall spionierte er herum und gönnte niemandem eine Verschnaufpause. Er stand vor der Tür zum Abort mit der Uhr in der Hand: ›Das waren wieder anderthalb Minuten zuviel, Frau Neuber! Wenn das noch mal passiert, werden Sie eine Stunde nacharbeiten müssen . . .‹ Den jungen Frauen stellte er nach und gab ihnen leichtere Arbeit. Die Älteren schikanierte er dafür um so mehr. Und immer führte er das große Wort: daß wir ein nationalsozialistischer Musterbetrieb wären und deshalb besonders fleißig sein müßten; daß wir es den Engländern heimzahlen würden, daß sie das großzügige Friedensangebot des Führers nicht angenommen hätten; daß wir ihnen alle Kolonien abnehmen würden und dann die anderen für uns alle Arbeit würden tun müssen, sobald der Endsieg errungen wäre; daß die Juden den Krieg angezettelt hätten, um Deutschland zu versklaven, und daß sie uns das Blut aussaugen würden . . . Über die Juden hat er am meisten geschimpft, das war sein Lieblingsthema. Mir haben sie leid getan. Sie waren ja noch schlimmer dran als wir – die Kohns, bei uns um die Ecke, denen das Textilgeschäft abgenommen und die Wohnung verwüstet worden war, und der Uhrmacher Marx, der sich erhängt hat – sie hatten ihm den Laden ausgeplündert. Ich habe es selbst gesehen. Man konnte ja nichts dagegen machen. Niemand hat ihnen helfen können . . .«

Während Frau Neuber weitererzählte von den Härten des ersten Kriegswinters, mußte ich an meine Düsseldorfer Bekannten denken, an ›Tante Änne‹, Fräulein Bonse und Herrn Desch, die Juden und anderen Verfolgten damals halfen.

Im Februar 1940, als Frau Neuber in Allach bei München dienstverpflichtet war und sich der damalige Regimentskommandeur Scholz in einer requirierten Villa am Stadtrand von Karlsruhe ›schier verzweifelt‹ nach ›Kampfhandlungen‹ gesehnt hatte, war ich als Luftwaffengefreiter im äußersten Norden Deutschlands, auf der Insel Sylt.

Der Dienst war eintönig, in der Freizeit wußten wir nichts mit uns anzufangen. Alle sehnten sich nach Hause, weg von der winterlich-öden Insel, nach einem normalen, friedlichen Leben ohne Uniform. Ich litt besonders darunter, daß ich seit einem halben Jahr keinen Kontakt mehr zu meinen Freunden in Düsseldorf hatte, nicht wußte, was vorging, und keine Möglichkeit fand, mich an ihren Aktivitäten zu beteiligen – bis plötzlich Herr Desch bei mir auftauchte.

2. Wo die Nordseewellen ...

Wir saßen im ›Strandcafé‹, dem einen der drei möglichen Aufenthaltsorte an einem dienstfreien Abend, und tranken Dünnbier, das einzige Getränk, das es dort gab. Die beiden anderen Lokale, die Westerland auf Sylt im Winter 1939/40 den sehr zahlreichen auf der Insel stationierten Marine-, Luftwaffen- und Arbeitsdienstangehörigen noch zu bieten hatte, waren das Restaurant des Hotels ›Stadt Hamburg‹ und eine Fischerkneipe.

Das Hotel ›Stadt Hamburg‹ hatte vor Kriegsbeginn als das ›erste Haus am Platz‹ gegolten. Nun war es das einzige ›Haus am Platz‹, denn alle anderen Hotels und Pensionen waren in Truppenunterkünfte umgewandelt worden. Im Restaurant ›Stadt Hamburg‹ konnte man gut, teuer und markenfrei essen. Deshalb zählte es vorwiegend Offiziere zu seinen Gästen. Unteroffiziere und Mannschaften verkehrten dort nur selten.

In der Fischerkneipe, die keinen Namen hatte, war wenig Platz. Auch gab es dort kein Bier, nur heißen Grog. Wenn man den Wirt gut kannte, schenkte er einem auch schottischen Whisky ein, aber erst nach Zapfenstreich, wenn nur noch wenige – Inhaber von Nachturlaubsscheinen – an der Theke standen. Der Whisky kam von Rømø, der dänischen Nachbarinsel, und war geschmuggelt. Der Wirt, ein wortkarger grauhaariger Friese, behauptete, es handele sich um ›S-trandgut‹. Er gab den damals in Deutschland noch wenig bekannten, seit Kriegsbeginn völlig verschwundenen Whisky nur aus, wenn man zuvor seinen Test bestanden hatte: Nur wer es geschickt vermied, mit ihm ›auf das Wohl unseres geliebten Führers‹ anzustoßen, bekam etwas davon.

Erwin, mein Funkstellenleiter und direkter Vorgesetzter, hatte, da er ›lieber auf den Endsieg‹ trinken wollte, als erster die Probe bestanden, und seither waren wir Stammgäste. Jeden zweiten Abend verbrachten wir erst im ›Strandcafé‹, dann in der Fischerkneipe. Auch an den übrigen Abenden wären wir dorthin gegangen, aber da hatten wir Nachtdienst. Es blieb uns, die wir seit Monaten totale Landurlaubssperre hatten, kaum eine andere Wahl – oder wir hätten die dienstfreien Abende und Nächte im Quartier verbringen und zu Bett gehen müssen, nachdem wir schon den halben Tag lang geschlafen hatten, weil wir zuvor bis 6 Uhr früh zum Dienst in der Flugmeldeauswertung eingeteilt gewesen waren. Es war, wie Erwin sagte, ›die perfekte Langweile‹.

An jenem Februarabend 1940 saßen wir noch im ›Strandcafé‹. Erwin, der Doppeldoktor und ich spielten abwechselnd miteinander Schach; wer gerade nicht spielte, kiebitzte oder schaute zu Inga hin, wie es die vierzig, fünfzig Soldaten im Lokal fast alle und ständig taten. Die blonde Inga war das einzige weibliche Wesen, das es, soweit wir wußten, auf der Insel gab, jedenfalls die einzige Frau, die wir in sechs langen Wintermonaten auf Sylt zu Gesicht bekamen. Von Woche zu Woche fanden wir sie begehrenswerter. Inga wiederum, bei der es, wie Erwin, der sich auskannte, lakonisch bemerkte, ›keine Landemöglichkeit‹ für uns gab, stellte nach und nach ihre berufliche Tätigkeit ein. Anfangs servierte sie noch gelegentlich. Dann mußte jeder sich selbst das Bier holen und später die leeren Flaschen zurück in die Kisten tragen und diese, wenn sie voll waren, hinters Haus ins Freie stellen; man mußte auch selbst die Tische abwischen, die Aschenbecher leeren und die Gläser abräumen. Inga ging nur noch herum und kassierte, aber später ließ sie sich auch das Geld von uns bringen. Dafür spielte sie den Gästen ab und zu etwas auf dem Akkordeon vor, vorzugsweise Seemannslieder. Ihr Repertoire war schmal. Sie konnte nur ein halbes Dutzend Melodien spielen. Der skeptische Erwin behauptete sogar, sie täte nur so, als ob sie die Knöpfe und Tasten bediene; in Wirklichkeit spielte für sie einer der Gäste, der sich versteckt hielte und später vermutlich auch noch das Lokal ausfegen und die Gläser spülen dürfe.

Der Doppeldoktor gab zu bedenken, daß sich angesichts der schwachen Beleuchtung jedes Ausfegen und Gläserspülen erübrigte, zudem von Inga gar nicht wahrgenommen, geschweige denn belohnt werden würde. Es herrschte tatsächlich eine so düstere Beleuchtung im ›Strandcafé‹, daß man beim Schachspiel kaum die Figuren erkennen konnte. Aber es war, wie der Doppeldoktor hämisch bemerkte, außer der Fischerkneipe der einzige Ort weit und breit, wo ›wirklich etwas geboten wurde‹.

Der Doppeldoktor, ein zweifach promovierter Naturwissenschaftler und Privatdozent, war mit einem anderen Reservisten bei Kriegsbeginn einberufen und unserem Funktrupp zugeteilt worden, der damit seine vorschriftsmäßige ›Kriegsstärke‹ erreicht hatte. Das war in der ersten Septemberwoche, und wir lagen noch

in unserer ›Mob-Stellung‹, einem Gasthaus am Rhein, nördlich von Düsseldorf.
Der Doppeldoktor war, wie Erwin bald festgestellt hatte, ›ohne Wehrwillen, aber ein prima Kerl und jedenfalls kein Nazi‹. Der andere Reservist, ein fröhlicher Rheinländer, den wir Hänschen nannten, obwohl er, wie auch die anderen Neuen, zehn, zwölf Jahre älter war als wir, kam als letzter. Er war promovierter Meteorologe und Regierungsrat. »Ich habe euch erst kriegsstark gemacht«, behauptete er, etwa wenn er sich davor retten wollte, zum Küchendienst und damit zum Kartoffelschälen eingeteilt zu werden, »ohne mich, den Wetterfrosch, wäret ihr nicht komplett und wüßtet nicht mal, ob es draußen regnet – und, vor allem, warum!«
Hänschen, der Doppeldoktor und ich bildeten eine Wache, Erwin, Oskar Findeisen und der ›hundertzehnprozentige‹ Barczustowski die andere – in ständigem Wechsel.
Eigentlich hätte Erwin an jenem Abend als Wachhabender Dienst tun müssen. Daß er mit uns im ›Strandcafé‹ saß, war dennoch keine ›unerlaubte Entfernung‹, jedenfalls keine sehr weite, denn unser ›Dienstraum‹ lag, keine fünfzig Schritt von unserem Tisch, im benachbarten ›Hotel Miramar‹. Wenn man ihn rief, konnte Erwin in weniger als einer Minute wieder dort sein. Außerdem war unser zuständiger Offizier, Major Zobel, stets mit allem einverstanden, was Erwin und ich als Wachhabende machten, solange es für ihn, der meist las oder schlief, keinen Ärger gab.
Major Zobel, ein etwa fünfzigjähriger Reserveoffizier, im Zivilberuf Ethologe an einer süddeutschen Universität, verstand ohnehin kaum etwas von dem, was unsere Aufgabe war, und er interessierte sich auch nicht sonderlich dafür. Er verdankte seine Einteilung zu unserem Stab einem Irrtum des Luftwaffenpersonalamts, das sein Fachgebiet, die Verhaltensforschung, für eine dem Funkabhör- und Flugwarndienst nützliche Naturwissenschaft gehalten hatte.
»Ich heiße Zobel«, hatte er sich uns, seinen Untergebenen, auf sehr unmilitärische Weise vorgestellt, »Zobel wie das Pelztier, *Mustela zibellina*, aus der Gattung der Marder. Machen Sie weiter alles so wie bisher – ich habe volles Vertrauen zu Ihnen . . . Nur, wenn etwas Dringendes vorliegt, rufen Sie mich bitte.«
Es lag so gut wie nie etwas Dringendes vor, und von sich aus störte er uns selten. Deshalb erlaubte sich Erwin, als Wachhabender im ›Strandcafé‹ zu sitzen und Schach zu spielen, denn erfahrungsgemäß konnten ›Störfälle‹ kaum vor 23 Uhr auftreten. Früher kamen weder englische Aufklärer herüber noch unsere Offiziere aus dem ›Hotel Stadt Hamburg‹.

Es war gegen 22 Uhr, als Erwin den Doppeldoktor schachmatt gesetzt hatte und vorschlug, zur Fischerkneipe aufzubrechen. Inga beendete gerade das Lied ›Wo die Nordseewellen trecken an den S-trand . . .‹, als Hänschen hereinkam und uns erzählte, daß er mit seinem Vetter, einem Oberleutnant von der Marinefliegerstation in List, an der Nordspitze der Insel, zu Abend gegessen habe. Es erübrigte sich, daß er hinzufügte: im ›Restaurant Stadt Hamburg‹. Sein Vetter, berichtete Hänschen, habe ihm dringend geraten, jetzt, nach fast halbjähriger Dienstzeit, den seiner Beamtenstellung entsprechenden Dienstgrad zu beantragen.

»Dann müssen sie mich sofort zum Major befördern«, schloß er triumphierend, »ich bin schließlich Regierungsrat!«

Erwin wollte es nicht glauben, aber der Doppeldoktor nickte bestätigend. »Das gibt's«, sagte er, fügte dann aber hinzu: »Ich weiß allerdings nicht, ob man Hänschen diese wunderbare Karriere wünschen soll. Er wird sich dann noch mehr langweilen – ohne diese reizenden Abende hier und den anschließenden Plausch mit dem Friesenwirt. Ich jedenfalls bin froh, daß ich noch nicht zum Beamten ernannt bin. Für Privatdozenten gibt es keinen entsprechenden Dienstgrad, obwohl sonst alles so vorzüglich geregelt ist . . .«

Es stimmte: Kein Offizier betrat je als Gast eines unserer beiden Lokale. Es schien ungeschriebenes Gesetz zu sein, das ›Strandcafé‹ und die Fischerkneipe den Unteroffizieren und Mannschaften zu überlassen.

»Also, wenn ich Major werde«, erklärte Hänschen unbeirrt, »dann lade ich euch alle ins ›Stadt Hamburg‹ ein – auch Zobel, das Pelztier. Der kann sich dann ganz dem Verhalten der Möwen widmen, und ich übernehme den Befehl! Dann machen wir der ›Stadt Hamburg‹ den Weinkeller leer . . .! – Übrigens«, wandte er sich an mich, »das hätte ich fast vergessen: Jemand im Restaurant hat nach dir gefragt, ein Herr in Zivil – so etwas gibt's noch! Er hat erst mit dem Wirt gesprochen und wandte sich dann an mich, weil ich der einzige Funker dort war. Er fragte mich, ob ich dich zufällig kenne, schien aber gar nicht überrascht, als ich ihm sagte, du wärest mein Wachhabender, und ich würde dir gern etwas ausrichten. Hier ist seine Karte – er hat sie mir für dich mitgegeben. Bis gegen elf Uhr will er im Hotel auf dich warten. Sonst kannst du ihn morgen vormittag besuchen. Er übernachtet im ›Stadt Hamburg‹ und bleibt bis Mittag . . .«

Ich warf einen Blick auf die hellbraune Geschäftskarte, die Hänschen mir gab, und fand meine Ahnung bestätigt: ›Maßatelier H. Desch, feinste Tuche in erstklassiger Verarbeitung‹.

Als ich ein paar Minuten später das Restaurant betrat, sah ich ihn sofort. Er redete mit dem Wirt, der höchst erfreut wirkte. Die beiden saßen in einer Nische bei einer Flasche Rotwein, und als ich an den Tisch trat, hörte ich den Wirt sagen: »Also, das ist ja fabelhaft! Wollen Sie gleich Maß nehmen, Herr Desch? Oder trinken wir erst noch . . .«
Dann sah er mich, einen Gefreiten im Dienstanzug, und hielt erschrocken inne.
Herr Desch blickte auf, begrüßte mich freundlich und beruhigte sogleich den Wirt: »Das ist mein Neffe – wir brauchen keine Geheimnisse vor ihm zu haben . . . Setz dich doch zu uns«, forderte er mich auf. »Gewiß wird der Herr Wirt noch ein Glas für dich haben!« Also nahm ich Platz, nannte Herrn Desch, auf dessen Vornamen ich mich erst besinnen mußte, ›Onkel Hubert‹, versicherte ihm, daß es mir gutgehe und daß mir die Seeluft glänzend bekomme, und hörte eine Weile lang dem Gespräch der beiden zu, bei dem es um die Beschaffung eines – natürlich punktfreien – Maßanzugs ›aus bestem englischem Tuch‹ für den Wirt und, im Gegenzug, um die Lieferung einer stattlichen Anzahl von Flaschen alten französischen Rotweins ging, wobei die Transportfrage in beiden Fällen noch nicht gelöst schien.
Während die beiden leise miteinander redeten, überlegte ich, wie es Herrn Desch gelungen sein mochte, auf die für alle Zivilpersonen gesperrte, nur mit besonderem Erlaubnisschein der Kommandantur erreichbare Nordseeinsel zu kommen, und was er hier wohl wollte.
»Einer meiner besten Kunden brauchte dringend eine neue Uniform«, erklärte mir Herr Desch, nachdem wir endlich allein am Tisch waren. »Er ist zum Vizeadmiral und Stationschef ernannt worden. Da er hier im Augenblick nicht weg kann und ich zufällig in der Nähe auf dem Festland geschäftlich zu tun hatte . . .«
Er schloß den Satz mit einer Handbewegung, die wohl besagen sollte: ›So einfach ist das!‹ Dabei zeigte er keine Spur von Verlegenheit, obwohl es bestimmt eine dreiste Lüge war, daß er, der Düsseldorfer Maßschneider, an einem eisigen, sehr stürmischen Februartag mitten im Krieg, ausgerechnet an der dünnbesiedelten friesischen Nordseeküste Geschäfte zu erledigen hatte.
Ich warf ihm einen Blick zu, sah sein übliches ausdrucksloses Gesicht und sagte deshalb nur: »Klar, Onkel Hubert, ich verstehe.«
»Außerdem«, fuhr Herr Desch nach einer kleinen Pause fort, »traf es sich ganz günstig mit meiner Absicht, gewisse Probleme zu lösen, die deinen Onkel Erich betreffen . . .«

Ich war sehr überrascht und fragte besorgt: »Ist etwas mit ihm? Geht es ihm nicht gut?«
»Keine Sorge, es ist soweit alles in Ordnung, abgesehen davon, daß er seine Praxis nun definitiv aufgegeben hat, auch seine Tätigkeit als Justitiar. Hinzu kommt, daß er dringend eine Luftveränderung braucht. Er denkt daran, sich reaktivieren zu lassen – er ist ja Major der Reserve –, aber dabei gibt es noch einige offene Fragen . . .«
Jetzt wußte ich in Umrissen, worum es ging. Als ich meinen Nennonkel Erich Elkan kurz vor Kriegsausbruch in Berlin zuletzt gesehen hatte, war er dabei, unterzutauchen. Er hatte sich schon eine zweite Identität geschaffen. Aus dem ›nichtarischen‹ Rechtsanwalt und Notar mit einst sehr bedeutender Praxis am Pariser Platz verwandelte er sich gerade in einen pensionierten Major eines Potsdamer Regiments mit ›bescheidener, aber standesgemäßer‹ Wohnung in einer stillen Pension am Botanischen Garten. Wenn er jetzt ›dringend eine Luftveränderung‹ brauchte, so konnte das nur bedeuten, daß ihm die Gestapo auf die Spur gekommen war und er verschwinden mußte. Aber – konnte er ernsthaft daran denken, in der Wehrmacht unterzutauchen?!
»Er fühlt sich in Berlin nicht wohl«, fuhr Herr Desch fort, »und man hat sicherlich noch Verwendung für ihn – gerade jetzt, wo jeder tüchtige Offizier gebraucht wird . . . Hier auf Sylt – ich habe mich heute schon ein bißchen umgesehen – gibt es zahlreiche ältere Herren bei den verschiedensten Stäben und Dienststellen. Ich habe noch nie so viele Kommandostellen, Stabsquartiere, Einheiten aller Waffengattungen und Büros für unterschiedlichste Aufgaben auf so engem Raum gesehen. Findet da überhaupt noch jemand durch?«
»Man hat wirklich den Eindruck«, sagte ich, »daß sich da niemand so richtig auskennt. Die Luftwaffe allein hat drei Dutzend verschiedene Stäbe auf der Insel, die Marine ist fast ebenso reichhaltig vertreten, daneben gibt es Bauabteilungen vom Reichsarbeitsdienst und vom Heer, Orts- und Bahnhofskommandantur und bestimmt noch zwanzig Dienststellen mit irgendwelchen besonderen Aufgaben – aber ich kann mir nicht vorstellen . . .«
Ich wollte sagen, daß ich es trotz dieses Durcheinanders für sehr riskant hielte, jemanden auf Sylt zu verstecken. Abgesehen von den fehlenden Papieren, würde es für Onkel Erich fast unmöglich sein, ein Quartier zu finden, dazu Verpflegung, Sold und alles übrige. Aber Herr Desch war mir ins Wort gefallen mit der Frage: »Hast du auch eine besondere Aufgabe?«

»Gewissermaßen«, gab ich ihm zur Antwort und erzählte ihm, was wir machten: In unserer Funkzentrale liefen alle Meldungen über Flugzeuge ein, die sich im Luftraum über der Deutschen Bucht befanden. Wir standen in Funkverbindung mit den Stationen auf Helgoland und Borkum und zeichneten den Kurs und die Anzahl der gemeldeten Maschinen auf einer Landkarte ein. Wir lösten auch, wenn bestimmte Anzeichen auf einen gegnerischen Angriff schließen ließen, den Alarm für die infrage kommenden Flakbatterien aus, und zwar im ganzen Küstenbereich der Deutschen Bucht sowie im Raum Bremen und Hamburg.

Herr Desch schien beeindruckt.

Er fragte noch nach Einzelheiten, zum Beispiel, ob wir häufig Fliegeralarm geben müßten; ob wir auch zuständig seien für das Warnsystem, das die Zivilbevölkerung mit Sirenengeheul in die Luftschutzkeller schickte, und ob tatsächlich nur Erwin und ich, ein Unteroffizier und ein Gefreiter, als jeweils Wachhabende alle Entscheidungen allein treffen könnten?

Ich klärte ihn darüber auf, daß bislang noch nichts Ernstes passiert wäre. Zwar müßten wir beinahe jede zweite Nacht – und das auch bei Meldungen bloßer ›Motorengeräusche unbekannter Herkunft‹, wie sie sehr häufig kamen – für die ganze Insel Fliegeralarm geben. Aber das geschehe vor allem, weil es dann, entsprechend den minutiösen ›Richtlinien für die kämpfende Truppe‹, für jeden Wehrmachtsangehörigen auf Sylt erfreuliche Sold- und Verpflegungszulagen gebe – eine Mark pro Tag als ›Frontzulage‹ an Sold und ein paar Zigaretten, 25 Gramm Bohnenkaffee, manchmal auch Schokolade oder Wacholderschnaps. Wir ließen deshalb den Alarm auch meist zehn, zwölf Minuten vor Mitternacht beginnen und gegen 0.10 Uhr enden, weil sich die ›Kampfhandlungen‹ – irgendeine Batterie begann jedesmal, blind drauflos zu ballern – dann über zwei Tage erstreckten. Im Januar hatten wir es auf siebenundzwanzig zulagepflichtige Tage gebracht, und zweimal waren wir sogar im Wehrmachtbericht des OKW lobend erwähnt worden, weil ›feindliche Versuche, über See ins Reichsgebiet einzufliegen, an der Wachsamkeit der Küstenflak gescheitert‹ waren.

Herr Desch fand, das könnte doch Ärger geben, aber ich erklärte ihm, daß unsere Alarmfreudigkeit allgemein gerühmt werde, auch und gerade von den Offizieren, denn sie konnten nur bei ›Frontbewährung‹ auf Auszeichnungen und raschere Beförderung hoffen.

Die Bevölkerung, so erklärte ich ihm weiter, war von diesen vielen Fliegeralarmen nicht betroffen. Die Handvoll Zivilisten, die noch auf Sylt waren, kümmerten sich nicht darum, und nur, wenn tat-

sächlich ein größerer Verband im Anflug sei, was bisher noch nicht der Fall gewesen war, müßten wir auch die Flugwarnzentralen auf dem Festland telefonisch verständigen.
»Bisher«, schloß ich, »kamen meist nur einzelne Aufklärer, ganz selten mal eine Bomberstaffel, die dann aber rasch wieder abdrehte. Nur zweimal haben sie ihre Bomben vor dem Heimflug abgeworfen – ins Rantumbecken oder in die Dünen –, aber das kann sich natürlich rasch ändern. Ich nehme an, sie haben bisher nur geübt . . . Und was die Entscheidungen betrifft, so müßte sie eigentlich unser Chef, Major Zobel, und im Ernstfall sogar der Kommandeur selber treffen. Major Zobel hat aber volles Vertrauen zu Erwin und mir, und wir haben ihm bislang keinen Grund zur Klage gegeben.«
Herr Desch hörte sich alles an, was ich ihm über unseren so erfreulich unmilitärischen, mehr am Verhalten der Seevögel als am Krieg interessierten Chef erzählte, auch über die wenigen Lokale, die es in Westerland noch gab, den Whisky schmuggelnden Friesenwirt, die muntere, nur als Bedienung erlahmte Inga und das entsetzlich öde und langweilige Soldatenleben auf dieser von allen guten Geistern verlassenen Insel.
Herr Desch dachte nach.
Er stellte noch ein paar Fragen, vor allem nach dem Friesenwirt, nach der Entfernung zur nächsten, bereits dänischen Insel, nach den Gewohnheiten und der Freizeitgestaltung der Offiziere, insbesondere des Majors Zobel, sowie nach den Möglichkeiten, von der Insel aus zivile Ferngespräche zu führen. Dann sagte er: »Ich glaube, das hier ist ein idealer Platz für Major Elken. Ich werde ihm sofort Bescheid sagen. Und vielleicht sprichst du gelegentlich mit dem Wirt der Fischerkneipe, ob dein Onkel mal mit übersetzen kann – nach Rømø . . .?«

3. ›Weserübung‹ und die Folgen

Etwa vier Wochen nach dem Besuch von Herrn Desch, in der letzten Märzwoche 1940, traf ich auf dem Gang des Hotels ›Miramar‹, wo unser Quartier war, unseren Chef, Major Zobel. Es war kurz nach 6 Uhr früh; ich kam gerade vom Nachtdienst und wollte zu Bett gehen. Der Major, der über seinem knöchellangen Nachthemd einen etwas kürzeren, rot-weiß gestreiften Bademantel trug, erwiderte meinen vorschriftsmäßig lauten Gruß mit einem sehr verschlafen klingenden Brummen und wollte wieder in sein Zimmer verschwinden, doch dann hielt er inne und fragte gähnend, aber ganz freundlich: »Sagen Sie mal – Sie sind verwandt mit Major Elken?«

Nachdem ich mich vom ersten Schreck erholt hatte, antwortete ich zögernd: »Nicht direkt, Herr Major, aber . . .«

»Ist ja auch egal – er läßt Sie jedenfalls herzlich grüßen . . . Ein sehr netter Mensch, übrigens. Wir haben gestern abend miteinander Schach gespielt . . .« Damit verschwand er in seinem Zimmer, und ich wußte nun, daß Herr Desch seinen Plan ausgeführt hatte und ›Onkel Erich‹ tatsächlich auf der Insel eingetroffen war. Major Zobel konnte ihn nur im ›Hotel Stadt Hamburg‹ getroffen haben. Ich überlegte vor dem Einschlafen, ob es ratsam wäre, am Nachmittag im Hotel nach ihm zu fragen. Wenn er auf der Insel war, wohnte er mit größter Wahrscheinlichkeit dort. Aber ich wußte nicht, ob er meinen Besuch überhaupt wünschte. Also verschob ich die Lösung des Problems auf später und schlief erst einmal.

Nach dem Mittagessen rief ich vom ›Miramar‹ aus im ›Stadt Hamburg‹ an. Auf meine vorsichtige Frage, ob Herr Major Elken zufällig anwesend sei, antwortete der Wirt ohne Zögern: »Ja, natürlich – ich verbinde Sie mit seinem Büro . . .«

Ich war noch ganz verblüfft, als sich auch schon eine mir bekannte, sehr militärisch klingende Stimme meldete: »Hier Planungsstelle, Major Elken!«

Ich nannte ebenfalls Dienstgrad und Namen und fügte hinzu: »Bitte Herrn Major etwas fragen zu dürfen . . .«

»Laß mal, mein Junge«, unterbrach mich Onkel Erich. »Ich habe deinen Anruf schon erwartet. Es ist vielleicht besser, wir sehen uns vorerst nicht. Ich brauche noch zwei, drei Tage, um mich mit der Lage vertraut zu machen. Aber zu meinem Geburtstag, am 27. März, lade ich dich hiermit zum Abendessen ein. Kannst du dich da freimachen?«

»Klar, das geht. Ich werde meine Extrauniform anziehen!«

»Das wird sicherlich einen guten Eindruck machen«, meinte Onkel Erich. »Wir essen zu zweit, aber viel reden kann man hier ja nicht, und nachher werden noch Herr Major Zobel und einige andere Offiziere meiner Bekanntschaft dazukommen . . .«

Erst nachdem ich das Gespräch beendet und es aufgegeben hatte, dahinterzukommen, welche Art von ›Planungsstelle‹ sich Onkel Erich wohl ausgedacht haben mochte, fiel mir plötzlich ein, daß er in Wahrheit ja gar nicht im März, sondern zwischen Weihnachten und Neujahr Geburtstag hatte. Also mußte es andere Gründe für diese Einladung zum Abendessen geben. Vermutlich wollte er von mir erfahren, was schon Herr Desch hatte wissen wollen: ob es eine Möglichkeit gäbe, heimlich von Sylt nach Dänemark überzusetzen.

Ich hatte darüber mit dem Wirt der Fischerkneipe bereits geredet. Es war eine schwierige, durch das Hinzukommen anderer Gäste immer wieder gestörte Unterhaltung gewesen, aber am Ende hatte er ja gesagt: Er war bereit, bei seinem Freund, der noch fischen durfte – und nebenbei für ihn den Whisky schmuggelte –, eine Überfahrt für *eine Zivil*person mit nur leichtem Gepäck zu organisieren, ausnahmsweise sogar kostenlos, weil es sich doch wohl um einen dringenden Notfall handelte. Aber der kleine Motorkutter würde nicht nach Rømø, sondern zum dänischen Festland fahren – das sei viel sicherer. Mindestens zwei, besser drei Tage vorher müßte ich ihm Bescheid sagen, die Einzelheiten würde er dann mit dem Betreffenden selbst regeln.

Diese gute Nachricht konnte ich während des gemeinsamen ›Geburtstags‹essens, eingestreut in ein belangloses Gespräch, Onkel Erich übermitteln, und er schien sehr zufrieden. Nach kurzem Überlegen flüsterte er mir zu: »Am 10. April wäre es mir am liebsten – ich brauche noch vierzehn Tage, um das Wichtigste zu regeln. Wenn du nichts anderes mehr von mir hörst, dann sage bitte dem Wirt am 7. April Bescheid, daß ich mit dem 10. einverstanden bin und ihn in der Nacht vom 8. zum 9., kurz bevor er Feierabend macht, auf ein Glas Grog besuchen werde. Und im übrigen halte du dich da völlig heraus – verstanden?!«

Dann kamen Major Zobel und zwei weitere Herren im Stabsoffiziersrang zu uns an den Tisch, ein ganz freundlicher, älterer Oberintendanturrat und ein etwas jüngerer, sehr vergnügter Marine-Oberstabsapotheker, alle drei in der militärischen Rangordnung um Lichtjahre entfernt von den Niederungen meines Mannschaftsstandes. Sie begrüßten Onkel Erich wie einen guten Bekannten, gratulierten ihm herzlich, ließen sich von ihm zu ›Schampus‹ einladen, den der Hotelier ohne Zögern herausgerückt hatte, und begannen dann sogleich eine Unterhaltung, in die sie mich, den ›Neffen‹ in Extrauniform, zwar mitunter einbezogen, von der ich aber wenig verstand. Es ging um eine Bühne und eine mögliche Aufführung, ausgerechnet in der Lagerhalle eines Feldlazaretts, und sie lachten viel dabei, ohne daß ich recht wußte, warum. So zog ich es vor, mich bei der ersten sich bietenden Gelegenheit zu verabschieden.

Die Umstände brachten es mit sich, daß ich Onkel Erich zwar noch einige Male wiedersah, aber erst nach sehr langer Zeit und von ganz anderer Seite erfuhr ich, wie es dazu gekommen war, daß er aus Berlin hatte flüchten müssen, und warum er das Wagnis eingegangen war, in der Rolle eines reaktivierten Majors – und in einer von Herrn Desch maßgeschneiderten Uniform samt kleiner Ordensschnalle – sich aus Hitlers Großdeutschem Reich über das militärische Sperrgebiet der Insel Sylt ins neutrale Dänemark abzusetzen. Frau Gussi Hohlbaum, die mir Onkel Erichs Geschichte fast vier Jahrzehnte später erzählte, war inzwischen Mitte Sechzig, eine schlanke, fast zierliche Frau mit sorgfältig frisierten grauen Haaren. Sie bewohnte noch immer das Haus in der Nähe des Botanischen Gartens in Berlin-Steglitz, wo sie als Fünfundzwanzigjährige den ›Major Elken‹ kennengelernt hatte.

»Natürlich erinnere ich mich«, sagte sie. »Wir hatten immer nur wenige Gäste, nie mehr als vier oder fünf, und nur Dauermieter. Meine verstorbene Mutter führte das Haus als Pension für alleinstehende ältere Herren aus besseren Kreisen. Es waren meist höhere Beamte oder Professoren vom Kaiser-Wilhelm-Institut, auch mal ein Diplomingenieur, lauter Gäste, mit denen es nie irgendwelche Probleme gab, wenn man von diesem einen Fall absieht. Herr Major Elken oder Elkan, wie ich wohl sagen muß, war der einzige Offizier unter unseren Gästen . . . Das heißt: Er gab sich dafür aus, und wir hatten zunächst keinerlei Zweifel daran, denn er spielte seine Rolle wirklich überzeugend!«

Sie seufzte, wohl noch immer gekränkt wegen der Täuschung, der sie und auch ihre Mutter erlegen waren.

Ich erinnerte mich selbst noch gut daran, wie mir ›Onkel Erich‹ im Sommer 1939 erstmals als Major a. D. gegenübergetreten war. Wir waren im Café ›Vaterland‹ am Potsdamer Platz verabredet, und er hatte nicht nur auf mich, sondern auch auf die Umsitzenden, die Bedienung und den Geschäftsführer durchaus den Eindruck eines gerade erst in Pension gegangenen Kavallerieoffiziers aus der Provinz gemacht. Niemand wäre auf den Gedanken gekommen, daß dieser leichten Stallgeruch und Kasinoatmosphäre verbreitende, von ›strammen Gäulen‹ und ›flotten Ballettratten‹ redende, seinen Schnurrbart streichende Herr keineswegs der Major a. D. war, als den man ihn kannte, sondern der als ›Nichtarier‹ seines Notariats und seiner Anwaltspraxis beraubte Dr. Elkan, der für die jüdische Gemeinde Berlins ›heikle Angelegenheiten‹ sehr diskret und geschickt erledigte, so daß die Gestapo lange Zeit nichts davon merkte.
Er hatte auch, in Zusammenarbeit mit Herrn Desch und dessen Freunden, die heimliche Ausreise von über zweihundert jüdischen Kindern und Jugendlichen über Holland nach Amerika bewerkstelligt. Danach allerdings mußte er eilig untertauchen, denn diese geglückte Massenflucht war vor der Geheimen Staatspolizei nicht zu verbergen gewesen. Sie fahndete nun emsig nach dem Organisator des Unternehmens und seinen unbekannten Helfern.
Aber der frühere Rechtsanwalt und Notar Dr. Erich Elkan, auf dessen Spur die Gestapo im Oktober 1939 gestoßen war, blieb für sie unauffindbar. Alles deutete darauf hin, daß er Deutschland bereits verlassen und in den USA Zuflucht gefunden hatte. Seine Junggesellenwohnung in der Lietzenburger Straße, nahe dem Kurfürstendamm, enthielt nur noch ein paar leere Schränke, einen ausgeräumten Schreibtisch und andere Möbelstücke, die sich nicht heimlich hatten fortschaffen lassen. Der Hausmeister, von dem sich der verschwundene Mieter ›zu einer längeren Kur in Bad Gastein‹ mit einem guten Trinkgeld und unter Hinterlassung seiner angeblichen Ferienanschrift mit der Bitte um Nachsendung der Post bereits im August 1939 verabschiedet hatte, war Ende September mit einer in New York abgestempelten Postkarte des Herrn Dr. Elkan überrascht worden. Darauf teilte dieser mit, daß er ›ausgewandert‹ sei; die – bis Jahresende vorausbezahlte – Mietwohnung kündige er hiermit; was sich darin noch an Möbeln und Hausrat befinde, möge der Portier als Geschenk betrachten.
Erst sehr viel später kam die Gestapo dahinter, daß diese Postkarte eine Täuschung und von jemand anderem in New York aufgegeben worden war. Zu dieser Zeit, etwa im April 1940, hatte

sich der Gesuchte längst wieder abgesetzt, nachdem er zuvor, bis gegen Ende Februar 1940, in der Privatpension am Botanischen Garten gewohnt hatte – ordnungsgemäß gemeldet beim zuständigen Polizeirevier als Erwin Elken, Major a. D.

Onkel Erich war, wie mir die Tochter der damaligen Pensionsinhaberin fast vierzig Jahre später erzählte, selbst auf dem Revier gewesen und hatte sich dem Beamten der Meldestelle hinreichend legitimiert – mit einer notariell beglaubigten Abschrift seiner Geburtsurkunde und einem vom Postamt Potsdam 2 ausgestellten Lichtbildausweis. Der stammte, hatte er dem Beamten gesagt, noch aus seiner aktiven Dienstzeit, mit der Berufsangabe ›Major‹, der Anschrift ›Hindenburg-Kaserne‹ und einem Foto, das ihn in Uniform zeigte. Er hatte zwei Paßfotos mitgebracht und den Beamten, der dem ›Herrn Major‹ gern und sehr beflissen zu Diensten war, um Ausstellung eines neuen Ausweises gebeten. So war Onkel Erich zu, sozusagen, echten falschen Papieren gekommen; den Postausweis hatte er sich einige Monate zuvor in Potsdam ausstellen lassen, wo er erstmals in der von Herrn Desch gelieferten Majorsuniform aufgetreten war. Der Postbeamte war so beeindruckt gewesen, daß er nicht einmal einen Ausweis verlangt hatte; Onkel Erich brauchte die – von ihm selbst beglaubigte – Geburtsurkunde auf den Namen ›Elken‹ gar nicht vorzulegen.

»Ich weiß das alles von einem der Beamten, die dann später zu uns kamen«, sagte Frau Hohlbaum. »Wir hatten damals ständig die Herren von der Gestapo hier im Haus. Es war ungeheuer aufregend, und ich fand es geradezu faszinierend, ihnen bei der Arbeit zuzusehen und ihre vielen Fragen zu beantworten. Meiner Mutter war es etwas peinlich . . .«

Ich erfuhr, daß Onkel Erich sich bereits im Frühsommer 1939, als er seine Wohnung in der Lietzenburger Straße noch längst nicht aufgegeben hatte, von dort aber, angeblich zu ›längerem Kuraufenthalt‹, verschwunden war, in der Pension der Frau Hohlbaum eingemietet hatte.

»Er muß ein richtiges Doppelleben geführt haben«, meinte sie dazu, und tatsächlich hatte Onkel Erich acht bis zehn Wochen lang, bis etwa Mitte August 1939, sowohl in der alten wie in der neuen Wohnung gewohnt, in der Lietzenburger Straße als Dr. Elkan, in Steglitz als Major a. D. Elken. Bei einem alleinstehenden Herrn, der nicht mehr berufstätig war, fiel es nicht weiter auf, wenn er mal erst kurz vor dem Frühstück heimkehrte oder schon sehr früh morgens das Haus verließ, sei es, weil er mit ›Kameraden gefeiert‹ hatte, sei es, daß sein ›früherer Kommandeur‹ ihn in

Potsdam zum Frühstück erwartete oder mit ihm ausreiten und dabei irgend etwas besprechen wollte. Plausible Gründe gab es genug, auch dafür, daß der Herr Major a. D. seine persönlichen Sachen erst nach und nach in die Pension brachte oder schaffen ließ.
»Dies hier«, sagte Frau Hohlbaum und führte mich in ein sehr geräumiges Zimmer im ersten Stock, von dessen Balkon aus man auf den Botanischen Garten sah, »war damals sein Appartement – mit Bad und WC sowie schöner Terrasse. Unser bestes Zimmer! – Die Einrichtung war natürlich anders. Nur der Bücherschrank stand schon dort, genau wie heute. Er enthält die Bibliothek meines verstorbenen Vaters, und der Herr Major, ich meine, Herr Dr. Elkan, hatte nichts dagegen, daß der große Schrank samt Inhalt in seinem Zimmer blieb. Er bat sogar darum, ab und zu einmal ein Buch herausnehmen zu dürfen, und so ließen wir den Schlüssel stecken.«
Es war ein großer, reich geschnitzter Eichenschrank aus der wilhelminischen Epoche. Die Vorderfront war verglast, die Längsstreben präsentierten sich als riesige, gepanzerte Ritter, die sich auf ihre überlangen Schwerter stützten. Hinter den Scheiben standen die Bücher, und ich warf einen Blick auf die Titel und Verfassernamen: Werner Beumelburg, ›Sperrfeuer um Deutschland‹, Hans Friedrich Blunck, ›Werdendes Volk‹, Hans Zöberlin, ›Der Glaube an Deutschland‹, Arnolt Bronnen, ›Roßbach‹, Hans Grimm, ›Volk ohne Raum‹, Edwin Erich Dwinger, ›Wir rufen Deutschland‹, Heinz Schauwecker, ›Wir gehen draußen in der Ferne‹, und noch viele Werke ähnlichen Genres sah ich dort stehen; eine Reihe höher entdeckte ich: Julius Streicher, ›Die Talmud-Revolution und andere Aufsätze‹, Alfred Rosenberg, ›Der Mythus des XX. Jahrhunderts‹, Philipp Bouhler, ›Kampf um Deutschland‹ und schließlich auch Adolf Hitler, ›Mein Kampf‹, in einer ledernen Prachtausgabe. Daneben standen zu meiner Verblüffung zwei schmale Bändchen, das eine mit dem goldgeprägten Titel ›Lyrik‹, das andere ebenso als ›Essays‹ gekennzeichnet. Beide hatten denselben Verfasser: Robert Hohlbaum.
»Mein Vater war nämlich Schriftsteller«, sagte Frau Hohlbaum mit spürbarem Stolz. »Er starb leider schon 1938, als er seine ersten großen Erfolge hatte, auch als Bühnenautor . . . Es war ein furchtbarer Schlag für uns, als wir ihn so plötzlich verloren. Er verunglückte auf einer Lesereise. Meine Mutter war dann gezwungen, an Gäste zu vermieten . . .«
Ich fragte, ob ich mal einen Blick in eines der Werke ihres Vaters werfen dürfte. Sie zögerte etwas. Dann sagte sie aber: »Gewiß, sehen Sie es sich bitte an!«

Ich nahm den Essay-Band, blätterte kurz darin und las:

Wir ahnen es nur
Von Robert Hohlbaum
Wenn wir in der Schule vom Hexenglauben der Antike hörten, wenn wir vernahmen, daß die und jene Helden als Göttersöhne bezeichnet wurden, weil man ihre Taten nicht mehr glaubte mit menschlichen Maßstäben messen zu können, dann verwiesen wir dies ins Reich der Fabel, und keiner glaubte, daß er einmal in dieselbe Lage kommen werde wie die Griechen vor mehr als zweitausend Jahren. Bei allen großen Deutschen der früheren Zeit können wir noch mit menschlichen Erklärungen uns zurechtfinden, wir können Bismarck durch die Erkenntnis seiner ungeheuren Verstandestätigkeit, wir können Stein aus der Größe und Weite seines herrlichen Charakters verstehen wollen, bei Adolf Hitler versagen diese Maßstäbe, hier bleibt für uns nur tastende Ahnung eines verborgenen Göttlichen übrig. Wenn sich auch sein Menschliches manchmal in wunderbarer Weise äußert, hüten wir uns, hier Vergleiche mit uns selbst anzustellen, diesen uns vom Himmel Geschenkten aus dem Menschlichen, Verstandesmäßigen, Gewohnten allein erklären zu wollen! Vielleicht haben nur das Kind und die ahnende Frau ein Recht, ihm zu nahen, wir Männer, mögen wir auch auf dem geistig höchsten Standpunkt stehen, dürfen ihn nur als etwas Unbegreifliches dankbar fern über uns wissen. Denn was ist alle, auch die kühnste Dichterphantasie gegen einen Mann, der den Dichtertraum der Jahrhunderte, den Mythos des gemeinen Volkes, zur leuchtenden Wahrheit gemacht hat!

Vielleicht, dachte ich, habe ich ausgerechnet die eine Pflichtübung erwischt und blätterte weiter. Doch die nächste Stelle, die ich las, war eher noch schlimmer:

Ist es nicht herrlich, wenn man weiß, welch schöner Zukunft die Kinder entgegengehen, dabei denkt man unwillkürlich an die vergangenen Zeiten unserer Jugend, den grausamen Krieg, die Nachkriegszeit und Inflation, die Hungertage, das Dörrgemüse und so vieles, was schrecklich auf unsere damaligen Jugendtage und Entwicklung gewirkt hat. Und alles dies brauchen unsere Kinder nicht mehr in dieser schrecklichen Form mitzumachen, für alles haben sie die Sicherheit, daß unser Führer vorbaute, alles übersehend, und das Beste daraus für uns regelte. Ist es nicht selbstverständlich, daß uns der Führer alles ist?

Also machte ich noch einen dritten Versuch, auf der vorletzten Seite des Buches. Aber Frau Hohlbaums Vater hatte offenbar nur *ein* Thema, das er in immer neuen Variationen behandelte, denn da hieß es:
Gewiß, die einmalige geschichtliche Größe Adolf Hitlers können wir Lebenden in ihrem ganzen Ausmaß und ihrer ganzen Bedeutung nicht ermessen; aber man braucht nicht einmal vergleichender Geschichtsforscher zu sein, um unter dem Eindruck des gigantischen Geschehens und Erlebens dieser letzten sechs Jahre wenigstens dunkel zu erahnen, daß einen solchen Mann die Erde noch niemals getragen hat.

Ich verstand nun auch, warum der eigene Essay-Band und die gewiß dieser Prosa entsprechende Lyrik an keinem anderen Platz im Bücherschrank des Robert Hohlbaum stehen konnten als neben Adolf Hitlers ›Mein Kampf‹, dem Werk des Mannes, ›wie ihn gigantischer die Erde‹, jedenfalls nach Ansicht des Verfassers, ›noch niemals getragen‹ hatte.
»Sie verstehen das nicht«, sagte Frau Hohlbaum, die meine Betroffenheit sehr wohl bemerkt hatte. »Heute versteht das keiner mehr. Aber ich will Ihnen mal vorlesen, was *ich* damals, kurz nach dem Tode meines Vaters, im November 1938, geschrieben habe. Ich habe es aufgehoben . . .«
Sie nahm aus der obersten Reihe der Bücher einen schmalen Band, der in grobes, hellgraues Leinen gebunden war. Einband und Blätter waren mit einem dünnen, sauber verknoteten Lederband zusammengehalten, und auf der Vorderseite des Einbands war linolschnittartig ein als aufgehende Sonne gezeichnetes Hakenkreuz aufgedruckt.
Frau Gussi Hohlbaum strich liebevoll die Staubspuren vom Einband, öffnete dann das Buch und ließ mich lesen, was sie darin in deutscher Schreibschrift eingetragen hatte: »Jahrelang war es mein Sehnsuchtstraum, einmal den Führer sehen zu dürfen. Ich kannte seine Stimme aus dem Rundfunk, ich sah sein Bild täglich – auf meines Vaters Schreibtisch und an der Wand neben meinem Bett. Ich glaubte, wenn ich ihn nur ein einziges Mal in Wirklichkeit sehen dürfte, wäre ich ganz zufrieden.
Es war aber nicht so, denn als ich den Führer zum erstenmal gesehen hatte, es war im Juli 1936 in München, da ging es mir wie wahrscheinlich Hunderttausenden:
Ich wollte mehr: ich wollte ihn näher sehen, ganz nahe; ich wollte ihn sprechen hören, ihm die Hand geben dürfen, ich wollte ihm so gern etwas sagen, ihm danken . . .

Aber ich wäre vielleicht dazu gar nicht imstande gewesen und hätte, wie so viele Junge und Alte damals, nur geweint.
Berlin-Steglitz, 1. Julmond 1938 Gussi Hohlbaum«

Auf der dieser Eintragung gegenüberliegenden Seite prangte eine auf Postkartengröße verkleinerte, farbige Lithographie eines Gemäldes von Hubert Lanzinger, betitelt ›Der Bannerträger‹. Darunter hatte die damals drei- oder vierundzwanzigjährige Verfasserin in derselben säuberlichen Schrift ein ›Führer‹wort geschrieben:

»Ob im Glück oder im Unglück,
ob in der Freiheit oder im Gefängnis,
ich bin meiner Fahne,
die heute des Deutschen Reiches
Staatsflagge ist,
treu geblieben. Adolf Hitler«

»Sind Sie auch dieser Fahne treu geblieben?« erkundigte ich mich. Frau Hohlbaum antwortete, nicht ohne Stolz: »Ja, bis zum bitteren Ende ... Später habe ich die Dinge natürlich anders zu sehen gelernt. Es sind böse Fehler gemacht worden, und es ist sicherlich auch einiges passiert, das niemals so hätte geschehen dürfen. Aber ich bin auch heute noch ganz sicher, daß der Führer das selbst nie gewollt, wahrscheinlich gar nicht gewußt hat. Göring und Himmler und einige andere haben ja alles vor ihm geheimgehalten, und später haben alle so getan, als ob *er* an allen Fehlern und Verbrechen allein die Schuld gehabt hätte – gerade diejenigen, die sich am meisten hervorgetan haben, haben alles auf *ihn* zu schieben verstanden ... Dabei hat er doch wirklich Ungeheueres geleistet! Millionen verzweifelter Menschen haben durch *ihn* ihr Lebensglück wiedergefunden, sind wieder zu anständiger Arbeit gekommen und konnten ohne Angst in die Zukunft sehen. Niemand mehr mußte hungern oder frieren. Es ging wieder aufwärts. Alle Betriebe hatten reichlich zu tun, die Autobahnen wurden gebaut. Deutschland wurde wieder geachtet in der Welt – denken Sie doch nur an die Olympiade 1936 ...! Und auch nachdem der Krieg ausgebrochen war, wurde streng darauf gesehen, daß sich nicht einige wenige auf Kosten der Volksgemeinschaft bereicherten. Die Versorgung der Bevölkerung war immer gewährleistet, und die soziale Betreuung war geradezu beispielhaft ...«
Ich dachte an die alte Frau Neuber, die sich nach zwölfstündiger Schicht im Winter 1939/40 hatte abhetzen müssen, um ihre Wochenration an Fett, fünfzig Gramm ›Tafelmargarine‹, noch zu bekommen.

»Ich habe selbst bei der NS-Volkswohlfahrt gearbeitet«, fuhr Frau Hohlbaum fort, »ehrenamtlich natürlich! Von früh bis spät haben wir uns um die Arbeiterfrauen in Lichterfelde gekümmert. Jeder wirklich Bedürftige wurde von uns betreut, selbst die Familien der Kommunisten, die noch in Schutzhaft waren ... Und zu Weihnachten 1939 haben wir nicht nur massenhaft Liebesgabenpäckchen verschickt – jedes mit einem Viertelpfund Pfeffernüsse, zwei bis drei Äpfeln, einer kleinen Packung Keks und einer Tafel Schokolade –, sondern haben auch die Urlaubsbetreuung alleinstehender Soldaten organisiert. Wir haben sogar selbst einen solchen Urlauber betreut. Über Weihnachten war er das erste Mal bei uns und hat vierzehn Tage bei uns gewohnt, und Ostern 1940 kam er wieder ...«
Sie hielt inne, und ich fragte: »Das war also noch zu der Zeit, als Herr Elkan bei Ihnen wohnte, nicht wahr?«
»Ja, natürlich – Weihnachten 1939 haben wir alle gemeinsam gefeiert – mit Jochen, so hieß der Soldat, und auch mit unseren Gästen, soweit sie nicht zu ihren Verwandten gereist waren. Herr Elkan war bestimmt dabei, denn ich erinnere mich noch, daß wir zwischen Weihnachten und Neujahr seinen 50. Geburtstag gefeiert haben. Es war sehr lustig, jedenfalls am Anfang. Später, als Jochen vom Feldzug in Polen erzählte und von den Säuberungsaktionen, an denen er teilgenommen hatte, gab es dann leider eine Mißstimmung ...«
»Bei welcher Waffengattung war denn dieser Jochen?«
»Bei der SS-Verfügungstruppe – und die Mißstimmung gab es, weil Jochen, der wohl ein bißchen zuviel getrunken hatte, von den Aktionen gegen die Juden erzählte. Sie mußten da sehr hart durchgreifen, vor allem in Galizien ... Major Elken – ich meine, Herr Dr. Elkan, ist dann plötzlich aufgesprungen, hat sich sein Monokel ins Auge geklemmt und den Jochen angeschrien: ›So etwas wagen Sie, einem deutschen Offizier ins Gesicht zu sagen?! Solche Verbrechen begeht kein anständiger Soldat! So etwas tun allenfalls Marodeure – und mit denen wird kurzer Prozeß gemacht!‹ ... Das etwa waren seine Worte – ich weiß es noch genau. Wir sind dann hinausgegangen, der Jochen und ich, und meine Mutter ist noch dageblieben und hat Herrn Elkan, den sie ja doch für einen Offizier hielt, zu beruhigen versucht ...«
Offenbar hatte sich Onkel Erich schon so völlig in seine Rolle hineingespielt, daß er sich nicht mehr vorsichtig, wie ein von der Gestapo gesuchter ›Nichtarier‹, verhielt, sondern so, wie man es von einem korrekten Offizier alter Schule erwartete.

Frau Hohlbaum sah es anders: »Später, als ich erfuhr, daß er selbst Jude war, habe ich erst verstanden, warum er sich so empört hat«, sagte sie. »Aber damals, zwischen Weihnachten und Neujahr, wußten wir davon noch nichts ...«
»Hatte der Vorfall irgendwelche Folgen?« erkundigte ich mich.
»Nein«, sagte Frau Hohlbaum, »aber da fällt mir ein ...«
Sie ging zu ihrem Schreibsekretär und begann in den Fächern zu suchen. Dabei erzählte sie, daß Jochen schon am Tag nach Neujahr 1940 zu seiner Einheit nach Polen zurückgefahren sei und daß sie bis dahin über den Vorfall gar nicht mehr gesprochen hätten. Zu Ostern sei Jochen wieder auf Urlaub bei ihnen gewesen.
»Aber zu dieser Zeit war Herr Elkan ja schon nicht mehr bei uns, denn irgendwann im Februar 1940 hatte er sich – so sagte er jedenfalls damals – ›von seinem Regiment wieder einstellen lassen‹ ... Jetzt habe ich es gefunden! Sehen Sie, ich wußte, daß ich noch ein Foto von damals habe!«
Sie zeigte es mir. Auf dem Bild war eine Gruppe von Personen vor einem Weihnachtsbaum zu sehen. Ich erkannte Onkel Erich, der sich etwas abseits und mehr im Hintergrund hielt. Die ältere Frau daneben war vermutlich Frau Hohlbaum senior, die Pensionsinhaberin – eine vollbusige Frau von Mitte Vierzig, das blonde Haar zu einem Knoten geschlungen, in einem dunklen Schneiderkostüm. An der weißen Bluse eine große Brosche mit dem Emblem der NS-Frauenschaft.
In der Mitte des Bildes standen Gussi Hohlbaum und der SS-Mann Jochen, neben dem die junge Frau noch kleiner und zierlicher wirkte. Sie hielt seinen Arm mit beiden Händen umfaßt und blickte zu ihm auf. Einen halben Schritt neben ihm standen eine junge Frau von Anfang Zwanzig, die etwas größer und kräftiger war als Gussi Hohlbaum, aber Ähnlichkeit mit ihr hatte, und ein sympathisch wirkender junger Mann in Zivil, der Knickerbocker trug und einen Pullover mit Schottenmuster.
»Ist das Ihre Schwester?« erkundigte ich mich.
»Ja, das ist meine Schwester Grete mit ihrem damaligen Verlobten. Er studierte noch, mußte dann zum Militär und ist in Rußland gefallen.«
Während sie stolz berichtete, daß ihre Schwester Grete jetzt mit einem Diplomarchitekten verheiratet sei, zwei schon erwachsene Söhne habe und auf der anderen Seite des Botanischen Gartens wohne – ›in einer entzückenden Villa in Dahlem‹ –, schaute ich mir das alte Foto noch einmal genauer an.
Ich stellte fest, daß weder die jüngere Schwester noch deren dama-

liger Verlobter irgendein Nazi-Abzeichen trug, wogegen Frau Gussi Hohlbaum auf dem Bild in NSV-Schwesterntracht war, mit einer großen runden Brosche am Halsausschnitt und einem Parteiabzeichen am Kleid. Sie war also eine ›braune Schwester‹ gewesen, wie man die hauptberuflichen Fürsorgerinnen der NS-Volkswohlfahrt damals nannte, sogar Mitglied der NSDAP. Mir aber hatte sie eben noch gesagt, daß sie ›natürlich ehrenamtlich‹ tätig gewesen sei. Vielleicht waren auch ihre anderen Mitteilungen nur die halbe Wahrheit.

Ich erfuhr weiter von ihr, daß erst gegen Ende April 1940, nachdem der SS-Mann Jochen seinen Osterurlaub in Berlin-Steglitz bereits beendet hatte, ›die Herren‹ von der Geheimen Staatspolizei erschienen wären. Da erst habe sie gehört, daß der vermeintliche Major Elken in Wahrheit ein untergetauchter Jude war und wegen dringenden Verdachts auf ›staatsgefährdende Tätigkeit‹ von der Gestapo seit längerem gesucht wurde.

»Das muß ein Schock für Sie gewesen sein – Sie waren sicherlich sehr bestürzt?«

»Wir fielen aus allen Wolken! *Nie* hätte ich das für möglich gehalten! Meine Mutter bekam durch die Aufregung sogar einen Nervenzusammenbruch . . .! Ich selbst war vielleicht am meisten davon überrascht, da ich absolut nichts an diesem Herrn Elkan bemerkt hatte . . . Also, wie soll ich sagen? – Er hat gar nicht so ausgesehen und sich auch gar nicht so benommen wie . . .«

»Wie die Juden in den Karikaturen der Presse?«

»Ja«, gab sie nach kurzem Zögern zu, »wie die Zeichnungen, die ich gesehen hatte. Wir kannten nämlich keine Juden, obwohl es in Berlin sehr viele gegeben hat. Nur einmal, das war im März 1933 – ich war etwa siebzehn Jahre alt –, da ist unser Vater mal mit meiner Schwester Grete und mir in den Osten der Stadt gefahren, um uns ›richtige Juden‹ zu zeigen – in der Münz- und Grenadierstraße, im sogenannten Scheunenviertel . . . Wir waren ganz entsetzt, daß es solche Menschen gab! Die Polizei führte gerade eine Razzia durch – was für Typen da aufgegriffen wurden! Zerlumpt und verlaust . . .! Grete und ich haben uns stundenlang geduscht und abgeschrubbt, als wir wieder zu Hause waren . . . Natürlich gab es auch andere Juden. Dr. Wollenberg, der Arzt im Nachbarhaus, dem sah man gar nicht an, daß er Jude war. Er wohnte noch bis 1938 nebenan. Einmal, so als 16-, 17jähriges Mädel, da wollte ich mich von ihm verbinden lassen, weil ich mir die Hand verletzt hatte . . . Vater hat das verhindert; er wollte nicht, daß ein Jude mich berührte . . .«

Da von ihr über die Flucht Onkel Erichs aus Berlin nichts zu erfahren war, versuchte ich mein Glück bei Frau Grete Weber, ihrer Schwester.

»Ja, natürlich erinnere ich mich an Herrn Elken«, sagte sie. »Ich mochte ihn ganz gut leiden, obwohl mir sein militärisches Gehabe und sein ewiges Gerede vom ›Rrrment‹ und seinen ›Kam'raden‹ etwas auf die Nerven ging. Aber es hat mir mächtig imponiert, wie er damals Gussis SS-Mann zusammengestaucht hat . . .«

Sie erzählte mir dann, daß sie etwa zur selben Zeit wie Onkel Erich, im Februar 1940, Berlin verlassen habe und zu einer Tante nach Greifswald gezogen sei.

»Mein Freund war dorthin zur Wehrmacht einberufen worden, und da hielt mich nichts mehr zu Hause – meine Mutter und erst recht meine Schwester waren mir damals unerträglich . . . Daß ich anders dachte als sie, hatte ich vor allem Jürgen zu verdanken. Er war alles andere als ein Nazi – leider ist er gefallen . . . Mehr als ich hat er versucht, meine Familie zu verstehen. Vater kam aus einer Kleinstadt, aus Bückeburg. Lehrer wollte er werden, aber dafür reichte das Geld nicht. Er hat dann als Verkäufer gearbeitet – zu einem Hungerlohn, und als er in die SA eingetreten ist, hat ihm sein jüdischer Chef gekündigt. Seitdem haßte er die Juden und ist ein immer wilderer Nazi geworden. Und dann, 1933, nach der ›Machtergreifung‹, machte er plötzlich Karriere als SA-Dichter. Wir zogen nach Berlin, in ein großes Haus. Vater hatte endlich ein gutes Einkommen und, was ihm noch wichtiger war: Anerkennung . . . Er merkte nicht, wie Mutter es leider erfuhr, daß sich manche seiner Parteifreunde heimlich über ihn lustig machten und seine schwülstigen Lobgesänge auf den geliebten Führer einfach lächerlich fanden. Na, und was meine Schwester betrifft, so war sie zwar vier Jahre älter als ich, aber das Nesthäkchen, weil sie so schwächlich war und so häufig krank. Vater hat sich immer nur um sie gekümmert und hat aus ihr eine wirklich 150prozentige ›Nazisse‹ gemacht . . . Ich erinnere mich, daß ich mal mit Herrn Major Elken – für mich ist er das immer geblieben – darüber gesprochen habe. ›Solange Ihre Schwester so ganz in der Volkswohlfahrt aufgeht‹, sagte er damals, ›sollte man ihr einiges nachsehen – sie weiß es nicht besser . . .‹, und da hatte er wohl recht . . . Er konnte nicht ahnen, daß ausgerechnet Gussi ihm zum Verhängnis werden würde . . .«

Sie sah meinen erstaunten Blick und fragte: »Davon hat sie Ihnen wohl nichts erzählt? Nun, es war so: Es hat sie schwer getroffen, als Major Elken ihren Jochen als ›Marodeur‹ und dessen Einsatz als ›Verbrechen‹ bezeichnete. Ende Januar, bei einer Besprechung beim ›Hauptamt für Volkswohlfahrt‹ am Maybachufer, wo Wehrmachts- und SS-Vertreter mit der NSV Erfahrungen mit der bisherigen Betreuung alleinstehender Soldaten austauschten, hat sie das Vorkommnis zur Sprache gebracht. Ein empörter SS-Führer hat sich Namen und Anschrift des ›Majors‹ notiert, und ein paar Tage später kam ein Standartenführer, der sich, wie er mir sagte, ›diesen famosen Herrn Major a. D. einmal vorknöpfen‹ wollte. Zum Glück habe ich ihn empfangen und sagte ihm, Major Elken sei nach Potsdam gefahren – wegen eines Trauerfalls. Dabei war er in Wirklichkeit auf seinem Zimmer . . . Der SS-Führer trug mir dann auf, dem Herrn Major auszurichten, daß er sich sofort nach seiner Rückkehr in der Prinz-Albrecht-Straße, im Gestapo-Hauptquartier, melden solle. Ich habe es Herrn Elken natürlich gleich erzählt, ohne Mutter und Gussi etwas davon zu sagen. Er nahm es sehr ruhig auf und sagte nur: ›Ich werde mir rasch ein neues Quartier suchen müssen . . .‹ Am nächsten Tag ist er dann ›verreist‹ – nur mit einem kleinen Koffer und angeblich zu seiner kranken Schwester nach Küstrin. Es war so um den 10. Februar – bald darauf bin ich auch ausgezogen. Am letzten Abend hatten wir noch ein kurzes Gespräch. Ich fragte ihn, wo er denn nun unterkommen könnte, ohne befürchten zu müssen, von der Gestapo aufgespürt zu werden. Er lächelte und meinte: ›Ich werde wieder die Uniform anziehen – dann wagen sich die Kerle nicht an mich heran . . .‹ Ich schlug ihm vor, erst einmal anderswo ein paar Tage lang abzuwarten, ob nochmals jemand hier nach ihm fragen käme. Wir könnten das Vogelhäuschen vor meinem Fenster als Signal benutzen: Solange es auf seinem Platz stehe, sei nichts geschehen; käme jemand seinetwegen, würde ich es auf die andere Seite stellen. Der Vorschlag gefiel ihm sehr, und ich schloß daraus, daß er in Berlin bleiben würde oder jemanden kannte, der täglich bei uns nachsehen und ihm Bescheid geben konnte. Jedenfalls war es das letzte Mal, daß ich ›Major Elken‹ gesehen habe, denn schon drei oder vier Tage später mußte ich das Vogelhäuschen versetzen; zwei Männer in Ledermänteln waren gekommen und wollten ihn zur Vernehmung abholen. Mutter war ganz aufgeregt, und sie hat meiner Schwester große Vorwürfe gemacht, als sie von ihr erfuhr, wer den Vorfall an ›Major Elkens‹ Geburtstag der SS gemeldet hatte . . .«

Dunkel blieb nur noch, was ›Onkel Erich‹ zwischen seinem hastigen Auszug aus der Pension und seinem Eintreffen auf Sylt gemacht hatte. Dazwischen lagen immerhin einige Wochen.

»Etwa acht Tage nach dem Besuch der Gestapo«, erinnerte sich

Frau Weber, »kam ein Brief von ›Major Elken‹ aus Kleve. Er schrieb, er habe sich reaktivieren lassen. Er fühle sich noch durchaus imstande, als Offizier Dienst zu tun, und das Vaterland brauche jetzt jeden Mann. Dann bat er noch, seine zurückgelassenen Sachen zusammenzupacken und für ihn aufzuheben – ›bis zum Endsieg‹ ...«
Onkel Erich war also abgereist, sobald feststand, daß die Gestapo nicht lockerließ. Er hatte wohl versucht, mit Hilfe unserer Düsseldorfer Freunde in Holland Zuflucht zu finden, aber die ›grüne Grenze‹ war nicht mehr passierbar. Herr Desch und er waren dann übereingekommen, einen Fluchtweg nach Dänemark zu erschließen. Herr Desch hatte auf Sylt die Möglichkeiten erkundet, und ein paar Tage später war Onkel Erich in Majorsuniform in Westerland eingetroffen, um als erster den neuen Fluchtweg zu erproben.

Ich erinnere mich noch deutlich an jenen 10. April 1940. Als ich an diesem Morgen meinen Nachtdienst beendete, war mir bereits klar, daß der mit dem Wirt der Fischerkneipe verabredete Plan gescheitert sein mußte, denn in den ersten Stunden jenes Tages war das Unternehmen ›Weserübung‹ angelaufen – der Überfall der deutschen Wehrmacht auf Dänemark und Norwegen. Die Dänen wurden völlig überrumpelt, ihr Land war kampflos besetzt worden, und in Esbjerg wimmelte es bereits von deutschen Truppen. Geistesgegenwärtig hatte Onkel Erich die schon abgelegte Majorsuniform wieder angezogen, war an Land gegangen und hatte sich dort ein wenig umgesehen. Dann war er mit dem erschrockenen Schmuggler eilig wieder zurück nach Sylt gefahren, wo ich ihn gegen Mittag traf. Er war sehr niedergeschlagen.
»Ich werde noch ein paar Tage hierbleiben. Ich brauche einen plausiblen Grund, weshalb ich abreisen muß und nicht mehr wiederkomme. Die anderen Herren werden sehr enttäuscht sein, denn ich habe ihnen eine Revue versprochen. Meine ›Planungsstelle‹ im Hotel ›Stadt Hamburg‹ ist nämlich zuständig für Sonderveranstaltungen im Rahmen der Truppenbetreuung an der Front ... Vielleicht sage ich ihnen, daß meine vorgesetzte Dienststelle mich nach Norwegen abkommandiert hat – das werden sie mir glauben, und es wird keinen Argwohn erregen, wenn ich plötzlich abreise ...«
»Und wie kommst du hier weg?« wollte ich wissen.
»Genauso, wie ich hergekommen bin – in Uniform, mit der Eisenbahn, 1. Klasse, und mit einem Marschbefehl, dessen einzige Besonderheit ist, daß er von der Standortkommandantur Düsseldorf

ausgestellt ist. Herr Desch hat dort einen guten Bekannten. Ich fahre also nach Düsseldorf zurück, und dann wird man weitersehen . . .«

Ich trug ihm Grüße auf und gab ihm den Rat, mit ›Tante Änne‹ zu sprechen, der Konditorsfrau – und in ihrem Landhaus, so erfuhr ich später, verbrachte Onkel Erich den Spätsommer 1940.

»Ist er tatsächlich durchgekommen? Hat er die Nazizeit überlebt?« Frau Weber freute sich, als ich es ihr bestätigte.

»Es wäre schrecklich zu wissen, daß wir . . ., daß meine eigene Schwester ihn auf dem Gewissen hätte. Sie hat zwar nur diese eine Meldung gemacht, und da wußte ja noch niemand, wer er in Wirklichkeit war. Aber diese Meldung hat dann das übrige ausgelöst. Als ›Major Elken‹ nicht wiederkam, hat die Gestapo Verdacht geschöpft und Nachforschungen angestellt, und da kam natürlich bald heraus, daß es gar keinen ›Major Elken‹ gab, sondern daß er identisch war mit dem Anwalt, den sie schon seit Monaten suchten . . .«

»Und wie hat sich Ihre Schwester verhalten, als sie das alles erfuhr?«

»Zunächst war sie, als der Brief aus Kleve kam, etwas kleinlaut. Einem älteren Offizier, der sich freiwillig zum Kriegsdienst gemeldet hatte, Schwierigkeiten bereitet zu haben, war ihr peinlich. ›Ich habe doch nur meine Pflicht getan‹, beteuerte sie immer wieder, und ich glaube, es tat ihr wirklich leid. Später hat sich das entschieden geändert. Da war sie dann außer sich vor Empörung, daß sich ein Jude ausgerechnet unter unserem Dach versteckt gehalten hatte! Ich glaube allerdings, sie hatte hauptsächlich Angst, von ihrem Jochen im Stich gelassen zu werden. Ob ihre Befürchtungen berechtigt waren, hat sie zum Glück nie erfahren. Jochen ist im Sommer 1940 bei einem Anschlag der polnischen Widerstandsbewegung auf seine Unterkunft ums Leben gekommen. Es war ein schwerer Schlag für Gussi, denn sie erwartete ein Kind von ihm und war bereits hochschwanger, als sie die Nachricht erhielt. Das Persönliche Büro des ›Reichsführers SS‹ hat sich ihrer angenommen. Ein Adjutant von Himmler hat meine Schwester besucht und ihr empfohlen, sich in ein Heim der SS in der Nähe von Bremen zu begeben, wo sie unter bester ärztlicher Aufsicht und Pflege entbinden könnte. Natürlich hat Gussi diesen Vorschlag begeistert angenommen, und am nächsten Tag wurde sie von einem SS-Führer mit dem Auto abgeholt . . .«

»Was war das denn für ein Heim?« erkundigte ich mich.

Zum erstenmal zögerte Frau Weber mit der Antwort. Aber dann

sagte sie, etwas leiser als zuvor, und es schien ihr peinlich zu sein, davon zu sprechen: »Ich will es Ihnen sagen: Sie hat sich für den sogenannten ›Lebensborn‹ anwerben lassen, Himmlers ›Zuchtstätte edelsten Blutes‹, und sie hat nicht nur einmal dort entbunden, sondern noch ein zweites Mal, 1941. Gewiß hätte sie noch vier oder fünf weitere Kinder geboren, denn das war ja der Zweck des ›Lebensborn‹, nur war sie zu schwächlich. 1941, nach der zweiten Geburt, hat man ihr geraten, nur noch als Pflegerin im Heim zu arbeiten, und da sie das nicht wollte, hat man sie nach Prag versetzt, in einen Rüstungsbetrieb, wo nur Frauen arbeiteten. Da war sie Aufseherin . . .«

4. ›Lebensborn‹ – in 30 Jahren 600 Regimenter mehr!

Das ›Entbindungs- und Genesungsheim‹, als das Gussi Hohlbaum ihrer Mutter und anderen ihr Nahestehenden das Haus beschrieb, wo sie vom Sommer 1940 bis zum Jahresende 1941 von der ›Reichsführung SS‹ untergebracht war, gehörte einer Einrichtung, die sich ›Lebensborn‹ nannte und die sich der ›Reichsführer SS‹, Heinrich Himmler, direkt unterstellt hatte, angegliedert dem ›Rasse- und Siedlungshauptamt der SS‹.

Himmler, 1900 in München als Sohn frommer Kleinbürger geboren, hatte am Ersten Weltkrieg noch als Fähnrich teilgenommen. Bald danach kam er über eine rechtsextremistische Gruppe zur Hitlerpartei. Schon damals schwärmte er von der ›edlen Rasse der Germanen‹ und huldigte ihren Kulten, aber seine spätere Verachtung für ›Minderrassige‹, zu denen er dann auch Slawen zählte, war noch nicht so ausgeprägt. Jedenfalls heiratete er eine Polin, die Krankenschwester Marga Concerzowa aus Bromberg, und dann beschäftigte er sich bis gegen Ende der zwanziger Jahre vornehmlich mit Geflügelzucht. Er betrieb, in Waldtrudering bei München, eine Hühnerfarm. Seine organisatorischen Fähigkeiten bewies er, nachdem ihn Hitler Ende 1929 mit dem Aufbau der damals erst knapp 300 Mann starken ›Schutzstaffeln‹ betraute, zu der neben Hitlers persönlicher Leibwache auch die Schlägertrupps und Saalschützer der Partei gehörten: Bis 1933 baute er die SS zu einem Kampfverband mit mehr als 50000 Mitgliedern aus. Daneben schuf er sich mit dem SS-Sicherheitsdienst (SD) einen eigenen Überwachungs- und Spitzelapparat.

Die große Stunde Himmlers schlug am 30. Juni 1934, als seine SS auf Hitlers Befehl fast alle hohen SA-Führer ermordete, auch Hitlers einzigen Duzfreund, den SA-›Stabschef‹ Ernst Röhm, der bis dahin Himmlers und der SS oberster Chef gewesen war. Erst danach wurde die SS zu einer selbständigen Organisation, und zwei Jahre später wurden dem ›Reichsführer SS‹ auch sämtliche Polizeikräfte des Deutschen Reiches unterstellt. Von da an war Himmler,

der später auch noch Reichsinnenminister wurde, der offizielle Sicherheitschef des ›Dritten Reiches‹, Herr über SS- und Polizeikräfte, sämtliche Konzentrationslager, den SD, das ›Reichssicherheitshauptamt‹, schließlich auch über starke militärische Verbände, die neben der Wehrmacht und in Konkurrenz zu ihr gebildet wurden und aus denen die Waffen-SS entstand. Seine ständig wachsende Macht erlaubte es ihm, auch persönliche Marotten und die närrischsten Ideen in allerlei Institutionen zu verwirklichen. Dazu gehörte beispielsweise die SS-›Forschungs- und Lehrgemeinschaft Ahnenerbe‹, deren Aufgabe es war, ›Raum, Geist, Tat und Erbe des nordrassischen Indogermanentums zu erforschen‹; die Herstellung eines – angeblich wundertätigen – Mineralwassers; der Anbau von – ebenfalls magischer Heilkräfte teilhaftigen – Kog-Sagys-Wurzeln; der Bau von ›Kultstätten‹; und auch der ›Lebensborn‹, der als ›Pflanzgarten germanischen Blutes‹ der ›Heranzüchtung eines neuen Herrenmenschentyps‹ dienen sollte.
Heinrich Himmler, der Mann an der Spitze des gesamten Polizei- und Terrorapparats des Nazi-Reichs und Befehlshaber einer Waffen-SS-Streitmacht von zuletzt 900000 Mann, hatte zugleich die Wahnidee, seine Erfahrungen aus der Hühnerzucht auf Menschen anzuwenden; er wollte die Nation ›aufnorden‹, und der ›Lebensborn‹ sollte ihm als ›Zuchtstätte‹ dienen.
»Dieses germanische Reich braucht den Orden der SS. Es braucht ihn wenigstens für die nächsten Jahrhunderte«, erklärte er einmal vor SS-Führern. Nicht zuletzt, um einen ›rassisch einwandfreien, erbgesunden‹ Nachwuch für diesen Orden ›sicherzustellen‹, gründete er im Dezember 1935 den ›Verein Lebensborn e. V.‹; Mitglieder waren ausschließlich SS-Führer und höhere Polizeioffiziere. Zu den satzungsmäßigen Aufgaben des Vereins sollte es gehören, ›rassisch und erbbiologisch wertvolle werdende Mütter unterzubringen und zu betreuen, bei denen nach sorgfältiger Prüfung der eigenen Familie und der Familie des Erzeugers durch das Rasse- und Siedlungs-Hauptamt der SS anzunehmen ist, daß gleich wertvolle Kinder zur Welt kommen; für diese Kinder zu sorgen; für die Mütter der Kinder zu sorgen ...‹, denn – so Heinrich Himmler bei der Eröffnung des ›Lebensborn‹-Musterheims Steinhöring bei München, Anfang 1936: »Heilig soll uns sein jede Mutter guten Blutes!«
Nach und nach entstanden, meist in großen, schloßähnlichen Gebäuden mit großen Parkanlagen, neun ›Lebensborn‹-Heime im Reich und, nach Kriegsausbruch, weitere in besetzten Ländern. Sie unterstanden ausschließlich, ohne Kontrollrecht der örtlich zu-

ständigen Behörden, der Reichsführung SS, hatten völlige Verwaltungs- und Finanzautonomie und sogar eigene Standesämter, die Geburtsurkunden für die im Heim geborenen Kinder so ausstellten, daß daraus keine Rückschlüsse auf eine außer- oder uneheliche Geburt gezogen werden konnten. Die Mütter hatten die Wahl, ob sie ihre Kinder behalten und selbst großziehen oder sie dem ›Lebensborn‹ zur Adoption überlassen wollten; die große Mehrheit überließ die Kinder der SS, denn der überwiegende Teil der Wöchnerinnen waren ›rassisch einwandfreie‹ Minderjährige, die ihre Schwangerschaft vor ihren Familien geheimgehalten hatten, meist Schwesternschülerinnen oder hauptamtliche BDM-Führerinnen. Bei den Vätern, die wegen der erforderlichen Überprüfung ihrer ›rassischen Eignung‹ unbedingt angegeben werden mußten, handelte es sich fast ausschließlich um SS-Angehörige.

Das ›Lebensborn‹-Heim, in das Gussi Hohlbaum im Sommer 1940 eingezogen war, lag nordöstlich von Bremen, zwischen Vegesack und Schwandewede, am Ende einer Allee, die durch einen riesigen Park führte. Es war das Schloß Hohehorst, das von den Brüdern Lahusen – Bremer Kaufleuten, die um 1930 wegen betrügerischen Bankrotts verurteilt wurden – erst gegen Ende der zwanziger Jahre errichtet worden war.

1938 erwarb der ›Lebensborn‹ das große Anwesen. Den geradezu lächerlich geringen Preis von 60000 RM bezahlte die SS aus einem Fonds, der sich aus konfiszierten jüdischen Vermögen zusammensetzte. Das Schloß erhielt dann den Namen ›Friesland‹.

Schloß, Nebengebäude, Park und sonstige Einrichtungen entsprachen ganz den Vorstellungen und Wünschen der für den ›Lebensborn‹ zuständigen SS-Führer, und besonders entzückt waren sie von der Innengestaltung des Schlosses, wo es nur noch ein paar ›Hoheits‹adler, Sigrunen und Hakenkreuze anzubringen galt.

Die Einrichtung und Ausstattung, nach den Vorstellungen Himmlers – ›Daran darf nicht gespart werden!‹– geradezu luxuriös, machte keinerlei Schwierigkeiten. Geld war reichlich vorhanden – ein Viertel der vielen Millionen Reichsmark, die man nach der ›Reichskristallnacht‹ den Juden abnahm, floß in die Kasse des ›Lebensborn‹ –, und wenn bestimme Dinge für Geld nicht aufzutreiben waren, weil man ihre Produktion zugunsten von Rüstungsgütern eingestellt hatte, so wurden sie in jüdischen Heimen, Wohnungen oder Kliniken konfisziert. Dagegen war es für die SS nicht einfach, Ärzte, Hebammen und Schwestern in ausreichender Anzahl für die Arbeit in den ›Lebensborn‹-Heimen zu gewinnen. Das Rote Kreuz lehnte jede Mitarbeit ab, und so versuchte man, mit

Bittschreiben der für den ›Lebensborn‹ verantwortlichen SS-Führer an alle infrage kommenden Nazi-Organisationen den Personalmangel zu beheben. Nach Überwindung der Anfangsschwierigkeiten rekrutierte sich ein beträchtlicher Teil des Personals aus den Reihen der Mütter, die entweder bei ihren Kindern bleiben wollten oder auch nur die Rückkehr zu ihren Familien scheuten. Wer aber im Heim blieb, geriet in nahezu vollständige Abhängigkeit von den ›Lebensborn‹-Oberen, ausgenommen die Ehefrauen höherer SS-Führer, die die Institution nur als Entbindungsheim benutzten.
Überhaupt fehlte es nicht an Müttern, da einerseits, der Naziideologie entsprechend, das Empfangen und Gebären möglichst vieler Kinder – ob ehelich oder nicht, wenn der Nachwuchs nur ›arisch‹ und ›erbgesund‹ war – als ›höchste Pflicht jeder deutschen Frau‹ propagiert und gefördert wurde, anderseits die Strafen für Abtreibung drastisch verschärft worden waren. ›Kinderkriegen ist Ehrenpflicht‹, hieß die Parole, und im BDM, der weiblichen Hitlerjugend, verkündeten die höheren Führerinnen mitunter, in Anbetracht der hohen Verluste im Weltkrieg 1914–18 gebe es zwar einen beträchtlichen Frauenüberschuß, so daß nicht jedes deutsche Mädel auf einen Ehemann hoffen könne, »aber Mutter könnt ihr alle werden!«
Solche Aussprüche hatten zur Folge, daß zum Beispiel nach dem Nürnberger Parteitag 1936 rund eintausend zum Teil noch sehr junge BDM-Mädchen schwanger waren, und viele von ihnen fanden dann beim ›Lebensborn‹, wo sie hochwillkommen waren, Aufnahme; ihren Kindern mangelte es nicht an Adoptiveltern in höheren SS-Kreisen.
Auch an den Schulen, Lyzeen und bei der Aufnahme von weiblichen Erstsemestern in die ›Deutsche Studentenschaft‹ wurde das Kinderkriegen als ›Dienst an Führer und Vaterland‹ propagiert. »Von nun an«, hieß es beispielsweise in einer Ansprache vor Schülerinnen, »müßt ihr euch stets vor Augen halten, daß ihr echte Deutsche seid und daß es die Hauptaufgabe der deutschen Frau ist, dem Führer möglichst viele Kinder zu schenken: ein Kind im Jahr, sofern er es verlangt. Hierzu braucht man durchaus nicht verheiratet zu sein, wie es euch dekadente Menschen einzuschwätzen versuchen. Weist daher die Anträge der jungen Männer nicht von euch, sondern unterhaltet vielmehr sooft wie möglich intime Beziehungen mit ihnen, denn dies ist für euch oberstes Gebot.«*

* Dieses und die folgenden Zitate sind entnommen der Ersten Staatsarbeit für das Lehramt von Gertrud Burmester und Herbert Perthen, Lebensborn Friesland/Hohehorst, Bremen 1981.

So wurde dem ansonsten so gefühls- und sexualfeindlichen Klima von Zucht und Sitte, die das ›Dritte Reich‹ auf seine Fahnen geschrieben hatte, eine ganz neue Libidokomponente hinzugefügt: Zeugen und Gebären als ›Dienst am Vaterland‹.
Der ›Lebensborn‹ sollte den natürlichen Geschlechtsverkehr fördern, aber nur soweit er der Zeugung ›artgerechten‹ Nachwuchses diente, und so diskret wie möglich, weil diese Einrichtung, Himmlers Steckenpferd, in der dafür ›noch nicht reifen‹ deutschen Öffentlichkeit nicht in schlechten Ruf geraten sollte. Im Schriftverkehr zwischen den diversen Partei- und SS-Dienststellen und auch in der privaten Korrespondenz der für den ›Lebensborn‹ Verantwortlichen wurde alles vermieden, was den umlaufenden Gerüchten, in den Heimen würden ›unzüchtige Handlungen‹ vorgenommen, Nahrung hätte geben können. Die auf biologische Vorgänge reduzierten sexuellen Beziehungen wurden vorsichtig umschrieben und mit einem Schwall von Phrasen umnebelt, wobei das ›Verantwortungsbewußtsein‹ der Beteiligten stets besonders hervorgehoben wurde.
So hieß es beispielsweise in einem Brief des SS-Oberführers Dr. Gregor Ebner, der zum ›Persönlichen Stab des Reichsführers‹ gehörte: ». . . Ich muß hier schon fragen: Ist es wirklich Leichtsinn, wenn eine Frau, die sich ein Kind wünscht, bewußt mit einem Mann zusammengeht? Ich glaube im Gegenteil, daß hier tiefes Verantwortungsbewußtsein vorliegt und daß eine solche Frau . . . feste innere Haltung aufweist. Sie werden sicher in Ihrem Bekanntenkreis den einen oder anderen Mann kennen, mit dem Sie die Frage« – ob er bereit sei, eine Schwängerung vorzunehmen – »in Ruhe und Offenheit besprechen können . . .« Dr. Ebner war es auch, der meinte: »Dank dem Lebensborn werden wir in dreißig Jahren sechshundert Regimenter mehr haben!«
Himmler selbst vermied es, klare Weisungen zu geben, wie die von ihm so sehnlich gewünschten Resultate, nämlich massenhafte Erzeugung ›erbgesunden nordischen Nachwuchses‹ in der Praxis erzielt werden sollten. Eine künstliche Befruchtung lehnte er ab, da er fürchtete, dies würde ›früher oder später zu Entartungen bei der Nachzucht und wahrscheinlich zur Impotenz oder Sterilität führen‹. Er verhielt sich zunächst auch ablehnend gegenüber den begonnenen Versuchen, sogenannte ›Mutterhöfe‹ einzurichten, Lebensgemeinschaften von Frauen, die keine Bindungen mit Männern eingingen, sondern sie nur zur Kindererzeugung in Anspruch nahmen und ihren Nachwuchs selbst aufzogen. Er wollte ›überhaupt keine organisatorischen Regelungen des Zeugungsvor-

gangs‹, keine Lokalisierung auf eigens dafür eingerichtete ›Heime‹, weil er fürchtete, daß sie ›sehr bald einen schlechten Ruf bekämen, da sie nur schwer von menschlichen Unzulänglichkeiten freizuhalten‹ wären, und daß dann ›wirklich wertvolle Frauen dort nicht hingehen würden‹.

»Das Problem ist überhaupt nur zu lösen«, schrieb er, »je weniger es reglementiert wird ... und vor allem dadurch, daß in jeder Form die Hindernisse und Diffamierungen beseitigt werden und jede durch das praktische Leben herbeigeführte Lage in Ehren für beide Teile anerkannt wird.« Im Klartext bedeutete das: War ein Mädchen erst einmal schwanger, und das konnte es ›im praktischen Leben‹, wenn alle ›Hindernisse und Diffamierungen‹ fehlten, auf mancherlei Weise werden, hatte der ›Lebensborn‹ es aller Sorgen zu entheben, effizient und diskret, wobei streng darauf zu achten war, daß das eigene Haus ›sauber‹ blieb.

In den Heimen sollte es möglichst keusch, diszipliniert und ›SS-mäßig‹ zugehen. Die eintretenden Wöchnerinnen wurden geduzt und nur mit ihren Vornamen angeredet. Sie hatten ihre Zimmer selbst sauber zu halten und auf strenge Ordnung zu achten; es gab regelmäßig ›Stubenabnahmen‹ und ›Spindkontrollen‹. Besucher aus der Außenwelt waren unerwünscht. Die Neugeborenen erhielten auf ›germanischem Kult‹ entsprechende Weise einen Vornamen: Sie wurden vor einen Hakenkreuz-›Altar‹ gelegt, die Jungen mit einen SS-›Ehrendolch‹ an der Stirn berührt und in den schwarzen Orden aufgenommen; bei Mädchen hielt ein SS-Führer nur eine kurze Ansprache, und ein gemeinsames Lied der Anwesenden beschloß den ›feierlichen Akt der Namensgebung‹.

Die Verantwortlichen waren sehr bemüht, den äußeren Schein des Anstands zu wahren. »Im Heim ›Kurmark‹«, heißt es in einem Protokoll, »ist der Fall vorgekommen, daß zwei werdende Mütter gleichzeitig im Heim anwesend waren, die ein und denselben Kindsvater hatten ... Der Fall soll nachgeprüft und ein ähnliches Zusammentreffen vermieden werden.«

Guten Eindruck konnten die Heime nur auf wenige machen, denn sie wurden von SS-Posten streng bewacht; Grundstück und Haus durften nur diejenigen betreten, die dazu Erlaubnis hatten, und das waren, außer dem meist im Heim selbst wohnenden Personal und den Wöchnerinnen, die Oberen des ›Lebensborns‹, ›dienstlich‹ beauftragte SS-Führer, KZ-Häftlinge unter Bewachung, die zu Garten- oder Reparaturarbeiten eingesetzt waren, sowie mitunter Gruppen junger Mädchen, die als Personal angeworben werden sollten.

Da gegen Kriegsende nahezu sämtliche den ›Lebensborn‹ betreffenden Dokumente von der SS vernichtet wurden, ist bisher nur ein einziges Kurzprotokoll über den Besuch von fünfzig Schwesternschülerinnen im ›Musterheim‹ Steinhöring am 13. Juni 1940 bekannt. Daraus ist ersichtlich, was man den 16- bis 18jährigen Mädchen erklärte, um sie für die Arbeit im ›Lebensborn‹ zu gewinnen: *›Lebensborn – Problem ist wichtig für die Nation! Ansichten noch geteilt. Was Widerspruch herausfordert, braucht nicht immer schlecht zu sein. Siehe Kampfzeit! Beweis immer durch Leistung. Zwischen verheirateten und ledigen Frauen in der Mutterschaft kein Unterschied. Falsche Moral! Außereheliches Verhältnis wird geduldet, solange das Mädchen nicht schwanger wird. Schwangerschaft ist aber die natürliche Folge der Liebesverbindung ... Größter Aderlaß des Volkes durch den Krieg – Ersatz von Menschen – Leistung ist wichtiger als Legalität! ... Frauenüberschuß von 2 Millionen! Durch den jetzigen Krieg noch mehr. Männermangel auch durch Homosexualität: eine Million. Also: drei Millionen zu wenig Männer! ... Jeder Mann hat die Wahl zwischen zirka fünf Frauen. Er wird vermutlich von ihnen die Schönste, Reichste und Kinderlose heiraten – vier von diesen Frauen können nicht heiraten, sollen diese kinderlos bleiben? Problem liegt also tiefer: Sein oder Nichtsein unseres Volkes! Deutschland muß wieder Kinderland werden! Das ledige Mädchen, das zwangsläufig ledig bleiben muß, muß das Recht haben auf Mutterschaft – deswegen unser Kampf gegen die Diffamierung ... Ist unsere Arbeit gut oder nicht? ... Gut ist, was dem Volk nützt, schlecht ist, was dem Volk schadet. Das Volk sind nicht nur wir Lebenden, sondern auch unsere Ahnen und auch unsere Enkel. Heilig ist uns jede Mutter guten Blutes!‹*
Bei dieser Werbung für den ›Lebensborn‹ blieb unklar, was von den Schwesternschülerinnen beim Dienst im Heim eigentlich erwartet wurde: Betreuung und Pflege der Wöchnerinnen und der Kinder – oder eigene Mutterschaft? Tatsächlich wurde beides gewünscht und gefördert, denn es waren hauptsächlich die in den Heimen tätigen Schwesternschülerinnen, die regelmäßig schwanger wurden. Durch einen Beschluß des SS-›Rasse- und Siedlungs-Hauptamts‹ aus dem Jahre 1937 war die Aufgabe dieser Schwesternschülerinnen bereits bestimmt: »Der ›Lebensborn‹ wird sie mit einem Mann zusammenbringen, nicht in leichtfertiger Absicht, sondern in dem Bewußtsein, der Nation gegenüber eine hehre Pflicht zu erfüllen.«
Es kamen nur Mädchen infrage, die die strengen Qualitätsanforderungen der SS-Experten erfüllten: Sie mußten ihre ›rein arische‹ Abstammung bis zurück ins Jahr 1750 nachweisen, ›erbgesund‹,

mindestens 1,60 Meter groß, blond und blauäugig, außerdem von der Nazi-Ideologie durchdrungen sein und sich voll zur ›Rassen‹lehre bekennen.
Die Schwesternschülerinnen und ›braunen Schwestern‹, die – wie Gussi Hohlbaum im Sommer 1940 – zur Entbindung ins ›Heim Friesland‹, das Schloß Hohehorst bei Bremen, kamen und bald nach der Geburt ihrer Kinder in ein anderes ›Lebensborn‹-Haus versetzt wurden, stammten vorwiegend aus Oberbayern, Tirol und der Steiermark, und sie hatten, wie das Register des hauseigenen Standesamts ausweist, durchweg ›Heimatanschriften‹ in München – insgesamt vier ständig wiederkehrende Adressen. Die amerikanischen Forscher Marc Hillel und Clarissa Henry, die Anfang der siebziger Jahre den ›Lebensborn‹-Komplex erforschten,* konnten nur in einem Fall Genaueres über die Bedeutung dieser gleichlautenden Anschriften ermitteln:
Das Haus Ismaninger Straße 95, eine ›hochherrschaftliche Villa‹, von der Straße abgeschirmt durch eine hohe Mauer, hatte, wie sie herausfanden, etwa seit 1939/40 ein SS-Führerkasino beherbergt. In der Nachbarschaft lebte während dieser Zeit und auch noch 30 Jahre später ein Ehepaar, Hans und Franziska S., das erklären konnte, was es mit der angeblichen ›Heimatadresse‹ auf sich hatte, die so vielen der im ›Heim Friesland‹ entbindenden jungen Mütter gemeinsam war.
»Während des Krieges«, so berichtete Franziska S., »war unser Nachbar der ›Lebensborn‹ ... Das haben wir allerdings nicht sofort erfahren ... Man war natürlich neugierig, ab und zu riskierte man einen Blick hinüber. Da haben wir dann auch die Mädchen gesehen. Sie waren alle groß und blond, sehr nordisch, eben echte Arier, wie man damals sagte ...«
»Tag und Nacht«, ergänzte Hans S. den Bericht seiner Frau, »standen SS-Posten mit großen Polizeihunden Wache, drinnen im Park und draußen auf dem Trottoir ... So langsam haben wir's dann begriffen: Das Haus dort war ein Treffpunkt, ein Offiziersklub der SS ...«
»Dann haben wir auch erfahren – wie, das ist schwer zu sagen –, daß die Mädchen von überall kamen, aber hergeschickt waren sie vom Zentralbüro des ›Lebensborn‹ in der Herzog-Max-Straße ... Da sollen sie ausgesucht worden sein ...«
»Wenn wieder neue daherkamen, hieß es bei uns im Viertel immer: ›Da, schau her, schon wieder ein paar neue Kühe für unsere

* Marc Hillel/Clarissa Henry, Lebensborn e.V., Wien–Hamburg 1975

Zuchtbullen!‹ ... (Es waren) lauter stramme Burschen, das muß man ja sagen. Man konnte sich wohl vorstellen, daß ein Mädchen, das – sagen wir: ein bißchen überkandidelt war, schon Lust bekommen konnte, mit diesen Burschen ›dem Führer ein Kind zu schenken‹, wie es so hieß ...«

»Soweit man das nach der Kleidung oder anderen Äußerlichkeiten beurteilen konnte, blieben diese Mädchen mehrere Tage, manchmal auch mehrere Wochen. Dann verschwanden sie, und es kamen neue. Die Männer wechselten auch, aber nicht so häufig ...«

Der ›Lebensborn‹ hatte indessen auch noch andere Mädchen für die Massenproduktion ›edler Arier‹: »Während des Krieges war ich Schwesternschülerin«, berichtete die inzwischen über 60jährige Frau K. Sie nannte auch den Namen der Schule des Roten Kreuzes in Berlin, wo sie ausgebildet worden war, und andere Einzelheiten. »Eines Tages bekamen alle meine Freundinnen und ich Einsatzbefehle an die Ostfront – irgendwo in der Nähe von Riga.« Nur weil ihr Vater es durch gute Beziehungen hatte verhindern können, war sie – zu ihrem damaligen Leidwesen – ›freigestellt‹ worden. Alle anderen ›Einberufenen‹ reisten ab. Drei der jungen Mädchen, mit denen Frau K. damals besonders eng befreundet war, blieben mit ihr in Verbindung und schrieben regelmäßig. »Sie wurden gar nicht zum Fronteinsatz geschickt ...«, sondern – so ging aus den Mitteilungen hervor – in rückwärtige SS-Quartiere, um mit den dortigen Führern Kinder zu zeugen.

»Ich bin der festen Überzeugung, daß dies nicht mit rechten Dingen zugegangen ist«, meinte Frau K. dazu. »Sie hatten alle drei keinen besonders heftigen Wunsch nach einem Kind, eher das Gegenteil, und sie waren nicht einmal übermäßig nazilinientreu ...« Ihre Freundinnen, alle aus ›gutbürgerlichen‹ Elternhäusern und ›recht lustig, aber keineswegs leichtsinnig‹, waren alle drei schwanger aus Lettland zurückgekehrt. »Sie kamen in ein ›Lebensborn‹-Heim in der Nähe von Würzburg, wo genau, kann ich nicht mehr sagen ...« Die Verbindung zu den drei jungen Frauen ging schließlich verloren, weil Frau K. geheiratet hatte und mit ihrem Mann nach Bremen verzogen war. »An die eine«, schloß sie, »kann ich mich besonders gut erinnern. Sie machte sich nämlich immer lustig über meine Heiratsabsichten, und sie selber wollte keine Kinder haben ...«

Mit der Besetzung Dänemarks und Norwegens im April 1940 eröffneten sich dem ›Lebensborn‹ neue, hochwillkommene Möglichkeiten, ›rassisch hochwertiges Menschenmaterial‹ zu erhalten und mit dessen Hilfe die erforderliche ›Aufnordung‹ des deutschen

Volkes zu betreiben. SS-Gruppenführer Wilhelm Rediess, Führer des Oberabschnitts Nord, verfaßte für den ›Reichsführer‹ eine geheime Studie mit dem Titel, ›Die SS für Großdeutschland – mit Schwert und Wiege‹, worin es hieß: »Es ist ausgesprochen wünschenswert, daß deutsche Soldaten so viele Kinder wie möglich mit norwegischen Frauen zeugen, gleichviel ob ehelich oder unehelich ... Der kämpfende Soldat muß von allen Sorgen befreit werden, die seinen Sinn belasten könnten ... Das Reichskommissariat wird für alle Kosten, die Mutter und Kind verursachen, aufkommen ...«

Die Vorschläge von Rediess wurden bereitwillig aufgegriffen und mit großem Erfolg verwirklicht: Etwa 60 000 Norwegerinnen wurden mit Billigung und Förderung der Besatzungsbehörden von deutschen Soldaten geheiratet. Außerdem konnten, wegen der wachsenden Anzahl unehelicher Schwangerschaften, eine Reihe von ›Lebensborn‹-Heimen in Norwegen eingerichtet werden, so in Hönefoss und Godthob, beides in der Nähe von Oslo, sowie ›Stalheim‹ bei Bergen. Die dort von Norwegerinnen geborenen Kinder wurden ›politisch zuverlässigen‹ deutschen Familien zur Adoption überlassen, die sich – so der Forscher Marc Hillel – »um die ›Edelprodukte‹ geradezu rissen«.

Dagegen scheiterten alle Versuche des ›Lebensborn‹, im besetzten Dänemark Fuß zu fassen; der passive Widerstand gegen das Besatzungsregime war dort zu stark. Auch in Holland, wo der ›Lebensborn‹ das ›Heim Gelderland‹ bei Nijmegen einrichtete, und in Belgien, wo es ebenfalls Heime gab, stießen die Organisationen auf erheblichen Widerstand. Dagegen konnte der ›Lebensborn‹ in Frankreich, wo im Schloß Lamorlaye in der Nähe von Paris das Heim ›Westwald‹ entstand, zunächst ohne Schwierigkeiten Fuß fassen. Während der Besatzungszeit wurden in Frankreich insgesamt – meist außerhalb der ›Lebensborn‹-Organisation – mehr als 100 000 uneheliche Kinder geboren, deren Väter Wehrmachts- und SS-Angehörige waren. Vom SS-Standpunkt aus war dieser Nachwuchs jedoch ›von rassisch zweifelhaftem Wert‹, außer auf den Kanalinseln, wo – wie eine eigens eingesetzte Kommission des SS-›Rasse- und Siedlungs-Hauptamts‹ befriedigt feststellte – ›das normannische Blut mit wünschenswerter Reinheit erhalten‹ sei.

In Luxemburg schließlich gab es das ›Lebensborn‹-Heim ›Moselland‹, das vor allem der Aufnahme verschleppter Kinder aus den Ostgebieten diente. Denn die SS begnügte sich nicht damit, wo immer es möglich war, die forcierte ›Aufzucht‹ neuer ›Herrenmenschen‹ zu betreiben. In Polen, in den baltischen Provinzen und der

Ukraine, aber auch in Jugoslawien, Rumänien und der Tschechoslowakei – überall waren Beauftragte des SS-›Rasse- und Siedlungs-Hauptamts‹ auf Jagd nach ›Beutekindern‹, vorausgesetzt, sie waren dem äußeren Anschein nach ›arischen Blutes‹. Meist handelte es sich um Kinder erschossener ›Partisanen‹ oder Geiseln. Von über hundert Kindern aus dem tschechischen Dorf Lidice, das ›zur Sühne‹ des Attentats auf SS-Obergruppenführer Reinhard Heydrich dem Erdboden gleichgemacht worden war, durften dreizehn überleben – weil sie blond waren.

Ein Jahrzehnt lang, von 1935 bis zum Frühjahr 1945, versuchte der ›Reichsführer SS‹ Heinrich Himmler, seine fixe Idee, die massenhafte Züchtung ›nordischer Edelmenschen‹ und die ›Zufuhr guten, Ausmerzung schlechten Blutes‹, mit allen nur erdenklichen Mitteln durchzusetzen. Zielstrebig, pedantisch und völlig skrupellos verfolgte er sein Ziel, einen neuen ›hehren Menschentyp‹ heranzuzüchten.

Marc Hillel, der sich als Forscher eingehend mit Himmlers ›Lebensborn‹ beschäftigt hat, faßt die Ergebnisse dieser Bemühungen folgendermaßen zusammen: »Dies wollen wir unbedingt festhalten, denn es gilt sowohl für die Kinder sorgfältig auserlesener Fortpflanzungskandidaten als auch für alle jene in ganz Europa geraubten Blonden und Blauäugigen. Einige dieser Kinder konnten wir dreißig Jahre später persönlich begutachten, wobei wir feststellten, daß sie weder durch ihre Größe noch durch ihre Haar- und Augenfarbe von anderen Gleichaltrigen, die in irgendeiner anderen Frauenklinik zur Welt kamen, sich unterschieden.« Heinrich Himmlers Bemühungen um die Hervorbringung eines neuen Menschentyps waren völlig vergeblich gewesen.

Aber – »Es war sein Hobby«, meinte dazu die frühere ›Lebensborn‹-Schwester Paula H., und bei dieser Feststellung lächelte sie freundlich wie in Erinnerung an eine kleine Schrulle eines im übrigen liebenswerten und tüchtigen Menschen. »Um die kleinsten Einzelheiten hat er sich gekümmert . . .«

Und tatsächlich: Himmler ließ sich über die ›Milchleistungen‹ der stillenden Mütter in den ›Lebensborn‹-Heimen genau berichten und prämiierte Rekorde; zur Belohnung durften solche ›Hochleistungs‹-Frauen ein weiteres Jahr im ›Lebensborn‹ bleiben. Er äußerte auch den Wunsch, »daß eine kleine Sonderkartothek aufgestellt wird für alle die Mütter und Kindseltern, die eine griechische Nase bzw. einen Ansatz dazu haben. In Frage käme für diese Kartothek z. B. die Kindesmutter des Fragebogens L. 6008 . . .«

Als sich der ›Reichsführer‹ für die Nasen seiner ›Lebensborn‹-

Frauen zu interessieren begann, Mitte Februar 1942, stand für Hitler – wie aus den geheimen Kriegstagebuchaufzeichnungen des Führungsstabs des OKW klar hervorgeht – bereits seit zweieinhalb Monaten fest, daß der Krieg militärisch nicht mehr zu gewinnen war und mit dem Untergang des Großdeutschen Reiches enden mußte.

Für Erwin, meinen Funktruppführer, gab es daran schon früher keinen Zweifel. Obwohl er nur Unteroffizier war, sagte er mir schon anderthalb Jahre früher, im Spätsommer 1940, die Katastrophe voraus und begründete seine Prognose sehr überzeugend.

5. Sommer 1940 – Hitlers Triumph und der Anfang vom Ende

Mitte April 1940 – Dänemark war schon seit zehn Tagen besetzt, aber in Norwegen wurde noch heftig gekämpft, vor allem um Narvik – wurden Erwin und ich zu unserem Regimentskommandeur gerufen.

Ich dachte sofort an Onkel Erich und seinen durch die ›Weserübung‹ vereitelten Versuch, aus dem Machtbereich der Nazis nach Dänemark zu entkommen; ich wußte nicht einmal, ob ›Major Elken‹ die Insel Sylt schon verlassen hatte und sicher ins Rheinland gelangt war. Aber, sagte ich mir, darum kann es sich eigentlich nicht handeln, denn mit dieser Sache hatte Erwin ja nichts zu tun ...

»Stehen Sie bequem«, sagte Oberst Keßler, als wir uns zur befohlenen Zeit im obersten Stock des Hotels ›Miramar‹ bei ihm gemeldet hatten. Er ging im Zimmer auf und ab, blickte aus dem großen Fenster hinaus auf die Nordsee, warf uns einen kurzen, musternden Blick zu und sagte schließlich: »Also, Sie sind die beiden Wachhabenden, die dem Großdeutschen Reich innerhalb von nur zwei Monaten mehr als eine Million Reichsmark an Kosten verursacht haben ...« Es klang zu unserer Erleichterung nicht sehr ärgerlich. »Ich weiß Ihre Wachsamkeit und Ihren unermüdlichen Eifer durchaus zu schätzen«, fuhr Oberst Keßler fort. »Kein noch so hoch fliegender feindlicher Aufklärer ist Ihnen entgangen. Fast jede Nacht war Fliegeralarm. Unsere sämtlichen Batterien waren bereits im Einsatz – mit nicht unbeträchtlichem Munitionsverbrauch ... Nur hat es bis jetzt noch keinen einzigen Abschuß gegeben ... Sie wollen mich doch nicht etwa unterbrechen, Unteroffizier?«

»Nein, Herr Oberst«, sagte Erwin, der tatsächlich zum Sprechen angesetzt und sich dann gerade noch zurückgehalten hatte. »Ich mußte nur an etwas denken!«

Der Kommandeur forderte ihn mit einer Kopfbewegung auf, sich zu äußern, und Erwin nahm diese Gelegenheit sofort wahr: »Wir

haben das Flugmeldesystem nach und nach verbessern können, Herr Oberst. Die englischen Flieger sind von unserer lückenlosen Überwachung der Deutschen Bucht überrascht worden. Unsere Feuerkraft hat sie beeindruckt und zu sofortigem Abdrehen veranlaßt. Das ist doch, wenn ich das sagen darf, Herr Oberst, das beste Resultat, das unter den gegebenen Umständen zu erreichen war . . .«
Er verstummte und schien nun, nach so viel Kühnheit, etwas verlegen.
»Ist das alles?« fragte Oberst Keßler und tat erstaunt. »Ich dachte, Sie würden mir noch etwas darüber erzählen, daß die vielen Fliegeralarme auch dazu dienten, die Truppe an den Krieg zu gewöhnen und die Geschützbedienungen in ständiger Übung zu halten . . . Es ließen sich sicherlich auch noch andere Vorteile aufzählen.« Er sah uns scharf an. Wir verzogen keine Miene, und er fuhr fort: »Aber das hört jetzt auf! Geben Sie von jetzt an nur noch Fliegeralarm, wenn Sie ganz sicher sind, daß mehrere – *mehr als zwei!* – gegnerische Maschinen im Anflug sind – verstanden?! – Sie können wegtreten . . .« Aber noch bevor wir aus dem Zimmer waren, sehr erleichtert, rief uns der Oberst wieder zurück: »Da ist noch etwas: Wir müssen einen ausgebildeten Funker nach Norwegen abgeben, an die neue Flugwarnzentrale Drontheim. Überlegen Sie sich mal, wen wir am ehesten entbehren können, und sagen Sie dann Herrn Major Zobel Bescheid. In einer Woche soll der Mann in Marsch gesetzt werden – das ist alles!«
Eigentlich war die Auswahl des abzukommandierenden Funkers Sache unseres Majors Zobel, aber der war – wie der Oberst wohl auch schon bemerkt hatte – in den letzten Wochen noch zerstreuter als gewöhnlich, vergaß selbst Routineangelegenheiten und konzentrierte sein ganzes Interesse auf das Verhalten der gerade auf Sylt eingetroffenen Raubseeschwalben, auch Wimmer- oder Kreischmöwen genannt, die den Winter in Nordafrika verbracht hatten und nun auf der Insel in den Dünen nisteten.
Erwin und ich brauchten nicht lange zu überlegen, wen wir ›am ehesten entbehren‹ konnten – es kam nur Barczustowski infrage. Er war am leichtesten ersetzbar, da Erwin unseren auf der Insel nicht benötigten Funkwagen bei einem etwaigen Stellungswechsel auch selbst fahren konnte. Vor allem aber war Barczustowski in den letzten Wochen unausstehlich geworden. Das bisherige Stillhalten der Engländer und Franzosen, die kampflose Eroberung Dänemarks und die ständigen Erfolgsmeldungen aus Norwegen hatten ihn zu der Überzeugung gebracht, daß ›der Führer‹ uns den

›Endsieg‹ bereits errungen und alle Feinde endgültig in die Flucht geschlagen habe. Er sah sich schon als Herrn über tausend polnische Bauern, die er, der altbewährte Parteigenosse, als Arbeitssklaven zugeteilt bekommen würde, oder als Distriktgouverneur und Herrn über Leben und Tod in einem der besetzten Gebiete mit einem Schloß als Amtssitz und einem Harem, bestehend aus blonden Polinnen und noch blonderen Mädchen aus Norwegen . . .
Wäre es beim bloßen Schwelgen in solchen Phantasien geblieben, hätten wir es noch hingenommen; bei dem eintönigen Leben, das wir auf der Insel führten, waren wir froh, wenn es etwas zum Lachen gab. Aber Barczustowski hatte auch – wie schon früher in der Garnison – zu spitzeln begonnen. Erst am Tag zuvor hatte er bei Erwin, seinem Wachhabenden, wieder eine ›dienstliche Meldung‹ machen wollen: Der Hauptgefreite Kinnigkeit habe ihm im ›Strandcafé‹ Greuelmärchen erzählt, reine Feindpropaganda, von einem Marinesoldaten aufgeschwatzt, wie er durch geschicktes Fragen herausbekommen habe, und der Mariner habe sich noch damit gebrüstet, es ›ganz genau‹ zu wissen, weil er Radio London abgehört habe . . .
Erwin hatte Barczustowski zunächst einmal zusammengestaucht: Er verbat sich, von ihm geduzt zu werden, wenn es sich tatsächlich um eine ›dienstliche Meldung‹ handeln sollte; sodann möge er sich erst einmal Stiefel anziehen, denn ›Dienstliches‹ sei in Turnschuhen nur beim Frühsport erlaubt, und schließlich handele es sich um bloßes Hörensagen. Wenn der Hauptgefreite Kinnigkeit, ein alter Soldat mit fast einem Jahrzehnt militärischer Erfahrung, selbst keine Meldung gemacht habe, werde er dafür gewiß gute Gründe haben, und Barczustowski solle sich gefälligst dieser höheren Einsicht eines Dienstälteren beugen. Kurz, Erwin verhinderte die Meldung, aber dann hatte er doch wissen wollen, welcher angeblichen Feindpropaganda die Kameraden von der Marine denn aufgesessen seien.
»Die Engländer wollen vor der norwegischen Küste den Schweren Kreuzer ›Blücher‹, den Leichten Kreuzer ›Karlsruhe‹ und unsere zehn modernsten Zerstörer versenkt haben«, ließ ihn Barczustowski widerwillig wissen.
»Das stimmt leider«, hatte Erwin erwidert, »du wirst es morgen im Wehrmachtsbericht lesen können . . .«
Barczustowski hatte dann nur noch leise gemurrt, aber es war Erwin und mir klar, daß wir seine ›Meldungen‹ nicht auf Dauer würden verhindern können. Deshalb wollten wir Major Zobel den Gefreiten Barczustowski zur Abkommandierung nach Norwegen

vorschlagen, jedoch war anzunehmen, daß sich Barczustowski von Oberleutnant Holzmann, dem für die ›politische Betreuung und weltanschauliche Schulung‹ zuständigen Offizier, für ›unabkömmlich‹ erklären lassen würde. »Aber ich denke«, meinte Erwin abschließend, »daß sich dagegen was tun läßt. Wir werden uns etwas Besonderes einfallen lassen . . .«
Einige Tage später war der 20. April, ›Führers Geburtstag‹, Barczustowski putzte seine Stiefel und sein übriges Lederzeug besonders blank und erklärte frech, er freue sich, daß Oberst Keßler und ›die anderen reaktionären alten Säcke‹ vor der Hakenkreuzfahne strammstehen und dem ›genialen Führer‹, dem ›größten Feldherrn aller Zeiten‹ die gebührende Reverenz erweisen müßten. Erwin, Hänschen, der Doppeldoktor und ich pflichteten ihm ausnahmsweise bei. Es hätte ihn stutzig machen müssen, aber er war schon vom, wie der Doppeldoktor es nannte, ›Führergeburtstagsfieber‹ ergriffen. Nur mit einer fast knielangen Turnhose bekleidet, machte er sich eilig zum Strand auf, wo er täglich, genau dreißig Minuten lang, seinen privaten Frühsport trieb.
»In einer halben Stunde bin ich wieder zurück«, rief er uns noch zu, »dann habe ich noch reichlich Zeit, mich zur Feier fertigzumachen . . .« Es war das letztemal, daß er mit uns sprach. Wir mußten uns, kaum daß er außer Sicht war, in Windeseile umziehen, nachdem wir bis dahin herumgetrödelt hatten. Eben noch rechtzeitig kamen wir zum Appell.
Gerade als Oberst Keßler auf dem Höhepunkt seiner sehr kurzen, markigen Ansprache war und das obligate Sieg Heil auf das Geburtstagskind, den ›Führer und Oberbefehlshaber der Wehrmacht‹ ausbringen wollte, tauchte in seinem Blickfeld der Gefreite Barczustowski auf. Er kam – fast hätte es dem Kommandeur die Sprache verschlagen – im Dauerlauf vom Strand herauf, in der einen Hand einen großen Seestern. Er bemerkte uns, als das Sieg Heil erscholl, blieb wie angewurzelt stehen, machte eilig kehrt und verschwand hinter dem Haus.
»Dieser Mann meldet sich bei mir in zehn Minuten im vorschriftsmäßigen Dienstanzug!« brüllte Oberst Keßler, kaum daß das dritte Sieg Heil ausgebracht war. Sein Adjutant und Hauptwachtmeister Stoffregen, der ›Spieß‹ der Stabsbatterie, eilten zu ihm. »Der Mann wird ohnehin morgen nach Norwegen versetzt, Herr Oberst«, hörten wir den Adjutanten sagen. »Sein Marschbefehl ist schon ausgestellt. Wenn Oberleutnant Holzmann keine Bedenken . . .«
Er sprach jetzt sehr leise, so daß wir nicht mehr verstehen konn-

ten, was er dem Oberst sagte. Aber wir sahen, wie Oberleutnant Holzmann es mit allen Anzeichen des Abscheus von sich wies, für seinen bisherigen Schützling und Spitzel Barczustowski ein gutes Wort einzulegen.

Knapp vierzehn Tage später, am 4. Mai 1940, hieß es zu unserer Überraschung, daß unser Stab noch in der Nacht die Insel verlassen würde. Nachdem wir mehr als sieben Monate lang auf Sylt gewesen waren, hatten wir uns schon auf die Eröffnung der Badesaison gefreut. Dennoch fiel uns der Abschied nicht schwer nach dem langen, für uns so öden Winter.

Das erste Etappenziel unseres Stellungswechsels war Rendsburg, wo uns ein neuer Funkwagenfahrer zugeteilt wurde. Er hieß Jens Kröger, war zwanzig Jahre alt, und auf die Frage, als was er ausgebildet sei, antwortete er zu unserer Verblüffung: »Ich spiele Schlagzeug und Baßgeige, auch Schlagbaß natürlich und Xylophon.«

Damit erübrigten sich für Erwin und mich weitere Fragen, mit denen wir hatten sicherstellen wollen, daß uns kein zweiter Barczustowski beschert worden war. Wer sich für den – bei den Nazis streng verpönten – Jazz begeisterte, konnte kein verbohrter Hitleranhänger sein.

»Ich habe mich zu den Funkern gemeldet«, erzählte uns Jens Kröger etwas später, »weil man da ab und zu mit starken Empfängern etwas hören kann – Carnegie Hall und so . . .«

Erwin wollte aber ganz sichergehen und bat den Doppeldoktor, der am meisten von Jazz verstand, dem Neuen am Abend noch einmal genau auf den Zahn zu fühlen.

»Sein Vorbild ist Gene Krupa«, berichtete uns der Doppeldoktor später, »und als ich daraufhin sagte: ›Spielt der nicht bei Benny Goodman?‹, antwortete er: ›Aber nein, das war früher – so bis 1938 . . . Krupa hat jetzt 'ne eigene Band – mit Roy Eldridge als Trompeter und Anita O'Day als Vokalistin . . .‹ Das stimmt genau – und überhaupt: Das ist ein prima Kerl – da können wir von Glück sagen, daß wir den bekommen haben. Er hat auch ein Koffergrammophon und drei Dutzend Platten, die er sich in Dänemark besorgt hat – die neuesten Aufnahmen von Duke Ellington, Tommy Dorsey und Lionel Hampton – natürlich auch jede Menge Krupa . . .«

›Krupa‹, wie wir Kröger bald nur noch nannten, erwies sich auch als guter Fahrer und immer hilfsbereiter Kumpel. Nur für die militärischen Äußerlichkeiten hatte er keinen Sinn und wäre ständig in Schwierigkeiten geraten, wenn wir nicht aufgepaßt hätten. Schon am zweiten Tag in Rendsburg machte sich das bemerkbar: ›Krupa‹ hatte sich erboten, auf der Schreibstube nachzufragen, ob Post für uns eingegangen wäre. Erwin hatte ihn dazu erst einmal ›angezogen‹ – den schiefen Sitz von Koppel und Mütze korrigiert, die Jacke richtig zugeknöpft und den Kragen zugehakt. Als er nach einer halben Stunde noch immer nicht zurückgekommen war, gab Hänschen zu bedenken, daß ihm etwas zugestoßen sein müsse; die Schreibstube lag nur einen Stock tiefer, genau unter uns, im Erdgeschoß der Kaserne.

»Da war doch vorhin so ein fürchterliches Gebrüll«, sagte der Doppeldoktor.

Also machte sich Erwin – er war schließlich Unteroffizier – auf den Weg und brachte nach zehn Minuten den schweißnassen und keuchenden ›Krupa‹ zurück auf die Stube.

»Holzmann hat ihn strafexerzieren lassen«, teilte Erwin mit. »Ich mußte ihn an die Vorschrift erinnern. Er hat ihn nur sehr widerwillig aus seinen Fängen gelassen . . .«

›Die Vorschrift‹ – LwVBl. (Luftwaffenvorschriftenblatt) 1939, C-367-891, wie wir auswendig hersagen konnten – besagte, daß Funker vom Exerzier- und anderem körperlich anstrengenden Dienst weitestgehend zu befreien und sehr ›schonend‹ zu behandeln seien, damit ihre kriegswichtige Sensibilität und ihr besonderes Fingerspitzengefühl nicht in Mitleidenschaft gezogen würden.

»Ich weiß gar nicht, was diesen Menschen so aufgebracht hat«, keuchte Krupa, »ich war doch sehr höflich zu ihm . . .«

Erwin klärte uns auf: »Er war gerade an der Reihe beim Postempfang, da kam Oberleutnant Holzmann dazwischen, und unser Krupa hat zu ihm gesagt: ›Verzeihung, Herr Wachtmeister, ich war eher hier!‹ Das ist alles . . .«

Drei Tage später erhielt unser Funktrupp Marschbefehl für einen Stellungswechsel nach Broichweiden, nordöstlich von Aachen. Wir verstauten das feldmarschmäßige Gepäck sowie verbotenerweise auch einiges andere, darunter ›Krupas‹ Koffergrammophon und die Schallplatten, in dem fabrikneuen Achtzylinder-›Horch‹, mit dem wir in Rendsburg ausgestattet worden waren, und fuhren mit sehr gemischten Gefühlen ab.

»Jetzt wird es ernst«, meinte Erwin. »Morgen beginnt der Feldzug im Westen, und dann ist der Krieg bestimmt nicht mehr komisch . . .«

Und tatsächlich: Am 10. Mai 1940 fiel die deutsche Wehrmacht in die neutralen Beneluxländer und in Frankreich ein.

Genau einen Monat und einen Tag nach unserer Abfahrt von Sylt, am frühen Morgen des 5. Juni 1940, hielt unser ›Horch 8‹ auf einem kleinen, vom Krieg anscheinend verschonten Platz in St-Pol-sur-Mer, einer Vorstadt von Dünkirchen, im äußersten Norden Frankreichs, nur ein paar Kilometer von der belgischen Grenze entfernt.
»Hoffentlich sind wir hier richtig«, sagte ›Krupa‹ und gähnte. Er hatte die ganze Nacht hindurch am Steuer gesessen, und wir waren immer wieder und wieder gezwungen gewesen, umzukehren und einen neuen Weg zu suchen, weil eine Brücke zerstört oder die Straße überschwemmt war. Offenbar hatten die Franzosen alle Schleusen geöffnet.
»Wenn sich jetzt herausstellen sollte«, fuhr ›Krupa‹ fort, »daß wir wieder im falschen St-Pol sind, dann . . .«
»Dann fährst du uns weiter«, unterbrach ihn Werner, »bis wir das richtige Nest gefunden haben – das ist doch klar!«
»Es gibt mindestens ein Dutzend davon«, murmelte ›Krupa‹, legte den Kopf auf das Steuerrad und schlief sofort ein.
»Vielleicht hat Major Zobel gar nicht St-Pol gemeint, sondern St-Paul«, ließ sich der Doppeldoktor vernehmen. »Die Aussprache ist die gleiche. Es gibt beispielsweise noch St-Paul-des-Landes, unten an der spanischen Grenze, St-Paul-de-Vence in den Bergen oberhalb der Riviera, St-Paul-de-Varces, südlich von Grenoble . . .«
»Sind wir wieder falsch?« erkundigte sich Hänschen, der gerade erst aufgewacht war. Er hatte die ganze Nacht hindurch fest geschlafen, wie er überhaupt meist schlief, wenn der Funkwagen fuhr, und wir waren während der letzten Tage fast ständig unterwegs gewesen.
Er stieg aus, reckte sich und meinte: »Ob wir nun falsch oder richtig sind – die Hauptsache ist, daß wir bald ein Frühstück kriegen – wenigstens einen heißen Kaffee . . .«
Ich sah mich um. Der kleine Platz war wie ausgestorben. An allen Häusern waren die Fensterläden geschlossen. Nichts rührte sich, außer einer kleinen Katze, die sich uns vorsichtig näherte und miaute.
»Da hinten«, sagte der Doppeldoktor und nahm die Katze auf den Arm, »da scheint jemand zu sein . . .«
Tatsächlich, fünfzig Meter von uns entfernt, in einer Seitenstraße, öffnete ein Café. Erwin nickte mir zu, und ich machte mich auf den Weg.
Ich war der einzige von uns, der sich einigermaßen verständigen konnte, und seit dem 20. Mai war unser Funktrupp ganz auf sich

gestellt, weit entfernt vom übrigen Stab und ohne Funkverbindung mit unserem Regiment.
Wir hatten auch tagelang keine Fühlung mehr mit anderen deutschen Verbänden gehabt und waren mitunter nicht sicher gewesen, ob wir uns nicht längst im Rücken der französischen Truppen befanden. Schon vor etlichen Tagen, bald nach Beginn unserer Irrfahrt, waren wir einem endlosen Strom flüchtender Zivilisten begegnet, der verblüffenderweise in dieselbe Richtung strebte wie wir und den wir nur mühsam überholen konnten.
Ein verzweifelter Familienvater, dessen überladener Citroën mit leerem Tank am Straßenrand liegengeblieben war und dem wir mit zwanzig Litern Wehrmachtkraftstoff aushalfen, hielt uns für Engländer.
Ich hatte spaßeshalber geantwortet, wir kämen aus Kanada, und es hatte ihn gar nicht überrascht. Den Franzosen waren unsere graublauen Luftwaffenuniformen, deren ›Feldblusen‹ genannte Jacken wir mit offenem Kragen trugen, noch unbekannt, erst recht unsere ›Schiffchen‹ genannten Mützen. Wir trugen auch nicht die üblichen ›Knobelbecher‹, sondern lange Hosen und Halbschuhe, was zwar gegen die Vorschrift, aber – so meinte Werner – unter den gegebenen Umständen und bei der herrschenden Hitze eine vertretbare ›Marscherleichterung‹ war, und falls wir tatsächlich hinter die französischen Linien geraten sein sollten, so würde unsere Aufmachung als ›erlaubte Kriegslist‹ gelten.
Der Wirt des kleinen Cafés in St-Pol-sur-Mer, der gerade sein Lokal öffnete, warf mir einen verwunderten Blick zu, als ich ihn höflich fragte, ob man schon Kaffee und etwas zum Frühstück haben könnte. Er entfernte zunächst den Zigarettenstummel, der an seiner Unterlippe klebte, und sagte, mich kritisch musternd und nicht gerade freundlich: »Nanu, ihr seid ja immer noch da?!«
Da ich nicht recht wußte, was ich darauf antworten sollte, zumal wir doch eben erst in St-Pol angekommen waren, versuchte ich es mit einem Lächeln und bot ihm eine Zigarette an. Es war eine ›Caporal Ordinaire‹, gekauft von dem Geld, das uns der Citroën-Fahrer für den Kanister Benzin zugesteckt hatte.
Der Wirt nahm die Zigarette, ließ sich Feuer geben, und während er die Markise herunterließ und ein paar Stühle an die eisernen Tische vor dem Lokal stellte, sagte er, um ein geringes freundlicher: »Ihr Tommys seid doch alle abgehauen. Die letzten, hieß es eben noch im Radio, sind gestern gegen Abend von den Booten abgeholt worden – vom nördlichen Strand aus, da hinten, wo es noch brennt . . .!«

Er wies mit dem Kinn in eine Richtung, in der, unserer Karte nach, die Stadt Dünkirchen liegen mußte. Ich folgte seinem Blick und sah die schwarzen Rauchsäulen, die der Westwind landeinwärts wehte.
»Wo kommt denn ihr noch her, daß ihr nicht wißt, was hier passiert ist? Fast eine halbe Million Mann haben sie rüber nach England gebracht, darunter auch ein paar von unseren Soldaten... 25 000 Mann allein noch gestern, und alles mit Barkassen, Kuttern, Motorbooten, Ausflugsdampfern und sogar Segelyachten! 25 000 an einem Nachmittag!«
»Wir sind nur fünf, und wir möchten frühstücken«, sagte ich. »Kaffee, mit oder ohne Milch, Brot oder Hörnchen – geht das?«
Natürlich wußten wir längst, was in Dünkirchen passiert war. Wir hörten ja die Nachrichtensendungen ab. Aber wir waren allein und mußten vorsichtig sein.
Ich holte also einen 50-Franc-Schein aus der Jackentasche, den ich ihm zeigte.
»Ja doch«, sagte er endlich, fügte aber hinzu: »Wegkommen werdet ihr nicht mehr – die Evakuierung ist beendet, haben sie im Radio gesagt. Spätestens gegen Mittag werden die Deutschen hier sein...«
»Haben Sie vielleicht auch Eier?« erkundigte ich mich.
»Ich werde mal sehen... Es dauert ohnehin noch ein paar Minuten, bis der Bäcker kommt. Ihr könnt euch hier draußen hinsetzen – aber...«
Er musterte mich nochmals, diesmal genauer, sah, daß ich keine Waffe hatte, und erklärte sehr energisch: »Bringt ja nicht eure Gewehre mit – sonst gibt es überhaupt nichts! Ich will hier keine Schießerei – ist das klar?«
»Klar«, versicherte ich ihm, »Sie können sich darauf verlassen – Ehrenwort!«
Es fiel mir leicht, ihm dieses Versprechen zu geben, denn zu den Wunderlichkeiten unserer seltsamen Frankreichfahrt gehörte es auch, daß wir überhaupt keine Waffen hatten. Unsere drei Reservisten – Hänschen, der Doppeldoktor und ›Krupa‹ – hatten, als sie nach beendeter Ausbildung zu unserem Stab versetzt worden waren, aus unerklärlichen Gründen keinen Karabiner empfangen. Als Erwin und ich dies bemerkten, war es zu spät, denn da hatten wir schon – es war am Nachmittag des 10. Mai – die holländische Grenze überschritten und standen in einer langen Kolonne von Wehrmachtsfahrzeugen auf einer völlig verstopften Landstraße, die nach Maastricht führte.

Es dauerte stundenlang, bis wir endlich in die Stadt einfahren konnten und den befohlenen Sammelpunkt gefunden hatten. Dort gab es Verpflegung und neue Instruktionen: Unser Funkwagen sollte in der Nähe von Alken, bei einer Mühle, in Wartestellung gehen und so schnell wie möglich Funkverbindung mit allen Batterien des Regiments aufnehmen.
Als wir wieder aufbrachen, war es bereits stockdunkel. Auf dem Weg zu unserem abgestellten Fahrzeug nahm mich Erwin beiseite: »Ich will meine Knarre auch loswerden«, flüsterte er mir zu. »Wo doch die anderen keinen Karabiner empfangen haben, würde es gar nicht auffallen. Was meinst du?«
Wir kannten uns lange genug, und ich wußte genau, was er meinte.
Als wir dann am Ende einer langen Kolonne von Wehrmachtsfahrzeugen über eine eiserne Brücke fuhren und wieder einmal anhalten mußten, stieg Erwin, der neben ›Krupa‹, dem Fahrer, gesessen hatte, aus. Er kam an die hintere Tür und sagte zu mir: »Komm, wir tauschen mal den Platz . . .«
Gleichzeitig nahm er unsere beiden Karabiner aus der Halterung neben der Tür, nachdem er sich davon überzeugt hatte, daß Hänschen und der Doppeldoktor fest schliefen. Als ich ihm ans Brükkengeländer gefolgt war, hatte Erwin die Karabiner schon auf den Boden gelegt. Wir brauchten sie nur noch mit dem Fuß unter dem Geländer hindurch ins Wasser zu stoßen.
Wir hörten es klatschen, blieben noch einen Augenblick am Geländer stehen und stiegen dann rasch wieder ein.
»Was hast du denn da draußen gemacht?« hörte ich Hänschen fragen. Es klang verschlafen.
»Dreimal darfst du raten«, gab ihm Erwin zur Antwort. »Und damit es für dich nicht zu schwer ist, bekommst du eine kleine Vorgabe: Ich bin jetzt ein Maas-Schiffer . . .!«
Fast eine Woche lang stand unser Funkwagen neben der Mühle, etwa zwei Kilometer von dem niederländischen Städtchen Alken entfernt. Alles war ruhig und friedlich. Nur abends, wenn wir die deutschen und ausländischen Sender abhörten, erfuhren wir etwas vom Krieg – von dem schweren Luftangriff auf Rotterdam, der viele Opfer gefordert hatte, vom raschen Vordringen der deutschen Panzerdivisionen in Nordfrankreich, von den verheerenden Auswirkungen der ›Stuka‹-Einsätze auf die Verkehrsknotenpunkte und vom unveränderten ›Sitzkrieg‹ am Oberrhein, entlang der Maginot-Linie.
Am Abend des 18. Mai überbrachte uns ein Kradmelder den Be-

fehl zum Stellungswechsel. Wir sollten bis Tervuren, nicht weit von Brüssel, vorrücken. Die belgische Hauptstadt, erzählte er uns, sei bereits besetzt, und Holland hätte schon vor drei Tagen kapituliert.

Am 20. Mai, gleich am Morgen nach unserem Eintreffen in Tervuren, fingen wir einen Funkspruch auf, der besagte, die deutschen Panzerspitzen hätten bei Abbeville die Sommemündung und damit die Kanalküste erreicht. Das bedeutete, daß die Hauptmacht der Franzosen, Engländer und Belgier von allen ihren rückwärtigen Depots und Nachschubwegen abgeschnitten war und daß ihr die Einkesselung drohte. Wenn jetzt nicht ein energischer Vorstoß der Franzosen von Süden her kam, der die weit vorgepreschten deutschen Panzerdivisionen abriegelte und zugleich die Verbindung zur alliierten Hauptmacht wiederherstellte, war der Feldzug im Westen zugunsten der Wehrmacht entschieden.

Erwin brachte diese wichtige Meldung selbst zum Kommandeur. »Unser Alter ist völlig aus dem Häuschen«, erzählte er, als er zurückkam. »Er berät jetzt mit dem Adju und Major Zobel, und er brennt geradezu darauf, noch zu einem wichtigen Einsatz zu kommen, ehe der ganze Feldzug vorbei ist! Er hat jetzt fünf weitere Flakbatterien unter seinem Befehl, und nun will er natürlich General werden . . . Ich hörte, wie er telefonierte: Er bot sich an, den vorgepreschten Panzerdivisionen Flakschutz zu geben. Wetten, daß es in spätestens einer Stunde . . .?!«

Kurz darauf erschien Major Zobel, setzte sich mit Erwin und mir in den Funkwagen, seufzte leise und sagte: »Also, der Funktrupp erhält eine besondere Aufgabe . . . Sie fahren jetzt sofort los, ohne auf die anderen zu warten, und machen sich selbständig. Fahren Sie südlich die Straße über Mons und Valenciennes nach Douai und von dort zunächst weiter nach Westen. Suchen Sie Anschluß an unsere weit vorgeschobenen Panzerdivisionen und kümmern Sie sich nicht um die langsameren Verbände – es kommt jetzt vor allem auf Schnelligkeit an! Unsere Panzer brauchen Schutz vor Fliegerangriffen. Die Batterien der Gruppe von Herrn Oberst Keßler kommen nach, so rasch sie können. Suchen Sie uns derweilen ein geeignetes Stabsquartier und einen günstigen Standort für die Funkstelle. Besorgen Sie sich Verpflegung und Treibstoff unterwegs – wie, das ist mir egal. Hier ist eine Bescheinigung vom Gruppenkommando . . .«

Er gab Erwin einen Zettel mit eindrucksvollen Stempeln, zündete sich eine Zigarette an und schien gehen zu wollen.

»Alles klar?« erkundigte er sich.

Erwin schüttelte den Kopf.
»Wo sollen wir denn ein Stabsquartier suchen, Herr Major? Ist das auch egal? Und was sollen wir machen, wenn wir auf gegnerische Verbände stoßen?«
»Feindberührung ist unbedingt zu vermeiden!« erklärte Major Zobel, sehr zu unserer Erleichterung. »Und beschränken Sie auch den Funkverkehr auf das Allernötigste. Geben Sie der 1. Batterie kurz Nachricht, wenn Sie den Ort erreicht haben . . .«
»Welchen Ort?«
»Ach so, natürlich – er heißt St-Pol- . . . und noch irgendwas. Sie werden die Stadt schon finden – sie liegt dicht am Meer, und es wird dort bestimmt irgendein kleines Schloß oder ein Kurhaus geben, das sich als Gruppenhauptquartier eignet – mit Blick auf die See und so . . . Und nun fahren Sie los, damit ich Oberst Keßler melden kann, Sie seien schon unterwegs. Ich denke, in spätestens einer Woche sehen wir uns wieder . . .«
Das war nun bereits sechzehn Tage her, als wir am frühen Morgen des 5. Juni 1940 in St-Pol-sur-Mer bei Dünkirchen auf ein Frühstück warteten.
Wir waren am 20. Mai, nachdem uns Major Zobel auf den Weg geschickt hatte, zunächst ziemlich rasch und ohne große Schwierigkeiten bis Mons gekommen, dann aber umgeleitet worden, weil die Straße nach Valenciennes unter Beschuß lag. Immerhin: Am nächsten Morgen erreichten wir Amiens, und dort blieben wir bis zum späten Nachmittag.
Amiens war die erste, vom Krieg hart getroffene Stadt, die wir sahen. Zahlreiche Häuser und alle Brücken waren beschädigt oder ganz zerstört, die Straßen von Einschlägen aufgewühlt. Ein großes Haus am Markt war völlig ausgebrannt, und die Trümmer qualmten noch.
Wir gingen durch die menschenleeren Straßen. Alle Fensterläden waren geschlossen. Die Bevölkerung schien geflüchtet zu sein. Die einzige ›Zivilperson‹, die uns begegnete, war eine alte Frau. Sie stand in einem Hauseingang und starrte uns ängstlich an.
Schließlich fanden wir das gerade eingerichtete Nachschubdepot am Rande der Stadt. Der Feldwebel, der uns mit Marschverpflegung und einigen Kanistern Treibstoff versorgte, zeigte uns den Weg, den die deutschen Panzer genommen hatten.
»Immer nach Westen, der Somme entlang«, sagte er.
Aber wir kamen nicht weit. Schon nach wenigen Kilometern wurden wir von Feldgendarmerie angehalten. Mißtrauisch betrachtete einer der ›Kettenhunde‹ unseren Marschbefehl.

»St-Pol . . .? Wo ist denn das?«
»Das möchten wir auch gern wissen – es soll an der Küste liegen«, gab ihm Erwin zur Antwort.
»Übernehmen Sie erst mal diese Gefangenen«, befahl ihm der Gendarmeriefeldwebel und wies mit dem Kinn auf die Wiese neben der Straße.
Da lagen tatsächlich – wir hatten sie bis dahin gar nicht bemerkt – wohl an die tausend französische Soldaten! Die meisten hatten sich in den Schatten der Büsche und Bäume gelegt und schienen zu schlafen. Andere saßen ohne Hemd in der heißen Sonne.
»Begleiten Sie sie mit Ihrem Fahrzeug bis zum Auffanglager – es soll am Flugplatz sein, etwa sechs Kilometer von hier. Der *Capitaine* dort, der mit dem hellblauen Käppi, weiß Bescheid. He, *Capitaine,* antreten lassen!«
Noch ehe wir protestieren konnten, hatte sich der Feldgendarm schon auf sein Motorrad geschwungen und brauste davon.
»Das hat uns gerade noch gefehlt«, stöhnte Erwin.
Es blieb uns nichts anderes übrig, als die französischen Soldaten zu begleiten, wobei es uns fast den Atem verschlug, als wir sahen, daß viele der Gefangenen noch ihre Gewehre trugen. Doch alle, mit denen ich unterwegs sprach, waren heilfroh, daß der Krieg für sie vorbei war. Sie erzählten, daß die deutschen Panzer sie überrascht hätten, als sie – wie sie glaubten –, noch tief in der Etappe nach Norden marschierten.
Als wir uns drei Stunden später von ihnen verabschiedet hatten, meinte Erwin: »Vielleicht haben die gar nicht so unrecht, wenn sie sagen, sie hätten es besser als wir – für sie ist der Krieg zu Ende, und *sie* sind jedenfalls heil davongekommen . . . Ich dachte, ich trau' meinen Augen nicht, als sie ihre Gewehre zusammenstellten und Feuer darunter machten. Sie schienen mir sehr vergnügt bei dieser Beschäftigung . . .«
»Wer kann mir sagen, wo es jetzt langgeht?« unterbrach ihn ›Krupa‹. »Ich habe keine Ahnung, wie wir wieder zurück auf die Hauptstraße kommen . . .«
Es stellte sich heraus, daß keiner von uns auf den Weg geachtet hatte. Der *Capitaine* war vorwegmarschiert und hatte die Kolonne geführt. Wir waren hinterhergefahren und damit beschäftigt gewesen, die Nachzügler aufzulesen. Außerdem war es inzwischen dunkel geworden.
»Fahr mal die Straße da lang, die geht ungefähr in westlicher Richtung«, sagte Erwin. »Da werden wir schon wieder auf die Hauptstraße zurückkommen . . .«

Aber das war ein Irrtum. Spät in der Nacht, nach etwa sechsstündiger Fahrt über Feldwege und schmale Landstraßen, ab und zu durch schlafende Dörfer, deren Namen sich auf der Karte nicht finden ließen, kamen wir endlich an eine große Kreuzung. Im Schein der sorgfältig abgeschirmten Taschenlampe lasen wir die Wegweiser: ›Paris 96‹, stand auf dem einen, ›Beauvais 63‹ auf dem anderen. Zur weiteren Auswahl wurden uns ›Rouen 39‹ und ›Evreux 36‹ angeboten.

Wir stellten fest, daß Beauvais der einzige noch auf unserer Karte verzeichnete Ort war, und er lag weit südlich von Amiens. »Wir sind etwas vom Weg abgekommen«, meinte Erwin. »Kennt sich einer von euch mit der Geographie hier aus?«

»Rouen liegt, soviel ich weiß, an der Seine, zwischen Paris und der Küste«, versicherte uns der Doppeldoktor.

»Na gut«, sagte Erwin, »fahren wir erst mal nach Evreux, das ist die nächste größere Stadt. Wenn sich herausstellen sollte, daß die Richtung immer noch nicht stimmt, haben wir es nicht so weit zurück . . .«

Damit begann unsere Irrfahrt, über deren genauen Verlauf wir uns später nicht einigen konnten. Jedenfalls waren wir am nächsten Morgen, nachdem wir in einem Heuschober ein paar Stunden geschlafen hatten, dem Flüchtlingsstrom begegnet, irgendwo zwischen Evreux und Dreux. Danach waren wir in einen dörflichen Gasthof eingekehrt, hatten dort zu Mittag gegessen und mit dem Geld bezahlt, das wir im Tausch gegen Benzin erhalten hatten, und waren uns, nachdem ich mit dem Wirt gesprochen hatte, endlich der Tatsache bewußt geworden, daß wir viel zu weit nach Süden abgekommen waren.

»Der Krieg ist Gott sei Dank weit weg von hier«, hatte der Wirt zu mir gesagt, und Erwin hatte dazu gemeint: »Das ist an sich ja kein Fehler, im Gegenteil. Aber dennoch müssen wir jetzt zurück nach Norden und an die Küste, also nach Nordwesten.«

Vielleicht hätten wir den Rückweg etwas schneller gefunden, wären wir nicht am Abend auf den Gedanken verfallen, einen Gendarmerieposten um Rat zu fragen. Der sehr freundliche *Sergeantchef* beschrieb uns den Weg zu dem einzigen St-Pol, das es ›am Meer‹ gab: St-Pol-de-Léon, am äußersten Ende der bretonischen Landzunge.

Aber schließlich, nachdem es uns, etwa eine Woche nach unserem Aufbruch von Amiens, in einer dörflichen Tankstelle gelungen war, Straßenkarten für das ganze nordwestliche Frankreich aufzutreiben, hatten wir das – wie wir hofften – richtige St-Pol gefun-

den – fast sechshundert Straßenkilometer zurück in den äußersten Norden Frankreichs.
Nicht ein einziges Mal waren wir unterwegs angehalten worden oder gar in ›Feindberührung‹ gekommen. In allen Dörfern, wo wir Station machten, waren wir freundlich behandelt worden, hatten nirgendwo Verdacht erregt oder gar Schwierigkeiten gehabt. Auch vom Krieg hatten wir unterwegs so gut wie nichts bemerkt, abgesehen von Begegnungen mit weiteren Fahrzeugkolonnen von nach Süden flüchtenden Einwohnern der Nordprovinzen.
Erst am Vormittag des 5. Juni, nachdem wir in dem kleinen Café gefrühstückt und uns dann in St-Pol sowie im benachbarten Dünkirchen etwas umgetan hatten, sahen wir die Spuren weit heftigerer Kämpfe als in Amiens, wo wir zum erstenmal vor den Auswirkungen des Kriegs standen: völlig zerstörte Häuserreihen, gesprengte Brükken, brennende Öltanks, Massen von liegengebliebenem, beschädigtem oder zerstörtem Kriegsgerät . . .
Es war ein bedrückender Anblick. Die ganze Stadt, bis auf wenige Straßen und Plätze in den südlichen Außenbezirken, war Kampfgebiet gewesen und von der Zivilbevölkerung fluchtartig geräumt worden.
Auch am Strand und in den Dünen nördlich von Dünkirchen lagen Tausende von leichten und schweren Waffen, Munitionskisten, zurückgelassene Feldküchen, verstreute Konservenbüchsen und zahllose Wracks britischer Armeelastwagen. Sehr betroffen nahmen wir das Trümmerfeld in Augenschein.
Hänschen hielt eine Büchse mit Corned beef in die Höhe, die er aus dem Sand aufgelesen hatte, und studierte die Markierung. »Verwendbar bis Mai 1943«, stellte er fest und steckte sie ein.
»Verdammt«, sagte ich zu Erwin, »hier ist die ganze britische Armee untergegangen.«
Erwin schüttelte energisch den Kopf.
»Im Gegenteil«, erklärte er, »hier ist offenbar ein Wunder geschehen! Stell dir vor, es wäre den deutschen Panzerdivisionen, den ›Stukas‹ und den Schnellbooten der Kriegsmarine tatsächlich gelungen, die ganze britische Armee hier einzukesseln, zusammenzuschießen und den Rest gefangenzunehmen – dann hätte England jetzt keinen ausgebildeten Soldaten mehr! Aber die Briten haben es offenbar geschafft, ihr ganzes Heer zu retten – und auch noch 120000 Franzosen! Jetzt kann sich Adolf den Blitzkrieg gegen England aus dem Kopf schlagen, und das könnte möglicherweise der Anfang vom Ende sein . . .«
Er wollte noch etwas sagen, doch da sahen wir den Doppeldoktor,

der beim Funkwagen zurückgeblieben war und uns nun von weitem aufgeregte Zeichen machte, schnell zurückzukommen. »Die anderen sind da«, schrie er uns zu, als wir in Rufweite waren. »Ich habe eben mit Major Zobel gesprochen. Er hat uns sehr gelobt . . .! Aber wir müssen gleich wieder Stellungswechsel machen – jetzt geht es nach Süden . . .«

6. Der Tod des ›Seelöwen‹

»Ihr hattet es, im Vergleich zu uns, wirklich wie Gott in Frankreich«, meinte mein Freund Werner, als ich mit ihm, fast auf den Tag genau vierzig Jahre später, im Sommer 1980 über den Frankreich-Feldzug sprach.

Werner, der aus einer Ludwigshafener Arbeiterfamilie stammte und dessen Vater als Kommunist zu Gefängnis verurteilt worden war, hatte zu Beginn des Westfeldzugs im Mai 1940 als Infanterist im pfälzischen Abschnitt des ›Westwalls‹ an Spähtruppunternehmen teilnehmen müssen.

»Drei meiner Kameraden sind dabei gefallen, darunter der Jochen, der mit mir auf der Volksschule war. Zwei wurden verwundet. Ich bin als einziger mit heiler Haut zurückgekommen . . .«

Das war am 11. Mai 1940 gewesen, und danach hatte fast einen Monat lang am Westwall völlige Ruhe geherrscht. Während die deutschen Panzerdivisionen über die Ardennen bis zur Kanalküste vorstießen und dann mit einem Schwenk nach Süden den Vormarsch auf Paris begannen, war an der deutsch-französischen Grenze, vom Oberrhein bis in die Pfalz, der ›Sitzkrieg‹ weitergegangen. Ein Großteil der Streitkräfte Frankreichs blieb ›eingebunkert‹ in den Befestigungen der Maginot-Linie, die als uneinnehmbar galten.

»Es war furchtbar, als es dort auch losging«, erzählte Werner. »Mit ›Stukas‹ und durch Direktbeschuß mit panzerbrechenden Flakgranaten wurde ein französischer Bunker nach dem anderen ›geknackt‹, anschließend mit Handgranaten und Flammenwerfern ›ausgeräuchert‹. Die Besatzungen hatten keine Chance . . .«

»Hast du auch . . .?«

»Ich weiß nicht, wie ich mich verhalten hätte, wenn ich bei diesem Kampf dabeigewesen wäre – zum Glück konnte ich mich drücken: Wir lagen noch in Bereitschaft, als ein Unteroffizier neben mir von einem Granatsplitter getroffen wurde. Ich habe ihn mir rasch auf den Rücken geladen und zum Feldlazarett geschleppt. Er ist durchgekommen und war mir so dankbar, daß er mir das eigent-

lich für ihn bestimmte EK II nebst zehn Tagen Sonderurlaub zugeschanzt hat ...«
Schon am 14. Juni – am selben Tag kapitulierte Paris – hatte Werners Regiment Verdun eingenommen, die französische Hauptfestung, die im Ersten Weltkrieg allen Angriffen standgehalten hatte. Damals, 1916, waren bei den wütenden Kämpfen um die Höhen ›Toter Mann‹, ›304‹ und ›Zwillingsrücken‹ sowie um das Fort Douaumont siebenhunderttausend Mann gefallen. Zwanzig Jahre danach, bei einer Gedenkfeier im Herbst 1936, hatten sich die Überlebenden beider Seiten geschworen, nie wieder aufeinander zu schießen ...
Die Einnahme von Verdun durch Werners Regiment am 14. Juni 1940 ging sehr rasch und auf deutscher Seite mit nur geringen Verlusten vonstatten. Drei Tage später war die gesamte Maginot-Linie bezwungen.
»Am 21. Juni«, fuhr Werner fort, »hörten wir von der Kapitulation der französischen Armee und vom unmittelbar bevorstehenden Waffenstillstand – Menschenskind, was waren wir da froh! Wir dachten, nun ist der Krieg zu Ende!«
Bis zum Jahresende 1940 hatte Werners Regiment dann in der Gegend von Amiens gelegen. In diesen Monaten, sagte er, »da passierte ja zum Glück überhaupt nichts!«
Ich sah ihn erstaunt an.
»Meinst du das im Ernst?«
»Na ja – es ist doch damals wirklich nichts gewesen – oder? Bei uns herrschte jedenfalls völlige Ruhe. Wir lagen in einem Schulhaus; außer Waffenreinigen und Kartoffelschälen gab es so gut wie keinen Dienst. Abends saßen wir im ›Soldatenheim‹ und tranken Rotwein, das Glas zu 30 Pfennig, weil wir uns anfangs noch nicht trauten, in die Cafés der Stadt zu gehen – wegen der Sprache und überhaupt ... Dabei war die Bevölkerung gar nicht feindselig. So etwa vom September an gab es auch ein Soldatenkino, das jede Woche einen neuen Film zeigte – ›Frauen sind doch bessere Diplomaten‹, ›Es war eine rauschende Ballnacht‹ oder auch ›Lauter Liebe‹ –, es war immer brechend voll dort ... Aber sonst war es den ganzen Spätsommer und Herbst hindurch entsetzlich langweilig. Der einzige Höhepunkt in der zweiten Jahreshälfte 1940 war unser ›Betriebsausflug‹ nach Paris – zur Stadtrundfahrt in offenen Lkws – Champs-Élysées, Arc de Triomphe, Eiffelturm, Notre-Dame, und dann rauf nach Montmartre. Da besichtigten wir noch Sacré-Cœur, und anschließend war frei für einen Stadtbummel bis Mitternacht ...«

»Paris hat auf uns einen ungeheuren Eindruck gemacht, und von diesem einen Besuch haben wir noch wochenlang gezehrt«, erzählte Werner. »Die Stadt war völlig unzerstört. Kinos, Läden, Theater, Restaurants, Nachtlokale – alles war in Betrieb. Es herrschte kein Mangel, man sah schicke Frauen, und wenn nicht so viele Männer in deutschen Uniformen zu sehen gewesen wären, hätte man meinen können, es herrsche tiefster Friede . . .«

Im September 1940, als Werners Einheit den ›Betriebsausflug‹ nach Paris machte, war – ohne daß das deutsche Volk etwas davon erfuhr, ohne daß die Masse der Soldaten in Frankreich etwas davon ahnte – eine der entscheidenden Schlachten des Zweiten Weltkriegs entbrannt.

Erwin und ich hatten sie mit Spannung von Anfang an verfolgt – auf unserer großen, ständig korrigierten ›Lagekarte Ärmelkanal‹ an der Wand des Turmzimmers eines Schlößchens in der Nähe von Caudebec-en-Caux, wo seit Mitte Juni 1940 der Stab der ›Gruppe Keßler‹ untergebracht war. Es lag etwa auf halbem Wege zwischen Rouen und Le Havre an einem Seitenarm der Seine, genau 167 Kilometer nordwestlich von Paris.

Dem Höhepunkt dieser Entscheidungsschlacht vom September 1940 war einiges vorausgegangen:

Bereits am 16. Juli hatte Hitler die – natürlich streng geheime – ›Führerweisung Nr. 16‹ erteilt, die lautete: »Da England trotz seiner militärisch aussichtslosen Lage noch keine Anzeichen einer Verständigungsbereitschaft zu erkennen gibt, habe ich mich entschlossen, eine Landungsoperation gegen England vorzubereiten und, wenn nötig, durchzuführen. Zweck dieser Operation ist es, das englische Mutterland als Basis gegen Deutschland auszuschalten und, wenn es erforderlich sein sollte, zu besetzen.«

Die geplante Landung an der englischen Kanalküste erhielt den Decknamen ›Seelöwe‹, und zu Erwins und meinem Staunen schien es von Anfang August an kaum noch einen Seemann, Docker, Hafenwirt oder Binnenschiffer in unserem Bereich zu geben, der nicht über den ›streng geheimen‹ Plan – *›LM‹, Lion Marin,* Seelöwe, nannten sie ihn augenzwinkernd – genau Bescheid wußte.

In den kleineren und größeren Häfen der normannischen Küste, aber auch weiter nördlich, am flandrischen Ufer und an den Mündungen von Schelde und Rhein, sammelten sich immer mehr Wasserfahrzeuge aller Art, vor allem solche mit geringem Tiefgang, darunter zahlreiche Motorfrachter und Schleppkähne aus der Binnenschiffahrt.

In Rouen und Le Havre wurde, wie wir an unseren dienstfreien

Abenden in den Kneipen hörten, offen davon gesprochen, daß ›Monsieur Hitler‹ in Kürze die Wehrmacht in England landen lassen werde. Mehr als 250000 Mann, hieß es, sollten binnen drei Tagen an der südenglischen Küste an Land gehen, und in spätestens einem Monat sollte die Eroberung der britischen Hauptinsel abgeschlossen sein.
Wir hörten dies und staunten, denn – so sagten wir uns – dazu wäre, außer den vorhandenen Truppen und den ebenfalls zur Verfügung stehenden Transportschiffen, noch mindestens dreierlei nötig: die Sicherung des Transports gegen Angriffe der weit überlegenen englischen Flotte, die vollständige Luftherrschaft über dem Kanal und Südengland und ganz ruhige See. Von deutscher Luftherrschaft – das wußten wir besser als die meisten anderen – konnte vorerst noch keine Rede sein, und was das Wetter anging, so herrschte auf dem Ärmelkanal fast immer ein mehr oder weniger starker Seegang, der zwar den Fischerbooten und auch den Kriegsschiffen nichts ausmachte, aber für flache Schleppkähne und ähnliche Fahrzeuge den sicheren Untergang bedeutete.
An einem der ersten Augusttage wurden Erwin und ich auch dienstlich von der bevorstehenden ›Operation Seelöwe‹ unterrichtet, und zwar von Major Zobel. Er war sehr aufgeregt, als er uns mitteilte, die Luftvorbereitung beginne bereits am 5. August. Offenbar gehörte er zu den wenigen, die bis dahin vom ›Seelöwen‹ noch nichts gehört hatten.
Tatsächlich war die ›Luftvorbereitung‹ schon seit dem 10. Juli im Gange. Seit diesem Tage hatte die Luftwaffe Jagd auf britische Konvois im Kanal gemacht, südenglische Häfen angegriffen und heftige Luftduelle mit den Jagdfliegern der Royal Air Force ausgefochten. Wir hatten die Ergebnisse Tag für Tag genau registriert. Dagegen war Major Zobels ohnehin nicht sehr starkes Interesse am Kriegsgeschehen seit dem Waffenstillstand in Frankreich völlig erloschen: seine Aufmerksamkeit war geteilt zwischen bestimmten Vogelarten, die an den Ufern der unteren Seine nisteten, und einer Dame, die in der vom Krieg stark in Mitleidenschaft gezogenen Öffentlichen Bibliothek in Rouen tätig war und ihm aus ihren geretteten Beständen Bücher und Zeitschriften von ethologischem Interesse besorgte.
Aber am 15. August wurde der Major jäh aus seinen friedlichen Studien und der Affaire mit der Bibliothekarin gerissen. Oberst Keßler verlangte von ihm am späten Nachmittag ›sofort einen detaillierten Bericht über den Stand der Schlacht über England‹, den der ahnungslose Herr Zobel natürlich nicht erstatten konnte. So

kam er kurz vor dem Wachwechsel um 18 Uhr aufgeregt hereingestürzt und war sehr erleichtert, als Erwin ihn sogleich mit allen nötigen Informationen versorgen konnte.

Am Morgen dieses Tages hatte die deutsche Luftwaffe erstmals versucht, mit einem großen Bomberverband *bei Tage* das Kohlenrevier von Newcastle anzugreifen. Die Entfernung war zu groß, als daß die schnellen Jäger vom Typ Me 109, die keine so große Reichweite hatten, den Jagdschutz hätten übernehmen können, und so waren etwa hundert Bombenflugzeuge Heinkel 111 in Begleitung von 40 Me 110 gestartet. Dieser massierte Vorstoß in den Norden Englands, so erklärte Erwin unserem Chef, müsse wohl als Überraschungsangriff geplant sein und vermutlich in der Erwartung, so hoch im Norden auf keine nennenswerte Abwehr der Engländer zu stoßen, weil deren Jägerstaffeln mit dem Schutz Südenglands – so hatte unsere Luftwaffe jedenfalls angenommen – voll beschäftigt waren, zumal gleichzeitig eine Vielzahl von Luftangriffen gegen südenglische Ziele geflogen wurden.

Aber, so fuhr Erwin fort, während sich Major Zobel eifrig Notizen machte, es seien die Engländer im Raum Newcastle gewesen, die der Luftwaffe eine böse Überraschung bereitet hätten. Sieben britische Jägerstaffeln seien dort noch in Reserve gehalten worden. Sie hatten den Bomberverband angegriffen und bis zu dessen Rückflug etwa dreißig He 111, jede mit vier Besatzungsmitgliedern, abgeschossen – soweit festzustellen war, ohne eigene Verluste.

»Das ist ja furchtbar!« hatte Major Zobel gestöhnt. »Was wird Oberst Keßler dazu sagen?!«

Aber Erwin hatte erbarmungslos weiterberichtet: Auch im Süden seien 46 deutsche Maschinen von den Engländern abgeschossen worden. Dort habe allerdings auch der Gegner erhebliche, wenngleich weit geringere Verluste zu verzeichnen, bei denen aber zu bedenken sei, daß die englischen Flieger meist notlanden oder sich selbst zumindest mit dem Fallschirm retten konnten, wogegen der Verlust einer deutschen Maschine über England stets auch den Verlust der Besatzung durch Tod oder Gefangenschaft bedeutete.

»Entsetzlich! Weiß das der Herr Oberst? Und passiert so etwas häufiger?« wollte Major Zobel noch wissen, ehe er uns wieder verließ, und wir hatten ihm erklärt, daß so hohe deutsche Verluste bisher noch nicht zu verzeichnen gewesen wären. Allerdings: Täglich gingen durchschnittlich zwölf Maschinen der Luftwaffe verloren, bei etwas geringeren Verlusten auf britischer Seite.

In den nächsten Tagen nahmen die Luftangriffe auf das südliche

England noch erheblich zu, und am 17. August konnte Erwin unseren Chef und dieser den Oberst davon unterrichten, daß im Laufe der Woche insgesamt 134 britische Jäger abgeschossen worden seien; die Verluste der Luftwaffe seien aber mindestens doppelt, möglicherweise sogar dreimal so hoch, denn viele stark beschädigte deutsche Bomber schafften zwar noch den Rückflug über den Kanal, gingen dann aber irgendwo außerhalb unseres Bereichs durch Absturz oder Bruchlandung verloren.

In der letzten August- und in der ersten Septemberwoche verstärkte sich die Aktivität beider Seiten beträchtlich: Englische Bomberverbände flogen Nacht um Nacht Angriffe gegen deutsche Städte, am 24. August erstmals auch gegen Berlin. Die Luftwaffe schickte täglich durchschnittlich etwa tausend Flugzeuge nach England umd bombardierte Jägerflugplätze, Verkehrsknotenpunkte, Meldezentren sowie in wachsendem Maße den Hafen, den Industriegürtel und schließlich auch das Zentrum von London.

In diesen beiden Wochen machte sich das zahlenmäßig starke Übergewicht der Luftwaffe gegenüber der RAF, der Royal Air Force, erstmals deutlich bemerkbar; die englische Abwehr war merklich angeschlagen.

»Wenn die Engländer diesen Angriffen nicht mehr standhalten«, meinte Erwin an einem der ersten Septembertage, »dann sehe ich schwarz . . .«

Die Briten waren ja die einzigen, die Hitler und seiner Wehrmacht noch die Stirn boten. In der Nacht vom 28. zum 29. August waren sie mit stärkeren Verbänden zum Nachtangriff auf die Reichshauptstadt geflogen. Sie hatten tonnenweise Sprengbomben, aber auch Flugblätter abgeworfen, auf denen es hieß: ›Der von Hitler begonnene Krieg wird weitergehen und so lange dauern, wie Hitler da ist!‹

Der Eindruck auf die Berliner Bevölkerung, so hörten wir von Kameraden, die auf Urlaub dort gewesen waren, sei enorm gewesen. Hatte Göring ihnen nicht versprochen, daß kein feindlicher Flieger je ins Reichsgebiet einfliegen, geschweige denn die Hauptstadt bombardieren würde, die durch einen zweifachen Flakgürtel und starke Jägerverbände geschützt sei? Die Leute zu Hause, so hörten wir, seien voller Erbitterung gegen den ›Reichsmarschall‹. Sie wollten Frieden vor Einbruch des Winters.

Zur Hebung der sehr flauen Stimmung hielt Hitler dann am 4. September eine große Rede im Berliner Sportpalast. Wir sahen und hörten bald darauf im ›Soldatenkino‹ Ausschnitte davon in der Wochenschau. Er sprach anläßlich der Eröffnung des Winterhilfswerks und vor einem Publikum, das hauptsächlich aus NSV-Helferinnen und Krankenschwestern bestand. Er entsprach genau ihren Erwartungen, indem er die beiden Fragen beantwortete, die diesen Frauen am meisten am Herzen lagen: Wann wird England endlich besiegt, damit der Krieg noch vor Weihnachten zu Ende ist? Und was wird getan zum Schutz Berlins und der anderen Großstädte vor britischen Fliegerangriffen?

Zur ersten Frage sagte er: »Und wenn man in England heute sehr neugierig ist und fragt: ›Ja, warum kommt er denn nicht?‹ Beruhigt euch, er kommt . . .!« Die NSV-Helferinnen, BDM-Führerinnen und ›braunen Schwestern‹ fanden das ungeheuer witzig. Sie kreischten vor Lachen und brachen dann in stürmischen Beifall aus, als ihnen bewußt wurde, daß der ›Führer‹ nicht nur gescherzt, sondern ein Versprechen abgegeben hatte.

Dann kam Hitler auf die englischen Nachtangriffe zu sprechen, die er damit erklärte, daß die britischen Bomber ›bei Tage nicht über deutsches Land fliegen‹ könnten, wogegen die deutschen Flugzeuge ›Tag für Tag über englischem Boden‹ seien. Und dann drohte er: »Ich habe drei Monate lang das nicht beantworten lassen in der Meinung, sie würden diesen Unfug einstellen. Herr Churchill sah darin ein Zeichen unserer Schwäche. Sie werden es verstehen, daß wir jetzt nun Nacht für Nacht die Antwort geben . . .« Wieder brauste Jubel auf, und erst als er sich gelegt hatte, fuhr Hitler fort: »Wenn die britische Luftwaffe zwei- oder drei- oder viertausend Kilogramm Bomben wirft, dann werfen wir jetzt in einer Nacht 150000, 180000, 230000, 300000, 400000 und mehr Kilo . . .!«

Seine Zuhörerinnen gebärdeten sich geradezu hysterisch, als sie diese Ankündigung hundertfacher Vergeltung hörten. Hitler genoß ihren Jubel und steigerte ihn noch, als er hinzufügte: »Und wenn sie erklären, sie werden unsere Städte in großem Ausmaß angreifen – wir werden ihre Städte *ausradieren!* Wir werden diesen Nachtflugpiraten das Handwerk legen, so wahr uns Gott helfe!«

Jetzt sprangen sie reihenweise auf und gerieten in wilde Ekstase, bis Hitler sich noch einmal Ruhe verschaffte und mit den Worten schloß: »Es wird die Stunde kommen, da einer von uns beiden zusammenbricht, und das wird nicht das nationalsozialistische Deutschland sein!«

Tatsächlich flogen schon drei Tage später, am Abend des 7. September 1940, die ersten deutschen Bombergeschwader nach London und eröffneten den Großangriff auf die britische Hauptstadt.

Nacht für Nacht, eine ganze Woche lang, kamen sie wieder. Sie richteten gewaltige Sachschäden an, töteten und verletzten mehrere tausend Zivilpersonen, aber sie konnten damit, wie sich zeigen sollte, weder den Widerstandswillen der Engländer brechen noch die britische Rüstungsproduktion zum Erliegen bringen. Im Gegenteil: ›The Blitz‹, wie die Londoner diese Welle von Nachtangriffen nannten, steigerte die Entschlossenheit der Briten, den Krieg bis zum siegreichen Ende weiterzuführen, und spornte sie zu immer größeren Anstrengungen an.
Darüber hinaus waren diese massierten Nachtangriffe ein entscheidender Fehler der deutschen Luftkriegsführung, denn es unterblieben derweilen alle Angriffe bei Tage auf Südengland, wie sie in den vorangegangenen Wochen stattgefunden und den Engländern so schwer zu schaffen gemacht hatten. Die ›Spitfire‹- und ›Hurricane‹-Piloten erhielten nun eine Atempause, die sie so dringend brauchten.
Als ich Erwin am Sonntag, dem 15. September 1940, früh um 6 Uhr ablöste, sagte er zu mir: »Du, ich bin sicher: Heute passiert etwas! Ich werde mich jetzt aufs Ohr legen, aber weck mich bitte, wenn es etwas Besonderes gibt. Ich habe so eine Ahnung . . .«
Doch Stunde um Stunde verging, ohne daß auch nur das geringste passierte. Außer den üblichen beiden sehr hoch fliegenden deutschen Aufklärern, die zur Erkundung des in der Nacht zuvor angerichteten Schadens nach London flogen, rührte sich nichts, weder auf der einen noch auf der anderen Seite des Kanals.
So dösten die einen, die anderen lasen oder lösten Kreuzworträtsel – bis plötzlich, etwa gegen halb zwölf, der Doppeldoktor, der am Funkgerät saß, aufgeregte Zeichen machte.
»Kruzitürken – das kann doch nicht wahr sein! Sie müssen komplett verrückt geworden sein . . .!« rief er, und nach dieser sehr unmilitärischen Einleitung bequemte er sich zu einer korrekten Meldung: »Aus dem Raum Calais–Amiens–Le Havre mit Schwerpunkt bei Dieppe sind etwa achthundert Maschinen gestartet. Sie nehmen Kurs nach Norden, wahrscheinliches Anflugziel: London!«
Dann kamen die Einzelmeldungen: »Planquadrat J-7: etwa achtzig He 111, zirka 240 Me 109, Kurs 12 . . . in H-8 rund 120 He 111 und annähernd 300 Me . . .«
»Und was ist drüben los? Rührt sich da noch nichts?« fragte Erwin, der gerade hereingekommen war.
Die Engländer mußten, wie wir aus Erfahrung wußten, bereits gewarnt sein. Aber bislang war über Südengland noch keine Maschine in der Luft.

Das änderte sich jedoch in der folgenden Viertelstunde: Eine Jagdstaffel nach der anderen stieg von den südenglischen Flugplätzen auf und flog dem deutschen Bomberverband entgegen. Weit vor London fingen sie ihn ab, und was sich in den folgenden Stunden, bis etwa gegen 16.30 Uhr, über dem Ärmelkanal abspielte, war das Aufregendste, was wir bis dahin erlebt hatten:
Weder die erste gewaltige Welle deutscher Bombergeschwader noch die zweite, mindestens ebenso große Armada kam auch nur in die Nähe des Stadtgebiets von Groß-London. Bis auf einzelne Maschinen, die mit verändertem Kurs in großer Höhe die Britische Insel erreichten und sich dort ihrer Bomben irgendwo entledigten, wurden alle Angreifer abgedrängt, und die englischen Jäger holten die schwerfälligen Heinkel 111 dutzendweise vom Himmel.
Erwin führte eine Strichliste über die Abschüsse und gab uns am Ende das Ergebnis bekannt, das unsere Schätzungen noch weit übertraf: »Britische Verluste: 26 ›Spitfire‹ und ›Hurricane‹ – die meisten Piloten konnten über oder dicht vor der Küste abspringen und sind wahrscheinlich gerettet worden. Verluste der Luftwaffe über dem Kanal und Südengland: 183 Maschinen, davon sicher erkannt: 34 Heinkel 111, 23 Me 109 – bei den übrigen scheint es sich vorwiegend um Heinkel gehandelt zu haben. Dazu kommen die voraussichtlichen Bruchlandungen der beschädigten Maschinen, und damit hat der Reichsmarschall heute mittag rund zweihundert Flugzeuge und etwa 500–600 Mann fliegendes Personal verloren . . . Ich glaube nicht«, sagte er dann, mehr zu sich selbst, »daß Hermann Göring einen ruhigen Sonntagabend haben wird . . .«
Tatsächlich war bei der Führung der Luftwaffe der Teufel los. Schon am nächsten Morgen kam eine Anweisung des ›Reichsmarschalls‹ an die in Nordfrankreich und Belgien stationierten Bombergeschwader, keine Tagesangriffe mehr zu fliegen, »solange die britische Jagdwaffe noch nicht vollständig vernichtet ist«, was aber – so hatte Göring prahlerisch hinzugefügt – »in vier bis fünf Tagen der Fall sein dürfte«.

»Daß dies reines Wunschdenken war«, erklärte ich Werner, »wußte jeder, der auch nur ein bißchen Einblick hatte. Die englischen Verluste an Menschen und Maschinen wurden Woche für Woche wieder ausgeglichen durch beschleunigte Pilotenausbildung und gesteigerte Flugzeugproduktion. In Wahrheit waren von diesem 15. September an die Briten klar im Vorteil. Bald errangen sie die volle Luftherrschaft über dem Kanal, und in Berlin gab man sich darüber auch keinen Illusionen hin: Schon zwei Tage nach dieser sonntäglichen Katastrophe verschob Hitler das ›Unternehmen Seelöwe‹ auf unbestimmte Zeit und gab den Plan schließlich ganz auf. Ohne See- und nun auch ohne Luftherrschaft war an eine Eroberung Englands nicht mehr zu denken ...«

»Dann war also dieser 15. September sozusagen die Wende«, sagte Werner. »Da hat sich Hitler die erste große, wahrscheinlich entscheidende Schlappe geholt ... – und wir von der Infanterie, die wir damals in Nordfrankreich lagen, haben überhaupt nichts davon gemerkt ... Natürlich habe ich später von der ›Schlacht um England‹ gehört und auch einiges darüber gelesen. Aber es war mir bisher nicht bewußt, daß ich ja fast dabeigewesen bin, zumindest in nächster Nähe, denn bei Amiens lagen einige Geschwader He 111. Doch wir wußten damals nicht das geringste von dem, was da alles passiert ist. Wir hörten ja nur die Wehrmachtsberichte, und die hatten mit der reinen Wahrheit ja verdammt wenig zu tun ...«

»Was die reine Wahrheit betrifft«, sagte ich und mußte, da ich dabei an meinen Funktruppführer Erwin dachte, unwillkürlich lachen, »so haben wir es damit auch nicht sehr genau genommen. Erwin hat es zwar nie zugegeben, aber die Berichte über die deutschen Verluste, die er damals weitergab, waren bestimmt auch kräftig nach oben abgerundet. Wie sich später zeigte, als die einzelnen Geschwader ihre Ausfälle meldeten, war der Sieg der Engländer nicht ganz so gewaltig, wie Erwin behauptet hatte ...«

Ich sah Werners erstaunten Blick und beeilte mich, ihm Erwins Gründe zu erklären: »Sein Vater ist 1933 in Wuppertal als Sozialdemokrat und Gewerkschaftsfunktionär von den Nazis eingesperrt und so furchtbar mißhandelt worden, daß er sich nie wieder davon erholt hat. Sein Rentenantrag wurde mit der Begründung abgelehnt, es handele sich bei seinem Körperschaden um einen ›Freizeitunfall‹. Sein Gesuch an Hermann Göring, damals preußischer Ministerpräsident, er möge anordnen, die wahren Gründe der Invalidität polizeilich festzustellen und der Rentenversicherung zu bescheinigen, führte nur zu seiner erneuten Verhaftung. Man entließ ihn erst wieder, nachdem er eine ›freiwillige‹ Erklärung unterschrieben hatte, daß er auf jeden Anspruch verzichte und ›nie wieder den Herrn preußischen Ministerpräsidenten anbetteln‹ würde. Im Winter 1939/40 ist Erwins Vater gestorben, im Alter von 46 Jahren ...«

»Ach so«, sagte Werner nur, und nach einer Weile fügte er hinzu:

»Wenn sich mir damals eine Gelegenheit geboten hätte, es den Nazis heimzuzahlen, dann wäre es mir ein Vergnügen gewesen. Aber meine Chance kam erst ein paar Jahre später . . . Ich war 1940 noch besonders vorsichtig – mein Vater hatte endlich wieder Arbeit, wenn auch miserabel bezahlte, und er mußte sich regelmäßig bei der Polizei melden. Da durfte ich ihm keine Schwierigkeiten machen. Sie hätten ihn sonst als ehemaliges Mitglied der verbotenen KPD sofort wieder eingesperrt . . . Diese Drohung lastete auf der ganzen Familie wie ein Alpdruck. Die Stimmung bei uns zu Hause war überhaupt sehr gedrückt – sie hatten nicht genug zu essen; das Geld langte vorn und hinten nicht, und sie sahen nach dem Sieg im Westen die Nazi-Herrschaft als etwas Endgültiges an, mit dem man sich zähneknirschend abfinden mußte. Ich bin deshalb, wenn ich ein paar Tage Heimaturlaub bekam, meist nur ein, zwei Tage zu Hause geblieben und dann zu meiner Tante nach Hamburg gefahren. Da war zwar fast jede Nacht Fliegeralarm, und genug zu essen hatte sie auch nicht, aber zumindest ließ sie den Kopf nicht hängen. ›Junge‹, sagte sie zu mir, ›der Hitler kocht auch nur mit Wasser, und wenn er genug Dampf abgelassen hat, werden ihm die Kartoffeln anbrennen – da kannst du Gift drauf nehmen!‹ Meine Tante Alma in Altona, die hat mir jedesmal wieder Mut gemacht. Und ich habe das meiste von dem, was ich aus Frankreich mitbrachte – Bohnenkaffee, Butter, Fleischkonserven und Cognac – bei ihr gelassen. Den größten Teil davon hat sie gleich in den Kohlenkeller geschafft. Da hatte sie ein Versteck, und wenn ich sie neckte, daß sie das wohl erst essen wollte, wenn ich wieder weg sei, dann fuhr sie mich an: ›Du bist wohl nicht richtig im Kopf – das ist doch nicht für mich! Da gibt es welche, die es dringend brauchen . . .‹ Sie hat nie über Einzelheiten gesprochen, auch mit mir nicht, aber ich wußte, daß sie die Untergetauchten meinte – Genossen und andere, die sich vor der Gestapo verborgen halten mußten . . .«

7. . . . die im Dunkeln sieht man nicht . . .

Zu Weihnachten 1940 bekam ich zwölf Tage Urlaub. Gleich nach dem Wachwechsel um 18 Uhr nahm mich ein Lkw mit nach Rouen, und am frühen Morgen des 25. Dezember kam ich in Düsseldorf an. Ich ging gleich zu Herrn Desch, der in einer stillen Seitenstraße der Königsallee, im ersten Stock des Hauses, in dem auch sein Maßatelier war, seine Wohnung hatte. Er begrüßte mich freundlich, und während ich duschte und mich umzog, bereitete er das Frühstück für uns beide.

»Ich bin momentan allein«, sagte er. »Du weißt ja, meine Frau ist mit deiner Mutter zur Kur im Fichtelgebirge, und Frau Gerber, die den Haushalt besorgt, ist zu ihrem Mann gefahren – sie kommt erst nach den Feiertagen zurück . . .«

›Zur Kur‹ – das war unsere am Telefon und in Feldpostbriefen benutzte Tarnbezeichnung für Reisen zur Erkundung neuer Verstecke für Verfolgte aller Art, und was Frau Gerbers Ehemann betraf, so wußte ich, daß er wegen ›Vorbereitung zum Hochverrat‹ in Siegburg eine lange Freiheitsstrafe verbüßte.

»Wohnt noch jemand unten?« erkundigte ich mich.

Herr Desch hatte hinter seinem Schneideratelier einige Räume, wo vor dem Krieg häufig jüdische Flüchtlinge untergebracht waren, bis sich eine Möglichkeit fand, sie heimlich über die grüne Grenze ins sichere Ausland zu bringen.

Aber das war, wie ich von Herrn Desch nun erfuhr, nicht mehr möglich. Zum einen gab es da neuerdings einen argwöhnischen Nachbarn, und zum anderen war das nahe Holland kein sicheres Ausland mehr, seit die deutsche Wehrmacht es im Mai besetzt hatte.

»Wo ist denn der Major?« erkundigte ich mich. »Ich hatte eigentlich erwartet, ihn hier zu treffen . . .«

Herr Desch antwortete zu meiner großen Überraschung, daß Onkel Erich die Rolle des ›Major Elken‹ aufgegeben und nach Berlin zurückgekehrt sei, und nun wohne er in der Giesebrechtstraße, dicht am Kurfürstendamm, unter einem neuen Namen und mit falschen Papieren. Es gäbe für ihn noch einiges zu tun, hatte Onkel Erich erklärt, als er Anfang Oktober abgereist war. Vorher, so erzählte mir Herr Desch, hatte er zunächst ein paar Wochen in ›Tante Ännes‹ Landhaus in Meerbusch gewohnt, dann in einer stillen Pension in Marienheide nahe Meinerzhagen und schließlich in einem preiswerten Gasthaus in Steckenborn in der Eifel.

»Du wirst ihn ja sicherlich besuchen, wenn du nach Berlin fährst«, sagte Herr Desch. »Ich kann nur hoffen, daß er nicht allzu waghalsig vorgeht . . . Er ist nämlich dabei, einen neuen Fluchtweg für besonders Gefährdete zu organisieren. Wir stehen noch in Verbindung, und er hat mich neulich fragen lassen, ob ich nicht eine unverdächtige jüngere Frau wüßte, die wanderfreudig und gut zu Fuß ist und für ein paar Wochen Urlaub in der südlichen Steiermark machen könnte . . .«

»Denkt er an die jugoslawische Grenze?«

»Offenbar, denn die Frau soll möglichst etwas Slowenisch oder eine verwandte Sprache können . . .«

»Da wüßte ich vielleicht jemanden«, unterbrach ich ihn. »Sie hat sogar einen Skikurs gemacht und kann sich ganz gut auf den Brettern bewegen, falls das auch gefragt sein sollte. Ich könnte gleich mal zu ihr fahren und mit ihr reden. Sie wohnt in Derendorf, da bin ich mit der Straßenbahn in fünfzehn Minuten . . .«

»Na fein«, sagte Herr Desch nur, nachdem ich ihm erklärt hatte, an wen ich dachte, und ich freute mich, daß er keinerlei Fragen nach der Zuverlässigkeit der Frau stellte. Er teilte mir noch ein paar wissenswerte Einzelheiten mit, was die von der Kundschafterin zu lösenden Aufgaben betraf, und meinte dann: »Wenn du bis spätestens halb eins wieder zurück sein kannst, fahren wir zusammen nach Meerbusch. Wir sind zum Mittagessen eingeladen, und anschließend findet ein kleines Palaver statt – Fräulein Bonse wird auch dasein . . .«

Eine halbe Stunde später war ich bei Hedwig, der früheren Hausangestellten meiner Eltern, die für mich wie eine ältere Schwester war. Ich hatte erst vor ein paar Tagen einen Feldpostbrief von ihr erhalten, worin sie auch geschrieben hatte: ». . . und solltest du Weihnachten auf Urlaub kommen, dann vergiß nicht, bei mir vorbeizukommen!« So war sie nicht allzu überrascht, als ich bei ihr auftauchte, nur nach der ersten herzlichen Begrüßung etwas verlegen.

»Du darfst dich bei mir nicht umsehen – ich habe noch nicht aufräumen und saubermachen können. Ich mußte mich erst mal richtig ausschlafen . . .«

Ich wußte aus ihrem Brief, daß sie in einer Munitionsfabrik arbeitete, täglich zwölf Stunden, außer sonntags, wo sie ihren Haushalt versorgte, wusch, bügelte, stopfte und was es sonst zu erledigen gab. Sie sah blaß und abgerackert aus wie eine ältere Arbeiterfrau, und dabei war sie erst 29.
»Ich dachte, du wolltest dich krankschreiben lassen . . .?«
»Ja doch«, sagte sie, »aber natürlich erst *nach* den Feiertagen . . .! Wir hatten im Betrieb eine Bescherung von der NSV – mit ein paar Süßigkeiten, einem Viertelpfund Kakao und einer Kilobüchse Schmalz! Das durfte ich mir doch nicht entgehen lassen . . . Aber ich habe schon mit dem Arzt gesprochen: Er schreibt mich für zehn Tage krank, und dann kriege ich auch noch Erholungsurlaub . . . Ich freue mich schon sehr darauf, mal nicht um 5 Uhr früh aus den Federn zu müssen und dann den ganzen Tag in dieser Knochenmühle zu stehen und Granaten zu putzen . . .«
»Ihr müßt Granaten putzen?«
»Ja, mit einer Stahlbürste werden die Außengewinde gereinigt und dann geölt – im Akkord natürlich, immer Tempo, Tempo! Das dauernde Stehen strengt dabei am meisten an, aber vielleicht werde ich bald in eine andere Abteilung versetzt – zur Gewehrmunition. Da kann man wenigstens sitzen . . .«
»Was hast du im Urlaub vor?« erkundigte ich mich, und sie sah mich verwundert an.
»Willst du mich auf den Arm nehmen? Glaubst du, ich fahre nach Rießersee oder Garmisch zum Wintersport – wie die Frau Kreisleiter?«
»Warum nicht? Du hättest Erholung nötig – und Skilaufen kannst du doch auch noch – oder?«
»Ich weiß es nicht – ich habe es zuletzt vor zwei Jahren probiert. Da war ich mit Fritz sonntags im Bergischen Land – da ging's noch ganz gut . . .«
Ich erkundigte mich nach Fritz, ihrem Mann, einem gelernten Schreiner, der bis 1936 im KZ gewesen war. Es ginge ihm gut, sagte sie. Er sei bei einem Pionierbataillon in Posen, und Mitte November wäre er zuletzt auf Urlaub zu Hause gewesen. »Dann ist er ja bald wieder an der Reihe«, sagte ich, aber sie schüttelte den Kopf.
»Vor Februar kommt er bestimmt nicht – er wird dringend gebraucht für die Inneneinrichtung einer SS-Ordensburg oder wie das heißt . . .«
Sie lachte, aber es klang nicht sehr fröhlich.
»Paß mal auf«, sagte ich, »ich hätte etwas für dich, und wir könn-

ten dabei zwei Fliegen mit einer Klappe schlagen: Du hättest einen richtigen Urlaub, wie du ihn dringend brauchst, und du könntest für mich etwas herausfinden ...«

Ich erzählte ihr, daß es um die Erkundung eines sicheren Wegs über die Grenze nach Jugoslawien ginge, und deutete ihr auch an, für wen. Dann fiel mir ein, daß ich sie noch etwas fragen mußte: »Kannst du noch Wendisch?«

»Seine Muttersprache verlernt man doch nicht! Aber – die sprechen dort unten doch sicherlich eine ganz andere Sprache – ich glaube Slowenisch – oder?«

»Stimmt – aber du wirst dich mit Sorbisch einigermaßen verständlich machen können, und die meisten Leute dort können ja auch Deutsch.«

Sie war in der sorbischen Lausitz aufgewachsen und hatte erst, als sie zu uns nach Berlin gekommen war, richtiges Deutsch gelernt. Im übrigen, sagte ich ihr, käme es ja vor allem darauf an, das Vertrauen der Leute im Grenzgebiet zu gewinnen, und da würde es gewiß von Nutzen sein, ihre gleichfalls slawische Herkunft erkennbar werden zu lassen.

Ich beruhigte sie auch, was die finanzielle Seite betraf. Für die Fahrtkosten und die Unterbringung in einer kleinen Pension sei gesorgt, und was ihr an Kleidung und festem Schuhwerk fehle, würde beschafft.

»Das ist ja alles prima«, meinte Hedwig, »aber – was soll ich meinen Leuten hier sagen? Die Nachbarn und die Kolleginnen im Betrieb wissen doch, daß ich mir eine solche Reise nicht leisten kann!«

»Auch dafür ist gesorgt«, beruhigte ich sie. »Ein paar wohlhabende Geschäftsleute stiften dem Winterhilfswerk vierzehntägige Erholungsreisen für verdiente Rüstungsarbeiterinnen. Einer der Herren – ein guter Bekannter von mir – wird dir selbst die Fahrkarte und die Gutscheine überbringen. Er ist ›Förderndes Mitglied der SS‹, und es wird ganz echt wirken. Also, mach dir deshalb keine Sorgen!«

»Fabelhaft«, meinte Hedwig und umarmte mich. »Das hätte ich nie für möglich gehalten – richtigen Urlaub im Gebirge! Und natürlich könnt ihr euch darauf verlassen, daß ich das andere schon deichseln werde. Du mußt mir aber noch mal ganz genau erklären, um was es geht ...«

Bei ›Tante Änne‹ gab es, obwohl es doch der erste Weihnachtsfeiertag war, nur ein einfaches Mittagessen.

»Ich will mit den Schwarzhändlern nichts zu tun haben«, sagte sie,

als Herr Ney, ihr Mann, eine Bemerkung über die Winzigkeit der Fleischportionen machte
Wer uns gesehen hätte, als wir nach dem Essen im Wohnzimmer beim Kaffee saßen, wo ein nur mit Kerzen geschmückter kleiner Tannenbaum stand, wäre von der Harmlosigkeit der Anwesenden völlig überzeugt gewesen.
Da war ›Tante Änne‹, auf ihren Stock gestützt, den sie wegen ihres Hüftleidens benutzte, in der freien Hand die Kaffeekanne, aus der sie nachschenkte – eine würdige ältere Dame mit grauen Haaren und freundlichem Gesicht, an ihrem Seidenkleid als einziger Schmuck ein goldenes Kreuz.
Ihr Mann, der Konditormeister Ney, in einer – offensichtlich maßgeschneiderten – Wehrmachtsuniform, denn er war einberufen worden, wenn auch nur als außerplanmäßiger Zahlmeister der Reserve bei der Standortkommandantur in Düsseldorf, trug an der Brust seine Auszeichnungen aus dem Ersten Weltkrieg.
Fräulein Bonse, in schwarzem Schneiderkostüm und weißer Bluse, wirkte mehr denn je wie eine strenge Gewerbeoberlehrerin. Auch sie trug ein etwas größeres goldenes Kreuz als Anhänger an einer schmalen Kette.
Herr Desch, der sich mit ihr unterhielt, hatte anstelle des SS-Abzeichens, mit dem er sich sonst schmückte, eine winzige Spange mit Auszeichnungen aus dem Ersten Weltkrieg am Revers seines dunkelblauen Zweireihers. Sein Gesicht war ausdruckslos wie immer.
Zu meiner Überraschung war auch jener ›Uhrmacher‹ aus Basel anwesend, den ich zuletzt vier Jahre zuvor, bei der Rheinlandbesetzung im März 1936, gesehen und in das Landhaus der Neys in Meerbusch begleitet hatte und der damals im Auftrag der kommunistischen Parteileitung gekommen war. Er hatte Grüße von ›Tante Ännes‹ Bruder, ›unserem Jupp‹, aus der Schweiz überbracht und angeblich die Pendüle reparieren wollen, die seiner Hilfe so wenig bedurfte wie auch jetzt, wo sie gerade, pünktlich auf die Sekunde, 3 Uhr geschlagen hatte. Der Gast aus Basel aber trug diesmal die Kleidung eines geistlichen Herrn auf Reisen, und ich erfuhr, daß ›Monsignore Sprüngli‹ in der Schweiz gesammelte Liebesgaben für Kriegsgefangene verteilt habe und in Kürze wieder zurückreise.
Als wir uns begrüßt hatten, war ›Monsignore Sprüngli‹ nur einen Augenblick lang etwas unsicher gewesen. Immerhin lag unser erstes Treffen vier Jahre zurück, und ich hatte damals noch kurze Hosen getragen. Er hielt meine Hand einen Augenblick fest, mu-

sterte meine Luftwaffenuniform und sagte dann freundlich, ein klein wenig augenzwinkernd: »Jetzt erkenne ich Sie, mein Sohn! Wir verändern uns bisweilen äußerlich, aber das Herz bleibt dasselbe, nicht wahr?«
Im Laufe dieses Nachmittags wurde zwischen uns, neben der allgemeinen Situation, vor allem die dringende Notwendigkeit besprochen, neue, regelmäßig benutzbare Fluchtwege zu finden.
»Die deutsch-schweizerische Grenze«, sagte ›Monsignore Sprüngli‹, »ist illegal kaum noch passierbar. Außerdem ist bei den eidgenössischen Behörden zunehmend das Bestreben wahrnehmbar, keine Asylanten mehr aufzunehmen. Sie wissen ja, daß die Kennzeichnung der Reisepässe deutscher Juden mit einem ›J‹ auf Betreiben von Dr. Rothmund, dem Leiter der schweizerischen Fremdenpolizei, erfolgt ist; Herr Dr. Globke vom Reichsinnenministerium ist diesem Wink aus Bern natürlich sofort gefolgt, aber die Idee hatten leider die Schweizer . . .«
Mir war dies neu. War es möglich, daß sich Schweizer zu Komplizen der Nazis machten?
»Die Schweiz ist umzingelt«, fuhr der ›Monsignore‹ fort. »Seit dem Sommer sind auch an der Grenze zu Frankreich deutsche Panzer aufgefahren, und im Süden stehen die italienischen Faschisten.« Er seufzte. »Alles in allem«, schloß er, »scheidet die Schweiz meines Erachtens aus, was die Aufnahme einer größeren Anzahl von Personen betrifft. Nur in ganz besonderen Einzelfällen läßt sich da noch etwas machen.«
»In vier Wochen«, meldete sich Herr Desch zu Wort, »werden wir über die Möglichkeiten an der jugoslawischen Grenze Klarheit haben. Wenn sie regelmäßig in kleinen Gruppen überschritten werden könnte, wären meine Freunde in der Lage, die Weiterfahrt nach Saloniki oder Istanbul und von dort die Überfahrt auf neutralen Schiffen nach Mittel- und Südamerika zu organisieren. Aber größte Eile ist geboten, denn nach meinen Informationen könnte es im Frühjahr dazu kommen, daß auch diese Route abgeschnitten wird . . .«
Nachdem auch die Schwierigkeiten einer illegalen Ausreise nach Schweden erörtert worden waren, wollte ich wissen, ob denn schon einmal dran gedacht worden sei, die Flüchtlinge in den unbesetzten Teil Frankreichs und von dort über Spanien nach Lissabon zu bringen. Fräulein Bonse erklärte mir, daß dieser Weg denen vorbehalten bleiben sollte, die aus Holland, Belgien und Nordfrankreich vor den einmarschierenden deutschen Truppen hatten flüchten müssen. Diese Menschen seien größtenteils von

der nazifreundlichen Regierung des unbesetzten Frankreich in Lagern interniert worden und müßten eine Auslieferung befürchten, oder sie lebten irgendwo versteckt. Alle Anstrengungen seien darauf gerichtet, den Internierten Ausreisegenehmigungen, amerikanische Visa und Transportmöglichkeiten zu verschaffen.
»Übrigens«, sagte sie lächelnd, »die ›Wallfahrt nach Kevlaar‹ ist aufgebraucht. Ich bin an der vorletzten Zeile der letzten Strophe – meinst du, daß man wieder von vorn anfangen kann?«
Ich rechnete rasch nach:
Heines Gedicht, ›Die Wallfahrt nach Kevlaar‹, hatte zwanzig Strophen zu je vier Zeilen. Sie hatte also, seit ich ihr im Frühjahr 1939 dieses Gedicht zum Verschlüsseln von Funknachrichten empfohlen hatte, 79mal davon Gebrauch gemacht – erfreulich wenig, wenn man bedachte, daß seither mehr als zwanzig Monate vergangen waren. Im Durchschnitt war das etwas weniger als einmal wöchentlich für jeweils ein, zwei Minuten zu wechselnden Zeiten und mit ständig verändertem Code . . . Mehr konnte man von einer geheimen Funkstelle an Vorsicht nicht verlangen!
»Sie können ruhig wieder bei der ersten Strophe beginnen«, sagte ich ihr. »Das ist ungefährlicher als die Verabredung eines neuen Schlüssels. Selbst wenn es der Funküberwachung gelingen sollte, einen Funkspruch vollständig mitzuhören und nach einem neuen Verfahren, auf der Grundlage der Buchstabenhäufigkeit im Deutschen, mühselig zu entschlüsseln, was wenig wahrscheinlich ist, dann stehen Ihre Chancen immer noch sehr gut, daß keiner der damit befaßten Abwehrleute aus einer Zeile, wie beispielsweise ›Ich denk an das tote Gretchen‹, das Gedicht und damit den ganzen Code herausfindet – wer kennt denn noch Heinrich Heine?«
Fräulein Bonse schien sehr befriedigt. Zur Sicherheit fragte sie aber noch: »Du sagtest, das Brechen des Codes beruhe auf der Buchstabenhäufigkeit im Deutschen, nicht wahr? Bezieht sich das auf den mit Hilfe des Gedichts verschlüsselten Text? Oder auf die Gedichtzeile?«
»Auf den gefunkten Text natürlich – etwas anderes haben die Herren ja nicht zum Rätselraten . . .«
»Dann bin ich beruhigt«, bemerkte Fräulein Bonse abschließend, und da fiel mir ein, daß sie vor Jahren einmal erzählt hatte, Deutsch sei ihre Vatersprache, ihre Mutter habe mit ihr stets Polnisch gesprochen.
Als wir uns gegen 18 Uhr trennten, drückte mir ›Tante Änne‹ einen dicken Briefumschlag in die Hand.
»Steck das ein«, sagte sie, »und laß es Griesgen nicht sehen.«

›Griesgen‹ war ihr Kosename für ihren grauhaarigen Mann, den Konditor- und nunmehrigen Zahlmeister bei der Standortkommandantur, vor dem sie Geheimnisse eigentlich nur dann hatte, wenn sie in übertrieben großzügiger Weise Wohltätigkeit übte. Ich zögerte, den Umschlag anzunehmen.
»Ich brauche wirklich nichts, Tante Änne . . .«
Sie hatte das Kuvert schon in die Seitentasche meiner Uniformjacke gesteckt und flüsterte mir zu: »Du fährst doch jetzt nach Berlin – da gibt es gewiß Menschen, die das brauchen! Es sind Fett-, Fleisch- und andere Reisemarken, die überall eingelöst werden können – und ein bißchen Geld. Griesgen bringt mir die Marken mit – damit ich mehr einkaufen kann, aber ich finde, das ist nun wirklich nicht nötig . . .«
Am nächsten Morgen fuhr ich nach Berlin. Onkel Karl holte mich vom Bahnhof Charlottenburg ab. Er kam allein und wirkte bedrückt. Am Mantel, einem dicken Ulster mit Otterkragen, trug er das Naziparteiabzeichen sowie eine silberne Anstecknadel vom Reichsluftschutzbund; am Revers seines Jacketts war noch einmal die gleiche Garnitur von Hakenkreuzen.
Er sah meinen Blick darauf und sagte entschuldigend: »Du weißt doch – ich sehe so jüdisch aus – Gudrun mußte den Ariernachweis bis 1750 erbringen, damit Horst-Eberhard die Heiratserlaubnis bekam.«
»Und? Habt ihr tatsächlich lauter Arier gefunden?«
Er nickte.
»Tante Elsbeth ist nicht auf dem Posten«, sagte er dann. »Sie wäre sonst mitgekommen. Die Terrorangriffe haben ihr so zu schaffen gemacht – sie hat es doch mit dem Herzen . . . Jetzt hat ihr der Arzt endlich verboten, bei jedem Fliegeralarm fünf Treppen hoch unters Dach zu klettern und mit Patsche und Sandeimer Feuerwache zu halten . . .«
Ich stellte mir meine korpulente und kurzatmige Tante Elsbeth vor, wenn sie, nach rastloser Arbeit für die Partei, die NSV und die Winterhilfe, nachts auf dem Speicher als Luftschutzwart mit Helm und Gasmaske Wache hielt, und ich mußte mir das Lachen verbeißen.
»Sie muß noch mindestens zehn Tage im Bett bleiben«, sagte Onkel Karl. »Sie liegt im Gästezimmer, da hat sie mehr Ruhe, und deshalb haben wir dich diesmal bei Gudrun untergebracht. Am besten fahren wir gleich zu ihr – sie erwartet uns zum Abendbrot . . .«
Der Gedanke, bei meiner Cousine Gudrun und ihrem Ehemann,

einem SS-Gruppenführer und Generalleutnant der Polizei, wohnen zu müssen, behagte mir gar nicht. Onkel Karl schien das zu ahnen, denn er sagte: »Horst-Eberhard ist zur Zeit in Polen – er hat dort für sechs Monate ein Kommando und kommt erst im Februar zurück ins RSHA* . . . Sie haben ein schönes Haus in Grunewald, und da ist reichlich Platz . . .!«
Ich konnte mir vorstellen, wie mein angeheirateter Vetter, der SS-Gruppenführer, zu diesem Haus in Grunewald gekommen war. Die Hauptsache war, daß mir seine Anwesenheit erspart blieb. Und vielleicht, dachte ich, würde ich von meiner Cousine, mit der ich mich früher gut verstanden hatte, einiges erfahren können.
Also sagte ich, scheinbar sehr zufrieden: »Na prima! Ich freue mich, Gudrun wiederzusehen . . .«
Die Villa lag in einem riesigen Waldgrundstück zwischen hohen Kiefern. An der Toreinfahrt hielten zwei SS-Männer Wache und standen stramm, als Onkel Karl, der Schwiegervater des Polizeigenerals, seinen Dienstausweis vorzeigte. Er hatte sich unterwegs auch noch das sogenannte ›Hoheitsabzeichen‹, das ihm als Parteifunktionär zustand, an den Mantel gesteckt.
»Der Gefreite hier ist mein Neffe«, sagte Onkel Karl, und so konnte ich anstandslos die Wache passieren. Gleich hinter dem Tor nahm uns ein weiterer SS-Posten in Empfang, der zwei Schäferhunde an der Leine hielt, die uns wütend anbellten, bis er ihnen befahl, still zu sein.
»Heil Hitler! Ich führe Sie zum Haus. Bleiben Sie bitte dicht hinter mir . . .«
Wegen der Verdunkelung war alles stockfinster. Wir gingen etwa hundert Schritt über einen breiten Kiesweg, bis wir die Villa erreichten. Eine Frau, die man nur in Umrissen erkennen konnte, öffnete uns. Erst als sie die Haustür hinter uns geschlossen hatte, schaltete sie das Licht ein.
»Bitte, hier . . .«, sagte sie und führte uns zur Garderobe.
Es war eine jüngere Frau in einem einfachen, dunkelblauen Kittel, an dem zu meiner Verwunderung ein Stoffabzeichen aufgenäht war, wie ich es bisher noch nicht gesehen hatte: ein schwarzes P auf gelbem Grund . . .!
»Bitte, hier lang«, sagte sie, während ich noch auf das seltsame Abzeichen starrte.

* RSHA = Reichssicherheitshauptamt, seit 27. 9. 1939 bestehende Behörde, der Sicherheitspolizei, Gestapo, Kriminalpolizei sowie das Sicherheitshauptamt der SS mit dem gesamten Sicherheitsdienst (SD) unterstanden. Chef des RSHA war bis 1943 Reinhard Heydrich, danach Ernst Kaltenbrunner.

Sie führte uns in einen Salon, bat uns, Platz zu nehmen, die gnädige Frau werde gleich kommen, und ließ uns allein.
»Gudrun hat polnisches Personal«, sagte Onkel Karl. Es war nicht erkennbar, ob er darauf stolz war oder es mißbilligte. »Zwei Hausmädchen und zwei Küchenmädchen«, fuhr er fort. »Horst-Eberhard hat sie aus Polen hergeschickt . . .«
Er wollte noch etwas sagen, aber da kam auch schon blond, mollig und munter, wie ich sie in Erinnerung hatte, meine Cousine Gudrun herein und begrüßte uns herzlich.
»Du hast es gut«, sagte sie zu mir, als wir am Tisch saßen, »du bist in Frankreich, wo es alles gibt – Parfüm, schicke Wäsche, hauchdünne Strümpfe, Gänseleberpastete, Cognacbohnen und die raffiniertesten Delikatessen – von meinem Mann kriege ich immer nur Speck und Schmalz und Gänse . . . Ich habe früher Gänsebraten so gern gegessen, aber ich mag ihn nicht mehr. Heute gibt es Spanferkel – auch aus Polen. Ich hoffe, du magst Spanferkel – und vorher ein bißchen geräucherten Lachs, ja? Den Lachs hat mir Horst-Eberhard gestern erst geschickt – frisch aus der Räucherei . . . Er ist sehr gut – ich habe ihn schon probiert . . . Findest du, daß ich zugenommen habe? Nein? Meine Freundin Lilo behauptet es, aber sie ist wohl nur neidisch, weil ich eine so gute Partie gemacht habe – und ihr Gunter ist immer noch Standartenführer, wo er fest damit gerechnet hatte, zum 9. November befördert zu werden – na, vielleicht wird es zu Führers Geburtstag klappen . . .«
Gudrun redete und redete. Onkel Karl schien es gewohnt zu sein und widmete sich ganz dem vorzüglichen Essen, ohne auf ihren Redefluß zu achten. Nachdem wir das Abendbrot beendet hatten, ließ er sich noch einen Cognac geben und verabschiedete sich dann.
»Ich will Tante Elsbeth nicht so lange allein lassen«, sagte er zu mir. »Hoffentlich komme ich noch nach Hause, bevor es Fliegeralarm gibt . . .«
Der Abend mit Gudrun nahm seinen Fortgang, wie er begonnen hatte: Sie erzählte in einem fort – von ihrer Hochzeit und der anwesenden SS-Prominenz, vom ›Reichsführer‹ abwärts, von dem angenehmen Leben einer Gruppenführersgattin, ihren ›gesellschaftlichen Verpflichtungen‹, den Schwierigkeiten, jedesmal in anderer Garderobe zu erscheinen, und von ihrer Langeweile, jetzt, da Horst-Eberhard seit nun schon vier Monaten ›im Einsatz‹ sei.
»Warum arbeitest du nicht mehr?« gelang es mir einzuwerfen.
Gudrun schüttelte den Kopf.
»Lust dazu hätte ich schon – aber das geht nicht! Das ist völlig un-

möglich! Ich kann doch nicht mehr, wie früher, als Sekretärin nach Diktat Briefe schreiben, Vorgänge bearbeiten oder für den Chef Kaffee kochen – Horst-Eberhard ist schließlich im Generalsrang, und dabei ist er erst 37 . . .! Ganz schön jung für einen General, nicht?«
»Was macht er eigentlich in Polen? Baut er die polnische Polizei neu auf?«
Gudrun lachte. »Bestimmt nicht – das Generalgouvernement, wie das jetzt heißt, ist doch nur so eine Art Kolonie. Da kommen auch die Polen aus dem Warthegau und aus Danzig hin. Sie werden darauf getrimmt, für uns zu arbeiten. Horst-Eberhard hat mir erzählt, daß der Führer das ganze Land der SS schenken will. Dann sollen dort Wehrburgen gebaut werden, und jeder verdiente SS-Führer bekommt sein eigenes großes Rittergut und ein paar tausend Polen als Arbeiter zugeteilt. Also, ehrlich gesagt, ich denke mir das ziemlich langweilig auf so einer Klitsche – ich möchte in Berlin bleiben . . .«
Sie erzählte dann noch eine Weile von den Bällen, Opernpremieren, Wohltätigkeitsveranstaltungen und von den erstklassigen Restaurants, die es in Berlin gebe, wo man markenfrei ganz vorzüglich essen könne, nannte mir ein paar Adressen, fragte mich, ob ich mit ihr mal ausgehen würde, und wollte dann auch noch ›ein bißchen Musik machen‹. Aber ich hatte mir, während sie pausenlos redete, die vorhandenen Schallplatten schon angesehen und sagte, daß ich von der langen Bahnfahrt ziemlich müde sei.
»Klar«, meinte Gudrun nur, »schlaf dich mal richtig aus! Ich frühstücke nicht vor 10 – aber du kannst natürlich eher erscheinen. Die Mädchen sind von 6 Uhr an in der Küche, und du brauchst nur zu klingeln, dann bringen sie dir, was du haben willst . . .«
Sie zeigte unter den Eßtisch, wo ein mit dem Fuß zu bedienender Klingelknopf war, drückte darauf, und fast sofort erschien die junge Frau in der Kittelschürze, die Onkel Karl und mir die Tür geöffnet hatte.
Gudrun sagte, sie solle meinen Koffer nach oben tragen, und als ich einwandte: »Laß mich das doch selbst machen – ich möchte das nicht!«, erklärte sie mir, ohne auf die Frau zu achten, die bereits in die Diele ging, um den Auftrag auszuführen: »Das muß aber sein! Horst-Eberhard hat Anweisung gegeben, die Polenmädels tüchtig ranzunehmen. Sie haben es doch hier ohnehin schon wie im Paradies – verglichen mit dem, was sie gewöhnt sind . . . Also, merk dir: Du mußt sie duzen, darfst nicht ›bitte‹ oder ›danke‹ sagen und hast sie ständig spüren zu lassen, wer hier der Herr ist. Mir fiel das

anfangs auch etwas schwer, aber Horst-Eberhard hat mir klargemacht, daß sie doch nur darauf lauern, unsere Schwächen auszunutzen . . .«

Anderntags verließ ich das Haus, lange bevor meine Cousine Gudrun aufgestanden war. Punkt zehn Uhr war ich am Bahnhof Rummelsburg, weit im Osten der Stadt, wo ich – so hatte Herr Desch mir gesagt – Onkel Erich treffen würde.

Fast hätte ich ihn nicht erkannt, so sehr hatte er sich seit unserer letzten Begegnung verändert. Er sah jetzt wie ein Straßenhändler oder Lieferwagenfahrer aus. Alle Eleganz war von ihm abgefallen. Statt des Monokels trug er eine Nickelbrille, deren eines Glas gesprungen und mit Leukoplast zusammengehalten war. Der sorgfältig gestutzte Schnurrbart des ›Major Elken‹ war verschwunden, statt dessen war er unrasiert. Auf dem Kopf trug er eine Pudelmütze aus grauer Wolle mit Ohrenschützern, und unter seiner dikken, kurzen Jacke, deren einer Ärmel einen großen Ölfleck aufwies, war eine nicht ganz saubere blaue Schürze zu sehen.

Er schien in den ›Völkischen Beobachter‹ vertieft, als ich ihn ansprach: »Hallo, Onkel Erich – nett, dich mal wiederzusehen!«

Er ließ die Zeitung sinken, sah mich über den Rand seiner Brille an und nickte mir freundlich zu: »Da biste ja wieda! Mensch, wat biste schnieke – kann ick mir ja janich mit dir seh'n lassen . . .!«

»Ach was, komm, wir gehen auf einen Sprung in die Kneipe drüben – ich lade dich ein!«

»Det is'n Wort«, meinte er dazu und steckte die Zeitung in die Jakkentasche. »Uff 'ne Molle und 'n Korn, det jeht – so ville Zeit ha' ick imma . . .!«

Wir gingen, während er weiter berlinerte, wie ich es noch nie zuvor von ihm gehört hatte, in eine nahe Kneipe am Osthafen, wo nur wenige Leute waren, dafür aber viel Lärm und Geschrei. Zwei schon etwas angetrunkene Arbeiter führten ein heftiges Wortgefecht an der Theke, in das sich der Wirt hin und wieder einmischte. Er hatte seinen Volksempfänger auf volle Lautstärke gebracht, und die ›Frohe Stunde am Vormittag‹ wartete mit Schlagermusik auf, daß die Gläser klirrten. Wir konnten uns also ungestört unterhalten.

»Im Augenblick haben wir neunundzwanzig Personen, die untergetaucht sind und nach denen mit Sicherheit gefahndet wird«, berichtete er. »Wir müssen sie so bald wie möglich über eine der noch infrage kommenden Grenzen bringen . . .«

Ich erzählte ihm, was ich bei dem ›Palaver‹ in Meerbusch erfahren und was mir Herr Desch darüber hinaus noch an Informationen mit auf den Weg gegeben hatte, von Hedwigs bevorstehender Er-

kundungsfahrt in die südliche Steiermark und von Herrn Deschs Plänen, einen Fluchtweg über den Balkan zu erschließen.
Er hörte sich alles aufmerksam an, schien bei dem einen oder anderen Punkt etwas skeptisch und meinte schließlich: »Die größte Schwierigkeit liegt darin, daß die steiermärkische Grenze so weit weg von Berlin ist. Die Bahnhöfe und die Züge werden sehr genau überwacht, und auch der Lastwagenverkehr von und nach Berlin ist stark eingeschränkt und wird häufig kontrolliert. Selbst wenn jetzt ein Schlupfloch an der jugoslawischen Grenze gefunden wird und die Freunde von Herrn Desch auf der anderen Seite alles bestens organisiert haben – wie bekommt man die Leute aus Berlin hinaus? Wenigstens bis Dresden oder Leipzig?«
»Kommt man von dort leichter weg?«
»Im westlichen Sachsen gibt es ein dichtes, weitverzweigtes Autobusnetz, bis weit nach Thüringen hinein. Man muß zwar x-mal umsteigen, aber damit ist man auch sicher vor Kontrollen. Und von Plauen im Vogtland aus fährt alle zehn Tage ein großer Lastzug mit Anhänger nach Österreich, zu einem Zweigwerk in der Nähe von Graz. Der Fahrer ist absolut zuverlässig, und er könnte leicht auf jeder Fahrt fünf oder sechs Leute mitnehmen, sie sogar mit einem kleinen Umweg nahe der jugoslawischen Grenze absetzen . . . Wenn ich nur wüßte, wie ich die Leute nach Plauen bringen kann – und zwar so bald wie irgend möglich! Es ist hier in Berlin viel zu gefährlich, und es wird auch immer schwieriger, neunundzwanzig Erwachsene ohne Lebensmittelkarten durchzubringen . . .«
Mir fiel der dicke Umschlag ein, der in meiner Tasche steckte. »Hier, Onkel Erich – das ist von ›Tante Änne‹ – sie läßt dich herzlich grüßen . . .!«
Er vergewisserte sich, daß uns niemand beobachtete, warf einen Blick in das Kuvert und steckte es dann rasch ein.
»Mein Gott«, sagte er, »daß es noch Menschen wie Frau Ney gibt . . .! Damit sind wir für mindestens drei Wochen aus dem Schlimmsten heraus!«
»Sag mal«, erkundigte ich mich, »ist es nicht sehr schwierig und außerordentlich gefährlich, mit so vielen Leuten Kontakt zu halten? Schließlich sind sie doch bestimmt nicht alle in einem Haus untergebracht – oder?«
»Nee«, sagte er und verfiel wieder ins Berlinerische, »aba det is nu würklich keen Jrund zur Uffrejung – dabei fühl' ick mir wie Bolle uff'm Milchwagen . . .«
Dabei ließ er es bewenden, und erst ein Jahr später, als wir uns

wiedersahen und er wieder eine ganz andere Rolle übernommen hatte, erzählte er mir schmunzelnd, daß er ›damals in Berlin‹ tatsächlich als echter Milchmann unterwegs gewesen sei. Wenn er morgens in aller Frühe von Haus zu Haus zog und seine Kundschaft belieferte, konnte er unauffällig Kontakt zu seinen Schützlingen halten.

Wir tranken unser Bier aus und gingen noch ein paar Schritte zusammen, wobei wir ausmachten, wie Herr Desch ihm eine Nachricht zukommen lassen sollte, sobald ein Weg über die jugoslawische Grenze gefunden war.

»Ich denke«, sagte ich, »daß bis etwa zum 20. Januar alles geklärt sein müßte . . .«

Aber da merkte ich, daß er mir gar nicht richtig zuhörte. Er starrte über das Geländer der Brücke, über die wir gerade gingen, hinab auf einen Motorschlepper, der gerade den Osthafen verließ. »Menschenskind«, flüsterte er, »das könnte die Lösung sein!« Er wies dabei mit dem Kinn auf den schwerbeladenen Schlepper. Ich folgte seinem Blick und las am Bug des Schiffes ›Walburga Dessau-Wallwitzhafen‹.

Jetzt begann ich zu verstehen, was er meinte. »Willst du etwa . . .?«

»Klar – mit so einem Kahn werden sie über die Spree, die Havel und den Mittellandkanal zur Elbe und stromaufwärts nach Meißen oder Dresden fahren und dann mit dem Autobus bis Plauen . . . Daß ich darauf nicht früher gekommen bin! Ich weiß sogar schon, wie wir das machen werden – gleich nach Neujahr werden wir damit anfangen . . .«

Er rieb sich sichtlich zufrieden die Hände.

Als wir uns am Bahnhof voneinander verabschiedeten, gab er mir den ›Völkischen Beobachter‹ – »Dette was ze lesen hast inne Bahn«, sagte er dazu laut und fügte sehr leise hinzu: »Da ist noch etwas drin – für Herrn Desch. Du solltest es auch lesen, damit du Bescheid weißt . . .«

In der Zeitung steckten fünf engzeilig mit der Maschine beschriebene Seiten Durchschlagpapier. Es waren detaillierte Berichte über die ›schlagartige‹ Aktion der NSDAP-Gauleiter von Baden und Saarpfalz, Robert Wagner und Josef Bürckel, gegen die jüdische Bevölkerung ihres Machtbereichs, die ohne Vorwarnung und ohne Wissen der französischen Behörden in das unbesetzte Frankreich ›abgeschoben‹ worden war, und über eine etwas frühere, schon im Februar 1940 durchgeführte Zwangsdeportation der Juden von Stettin und Vorpommern nach Ostpolen.

»Am 12. Februar 1940 wurde die vollkommen ahnungslose jüdi-

sche Bevölkerung von Stettin, ungefähr 1200 Menschen, nach Lublin deportiert . . .«, begann dieser Bericht, in dem es weiter hieß: »Zwischen drei und vier Uhr morgens holten je zwei Posten der SA und SS die Juden mit Frauen und Kindern aus den Wohnungen und brachten sie zum Güterbahnhof . . . Auch die Insassen der beiden jüdischen Altersheime, darunter Frauen und Männer über 80 Jahre, wurden deportiert . . . Darunter befinden sich ehemalige Frontkämpfer aus dem Weltkrieg. Jedem Juden wurde ein Pappschild umgehängt, das Namen und Deportationsnummer enthielt . . . Von Lublin aus mußten Männer, Frauen und Kinder zu Fuß bei 20 Grad Kälte auf tiefverschneiten Landstraßen zu diesen Dörfern« – Piaski, Glusk und Belcyce – »marschieren . . . Von den aus Stettin deportierten etwa 1200 Personen blieben auf dem Marsch, der mehr als vierzehn Stunden dauerte, 72 Personen liegen, unter ihnen Männer und Frauen bis 86 Jahre. Von ihnen ist der größte Teil erfroren. Darunter befand sich eine Mutter, die ihr dreijähriges Kind auf den Armen trug . . . Ferner wurde der Körper eines etwa fünfjährigen Kindes . . . aufgefunden. Es trug auf einem Pappschild um den Hals den Namen ›Renate Alexander aus Hammerstein in Pommern‹. Es stellte sich heraus, daß dieses Kind anläßlich eines Verwandtenbesuchs in Stettin mitdeportiert worden war . . . In den drei Dörfern angekommen, wurde es den Deportierten überlassen, sich Unterkunft in den überfüllten Häusern und Hütten der einheimischen Juden zu suchen . . . Da es überdies an Lebensmitteln, außer Schwarzbrot, fehlt und die hygienischen Verhältnisse trostlos sind, sterben täglich zahlreiche Personen . . . Bis zum 12. März hat sich die Sterbeziffer auf 230 erhöht . . .«
Der Bericht aus Baden und der Rheinpfalz schilderte sehr detailliert das Geschehen am 22. und 23. Oktober 1940, wo – genau wie in Stettin – die jüdische Bevölkerung ohne vorherige Benachrichtigung innerhalb einer Frist, die von 15 Minuten bis zu zwei Stunden reichte, unter Zurücklassung ihrer gesamten Habe ›umgesiedelt‹ worden war.
Eine der Betroffenen, Frau Else Liefmann, der später mit französischer Hilfe die Flucht ins Ausland gelang, stellte hier in allen Einzelheiten dar, wie diese ›Umsiedlung‹ vor sich gegangen war. Vom Frühstückstisch weg waren sie und ihr Ehemann aus dem Haus, in dem sie fast fünfzig Jahre gelebt hatten, abgeführt worden. Sie durften Handgepäck und je 100 RM Bargeld mitnehmen. In einem Sammellager, dem Turnsaal einer Schule, wurden sie bis zum nächsten Morgen um 2 Uhr festgehalten, dann unter SS-Begleitung mit der Bahn nach Frankreich gebracht. Den französischen

Grenzbehörden wurde erklärt, es handele sich um Ausgewiesene aus Elsaß-Lothringen. Die Deportierten landeten nach langer Fahrt in Internierungslagern in Südfrankreich.
»Also nicht nach Polen! Wie freudig wurde das begrüßt«, hieß es in dem Bericht der Frau Liefmann über den Beginn der Fahrt, als der Zug über den Rhein gen Westen abfuhr. »Die Begleitmannschaft des Zuges bildeten SS-Leute, ... die letzten Menschen aus Deutschland, das mit ihnen uns entschwand, und diese letzten Menschen waren eine Schande für das Land, das wir zurückließen und das unser Heimatland war ...«
Am Nachmittag fuhr ich wieder nach Grunewald, zu meiner Cousine Gudrun.
Als ich das Wohnzimmer betrat, stellte sie das Grammophon ab, das schon in der Diele zu hören gewesen war – »Das kann doch einen Seemann nicht erschüttern, keine Angst, keine Angst, Rosmarie!«
»Schön, daß du nicht so spät kommst«, begrüßte mich Gudrun. »Zum Abendbrot werden meine Freundin Lilo, ihr Mann und ein Kamerad von Horst-Eberhard, der gerade aus Polen gekommen ist, hier sein ...«
»Sei mir nicht böse, aber ich muß mich schon jetzt verabschieden. Ich will mit dem Nachtzug zurück nach Düsseldorf fahren ...«
»Ach, wie schade! Das war ja ein sehr kurzer Besuch! Aber ich kann mir schon denken, warum du es so eilig hast – es kann sich doch nur um ein Mädchen handeln – oder?«
»Klar«, sagte ich, »sie ist mir nach Düsseldorf entgegengefahren, und ich habe sie verpaßt ...«
»Na, dann nichts wie hin«, meinte Gudrun. »Aber eine Tasse Kaffee wirst du doch noch mit mir trinken ...?«
Sie klingelte bereits das polnische Mädchen herbei.
»Vielen Dank«, sagte ich, als mir die junge Frau mit dem ›P‹ am Kittel eingeschenkt hatte, und Gudrun runzelte die Stirn. »Ich habe dir doch erklärt ...« begann sie, kaum daß wir wieder allein waren.
Am nächsten Morgen frühstückte ich wieder bei Herrn Desch.
»Diese Berichte«, sagte er, »wird ›Monsignore Sprüngli‹ morgen mitnehmen, wenn er in die Schweiz zurückkehrt. Wir werden sie so schnell wie möglich dort und in anderen neutralen Ländern veröffentlichen lassen. Vielleicht nützt das, denn noch ist den Nazis die Meinung des Auslands nicht völlig gleichgültig ...«
Wie ich später erfuhr, gab es zunächst keine weiteren Deportationen mehr, aber welche Gründe dafür den Ausschlag gaben, ist

zweifelhaft. Es kann auch sein, daß es weniger die Reaktionen des neutralen Auslands als militärische Erfordernisse waren, die verhinderten, daß in den folgenden zehn Monaten Güterzüge voll Menschen aus dem Reich nach Polen rollten. Denn bereits kurz vor Weihnachten 1940, am 18. Dezember, hatte Hitler die ›Führerweisung 21‹ erlassen, die den ›Fall Barbarossa‹, die Vorbereitung des Überfalls auf die Sowjetunion, betraf: »Die deutsche Wehrmacht muß darauf vorbereitet sein«, hieß es darin, »auch vor Beendigung des Krieges gegen England, Sowjetrußland in einem schnellen Erfolg niederzuwerfen . . . Vorbereitungen sind bis zum 15. Mai 1941 abzuschließen . . .«

Aber das erfuhr ich erst, als ich wieder in Caudebec-en-Caux eintraf und mich bei Erwin zurückmeldete.

8. Gegen den Uhrzeiger

Bei unserem Funktrupp hatte sich während meines kurzen Urlaubs mancherlei ereignet: Hänschen war tatsächlich mit Wirkung vom 1. Januar 1941 der Dienstgrad eines Majors verliehen worden; er hatte nun seine eigene ›Wetterstation‹ und war damit aus unserem Wachdienst ausgeschieden. Dafür waren drei neue Funker und ein Fähnrich dazugekommen, von denen Erwin meinte, man müsse sie noch sehr genau ›auf Eignung‹ überprüfen. Immerhin hatte diese Verstärkung die angenehme Folge, daß wir nun endlich die vierundzwanzig Stunden des Tages in drei Wachen einteilen konnten, wodurch Erwin und ich jeweils acht Stunden gemeinsam frei hatten.

Meist benutzten wir diese Zeit zu Ausflügen nach Rouen oder Le Havre, und dort hatten wir bald auch Kontakt zu den inzwischen wieder in die Städte zurückgekehrten Einwohnern. Die erste, mit der wir näher bekannt wurden, war die Wirtin eines kleinen Restaurants am Rande der stark zerstörten Altstadt von Rouen. Sie hatte einen baskischen Familiennamen, der auch für Franzosen schwer auszusprechen war, und wurde von ihren Nachbarn und Stammgästen nur ›Marie la Basquaise‹ genannt. Die resolute etwa fünfzigjährige Brünette, deren Französisch mit vielen gerollten Rs gespickt war, hatte sich, als wir einmal bei ihr zu Abend aßen, an Erwin und mich gewandt und um Hilfe gebeten: François, ihr einziger noch nicht achtzehnjähriger Sohn, sollte in den nächsten Tagen zum ›Arbeitseinsatz‹ nach Deutschland. Der pausbäckige François, der sonst im Lokal servierte, während sein Vater in der Küche am Herd stand und aus dem wenigen, was es noch auf dem Markt gab, erstaunliche Gerichte zubereitete, war an diesem Abend nicht da.

»Er ist *malade, très malade*«, versicherte uns seine Mutter, »er darf nicht weg, er ist viel zu jung, und ohne ihn kommen wir nicht zurecht – dann müssen wir das Lokal schließen . . .« Vielleicht erhoffte sie sich von diesem letzten Argument, daß wir uns, schon im eigenen Interesse, für ihren Sohn verwenden würden.

»Was sollen *wir* da machen?« meinte Erwin. »Wir haben doch nicht den geringsten Einfluß auf diese Sklavenfänger und Piraten ...«
Die Wirtin beobachtete uns gespannt, während wir uns leise unterhielten. Sie merkte wohl, daß wir Verständnis für ihren Kummer hatten und zumindest darüber nachdachten, ob und wie man ihrem Sohn helfen könnte.
»Was fehlt ihm denn?« erkundigte ich mich.
»Was Sie wollen, Monsieur, was Sie wollen! Ein gebrochener Arm oder Typhus oder die Schlafkrankheit – an einem Attest soll es nicht liegen ...«
»Ein Attest vom freundlichen Hausarzt wird da nichts nützen«, meinte Erwin. »Wenn nicht irgendeine deutsche Dienststelle ihn für ›unabkömmlich‹ erklärt, dann wird er wohl bei uns Granaten drehen müssen.«
»Welche Dienststelle sollte unseren dicken François wohl reklamieren? Das ist doch ausgeschlossen!«
Aber Erwin schien nicht ganz so pessimistisch zu sein. Er ließ sich von der Wirtin den ›Gestellungsbefehl‹ ihres Sohnes geben und studierte das Papier lange und gründlich. Dann fragte er mich: »Was heißt das hier unten – das Kleingedruckte da?«
Ich übersetzte es ihm: »Da steht: ›Im Fall, daß der Einberufene für eine öffentliche Einrichtung tätig ist, deren Dienste im Interesse der deutschen Wehrmacht und der Versorgung des besetzten Gebiets aufrechterhalten werden müssen, ist dies von der betreffenden Dienststelle zu bescheinigen und bedarf der Gegenzeichnung durch den Ortskommandanten (oder dessen Vertreter) oder des Kommandeurs der betreffenden Wehrmachteinheit (oder dessen Vertreter).‹ Da ist wohl nichts zu machen ...«
»Na, vielleicht doch«, meinte Erwin und grinste.
»Du glaubst doch nicht im Ernst, daß Oberst Keßler ...?«
»Nein, aber was glaubst du, was der Vertreter von unserem Alten macht, wenn ihn eine öffentliche Einrichtung, sagen wir: die Stadtbibliothek, um seine Unterschrift bitten würde ...?«
»Major Zobel? Hm – da hast du recht. Der würde das wahrscheinlich machen – aber da müßte sich Madame schleunigst mit der reizenden Bibliothekarin in Verbindung setzen – es ist nicht mehr viel Zeit!«
Ich wollte noch hinzufügen, daß ich die Erfolgsaussichten für nicht allzu groß hielte, aber die Wirtin mischte sich jetzt aufgeregt ein: »Haben Sie von der Dame in der Bibliothek gesprochen ...? Kann *sie* vielleicht helfen? Ich kenne sie – sie ist sehr freundlich! Und sie ist eine Nichte meiner Schwägerin ...!«

Also erklärte ich ihr, was wir uns ausgedacht hatten. Schon am nächsten Tag, so erfuhr ich später, setzte Major Zobel, ohne sich lange bitten zu lassen, die gewünschte Unterschrift unter das Gesuch, und damit war François, der nun jeden Nachmittag von 16 bis 18 Uhr in der Stadtbibliothek Bücherstapel zu transportieren und abzustauben hatte, fürs erste gerettet. Zugleich war dies der Anfang einer Freundschaft zwischen den Wirtsleuten und uns.

Etwa um die gleiche Zeit, in der ersten Hälfte des Februar 1941, erhielt ich eine Feldpostkarte von ›Tante Änne‹. Sie schrieb, daß alle wohlauf seien und dies auch von mir hofften; daß ›der nette Herr Major a. D.‹ ins Rheinland übersiedelt sei; daß ›die Verlobungsfeier von unserer Hedwig ein voller Erfolg‹ gewesen wäre – ›denk dir nur: 31 Freunde und Verwandte!‹ –, aber daß ›Herr Schneider‹ geäußert hätte, es wäre höchste Zeit gewesen, und an eine Wiederholung solcher Fêten für die Dauer des Krieges sei nicht zu denken . . .

Außerdem schrieb ›Tante Änne‹ noch etwas, auf das ich mir zunächst keinen Reim machen konnte: »Herr Schneider würde sich aber sehr freuen, wenn es bei dir eine Verlobung geben würde. Er denkt sicherlich an Carmen. Laß es dir durch den Kopf gehen . . .«

Das tat ich, und ich kam zu dem Ergebnis, daß damit nur gemeint sein konnte, daß ›Herr Schneider‹, also Herr Desch, nach der gerade noch gelungenen Rettung von – nicht, wie vorgesehen, neunundzwanzig, sondern sogar einunddreißig – besonders Gefährdeten aus Berlin über die von Hedwig erkundete jugoslawische Grenze nun eine ›Verlobung‹, also einen ähnlich vorbereiteten Fluchtweg, ›bei mir‹, in Frankreich, ausfindig gemacht haben wollte, wobei er an ›Carmen‹, also wohl an die Grenze nach Spanien, dachte.

Aber wie sollte ich das bewerkstelligen? Außer zu einigen wenigen Leuten in Rouen und Le Havre hatte ich kaum Kontakte zur französischen Bevölkerung. Die Entfernung zwischen unserem Standort in der Normandie und der französisch-spanischen Grenze betrug mehr als achthundert Kilometer, und es gab keinen erdenklichen Grund, ›dienstlich‹ dorthin zu kommen.

Als ich Erwin fragte, ob es irgendeine Möglichkeit gäbe, sich ›mal die Pyrenäen anzusehen‹, warf er mir einen erstaunten Blick zu.

»Du willst doch nicht etwa abhauen?«

»Nein, nein, nur so, es interessiert mich. Es soll dort sehr schön sein, und jetzt, wo doch die ganze Küste bis zur spanischen Grenze von der Wehrmacht besetzt ist, da könnte man doch vielleicht mal . . .«

Erwin dachte nach.
Dann schüttelte er den Kopf und sagte: »Also, mir fällt nichts ein. Und ich kann dir auch keinen Rat geben, wenn du mir nicht mehr sagen kannst oder willst.«
Er schien etwas gekränkt.
Also erzählte ich ihm, was ich während meines Urlaubs über die Blitzaktionen gegen die Juden in Pommern, Baden und in der Pfalz erfahren hatte, und daß es für diejenigen, die vor der Gestapo in den Untergrund geflüchtet waren, kein Entkommen mehr zu geben scheine, es sei denn, man fände einen Weg über Frankreich, Spanien und Portugal, von wo aus man noch nach Amerika kommen könnte.
»Na, Mensch, das ist doch ganz etwas anderes! Dazu brauchst *du* doch nicht in die Pyrenäen zu fahren! Das sollten Leute machen, die sich da gut auskennen . . .«
Er überlegte einen Augenblick lang und sagte dann grinsend: »Wie wär's, wenn du mal mit unserer baskischen Wirtin darüber redetest . . .? Du weiß doch: Eine Hand wäscht die andere – und soviel ich weiß, kommt sie doch von da unten und hat noch ihre ganze Verwandtschaft in der Gegend.«
Bei der nächsten Gelegenheit sprach ich darüber mit Madame Ondarraitz, der uns seit der Errettung ihres Sohnes freundschaftlich verbundenen Wirtin. Sie hörte sich alles aufmerksam an und meinte dann: »Die Grenze, mein Junge, das ist überhaupt kein Problem – da muß man nur gut zu Fuß sein und ein paar Stunden Marsch auf schmalen Pfaden nicht scheuen. Jeder zweite bei uns kennt sich da bestens aus – sie schmuggeln doch alle! Und die Basken diesseits und jenseits der Grenze, die halten zusammen. Die meisten sind auch gute Republikaner und haben im Bürgerkrieg gegen Franco und die von Hitler geschickten Truppen gekämpft. Und wir haben auch nicht vergessen, daß die Nazis vor vier Jahren unsere Stadt Guérnica mit Flugzeugen bombardiert und gänzlich zerstört haben! Nein, nein, die Grenze, das ist nicht das Problem – die Schwierigkeit liegt darin, erst einmal dorthin zu kommen!«
Sie erklärte mir, daß alle Reisen genehmigungspflichtig seien und daß sie selbst schon längst ihre Verwandten besucht hätte, die in einer Kleinstadt unweit der spanischen Grenze lebten, wäre es nicht so schwierig, die Erlaubnis dazu zu erhalten.
»Aber«, schloß sie, »für euch ist es ja vielleicht einfacher, an solche Genehmigungen heranzukommen, und ich wünschte, ihr würdet dann auch an mich denken – meine Mutter wird im Juni achtzig Jahre alt, da möchte ich sie für ein paar Tage besuchen . . .«

»Wir werden uns mal umhören«, versprach ihr Erwin, nachdem ich ihn ins Bild gesetzt hatte.

Als wir Madame Ondarraitz das nächste Mal besuchten, merkten wir gleich, daß sie darauf brannte, uns etwas mitzuteilen. Sobald sich die Gelegenheit dazu bot, setzte sie sich zu uns und erzählte im Flüsterton: »Ich habe vorgestern einen Brief von meiner Schwester bekommen. Sie erwähnt, daß in Gurs, nicht weit von uns, ein Sammellager ist, wo viele Flüchtlinge aus Deutschland, darunter viele Juden, erbärmlich untergebracht sind. Sie sterben an Hunger und Kälte wie die Fliegen – ich dachte, Sie sollten das wissen. Vielleicht ändert das Ihre Pläne . . .«

»Wo liegt dieses Gurs«, erkundigte ich mich. »Ist das im besetzten Gebiet?«

»Nein, im unbesetzten Frankreich. Es untersteht der Regierung in Vichy, und diesen Schurken ist zuzutrauen, daß sie diese armen Flüchtlinge alle umbringen oder an die Deutschen ausliefern!«

Es war das erste Mal, daß ich von französischen Konzentrationslagern für deutsche Flüchtlinge hörte, und ich war entsetzt. Vierzig Jahre später sprach ich mit einem Freund, der selbst damals als Gefangener in Gurs gewesen war und der es auf sehr sonderbare Weise geschafft hatte, der – 1942 tatsächlich durchgeführten – Auslieferung an die Gestapo zu entgehen und sich in die USA zu retten.

Mein Freund Ulrich war damals, im Frühjahr 1941, achtundzwanzig Jahre alt. Bis zum Mai 1940 hatte er als ein vor den Nazis geflüchteter Emigrant in Brüssel gelebt, von wo er, zusammen mit einigen Tausenden anderer Flüchtlinge, gerade noch rechtzeitig vor dem Einmarsch der deutschen Truppen, in Güterwaggons nach Südfrankreich evakuiert worden war.

»Es ging über mehrere Zwischenlager, erst Poitou, dann ein halbes Jahr lang am Mittelmeer – man durfte sogar baden«, erinnerte er sich. »Im Spätherbst 1940 wurden wir dann in ein total ungeheiztes Barackenlager in den mittleren Pyrenäen verfrachtet – nach Gurs, Département Basses-Pyrénées, nicht weit von Pau. Wir waren über dreitausend Zivilinternierte, Frauen und Männer, zum überwiegenden Teil sogenannte ›rassisch‹ Verfolgte, aber es gab auch Fahnenflüchtige der Wehrmacht bei uns. Einen haben wir, als eine deutsche Offiziersdelegation einmal das Lager inspizierte, erfolgreich in unserer Baracke versteckt.«

»Und wie war das Leben in diesem Lager?«

Ulrich, zur Untertreibung neigend, beschrieb es so: »Die Landschaft um Gurs ist schön, die Ernährung und die hygienischen

Verhältnisse waren schrecklich, die Todesrate enorm. Wenn man morgens aus der Baracke trat, durfte man den schmalen Plankensteg nicht verfehlen, sonst steckte man bis über die Knie im Morast. Gurs liegt in einem Hochmoor, isoliert von den Dörfern der benachbarten Täler. Aller Verkehr zwischen den Baracken vollzog sich über diese wackeligen Laufplanken, und vorausgesetzt, man hatte einen Passierschein, galt das weitgehend auch für den zwischen den stacheldrahtumzäunten ›Inselchen‹, den *›ilôts‹*, wie sie genannt wurden, denn unsere Baracken waren streng getrennt, nicht nur nach Geschlechtern, sondern auch nach Herkunftsgruppen. Nach der geltenden Lagerordnung war es schwierig, jemanden auf einem anderen *›ilôt‹* zu besuchen. Die Passierscheine gab ein Leutnant Guyot aus. Der hatte nicht nur Langeweile in dieser Einöde, sondern auch so viel kritischen Abstand gewonnen, daß er manchmal abends mit uns Schach spielte. Er gehörte zu einer Gruppe von Offizieren, die die sehr strengen Anordnungen des Kommandanten, eines Anhängers der nazihörigen Marionettenregierung in Vichy, nach Kräften sabotierte und die Interessen der Internierten zu wahren suchte. Auf Leute wie Guyot war Verlaß.«

»Hattet ihr Geld? Konntet ihr euch zusätzliche Verpflegung kaufen?«

»Meine eigenen Mittel waren zu Ende. An mein Konto in Brüssel konnte ich nicht mehr heran. Es gab aber auch ein paar sehr wohlhabende Internierte, die in Säckchen eingenähte Dollarbeträge unter dem Hemd trugen und sich selbst beköstigten, nachdem sie Verbindung zu den Dörfern der Umgebung hergestellt hatten. Leutnant Guyot und einige Offiziere seiner Gesinnung versuchten, diese Ungleichheit der Verpflegung zu beseitigen und allen etwas mehr zukommen zu lassen, aber das klappte nicht ... Im März 1941 erreichte mich die Nachricht, daß ein amerikanisches Visum für mich erteilt worden sei, ein sogenanntes ›Nonquota‹-Visum, wie es für besonders Gefährdete auf Antrag der Hilfsorganisationen manchmal bewilligt wurde. Meine Schwester und einige Freunde, die schon in die USA gelangt waren, hatten es für mich beschafft, auch Geld für die Schiffskarte und das sogenannte ›Affidavit‹, die erforderliche Garantie, daß man den amerikanischen Steuerzahlern nicht zur Last fallen werde ...«

»Dann warst du ja gerettet!«

»Keineswegs. Von dem rettenden Visum Gebrauch machen hieß, zunächst die Verlegung in ein Auswandererlager zu beantragen. Dieses Lager, Les Milles, zwischen Aix-en-Provence und Marseille gelegen, war die unumgängliche Durchgangsstation. Von dort entlassen, hätte ich mich wochenlang in Marseille um die Unzahl der erforderlichen Papiere bemühen, derweilen meinen Lebensunterhalt bestreiten und schließlich auch noch die Reise bezahlen müssen. Denn die Überfahrt nach Amerika war Mitte 1941 nicht mehr von Marseille, sondern nur noch von einem spanischen oder portugiesischen Hafen aus möglich. Und, wie gesagt, ich hatte kein Geld mehr. Die Auswanderung war mir dadurch unmöglich – und ebenso unmöglich schien die Verwirklichung eines Plans zu sein, es dennoch zu schaffen. Die Idee dazu war mir gekommen, als ich verzweifelt nach einem Ausweg suchte. Ich besprach sie dann mit einem Mitgefangenen, dem fast 70jährigen kranken Dichter Alfred Mombert, den die Nazis aus der Ruhe seines Heidelberger Hauses gerissen und in diese Sümpfe verschickt hatten. Er überzeugte mich, daß mein phantastischer Einfall und das Projekt, das mir vorschwebte, gar nicht so phantastisch waren, wie sie heute, im Rückblick, erscheinen mögen. Jedenfalls habe ich es ihm zu verdanken, daß ich sofort nach unserem Gespräch den Plan in die Tat umzusetzen begann, einen Plan, der auf der Wettleidenschaft eines meiner reichen Mitgefangenen basierte. Er hieß Gerson, war der Wohlhabendste unter den wenigen, die noch Geld hatten, und er bot gewohnheitsmäßig jedem eine Wette an, der etwas, das unser gemeinsames Schicksal beeinflussen konnte, vorauszusagen wagte. Er verfuhr dabei stets sehr großzügig, bot Bedingungen an, die in ihrer vorteilhaften Ungleichheit ungeheuer verlockend schienen. Aber er stieß kaum je auf Leute, die auf seine Wettvorschläge eingingen. Denn seine eigenen Voraussagen, auf die er solche Wetten bot, waren stets so einleuchtend, daß niemand dagegenhalten wollte.«

»Und, welche Wette hast *du* gegen ihn gewonnen? Denn gewonnen mußt du ja haben . . .«

»Richtig, aber ich muß dir erst von der Beobachtung erzählen, die ich gemacht hatte, denn sonst verstehst du nicht, was mich dazu bewogen hat, diese Wette abzuschließen. Man muß dazu wissen, daß das Lagerleben in Gurs den Internierten sehr viel Zeit zum Nachdenken ließ. Ich hatte in den langen Wintermonaten viel über alles nachgedacht, was in den letzten Jahren von Nazi-Deutschland aus über Europa hereingebrochen war, und dabei war mir aufgefallen, daß Hitler nicht nur um sich schlug, sondern daß dieses Um-sich-Schlagen, das gar nicht wörtlich genug zu verstehen war, keineswegs regellos vor sich ging: Es folgte im geographischen Raum einer einheitlichen planimetrischen Richtung – der *gegen* den Uhrzeiger! Im März 1938 war Österreich an der Reihe,

ein Jahr später, wieder im März, folgte der Einmarsch in Prag. Schon ein halbes Jahr später war Warschau erobert, im April 1940 bereits Kopenhagen und Oslo. Nur ein paar Wochen später überrollten die deutschen Panzer Holland, Belgien und Frankreich. Das war eine klare Kreisbewegung. Als Bewegung – gegen den Uhrzeiger – konnte sie nur angemessen erfaßt werden, wenn man ihrer Beschleunigung Rechnung trug: Die Zeitabstände der Angriffe wurden immer kürzer. Daß die Aggressionen mit dem Fall Frankreichs keineswegs zu Ende waren, zeigte sich damals, als ich mich zu dieser Wette entschloß, schon deutlich: Im Februar hatte der OKW-Bericht erstmals deutsche Spähtrupptätigkeit in Nordafrika gemeldet. Wir wußten, daß tatsächlich zwei deutsche Divisionen unter General Rommel den von den Briten arg bedrängten Italienern in Libyen zu Hilfe gekommen waren. Als nächstes war, wenn meine Überlegungen stimmten, nach dem Süden der Südosten, der Balkan, an der Reihe . . .«
»Phantastisch! Und darauf hast du gewettet?«
»Ich war noch viel kühner. Ich nahm an, daß nach einer raschen Eroberung Jugoslawiens und Griechenlands, wie sie ja auch tatsächlich schon im April 1941 stattfand, der nächste Angriff wieder nach Osten zielen würde, diesmal jenseits von Polen, gegen Rußland, was hieß, daß sich die Spirale vollenden würde. Ehe ich Gerson eine Wette anbot, überdachte ich noch einmal genau die möglichen Termine. Es war inzwischen Ende März; der Feldzug im Südosten stand also noch bevor, wenn er auch nach den Nachrichten, die uns erreichten, jeden Augenblick beginnen konnte . . .«
»Ich erinnere mich«, warf ich ein. »Meine Freunde waren bereits Anfang Februar davon überzeugt, daß es dort bald losgehen würde und die Fluchtwege über den Balkan jeden Tag abgeschnitten werden könnten.«
»Ja, der Balkanfeldzug war voraussehbar. Weit schwieriger war es jedoch, den wahrscheinlichen Zeitpunkt des Angriffs auf die Sowjetunion zu bestimmen. Ich kam schließlich zu der Überzeugung, daß Hitler damit noch in der ersten Jahreshälfte 1941, also schon sehr bald nach der Eroberung des Balkans, beginnen würde, denn sonst konnte er nicht hoffen, vor Einbruch des Winters Moskau erobert zu haben.«
»Darum also ging die Wette – um den Zeitpunkt des deutschen Angriffs auf Sowjetrußland!«
Ulrich nickte und fuhr lächelnd fort: »Noch am gleichen Abend verwickelte ich Gerson in ein Gespräch über die weltpolitische Lage. Er stimmte mir zu, daß auf die Dauer der zwischen Stalin

und Hitler abgeschlossene Nichtangriffspakt wohl nicht halten würde. Eines Tages, meinte er, werde Hitler auch diesen Pakt brechen und die Sowjetunion überfallen. Aber zu meiner großen Erleichterung fand er es geradezu lachhaft, mit einem deutschen Angriff auf Rußland noch im Jahr 1941 zu rechnen und gar noch vor dem 1. Juli! Ich höre noch seine Worte: ›Völlig ausgeschlossen! Geradezu lachhaft!‹ . . .«

»Ich muß gestehen, meine Freunde und ich hätten das auch für unmöglich gehalten, jedenfalls damals, Ende März '41, und auch noch im April.«

»Mir genügte es, daß der reiche Gerson es für ausgeschlossen hielt und dementsprechend hoch dagegen wettete: Achthundert US-Dollar gegen einen . . .! Leutnant Guyot protokollierte unsere Abmachung. Wir unterschrieben vor drei Zeugen im Licht dreier Kerzen – andere Beleuchtungen gab es im Lager nicht. Es sprach sich dann wie ein Lauffeuer im Lager herum, und noch wochenlang redeten die Internierten von dieser phantastischen Wette . . .«

»Und am 22. Juni 1941 konntest du tatsächlich deinen Gewinn kassieren?«

»Ja, am Nachmittag des 22. Juni traf bei uns in Gurs die Nachricht ein, daß die deutsche Wehrmacht am frühen Morgen auf breiter Front in die Sowjetunion eingefallen wäre. Gerson zögerte keine Sekunde, mir die 800 Dollar auszuzahlen. Er beglückwünschte mich, und ich glaube, es tat ihm nicht leid, die Wette verloren zu haben. Wir konnten jetzt sicher sein, daß Hitler den von ihm angefangenen Krieg verlieren würde . . .«

»Ja«, sagte ich, »das haben wir auch so gesehen. Und was hast du dann unternommen?«

»Ich reklamierte als erstes mein amerikanisches Visum. Die Bewilligung lag schon seit Wochen beim Generalkonsulat der USA in Marseille. Zu meiner Freude bekam ich postwendend eine positive Antwort und wurde daraufhin aus Gurs entlassen und ins Auswandererlager Les Milles verlegt. Danach ging alles sehr schnell. Einmal aus Gurs heraus, entdeckte ich ein Komitee, das mir bei der Besorgung der vielen Papiere half, die für die Reise benötigt wurden. Schon in der dritten Juliwoche war ich in Spanien, am 12. September kam ich mit der ›Navemar‹ nach mehrfach unterbrochener Überfahrt in New York an. Noch vor Jahresende marschierte die deutsche Wehrmacht auch in das bislang unbesetzte Frankreich ein. Soweit die in den Internierungslagern Zurückgebliebenen nicht fliehen und mit Hilfe der französischen Bevölkerung untertauchen konnten, fielen sie der Gestapo in die Hände und kamen später nach Auschwitz, wo sie ermordet wurden. Ein Freund von mir, mit dem ich im Lager Gurs war, ist auf diese Weise umgekommen, wie mir seine Witwe nach dem Krieg bestätigte. Von Gerson nehme ich an, daß er sich retten konnte, von Alfred Mombert weiß ich, daß seine Freunde in der Schweiz ihn noch zu sich holten; er ist ein Jahr später in Winterthur gestorben ... Ich habe ihm viel zu danken, denn ich weiß nicht, ob ich diese Wette gewagt hätte, wenn ich nicht von ihm dazu ermutigt worden wäre ...«

»... zur praktischen Anwendung einer reinen Theorie ...«

»Ja«, meinte Ulrich, »aber Theorie war in jener Lage nicht nur praktisch, sondern das einzig Praktische. Allerdings: Man kann solche Theorie nicht nach Belieben in Gang setzen. Sie ereignet sich oder läßt es bleiben. Ich hatte Glück ...«

Auch wir hatten großes Glück: Wir blieben in der Normandie, während andere Einheiten aus Frankreich abgezogen wurden und an der Eroberung Jugoslawiens und Griechenlands teilnahmen. Ein nicht weit von uns stationiertes Fallschirmjägerregiment, das bei der ›auf unbestimmte Zeit‹ verschobenen Eroberung Englands hatte eingesetzt werden sollen, wurde bei der Schlacht um die Insel Kreta nahezu aufgerieben.

Am 10. Mai 1941 – es war der Tag, an dem zur allgemeinen Verblüffung der ›Stellvertreter des Führers‹, Rudolf Hess, nach England flog, angeblich ›um Frieden zu stiften‹, und dort sofort interniert wurde – hatten Erwin und ich besonders großes Glück:

Am Morgen hieß es, drei Batterien unserer Gruppe müßten sofort abrücken; sie würden nach Polen verlegt, und zwar – wie Erwin gleich vermutete und wie sich wenige Wochen später bestätigte – zum Einsatz gegen die Sowjetunion.

Von unserem Funktrupp wurden drei Mann abgezogen und der nach Osten zu verlegenden Abteilung zugeteilt. Zu unserer Erleichterung waren weder Erwin noch ich unter den Abkommandierten, auch nicht ›Krupa‹ oder der Doppeldoktor.

Als sich der Fähnrich, der die Führung der nach Polen verlegten Funkstelle übernehmen sollte, von uns verabschiedete, sagte er: »Wenn es tatsächlich gegen die Bolschewisten gehen sollte, sind wir bestimmt im September wieder zu Hause! Mit dem Iwan werden wir doch im Handumdrehen fertig! Bei der Siegesparade Unter den Linden sehen wir uns wieder!«

Dann überreichte er Erwin einen kunstvoll gedruckten und mit Glas und Rahmen versehenen Spruch, den wir in unserem Turmzimmer an die Wand hängten, neben einen anderen, der noch von

Barczustowski stammte und den wir nicht mehr missen mochten, weil wir während der ›Schlacht um England‹ und der dann abgesagten ›Operation Seelöwe‹ so oft darauf geschaut und uns unser Teil gedacht hatten.

»Der neue Spruch«, fand Erwin, »macht sich gut neben dem alten, nicht? Man muß sie sich beide gut einprägen . . .«

»Ein schönes Abschiedsgeschenk«, meinte auch ›Krupa‹, »es hat etwas sehr Beruhigendes, zumal wenn man auch an den hier glaubt, den mein Vorgänger euch hinterlassen hat . . .«

Am Nachmittag kam Major Zobel zu uns.

»Alles in Ordnung?« erkundigte er sich.

Ich hatte gerade Wache und erstattete ihm Bericht, aber es schien mir, als hörte unser Chef gar nicht auf das, was ich ihm über die ›rege feindliche Flugtätigkeit, hauptsächlich hochfliegende Aufklärer mit Kurs auf das Reichsgebiet‹, zu melden hatte.

»Na schön«, sagte er, als ich fertig war, »wenn alles ruhig ist, können Sie ja wohl mit mir kommen – ich möchte etwas mit Ihnen besprechen . . .«

Ich übergab dem Doppeldoktor die Wache und ging mit Major Zobel auf dessen Zimmer.

»Nehmen Sie doch Platz«, sagte er und bot mir eine Zigarette an.

Es dauerte noch eine Weile, bis er endlich auf das zu sprechen kam, was er von mir wollte: Ich sollte, da ich doch so gut Französisch spräche, für ihn ein paar Einkäufe tätigen. Er hatte eine ziemlich lange Liste aufgestellt, auf mehreren Blättern und alles in seiner etwas krakeligen Gelehrtenhandschrift. Ich sah mir an, was er da aufgeschrieben hatte. Es handelte sich hauptsächlich um Damenober- und -unterbekleidung, und sofort kam mir der Gedanke, daß dies eine einzigartige Gelegenheit sei, einen Plan auszuführen, den ich schon seit drei Wochen hegte.

»Ich fürchte, Herr Major, das wird hier bei uns in der Provinz nicht alles zu haben sein«, begann ich, aber da fiel mir Major Zobel auch schon ins Wort: »Ja, ja, ich weiß – Sie können nach Paris fahren. Ich besorge Ihnen die Genehmigung . . .«

Paris, wo es im Mai 1941, trotz Krieg und Besatzung, noch ein großes Angebot von Theateraufführungen, Konzerten, Opern und Operetten, vor allem aber von Revuen und – bis zum frühen Morgen geöffneten – Nachtclubs unterschiedlichster Art gab, hatte eine solche Anziehungskraft auf alle Angehörigen der Besatzungstruppen Nordfrankreichs ausgeübt, daß es zum Sperrgebiet erklärt worden war. Die Zufahrtswege zur französischen Hauptstadt wurden ständig von Feldjägern kontrolliert, und wer nicht bei einem

Stab oder Truppenteil war, der im Stadtgebiet sein Quartier hatte, mußte eine – für Mannschafts- und Unteroffiziersdienstgrade nur schwer zu erlangende – Sondergenehmigung haben, sonst wurde er abgewiesen. Ich hatte mir schon seit Tagen den Kopf zerbrochen, wie ich dieses Hindernis überwinden könnte.
»Sie fahren natürlich dienstlich«, fuhr Major Zobel fort, »und zwar zum Luftnachrichtendepot in Belleville. Da sollen Sie für uns ein paar Kathodenröhren, oder wie die Dinger heißen, besorgen. Sie bekommen dafür einen besonderen Schein – aber es macht nichts, wenn Sie sie nicht auftreiben können . . . Es geht mir vor allem um die übrigen Besorgungen . . .«
Er zeigte auf die Liste, und ich sah sie mir nun etwas genauer an: Damenstrümpfe, -wäsche, Büstenhalter, Parfüm, diverse Kosmetika, Kleiderstoffe, aber auch ein paar Süßigkeiten und anderes, für das Menge, Marke, Größe und Farbe genau angegeben waren. Das meiste, so schien mir, war leicht zu besorgen. Ein Lkw-Fahrer einer Nachbareinheit hatte uns erst kürzlich erzählt, in den ›Galeries Lafayette‹ und den anderen großen Warenhäusern von Paris wäre noch ›fast alles‹ zu haben.
»Wie lange werden Sie dazu brauchen? Mehr als zwei Tage?«
Ich hatte damit gerechnet, spätabends wieder zurück sein zu müssen, sagte aber nun rasch: »Mit der Hin- und Rückfahrt ist das ein bißchen knapp, Herr Major, aber ich will versuchen, alles in zwei Tagen zu erledigen.«
»Ich werde vorsichtshalber eine Genehmigung für drei Tage ausstellen lassen«, meinte Major Zobel nach kurzem Überlegen. »Morgen besorge ich alle Papiere, und dann können Sie gleich losfahren – wen wollen Sie als Fahrer mitnehmen?«
Ich hätte ihm gern Erwin vorgeschlagen, aber nach dem Weggang des Fähnrichs konnten die beiden verbleibenden Wachhabenden nicht gleichzeitig auf ›Dienstreise‹ geschickt werden. Das wußte sogar unser Chef, der sich sonst um nichts kümmerte. Also schlug ich vor, daß ›Krupa‹ mich mit dem Achtzylinder-›Horch‹-Funkwagen nach Paris bringen sollte, womit Major Zobel sofort einverstanden war, und da ich die Gelegenheit für günstig hielt, brachte ich gleich noch eine Bitte vor: »Wäre es Ihnen wohl möglich, Herr Major, eine Reiseerlaubnis für Madame Marie Ondarraitz zu besorgen? Sie möchte ihre Mutter besuchen, die 80. Geburtstag hat . . .«
»Wie war der Name . . .?« erkundigte sich Major Zobel und ließ ihn sich von mir aufschreiben. Dann erinnerte er sich, diesem ausgefallenen Namen schon in anderem Zusammenhang begegnet zu sein.

»Ist das nicht die Tante von . . .?«
»Gewiß, Herr Major, Sie waren Madame Ondarraitz schon früher einmal sehr gefällig.«
»Richtig, jetzt fällt es mir wieder ein! Na ja, das wird sich machen lassen. Ich erledige das morgen gleich alles zusammen . . .«
Als ich Erwin davon erzählte, pfiff er halblaut, was zugleich Verwunderung und Anerkennung bedeutete.
»Donnerlüttchen«, meinte er dann, »heute scheint unser besonderer Glückstag zu sein . . . Sieh mal, was *ich* erwischt habe!« Er holte unter seiner Jacke ein paar gestempelte Formulare hervor, steckte sie aber sofort wieder weg, weil jemand vorüberkam.
»Auf der Schreibstube geht heute alles drunter und drüber«, berichtete er leise. »Sie haben im Moment alle Hände voll zu tun mit dieser Verlegung nach Polen. Hunderte von Papieren müssen schnellstens ausgeschrieben werden . . . Ich habe vorhin die Marschbefehle für den Fähnrich und die beiden anderen abgeholt. Sie reisen mit der Bahn und übernehmen in Deutschland einen neuen Funkwagen . . . ›Such sie dir raus, sie liegen da irgendwo‹, sagte der Schreibstubenhengst zu mir, und da sah ich einen ganzen Haufen von ›Sonderausweisen‹ liegen, die schon gestempelt und von Oberst Keßler unterschrieben waren, also nur noch ausgefüllt zu werden brauchen. Da dachte ich mir, so etwas wäre vielleicht ganz nützlich – zum Beispiel für den Fall, daß sich mal jemand die Pyrenäen ansehen will, verstehst du? Schau sie dir mal an!«
»Fabelhaft!« sagte ich und starrte auf die kostbaren Formulare, das eindrucksvolle ›Dienstsiegel‹ und den Schnörkel daneben, der ›Keßler‹ bedeutete. Darunter war ein kleiner violetter Stempel ›Oberst und Gruppenkommandeur‹. »Genau solche ›Sonderausweise‹ habe ich mir erhofft! Damit müßte es klappen . . . Sind es wenigstens drei?«
»Fünf«, sagte Erwin und sah mich bedeutungsvoll an. »Man muß für alle Fälle gerüstet sein und auch an sich selbst denken . . . Und jetzt fahren wir rasch nach Rouen und essen bei Madame zu Abend. Es muß ja alles noch genau besprochen werden, und wir haben keine Zeit zu verlieren.«
Etwa eine Woche vorher, Anfang Mai 1941, hatte ich von ›Tante Änne‹ wieder eine Feldpostkarte bekommen. Ihr war, neben einigen belanglosen Dingen, zu entnehmen, daß ›drei besonders nette‹ – das bedeutete: besonders gefährdete – Freunde von ›Herrn Schneider‹ derzeit in Paris seien und ›unbedingt Karten für Carmen‹ brauchten, also wohl dringend nach Spanien wollten. Es folgte die geheimnisvolle Mitteilung, daß ›Frau Nix, deren Sohn

übrigens jetzt, mit 35, Banquier geworden sei‹, die Opernkarten entgegennehmen und Grüße ausrichten könne; ich sollte ihr auch das ›Lieblingsparfüm von Mutter‹ nennen, dann würde sie es besorgen.

Ich hatte lange gegrübelt, was mit alledem gemeint sein konnte. Das Lieblingsparfüm meiner Mutter war ›*Quelques fleurs*‹, ›ein paar Blumen‹, und sollte wohl das Kennwort sein. Aber was bedeuteten die übrigen verschlüsselten Mitteilungen? Frau Nix war eine junge Frau, die im ›Café Ney‹ bediente und bestimmt keinen 35jährigen Sohn haben konnte, weil sie selbst erst Mitte Zwanzig war. Tante Änne nannte sie bei ihrem Vornamen, Blanche – vielleicht war das ein Teil der Lösung?

Erst nachdem ich mir in Rouen einen ›Führer durch Paris‹ mit Straßen- und Hotelverzeichnis besorgt hatte, kam ich dahinter, daß es eine Rue Banquier in der Nähe der Métro-Station Bastille und in dieser, im Haus Nummer 35, ein kleines Hotel mit dem Namen ›Blanche‹ gab.

Dorthin ging ich, gleich nachdem mich ›Krupa‹ in der Nähe abgesetzt hatte, als wir am frühen Vormittag des übernächsten Tages in Paris eintrafen. Die Besitzerin – Madame Blanche, wie ich erfuhr – saß am Empfang des Hotels beim Frühstück. Über den Rand ihrer großen Tasse Milchkaffee hinweg musterte sie mich und meine Uniform.

»Sie wünschen, Monsieur?«

»Ein paar Blumen, Madame. Können Sie mir sagen, wo ich sie bekommen könnte?«

Sie stellte sehr abrupt ihre Tasse ab und sah mich zweifelnd an.

»Ich wollte drei Freunde von mir besuchen und sie mit ein paar Blumen, *quelques fleurs,* überraschen.«

»Bitte, warten Sie einen Augenblick. Ich erkundige mich . . .« Sie entschwand über eine steile Treppe nach oben und kam nach ein paar Minuten wieder zurück.

»Man erwartet Sie, Monsieur. Zimmer 5 im ersten Stock . . .«

Die drei, die mich in dem noch halbverdunkelten Zimmer empfingen, waren in meinem Alter, um die Zwanzig, kräftige Burschen, die entschlossen und keineswegs ängstlich wirkten. Einer hatte die Hand in der Hosentasche, und ich war sicher, daß er eine Pistole bereithielt.

Wir verständigten uns sehr rasch, und nachdem wir mit einigen gezielten Fragen und befriedigenden Antworten alles Mißtrauen beseitigt hatten, gab ich ihnen die Sonderausweise.

»Ihr müßt sie mit Tinte in deutscher Sütterlin-Schrift ausfüllen –

oder mit der Schreibmaschine, aber nicht mit einer französischen – das fällt auf. Könnt ihr Sütterlin?«
Der Größte unter ihnen, ein Blonder von etwa 1,80 Meter, der auch ein SS-Mann hätte sein können, sagte: »Wir sind in Berlin zur Schule gegangen – bis '36 – das ist also kein Problem.«
»Habt ihr Uniformen?«
»Noch nicht, aber die bekommen wir ...«
Ich erklärte ihnen, wie sie die Sonderausweise ausfüllen sollten – Reiseziel Hendaye an der spanischen Grenze, keine Rückreise – und daß sie dort in der Rue Othaz, dicht am Bahnhof, in einem kleinen Hotel erwartet würden.
»Von übermorgen an – ihr müßt den Wirt nach Madame Ondarraitz fragen und hinzufügen ›*Marie la Basquaise*‹ aus Rouen. Die sorgt dann für alles andere ...«
Ehe ich sie wieder verließ, erkundigte ich mich, ob es in Berlin wieder einen aktiven Widerstand gäbe.
Der Große zögerte mit der Antwort. Schließlich sagte er: »Ja, es gibt so etwas – wir sind nicht sehr viele, weil die meisten jüngeren Juden längst weg sind oder im KZ. Ein paar nichtjüdische Genossen aus der Kommunistischen Arbeiterjugend und aus der SAJ* sind auch dabei – wir haben Kontakte zu verschiedenen Gruppen, aber im wesentlichen sind wir auf uns gestellt ...«
»Habt ihr Waffen?«
Er antwortete ausweichend: »Wir beschränken uns auf Flugblattaktionen, vor allem in den Betrieben, und auf –« Er brach ab und sah seine beiden Kameraden an, von denen der mit der Pistole in der Tasche meinte: »Es ist wichtig, daß man überhaupt etwas tut und nicht bloß darauf wartet, was die anderen tun werden – verstehst du?«
Ich nickte, und er fuhr fort: »Wenn du mal Anschluß bei uns suchen solltest, dann frag deinen Onkel Erich nach ›Dem Baum‹ ...«
Vom ›Hotel Blanche‹ aus fuhr ich zu den ›Galeries Lafayette‹ und begann mit den Einkäufen für Major Zobel, und mittags traf ich ›Krupa‹ in einem Café am Boulevard St-Michel, wie wir es ausgemacht hatten.
Er war blaß und verstört.
Erst nach einer ganzen Weile, als wir beim Kaffee waren, rückte er mit der Sprache heraus: »Von Belleville haben sie mich zu einer Kaserne an der Place Balard geschickt, und als ich da nichtsah-

* Sozialistische Arbeiterjugend, Jugendorganisation der Sozialdemokratischen Partei

nend über den Hof ging, sah ich einen Jungen – er kann nicht älter als 18 gewesen sein –, der an einen Pfahl gefesselt war und dem man die Augen verbunden hatte ... Neben ihm stand schon der Sarg aus rohen Brettern, und der Offizier, der dann das Erschießungskommando befehligte, zog sich gerade weiße Glacéhandschuhe an. Ich bin so erschrocken, daß ich auf der Stelle kehrtgemacht habe ... Als ich wieder hinter dem Steuer saß und gerade starten wollte, krachte die Salve ... Meine Hände haben dann so gezittert, daß ich nicht losfahren konnte. Ich habe da wohl an die zehn Minuten vor dem Kasernentor gestanden, und schließlich kam der Wachtposten und fragte mich, was los sei. Ich erfuhr dann von ihm, daß fast jeden Tag solche Erschießungen stattfinden – alle zum Tode Verurteilten sind deutsche Soldaten, die von den ›Kettenhunden‹ als Deserteure aufgegriffen worden sind. Hinrichtungen von Franzosen finden anderswo statt, in den Gefängnissen ...«

Einundvierzig Jahre später erfuhr ich, wer der elegante Hauptmann der deutschen Wehrmacht gewesen ist, der im Mai 1941 in der Kaserne an der Place Balard die Exekution leitete. In dem Buch *Un Allemand à Paris** beschreibt der Autor Gerhard Heller die Gefühle dieses Hauptmanns, der sich mit ihm darüber unterhalten hatte und den er verehrte: »Vielleicht ist es besser, daß *du* dort bist als irgendein anderer«, sagte er sich – und er bemühte sich tatsächlich, die Exekution so wenig inhuman wie möglich durchführen zu lassen –, zum anderen interessierte es ihn aber auch zu sehen, wie ein Mensch unter derartigen Umständen den Tod hinnimmt. Mir persönlich schien eine solche Neugier zwar leicht morbide Züge zu tragen, obwohl er sie selbst als ›höhere Neugier‹ qualifizierte ...«

Dieser Hauptmann mit der ›höheren Neugier‹ war der damals sechsundvierzigjährige Schriftsteller Ernst Jünger, dessen kriegsverherrlichendes Buch ›In Stahlgewittern‹ uns in der Schule als Beispiel für ›heroischen Realismus‹ auf kultusministerielle Anordnung hin zur Pflichtlektüre verordnet worden war. Wenige Tage, bevor ich Hellers Buch las und so erfuhr, wer die Exekution in Paris geleitet hatte, war Ernst Jünger von der Stadt Frankfurt mit dem Goethe-Preis des Jahres 1982 geehrt worden.

* In deutscher Übersetzung: Gerhard Heller. In einem besetzten Land. NS-Kulturpolitik in Frankreich. Erinnerungen 1940–1944, Verlag Kiepenhauer & Witsch, Köln, 1982

9. Von Kakadus und Nachtigallen

Am 22. Juni 1941 feierten wir den Geburtstag von Hänschen. Obwohl er nun, wie er sagte, ›eine Art Major‹ war und sich ausschließlich dem Wetter im Bereich der Kanalküste widmete, hatte er den Doppeldoktor, Erwin und mich zum Abendessen bei Madame Ondarraitz eingeladen. Die Wirtin war längst wieder aus Hendaye zurück, die drei aus dem ›Hotel Blanche‹ hatten unbehelligt Spanien erreicht.

Kurz vor 20 Uhr – wir hatten noch nicht mit dem Essen begonnen – hielt ein Motorrad vor dem Lokal; durch die noch nicht verdunkelte Scheibe erkannte ich den Kradmelder unseres Gruppenstabs, Pliechelko. Er setzte jemanden ab, der ins Lokal kam, und fuhr weiter. Es war ›Krupa‹, und er hatte, wie man ihm deutlich ansah, aufregende Neuigkeiten.

»Stellt euch vor – seit heute früh wird die Sowjetunion angegriffen – auf 1500 Kilometer breiter Front, von der Ostsee bis zum Schwarzen Meer . . .! Ich habe es eben auf Kanal 7 selbst gehört!«

Kanal 7 – das war der von uns regelmäßig abgehörte Nachrichtendienst der BBC aus London. Da wir es dennoch nicht glauben wollten, baten wir Madame Ondarraitz, ihr Radio einzuschalten. Nun hörten wir es selbst: Die deutsche Wehrmacht hatte den Kampf mit der Sowjetunion begonnen!

Wir schauten uns betroffen an.

Hänschen, der Meteorologe, äußerte sich als erster: »Dreieinhalb Monate – mehr Zeit haben sie nicht . . . Dann wird es in Rußland Winter!«

»Es ist noch keine zwei Jahre her«, sagte Erwin, »da wurde der Nichtangriffs- und Freundschaftspakt mit der Sowjetunion geschlossen . . . Vor genau einer Woche habe ich nachts eine Meldung aus Moskau gehört. Da hieß es, die Gerüchte über einen Krieg zwischen Deutschland und Sowjetrußland seien ›unsinnig und eine plumpe Propagandafälschung der beiden Ländern feindlich gesinnten Kräfte‹ . . .«

»Wißt ihr, wer den Sprit geliefert hat, mit dem die Panzer jetzt in

Rußland vorpreschen? Die Russen selbst! Ich weiß es von meinem Vater. Als ich Ostern zu Hause war, hörte ich, wie er mit einem hohen Tier telefonierte und sagte: ›Die sowjetischen Lieferungen an Mineralöl, Getreide, Mangan und anderen kriegswichtigen Metallen sind im März sprunghaft angestiegen, und in diesem Monat bekommen wir von ihnen 4000 Tonnen Kautschuk . . .‹ Dabei hat er fröhlich gelacht . . .«

»Was ist denn dein Vater?« erkundigte sich Erwin erstaunt. Es war das erste Mal, daß ›Krupa‹ seinen Vater erwähnte.

»Wehrwirtschaftsführer«, antwortete ›Krupa‹ etwas verlegen, »Export-Import, aber seit vier Jahren fast nur noch Import, vor allem aus der Sowjetunion . . .«

»Jetzt«, sagte der Doppeldoktor, »fängt der Krieg überhaupt erst an! Dagegen ist alles, was sich bisher ereignet hat, nur ein Kinderspiel gewesen . . . Ich weiß, was die Herren in Berlin mit Rußland und den Menschen dort vorhaben . . .«

Er sah unsere erstaunten Blicke und fügte hinzu: »Gleich nach meiner Habilitierung war ich eine Zeitlang in Königsberg, später auch in Danzig und Greifswald. Daher kenne ich unsere wichtigsten Rußlandexperten und ihre Art der Ausbildung von ›Fachleuten‹ für den zu erobernden ›Ostraum‹. Ihr könnt euch nicht vorstellen, welche wahnwitzigen Pläne da ausgearbeitet werden!«

»Ja«, sagte Hänschen, »solche ›Ostraumexperten‹ kenne ich auch. Der schlimmste ist ein junger Professor – ich weiß nicht mehr seinen Namen, Obermeier oder so ähnlich. Er leitet das ›Institut für osteuropäische Wirtschaft‹ . . . Hört sich ganz harmlos an, aber . . .«

»Du meinst wahrscheinlich Theodor Oberländer«, unterbrach ihn der Doppeldoktor. »Den kenne ich – ein fanatischer Nazi! Der war schon 1923 beim Hitlerputsch dabei. 1934 bekam er dieses Institut als Direktor und wurde mit 29 Jahren bereits Professor. Ich kenne seine Sprüche: Nur mit ›einmaliger Härte‹ könne der ›Ostraum‹ ›restlos eingedeutscht‹ werden. Der Deutsche sei allen Ostvölkern ›rassisch weit überlegen‹ . . . Im Volkstumskampf müsse schon unter dem Deckmantel des Friedens der Krieg mit dem Ziel der ›restlosen Eindeutschung‹ des ›Ostraums‹ geführt werden – ›mit dem einzigen Ziel: Ausrottung‹ . . .«*

»Ja, den meine ich«, sagte Hänschen. »Ein besonders übler Typ,

* Professor Oberländer und einer seiner Freunde haben später eidesstattlich versichert, daß die ihn als ›Ausrottungsbefürworter‹ zeigenden Stellen in seinen Texten Fälschungen der SS gewesen seien.

der diese ›einmalige Härte‹ intellektuell vorbereitet, sich aber selbst die Hände nicht schmutzig machen will. Ich habe ihn einmal reden gehört, in Königsberg. Da sprach er als Führer des ›Bundes Deutscher Osten‹ vor Parteifunktionären und älteren Semestern über den ›Volkstumskampf im Osten‹. Es lief einem kalt über den Rücken . . .«

»Dieser Professor Oberländer soll dann schon im Mai 1939 vom OKW geholt worden sein, als ›Ostspezialist‹ und Rußlandexperte. Ich glaube, er ist dann zur ›Abwehr‹ nach Breslau versetzt worden, und ich hörte, daß man vor einigen Monaten damit begonnen hat, eine Spezialeinheit für ›Sondereinsätze‹ aufzustellen, und zwar aus besonders juden- und kommunistenfeindlichen Ukrainern . . . Ich nehme an, jetzt hat Professor Oberländer seine große Stunde . . .«

Bald nach dem Abendessen fuhren wir zurück nach Caudebec-en-Caux. Um Mitternacht hörten wir noch einmal die Nachrichten ab, aber es gab nichts Neues. OKW und Propagandaministerium hüllten sich noch in Schweigen, und auch am nächsten Morgen war aus dem Rundfunk nicht mehr zu erfahren, als daß alles ›planmäßig‹ seinen Verlauf nehme.

Die Nachrichtensperre blieb bis zum folgenden Wochenende aufrechterhalten. Alle waren nervös und warteten begierig auf erste Meldungen von der neuen Front im Osten. Erst am Sonntag, dem 29. Juni, kamen dann in rascher Folge die ersten ›Sondermeldungen‹, propagandistisch wirksam angekündigt mit hellen Fanfarenklängen: »Das Oberkommando der Wehrmacht gibt bekannt: Zur Abwehr der drohenden Gefahr aus dem Osten ist die deutsche Wehrmacht am 22. Juni, 3 Uhr früh, mitten in den gewaltigen Aufmarsch der feindlichen Kräfte hineingestoßen. Die Geschwader der Luftwaffe stürzten sich noch in der Dämmerung des Morgens auf den sowjetrussischen Feind. Trotz seiner starken zahlenmäßigen Überlegenheit haben sie bereits am 22. Juni die Luftherrschaft im Osten erkämpft und die sowjetrussische Luftwaffe vernichtend geschlagen . . .«

Tatsache war, wie wir einige Wochen später von Fliegern erfuhren, die an dem Überfall teilgenommen hatten und dann zurück an die Kanalküste verlegt worden waren, daß die sowjetischen Flugzeuge ungetarnt und ohne Flakschutz auf ihren Rollfeldern standen. So waren an die dreitausend Maschinen am Boden vernichtet worden. Offensichtlich hatte die sowjetische Führung einen deutschen Angriff für ausgeschlossen gehalten und war völlig überrascht worden.

Die zweite Sondermeldung an diesem Sonntag betraf die Erfolge des Heeres: »Das deutsche Ostheer hat am 22. Juni früh in breiter Front die Grenze überschritten und stieß mitten hinein in die ihren Aufmarsch vollendenden sowjetrussischen Armeen. Die starken Grenzbefestigungen des Feindes wurden zum Teil schon am ersten Tage durchbrochen. Unter schwersten Verlusten brachen die heftigen Gegenangriffe der sowjetrussischen Armeen zusammen.«
Seltsam, dachten wir, daß kein einziger Orts- oder Flußname genannt wird! Was mochte das zu bedeuten haben? Aber dann wurde noch eine dritte Sondermeldung nachgeschoben, die erstmals etwas präzisere Angaben machte: »Am 23. Juni führte der Feind wütende Gegenstöße gegen die Spitzen unserer Angriffskolonnen. Im Messen der beiderseitigen Kräfte blieb der deutsche Soldat Sieger. Die Festung Grodno wurde angegriffen und nach hartem Kampf genommen ... Die unter Einsatz schwerster artilleristischer Waffen angegriffene Festung Brest-Litowsk ist in unserer Hand. Als letzter Stützpunkt des Feindes wurde am 24. Juni die Zitadelle von unseren Truppen erstürmt. Der deutsche Vormarsch erreichte Wilna und Kowno. Beide Städte wurden noch am selben Tag genommen ... In kühnem Vorstoß erreichten unsere im baltischen Raum aufmarschierten Truppen die Düna. Der Strom wurde an mehreren Stellen überschritten. Die Stadt Dünaburg fiel in deutsche Hand ... Nach zweitägiger Dauer führte die deutsche Panzerwaffe am 26. Juni eine gewaltige Panzerschlacht nördlich von Kowno siegreich zu Ende. Mehrere Divisionen wurden eingeschlossen und vernichtet ...«
Am nächsten Tag, Montag, dem 30. Juni, hörten wir spätabends, daß ›deutsche Vorausabteilungen die Stadt Lemberg erreicht und kampflos besetzt‹ hätten.
»Was will das schon heißen?!« meinte dazu der Doppeldoktor. »Nun haben sie in acht Tagen, wahrscheinlich unter schweren Verlusten, Brest-Litowsk, Wilna, Kowno, Dünaburg und jetzt auch Lemberg erobert – sie sind also noch in Polen und Litauen, und selbst wenn sie noch hundert, meinetwegen sogar fünfhundert Kilometer weiter nach Osten vorstoßen, dann sind sie gerade auf halbem Wege nach Moskau und Leningrad und haben noch mehr als zweitausend Kilometer bis zu den Ölfeldern von Baku oder zu den Industriezentren von Sverdlowsk und Magnetogorsk ...«
»... und von Sverdlowsk sind es noch mal zweitausend Kilometer bis Krasnojarsk«, fuhr Hänschen fort, der zum Nachrichtenempfang zu uns herübergekommen war. »Und von Krasnojarsk sind es dann noch etwa viertausend Kilometer bis zu den fernöstlichen

Häfen und Industriezentren ... Bis nach Moskau ist übrigens auch Napoleon vorgestoßen, wenn ihr euch aus der Schule daran erinnern solltet. Auch er hat, genau am 24. Juni 1812, den Feldzug gegen Rußland ohne Kriegserklärung eröffnet und den Njemen überschritten, zwar noch ohne Panzer, Lkws und Flugzeuge, aber auch mit einem riesigen Heer und mit keinem anderen Feind im Rücken als England ...«
»Aber«, wandte ›Krupa‹ ein, »Napoleon ist doch wohl nur am russischen Winter gescheitert – oder?«
Der Doppeldoktor antwortete: »Er ist an seinem Größenwahn gescheitert und an der völligen Unterschätzung, nicht allein des russischen Winters, sondern auch der ungeheuren Weite des Landes und der unglaublichen Widerstandskraft der Völker, die er mit Leichtigkeit zu unterwerfen gehofft hatte. Aber«, fügte er lächelnd hinzu, »Größenwahn und Unterschätzung des Gegners sind unserem Führer ja fremd ...«
»Wann hat Napoleon Lemberg erobert, und wann war er in Moskau?« wollte ›Krupa‹ wissen.
»Am 14. September 1812 zog er in Moskau ein und mußte erkennen, daß er den Krieg nicht gewinnen konnte«, gab ihm Hänschen zur Antwort. »Lemberg brauchte er übrigens gar nicht zu erobern, denn das gehörte damals zu Österreich, das die Südarmee gegen Rußland stellte.«
»Lemberg«, mischte sich der Doppeldoktor ein, »wurde kurz nach dem ersten Weltkrieg von den ukrainischen Nationalisten zur Hauptstadt einer freien Ukraine proklamiert und zum Zentrum ihres Kampfes gegen die Bolschewiki, die Polen und die Juden. Die polnische Armee hat dann dem Spuk rasch ein Ende bereitet, aber ich möchte wetten, wenn Professor Oberländers ukrainische Hiwis* eingesetzt werden, dann bestimmt jetzt in Lemberg ...«

Neunzehn Jahre später, im März 1960, meldete sich bei mir ein Herr Grünbart, der als Kaufmann im Rheinland lebte. Ich war damals der für diesen Bereich zuständige Redakteur des Nachrichtenmagazins ›Der Spiegel‹ und durchaus gewöhnt an fremde Besucher und manchmal sehr erstaunliche Geschichten, die sie mir berichteten. Aber Herr Moritz Grünbart übertraf sie alle.
Er war, wie er mir dann erzählte, 1920 in Breslau geboren, aber im polnischen Lodz unter Juden, Polen, Volksdeutschen und Ukrainern aufgewachsen. Nach der Eroberung von Lodz im September

* Hiwis nannte man die ausländischen ›Hilfswilligen‹ der Wehrmacht.

1939 hatte sich die jüdische Familie Grünbart vor der deutschen Wehrmacht und den ihr folgenden ›Einsatzkommandos‹ der SS nach Kielce retten können, etwa 130 Kilometer südöstlich von Lodz. Dort wurde die Familie in das von den Deutschen eingerichtete Getto gesperrt und war schrecklichsten Drangsalierungen ausgesetzt. Hunger, Elend und ständige Todesangst veranlaßten den damals 19jährigen Moritz Grünbart im Frühjahr 1941, zusammen mit zwei gleichaltrigen Freunden die Flucht aus dem Getto und über die Demarkationslinie in das sowjetisch besetzte Polen zu wagen. Er wurde jedoch von sowjetischen Grenzwachen aufgegriffen und als ›spionageverdächtig‹ erst ins Gefängnis des Grenzorts Rawaruska eingeliefert, dann ins Lemberger Brigittka-Gefängnis überstellt.

»Dort hätte ich den Krieg aushalten können«, erzählte er mir. »Gewiß, es gab nicht viel mehr als Wasser und Brot, aber man hatte nicht ständig den Tod vor Augen wie im Getto von Kielce, wo meine Eltern und meine sechs Brüder geblieben waren. Ich war ein junger Mann und wollte leben. Da war es besser, als ›deutscher Spion‹ bei den Russen gefangen zu sein, statt als Jude unter deutscher Herrschaft im Getto. Meine Mitgefangenen waren Polen, Ukrainer, Russen und Juden, von denen die meisten Zionisten waren.

Von dem Ausbruch des Krieges zwischen Deutschland und Rußland bekamen wir Gefangenen sofort einiges zu spüren: Bombenangriffe der deutschen Luftwaffe, bei denen das Brigittka-Gefängnis bis in die Grundfesten wankte und zitterte, aber auch eine wachsende Nervosität der Wachen. Nacht für Nacht holten sie Gefangene aus ihren Zellen, meist Ukrainer und Zionisten. Die kamen nicht mehr wieder, und wir hörten, sie seien erschossen worden.

Am 24. oder 25. Juni verließen die Russen Lemberg. Wir waren uns zunächst selbst überlassen. Als die Russen abzogen, hörten wir draußen viele Schüsse. Später hörten wir, daß die in der Stadt lebenden Ukrainer auf die russischen Truppen geschossen hatten. Dieser sowjetische Abzug war aber nur von sehr kurzer Dauer. Noch am selben Tage waren unsere Wächter wieder da, und dann hörte ich, daß die Russen Vergeltung an den Ukrainern übten, die sie beschossen hatten. Ich weiß nicht, wie viele sie im Brigittka-Gefängnis erschossen haben, aber es müssen viele hundert Menschen gewesen sein.

Dann zogen die Russen endgültig ab, ich glaube, am 27. oder 28. Juni, und es lag völlige Stille über dem Gefängnis und der

Stadt. Alles atmete auf. Noch am selben Tage kamen Bürger aus Lemberg ins Brigittka-Gefängnis, Juden und Polen, die nach Angehörigen suchten. Sie brachen Türen auf, und alle, die noch in den Zellen waren – Polen, Russen, Ukrainer und Juden –, wurden befreit. Ein jüdischer Kaufmann, der seine Verwandten suchte, aber nicht mehr fand, nahm mich mit zu seiner Familie. Das Leben in der Stadt schien in diesen Tagen bis zum Eintreffen der Deutschen völlig ruhig und normal. Man hatte keine Angst und fühlte sich frei, ich besonders, der ich fast drei Monate lang im Gefängnis gesessen hatte. Alle warteten ab, wer nun nach Lemberg kommen würde – die Deutschen oder wieder die Russen. Auch die Ukrainer verhielten sich völlig still.

Ich denke an diese zwei, vielleicht auch drei Tage, in denen Lemberg sich selbst überlassen war, gern zurück. Zum ersten Mal seit langen Wochen hatte ich wieder das Gefühl der Geborgenheit im Schoße einer Familie, auch wenn es nicht meine eigene war. In diesen Tagen wurde ich von der jüdischen Familie, die mich aufgenommen hatte, sehr verwöhnt. Auch machte ich dort die Bekanntschaft des ukrainischen Hausmeisters, dem ich vielleicht mein Leben verdanke. Er stand, wie er sagte, in Verbindung mit einer ukrainischen Nationalistengruppe. Er machte mir dunkle Andeutungen von Nachrichten, die über Funk in die Stadt gekommen waren: Alle ukrainischen Männer sollten sich bereit halten, denn früh am nächsten Morgen kämen ihre Brüder, die unter deutscher Führung in der Wehrmacht dienten. Der Hausmeister, der wohl an mir jungem Burschen einen Narren gefressen hatte, riet mir, mich gut zu verstecken. In den ersten Tagen, und besonders beim Einmarsch der ukrainischen Soldaten in deutscher Uniform, werde es unter den Juden von Lemberg ein Blutbad geben. ›Ein großes Schlachten‹ waren seine Worte. Ich höre sie noch deutlich.

Zusammen mit der Familie, die mich so gut aufgenommen hatte, verbarg ich mich am nächsten Morgen, dem 30. Juni 1941, schon ganz früh, als es noch ziemlich dunkel war, im Keller eines gegenüberliegenden Wohnhauses. Der ukrainische Hausmeister hatte mir dieses Versteck gezeigt. Vielleicht gegen sieben Uhr hörten wir in unserem Versteck die ersten Laute: Nagelstiefel auf dem Pflaster, Hämmern gegen die Haustüren, dann Schüsse und Schreie. So ging es mit kurzen Unterbrechungen bis zum späten Nachmittag. Als es dann ruhiger wurde und schließlich gar nichts mehr zu hören war, wurde ich ungeduldig. Das untätige Warten im Keller war mir unerträglich.

Zusammen mit zwei anderen jungen Burschen wagte ich mich vor-

sichtig hinaus auf die Straße. Sogleich erkannten wir, daß wir zu früh aus dem Versteck gekommen waren. Die ganze Straße entlang standen jüdische Männer, Frauen und Kinder in Reihen angetreten. Sie wurden von Soldaten in deutschen Uniformen und von Zivilisten bewacht. Einer der Soldaten entdeckte mich und meine Begleiter. Auf ukrainisch rief er uns zu, stehenzubleiben. Wir flüchteten jedoch blindlings ins nächste Haus, dann die Treppe empor bis zum fünften Stock, wo es nicht mehr weiterging. Soldaten und Zivilisten, die uns nachgelaufen waren, holten uns ein und trieben uns mit Schlägen die Treppe hinunter zu den anderen auf die Straße. Unterwegs flehte ich einen Soldaten an, der mich mit dem Kolben schlug, er solle mich schonen. ›Ich war doch auch Gefangener bei den Russen, in der Brigittka‹, rief ich.
Statt auf mich zu hören, schlug und schimpfte er nur noch mehr auf mich ein. Ich war zu kopflos, um Einzelheiten seiner Uniform zu erkennen, die mir im übrigen auch nichts weiter gesagt hätten, als daß er eben deutsche Montur trug. Ich verstehe nichts von Tressen und Dienstgraden. Aber eines ist ganz sicher: Trotz seiner deutschen Uniform war er kein Deutscher, sondern ein Ukrainer. Wir Juden, die wir in Polen gelebt haben, können einen Ukrainer ebenso sicher erkennen wie er uns.
Alle Juden, die auf der Straße angetreten waren, wurden nun zum Samastynow-Gefängnis gebracht, das ist ein kleineres Aushilfsgefängnis für politische Gefangene gewesen, kleiner als die Brigittka. Wir wurden unterwegs von den uniformierten Ukrainern sowie von Zivilisten begleitet, die gelbe oder gelb-blaue Armbinden trugen. Sie waren auch Ukrainer, aber aus Lemberg.*
Unterwegs schlugen und schrien alle auf uns ein. Es gab schon Tote und Verletzte. Aber am Gefängnistor wurde es noch schlimmer: Dort stand im Gang zum Hof ein doppeltes Spalier, nur deutschuniformierte Ukrainer. Sie hatten Gewehre mit aufgepflanztem Bajonett. Wir wurden durch dieses Spalier hindurchgetrieben, in den Gefängnishof. Dabei stachen und schlugen die Soldaten auf uns ein, gleich, ob Frauen, Männer oder Kinder dabei getroffen wurden. Nur wenige überlebten diesen Gang, und der riesige Gefängnishof war von unzähligen Leichen übersät . . . Auch viele Sterbende lagen da, wie ich später sah. Denn wie durch ein Wunder bin ich selbst am Leben geblieben. Als ich aus meiner Besinnungslosigkeit erwachte, konnte ich mich zu einem Brunnen

* Lemberg hatte 1939 rund 316000 Einwohner, davon waren knapp die Hälfte Polen, fast 100000 Juden und der Rest Ukrainer.

in der Mitte des Hofes schleppen und waschen. Ich hatte viel Blut verloren und war sehr schwach. Aber das Wasser verhalf mir wieder zu einem klaren Kopf. Ich verhielt mich ganz ruhig und wartete ab.
Als es ganz dunkel geworden und allmählich Stille eingetreten war, kamen einige Ukrainer in deutscher Uniform. Sie befahlen den wenigen Überlebenden, darunter auch mir, die auf dem Hof liegenden Toten und Halbtoten auf Lastwagen zu laden. Ich hatte den Eindruck, daß die Männer ganz ruhig und sachlich mit uns sprachen. Überhaupt war das ganze furchtbare Geschehen nicht die Tat wilder, betrunkener Soldaten. Ich hatte vielmehr den Eindruck, daß alles genauso befohlen und gut organisiert war und wie eine Maschine ablief. Soviel ich weiß, haben die Soldaten auch nicht gestohlen oder Frauen vergewaltigt, sondern nur alle erreichbaren Juden zusammengetrieben und ermordet. Ich selbst habe zum Beispiel meine goldene Armbanduhr und mein Geld bei mir behalten. Ich kann nicht sagen, wie viele Tote es gegeben hat. Ich kann auch nicht sagen, ob außer am Samastynow-Gefängnis noch an anderen Stellen von Lemberg ähnliches geschehen ist.
Ich weiß nur, daß ich mit dem ersten Lkw voller Leichen hinausgefahren bin, daß draußen alles still und dunkel war und daß ich dann vom Wagen abspringen und flüchten konnte. Ich rannte blind durch die Stadt, möglichst weit weg von den Massenmorden. Ich lief, so lange ich laufen konnte, bis ich mich einigermaßen sicher glaubte. Die Nacht verbrachte ich auf der Straße. Alles schien ruhig.
Ich blieb noch zwei Tage in Lemberg, immer in Verstecken. Dabei traf ich einige andere Juden, die auf ähnliche Weise dem Morden entkommen waren. Wie ich hörte, gingen die Aktionen unter Führung der ukrainischen Soldaten in deutscher Uniform auch am zweiten und dritten Tag nach dem Einmarsch weiter, wenn auch weniger heftig. Ich selbst sah nichts mehr davon. Ich wagte mich erst am dritten Tag nach Einbruch der Dunkelheit aus dem Versteck. Ich war ganz von dem Gedanken erfüllt, nur heraus aus der Stadt zu kommen. Mit dem Geld, das ich noch hatte, besorgte ich mir und zwei anderen Überlebenden einen Transport per Lastwagen zu einem kleinen Ort, vielleicht dreißig oder vierzig Kilometer von Lemberg. Dort waren schon deutsche Truppen eingezogen, aber es schien nicht in dem Maße wie in Lemberg etwas geschehen zu sein. Ich sah Juden auf dem Marktplatz stehen und ganz ruhig miteinander reden. Die Restaurants waren offen, und ich, halb verhungert, ging hinein und aß zum ersten Male wieder richtig.

Eine deutsche Familie nahm sich dann meiner an und pflegte mich, bis ich mich wieder auf den Weg machen konnte, zurück ins Getto nach Kielce, wo meine Eltern und Brüder waren. Wenn ich schon sterben mußte, dann nicht allein, sondern mit ihnen zusammen.«*

So weit die Geschichte von Moritz Grünbart über seine Erlebnisse in Lemberg beim Einmarsch der Ukrainer in Wehrmachtuniform am 30. Juni 1941 in Lemberg, wortwörtlich so, wie er sie mir damals erzählte, im März 1960. Moritz Grünbart war nicht nur dem Massaker in Lemberg entgangen, sondern auch den weiteren Vernichtungsaktionen: Während seine gesamte Familie ermordet wurde, kam er, ein kräftiger Bursche, zunächst als Zwangsarbeiter in einen oberschlesischen Rüstungsbetrieb, dann kurz vor Kriegsende in ein Konzentrationslager, schließlich auf einen Transport nach dem Westen. Unterwegs wurde er von einem SS-Wächter durch einen Bajonettstich abermals schwer verletzt, kurz darauf durch sowjetische Truppen befreit, im April 1945 in ein Berliner Hospital gebracht und dort gesund gepflegt. 1947 war er ins Rheinland gezogen.

Der Grund, warum er im März 1960 zu mir, dem ›Spiegel‹-Redakteur, kam und mir seine Erlebnisse in Lemberg erzählte, war das Verhalten eines damaligen Bundesministers im Kabinett Konrad Adenauers. Dieser Minister war wegen seiner – wie Adenauer es ausdrückte – ›tiefbraunen Vergangenheit‹ angegriffen worden. Er selbst bestritt nicht, Nazi gewesen zu sein, sogar höherer SA-Führer und Gauamtsleiter der NSDAP. Er bestritt auch nicht, daß er als einer der beiden deutschen Offiziere eines ukrainischen Bataillons mit dem Tarnnamen ›Nachtigall‹ und gleichrangig mit dem Bataillonskommandeur mit dieser Sondereinheit am 30. Juni 1941 morgens in Lemberg einmarschiert und dort mit seinen ›Nachtigal-

* Professor Oberländer sieht, wie er dem Autor im November 1982 hat mitteilen lassen, in dieser Schilderung Grünbarts einen Beweis dafür, daß seine ›Nachtigallen‹ nicht an den Massakern von Lemberg beteiligt waren; daß diese vielmehr von ukrainischen ›Hilfspolizisten‹ mit Armbinden veranstaltet worden seien.
Der Einsatzbefehl vom 29. 6. 41 besagt: ›Den Selbstreinigungsbestrebungen antikommunistischer und antijüdischer Kreise in den neu zu besetzenden Gebieten ist kein Hindernis zu bereiten. Sie sind im Gegenteil, allerdings spurenlos, auszulösen, zu intensivieren, wenn erforderlich, und in die richtigen Bahnen zu lenken ... Da ein solches Vorgehen nur innerhalb der ersten Zeit der militärischen Besetzung ... möglich ist, haben die Einsatzgruppen und -kommandos ... im Benehmen mit den militärischen Dienststellen möglichst bestrebt zu sein, raschestens ... mit einem Vorkommando einzurücken ...‹ (Vgl. H. Krausnick/H. H. Wilhelm, Die Truppe des Weltanschauungskrieges, Stuttgart, 1981, S. 167.)

len‹, mit denen nur er sich verständigen konnte, weil er als einziger Offizier des Bataillons fließend Ukrainisch sprach, bis zum 7. Juli 1941 geblieben war.

Der Minister bestätigte auch, daß sein Bataillon ›Nachtigall‹ zu dieser Zeit die einzige uniformierte Ausländertruppe in Lemberg gewesen sei, aber er behauptete steif und fest: »Ich bin in Lemberg dauernd unterwegs gewesen und kann sagen, daß in Lemberg *von ›Nachtigall‹ kein einziger Schuß* gefallen ist.« Meinte er damit vielleicht, daß seine Ukrainer nicht geschossen, sondern ›nur‹ mit dem Gewehrkolben und dem Bajonett einige tausend Menschen, darunter Greise, Schwangere und Kinder, umgebracht hatten? Diese Frage hatte sich Moritz Grünbart gestellt, und das hatte ihn auch dazu bewogen, seine Lemberger Erlebnisse dem ›Spiegel‹ zu berichten und in Form einer eidesstattlichen Erklärung zu bekräftigen.

Der ehemalige ›Nachtigall‹-Hauptmann und nunmehrige Bundesminister geriet nach der Veröffentlichung des Berichts von Moritz Grünbart im ›Spiegel‹ (Nr. 11/1960) in große Bedrängnis. Einflußreiche Mitglieder seiner eigenen Fraktion, der CDU/CSU, forderten seinen sofortigen Rücktritt. Die Bonner Staatsanwaltschaft hatte bereits ein Ermittlungsverfahren gegen ihn eingeleitet, und in der DDR war gegen ihn ein Strafprozeß anberaumt worden. Das Oberste Gericht der DDR verurteilte ihn wegen Kriegsverbrechen und Verbrechen gegen die Menschlichkeit, unter anderem auch wegen seiner Verantwortung für das Massaker von Lemberg, in Abwesenheit zu lebenslangem Zuchthaus.

Aber gerade wegen dieser schon absehbaren Verurteilung in der für Bundeskanzler Adenauer nicht existenten DDR meinte dieser zunächst, seinen Minister halten zu müssen. Als der Kanzler, bedrängt von führenden Politikern seiner Partei, schließlich einsah, daß er den ›tiefbraunen‹ und schwer belasteten Minister nicht länger halten konnte, beauftragte er – so jedenfalls meldete der ›Spiegel‹ aus Bonn – den Fraktionsvorsitzenden der Unionsparteien im Bundestag, Heinrich Krone, die ehemalige ›Nachtigall‹-Spitzenkraft zum Rücktritt zu bewegen.

Aber erst am 1. Mai 1960, einen Tag, nachdem er den Anspruch auf eine Ministerpension erworben hatte, trat Professor Oberländer zurück. Das Ermittlungsverfahren gegen ihn wurde von der – bekanntlich weisungsgebundenen – Staatsanwaltschaft eingestellt; die umfangreichen Ermittlungsakten, einschließlich der Protokolle aller Zeugenvernehmungen, ließ die Staatsanwaltschaft bald darauf vernichten, weil sie angeblich ›nicht archivwürdig‹ waren. So konnte der ›Nachtigall‹-Mitanführer 1960 mit sehr beträchtlicher Pension als Minister in den Ruhestand treten.*

Der Name dieses heute in Bonn lebenden Bundesministers a. D. ist Theodor Oberländer. Hänschen und der Doppeldoktor hatten ihn mir schon Ende Juni 1941 als fanatischen ›Nazi‹-Propagandisten geschildert, und im ›Lexikon zur Geschichte und Politik im 20. Jahrhundert‹, Köln, 1971, heißt es über ihn:

*Oberländer, Theodor, dt. Politiker (BHE, CDU), * Meiningen 1. 5. 1905 (Vater: höherer Beamter). Studium der Agrarwissenschaften in München, Hamburg und Berlin, der Nationalökonomie in Königsberg. 1933 Eintritt in die NSDAP. März 1933 Direktor des Instituts für Osteurop. Wirtschaft in Königsberg. 1934 Prof. für Agrarpolitik in Danzig. 1939 Reichsführer des ›Bundes Dt. Osten‹. 1940 Prof. an der Karls-Univ. in Prag. 1941 als Kommandeur des Bataillons ›Nachtigall‹ in der UdSSR (Lemberg) eingesetzt. In diesem Zusammenhang wurde O. nach dem Krieg für Massenhinrichtungen verantwortlich gemacht. 1945 als Maj. Leiter des Schulungslagers der ›Russ. Befreiungsbewegung‹ Gen. Wlassows bei Berlin. 1950 in Bayern Mitbegründer des Gesamtdt. Blocks/BHE und MdL; 1954 bis zum Austritt 1955 Parteivors. 1951–53 bayr. Staatssekretär für Flüchtlingswesen. 1953–61 und 1963–65 MdB. 1953–60 BMin. für Vertriebene. 1956 Eintritt in die CDU. 1959 erhobene Anklagen wegen O.s Vergangenheit führten 1960 in Ost-Berlin zu einer lebenslängl. Zuchthausstrafe, in Bonn zur Einstellung des Verfahrens. O. trat nach Erlangung der Pensionsberechtigung 1960 als Min. zurück; er leitete seitdem den CDU-Landesverband Oder-Neiße.*

WERKE: *Die Landwirtschaft Posen-Pommerellens (1937); Die Überwindung der dt. Not (1954); Die agrar. Überbevölkerung Polens (1956).*

LIT: *H. Raschhofer: Der Fall O. (1962).*

Natürlich ahnte damals, Ende Juni 1941, als Hänschen, der Doppeldoktor und ich über den – mir noch ganz unbekannten – ›Nachtigall‹-Offizier Oberländer sprachen, keiner von uns, welche Rolle dieser Mann lange nach dem Zusammenbruch der Nazi-

* 1982, als inzwischen 77jähriger, nahm er mir, dem Autor, auf dem Wege der Zwangsvollstreckung ein beträchtliches Schmerzensgeld ab – aufgrund eines noch nicht rechtskräftigen, aber für vollstreckbar erklärten Urteils des Landgerichts München. Dabei konnte er sich zunutze machen, daß die Bonner Ermittlungsakten vernichtet worden waren, wichtige Zeugen heute nicht mehr leben und die Beiziehung aller osteuropäischen Verfahrensakten abgelehnt worden war.

Herrschaft noch spielen würde, und wir wußten auch noch nicht, was am selben Tag in Lemberg und anderswo an bestialischen Greueltaten verübt wurde. Unser ganzes Interesse konzentrierte sich auf zwei Fragen: Wird der deutsche Überraschungsangriff auf die Sowjetunion noch vor Einbruch des Winters seine Ziele erreichen? Werden die Engländer zur Entlastung der Russen in Frankreich angreifen?

Was die zweite Frage betraf, so wurde uns sehr rasch klar, daß mit einem britischen Angriff auf die französische Kanalküste nicht zu rechnen war. Großbritannien hatte eigene Sorgen: Das neue ›Afrikakorps‹ der Wehrmacht unter General Rommel war durch die Libysche Wüste bis dicht an die ägyptische Grenze vorgestoßen und bedrohte die für das britische Empire lebenswichtige Seeverbindung nach Indien, den Suezkanal. So mußten die Engländer froh sein, daß die deutsche Wehrmacht den bei weitem größten Teil ihrer Offensivkraft gegen die Sowjetunion einsetzte, dort immer weiter vorstieß und sich in Schlachten beispiellosen, kaum noch vorstellbaren Ausmaßes verwickelte.

Nein, an eine Landung der Engländer in Nordfrankreich war auf absehbare Zeit überhaupt nicht zu denken, und so war es an der Kanalküste und in der Normandie während des ganzen Sommers und Herbstes 1941 ruhig.

In diesen Wochen begann Erwin zu basteln. Als gelernter Elektro- und Rundfunkmechaniker löste er in verhältnismäßig kurzer Zeit die Aufgabe, die er sich selbst gestellt hatte: Er baute einen drahtlosen Fernzünder, mit dessen Hilfe man durch Funk über weite Entfernungen Sprengkörper jeder Art und Größe zur Explosion bringen konnte!

»Was willst du bloß damit?« fragte ich ihn. »Findest du nicht, daß es schon mehr Methoden als genug gibt, wie man sich und andere umbringen kann?«

Er lachte.

»Was ich da ausgetüftelt habe, ist doch nur so eine Art Denksportaufgabe . . . Außerdem habe ich das Ding nur noch mal für mich erfunden – das Luftwaffenzeugamt hat so etwas auch schon entwickelt. Ich kenne sogar den Tarnnamen dafür: ›Kakadu‹ – da staunst du, was?«

»Und was willst du wirklich damit?«

Er zögerte. Schließlich sagte er: »Wenn wir tatsächlich bis zum Einbruch des Winters die Sowjetunion besiegen und womöglich auch noch den Suezkanal erobern sollten, dann –«

»Ja?«

»Dann«, fuhr er sehr leise fort, »würde ich meine tiefe Abneigung gegen Mordinstrumente aller Art vielleicht überwinden – möglicherweise . . .«

Ich war dennoch fest davon überzeugt, daß Erwin seinen selbstgebastelten ›Kakadu‹ niemals benutzen würde, selbst wenn er, was unwahrscheinlich genug war, je die Gelegenheit fände, eine Sprengladung mit Funkzünder unter der Ehrentribüne mit der versammelten Führung des Großdeutschen Reiches unbemerkt anzubringen. Es war seine Art, mit der tiefen Niedergeschlagenheit fertig zu werden, die uns ergriff, als Tag für Tag neue Siege der Wehrmacht gemeldet wurden und Hitlers Machtbereich sich immer weiter ausdehnte – vom Nordkap bis Ägypten, von den Pyrenäen bis zum Asowschen Meer.

Schon verkündete uns unser – inzwischen zum Hauptmann beförderter – Schulungsoffizier, der Obernazi Holzmann, der alle zehn Tage eine – von den Soldaten ›Propagandasitzung‹ genannte – Unterrichtsstunde abhielt: »In spätestens sechs Wochen ist der Endsieg errungen! Unsere Feinde liegen bereits am Boden! Es sind eigentlich nur noch Aufräumungsarbeiten, die unser tapferes Heer leisten muß. Sobald Rußland die Waffen gestreckt hat, sobald Bolschewismus und Judentum endgültig ausgerottet sind, wird auch England kapitulieren, gleich ob wir den Briten vorher noch den Suezkanal abnehmen oder nicht!«

Als wir dann mit dem Versprechen, Weihnachten wieder zu Hause zu sein, von Hauptmann Holzmann mit markigem ›Heil Hitler!‹ verabschiedet waren, meinte Erwin: »In Ägypten scheint es nicht mehr vorwärtszugehen, sonst wäre der Suezkanal nicht plötzlich so unwichtig . . . Heute ist übrigens der 14. September – da war Napoleon bereits in Moskau . . . Ich wette, wir hören das nächste Mal, daß es auch auf die Eroberung der sowjetischen Hauptstadt nicht ankommt, sondern auf irgend etwas anderes . . .«

10. Wie aus dem ›Endsieg‹ die ›Spinnstoffsammlung‹ wurde

Am 2. Oktober 1941 meldete der OKW-Bericht: »Die letzte Schlacht an der Ostfront hat begonnen.« Am 3. Oktober fuhr ich für drei Wochen auf Heimaturlaub, zunächst nach Berlin, weil meine Mutter, wie sie mir geschrieben hatte, bis zum 16. Oktober ›zur Kur‹ war. Am Abend des 4. Oktober traf ich gegen 18 Uhr am Bahnhof Charlottenburg ein, wurde aber nicht abgeholt. Tante Elsbeth empfing mich an ihrer Wohnungstür, im Persianermantel und mit Hut, fertig zum Ausgehen und schrecklich aufgeregt: »Ich muß sofort weg! Der Führer spricht gleich! Ich konnte leider nicht zum Bahnhof kommen, und Onkel Karl ist schon voraus – du mußt heute mal allein zurechtkommen . . .!«

Damit ließ sie mich stehen und hastete zum schon wartenden Taxi, zwängte sich in den Fond und rief mir noch zu: »Bis gegen 10 . . . Dein Essen steht auf dem Herd!«

Es war fast 11 Uhr, als sie wiederkamen, noch ganz aufgewühlt von dem Erlebnis, den ›Führer‹ von der achten Reihe aus gesehen und gehört zu haben.

»Er ist wunderbar!« schwärmte meine Tante. »Es gibt keinen größeren Mann in der ganzen Welt! Er ist einfach hinreißend . . .«

Mein sonst so ruhiger und nüchterner Onkel war ebenfalls sehr ergriffen: »Er hat uns völlig überzeugt«, sagte er. »Noch vor dem Winter ist der Russe endgültig besiegt, dann ist der Krieg aus!«

Dann zeigte er auf die große Karte, die an der Wand hing und in die alle bisherigen Eroberungen eingezeichnet waren.

»Es ist wirklich kaum zu glauben«, fuhr Onkel Karl fort, »welche ungeheure Ländermasse unsere Soldaten erobert haben – in so kurzer Zeit und mit so verhältnismäßig geringen Verlusten . . .! Die ganze Weite des russischen Raumes ist jetzt deutsches Siedlungsgebiet!«

»Tatsächlich?« fragte ich staunend. »Sowjetrußland ist doch noch viel größer – bis ungefähr an den großen Schrank da würde es reichen, wenn die Karte über Europa hinausginge . . .«

»Sobald Moskau, Leningrad und Stalingrad gefallen sind«, belehrte mich Onkel Karl, »bricht das übrige zusammen. Höchstens noch eine Woche, denke ich, wird es dauern . . .!«
Tante Elsbeth bestätigte es mit eifrigem Kopfnicken.
»Denk dir«, berichtete sie mir dann, »heute früh wollte ich mir auf dem Postamt ein paar Feldpostkarten holen, da meinte der Beamte hinter dem Schalter: ›Die brauchen Sie doch nicht mehr, meine Dame! Der Krieg ist doch eher aus, als Sie die alle schreiben können!‹ Und unser Schläckter in der Wilmersdorfer Straße, der so gute Würstchen hat, der wollte gestern schon gar keine Marken mehr von mir nehmen. ›Der Endsieg ist doch so gut wie errungen‹, sagte er, ›dann ist das doch vorbei mit der Bewirtschaftung, und es gibt für alle Fleisch und Wurst, soviel jeder haben will!‹ Ist das nicht wundervoll? Und all das verdanken wir nur dem Führer – und unseren tapferen Soldaten«, fügte sie eilig hinzu.
Sie schwärmten dann noch eine ganze Weile lang von dem, was ›der Führer‹ gesagt und wie er jede Feststellung mit Fakten und Zahlen belegt hatte: daß der von Deutschland beherrschte Raum mehr als doppelt so groß sei wie das Deutsche Reich im Jahre 1933; daß über zwei Millionen russische Soldaten in deutsche Gefangenschaft geraten seien und nun in der Landwirtschaft sowie im Kohlenbergbau und der Stahlerzeugung die fehlenden Arbeitskräfte ersetzen könnten; daß England, der letzte Feind, kurz vor dem Zusammenbruch stehe, weil die erfolgreichen Angriffe der Luftwaffe und die gewaltigen Tonnageverluste durch die von deutschen U-Booten Tag für Tag versenkten Schiffe den Lebensnerv Großbritanniens getroffen hätten.
»Du mußt doch manchmal sehr unglücklich sein«, meinte Tante Elsbeth, als wir zu Bett gingen, »daß du nicht direkt dabeisein kannst, wenn es gegen den Feind geht!«
Onkel Karl enthob mich freundlicherweise einer Antwort, indem er barsch erklärte: »Jeder erfüllt seine Pflicht da, wo er hingestellt wird – der eine als Bomberpilot, U-Boot-Kapitän oder Infanterist in einem Sturmbataillon, der andere am Funkgerät oder, wie ich, beim Schutz der Reichshauptstadt!«
Die nächsten Tage verbrachte ich damit, alte Freunde zu besuchen. Am Abend des 8. Oktober 1941 traf ich mich mit Ulla, die in einem Rüstungsbetrieb arbeitete, in einem Café in der Friedrichstraße.
Sie sah blaß und abgespannt aus, gab sich aber große Mühe, mich nicht merken zu lassen, wie müde sie war. Sie erzählte mir von ihrer Arbeit, von dem mörderischen Tempo, zu dem die Frauen an-

getrieben wurden, und von der Aussichtslosigkeit, einen gemeinsamen Widerstand gegen die viel zu hohen Akkordsätze, zu langen Arbeitszeiten und zu niedrigen Löhne zu organisieren.
»Die eine Hälfte der Belegschaft nimmt alles hin, wie es kommt, und wagt nicht, den Mund aufzumachen. Die andere Hälfte ist wie besoffen von den vielen Siegen und betet alles nach, was die Propagandafritzen uns einreden: Jetzt noch mal alle Kräfte anspannen – der Endsieg liegt zum Greifen nahe vor uns! Ich kann's schon nicht mehr hören – mir ist ganz flau davon . . .«
Ich wollte ihr etwas bestellen – ein Glas Cognac oder französischen Rotwein, der noch überall billig zu haben war, aber der Kellner winkte unwirsch ab: »Jetzt wird nicht serviert! Und auch nicht mehr geredet! In einer Minute kommt eine Sondermeldung!«
Einen Augenblick später – der Rundfunkempfänger im Lokal war auf volle Lautstärke gestellt worden, wie es neuerdings Vorschrift war, und an allen Tischen sah man erwartungsvolle Gesichter – ertönte die von Fanfarenklängen eingeleitete Ansage: »Aus dem Führerhauptquartier. Das Oberkommando der Wehrmacht gibt bekannt: Der Endsieg, den die entscheidenden Schlachten im Osten einleiteten, ist da!«
Statt des von mir erwarteten Jubels folgte auf diese sensationelle Mitteilung zunächst gar nichts. Völlig stumm saßen die Männer und Frauen an ihren Tischen und warteten auf weitere Durchsagen.
Es mußte doch irgend etwas folgen: Mitteilungen über Waffenstillstand oder Kapitulation, wann die ersten Wehrpflichtigen in die Heimat entlassen würden und ob der Krieg an allen Fronten beendet sei. Aber es kamen keine weiteren Nachrichten, und so wurde die Sondermeldung bald überall flüsternd besprochen. Niemand wagte, seine Zweifel laut zu äußern, und auch der mürrische Kellner, der nun wieder bediente, gab mir auf meine Frage, ob noch weitere Durchsagen angekündigt seien, die patzige Antwort: »Sie haben es doch gehört – genügt es Ihnen nicht?«
Ulla meinte, es wäre wohl besser, wir gingen jetzt, und erst unterwegs sagte sie leise: »Man ist ganz hin und her gerissen – einesteils wäre es ja ein Segen, wenn dieser schreckliche Krieg wirklich zu Ende sein sollte – aber erstens glaube ich es einfach nicht, und zweitens wäre es ja entsetzlich, wenn . . .«
»Ja«, sagte ich. »Aber du kannst sicher sein, daß wir wieder mal belogen worden sind.«
In den folgenden Tagen, an denen sich Ulla und ich noch einige Male trafen, lauteten die Schlagzeilen der Zeitungen:

Am 11. Oktober: DER DURCHBRUCH IM OSTEN WIRD AUSGEWEITET

Am 12. Oktober: DIE VERNICHTUNG DER SOWJETISCHEN ARMEEN IST FAST BEENDET!

Am 13. Oktober: DIE SCHLACHTFELDER VON WJASMA UND BRIANSK WEIT IM RÜCKEN DER FRONT!

Am 14. Oktober: DIE BEWEGUNGEN IM OSTEN VERLAUFEN PLANMÄSSIG

Am 15. Oktober: DIE KAMPFHANDLUNGEN IM OSTEN VERLAUFEN NACH PLAN

Am 16. Oktober, meinem letzten Urlaubstag in Berlin, war von einem Endsieg nicht einmal mehr andeutungsweise die Rede. Von der Ostfront lagen offenbar keine neuen Nachrichten vor, und die Schlagzeile des ›Völkischen Beobachters‹ lautete: SCHNELLBOOTE VERSENKEN AUS EINEM GELEITZUG SECHS FRACHTER.

Tante Elsbeth und Onkel Karl wirkten sehr betreten, als wir uns an diesem 16. Oktober 1941 an den Frühstückstisch setzten.

»Ich verstehe das einfach nicht«, sagte Onkel Karl. »Der Führer hat es uns doch erst vorige Woche genau erklärt, daß die Sowjets acht bis zehn Millionen Mann verloren haben, und er hat hinzugefügt: ›Davon erholt sich keine Armee der Welt mehr, auch die russische nicht!‹ Und jetzt gehen die Kämpfe immer weiter . . .«

Er trank seine Tasse leer, verabschiedete sich von mir und sagte, während er sich bereits den Mantel anzog: »Ich muß zur Gauleitung – vielleicht wissen die etwas Genaueres . . .«

Tante Elsbeth seufzte leise. Nachdem die Haustür ins Schloß gefallen war, flüsterte sie mir zu: »Ich habe gestern mit Gudrun telefoniert. Sie ist in Bansin und bleibt da auch noch eine Weile, weil ihr die Seeluft guttut, jetzt, wo sie das Kind erwartet. Horst-Eberhard hat sie übers Wochenende besucht und ihr erzählt, was an der Ostfront los ist – aber Onkel Karl weiß es nicht. Er regt sich immer so auf, weißt du, und der Arzt hat gesagt . . .«

Ich hörte geduldig zu, bis sie endlich beim Wesentlichen war: Horst-Eberhard hatte seiner Frau anvertraut, daß die deutsche Wehrmacht nicht im geringsten auf den russischen Winter vorbereitet sei, der soeben begonnen habe. Schon am 4. Oktober hätten die Schneefälle eingesetzt, und es wäre für die Truppen so gut wie nichts vorhanden als leichte Sommerkleidung – weder Pelze noch Decken, Ohrenschützer, Pulswärmer, dicke Socken, warme Unterwäsche, Pullover, Stiefel oder gar Skiausrüstung. An den Fronten

ginge alles schief: die Panzer müßten stundenlang vorgeheizt werden, die Geschütze und MGs verklemmten sich, und die Mannschaften frören erbärmlich in ihren leichten Monturen. Kurz, es sei eine Riesenschweinerei, habe Horst-Eberhard gesagt, und schuld an allem Unglück hätten die eingebildeten Generäle, ›dieses feige und arrogante Gesindel‹.
Tante Elsbeth verstummte wieder. Sie wirkte verwirrt und beschämt. Dann fiel ihr plötzlich noch etwas ein: »Horst-Eberhard ist auch so wütend, weil der Führer dem Feldmarschall Kluge zum Geburtstag 250000 Mark schenkt und Anweisung gegeben hat, daß der Marschall für mehr als die Hälfte des Geldes bauen darf – und für alle anderen, auch für Horst-Eberhard, ist an eine Ausnahme überhaupt nicht zu denken ... Wo er doch jetzt das schöne Grundstück am Kleinen Wannsee hat ... Du weißt doch – jede Verletzung des zivilen Bauverbots wird mit Zuchthaus bestraft ...«
Es klingelte an der Wohnungstür, und Tante Elsbeth brach ihren Bericht sofort ab und eilte zum Öffnen. »Heil Hitler, ich bringe den neuen Aushang ...«, hörte ich von draußen. Dann kam Tante Elsbeth zurück und zeigte mir das Plakat.
Ich las sehr aufmerksam den gereimten Text und betrachtete die dazugehörigen Zeichnungen. Beides sollte wohl ›flott‹ wirken, konnte aber nicht darüber hinwegtäuschen, daß es in Wahrheit um weit mehr ging als um die Nutzbarmachung überflüssiger Lumpen – nämlich um die fehlende Winterausrüstung für die tief in Rußland stehenden Armeen, die jetzt – und damit viel zu spät – erst noch anzufertigende Mäntel, Stiefel, Decken, Ohrenschützer, Pulswärmer und dicke Socken erhalten sollten.
Auch Tante Elsbeth dämmerte es wohl, daß hier eine gigantische Fehleinschätzung mit unzulänglichen Mitteln rasch noch ein wenig korrigiert werden sollte. Ich hörte sie leise schluchzen.
»Die armen, armen Jungen«, flüsterte sie. »Das hat der Führer bestimmt nicht gewollt ...!«
Knapp zehn Jahre später erfuhr ich aus dem Munde des aus amerikanischer Kriegsgefangenschaft zurückgekehrten ehemaligen Generalinspekteurs der Panzertruppen, Heinz Guderian, wie es damals, im Spätherbst 1941, zu dramatischen Auseinandersetzungen zwischen Hitler und seinen Generalen gekommen war. ›Der Führer‹ hatte alle Warnungen der Militärs in den Wind geschlagen und in voller Kenntnis der verzweifelten Lage befohlen, die Offensive an allen Abschnitten der Ostfront ohne Rücksicht auf die veränderte Lage fortzusetzen.

»Hitler war fest davon überzeugt«, so hatte Guderian mir erzählt, »daß die sowjetischen Streitkräfte zu keinem ernsthaften Widerstand mehr fähig wären. Er wollte vor Einbruch des Winters nicht nur Moskau erobert haben, sondern auch Leningrad, im Süden Rostow am Asowschen Meer, das Erdölgebiet von Maikop am Nordrand des Kaukasus und sogar Stalingrad an der Wolga! Als Generalfeldmarschall v. Rundstedt Hitler klarzumachen versuchte, daß dies einen Vormarsch von mehr als 600 Kilometern über den Dnjepr hinaus nach Osten bedeute, bekam er zur Antwort, im Süden seien die Russen zu keinem Widerstand mehr fähig.«
Tatsächlich war dann – am 21. November 1941 – Rostow von den Truppen Rundstedts erobert worden, und Goebbels hatte sogleich hinausposaunen lassen, damit sei ›das Tor zum Kaukasus aufgestoßen‹. Aber schon fünf Tage später hatten die sowjetischen Truppen die Stadt zurückerobert, und Rundstedt mußte seine von zwei Seiten bedrängte Armee eilig zurückziehen, woraufhin er von Hitler des Kommandos enthoben und nach Hause geschickt wurde.
»Mit Rostow fing das Unglück an«, erinnerte sich Guderian. »Es war bereits ein Menetekel ... Dabei war es im Südabschnitt klimatisch noch einigermaßen erträglich. Vor Moskau dagegen und erst recht im Norden schneite es schon seit Anfang Oktober, und Anfang November brach die erste Kältewelle ein ...« Nur etwa jede fünfte Einheit der an der Ostfront eingesetzten Wehrmachtsverbände war dazu ausersehen gewesen, in der – wie Hitler gehofft hatte – besiegten Sowjetunion als Besatzung zu überwintern. Vier Fünftel der deutschen Divisionen waren auf den russischen Winter überhaupt nicht vorbereitet.
»Jedes Regiment«, so fuhr Guderian fort, »hatte Anfang November bereits etwa vierhundert Mann durch Erfrierungen verloren. Bei 30 Grad Frost und weiter fallenden Temperaturen waren die Panzer kaum noch einsatzfähig. Der Betriebsstoff fror teilweise ein, das Öl wurde dick. Das Anlaufen der Motoren mußte durch Anzünden von Feuern unter den Ölwannen vorbereitet werden. Außerdem machte die Glätte den Kettenfahrzeugen große Schwierigkeiten, und die automatischen Waffen wurden durch die Kälte weitgehend unbrauchbar ...«
Dennoch waren in den sechs Wochen vom 20. Oktober bis zum 30. November 1941 die deutschen Truppen, die Moskau erobern sollten, noch etwa dreißig Kilometer näher an die Stadt herangekommen. Am 1. Dezember sollte der letzte, entscheidende Frontalangriff beginnen. Am 2. Dezember drang ein Aufklärungsbataillon der 258. Infanteriedivision in den Moskauer Vorort Chimki

ein, von wo aus man bereits die Kremltürme sehen konnte. Diese Vorausabteilung wurde zwar schon am nächsten Morgen von eilig bewaffneten Arbeitern zum Rückzug gezwungen, aber nun glaubte Hitler, Moskau bereits in der Hand zu haben. Am Kartentisch im gutgeheizten ostpreußischen Hauptquartier wußten ›der Führer‹ und seine Berater nichts von Schneestürmen und eisiger Kälte. Sie sahen nur die winzige, kaum noch dreißig Kilometer betragende Entfernung, die die von Norden, Westen und Süden auf die sowjetische Hauptstadt vordringenden Armeen zu überwinden hatten, und es schien ihnen dies als ein bloßes Kinderspiel. Hatten die deutschen Truppen nicht schon mehr als achthundert Kilometer zurückgelegt, und war nicht die größte Panzerstreitmacht aufmarschiert, die je an einer Front konzentriert worden war? Von Norden her operierten General Hoepners 3. und General Hoths 4. Panzergruppe, von Westen her kämpfte sich die übergroße 4. Armee unter Generalfeldmarschall v. Kluge durch die Wälder vor, und im Süden, von Tula aus, drang Guderians 2. Panzerarmee auf Moskau vor.

Am 5. Dezember sah sich Generaloberst Guderian ›am Ende‹. Er meldete, seine Panzer seien bei einer Temperatur von 36 Grad unter Null ›fast unbeweglich‹, seine Armee werde überdies an beiden Flanken und im Rücken, nördlich von Tula, von starken gegnerischen Kräften bedroht.

»An diesem 5. Dezember 1941 wußte ich«, berichtete Guderian später, »daß unser Angriff auf Moskau gescheitert war. Alle Opfer und alle Anstrengungen waren umsonst gewesen. Wir hatten eine böse Niederlage erlitten ...«

Aber es war erst der Anfang.

Am nächsten Tag, am frühen Morgen des 6. Dezember, geschah, was niemand außerhalb der sowjetischen Führung noch für möglich gehalten hatte: Ein starker russischer Gegenangriff begann! Plötzlich waren die zerlumpten, ausgemergelten Gestalten verschwunden, die bislang als Arbeitermilizen verzweifelte Gegenwehr geleistet hatten. Die halb erfrorenen, unzulänglich ausgerüsteten und schlecht ernährten deutschen Soldaten sahen sich plötzlich frischen, regulären Truppen gegenüber. Insgesamt einhundert Divisionen, fast soviel, wie die deutsche Wehrmacht zu Beginn des Überfalls auf die Sowjetunion an die Ostfront geworfen hatte, traten auf 300 Kilometer breiter Front zum Angriff auf die deutschen Panzerarmeen an. Unter dem Oberbefehl des bis dahin noch unbekannten Generals Georgi Schukow begannen sie die Offensive mit einem Artillerieüberfall, begleitet von Bombenan-

griffen zahlreicher Geschwader modernster Flugzeuge. T-34-Panzer rollten vor, gefolgt von immer neuen Regimentern, die für den Winterkampf aufs beste ausgerüstet und ausgebildet waren.
Woher kamen diese neuen sowjetischen Kräfte? Die Rote Armee, so hatte es der OKW-Bericht, so hatte es ›der Führer‹ selbst immer wieder dem deutschen Volk versichert, war doch längst vernichtet, militärisch bedeutungslos geworden. Millionen Rotarmisten waren in Gefangenschaft, Zehntausende von Panzern und Geschützen hatte die Wehrmacht vernichtet oder erbeutet. Schon seit Oktober erwartete man die vollständige Kapitulation des Sowjetreiches, die nur noch eine Frage von Tagen oder Stunden zu sein schien. Und nun stießen einhundert neue sowjetische Divisionen gegen die abgekämpften Verbände der Moskau umschließenden deutschen Front zum Gegenangriff vor! Dieses scheinbare Wunder hatte ein Mann zuwege gebracht: der Journalist Dr. Richard Sorge, Ostasien-Korrespondent der angesehenen ›Frankfurter Zeitung‹ und des Deutschen Nachrichtenbüros DNB in Tokio.
Sorge, 1895 als Sohn eines deutschen Ingenieurs und einer Russin in Adschikend in der Nähe von Baku zur Welt gekommen, war in Berlin zur Schule gegangen und hatte sich 1914 als Kriegsfreiwilliger gemeldet. Nach dreimaliger Verwundung wurde er kurz vor Kriegsende aus dem Heeresdienst entlassen, studierte dann und wurde Journalist. Von 1933 an lebte er in Japan, wo er rasch das volle Vertrauen der deutschen Botschaft, zumal des dortigen Militärattachés, erwarb und sich auch bereit fand, nebenher für die ›Abwehr‹, den deutschen militärischen Nachrichtendienst, zu arbeiten. Niemand vermutete in ihm, dem Akademiker mit Auszeichnungen und Goldenem Verwundetenabzeichen aus dem letzten Weltkrieg, daß er ein hoher Funktionär der Kommunistischen Partei war.
Dr. Sorge, der sich schon 1919 den Kommunisten angeschlossen hatte, war auch in höchsten japanischen Regierungskreisen gern gesehen und eng befreundet mit dem Privatsekretär des langjährigen japanischen Ministerpräsidenten Konoye. Teils über die deutsche Botschaft, teils über seine japanischen Quellen war er stets aufs beste informiert.
So hatte er bereits im Frühjahr 1941 die Regierung in Moskau, mit der er in ständiger geheimer Funkverbindung stand, vor dem deutschen Überfall warnen können – vergeblich, denn die sowjetische Führung schenkte seinen exakten Informationen über Ausmaß und ungefähren Zeitpunkt des bevorstehenden Angriffs nicht genügend Glauben.

Um so höher stieg Dr. Sorges Ansehen in Moskau, als sich dann zeigte, daß seine Warnung richtig gewesen war, und als er im September 1941, als die Wehrmacht schon tief in die Sowjetunion vorgedrungen war und gewaltige Siege errungen hatte, sich erneut aus Tokio mit einer wichtigen Information meldete, entschied sich die sowjetische Führung, Dr. Sorges Funkspruch vollen Glauben zu schenken und entsprechend zu handeln.
Die Information, die Sorge durch seinen Funker Max Klausen dem Kreml übermitteln ließ, besagte, es sei nunmehr vom japanischen Reichsrat entschieden und vom Kaiser bestätigt, daß sich Japan der Sowjetunion gegenüber neutral verhalten werde. Bis dahin war die auf einen Kriegseintritt Japans gegen Rußland drängende Reichsregierung immer wieder vertröstet worden, hatte ein Teil der japanischen Führung auf ein Eingreifen an der Seite der Deutschen gedrängt, ein anderer für eine Eroberung des pazifischen und südostasiatischen Raums nach Vernichtung der amerikanischen Flotte plädiert. Nun war die Entscheidung gefallen: Vorbereitung des Angriffs auf die USA bei Wahrung strenger Neutralität gegenüber Sowjetrußland.
Dr. Richard Sorge konnte dem Kreml sogar den Wortlaut des streng geheimen Protokolls der japanischen Reichsratssitzung übermitteln, aus dem hervorging, welche langfristigen Pläne Tokio verfolgte und daß für die nächsten drei Jahre für die Sowjetunion in Asien keine Gefahr drohte.
Daraufhin begann das sowjetische Oberkommando, seine Truppen aus Sibirien und von der viele tausend Kilometer langen Grenze mit China und der Mandschurei abzuziehen. Alles, was in den hinter dem Ural liegenden Rüstungswerken produziert wurde, rollte nun über die Transsibirische Eisenbahn in unaufhörlichem Strom nach Moskau und in die östlich davon gelegenen Sammellager, wo die Elitedivisionen aus Sibirien und Fernost zusammengezogen wurden.
Während die Lage im Norden, Westen und Süden der sowjetischen Hauptstadt für die Rote Armee immer verzweifelter wurde, während das Oberkommando schon damit begann, die sich lichtenden Reihen der ›Arbeitermilizen‹ mit Frauen, Kindern und Greisen aufzufüllen, sammelten sich immer mehr ausgeruhte, frische, gutausgerüstete und an extreme Witterungsbedingungen gewöhnte Truppen im Aufmarschraum, trafen immer neue Transporte mit modernsten Panzern und Flugzeugen ein, brachten Artilleristen Tausende von Geschützen in Stellung.
Am 5. Dezember und in der Nacht zum 6. rückte die neue ›Front‹

– sieben Armeen und zwei Kavalleriekorps – in die Ausgangsstellungen ein, und im Morgengrauen begann die große Offensive. Der Schlag kam so plötzlich, daß sich die Wehrmacht nie mehr davon erholte.
»Während der restlichen, extrem kalten Dezemberwochen und bis in den Januar hinein«, erinnerte sich Guderian, »sah es so aus, als sollten sich die geschlagenen und zurückweichenden deutschen Armeen, in deren Linien die Sowjets fortgesetzt einbrachen, sich auflösen und im russischen Schnee umkommen wie einhundertdreißig Jahre zuvor Napoleons *Grande Armée.* In mehreren kritischen Augenblicken fehlte nicht viel dazu. Nur wer die endlosen Weiten der russischen Schneeflächen in diesem Winter gesehen hat, über die der eisige Wind strich und jede Unebenheit des Bodens verwehte, nur wer Stunden um Stunden durch Niemandsland gefahren ist, um dann auf ausgemergelte, schlecht ernährte Männer zu treffen, wer im Gegensatz hierzu die vorzüglich für den Winter ausgerüsteten, gutgenährten, frischen Sibirier gesehen hat, kann ermessen, was unsere Truppe damals durchgemacht hat. Nur ihre Tapferkeit und Kampfmoral hat uns vor dem vollständigen Debakel bewahrt . . .«
Kurz darauf war Generaloberst Guderian von Hitler seines Kommandos enthoben worden, weil er ohne Genehmigung des ›Führers‹ den Rückzug befohlen hatte. General Hoepner wurde aus dem gleichen Grund degradiert und aus der Wehrmacht entlassen. General Hans Graf v. Sponeck, der auf der Krim ein Korps befehligte und mit einer Division zum Rückzug gezwungen war, wurde nicht nur degradiert und verhaftet, sondern auf Hitlers Befehl zum Tode verurteilt und später hingerichtet. Am 19. Dezember 1941 erhielt der Oberbefehlshaber des Heeres, Generalfeldmarschall v. Brauchitsch, seinen Abschied, und Hitler selbst erklärte sich zu dessen Nachfolger.
Bei dieser Gelegenheit erklärte Hitler – wie nach dem Kriege zu erfahren war – seinem Generalstabschef, Generaloberst Franz Halder, den er schon zehn Monate später davonjagte und 1944 in ein Konzentrationslager sperren ließ: »Das bißchen Operationsführung kann jeder machen . . .! Die Aufgabe des Oberbefehlshabers des Heeres ist es, das Heer nationalsozialistisch zu erziehen. Ich kenne keinen General, der diese Aufgabe in meinem Sinn erfüllen könnte. Darum habe ich mich entschlossen, den Oberbefehl über das Heer selbst zu übernehmen . . .«
Damit war Hitlers Sieg über die Generale vollständig. Er war jetzt zugleich Staatsoberhaupt, Reichskanzler, Kriegsminister, Oberster

Befehlshaber der Wehrmacht und Oberbefehlshaber des Heeres. Seine Marschälle und Stabschefs waren nur noch ausführende Organe, denen jedes selbständige Handeln strengstens verboten war, oder bloße Briefträger seiner Befehle.

»Das alles«, erinnerte sich Generaloberst a. D. Guderian, »war die unmittelbare Folge seiner ersten empfindlichen Niederlage, durch die die Legende seiner Unbesiegbarkeit zerstört worden war ...«

Den hundert frischen, bestens ausgerüsteten Elitedivisionen Schukows, die Hitlers voreilig verkündeten ›Endsieg im Osten‹ verhindert und die Wehrmacht zum Rückzug gezwungen hatten, war es mit ihrem Überraschungsangriff gelungen, die Eroberungspläne des ›Führers‹ zu durchkreuzen und ihn in seine Schranken zu weisen. Die deutschen Armeen, die in Moskau hatten Weihnachten feiern wollen, konnten weder die sowjetische Hauptstadt noch Leningrad oder gar Stalingrad erobern.

Bis Anfang Februar 1942 waren die deutschen Truppen bis zu dreihundert Kilometer weit zurückgeworfen worden. Am 28. Februar notierte sich Generaloberst Halder, »das verfehlte russische Abenteuer hat uns 1005636 Mann oder 31 Prozent unserer Gesamtstärke an der Ostfront gekostet«. Mehr als 200000 Soldaten waren gefallen, rund 46000 Mann wurden vermißt, 725000 Soldaten waren verwundet worden. Die Ausfälle durch Erfrierungen betrugen mehr als 110000 Mann. Nicht eingeschlossen waren hierbei die schweren Verluste der deutschen Verbündeten, vor allem der an der Ostfront eingesetzten Ungarn, Rumänen und Italiener.

Von alledem wußten wir im Winter 1941/42, als meine Tante Elsbeth seufzend damit begann, ›Spinnstoffe‹ für die erst herzustellende Winterbekleidung der ›armen Jungen an der Ostfront‹ zu sammeln, so gut wie nichts; wir ahnten nur, daß Hitlers Traum von einer raschen Niederwerfung der Sowjetunion nun ausgeträumt war.

Wer aber noch immer nicht recht glauben wollte, daß Deutschland den Krieg nicht mehr gewinnen konnte, dem hätte Hitler selbst die letzten Illusionen rauben müssen – am 11. Dezember 1941, nur wenige Tage nach Beginn der sowjetischen Winteroffensive.

An diesem Tage erklärte er vor dem eilig zusammengerufenen Reichstag in einer über alle deutschen Sender übertragenen Rede den Vereinigten Staaten von Amerika den Krieg! Fünf Tage nach dem japanischen Überfall auf die amerikanische Pazifikflotte in Pearl Harbor donnerte Hitler zunächst gegen den amerikanischen Präsidenten Franklin D. Roosevelt, den er persönlich heftig be-

schimpfte und von dem er behauptete, ›dieser Mann allein‹ sei, unterstützt von Millionären und Juden, ›der Hauptschuldige an diesem Kriege‹. Dann fuhr er fort: »Ich glaube, Sie alle werden es als Erlösung empfunden haben, daß nunmehr endlich ein Staat als erster gegen diese in der Geschichte einmalige und unverschämte Mißhandlung der Wahrheit und des Rechtes zu jenem Protest schritt, den dieser Mann ja gewünscht hat ... Daß die japanische Regierung es nach jahrelangem Verhandeln mit diesem Fälscher endlich satt hatte, sich noch weiter in unwürdiger Weise verhöhnen zu lassen, erfüllt uns alle, das deutsche Volk und ich glaube auch die übrigen anständigen Menschen auf der ganzen Welt mit einer tiefen Genugtuung ... Der Präsident der Vereinigten Staaten mag das vielleicht selbst nicht begreifen. Dann spricht das nur für seine geistige Beschränktheit. Wir aber wissen, daß das Ziel seines ganzen Kampfes ist: Einen Staat nach dem anderen allein zu vernichten. Was das deutsche Volk betrifft, so braucht es weder von einem Herrn Churchill oder einem Herrn Roosevelt oder Eden Almosen, sondern es will nur sein Recht. Und dieses Recht zum Leben wird es sich sicherstellen, auch wenn tausend Churchills oder Roosevelts sich dagegen verschwören sollten ... Ich habe daher heute dem amerikanischen Geschäftsträger die Pässe zustellen lassen ...«
An dieser Stelle gingen die Worte des ›Führers‹ im Jubel der Abgeordneten, die von ihren Plätzen aufgesprungen waren, völlig unter, so daß die Rundfunkhörer erst vom Nachrichtensprecher erfuhren, daß sich das Großdeutsche Reich nunmehr auch mit den USA im Kriegszustand befände.
Zu dieser Zeit war ich längst vom Heimaturlaub zurück in Frankreich. Erwin, mit dem ich an einem dienstfreien Abend über Hitlers Kriegserklarung an die USA sprach, meinte dazu nur: »Jetzt sind wir dem Endsieg wieder ein großes Stück näher ...«
Ich bohrte weiter: »Was meinst du: Wie lange wird es dauern, bis die Amerikaner hier an der Kanalküste landen?«
Er zögerte mit der Antwort.
Schließlich sagte er leise: »Da werden wir wohl noch ziemlich lange drauf warten müssen. Unserem ›Führer‹ ist es egal, was uns eine Eroberung an Menschenleben kostet, aber die Amerikaner sind da sehr vorsichtig. Mein Vater hat mir davon erzählt – er war 1918 an der Westfront ... Und sie vertrauen auf ihre Überlegenheit an Material und perfekter Technik ... Außerdem müssen sie erst einmal mit unseren U-Booten fertig werden – das ist ein schwieriges Problem, ohne dessen Lösung an den Transport einer

ganzen Armee über den Atlantik nicht zu denken ist ... Und schließlich müssen sie sich noch etwas einfallen lassen, wie sie die Luftherrschaft erringen und wirkungsvoller als bisher ausnutzen können. Unsere Luftwaffe hat da schon einiges in Erprobung. Ich fürchte, davon ahnen sie drüben in England noch nichts ...«
Aber was den letzten Punkt betraf, so irrte er sich, wie sich schon ein paar Wochen später zeigen sollte.

Am späten Abend des 27. Februar 1942 saßen Erwin, der Doppeldoktor und ich in dem kleinen Restaurant von Madame Ondarraitz, die uns zur Feier ihres Geburtstages zum Abendessen eingeladen hatte. Es war schon gegen 23 Uhr, als ›Krupa‹ eintraf, um uns abzuholen. Unser Aufbruch verzögerte sich dann noch um etwa zwanzig Minuten, weil die Wirtin darauf bestand, daß ›Krupa‹ zumindest die Apfeltorte probierte, ein Gläschen Calvados trank und dann noch einen Kaffee.
Wir wären noch länger geblieben, aber Erwin drängte zur Eile. »Es liegt etwas in der Luft«, sagte er.
»Der Frühling«, meinte der Doppeldoktor, und tatsächlich war es draußen schon nicht mehr februarkalt, sondern eher mild. Ein schwacher Westwind wehte, und die Nacht war mondhell. Als wir in der Flugmeldezentrale eintrafen, erfuhren wir, daß völlige Ruhe herrschte.
»Na also«, sagte ich zu Erwin, »deine Eile war ganz überflüssig. Wir hätten ruhig noch etwas bleiben können ...«
Er schüttelte den Kopf.
»Nein, nein, da stimmt etwas nicht! Wir haben ideales Flugwetter und Vollmond, und trotzdem rührt sich nichts!«
Fast im gleichen Augenblick meldeten Dieppe, Fécamp und Le Havre: »Kleinerer Verband im Anflug auf die Küste ...«
»Na also«, meinte der Doppeldoktor. »Nun ist deine Welt wohl wieder in Ordnung! In fünf Minuten werden wir wissen, wohin heute die Reise gehen könnte ...«
Fast jede Nacht flogen britische Bomber nach Deutschland, meist in so großer Höhe, daß es sich nicht lohnte, die Flakbatterien zu alarmieren, die doch nichts ausrichten konnten. Aber diesmal war es anders.
Die Funkstelle am Cap d'Antifer meldete: »Feindlicher Verband aus Nord, Entfernung 2500 Meter, Höhe 50 Meter ...«
Die Verbindung brach ab.
»Donnerwetter, heute kommen sie im Tiefflug ...!« rief Erwin. Ich sah, wie er schon nach dem Haustelefon griff, um Oberst Keß-

ler zu verständigen, doch da kam eine neue Funkmeldung, diesmal von der Küstenstation Fécamp: »Feindverband dreht ab, Kurs Nord, Entfernung 3000, Höhe 150 Meter . . .«
»Na so was!« sagte Erwin. Dann wandte er sich an den Doppeldoktor: »Versuch doch mal, ob du ›Caesar‹ erreichst – da muß etwas passiert sein . . .!«
Dann, noch während der Doppeldoktor sich vergeblich bemühte, mit ›Caesar‹, dem über Funk nicht mehr erreichbaren Flugmeldeposten am Cap d'Antifer, telefonische Verbindung zu bekommen, weckte Erwin unseren Kommandeur.
Als kaum eine Minute später Oberst Keßler bei uns erschien, nur mit Nachthemd, Uniformhose und Pantoffeln bekleidet, wußten wir schon etwas mehr.
»Zwischen Cap d'Antifer und dem Dorf Bruneval sind vor vier Minuten Fallschirmspringer aus geringer Höhe abgesprungen«, meldete Erwin dem Oberst.
»Nirgendwo sonst?«
»Nein, Herr Oberst, sonst ist alles ruhig. Die Transportmaschinen haben sofort wieder abgedreht und sind auf dem Rückflug. Jetzt sind die Telefonverbindungen zur Küste unterbrochen. Von Le Havre bis Dieppe sind alle Leitungen tot. Wir haben mit Cap d'Antifer auch keine Funkverbindung mehr . . .«
Oberst Keßler machte einen besorgten Eindruck.
»Ich werde mal hinfahren«, sagte er dann und verschwand, nachdem er ›Krupa‹ befohlen hatte, den Funkwagen aufzutanken.
»In einer halben Stunde könnt ihr da sein«, sagte Erwin zu ›Krupa‹. »Melde dich von der Küste aus sofort über Funk, damit wir wissen, daß du heil angekommen bist . . .«

Erst gegen sechs Uhr früh, als ›Krupa‹ wieder erschien, erfuhren wir, was in der Nacht geschehen war:
Die britischen Flugzeuge, denen die Flugmeldeposten keine große Beachtung geschenkt hatten, weil Nacht für Nacht Bomberverbände vom Ärmelkanal her einflogen, waren plötzlich kurz vor der Küste im Steilflug direkt auf das Cap d'Antifer heruntergestoßen. Aus knapp vierzig Meter Höhe hatten die – offenbar mit Spezialfallschirmen ausgerüsteten – Kommandotrupps das Versuchsgelände der Luftwaffe bei Bruneval im Handstreich erobert, die Wachtposten niedergemacht – mit schallgedämpften Pistolen, denn niemand hatte Schüsse gehört –, waren in die Baracken eingedrungen, hatten die Telefonzentrale besetzt und alle Verbindungen unterbrochen.

Ein Trupp war sofort darangegangen, ein besonders gesichertes Spezialgerät zu demontieren, hatte alle transportablen Teile ausgebaut und in Gummisäcke verstaut, dann den Rest des Geräts mit einem bisher unbekannten Spezialsprengstoff vernichtet. Die Explosion war zugleich das Signal für den Rückzug des ganzen Kommandos gewesen. Die Fallschirmspringer hatten sich mit geringen Verlusten die 116 Meter hohe Steilküste hinunter bis zum Strand durchgeschlagen und waren von zwei britischen Schnellbooten aufgenommen worden, die sofort mit Höchstgeschwindigkeit direkten Kurs nach England genommen hatten.

»Das Ganze hat nur zehn, höchstens zwölf Minuten gedauert«, schloß ›Krupa‹ seinen Bericht, und man merkte ihm an, daß er voller Bewunderung für die Engländer war, die diesen kühnen Streich ausgeführt hatten. »Und stellt euch vor: Die Tommys haben einen von den leitenden Physikern, die mit dem Gerät in Bruneval Versuche gemacht haben, mit nach England genommen . . .! Und alles im Handumdrehen! Als ich mit dem Oberst dort um 0.40 Uhr ankam, waren die Schnellboote schon fast wieder zu Hause!«

»Weißt du, welches Gerät sie ausgebaut haben?« wollte Erwin noch wissen.

›Krupa‹ schüttelte den Kopf.

»Keine Ahnung – irgend etwas streng Geheimes . . . Der Chef erwähnte etwas von ›Funkpeilung‹ und sprach von Dezimeterwellen, mit denen das Ding gearbeitet hätte. Kannst du dir darauf einen Reim machen?«

Erwin antwortete zunächst nicht. Er schien nachzudenken. Schließlich sagte er zu unserer Überraschung: »Ich möchte wetten, daß die Tommys mit diesem Überfall mehr erreicht haben als mit ihrem Sieg über Rommel in Nordafrika . . .«

Wir wußten Bescheid über alles, was sich in diesen Tagen im ägyptisch-libyschen Grenzgebiet abgespielt hatte. Durch genauen Vergleich der OKW-Berichte mit den Meldungen, die wir über ›Kanal 7‹ aus London gehört hatten, waren wir darüber unterrichtet, daß Rommels Afrikakorps fast die Hälfte seiner Offiziere und Mannschaften sowie 386 von insgesamt 412 Panzern verloren hatte. Dadurch war für England die Gefahr gebannt, den Suezkanal und damit die Seeverbindung mit dem Persischen Golf und mit Indien zu verlieren . . . Es schien absurd, daß ein erbeutetes Funkmeß- oder -peilgerät wichtiger sein sollte als der Suezkanal.

Doch tatsächlich kam dem englischen Kommandounternehmen vom 27./28. Februar 1942 eine enorme, möglicherweise kriegsentscheidende Bedeutung zu. Es ging dem britischen Oberkommando

nämlich um etwas, das die damit befaßten Wissenschaftler und Techniker ›Radio Detecting and Ranging‹ – Auffinden und Entfernungsmessen mittels Funk – nannten, abgekürzt RADAR. Sie hatten damit schon große Fortschritte gemacht, die sich auf den Luftkrieg auszuwirken begannen.
Aber auch die Deutschen hatten die Funkortung entwickelt und sich bei der Abwehr britischer Luftangriffe zunutze gemacht. Genaueres über die Arbeitsweise der deutschen Geräte herauszufinden, war der ursprüngliche Zweck des Kommandounternehmens. Doch die Entdeckung, die die Engländer dann machten, als sie die Beute von Bruneval näher untersucht hatten, war von viel größerer Bedeutung: Sie mußten mit Schrecken feststellen, daß die Deutschen bereits mit Dezimeterwellen arbeiteten – mit just dem Bereich, den sie selbst gerade erst als den geeignetsten ermittelt hatten. Das britische Oberkommando glaubte nun, die deutsche Radartechnik sei schon weiter entwickelt als die englische, was zur Folge hatte, daß die britischen Anstrengungen auf diesem Gebiet verdreifacht wurden. Was man in London zunächst nicht wußte, war, daß die deutsche Forschung nur ein einziges Versuchsgerät für den Dezimeterwellenbereich hatte bauen lassen – eben das von Bruneval – und daß man dieses für wenig geeignet hielt und mit langen Wellen experimentierte. Deshalb maß die deutsche Führung dem britischen Kommandounternehmen vom 27./28. Februar 1942 auch nur geringe Bedeutung bei.
Erst ein halbes Jahr später, als das britische Oberkommando eine sehr verlustreiche größere Landung bei Dieppe durchgeführt und dabei die deutschen Radaranlagen ausgekundschaftet hatte, wußte man in London endlich Bescheid: Die Deutschen waren auf dem Holzweg; sie hatten sich verrannt in das Gebiet der langen Wellen. Vierzehn Monate nach dem Überfall auf Bruneval, ein halbes Jahr nach dem Unternehmen gegen Dieppe, hatten die Engländer ihr Radar so weit entwickelt, daß sie die größte Gefahr, die sie bedrohte, in kürzester Zeit beseitigen konnten. Etwa vom April 1943 an konnten sie mit Hilfe des Radar der deutschen U-Boote Herr werden, denen zuvor Hunderte von Versorgungsschiffen und Truppentransportern zum Opfer gefallen waren. Allein im Monat Mai 1943 versenkten sie vierzig deutsche U-Boote, die sich bei Nacht und Nebel völlig sicher gewähnt hatten.
Erst die Beseitigung der U-Boot-Gefahr mit Hilfe des Radar ermöglichte den westlichen Alliierten die Truppenlandungen, zunächst in Nordafrika, dann in Italien und schließlich in Frankreich, und außerdem war auch die Versorgung Sowjetrußlands mit

amerikanischen Hilfsgütern sowie mit Waffen, Munition und Ausrüstung aller Art erst gewährleistet, als die Schiffahrtswege gegen U-Boot-Angriffe einigermaßen gesichert waren.
Insofern spielte das Radar – und daher auch der Überfall auf Bruneval – tatsächlich eine für den Sieg der Alliierten über die deutsche Wehrmacht ganz wesentliche Rolle, aber das wußten wir damals natürlich noch nicht.
Allenfalls Erwin ahnte etwas von der enormen Bedeutung der Funkpeil- und -meßtechnik, die Anfang 1942 noch in den Kinderschuhen steckte.
Das Kommandounternehmen von Bruneval hatte noch ein Nachspiel: Etwa vierzehn Tage später wurde Oberst Keßler, zusammen mit allen anderen in Nordfrankreich stationierten Luftwaffen-Kommandeuren nach Paris befohlen. ›Krupa‹ fuhr ihn im Chefwagen hin.
Spät in der Nacht war ›Krupa‹ wieder zurück.
»Stellt euch vor, ich habe unseren Reichsmarschall mit eigenen Augen gesehen!« berichtete er. »Er ist noch dicker, als ich ihn mir vorgestellt hatte, und er trug einen Zobelmantel, ein Mittelding zwischen einem Mantel, wie ihn ›Herrenfahrer‹ vor dem Ersten Weltkrieg trugen, und der Aufmachung einer großen Kurtisane in der Renaissance . . . An den Fingern hatte er Ringe mit Brillanten und Rubinen, und außerdem war er geschminkt!«
»Um was ging es denn bei dieser Besprechung?« erkundigte sich Erwin. »Wenn Göring persönlich erschienen ist, muß es doch etwas sehr Wichtiges gewesen sein . . .«
»Weshalb der Herr Reichsmarschall nach Paris gekommen ist, kann ich dir genau sagen«, antwortete ›Krupa‹ und grinste. »Alle Fahrer wußten darüber Bescheid und haben sich ungeniert und ausführlich darüber unterhalten: Er hat Museen und Sammlungen geplündert. Kistenweise sind Gobelins, Teppiche, wertvolle Möbel und Porzellane verladen worden . . . Bei der Kommandeursbesprechung war ich natürlich nicht dabei. Aber soweit ich weiß, war das nur ein Vorwand für das andere. Er soll die versammelten Generale und Obersten zu größerer Wachsamkeit ermahnt haben – wegen der britischen Aktion am Cap d'Antifer . . . Übrigens, er hat auch ein paar Orden verliehen! Unser Alter hat für sein rasches Eingreifen und die dabei bewiesene Umsicht das Deutsche Kreuz in Gold bekommen, und unsere Flugmeldezentrale ist ebenfalls ausgezeichnet worden . . .«
»Nanu«, staunte Erwin, »wie denn?«
»Der Oberst hat ein EK I für unseren Major Zobel mitgebracht!«

Wir mußten lachen. Major Zobel war zur Zeit des Überfalls auf Bruneval auf Heimaturlaub gewesen.
»Immerhin«, meinte Erwin, »das gibt bestimmt ein paar Tage Sonderurlaub für die, die tatsächlich in der Nacht hier Wache hatten . . .«

11. Wie sich die Menschen an Hoffnungen klammerten

»Die verfluchten Engländer«, hatte mein Onkel Karl gesagt, »sind jetzt zum Glück fast am Ende. Bald geht ihnen die Luft aus! Es kann nur noch ein paar Wochen dauern, und dann werden sie den Führer um Frieden bitten müssen! Dann ist es endgültig vorbei mit den Terrorangriffen!«

Seine Hoffnung gründete sich, wie er mir dann erklärt hatte, vor allem auf die Erfolge der deutschen U-Boote im Atlantik. Sie hatten allein im Monat Februar 1942 mehr als siebzig Handelsschiffe und Tanker mit einer Gesamttonnage von fast vierhunderttausend Bruttoregistertonnen versenkt.

»Die Engländer haben kaum noch etwas zu essen«, hatte Onkel Karl gesagt und sehr vergnügt hinzugefügt: »Ihre Flugzeugproduktion ist so stark zurückgegangen, daß sie die allnächtlichen Verluste, die unsere Luftabwehr ihnen zufügt, schon längst nicht mehr ausgleichen können! Es fehlt ihnen an allem und jedem, besonders aber an Flugbenzin . . .«

Genüßlich hatte er mir dann den Niedergang des britischen Weltreichs beschrieben: Schon im Dezember 1941 war Hongkong, am 15. Februar 1942 auch die als uneinnehmbar geltende Seefestung Singapore von den Japanern erobert worden, die damit Südostasien, den Indischen Ozean und den westlichen Pazifik beherrschten. Das Mittelmeer war zu einem deutsch-italienischen Binnengewässer geworden; nur die Insel Malta hielt noch den deutschen Luftangriffen stand, würde aber sicherlich in Kürze kapitulieren müssen. In Nordafrika griff Rommel wieder an und würde bestimmt bald ganz Ägypten und den Suezkanal erobern . . .

»Dann ist es mit dem Empire aus«, hatte Onkel Karl gesagt, »und ohne Kolonien, ohne den ständigen Strom von Rohstoffen und Nahrung wird England zugrunde gehen. Wir werden keinen einzigen Landser zu opfern brauchen, um das Inselreich zu erobern. Die Briten werden sich dann ohne Kampf unterwerfen und froh sein, wenn wir ihre Versorgung übernehmen . . .«

»Meinst du wirklich, wir müßten dann die Engländer miternähren?« hatte ich Onkel Karl gefragt.
Die Antwort war ihm sichtlich schwergefallen.
»Man kann sie nicht verhungern lassen – es sind schließlich Angelsachsen, nordische Menschen«, sagte er. »Aber Churchill und alle, die an den Terrorangriffen auf unsere Städte mitschuldig sind, werden vorher zur Rechenschaft gezogen werden! Das ist selbstverständlich!«
Der Haß meines Onkels auf die Engländer hatte keinen anderen Grund als die Tatsache, daß er seit dem 24. August 1940, als die Royal Air Force zum erstenmal Berlin bombardiert hatte, immer und immer wieder um seinen Schlaf gebracht worden war. Zwar hatte die R.A.F. keineswegs schon Nacht für Nacht Angriffe auf die Reichshauptstadt geflogen, wie es von 1943 an dann der Fall war. Aber als ›Abschnittsleiter‹ des Luftschutzes wurde er von jedem auch nur *möglichen* Anflug auf Berlin, selbst einzelner Aufklärer, sofort verständigt, und dann war es mit seiner – und mit Tante Elsbeths – Nachtruhe vorbei. Es war vor allem Tante Elsbeth, die Onkel Karl so nervös machte. Sie bestand darauf, daß er sich auch bei bloßer Vorwarnung sofort die Uniform anzog und natürlich auch die Stiefel, was er als besonders lästig empfand, und außerdem machte Tante Elsbeth, selbst wenn die englischen Maschinen noch dreihundert Kilometer entfernt und ihre voraussichtlichen Ziele noch unbestimmt waren, bereits Anstalten, sich auf den Dachboden zu begeben, um dort Brandwache zu halten, obwohl ihr der Arzt dies streng verboten hatte.
So war Onkel Karl, sonst ein sehr ruhiger, ausgeglichener Mensch, immer nervöser und gereizter geworden. Seine ganze Hoffnung richtete sich auf den – ihm von der NSDAP-Gauleitung als ›nahe bevorstehend‹ prophezeiten – Zusammenbruch Englands. Er führte auch Buch über alle gemeldeten Abschüsse von britischen Flugzeugen, die der deutschen Flak oder den Nachtjägern gelungen waren, und er versuchte sich auszurechnen, wann die Einflüge endlich aufhören würden.
So war es für ihn ein furchtbarer Schlag, als sich in der Nacht vom 30. zum 31. Mai 1942 alle seine Berechnungen, erst recht die Prognosen der Gauleitung, als falsch erwiesen. Denn in jener Nacht flog die britische Luftwaffe einen Angriff, wie es ihn bis dahin noch nicht gegeben hatte:
Weit über tausend Bombenflugzeuge – eine Anzahl, die ganz Deutschland mit Staunen und Schrecken erfüllte – griffen in dieser Nacht, zwar nicht Berlin, aber Köln, die fünftgrößte Stadt des

›Großdeutschen Reiches‹, anderthalb Stunden lang an. Die ersten Geschwader warfen nur Brandbomben, die nächsten Sprengbomben, dann folgten weitere Angriffe mit Brandbomben und Phosphorkanistern, und zum Abschluß wurden schwerste Sprengbomben und Luftminen abgeworfen.
In dieser einen Nacht versank der alte Stadtkern von Köln in Schutt und Asche, wurden auch die umliegenden Stadtviertel und die Vororte beiderseits des Rheins aufs schwerste getroffen. Über zweitausend Großbrände und etwa 5500 Einzelbrände wüteten in der Stadt. Nahezu zwanzigtausend Wohnungen und mehr als zweitausend Betriebe wurden vollständig vernichtet. Die Bevölkerung hatte einige hundert Tote und über fünftausend Verletzte zu beklagen.
Der Flakgürtel rings um Köln, das zuvor schon etwa siebzigmal von kleineren britischen Bomberverbänden angegriffen worden war und der sich dabei als wirkungsvolle Abwehr erwiesen hatte, war gegen diese gewaltige Massierung von Bombern jedoch machtlos gewesen. Die geringe Anzahl von Abschüssen hatte Onkel Karl fast noch härter getroffen als die Tatsache, daß der angeblich schon am Boden liegende Feind zu einem so riesigen Aufgebot von Flugzeugen noch imstande war.

Erst lange nach dem Krieg erfuhren wir, daß das britische Bomberkommando im Mai 1942 nur über knapp vierhundert einsatzbereite Maschinen verfügt hatte. Die übrigen mehr als sechshundert Bombenflugzeuge, die gegen Köln eingesetzt worden waren, hatte Luftmarschall Arthur Harris von überall her zusammengeholt: aus der Reserve, aus Werkstätten, Übungsmaschinen aus den Fliegerschulen mitsamt ihren kaum ausgebildeten Besatzungen, nagelneue, noch gar nicht erprobte Maschinen direkt aus den Flugzeugfabriken und sogar – gegen den heftigen Widerstand der Admiralität – auch einige vom Standpunkt der Marine aus unentbehrliche Bomber des U-Boot-Jagdkommandos.
Es war ein sehr riskantes Unternehmen, auf das sich das britische Bomberkommando einließ, allein schon deshalb, weil alle noch in der Ausbildung stehenden Piloten, Navigatoren, Funker, Bordschützen und -mechaniker samt ihren Fluglehrern diesen Tausend-Bomber-Angriff mitfliegen mußten. Hätte die deutsche Flugabwehr den Großteil der britischen Maschinen abgeschossen, so wäre Englands dezimierte Bomberflotte ohne Nachwuchs, ohne Ausbilder, ohne Reserven gewesen.
Doch der Plan gelang; die Verluste der Engländer waren unge-

wöhnlich gering. Die Wirkung des massierten Angriffs aber war weit größer als die aller früheren Angriffe auf Köln, die mit insgesamt mehr als der doppelten Anzahl von Bombenflugzeugen geflogen worden waren. So wurden die ›Tausend-Bomber-Angriffe‹ in den folgenden Tagen, Wochen und Monaten fortgesetzt, zunächst und mit wechselndem Erfolg gegen Bremen, Frankfurt und Essen, bis solche Großangriffe auf die Wohnviertel der deutschen Städte etwa vom Sommer 1943 an zum fast alltäglichen Trauma wurden.

Meinem Onkel Karl hatte bereits der erste ›Tausend-Bomber-Angriff‹ auf Köln alle Illusionen zerstört. Er schien mir völlig verändert, als er mich, Anfang Juni 1942, vom Bahnhof abholte. Ich hatte nur eine Woche Urlaub und war auf einen Tag nach Berlin gekommen. Eigentlich hatte ich Onkel Karl und Tante Elsbeth diesmal gar nicht besuchen wollen und war sehr überrascht, ihn am Bahnhofsausgang auf mich warten zu sehen.

»Ich habe vorhin mit deiner Mutter telefoniert«, sagte er zur Erklärung. »Ich wollte mit dir reden ...« Und nachdem wir uns aus der Menge am Bahnhof etwas entfernt hatten, fügte er leise hinzu: »Was meinst du: Wie lange wird dieser verdammte Krieg noch dauern?«

Ich sah ihn wohl etwas erstaunt an, denn er sagte dann: »Du brauchst nicht drum herumzureden – wir sind ja allein ... Ich habe deine Tante absichtlich zu Hause gelassen, damit sie sich nicht unnötig aufregt. Sie glaubt ja noch immer an den Endsieg ...«

»Nanu«, sagte ich, »glaubst du das denn nicht mehr?!«

Er schüttelte den Kopf.

Ich erfuhr dann von ihm, daß ihm bereits die Großoffensive der vorher vom ›Führer‹ selbst als ›erledigt‹ bezeichneten Roten Armee im Dezember 1941 viel Kopfzerbrechen gemacht habe; daß er von der Kriegserklärung an die USA sehr erschreckt worden war. Er hatte 1928 eine Reise durch die Vereinigten Staaten gemacht und war von deren gewaltiger wirtschaftlicher Kraft tief beeindruckt gewesen. Aber den Rest seines Glaubens hatte ihm der jüngste ›Tausend-Bomber-Angriff‹ auf Köln geraubt. Er war ja dabeigewesen, als Hermann Göring zu Beginn des Krieges geprahlt hatte, nie würde ein feindliches Flugzeug nach Deutschland eindringen können, ohne abgeschossen zu werden; er, Göring, wolle ›Meyer‹ heißen, wenn das den Feinden je gelänge ... Und erst vor vierzehn Tagen war ihm und allen anderen versammelten ›Amtswaltern‹ der Partei von Goebbels versichert worden, England wäre

am Ende, die britische Luftwaffe zu keinem weiteren ›Terrorangriff‹ mehr fähig . . .
Nun war sein Glaube an die Führung und den immer wieder versprochenen baldigen Endsieg einer tiefen Skepsis gewichen; er zweifelte, ob Deutschland diesen Krieg überhaupt noch gewinnen könnte.
Ich sagte ihm, wir, meine Eltern und ich, hätten von Anfang an nie einen Zweifel daran gehabt, daß die Nazis den Krieg verlieren würden. Ich sagte absichtlich ›die Nazis‹, aber Onkel Karl nahm diese Respektlosigkeit ohne Widerrede hin. Er meinte nur: »Die Niederlage wird uns alle treffen . . .«, und da ich dagegen nichts einwenden konnte, fuhr er fort: »Die Frage ist nur, wie lange dieses sinnlose Blutvergießen noch weitergehen wird . . . Was meint ihr dazu? Und wie geht es übrigens deinem Vater?«
Es war das erstemal seit Kriegsausbruch, daß er sich nach meinem Vater erkundigte, der glücklicherweise auf einer Auslandsreise gewesen war, als sich die Gestapo Ende 1938 nach ihm erkundigt hatte. Er war daraufhin nicht zurückgekehrt.
»Er ist nicht mehr in London«, sagte ich, »sondern in Australien. Es geht ihm den Umständen nach ganz gut. Wir haben öfter mal Post von ihm – über das Rote Kreuz . . . Hoffentlich greifen die Japaner nicht auch Australien an . . . In seinem letzten Brief, der zu Ostern kam, schrieb er uns übrigens, er hoffe, in spätestens zwei Jahren wieder zu Hause zu sein.«
Onkel Karl seufzte.
»Das ist eine lange Zeit – hoffentlich erleben wir es noch, daß wieder Frieden herrscht . . .«
»Wie geht es Gudrun und ihrem Mann?« erkundigte ich mich.
Onkel Karl seufzte wieder.
Vielleicht war ihm inzwischen auch klargeworden, daß sich Gudruns Vermählung mit einem SS-General bei einer Niederlage als verhängnisvoll erweisen könnte.
»Sie ist im Augenblick hier«, sagte Onkel Karl. »Nur für ein paar Tage, weil sie der Professor noch einmal untersuchen will. Wenn er keine Komplikationen befürchtet, wird sie die letzten Monate der Schwangerschaft in Bad Tölz verbringen. Horst-Eberhard hat dort ein Landhaus gekauft – damit sie Ruhe vor den Terrorangriffen hat. Sie nimmt das polnische Personal mit und eine ausgebildete Krankenschwester als Pflegerin . . .«
Er erzählte noch eine Weile lang, aber ich hörte kaum noch zu. Mir war ein Einfall gekommen.
Sobald sich eine Gelegenheit bot, erkundigte ich mich: »Sag mal,

Onkel Karl, so eine private Krankenschwester trägt doch besondere Kleidung – muß sie dafür auch Punkte von der Kleiderkarte geben?«
Onkel Karl sah mich erstaunt an.
»Ach was – die werden eingekleidet wie Soldaten, ohne Punkte natürlich. Wir haben beim Luftschutz ein eigenes Lager ... Aber wieso willst du das wissen?«
Ich nahm meinen ganzen Mut zusammen und sagte: »Ich brauche eine komplette Schwesterntracht, Onkel Karl, und frag mich bitte nicht, für wen und wozu. Kannst du mir eine bis morgen besorgen? Größe 44 – es ist für einen guten Zweck, und niemand wird je etwas davon erfahren, daß du ...«
Er starrte mich entgeistert an, schluckte schwer und brummte dann: »Also, meinetwegen – morgen früh um 10 Uhr ... Reicht dir das?«
Ich nickte, suchte noch nach den passenden Worten, ihm meine Dankbarkeit auszudrücken, da fuhr er fort: »Sag lieber nichts mehr – ich will gar nichts wissen! Es handelt sich ja sicherlich um – um eine – na ja, du weißt ja, was ich meine ...!«
»Ja, Onkel Karl, darum handelt es sich ...«. Dann gab ich ihm einen Zettel mit den Angaben, die er noch brauchte.
Er räusperte sich umständlich und sagte: »Also, gut – morgen früh um 10 Uhr, hier am Savignyplatz, an der Bank da – den Koffer kannst du behalten ...«
Dann wechselte er abrupt das Thema: »Horst-Eberhard ist ganz aus dem Häuschen – wegen der Sache in Prag ... Er rechnet damit, daß man ihm einen Teil der Aufgaben überträgt, die sein Vorgesetzter hatte ...«
»Ist er tot?«
»Ja, heute früh ist er den schweren Verletzungen erlegen. Es ist eine Sepsis hinzugekommen ...«
Es war Onkel Karl nicht anzumerken, wie er darüber dachte. Für mich aber war die Nachricht von Wichtigkeit, denn es war anzunehmen, daß Gestapo und SS blutige Rache nehmen und ihre Wachsamkeit noch verstärken würden. Denn bei ›der Sache in Prag‹ handelte es sich um ein Attentat, dem Reinhard Heydrich, der 38jährige SS-Obergruppenführer und General der Polizei, Chef des Reichssicherheitshauptamts und stellvertretender ›Reichsprotektor von Böhmen und Mähren‹, am 27. Mai 1942 zum Opfer gefallen war. Heydrich, der langjährige Chef des SD und der Gestapo, war der Hauptverantwortliche für alles, was diese Organisationen in Deutschland und in den besetzten Gebie-

ten anrichteten, nicht zuletzt auch für die Greueltaten der ›Einsatzgruppen‹ in Polen und den eroberten sowjetischen Gebieten gewesen. Seit dem 20. Januar dieses Jahres war er auch – aber das wußte ich damals noch nicht – der oberste Beauftragte für die sogenannte ›Endlösung der Judenfrage‹. Nun hatten also zwei tschechische Offiziere für ihn, den Chefhenker des ›Dritten Reiches‹, die ›Endlösung‹ herbeigeführt, »den natürlichsten Tod, den ein Bluthund wie er sterben konnte« – so äußerte sich dazu Thomas Mann wenige Tage später im Londoner Rundfunk, und er fügte hinzu: »Hat je ein Mensch von der Art Heydrichs anders geendet? Ist nicht ein Tod, wie er ihn fand, das selbstverständlichste Ding von der Welt, ein einfaches Berufsrisiko und eine trockene Wahrscheinlichkeit, deren Erfüllung kein mit menschlicher Logik begabtes Wesen überraschen, geschweige denn außer sich bringen kann?«

Nun, mich hatte die Nachricht von dem Attentat auf Heydrich sehr überrascht, und als ich nun von Onkel Karl erfahren hatte, daß Heydrich nach tagelanger Agonie seinen Verletzungen erlegen war, empfand ich eine tiefe Befriedigung. Ich mußte an Erwin und dessen von Heydrichs Leuten zum Krüppel gefolterten Vater denken. Wir hatten uns in Caudebec-en-Caux einige Flaschen vom besten Champagner zurückgelegt – für ganz besondere Gelegenheiten. Ich war sicher, daß Erwin bei meiner Rückkehr aus dem Urlaub eine davon öffnen und wortlos mit mir anstoßen würde, ehe er auch ›Krupa‹ und dem Doppeldoktor einschenkte.

Onkel Karl riß mich aus meinen Gedanken, indem er sagte: »Laß dir nichts anmerken, wenn wir gleich von Tante Elsbeth damit empfangen werden, daß ›dieser große, wunderbare Mensch‹ von uns gegangen ist. Sie kann die Nachricht gerade erst gehört haben und ist bestimmt von Trauer überwältigt . . .«

Ich warf ihm einen Blick zu, aber sein Gesicht war ausdruckslos. ›Hoffentlich‹, dachte ich, ›hält er Wort und besorgt die Sachen bis morgen früh . . .‹

Dann fiel mir noch etwas ein: »Sag mal, Onkel Karl, ich wüßte einen netten Hund für euch – ihr wolltet doch schon immer einen haben . . .?«

»Tante Elsbeth wünscht sich einen – aber jetzt, wo die Ernährung immer schwieriger wird . . .?! Was ist es denn für ein Hund?«

»Ein Drahthaarfox – ein reizender Kerl und sehr gut erzogen. Anderthalb Jahre alt und absolut stubenrein . . .«

»Ich weiß nicht . . .«, begann Onkel Karl, aber ich sagte rasch: »Ich bringe ihn morgen früh mit – im Austausch, sozusagen . . .

Tante Elsbeth wird begeistert davon sein – Maxi heißt er. Denn wenn ihr ihn nicht nehmt, muß ich ihn ins Tierheim bringen ... Übrigens, er hat sogar eine Lebensmittelkarte, und sie gilt noch bis zum nächsten Frühjahr. Nur bei der Hundesteuer solltest du ihn besser neu anmelden ...«

»Na gut«, sagte Onkel Karl.

Wahrscheinlich ahnte er, daß der Drahthaarterrier Maxi vor der Illegalität bewahrt werden mußte: Vor knapp drei Wochen, am 15. Mai 1942, war den noch in Deutschland lebenden Juden das Halten von Haustieren aller Art verboten worden. Selbst Goldfische, Kanarienvögel und Schildkröten fielen unter dieses – eine bloße Schikane darstellende – Verbot, dessen Übertretung ›mit staatspolizeilichen Maßnahmen geahndet‹ wurde, wie es in der Verordnung hieß. Heydrich hatte sie noch vor seinem Tode erlassen, und wie ich später von Onkel Karl hörte, der es wiederum ›aus erster Hand‹, nämlich von seinem Schwiegersohn, dem SS-Gruppenführer, wußte, hatte Heydrich als nächstes den Juden das Halten von Pflanzen aller Art verbieten wollen, denn er liebte es, seine Opfer lange zu quälen und zu demütigen, ehe er sie ermorden ließ. Seine letzte Maßnahme gegen die jüdische Bevölkerung, die zwei Tage nach dem Prager Attentat in den Zeitungen veröffentlicht wurde, hatte folgenden Wortlaut:

›1. Juden, die zum Tragen des Kennzeichens (Judenstern) verpflichtet sind, ist jede Inanspruchnahme von Friseuren (in Läden, Wohnungen usw.) verboten.
2. Ausgenommen von diesem Verbot ist die Bedienung durch jüdische Friseure.
3. Diese Anordnung tritt mit ihrer Veröffentlichung in Kraft.
4. Zuwiderhandlungen werden mit staatspolizeilichen Maßnahmen geahndet.‹

Am nächsten Morgen um 10 Uhr ging ich mit Maxi die Kantstraße entlang zum Savignyplatz. Onkel Karl, der schon auf mich wartete, fand sofort Gefallen an ihm, streichelte ihn und versprach dem kleinen Foxterrier, daß er es gut haben sollte. Den Koffer schien er für den Augenblick ganz vergessen zu haben, aber ich hatte schon von weitem gesehen, daß er hinter der Parkbank stand, und war beruhigt. In wenigen Minuten würde aus Frau Irene Herz, die in einem Zimmer hinter einem Zigarettenladen an der Oranienburger Straße auf mich wartete, ›Schwester Maximiliane‹ werden, und damit war sie zunächst einmal gerettet und vor weiterer Verfolgung sicher.

Und das ist die Geschichte der Frau Herz, so wie sie sie später niederschrieb, ehe sie mit einem der ersten von der UNRRA* organisierten Transporte im Frühherbst 1945 Deutschland verließ: »Ich, Irene Herz geborene Glogauer, bin am 2. Juni 1902 in Stettin geboren. Meine Eltern hatten dort ein gutgehendes Schuhgeschäft in bester Lage. Sie waren allein durch eigenen Fleiß wohlhabende Leute geworden. Das Haus in der Schützenstraße, in dem das Geschäft und im ersten Stock unsere Wohnung war, gehörte ihnen. Mein Vater war ein in der Stadt angesehener Mann, jahrelang im Vorstand der Israelitischen Kultusgemeinde, aber auch nationalliberaler Stadtverordneter sowie Vorstandsmitglied der Industrie- und Handelskammer.

Ich war das jüngste von fünf Kindern. Mein ältester Bruder, Fritz, der Jurist werden sollte, fiel 1914 als Kriegsfreiwilliger. Auch Willi, mein zweitältester Bruder, starb 1917 an seinen schweren Verwundungen als Frontsoldat. Heinz, der Drittälteste, wurde Anfang 1918 eingezogen, kam aber nicht mehr an die Front, sondern auf die Heeresfliegerschule und überlebte den Krieg; er studierte dann in Berlin Literatur- und Theaterwissenschaft. Mein jüngster Bruder, Philipp, nur ein Jahr älter als ich, starb schon als Kind an Diphtherie. So bin ich nach dem Weltkrieg, an dem von 1916 an auch mein Vater als Unteroffizier beim Landsturm teilgenommen hatte, das einzige Kind im Haus gewesen und wurde von meinen Eltern sehr verwöhnt. Ich besuchte eine sogenannte Höhere Töchterschule und brauchte im Geschäft nicht zu helfen, während meine Eltern dort beide von früh bis spät tätig waren.

1927 – ich war vierundzwanzig Jahre alt – besuchte ich mit meiner Mutter meinen Bruder Heinz in Berlin und lernte dort einen seiner Freunde kennen, Max Herz, meinen späteren Ehemann. Heinz war inzwischen bei einer großen Zeitung als Feuilletonchef und Theaterkritiker tätig, hatte ein gutes Einkommen und einen großen Bekanntenkreis, in den er mich einführte, darunter auch bei Familie Herz, einer alteingesessenen und sehr wohlhabenden Familie. Ich fühlte mich dort sehr wohl, und als Max Herz, der gerade seine Approbation als Arzt erhalten und eine Praxis in Wilmersdorf eröffnet hatte, mir einen Heiratsantrag machte, willigte ich ein, und auch meine Eltern waren einverstanden, obwohl sie sich nur schwer von mir trennen mochten. Im November 1927 heirateten wir in Berlin. Es war eine sehr schöne Hochzeit, und mein Vater hielt eine Rede, die mir unvergeßlich geblieben ist. Mein Bräutigam, acht Jahre älter als ich, hatte im Weltkrieg den linken

* UNRRA, engl. Abkürzung der UNO-Flüchtlings- und Hilfsorganisation

Arm verloren. Außerdem litt er noch an den Folgen eines Lungensteckschusses. Darauf spielte mein Vater in seiner Ansprache an: Ich, die Tochter einer Familie, die dem Vaterland so viele Opfer gebracht habe, müsse meinem Ehemann, der nicht minder patriotisch gehandelt habe, den Arm ersetzen und ihm im ganzen Leben eine gute Stütze sein. Das bin ich auch gewesen, bis zu seinem frühen Tode. Er starb 1932 an den Spätfolgen seiner Kriegsverletzungen, und so blieb ihm, der immer ein guter, treusorgender Ehemann war, viel Leid erspart.
Unsere knapp fünfjährige Ehe war recht glücklich. Die Praxis meines Mannes ging sehr gut, auch in den Jahren der schweren Wirtschaftskrise. Wir hatten zwei Kinder, eine Tochter, Hanni, die 1928 zur Welt kam, und einen Sohn, Klaus, geboren im Dezember 1929. Unser einziger Kummer war, daß unsere Hanni, wie sich im letzten Lebensjahr meines Mannes zeigte, in ihrer geistigen Entwicklung keine Fortschritte machte. Sie war ein körperlich gesundes, sogar bildhübsches Mädchen, aber alle Bemühungen, durch ärztliche Behandlung und besondere Betreuung in Montessori-Kindergärten, ihre gestörte geistige Entwicklung zu fördern, blieben vergebens. Ich mußte das Kind 1940, als ich dienstverpflichtet, das heißt: zur Zwangsarbeit in einem Betrieb im Osten der Stadt eingezogen wurde, in einem Heim unterbringen. Schon sechs Wochen später erhielt ich die Nachricht, daß Hanni verstorben sei. Ich bin sicher, daß man sie umgebracht hat, denn auch die Eltern anderer jüdischer Heimkinder erhielten fast zur gleichen Zeit eine Benachrichtigung vom Tod ihrer Jungen und Mädchen.
Das Jahr 1933 war für mich am allerschwersten. Ohne Ehemann, mit zwei kleinen Kindern, von denen das eine behindert war, in den meisten praktischen, zumal in finanziellen Dingen unerfahren und, weil nun alle Verwandten ihre eigenen Sorgen hatten, ziemlich auf mich allein gestellt, erlebte ich den Zusammenbruch der Welt, in der ich aufgewachsen war. Plötzlich sollten wir, die wir jüdischer Religion oder auch nur jüdischer Abstammung waren, keine Deutschen mehr sein!
Mein Bruder Heinz verlor seine Stellung bei der Zeitung. Er durfte auch für kein anderes deutsches Blatt mehr schreiben. Seine ›arischen‹ Freunde und Kollegen rieten ihm, Deutschland zu verlassen. Sie sagten, Heinz habe sich als Kritiker ›zu sehr exponiert‹. Mein Bruder ging dann nach Wien, wo er sich eine bescheidene Existenz schaffen konnte. Er arbeitete als Lektor in einem Theaterverlag, schrieb nebenher als freier Mitarbeiter Kritiken und Rezensionen und fertigte Übersetzungen an. Nach dem ›Anschluß‹

Österreichs wurde er sofort entlassen, und es ging ihm dann wirtschaftlich und gesundheitlich sehr schlecht. Ich schickte ihm ab und zu etwas Geld, zum letztenmal im Oktober 1939. Da kam die Sendung zurück mit dem Vermerk ›Empfänger unbekannt verzogen‹. Von der Israelitischen Kultusgemeinde Wien erfuhr ich dann auf Anfrage, daß mein Bruder mit einem der ersten Transporte ins ›Generalgouvernement ausgesiedelt‹ worden sei und dort einen ›Arbeitsunfall‹ erlitten habe, an dessen Folgen er im Dezember 1939 verstorben wäre.

Unseren Eltern in Stettin ist es nicht besser ergangen. Sie, die dem Vaterland zwei Söhne geopfert hatten, mußten schon 1933 erleben, daß man ihnen auf die Schaufenster ihres Geschäfts Plakate klebte: ›Deutsche! Kauft nicht bei diesen jüdischen Volksverrätern!‹

Mein Vater verkaufte Ende 1933 das Geschäft, weit unter Wert. Er hoffte, von dem Erlös und den Mieteinnahmen des Hauses still und bescheiden leben zu können, bis einmal wieder bessere Zeiten kämen. Im November 1938, in der sogenannten ›Kristallnacht‹, wurde die Wohnung meiner Eltern von jungen Burschen vollständig verwüstet und zerstört. Meine Mutter erlitt einen Herzanfall, von dem sie sich nur langsam wieder erholte. Mein damals 63jähriger Vater wurde nach Sachsenhausen ins Konzentrationslager verschleppt. Dort ist er ums Leben gekommen. Er wurde mit Hundepeitschen erschlagen, weil er sich geweigert hatte zu sagen: ›Ich bin ein dreckiger Jude, der in Deutschland nichts zu suchen hat!‹ Ich weiß das von einem Mitgefangenen meines Vaters, der diese Leidenszeit überstanden hat und nach Stettin zurückgekehrt ist.

Ich wollte dann mit meinen Kindern nach Stettin, zu meiner Mutter, zurückkehren. Aber sie selbst und alle Freunde und Bekannten rieten mir dringend davon ab, weil es dort noch schlimmer wäre als in Berlin.

Im Februar 1940 wurde meine arme Mutter, die von einer schweren Grippe noch nicht genesen war, zusammen mit allen anderen Stettiner Juden nach Polen deportiert. Um 3 Uhr nachts wurde sie aufgefordert, sofort ihre Wohnung zu räumen. Sie durfte nur einen Handkoffer mit dem Nötigsten mitnehmen. Unter Zurücklassung der letzten Habe und nach ›freiwilligem‹ Verzicht auf unser Haus, den sie schriftlich erklären mußte, brachte man sie zum Güterbahnhof zur ›Verladung‹. Dort traf sie alle unsere Verwandten und Freunde, die noch in Stettin lebten. Von den dreizehn Familienangehörigen war die Älteste, Mutters Tante Selma, 86, die Jüngsten waren Vaters Nichte, Hilde Löwenstein, mit ihren beiden

Kindern, der dreijährigen Katja und dem sechs Monate alten Michael.

Jeder der mehr als dreizehnhundert Personen wurde ein Pappschild um den Hals gehängt mit dem Namen und einer Nummer. Man unterzog dann noch alle einer gründlichen Leibesvisitation und nahm ihnen Geld, Schmuck, selbst Fotos und kleine Andenken und sogar allen Reiseproviant ab. Noch vor Tagesanbruch mußten sie den bereitstehenden Zug besteigen, der sie nach Polen brachte. Wie ich später von einem Rechtsanwalt, der mit meinem Vater gut bekannt gewesen war und den man zum Treuhänder für das beschlagnahmte jüdische Vermögen eingesetzt hatte, aus Stettin erfuhr, ist meine Mutter schon am nächsten Tag, auf einem nächtlichen Fußmarsch bei bitterster Kälte zu einem Dorf in der Nähe von Lublin, ums Leben gekommen. Auch meine ganze übrige Familie ist in den folgenden Wochen dort zugrunde gegangen.

Ich arbeitete zu dieser Zeit als Hilfsarbeiterin in einem Elektrobetrieb. Ich war dienstverpflichtet und mußte Spulen wickeln. Der Meister, ein strammer Nazi, behandelte mich wie eine Aussätzige. Die Suppe, die es mittags gab, durften alle anderen, auch die Polen, an einem Tisch essen. Ich mußte mich damit auf die Kellertreppe setzen. Im Herbst 1941 wurde ich ›freigestellt‹ und kam im Jüdischen Krankenhaus in der Auguststraße als Sekretärin unter. Ich bekam dort auch ein Zimmer für mich und meinen Jungen. Ich durfte sogar unseren kleinen Hund mitbringen, an dem mein Klaus mit großer Liebe hing. Einer der Chefärzte, der mit meinem Mann befreundet gewesen war, hatte mir diese großen Erleichterungen verschafft.

Acht Monate lang, bis zum 2. Juni 1942, lebte ich dort mit Klaus und habe mich recht wohl gefühlt. Es gab viel Arbeit, und ich konnte bald vieles selbständig erledigen. Mein Chef war sehr rücksichtsvoll und freundlich. Wir verstanden uns wirklich sehr gut. Einmal fragte er mich, warum ich nicht aus Deutschland ausgewandert sei, als dies noch möglich war. Ich sagte ihm, daß ich niemals ernsthaft an Emigration gedacht hätte. Wohin hätte ich auch gehen sollen?

Ich hatte keine Verwandten im Ausland, auch keine guten Freunde. Ich wäre hilflos gewesen ohne Geld, ohne Sprachkenntnisse, ohne erlernten Beruf. Wie hätte ich mich mit zwei kleinen Kindern in der Fremde durchschlagen sollen?

Auch nach Palästina hätte ich nicht auswandern wollen. Meine Eltern und auch mein verstorbener Mann hatten die Zionisten stets abgelehnt. Seit meiner Heirat hatte ich am jüdischen Gemeindele-

ben nicht mehr teilgenommen, auch nicht an den höchsten Feiertagen. Wir waren nicht religiös und beachteten weder die Speise- noch die Sabbatvorschriften. Wir aßen Wurst, Schinken und Schweinebraten wie jede andere deutsche Familie, und mein Mann hatte seine Praxis auch am Sonnabend geöffnet. Wir fühlten uns mit dem Judentum nur noch sehr lose verbunden, und ich hätte mir ein Leben in Palästina, womöglich unter lauter frommen Juden, gar nicht vorstellen können.
Mein Chef hatte dazu gemeint, es gäbe doch auch nichtreligiöse, sozialistische Zionisten. Ich gestand ihm, daß ich gegen die Sozialisten eher noch mehr Vorurteile hätte. Ich wüßte wohl, daß sie als einzige noch Widerstand gegen Hitler geleistet und schwerste Verfolgungen erlitten hätten, aber ich wollte mit den Roten nichts zu tun haben. Er lachte darüber und sagte, ich wäre wohl nur gegen die Roten, weil ich deutschnational erzogen worden wäre, und vielleicht bewunderte und beneidete ich im stillen sogar die nicht jüdischen Antifaschisten. Anders als wir Juden, denen weder Taufe noch die aufrichtigsten Bekenntnisse zum deutschen Volk etwas nützten, brauchten die Roten nur ihre Gesinnung aufzugeben und sich einzuordnen. Dann hätten sie nichts mehr zu befürchten.
Ich habe gründlich darüber nachgedacht, und ich glaube, mein Chef hatte recht. Wäre von mir nur ein Lippenbekenntnis zu Hitler gefordert worden, um aller Bedrückungen und Verfolgungen ledig zu sein, so hätte ich es abgelegt und mich streng loyal verhalten. Ich glaube, meine Eltern und auch mein Bruder Heinz, der bis 1933 für eine Zeitung des deutschnationalen Hugenberg-Konzerns gearbeitet hat, wären wohl auch dazu bereit gewesen.
Natürlich sahen wir das, was seit Hitlers Machtergreifung geschehen war, als ein nationales Unglück und eine Schande für Deutschland an. Und wir fühlten uns doppelt getroffen, einmal als Deutsche, die sich schämten für das, was geschah, zum andern als Juden, die das Unglück mit besonderer Härte getroffen hatte. Das war eigentlich mehr, als man ertragen konnte, aber ich hatte dennoch damals, vor dem 2. Juni 1942, noch nicht die Hoffnung aufgegeben, daß sich für meinen Klaus und mich bald alles wieder zum Guten wenden würde.
An diesem 2. Juni, meinem vierzigsten Geburtstag, sollte ich vormittags für meinen Chef eine dringende Besorgung machen. Ich mußte schon vor 7 Uhr früh, bevor die Praxis geöffnet wurde, bei einem ›arischen‹ Arzt in Lichterfelde ein Medikament abhohlen, das sonst nicht zu bekommen war. Dieser Kollege meines Chefs half uns mitunter heimlich, und ich fuhr an diesem Tag schon kurz

vor 5 Uhr früh mit dem Fahrrad los, um nur ja pünktlich in Lichterfelde zu sein. Die Benutzung öffentlicher Verkehrsmittel war uns seit April 1942 verboten . . .
Nachdem ich das Medikament abgeholt hatte, besuchte ich auf dem Rückweg meine Freundin Lilo. Gegen halb acht Uhr war ich an der Ecke Landhausstraße, wo sie wohnte, und ich sah ihren Mann aus dem Haus kommen und zur Straßenbahn gehen. Ich wartete, bis er eingestiegen war, und ging dann rasch ins Haus, wo mich niemand sah. Ich wollte ihnen mit meinem Judenstern am Kleid keine Unannehmlichkeiten machen. Lilo war zwar auch aus jüdischer Familie, aber ›privilegiert‹, weil sie mit einem ›Arier‹ verheiratet war. Sie brauchte keinen Stern zu tragen und auch die Wohnungstür nicht zu kennzeichnen.
Lilo bereitete mir einen herzlichen Empfang. Wir feierten meinen Geburtstag mit echtem Bohnenkaffee und frischen Brötchen, über die ich mich besonders freute, denn auch diese – ebenso wie Weißbrot, Kuchen, Weizenmehl, Eier, Fleisch, Wurst und Vollmilch – waren 1942 für Juden verboten.
Erst gegen halb elf Uhr machte ich mich auf den Rückweg zum Krankenhaus. Als ich dort eintraf, war es gegen halb zwölf. Ich stellte mein Rad in den Keller und wollte hinaufgehen, da fiel mir ein, daß ich rasch noch ein paar Zigaretten kaufen könnte. Es gab damals noch Raucherkarten für Juden; neun Tage später wurden sie ihnen entzogen.
Gegenüber, nur ein paar Häuser weiter, Ecke Oranienstraße, war ein kleines Geschäft, wo ich fast täglich etwas einkaufte, vor allem Zeitungen. Es war uns verboten, Zeitungen und Zeitschriften durch die Post oder durch Boten zu beziehen oder sie bei Straßenhändlern oder an Kiosken zu kaufen. Aber Läden wie der von Frau Brösicke waren in der Verordnung nicht aufgeführt, und so kaufte ich dort regelmäßig die ›Morgenpost‹, versteckte sie allerdings stets unter dem Mantel, wenn ich über die Straße ging.
Als ich an diesem Mittag in den Laden kam, starrte mich Frau Brösicke an, als ob ich ein Gespenst wäre.
›Mein Gott, Frau Herz! *Sie* sind noch da?!‹ rief sie, ganz entsetzt.
Dann hörte ich Maxi bellen, unseren Foxterrier. Wie kam der zu Frau Brösicke?
Mich durchfuhr ein furchtbarer Schreck, aber meine schlimmsten Ahnungen wurden noch übertroffen, als mir Frau Brösicke dann berichtete, was geschehen war.
Wir waren zum Glück allein im Geschäft, und sie schloß rasch die Ladentür ab und nahm mich mit nach hinten in das kleine Zimmer,

in dem sie wohnte und wo mich Maxi stürmisch begrüßte. Dort erfuhr ich, daß früh am Morgen, kurz nach sechs Uhr, die Gestapo unser Krankenhaus ›durchgekämmt‹ habe. Etwa siebzig Personen, darunter mein elfjähriger Sohn Klaus und auch mein Chef und guter Freund, waren bald darauf mit Lastwagen unter SS-Bewachung weggefahren worden! Frau Brösicke hatte sie, als sie gegen sieben Uhr ihren Laden öffnete, selbst gesehen. Mein Klaus hatte ihr noch den Hund geben können und ihr Grüße an mich aufgetragen. Er sei schon ein Mann, ließ er mir sagen, und ich sollte mir keine Sorgen um ihn machen . . .

Mein erster Gedanke war, das Fahrrad zu holen und mich auf die Suche nach meinem Jungen zu machen. Ich wußte ja, wo die Sammelstellen für die sogenannten ›Evakuierungen‹ waren. Aber Frau Brösicke hielt mich zurück.

›Um Gottes willen, Frau Herz, gehen Sie ja nicht rüber! Die sind noch da! Und dem Jungen und den anderen können Sie nicht mehr helfen, Frau Herz! Die sind schon weg – ich weiß es von meinem Schwager, der am Güterbahnhof arbeitet. Er war vorhin hier. Der Zug ist schon gegen halb zehn von Berlin abgefahren . . .‹

Mir wurde schwarz vor Augen, und als ich wieder zu mir kam, lag ich auf Frau Brösickes Sofa, und sie flößte mir Weinbrand ein. Wir haben dann überlegt, was ich jetzt noch tun könne. ›Sie müssen weg, Frau Herz‹, sagte Frau Brösicke. ›Die haben Sie mehrmals aufgerufen, ich weiß es. Und jetzt sind Sie bestimmt zur Fahndung ausgeschrieben . . . Gibt es denn niemanden, den Sie kennen und der Sie für eine Weile bei sich aufnehmen kann . . .?‹

Es war mir klar, daß ich Lilo nicht um Hilfe bitten konnte. Die einzige andere gute Freundin, die ich hatte, war schon vor Jahren von Berlin nach Düsseldorf gezogen. Bei ihrem letzten Besuch in Berlin, etwa ein halbes Jahr zuvor, hatte sie zu mir gesagt: ›Du kannst immer zu mir kommen, Irene, wenn es dir hier zu brenzlig wird. Ich habe Platz für dich und deinen Jungen . . .‹

Also bat ich Frau Brösicke, vom Postamt aus bei meiner Düsseldorfer Freundin anzurufen und ihr die Lage vorsichtig zu erklären. Es war meine letzte Hoffnung, und ich war darauf gefaßt, daß sie sich zerschlagen würde. Meine Freundin war oft verreist – vielleicht erreichten wir sie gar nicht . . . Doch als Frau Brösicke vom Postamt zurückkam, sagte sie zu meiner großen Erleichterung: ›Alles in Ordnung, Frau Herz. Der Sohn Ihrer Freundin ist gerade auf Urlaub zu Hause. Er kommt Sie morgen holen. Solange bleiben Sie hier bei mir und rühren sich nicht vor die Tür! Sie können auf dem Sofa schlafen . . .‹

Am Abend des nächsten Tages kam er dann. Frau Brösicke ließ ihn herein, und ich erschrak zunächst sehr, als ich seine Uniform sah. Er blieb nur für etwa zwanzig Minuten, doch er sagte: ›Morgen ist alles vorbei. Ich hole dich morgen früh ab, und den Maxi nehmen wir mit. Mein Onkel übernimmt ihn, und da wird er es gut haben. Wir fahren mit einem Taxi, erst nach Charlottenburg und dann weiter zum Bahnhof Friedrichstraße. Im Central-Hotel auf der Damentoilette ziehst du dich um. Du wirst dann als Krankenschwester reisen . . .‹
Meinen Einwand, daß ich weder Taxi fahren noch ein Hotel betreten dürfe, tat er mit einer Handbewegung ab.
›Das ist vorbei, Tante Irene‹, sagte er, ›von morgen früh an bist du rein arisch! Vergiß nicht, den Stern vom Kleid abzumachen! Übrigens, ich brauche dringend zwei Paßbilder von dir – hast du welche?‹
Zum Glück steckten im Portemonnaie in meiner Handtasche noch zwei ältere Paßbilder, die ich übrigbehalten hatte, als wir neue Ausweise mit einem ›J‹ bekamen. Ich gab sie ihm und fragte, ob ich nicht sehr jüdisch aussähe. Er lachte nur und sagte: ›Du bist blond und hast graue Augen. Deine Nase wirkt eher junkerlich als jüdisch. Wenn du Schwesterntracht trägst, werden sie dich für eine adlige Oberschwester halten. Da du ohnehin einen neuen Namen bekommst, setzen wir am besten gleich ein ›von‹ davor . . . Und noch eins: Du bist bei einem Bombenangriff verschüttet und verletzt worden, hast alles verloren und fährst morgen zu Freunden aufs Land zur Erholung. Ich bringe morgen früh Verbandszeug mit. Am besten legst du einen Arm in eine Schlinge . . .‹
Es verlief dann alles so, wie er es mir beschrieben hatte. Ich war schrecklich aufgeregt und habe mich sicherlich sehr ungeschickt benommen, aber es ging zunächst alles glatt. Als ich im Waschraum des Central-Hotels den Koffer öffnete, den ich bekommen hatte, fand ich darin drei nagelneue Schwesternkleider, drei Schürzen, drei Garnituren Unterwäsche, Strümpfe, Schuhe, Hauben und alles, was sonst zur Tracht gehörte, sogar einen Sommermantel, eine Rotkreuz-Brosche und einen Ausweis mit einem eingeklebten und gestempelten Lichtbild. Auf der Vorderseite war ein Vermerk angebracht: ›Ersatzweise ausgestellt wegen Verlusts des Originals infolge Totalschadens bei Terrorangriff. Luftschutz-Leitstelle Berlin‹, dazu Stempel und Unterschrift. Das gab mir etwas mehr Sicherheit, und auch mein neuer Name, ›Maximiliane v. Anders, Oberschwester‹, gefiel mir.
Dennoch hatte ich großes Herzklopfen, als ich in meiner neuen Schwesterntracht am Fahrkartenschalter stand und meinen Aus-

weis zum erstenmal vorzeigen mußte. Ich dachte, jeder müßte sofort erkennen, daß da etwas nicht stimmte. Aber es gab keine Schwierigkeiten, auch nicht im Zug, wo zwischen Potsdam und Magdeburg eine SS-Streife von Abteil zu Abteil ging und jeden kontrollierte. Die Schwarzuniformierten sahen mich nur flüchtig an. Der Streifenführer wünschte mir sogar gute Reise.
Am späten Nachmittag kamen wir in Düsseldorf an und wurden auf dem Bahnsteig von einem Herrn in Empfang genommen. Er trug einen auffallend eleganten Sommeranzug und am Revers ein SS-Abzeichen. Ich erschrak, aber der Sohn meiner Freundin erklärte mir, es handele sich um Herrn Desch, einen guten Bekannten, und es sei ein glücklicher Zufall, daß wir uns hier begegneten. Doch es war kein Zufall, wie ich dann einer raschen, geflüsterten Verständigung der beiden entnehmen konnte. Ich verstand die Worte: ›Gestapo‹, ›Razzia‹ und ›besser nicht hier durch die Sperre‹, und man muß mir meine furchtbare Angst wohl angesehen haben, denn Herr Desch sagte zu mir: ›Bitte, regen Sie sich nicht auf, Schwester! Sie fahren jetzt allein weiter nach Krefeld – ich bringe Sie zum Anschlußzug. Die Fahrt dauert kaum eine halbe Stunde ... Ich habe Ihnen auch eine Fahrkarte mitgebracht ... In Krefeld wartet eine Dame auf Sie, und dann sind Sie in Sicherheit!‹ Er sprach ohne jede Aufregung, fast gelangweilt, und ich beruhigte mich. Er gab mir noch einige Instruktionen, und ich kam dann auch ohne Schwierigkeiten in Krefeld an, wo auf dem Bahnsteig eine freundliche weißhaarige Dame, die sich auf einen Stock stützte, mich in Empfang nahm. Sie sagte: ›Grüß Gott, Schwester! Ich freue mich, daß Sie gesund und wohlbehalten angekommen sind. Ich bin Frau Ney. Reichen Sie mir bitte Ihren Arm – das sieht besser aus!‹ Wir gingen dann sehr langsam zur Sperre, und ich sah schon von weitem die SS-Posten, die jeden genau kontrollierten, daneben einen Mann in Zivil, der alles sehr aufmerksam beobachtete und wie ein Gestapobeamter aussah.
›Bleiben Sie ganz ruhig, Schwester, es wird uns nichts passieren. Ich habe eben noch zur Heiligen Jungfrau gebetet, und ich weiß, daß sie uns helfen wird. Geben Sie mir Ihre Fahrkarte und nehmen Sie dafür meine Bahnsteigkarte. Sie haben mich vom Zug abgeholt, nicht wahr ...?‹ Sie drückte meinen Arm, und merkwürdigerweise hatte ich von da an keine Angst mehr, auch nicht, als einer der SS-Männer uns an der Sperre mit ›Heil Hitler! Ausweiskontrolle! Zeigen Sie Ihre Papiere vor!‹ barsch empfing.
›Los, machen Sie schon!‹ sagte der zweite SS-Mann, der einen Polizeihund an der Leine hielt.

Frau Ney kümmerte sich gar nicht um die beiden Schwarzuniformierten. Ohne stehenzubleiben, wandte sie sich an den Mann in Zivil: ›Grüß Gott, Herr Berger! So spät noch im Dienst? Bitte sagen Sie doch Ihren jungen Leuten, daß Sie mich kennen – wir verpassen sonst noch die Straßenbahn . . .‹
Der Gestapobeamte nickte den SS-Männern zu, und sie gaben uns den Weg frei. Er wünschte Frau Ney gute Besserung, worauf diese zu meiner Verwunderung freundlich erwiderte: ›Vielen Dank, ich habe ja jetzt gute Pflege, und die Schwester macht mit mir gymnastische Übungen . . .‹ Dann fiel ihr noch etwas ein, und sie fügte hinzu: ›Ach, sagen Sie doch bitte Ihrer lieben Frau, daß sie morgen früh eine Stunde später kommen kann. Jetzt, wo ich Hilfe habe, können wir uns selbst das Frühstück machen – nicht wahr, Schwester?‹
Eine halbe Stunde später waren wir dann in dem Landhaus der Familie Ney in Meerbusch. Frau Ney zeigte mir das hübsche Zimmer im ersten Stock, das ich fortan bewohnen sollte, und sagte: ›Hier ist jetzt Ihr Zuhause, Schwester. Ich hoffe, Sie fühlen sich wohl bei uns. Auf jeden Fall sind Sie hier sicher vor Herrn Berger und seinen Leuten . . . Er ist ein gefährlicher Bursche, ehrgeizig und brutal – ich weiß es von seiner Frau, die mir das Haus besorgt, weil mir mein Hüftleiden in letzter Zeit so sehr zu schaffen macht. Vor ihr brauchen Sie nicht auf der Hut zu sein – sie ist eine harmlose Frau, die sehr darunter leidet, daß ihr Mann aus der Kirche ausgetreten ist, weil er hofft, daß er als ›Gottgläubiger‹, wie sie das nennen, schneller befördert wird. Er ist nämlich nur Kriminalsekretär, und von dem kleinen Gehalt allein können sie kaum leben. Sie haben einen Sohn, der aufs Gymnasium geht, und eine Tochter, die behindert ist . . .‹ Ich mußte an meine eigenen Kinder denken, vor allem an meinen armen Jungen, und bin in Tränen ausgebrochen. Frau Ney legte ihren Arm um mich und sagte ganz ruhig: ›Weinen Sie nur – Sie haben großen Kummer! Aber verzweifeln Sie nicht! Gott hat Sie beschützt und wird Sie weiter beschützen, weil Er will, daß Sie etwas tun . . .‹, und als ich fragte ›Was denn? Was soll ich denn noch tun?‹, antwortete sie: ›Ich weiß es nicht – vielleicht hat Er Sie gerettet, damit Sie Zeugnis ablegen können . . .‹ Das habe ich und werde ich nie vergessen, und deshalb habe ich alles aufgeschrieben . . .«

12. Von einem, der nur seine Pflicht tat

»Wie sind Sie denn nur auf diesen Namen gekommen?« wollte er noch wissen, als ich mich von ihm verabschiedete, und so erzählte ich ihm, daß es meine Mutter gewesen war, die die Personalien der Oberschwester Maximiliane v. Anders damals erfunden hatte.

›Herz – das klingt jüdisch! Irene muß anders heißen – ja, warum nicht *Anders*?! Am besten *v. Anders*‹, hatte sie gesagt und hinzugefügt: ›Irene schwärmt für Adel und Titel – es wird sie bestimmt freuen, und einen aristokratischen Vornamen geben wir ihr auch . . .‹

Ich hatte aus Spaß ›Maxi‹ vorgeschlagen, den Namen von Tante Irenes Foxterrier, und meine Mutter war sofort darauf eingegangen: ›Maxi ist sehr gut – aber natürlich eine Abkürzung von Maximiliane . . .‹

Und damit sich Irene mit ihrer neuen Identität nicht allzu schwer täte, ließen wir ihr den richtigen Geburtstag und -ort, nur machten wir sie drei Jahre jünger, um ihr eine weitere Freude zu machen. Außerdem beförderten wir sie zur Oberschwester und gaben ihr ein vornehmes – und damals bereits ausgebombtes, zu Auskünften an die Behörden nicht mehr zur Verfügung stehendes – Mutterhaus: das des Vaterländischen Frauenvereins zu Berlin-Dahlem . . .

Er hörte sich alles schweigend an, und es war nicht zu erkennen, ob ihn die Geschichte im nachhinein belustigte, empörte oder gleichgültig ließ.

Aber völlig gleichgültig konnte sie ihm eigentlich nicht sein, auch nicht nach fast zwanzig Jahren und allem, was sich in dieser Zeit verändert hatte. Denn hätte er damals ›Schwester Maxis‹ wahre Identität gekannt, wäre sie von ihm sofort festgenommen und der ›Endlösung‹ zugeführt worden. Er hätte eine Belobigung bekommen und wäre vielleicht schneller befördert worden. Außerdem hatte ›Schwester Maxi‹ fast ein Jahr lang, solange sie bei meiner ›Tante Änne‹ in deren Landhaus wohnte, seine behinderte Tochter betreut und dem Kind mit großer Geduld das Sprechen, zumindest einige Wörter, beigebracht – was von seinem Standpunkt aus ei-

nesteils sehr dankenswert gewesen war, andernteils ihm größte Schwierigkeiten hätte bringen können, wenn Irene Herz *alias* ›Schwester Maxi‹ enttarnt worden wäre.
Doch Herr Hauptkommissar a.D. Berger, den ich 1962 in seinem kleinen Haus am Niederrhein, nicht weit von Moers, besuchte, dachte wohl kaum noch an die liebevolle Betreuung seiner Tochter durch eine untergetauchte Jüdin und das große Risiko, das damit für ihn verbunden gewesen war, ohne daß er etwas davon geahnt hatte. Was ihn allein an der Sache interessierte und offensichtlich nun sehr wurmte, war sein damaliges berufliches Versagen. Ziemlich mürrisch und mehr zu sich selbst sagte er: »Kaum zu fassen! Und sozusagen direkt vor meiner Nase ...! Da muß man sich doch ganz schön blöd vorkommen ...!«
Er hatte mich zunächst ganz freundlich empfangen, als ich ihn im Herbst 1962, zwanzig Jahre nach unserer ersten, aber keineswegs letzten Begegnung, unangemeldet aufgesucht hatte. Er war in seinem Garten beschäftigt und zeigte keinerlei Verlegenheit, als er mich erkannte.
»Ich bin nun schon seit ein paar Jahren in Pension«, erzählte er mir, während er weiter seine Rosen schnitt. »Seitdem beschäftige ich mich nur noch mit meinem Garten, und ich fühle mich sehr wohl dabei ...«
Man sah es ihm an. Er mußte bald siebzig sein, wirkte aber jünger, trotz der weißen Haare. Damals, als Gestapo-Beamter, hatte er blaß ausgesehen. Jetzt war er wettergebräunt wie einer, der viel in frischer Luft arbeitet, gesund und kräftig.
Er berichtete mir, wie es ihm ergangen war: Im Herbst 1942 war er endlich zum Kommissar befördert und nach Düsseldorf versetzt worden. Dort hatte er bis Anfang April 1945 bei der – nach Ratingen ›ausgelagerten‹ – Leitstelle gearbeitet, war gegen Kriegsende noch zum Volkssturm eingezogen worden und hatte dann im ›Ruhrkessel‹ eine Feldpolizeieinheit befehligt. Als die im rheinisch-westfälischen Industriegebiet eingeschlossene ›Heeresgruppe B‹ am 18. April 1945 kapitulieren mußte, war Herr Berger in britische Gefangenschaft geraten. Die Engländer hatten ihn verhört und waren schnell dahintergekommen, daß sie einen höheren Gestapo-Beamten erwischt hatten. »Ich war dann elf Monate lang interniert – im Sennelager bei Paderborn«, berichtete er seufzend. »Das war eine sehr schwere Zeit ...! Wir haben anfangs gehungert und gefroren, weil es zunächst an allem fehlte. Und sie haben uns miserabel behandelt – vor allem die Polen, die als Wachpersonal eingesetzt waren ... Es hat sogar Mißhandlungen gegeben!«

Er seufzte noch einmal, und man merkte ihm an, daß er diese Internierungszeit noch immer als ein bitteres Unrecht ansah, das zumindest er selbst nicht verdient hatte.
»Den Kollegen Hollmann von der Leitstelle Kattowitz, der etwas Polnisch konnte und eine Zeitlang im Generalgouvernement eingesetzt gewesen war, den haben die polnischen Wachmänner zweimal nachts herausgeholt und fast zum Krüppel geschlagen – und stellen Sie sich vor: Die englischen Offiziere taten so, als hätten sie nichts gesehen und gehört . . .!«
Während er dies berichtete, blickte er ernst und mit gerunzelter Stirn auf einen Rosenstock, der von Mehltau befallen war, besprühte ihn mit einem Pflanzenschutzmittel und wandte sich dann wieder an mich: »Glücklicherweise wurden die Polen dann abgelöst, und mit den Tommys, die unsere Bewachung übernahmen, kamen wir weit besser aus. Damals habe ich meine gärtnerischen Neigungen entdeckt. Ich habe für den Kommandeur, Major Wilkinson, den völlig verwilderten Garten seiner Villa in Ordnung gebracht – alle Beete schnurgerade angelegt, die Sträucher in Reihe und Glied, die Hecke genau im rechten Winkel . . .«
Er geriet ins Schwärmen, und ich sah mich in seinem Garten um, der mit der gleichen Exaktheit angelegt war.
»Ich wurde dann vorzeitig entlassen«, fuhr er fort. »Zunächst war ich arbeitslos, kam aber wieder bei der Polizei unter, in Oberhausen, später dann in Krefeld und zuletzt als Hauptkommissar beim LKA* . . .«
Er sagte es mit deutlichem Stolz.
Als er merkte, daß ich darüber ganz anders dachte als er, fügte er hinzu: »Ich war immer mit Leib und Seele Polizist, und es war doch selbstverständlich, daß man Fachleute wie mich wieder einstellte. Wer sich nichts hatte zuschulden kommen lassen, der hatte sogar Anspruch auf Wiederverwendung . . .! Ich war schließlich Berufsbeamter und seit 1921 im Polizeidienst . . .«
Wir gingen zusammen zu seinem Geräteschuppen, wo er die zuvor benutzten Werkzeuge sorgfältig säuberte und ölte; währenddessen erzählte er mir seinen Werdegang:
Er war 1897 in Geilenkirchen geboren, hatte elf Geschwister ge-

* LKA = Landeskriminalamt. Allein in Nordrhein-Westfalen wurden von 1947/48 an 43 (dem Autor namentlich bekannte) ehemalige Gestapo- und SD-Angehörige in den Polizeidienst wiedereingestellt, meist als höhere Kriminalbeamte, häufig als Leiter des 14. (politischen) Kommissariats. Chef des LKA von Nordrhein-Westfalen wurde Dr. Bernhard Wehner, zuvor SS-Hauptsturmführer und Kommissar im Reichssicherheitshauptamt.

habt. Der Vater, ein Volksschullehrer, war 1917 gestorben, die Mutter schon vorher im Kindbett. Der Vater war sehr streng gewesen, aber noch weit strenger der Patenonkel, bei dem er von seinem achten Lebensjahr an, nach dem Tod seiner Mutter, aufgewachsen war. In dem Gasthaus des Onkels hatte er nach beendeter Volksschule als Hausbursche gearbeitet. 1915 war er zum Militär eingezogen worden. Die meiste Zeit hatte er in Wesel verbracht – als Offiziersbursche eines Oberleutnants. So hatte er den Ersten Weltkrieg überlebt, während drei seiner älteren Brüder gefallen waren.

»In Wesel habe ich mich sehr wohl gefühlt«, sagte Herr Berger. »Bis Anfang 1919 war ich da bei meinem Oberleutnant ...«

Danach hatte er sich, vom Militär entlassen, eine Zeitlang recht mühsam durchschlagen müssen – als Aushilfskellner, Erntearbeiter oder auch als Nachtwächter –, bis er eines Tages ›seinem‹ Oberleutnant wiederbegegnete. Der war inzwischen Polizeihauptmann und nahm sich seines früheren Burschen an. 1921 wurde Berger Beamtenanwärter des unteren Polizeidienstes in Krefeld.

»Ich war aus gutkatholischer Beamtenfamilie, hatte abgeschlossene Volksschulbildung und bereits vier Militärdienstjahre, die wegen der Kriegszeit doppelt angerechnet wurden«, berichtete er. »Schon 1925 wurde ich Hauptwachtmeister und Beamter auf Lebenszeit. 1929 wechselte ich dann zur Kripo über und wurde 1931 Kriminalassistent im Betrugsdezernat ...«

Bis dahin hatte Berger keiner politischen Partei angehört, aber im Frühjahr 1933, kurz nach der ›Machtergreifung‹ der Nazis, trat er, von den ›Alten Kämpfern‹ als ›Märzgefallener‹* verspottet, der NSDAP, zwei Jahre später auch der SS bei.

»Weil das dem Geist der Zeit entsprach«, sagte er dazu. »Ich wollte als Beamter nicht abseits stehen ...«

Ende 1934 wurde der Kriminalassistent Berger zur Gestapo versetzt, und dort hatte er sich zunächst mit ›illegaler kommunistischer Wühlarbeit‹ zu befassen.

»Wir hatten in unserem Dezernat damals alle Hände voll zu tun. Fast jeden Tag brachten unsere V-Männer illegale Flugblätter, die in den Betrieben verteilt worden waren, oder meldeten, daß man Hetzparolen über Nacht an Mauern und Brücken angebracht

* Märzgefallene nannte man ursprünglich die Toten des Berliner Volksaufstands vom März 1848. Als sich nach den Reichstagswahlen vom 5. März 1933, die der Regierung Hitler die absolute Mehrheit sicherten, Hunderttausende um Aufnahme in die siegreiche Nazi-Partei bewarben, nannte man diese neuen NSDAP-Mitglieder spöttisch ›Märzgefallene‹.

hätte. Ich war dauernd unterwegs zwischen Krefeld und Düsseldorf, und das Familienleben bei uns litt unter den vielen Überstunden, die ich machen mußte, denn die Verhöre zogen sich immer sehr lange hin . . .«

Was Berger nicht erwähnte, war die Tatsache, daß er, der bis dahin so überaus korrekte Beamte, sich bei der Geheimen Staatspolizei rasch zu einem brutalen und von allen Verhafteten gefürchteten Peiniger entwickelt hatte.

Der Konditormeister Ney, ›Tante Ännes‹ Ehemann, war der erste gewesen, der den Kriminalsekretär Berger namentlich erwähnt und ihn voll Abscheu einen ›üblen Folterknecht‹ genannt hatte. Damals, im Winter 1934/35, war ›Griesgen‹ Ney frühmorgens auf dem Weg zu seiner Backstube einem Arbeiter begegnet, den er kannte. Der Mann blutete aus Nase und Mund, konnte sich kaum noch auf den Beinen halten und torkelte die Straße entlang. Herr Ney hatte sich des Verletzten angenommen, ihn zu seiner Familie gebracht und einen Arzt geholt. Er war dabeigewesen, als man dem Bewußtlosen Verbände angelegt hatte, und der Anblick hatte ihn so entsetzt, daß er in den folgenden Nächten kaum Schlaf finden konnte: Der Rücken des tags zuvor von Berger zum Verhör abgeholten Mannes war von den Schultern bis zum Gesäß ein einziger großer Bluterguß gewesen . . .

›Berger hat ihn im Keller stundenlang mit einem Stück Hartgummischlauch traktiert‹, hatte ›Griesgen‹ später erzählt. ›Völlig gefühllos und unbeteiligt, wie eine Maschine, hat er auf den Mann eingeprügelt. Alle fünf Sekunden ein Schlag, genau zwölf Schläge pro Minute . . . Er wollte herausbekommen, wer vor der Frühschicht ›Nieder mit Hitler!‹ an die Werksmauer gemalt hat . . . Neun Leute kamen angeblich dafür in Frage, und Berger hat sie sich einzeln vorgenommen. Er hat nichts herausbekommen, aber die Männer sind so schwer verletzt, daß es fraglich ist, ob sie sich je davon erholen werden . . .‹

Das war nun, als ich Herrn Berger nach dem Kriege traf, schon länger als fünfundzwanzig Jahre her. Aber als ich ihn an seine damaligen stadtbekannten Verhörmethoden erinnerte, wußte er sofort Bescheid. Allerdings reagierte er ganz anders, als ich es erwartet hatte.

»Ja, ja«, sagte er nachdenklich und keineswegs verlegen. Er lächelte sogar. »Da wurde und wird noch immer allerhand erzählt und vieles übertrieben. Aber, es ist richtig, wir mußten damals die Verdächtigen mitunter ziemlich hart anfassen, wenn ›verschärfte Vernehmung‹ angeordnet war. Mir ist das wirklich oft schwergefallen, und ich habe dabei die Zähne zusammenbeißen müssen . . .! Ich bin als Kind auch viel geschlagen worden, besonders von meinem Patenonkel, der sehr jähzornig war. Jähzorn ist eine böse Sache – ich wußte mich immer zu beherrschen. Es war schließlich eine dienstliche Verrichtung wie jede andere. Außerdem – es waren verdammt harte Burschen, mit denen wir es zu tun hatten. Die konnten schon eine Tracht Prügel aushalten, besonders die Kommunisten. Überhaupt – diese Maschinenschlosser und Kranführer – die sind doch ganz anderes gewöhnt . . .«

Er hielt inne, dachte einen Augenblick lang nach und fuhr fort: »Ich habe übrigens niemals jemanden von mir aus geschlagen – nur wenn ein schriftlicher Befehl vorlag!« Er sah mich an, als erwartete er dafür besonderes Lob. »Die wirklich schweren Fälle, bei denen ›verschärfte Vernehmung zweiten Grades‹ angeordnet war, habe ich an die dafür zuständigen Kollegen abgegeben. Damit habe ich mich nie befaßt . . .«

Er war mit der Arbeit in seinem Geräteschuppen fertig. Alles lag oder hing wieder sauber an seinem Platz. Er betrachtete wohlgefällig sein Werk, rückte rasch noch eine Harke zurecht, die ein klein wenig schief an der Wand hing, verschloß die Tür und ging langsam mit mir zum Haus.

»Ordnung muß sein«, sagte er. »Das war ja auch der eigentliche Zweck der Konzentrationslager: den Leuten Zucht und Ordnung beizubringen. Was dort später geschehen ist, waren Exzesse, schwere Verstöße gegen die Richtlinien . . .«

»Haben Sie sich diese Lager mal selber ansehen können?« unterbrach ich ihn.

Er nickte.

»Ich war ein paarmal dienstlich in Esterwegen, und später einmal zu einem dreiwöchigen Lehrgang in Buchenwald. Das war im Winter 1939/40, bald nach dem Ende des Polenfeldzugs. Das Lager war zu dieser Zeit überfüllt, aber es herrschte dennoch dort mustergültige Ordnung . . .«

»Tatsächlich?«

Er nickte nur. Wir waren an der Haustür angelangt, und er bat mich, einzutreten.

»Nehmen Sie bitte schon Platz«, sagte er, »es dauert nur ein paar Minuten. Ich muß mich nur waschen . . . Sie trinken doch eine Tasse Tee mit mir? Ich bin heute allein – meine Frau ist zu unserer Tochter gefahren. Wir haben sie nach dem Krieg in einem Heim in der Eifel unterbringen können . . .«

»Vorher ging es ja auch nicht«, warf ich ein und sah ihn dabei for-

schend an, doch er wich meinem Blick aus und ging zur Tür. Natürlich wußte er genau, was ich meinte, nämlich daß zur Nazizeit die unheilbar Kranken aus den Heimen samt und sonders umgebracht worden waren.
»Es dauert nur fünf Minuten«, rief mir Herr Berger von der Diele aus zu, ehe er im Bad verschwand.
Ich sah mich derweilen im Wohnzimmer um, das ›altdeutsch‹ eingerichtet war und fast wie der Ausstellungsraum eines Möbelgeschäfts wirkte: Absolut nichts lag irgendwo herum, alles stand genau an seinem Platz. Die Holzflächen und Scheiben glänzten, die Polstergarnitur wirkte unbenutzt, und im verglasten Bücherschrank standen die Halbleder-Prachtbände einer Buchgemeinschaft exakt an der Bordkante, der Größe nach ausgerichtet wie Soldaten. Über dem Sofa hingen zwei Urkunden: Die eine betraf die Verleihung des Kriegsverdienstkreuzes 2. Klasse an den ›Krim. Komm. Peter Josef Berger‹ im Jahre 1943, die andere die des Bundesverdienstkreuzes an den Hauptkommissar Berger anläßlich seiner 35jährigen Zugehörigkeit zur Landespolizei. Daneben hing, genau auf der Mitte zwischen Sofakante und Leselampe, das gerahmte Foto eines jungen Soldaten.
In der rechten unteren Ecke des Bildes war das Band des Eisernen Kreuzes angebracht. Der Text unter dem Foto besagte, daß ›unser lieber, unvergeßlicher Sohn, der Schütze Gernot Berger, am 18. Juli 1944 bei den schweren Abwehrkämpfen im Osten für Führer, Volk und Vaterland gefallen‹ sei. An der gegenüberliegenden Wand über der Musiktruhe hingen weitere gerahmte Erinnerungsbilder. Eines davon interessierte mich besonders: Es zeigte etwa zwei Dutzend 30–40jährige, zum Teil recht beleibte Männer, alle in Turnhose und -hemd, unter ihnen Herr Berger. Sie standen auf einem weiten, völlig kahlen Platz, posierten für eine Gruppenaufnahme und wirkten recht vergnügt. Im Hintergrund sah man ein langgestrecktes, zweistöckiges Gebäude im typischen Baustil einer SS-Lagerkommandantur. Unter dem Bild stand: ›Kommissar-Lehrgang Februar 1940 in Weimar-Buchenwald.‹
›Er muß es also gesehen haben‹, dachte ich.
Am Rande dieses Buchenwalder Appellplatzes hatte im Februar 1940 das sogenannte ›Kleine Lager‹ gestanden. Ein Freund von mir*, der viele Jahre lang in Buchenwald als Häftling war, hatte es mir genau beschrieben:

* Der Bericht stammt von Emil Carlebach, ehemals Häftling Nr. 4186 des Konzentrationslagers Buchenwald bei Weimar.

Bald nach dem Ende des Polenfeldzugs waren zweitausend Gefangene eingeliefert worden, angeblich ›Heckenschützen‹, die von der SS aufgegriffen worden waren. Diese Männer – Bauern, Arbeiter, Beamte, Juden und Nichtjuden – hatten bereits vor einem Kriegsgericht gestanden und waren freigesprochen worden. Die SS hatte sich damit nicht zufriedengegeben und die Freigesprochenen ins Konzentrationslager eingeliefert. Damals wagte die Naziführung noch nicht, Kriegsgefangene hinzurichten, und so hatte sich der Buchenwalder Lagerkommandant eine Methode ausgedacht, diese Häftlinge ohne Todesurteil und Hinrichtung umzubringen. Er ließ auf dem Appellplatz einen Stacheldrahtkral errichten, darin einige Holzbaracken ohne Heizung und sanitäre Einrichtungen, außerdem einige große Stacheldrahtkäfige unter freiem Himmel, die nicht nur ringsum, sondern auch nach oben durch Stacheldraht verschlossen waren, so daß ein Entkommen unmöglich war.
In dieses ›Kleine Lager‹, wie es genannt wurde, kamen die zweitausend Freigesprochenen aus Polen, teils in die Drahtkäfige, teils in die Baracken. Nässe, Kälte und Hunger sollten ihre Ausrottung besorgen.
»Vor unseren Augen fielen die Verhungerten um«, hatte mir mein Freund erzählt, »wenn man den Zählappell in ihrem Kral um Stunden verlängerte, bis das neblige, naßkalte Wetter sein Werk getan hatte. Aber dann ging das alles dem Kommandanten* und seinen Handlangern Blank und Hinkelmann nicht schnell genug. Sie machten sich ein Vergnügen daraus, das Essen für die polnischen Gefangenen vor deren Käfigen auszukippen, so daß die Wassersuppe den Abhang hinunterlief ... Schließlich wurde sogar Gift ins Essen gemischt. Komplizen der SS waren dabei zwei Häftlinge, der ehemalige Berufsoffizier Wolf und der Kriminelle Willy Gross. Für ein paar Zigaretten und einen Schluck Schnaps halfen sie, Mitgefangene umzubringen ... Schließlich gelang es uns, ein Mittel zu finden, dieser furchtbaren Quälerei ein Ende zu machen: Einige Kameraden aus dem ›Revier‹, dem Krankenbau, konnten der SS begreiflich machen, daß die Zustände im ›Kleinen Lager‹ unweigerlich Epidemien hervorrufen würden und daß daher Seuchengefahr bestand, vor allem für die unterhalb des Lagers gelegene Wohnsiedlung der SS. Denn die Exkremente der Verhungernden liefen den Abhang hinunter. So kam es zur Auflösung des ›Kleinen

* Kommandant des Konzentrationslagers Buchenwald war damals Karl Koch, der später wegen Korruption und damit in Zusammenhang stehender Morde von einem SS-Gericht zum Tode verurteilt und hingerichtet wurde. Seine Frau Ilse gelangte als berüchtigte ›Kommandeuse von Buchenwald‹ zu trauriger Berühmtheit.

Lagers‹. Die etwa zweihundert Überlebenden wurden auf Block 21 verlegt und erhielten ›Blockschonung‹ – Befreiung von der Arbeit und etwas bessere Kost –, bis sie einigermaßen wiederhergestellt waren . . .«

Der Freund, der mir diese Geschichte kurz zuvor erzählt hatte, war Blockältester des Blocks 21 geworden.

»Die Insassen hatten den seltsamen Ausnahmestatus«, so hatte er mir weiter berichtet, »daß sie, der Seuchengefahr wegen, von der Arbeit, aber auch vom Antreten und Exerzieren, befreit waren – bis sie wieder ›normale‹ Todeskandidaten waren, an denen sich kein SS-Angehöriger mehr infizieren konnte. So fuhr alles erschreckt zusammen, als plötzlich doch ein SS-Mann in der Barackentür stand, ein junger Kerl, kaum 20 Jahre alt, die Pistole am Koppel, einen Stock in der Hand. Jemand schrie ›Achtung!‹, und ich sprang auf, knallte die Hacken zusammen und meldete brüllend: ›Block 21, belegt mit zweihundert Häftlingen. Keine besonderen Vorkommnisse!‹ Ich mußte ihm dann erklären, daß es sich um jüdische Häftlinge aus Polen handelte, die Schonung verschrieben bekommen hätten, bis sie wieder arbeitsfähig waren.

Währenddessen versuchten die Männer, die sich kaum auf den Beinen halten konnten, vorschriftsmäßig strammzustehen. Mit dem Stock an den Stiefelschaft schlagend, ging der SS-Mann langsam durch die Reihen, die Angst der Häftlinge genießend. ›So, Juden seid ihr? Aus Polen seid ihr? Da komm' ich gerade her! Da hättet ihr mal sehen sollen, wie wir dem Judengesindel die Schädel eingeschlagen haben . . . Und eure Weiber erst! Wißt ihr, was wir mit denen gemacht haben? Denen haben wir mit dem Bajonett die Bäuche aufgeschlitzt, damit da keine neue Judenbrut herauskommt. Ja, das habt ihr wohl nicht erwartet, was?‹ Es war totenstill in der Baracke. Die Männer standen wie versteinert. Fast jeder hatte Frau und Kinder zurückgelassen. Dann hatten sie alle das furchtbare Sterben im ›Kleinen Lager‹ miterleben müssen. Aber sie hatten bislang nicht die Hoffnung verloren, daß ihr Leiden einmal ein Ende haben würde und daß sie dann zurückkehren könnten zu ihren Familien. Und nun hörten sie, was in Polen derweilen geschehen war! ›Na, da staunt ihr wohl, ihr Saujuden?‹ fuhr der junge SS-Mann fort. ›Wißt ihr, was wir mit eurer Brut gemacht haben? Habt ihr mal gesehen, wie solch ein Judenbalg zappelt, wenn es auf ein Bajonett aufgespießt ist?‹

Er grinste dabei höhnisch, schaute sich jedes der totenblassen Gesichter der Reihe nach an und weidete sich an dem Grauen, das er verbreitete.

Aber dann geschah etwas, auf das niemand vorbereitet war: Eine schneidende Stimme schrie aus der Ecke, wo der Stubendienst untergebracht war: *›Das glaube ich nicht!‹*

Wütend fuhr der SS-Mann herum. ›Wer war das?‹ schrie er. Und zum zweiten Mal vernahmen wir die scharfe Stimme: *›Ich! Ich glaube das nicht! Ich war im Weltkrieg vier Jahre als Landser draußen – ein deutscher Soldat tut so etwas nicht . . .!‹*

»Jetzt wußte ich«, hatte mein Freund seinen Bericht beendet, »wer den SS-Mann derartig herausgefordert hatte: Leopold Moses, ein Mann von etwa fünfzig Jahren. Ich erwartete für ihn das Schlimmste. Ich stand hinter dem SS-Mann. Ich sah, wie seine Ohren rot wurden. Uns allen stockte der Atem. Würde er den Herausforderer jetzt niederknüppeln oder zur Pistole greifen? Doch da drehte sich der Bursche um und ging wortlos zur Tür. Er schaute keinen mehr an und verschwand im Nebel . . .«

Daran mußte ich denken, als ich in Herrn Bergers Wohnzimmer das alte Gruppenbild aus Weimar-Buchenwald sah, aufgenommen im selben Februar 1940, nur wenige Schritte entfernt von den Überresten des ›Kleinen Lagers‹ und vom Block 21 . . .

Ich hörte aus der Küche das Pfeifen des Kessels. Gleich würde Herr Berger wiederkommen und mir Tee anbieten. Sollte ich ihn nach seinen Eindrücken vom Lager Buchenwald fragen? Ich würde von ihm doch nur hören, wie makellos sauber und ordentlich er dort alles angetroffen hätte, besonders den Appellplatz – kein Fitzelchen Papier, kein abgebranntes Streichholz auf der ganzen riesigen Fläche . . .

Nein, ich wollte etwas anderes von ihm erfahren, und so fragte ich ihn, nachdem er mir den Tee eingeschenkt hatte: »Sie wurden doch im Frühjahr 1940 dem Judendezernat der Gestapo-Leitstelle Düsseldorf zugeteilt – haben Sie sich darum beworben? Und wie war Ihre Einstellung zu dem, was man damals ›die Judenfrage‹ genannt hat?«

Zum erstenmal wurde Herr Berger etwas unsicher.

»Ja, wie soll ich Ihnen das erklären?« begann er. »Sie werden das doch nicht verstehen . . . Sie müssen wissen: Wir waren zu Hause streng katholisch. Mein Vater war ein kaisertreuer Beamter und im Katholischen Männerwerk aktiv. Mit den Völkischen und Antisemiten hatte er nichts im Sinn, aber er hat mir als Kind verboten, mit den Judenkindern von nebenan zu spielen – Gottschalk hießen sie. Ich durfte von Frau Gottschalk nicht mal ein Bonbon annehmen . . .«

Er berichtete dann auch noch von anderen Erlebnissen mit Juden:

Im Gasthaus seines Onkels habe ein jüdischer Viehändler Meyer verkehrt – ein unangenehmer Kerl, und beim Militär hatte er einen jüdischen Ausbilder, den Gefreiten Louis Heymann, der sei ein so vorbildlicher Soldat gewesen, daß er und seine Kameraden hinter seinem Rücken gewitzelt hätten, der wäre gar kein Jude; seine Mutter hätte sich wohl mit einem Offizier eingelassen.

Es folgten noch weitere solcher Erinnerungen, und schließlich sagte Herr Berger: »Also, wirklich – ich kann nicht sagen, daß ich feindselig eingestellt gewesen wäre ... Und beinahe – Sie werden es kaum glauben! – hätte ich 1926 ein Mädchen aus jüdischer Familie geheiratet! Doris Rosenthal hieß sie. Ihr Vater hatte ein gutgehendes Textilgeschäft. Wir mochten uns sehr, und die Doris wollte sich auch taufen lassen. Ich war gerade Beamter auf Lebenszeit geworden, aber der alte Rosenthal wollte nicht, daß seine Tochter katholisch würde und einen Polizisten heiratete. Na ja – es war ein Glück, daß nichts daraus wurde. Später habe ich manchmal daran denken müssen ... Manche von den Leuten haben mir richtig leid getan, wenn wir sie evakuieren mußten ...«

Er sagte tatsächlich ›evakuieren‹, so als hätte die Gestapo ihre ›Schutzbefohlenen‹ in Sicherheit gebracht und sie nicht ausgeplündert und dann mit Viehwaggons in die Vernichtungslager verfrachtet ...!

»Sie sind doch sicherlich besonders geschult worden, ehe Sie dem Judendezernat zugeteilt wurden?«

Herr Berger lachte.

»Und wie! Rassenkunde hatten wir und weltanschaulichen Unterricht, außerdem einen Extrakurs über ›Die rechtliche Stellung der Juden‹ ... Am schlimmsten war der weltanschauliche Unterricht bei Hauptsturmführer Kleinschmidt. Da haben wir büffeln müssen – schlimmer als in der Schule! – Warten Sie, ich glaube, ich habe noch ...«

Aus dem Hutfach seines ›altdeutschen‹ Kleiderschranks holte er einen Aktenordner, der säuberlich mit ›W. U.‹ beschriftet war. Er enthielt Auszüge aus Hitlers ›Mein Kampf‹, Schriften des ›Stürmer-Buchverlags‹ und einzelne Seiten aus dem ›Zentralorgan der Schutzstaffeln der NSDAP‹ mit dem Titel ›Das Schwarze Korps‹.

Er gab mir den Ordner, und ich blätterte durch die vergilbten Seiten. Einiges war von Berger rot angestrichen worden, zum Beispiel diese Passage aus Adolf Hitlers ›Mein Kampf‹: ›Es ist selbstverständlich, daß sich in der Gesamtsumme der Volkszahl einer Nation für alle möglichen Gebiete des täglichen Lebens Talente finden werden. Es ist weiter selbstverständlich, daß der Wert des

Wissens um so größer sein wird, je mehr das tote Wissen vom entsprechenden Talent des einzelnen beseelt wird. *Schöpferische Leistungen selbst können überhaupt nur entstehen, wenn Fähigkeit und Wissen eine Ehe bilden.*

Wie grenzenlos die heutige Menschheit in dieser Richtung sündigt, mag noch ein Beispiel zeigen. Von Zeit zu Zeit wird in illustrierten Blättern dem deutschen Spießer vor Augen geführt, daß da oder dort zum erstenmal ein Neger Advokat, Lehrer, gar Pastor, ja Heldentenor oder dergleichen geworden ist. Während das blödselige Bürgertum eine solche Wunderdressur staunend zur Kenntnis nimmt, voll von Respekt für dieses fabelhafte Resultat heutiger Erziehungskunst, versteht der Jude sehr schlau, daraus einen neuen Beweis für die Richtigkeit seiner den Völkern einzutrichternden Theorie von der *Gleichheit der Menschen* zu konstruieren. Es dämmert dieser verkommenen bürgerlichen Welt nicht auf, daß es sich hier wahrhaftig um eine Sünde an jeder Vernunft handelt; daß es ein verbrecherischer Wahnwitz ist, einen geborenen Halbaffen so lange zu dressieren, bis man glaubt, aus ihm einen Advokaten gemacht zu haben, während Millionen Angehörige der höchsten Kulturrasse in vollkommen unwürdigen Stellungen verbleiben müssen; daß es eine Versündigung am Willen des ewigen Schöpfers ist, wenn man Hunderttausende und Hunderttausende seiner begabtesten Wesen im heutigen proletarischen Sumpf verkommen läßt, während man Hottentotten und Zulukaffern zu geistigen Berufen hinaufdressiert. Denn um eine Dressur handelt es sich dabei, genauso wie bei der des Pudels, und nicht um eine wissenschaftliche ›Ausbildung‹. Die gleiche Mühe und Sorgfalt auf Intelligenzrassen angewendet, würde jeden einzelnen tausendmal eher zu gleichen Leistungen befähigen‹.

War Herr Berger, ein Angehöriger der ›höchsten Kulturrasse‹, vielleicht mit seiner ›vollkommen unwürdigen Stellung‹ als Kriminalsekretär unzufrieden gewesen? Hatte es ihn gewurmt, daß er bei Beförderungen immer wieder übergangen worden war, weil er nicht die höhere Schule hatte besuchen können? Unter den Juden im Bereich der Gestapo-Leitstelle Düsseldorf waren sehr viele Akademiker – Ärzte, Rechtsanwälte, höhere Beamte, Richter und bei der Industrie tätige Chemiker und Physiker. Hatte Herr Berger sich mit der vom ›Führer‹ selbst verkündeten ›Erkenntnis‹ getröstet, daß es sich bei diesen gesellschaftlich Aufgestiegenen von ›minderwertiger Rasse‹ um bloße ›Dressurprodukte‹ handelte und daß er selbst ›tausendmal eher zu gleichen Leistungen befähigt‹ wäre?

Auf einem anderen Blatt in Herrn Bergers Ordner war wiederum ein Absatz angestrichen. Unter der Überschrift ›Die Volksvergifter‹ war da von dem unterschiedlichen Aussehen der Juden die Rede: ›Wie die Giftschlangen unter den Tieren, so treiben es die Juden unter den Menschen. Solange der Jude seiner Beute nicht sicher ist, tut er so, als wäre er der harmloseste und bravste Mensch. Er gibt sich sogar den Anschein, als ob er ein armer Tölpel wäre, dem man Mitleid entgegenbringen müsse. Viele Nichtjuden lassen sich dadurch täuschen.

Giftschlangen gibt es in den verschiedensten Arten, Giftschlangen gibt es in den verschiedensten Ländern der Welt. Dasselbe gilt auch für die Juden. Es gibt kleine und große, dicke und magere, schwarzhaarige und selbst blonde Juden. Es gibt reiche und arme Juden. Es gibt jüdische Hausierer, Geschäftsleute, Händler, Ärzte, Anwälte, Gelehrte, Politiker und Börsenkönige. Es gibt Juden in Deutschland, England und Italien, in Europa, Afrika, Asien, Australien und Amerika. Aber selbst wenn sie das verschiedenste Aussehen haben, wenn sie die verschiedensten Berufe bekleiden und die verschiedensten Sprachen der Welt sprechen, sie sind und bleiben Juden. Sie sind und bleiben die Giftschlangen unter den Menschen.

Die Aufklärung allein aber kann die Judenfrage nicht lösen. Ein Volk, das den Juden kennt, muß auch die Kraft haben, rücksichtslos gegen den Weltfeind vorzugehen. Ebenso wie die Schlangengefahr erst dann völlig behoben ist, wenn mit den Giftschlangen restlos aufgeräumt ist, so ist die Judenfrage erst dann gelöst, wenn das Judentum vernichtet ist. Die Menschheit muß wissen, daß es in der Judenfrage nur ein hartes ›Entweder-Oder‹ gibt; denn: Töten wir nicht die jüdische Giftschlange, dann tötet sie uns.‹

Ich fand noch eine dritte angestrichene Stelle: In einer ›Seminararbeit‹, der man ansah, daß sie auf einer Schreibmaschine von jemandem getippt worden war, der darin wenig Übung gehabt hatte, hieß es, rot unterstrichen: ›Vor- und Familiennamen, Aussehen, Sprache, Beruf, Habitus und alle anderen Merkmale können täuschen. Letzte Sicherheit bringt nur der Ariernachweis (Taufbescheinigungen aller Groß- und Urgroßelternteile). Indessen wird ein Beamter mit langjähriger Praxis durch seinen geschulten Instinkt jeden Juden oder Judenmischling sofort erkennen.‹

Ich schloß den Ordner wieder, gab ihn Herrn Berger zurück und sagte: »Das ist wirklich phantastisch!«

Dabei dachte ich an die schreckliche Unlogik dieser ›Rassen‹-lehre, die einerseits nur das ›Blut‹ gelten lassen wollte, anderseits, weil es keine biologischen Unterscheidungsmöglichkeiten gab, die Religion der Vorfahren zum einzig sicheren Merkmal der ›Rasse‹ gemacht hatte.

Doch Herr Berger verstand meine Äußerung ganz anders.

»Ich kann Ihnen versichern: Mit dieser Ausbildung und der Erfahrung von einigen Monaten Praxis konnte ich einen Juden auf dreißig Schritt Entfernung erkennen – der konnte sich so unauffällig benehmen, wie er wollte, und so blond und blauäugig sein wie ein SS-Junkerschulen-Anwärter! Ich hatte dafür einen todsicheren Instinkt . . . «

Er merkte plötzlich, daß er sich vergaloppiert hatte, und fügte rasch hinzu: »Ich habe natürlich oft ein Auge zugedrückt, wenn es sich mit den Vorschriften gerade noch vereinbaren ließ. Aber erkannt habe ich jeden und jede . . .«

Sein Berufsstolz hatte wieder die Oberhand gewonnen, und dies schien mir der richtige Augenblick, ihn zu fragen: »Erinnern Sie sich an Oberschwester v. Anders – Schwester Maxi?«

Natürlich erinnerte er sich. Sie hatte schließlich viele Monate lang seine behinderte Tochter betreut.

»Eine großartige Frau«, sagte er. »Ich weiß noch, wie unsere Gudrun zum erstenmal ›Papa‹ zu mir gesagt hatte – ohne Schwester Maxi . . .«

»Erinnern Sie sich vielleicht auch noch an Major v. Elken?« unterbrach ich ihn.

Er dachte nach. Dann fiel es ihm wieder ein: »Ja gewiß, jetzt weiß ich, wen Sie meinen: den pensionierten Kavallerieoffizier aus Potsdam, der sich unbedingt reaktivieren lassen wollte! Ich traf ihn ein paarmal bei Frau Ney, und wir sprachen über dies und das. Ein kauziger alter Herr und ein richtiger Kommißkopp war das! Ich erinnere mich, daß er mich einmal fragte, für welches Dezernat ich zuständig sei, und als ich es ihm sagte, meinte er sehr ernst: ›Da haben Sie aber eine sehr schwere und verantwortungsvolle Aufgabe!‹ Das hat mir damals mächtig imponiert . . .«

Ich nannte ihm noch weitere Namen von Männern und Frauen, denen er bei den Neys und später auch bei meiner Mutter bestimmt einmal begegnet war, aber er schüttelte den Kopf. Nur an eine Dame konnte er sich noch erinnern: Frau Wandel, die so wunderschön Klavier spielen konnte . . .

»Sie haben doch auch einmal die Bekanntschaft von Monsignore Sprüngli gemacht, nicht wahr? Ich meine den geistlichen Herrn, der 1940 aus der Schweiz eingereist ist, um die Kriegsgefangenen zu beschenken . . .«

›Tante Änne‹ hatte mir von Herrn Sprünglis Begegnung mit Herrn Berger erzählt, auch daß der Gestapo-Beamte dem ›Monsignore‹ den Ring zu küssen versucht hatte.

Allmählich begann es Herrn Berger zu dämmern, warum ich ihn nach allen diesen Leuten fragte.

»War der Monsignore etwa – war er vielleicht . . .? Doch wohl nicht jüdisch – oder?« erkundigte er sich sehr zögernd und fügte dann eilig hinzu: »Ehrlich gesagt: Ich hatte die ganze Zeit so ein unbestimmtes Gefühl, daß mit diesem Geistlichen irgend etwas nicht stimmte . . . Also, das war ein Jude . . .?! Der muß aber verdammt gute Nerven gehabt haben!«

»Ja, die hatte er«, sagte ich, »aber Jude war *der* nun gerade nicht. Das war ein kommunistischer Funktionär – der Kurier der illegalen Parteileitung . . . Aber, was die anderen betrifft – Schwester Maxi, Major v. Elken und die schöne Frau Wandel, die Ihnen Schumann und Schubert vorgespielt und Sie zu Tränen gerührt hat –, das waren tatsächlich jüdische Flüchtlinge, und bei denen hat Sie Ihr untrüglicher Instinkt glücklicherweise im Stich gelassen . . .«

Es dauerte eine ganze Weile, bis er sich wieder gefaßt hatte.

Dann sagte er: »Hören Sie, ich habe immer nur meine Pflicht getan – nicht mehr und nicht weniger! Ich habe mir nichts vorzuwerfen – außer daß ich mich von meinen Vorgesetzten dazu habe überreden lassen, aus der Kirche auszutreten, und das habe ich gleich nach dem Krieg wieder rückgängig gemacht . . . Wirklich, ich freue mich daß es diesen prächtigen Menschen gelungen ist, sich allen Widrigkeiten zum Trotz zu behaupten. Ich habe immer gesagt: Der Tüchtige setzt sich durch, auch wenn es ihm noch so schwer gemacht wird. Das hat sich ja auch bei mir gezeigt – oder glauben Sie, es war leicht, nur mit Volksschulabschluß bis zum Hauptkommissar aufzusteigen?!«

13. Eine Künstlerin auf Tournee I

In demselben D-Zug, mit dem ›Schwester Maxi‹ und ich im Juni 1942 in Düsseldorf angekommen waren, hatte sich noch ein weiterer Flüchtling befunden: Frau Uta Wandel.
Für sie hatte ich – Herr Desch legte großen Wert darauf – ein elegantes Sommerkostüm, hochhackige Pumps sowie einen großen Hut nach Berlin mitgebracht, außerdem eine Bescheinigung der Standortkommandantur Düsseldorf, die ›Griesgen‹ Ney besorgt hatte. Sie besagte, daß Frau Wandel als Künstlerin im Rahmen der Truppenbetreuung ›eingesetzt‹ und ›auf Dienstreise‹ sei. Sie hatte Anspruch auf Dienstfahrscheine 1. Klasse. Ich hatte sie auf dem Bahnsteig in Empfang genommen, und Herr Desch war, nachdem er ›Schwester Maxi‹ zum Krefelder Zug gebracht hatte, mit Frau Wandel durch die Sperre gegangen und hatte mit ihr die Ausweiskontrolle passiert. Aus einiger Entfernung hatte ich beobachten können, wie ein SS-Führer, der Herrn Desch offenbar kannte, auf das auffallend elegante Paar zugeeilt war und die beiden mit ausgesuchter Höflichkeit an seinen Leuten vorbeigeschleust hatte.
»Brauchen Sie ein Taxi, Gnädigste?« hörte ich ihn fragen. Aber Herr Desch hatte seinen eigenen Wagen mitgebracht, mit dem er Frau Wandel nach Oberkassel zu Fräulein Bonse fuhr, wo sie fürs erste wohnen sollte.
Ehe sie dann im Spätherbst 1942 als angeblich Ausgebombte nach Bayern, in ein abgelegenes Dorf an der böhmischen Grenze, ›evakuiert‹ und damit endgültig in Sicherheit gebracht werden konnte – denn von da an hatte sie eine echte Kennkarte, wenn auch auf ihren falschen Namen lautend, und hatte Anspruch auf Lebensmittel- und andere Karten –, wohnte sie noch für etwa vier Wochen bei Änne Ney. Und dort war sie dann zwei- oder dreimal Herrn Berger begegnet, der seine Frau, die den Neys das Landhaus besorgte, hin und wieder mit dem Dienstwagen abholte.
»Meine Nichte Uta«, hatte ihm ›Tante Änne‹ erklärt, als er eines Abends in der Diele auf seine Frau wartete und gebannt dem Klavierspiel lauschte, das aus einem der Zimmer zu hören war.

»Sie spielt wundervoll, nicht wahr?«
›Tante Änne‹ hatte gehofft, damit Herrn Bergers Neugier befriedigt zu haben, doch er hatte sie geradezu inständig gebeten, für einen Augenblick eintreten und das Stück – ein Lied aus Schuberts Zyklus ›Die schöne Müllerin‹ – zu Ende hören zu dürfen. ›Tante Änne‹ hatte nicht umhin gekonnt, ihn leise ins Zimmer zu führen und ihm einen Stuhl anzubieten.
Herr Berger war von Uta, ihrer Schönheit und ihrem einfühlsamen Spiel ganz hingerissen. Das abendliche Dämmerlicht, die letzten Sonnenstrahlen, die auf das lange blonde Haar der Pianistin fielen, hatten wohl ein übriges getan – jedenfalls beteuerte ›Tante Änne‹ später, sie könnte beschwören, daß sich Herr Kriminalsekretär Berger Tränen aus den Augen gewischt hätte und daß sie fast sicher wäre, von ihm so etwas wie ›deutsche Kunst in ihrer höchsten und reinsten Form, ein Erlebnis wie das des Standbildes der Uta am Dom zu Naumburg‹ gehört zu haben . . . Jedenfalls kam Herr Berger wieder, und Uta mußte, eigens für ihn, Schubert spielen. Er war wieder zutiefst gerührt und dann sehr enttäuscht, als er Ende Oktober von Utas Abreise hörte.
»Sie ist auf das Gut ihrer Eltern nach Westpreußen gefahren«, hatte ihm ›Tante Änne‹ erzählt. »Dort wird sie gebraucht – der Inspektor ist einberufen worden. Sie macht jetzt die ganze Verwaltung allein . . .«
Herr Berger hatte sich daraufhin zu der Bemerkung verstiegen, Uta hätte ihm so recht vor Augen geführt, worum es ginge bei dem großen Abwehrkampf gegen Bolschewismus und Judentum, ja, sie wäre für ihn ›die Verkörperung deutschen Frauentums schlechthin‹ . . .
»Sie heißt Wanda Rubinstein«, hatte Herr Desch meiner Mutter gesagt, ehe ich ihr die Sachen nach Berlin brachte, wo sie untergetaucht war. »Sie ist 27 Jahre alt, in Warschau aufgewachsen, spricht Polnisch, aber auch perfekt Deutsch mit wenig Akzent, außerdem fließend Französisch. Sie war nach dem Abitur auf einer Handelsschule, beherrscht alle Büroarbeiten, war auch ein Jahr in Lausanne und hat dann Musik studiert – Piano und Gesang . . . Was meinen Sie: Wie könnte sie heißen, und welchen Beruf sollen wir ihr geben?«
Meine Mutter hatte noch etwas mehr über sie wissen wollen, zumal über Größe und Aussehen.
Herr Desch hatte sie als ›gut aussehend, mittelgroß, schlank, recht sportlich‹ beschrieben, ›mit rötlich-blonden Haaren, graublauen Augen, gerader, ziemlicher kleiner Nase und ovalem, etwas blas-

sem Gesicht . . .‹, und hinzugefügt, sie mache zwar einen recht ›damenhaften‹ Eindruck, wirke aber auch durchaus praktisch veranlagt und recht energisch. Die beiden waren dann übereingekommen, Fräulein Rubinstein in eine Künstlerin auf Tournee zu verwandeln und sie ›Wandel‹ zu nennen. Außerdem sollte sie einen ›kernigen‹ Deutschen Vornamen bekommen, woraus dann nach einigem Hin und Her ›Uta‹ wurde. Wir machten sie auch noch zur Kriegerwitwe, die mit einem an der Ostfront gefallenen Oberleutnant für nur kurze Zeit verheiratet gewesen war, und zur Tochter eines – ebenfalls gefallenen – Rittmeisters und Gutbesitzers v. Schön. Solch tragischer und zugleich respektabler Hintergrund würde ihr gewiß helfen, zudem aufdringliche Verehrer auf Distanz halten.

»Sie braucht jetzt Ruhe«, hatte Herr Desch noch gesagt, »sie hat Schreckliches durchgemacht.«

Mehr erfuhren wir zunächst nicht. Zweieinhalb Jahre später, einige Wochen nach Kriegsende, traf ich ›Uta Wandel‹ in jenem abgelegenen Dorf nahe der bayerisch-tschechischen Grenze wieder, wo meine Mutter für sich und einige Freunde ein Ausweichquartier gefunden hatte. Sie hieß nun wieder Wanda Rubinstein, und ich erfuhr etwas mehr über sie.

Erst 1980, als sie aus Mexiko auf kurzen Besuch nach Westdeutschland kam, gab sie mir auf meinen Wunsch hin einen umfassenden Bericht ihrer Erlebnisse während der Kriegsjahre.

»Im Sommer 1939 fuhr ich in den Ferien zu meinem Onkel Louis nach Lodz. Ich war damals 24 Jahre alt, studierte Musik am Staatlichen Konservatorium in Warschau und war, wie ich rückblickend sagen kann, ein sehr verwöhntes und ziemlich oberflächliches junges Mädchen.

Onkel Louis, der ältere Bruder meines Vaters, war ein wohlhabender Mann, dem eine Textilfabrik in Lodz gehörte. Er hatte einige Monate zuvor seine Frau verloren und war bald danach aus seiner Villa, wo noch seine Schwiegermutter, deren Schwester sowie zwei Schwestern seiner verstorbenen Frau lebten, in eine ganz moderne, sehr elegante Etagenwohnung in der Magistracka 36 umgezogen. Ich sollte ihm bei der Einrichtung helfen, ihn etwas aufheitern und im neuen Haushalt nach dem Rechten sehen. Doch für alles sorgten bereits Onkels Köchin Jadwiga und deren Nichte Olga. Es gab für mich wenig zu tun. So spielte ich meist Tennis mit meinem siebzehnjährigen Vetter Benny und dessen Freunden und ritt aus in die Heide, oft in Begleitung jüngerer Kavallerieoffiziere.

Damals, im August 1939, war immerfort die Rede davon, daß es jeden Augenblick Krieg mit Deutschland geben könnte. Ich fand das sehr aufregend, ohne mir der möglichen Folgen bewußt zu sein. Es gab damals täglich blutige Zusammenstöße in der Stadt zwischen polnischen Nationalisten und Volksdeutschen, aber wir, draußen am Westrand der Stadt, merkten davon wenig. Am Sonntag, dem 27. August, sollte es im Tennisclub ein großes Sommerfest geben. Erst als wegen ›drohender Kriegsgefahr‹ abgesagt wurde, kam mir der Ernst der Lage voll zum Bewußtsein.

Von jetzt an saßen wir ständig am Radioapparat und hörten die in- und ausländischen Nachrichtensendungen. Mehrmals schien es so, als könnte der Krieg noch verhindert werden, aber am 1. September eröffneten die Deutschen die Feindseligkeiten. Mein Vater, mit dem ich bis dahin täglich telefoniert hatte, glaubte an einen polnischen Sieg. Er sagte: ›In einer Woche sind wir in Berlin . . .!‹ Onkel Louis hingegen war pessimistisch. Er meinte, unsere einzige Hoffnung sei die rasche Hilfe der Franzosen und Engländer, und als am 3. September Großbritannien und Frankreich an die Seite Polens traten, atmete er auf. ›Vielleicht‹, sagte er, ›greifen sie noch schnell genug ein, um uns zu retten . . .‹ Ich hingegen war mit ganzem Herzen bei denen, die jetzt für Polen kämpften, und glaubte den Siegesnachrichten, die Radio Warschau täglich verkündete.

Dann kam ein Telegramm von meiner Mutter. Es meldete den Heldentod meines Vaters. Bei einem selbstmörderischen Kavallerieangriff auf deutsche Panzer war er gefallen.

Das war am 8. September. Mutter forderte mich auf, sofort nach Hause zu kommen. Am nächsten Tag wollte mich Onkel Louis mit dem Auto nach Warschau bringen, als uns die Schreckensnachricht erreichte: ›Die Deutschen sind da! Ganz Lodz ist vom Feind besetzt!‹ Ich konnte es nicht glauben, bis ich selbst die Panzer durch die Straßen rollen sah. Die große Stadt* und mit ihr die ganze Industrieregion war kampflos von der Wehrmacht erobert worden . . .!

Es haben sich dann in Lodz die schrecklichsten Dinge ereignet: Zunächst waren es die Volksdeutschen, die an allen ihnen bekannten polnischen Patrioten die furchtbarsten Greuel verübten. Menschen wurden aus den Fenstern gestürzt, auf der Straße erschlagen

* Łódź (unter deutscher Besetzung: Litzmannstadt) hatte 1939 über 650000 Einwohner, davon waren etwa 70000 Volksdeutsche und etwa 260000 Juden. Zwei Drittel der Bevölkerung waren verelendete Textilarbeiter und deren Angehörige, die unter frühkapitalistischen Bedingungen in den Groß- und Mittelbetrieben arbeiteten und in erbärmlichen Behausungen lebten. Die meisten Textilarbeiter waren Juden.

und buchstäblich in Stücke zerrissen, in Abortgruben ertränkt oder an Laternen aufgehängt.
Dann kamen die ersten Berichte über Judenverfolgungen, an denen sich auch die deutschen Soldaten beteiligten: Jüdische Geschäfte wurden geplündert, Männern auf der Straße der Bart abgeschnitten, Rabbiner mißhandelt, Frauen vergewaltigt und deren Angehörige, die sie schützen wollten, mit dem Gewehrkolben niedergeschlagen ... Aber das war nur der Anfang: Schon drei Tage nach dem Einmarsch begann ein sogenanntes Einsatzkommando der SS, mit vorbereiteten Listen Angehörige der polnischen Oberschicht ›abzuholen‹: Ärzte, Anwälte, Direktoren, Lehrer, pensionierte Offiziere und katholische Geistliche. Zusammen mit den inzwischen zu ›Hilfspolizisten‹ ernannten Volksdeutschen erschoß die SS die Festgenommenen ohne Gerichtsverfahren! Es müssen Hunderte gewesen sein, die in diesen ersten Tagen allein in Lodz verschleppt und umgebracht worden sind. Bald hörten wir auch von Erschießungen prominenter Juden durch die SS. Unter den ersten Opfern war ein mit Onkel Louis befreundeter Chirurg – dessen Witwe fand dann bei uns Aufnahme, weil ihre Villa ausgeplündert und ›beschlagnahmt‹ worden war.
Am Abend des 17. September hörten wir im Radio, daß ganz Ostpolen von den Truppen der Sowjetunion besetzt worden war und daß nur noch Warschau und die Seefestung Westerplatte den Deutschen Widerstand leisteten. Am 23. September kam das ›Sondergericht‹ nach Lodz. Die erste Folge davon war für uns, daß Onkel Louis' Villa, in der noch die ganze Verwandtschaft seiner verstorbenen Frau wohnte, für die Sonderrichter requiriert wurde. Onkels Schwiegermutter, deren 80jährige Schwester und die beiden Schwägerinnen wurden von den Deutschen einfach auf die Straße gejagt. Nichts durften sie mitnehmen, und sie kamen völlig verstört bei uns an.
Am 27. September hörten wir im Radio, daß nun auch Warschau kapituliert hatte. Am nächsten Tag kamen Professor Lipschitz und dessen Frau, alte Freunde meiner Eltern. Sie waren eine Woche zuvor aus Warschau geflüchtet – nach einem schweren Bombenangriff, dem, wie ich nun erfuhr, meine Mutter und meine jüngere Schwester zum Opfer gefallen waren. Unser Haus war vollständig zerstört worden ... Der Professor, dem ein Bombensplitter in den Rücken gedrungen war, starb zwei Tage nach seiner Ankunft bei uns. Wir hatten große Mühe, einen Leichenbestatter zu finden, und als wir ihn aufgetrieben hatten, sagte er uns, es gäbe nur noch Massengräber ...

Am 1. Oktober wurde der schwerverletzte Rabbiner Dr. Samuelsohn zu uns gebracht. Er war vor unserer Haustür von betrunkenen Soldaten furchtbar mißhandelt worden. Er erzählte uns von den Gehenkten, die er im Park Poniatowski, vor dem Kreisgericht und entlang der Petrikauer Straße gesehen hatte. Sie waren vom ›Sondergericht‹ im Schnellverfahren wegen geringfügiger Verletzungen der strengen Vorschriften zum Tode verurteilt und öffentlich aufgehängt worden ...

Durch die vielen Flüchtlinge, die bei uns untergebracht waren, wurde unsere Versorgung mit Lebensmitteln und anderem Notwendigen von Tag zu Tag kritischer. Jadwiga, Onkels Köchin, war die einzige, die sich noch aus dem Haus traute und ab und zu gegen hohen Aufpreis Lebensmittel beschaffte.

In den Geschäften gab es kaum noch etwas, weil die Versorgung stockte und die Vorräte von den deutschen Soldaten aufgekauft oder geplündert worden waren. In den Läden, vor denen die Leute Schlange standen, mußte jeder, der eine deutsche Uniform trug, bevorzugt bedient werden. Auf der Straße, so berichtete Jadwiga empört, hatten die Zivilisten den Bürgersteig sofort zu verlassen und in die Gosse zu treten, sobald ein Uniformierter sich nahte.

Jeder Soldat und jeder volksdeutsche Hilfspolizist hatte das Recht, die Passanten zu allen möglichen Arbeiten heranzuziehen und sie mit Stock- oder Peitschenhieben anzutreiben, wenn sie nicht eifrig und schnell genug die irgendwo ›beschlagnahmten‹ Möbel transportierten, geplünderte Ware auf Lastwagen luden oder die Straße fegten ... NSKK*-Männer regelten den Straßenverkehr und schlugen mit Gummiknüppeln auf jeden ein, der etwas falsch machte.

Ende Oktober wurde ich krank. Jadwiga überredete mich, aus Onkel Louis' überfüllter Fünfzimmerwohnung in die Dreizimmerwohnung nebenan umzuziehen, wo die Dienstboten wohnten. Sie brachte mich in dem Zimmer unter, das sie mit ihrer Nichte Olga bewohnte, und so hatte ich wenigstens tagsüber einen Raum für mich allein.

Am 9. November – ich hatte kein Fieber mehr – erzählte mir Jadwiga, als sie abends aus der Stadt kam, es hätte vorhin eine große Kundgebung der Volksdeutschen stattgefunden; ein neuer Statthalter** sei als Gouverneur des gesamten ›Lodscher‹ Gebiets ein-

* NSKK: Nationalsozialistisches Kraftfahr-Korps, eine Untergliederung der NSDAP

** Bis zum 9. 11. 1939 residierte in Lodz der frühere Rechtsanwalt Dr. Hans Frank, der dann bis Kriegsende von Krakau aus das ›Generalgouvernement‹ regierte. Sein Nachfolger als Gauleiter und Reichsstatthalter im Warthegau war Arthur Greiser. Beide wurden nach dem Kriege in Polen abgeurteilt und hingerichtet.

gesetzt worden. Er habe eine von Lautsprechern übertragene Ansprache gehalten und verkündet, daß diese ›urdeutsche‹ Stadt künftig ›Litzmannstadt‹ heißen und in den neuen ›Warthegau‹ ›eingegliedert‹ werde. Auch alle Straßen, Plätze und öffentlichen Gebäude sollten nun deutsche Namen erhalten. ›Vom heutigen Tage an‹, sagte er am Schluß seiner Rede, ›ist Litzmannstadt wieder ein Teil des Großdeutschen Reiches.‹
Natürlich wußte jeder in Lodz, daß die Stadt nie zu Deutschland gehört hatte. Vor dem Ersten Weltkrieg war die Region ein Teil von Russisch-Polen, und vor 1850 hatte die Stadt noch gar nicht existiert. Lodz war erst entstanden, als dort auf Befehl des Zaren ein Zentrum der Textilindustrie buchstäblich aus dem Boden gestampft wurde. In den neunzig Jahren, die seitdem vergangen waren, hatte Lodz einen gewaltigen Aufschwung genommen, weil von dort das ganze Russische Reich mit billiger Konfektion beliefert wurde. Die dadurch arbeitslos gewordenen, meist jüdischen Schneider aus ganz Rußland waren nach Lodz gezogen und Industriearbeiter geworden. Die Bevölkerung der Region mit der Stadt Lodz war auf weit über eine Million gestiegen, und der jüdische Anteil lag bei etwa vierzig Prozent.
Das, so hatte der neue Statthalter versprochen, sollte aber nun anders werden: Litzmannstadt müßte so rasch wie möglich von Juden, Polen und anderen Nichtdeutschen ›gesäubert‹ werden ...!
An diesem Abend des 9. November 1939 hörte ich auch von Jadwiga, was sich im sechzig Kilometer entfernten Turek etwa zehn Tage zuvor abgespielt hatte: Dort hatte die deutsche Polizei, wie fast täglich in allen polnischen Städten, eine Razzia durchgeführt, Männer und Frauen auf der Straße nach Waffen durchsucht, und dabei war es wieder zu Mißhandlungen gekommen. Als dann ein Polizist einen jüdischen Greis, der ihn wegen Schwerhörigkeit nicht verstehen konnte, als ›Befehlsverweigerer‹ niederschoß, kam es zu einer Panik. Einige Dutzend Juden flüchteten in die Synagoge, wo sie sich sicher glaubten. Die Polizisten drangen jedoch in das Gotteshaus ein. Mit Polizeihunden und Peitschenhieben jagten sie die Männer durch den Raum und quälten sie auf grausamste Weise. Wäre nicht ein höherer Offizier gekommen und hätte dem Treiben ein Ende gemacht, wären sicherlich alle umgebracht worden ...
Am nächsten Morgen, dem 10. November, einem Freitag, nahm ich Onkel Louis beiseite und sagte ihm, ich wollte nicht länger tatenlos herumsitzen und weiteres Unheil abwarten. Er war zu dem gleichen Entschluß gekommen, und gemeinsam überlegten wir,

wie wir aus Lodz fliehen und uns zur Ostseeküste durchschlagen könnten, um von dort aus das neutrale Schweden zu erreichen. Onkel Louis hatte in Zoppot ein großes Segelboot mit Hilfsmotor liegen. Damit wollten wir bei Nacht zu entkommen versuchen.
Es schien uns der einzige Ausweg, denn im ›Generalgouvernement‹, durch das wir uns in das nun sowjetisch besetzte Ostpolen hätten durchschlagen müssen, sollte es, nach allem, was wir gehört hatten, noch schlimmer sein als im ›Warthegau‹, der nun als Teil des Deutschen Reiches galt.
Am Sonntag gegen Abend, kurz vor Beginn der Sperrstunde, gingen mein Onkel und sein Sohn zum erstenmal aus dem Haus. Sie wollten sich im Kontor meines Onkels im Direktionsgebäude seiner Fabrik mit Herrn Twardowski, dem Prokuristen, treffen, den Jadwiga mittags davon benachrichtigt hatte. Ich vermute, daß mein Onkel in sein Werkskontor gegangen war und Benny mitgenommen hatte, um aus seinem Safe Bargeld zu holen.
Am Montagmorgen, gleich nach Aufhebung der nächtlichen Ausgangssperre, wollte er heimkehren, doch wir warteten vergeblich auf die beiden. Mittags schickte ich Jadwiga zu Frau Twardowski, die ebenfalls noch nichts von ihrem Mann gehört hatte und sehr in Sorge war. Dann stellte Jadwiga Nachforschungen in der Stadt an und erfuhr, daß die drei von einem Volksdeutschen denunziert und von der Hilfspolizei verhaftet worden waren. Sie sollten vor das Sondergericht kommen. Es gelang uns, einen Wächter zu bestechen und von Onkel Louis einige wichtige Nachrichten zu erhalten, ohne die es uns unmöglich gewesen wäre, das Unglück zu überstehen, das nun über uns hereinbrach. Denn schon am Dienstag, dem 14. November, verurteilte das Sondergericht nach einer Verhandlung, die nur fünfzehn Minuten dauerte, Onkel Louis, Benny und Herrn Twardowski wegen ›Wirtschaftssabotage‹ zum Tode, und schon eine Stunde später wurden die drei öffentlich gehenkt!
Am Nachmittag des nächsten Tages kam ein Justizwachtmeister vom Sondergericht, zusammen mit zwei deutschen Herren in Zivil, die, wie ich dann erfuhr, Richter waren und die Aufgabe hatten, in Lodz ›die ordentliche Gerichtsbarkeit‹ aufzubauen. Der Wachtmeister fragte mich barsch, ob dies eine ›Judenwohnung‹ sei, und als ich zögerte, gab er mir eine schallende Ohrfeige, worüber die deutschen Richter lachten. Sie hielten mich wohl für einen Dienstboten, weil ich ein Kopftuch und eine Kittelschürze trug, und sie befahlen mir, ›meiner Herrschaft‹ auszurichten, daß die Wohnung sofort zu räumen sei. Unten stände ein Lastwagen, der sie in ihr neues Quartier bringen würde.

Ich stammelte etwas von ›erst packen müssen‹ und daß die alten Damen krank seien. Aber der Justizwachtmeister herrschte mich an: ›Hier wird nichts gepackt! Einrichtung, Wäsche, Geschirr, Betten und Küchensachen werden nämlich gebraucht – nicht wahr, Herr Landgerichtsrat?!‹, worauf der so angeredete Zivilist wieder lachte und sagte: ›Allerdings, sehr dringend sogar. Das Personal kann übrigens bleiben, das können wir gut brauchen . . .‹, und dabei sah er mich in einer Weise an, die mir klarmachte, was er von mir erwartete.
Die beiden Zivilisten wollten sich dann die Wohnung ansehen, aber der Wachtmeister hielt sie zurück: ›Warten Sie noch ein paar Minuten, meine Herren!‹ Und dann scheuchte er alle, die in Onkel Louis' Wohnung untergebracht waren, aus den Zimmern, die Treppe hinunter und auf den bereitstehenden Lastwagen, der sie in die überfüllten jüdischen Arbeiterquartiere der Nordstadt brachte. Tante Minchen, die wegen ihres Hüftleidens nur sehr mühsam die Treppe hinunterkam, wurde so heftig gestoßen, daß sie zu Boden stürzte. Olga half mir, die alte Dame wieder aufzuheben und zum Wagen zu tragen, wo wir in aller Eile Abschied voneinander nahmen.
Als wir wieder nach oben kamen, hatten sich die Deutschen unsere Wohnung angesehen und waren ganz entzückt von dem Komfort, den sie vorfanden. Ehe sie wieder gingen, sagte der Wachtmeister zu uns: ›So, jetzt macht hier gründlich sauber! Bevor die Herren hier morgen einziehen, sehe ich mir alles genau an, und wenn ich den geringsten Schmutz finde, sollt ihr was erleben – verstanden?!‹ Dann fiel ihm noch etwas ein, und er fragte besorgt: ›Habt ihr etwa Wanzen?!‹
In der Hoffnung, sie vielleicht doch noch von der Beschlagnahme abhalten zu können, log ich und sagte: ›Ja, sehr viele . . .‹, doch er meinte dazu nur: ›Dann muß morgen auch noch der Kammerjäger an die Arbeit . . .‹
Damit verschwanden sie. Olga und ich sahen uns an: ›Wir müssen heute noch fort!‹
Mit Jadwiga, die gerade vom Einkaufen zurückkam und ganz fassungslos war, besprachen wir, wie wir verschwinden könnten und was wir mitnehmen sollten. Von Onkel Louis hatten wir nach seiner Verhaftung noch erfahren, wo an diesem Mittwochabend der Lastwagen stehen sollte, mit dessen Fahrer unsere Flucht verabredet war. Wir fanden ihn gerade vor Beginn der Ausgangssperre, verbrachten eine schreckliche Nacht im Laderaum und verließen am nächsten Morgen Lodz in Richtung Norden. Über Włocławek

kamen wir nach Thorn, wobei wir alle Kontrollen unbemerkt passierten.

Gegen Abend erreichten wir Starogard, etwa fünfzig Kilometer von der Küste entfernt. Dort setzte uns der Fahrer in einem Gasthaus ab.

›Hier müßt ihr ein paar Tage bleiben‹, sagte er. ›Sobald ich herausgefunden habe, wie es in Zoppot aussieht und wo ihr dort die Leute findet, die ihr braucht, hole ich euch!‹ . . .«

Es gibt über diese letzten beiden Tage in Lodz einen zweiten Augenzeugenbericht. Er stammt aus der Feder eines der deutschen Richter, die Wanda Rubinstein und deren Angehörige aus der Wohnung in der Magistracka 36 in Lodz vertreiben ließen, und fand sich in den Aktenbeständen des früheren Reichsministeriums der Justiz. Dort war er als Teil einer ›Chronik des Land- und Amtsgerichts Litzmannstadt‹ unter der Nummer Ip 20-33 207 im September 1942 mit deutscher Gründlichkeit abgeheftet worden.

14. Die Abenteuer eines deutschen Richters in Polen

»Die Geschichte des Land- und Amtsgerichts Litzmannstadt beginnt, wenn man es richtig nimmt, mit dem 10. November 1939. An diesem Tage wurde den etwa hundert Männern, die sich am 8. November in Frankfurt an der Oder als zweite Einsatzwelle für den Aufbau einer deutschen Justiz im Warthegau versammelt hatten, in Posen im Anschluß an richtungweisende Einführunsvorträge des Staatssekretärs Dr. Freisler* . . .ein Zettel in die Hand gedrückt, aus dem sie zum ersten Mal erfuhren, an welchen Orten . . . sie eingesetzt werden sollten. Daraus ergab sich . . ., wer für den Aufbau . . . in Lodz – damals hieß die Stadt ja noch so – bestimmt war . . .«

Es folgt die Aufzählung der Richter, Justizbeamten, Staatsanwälte, Gerichtsvollzieher und Justizangestellten, insgesamt 24 namentlich aufgeführte Personen. Dann heißt es weiter: »Die Überraschung der für Lodz Ausgewählten war groß und nicht gerade freudig. Was man von diesem Lodz bisher gehört hatte, war ja auch nicht sehr ermutigend: Im früheren russischen (kongreßpolnischen) Gebiet, hart am östlichen Rande des neuen Warthegaues gelegen, die berüchtigtste Brutstätte des berüchtigten Ostjudentums und von einem weitgereisten Schriftsteller einmal als die häßlichste Stadt Europas bezeichnet. Die Männer, die in dieser Stadt nun ihre Zelte aufschlagen sollten, erholten sich aber bald von dem ersten Schrecken. Als sie sich für den Osteinsatz bereit erklärt hatten – die meisten von ihnen waren keine ›Abkommandierten‹, sondern ›Freiwillige‹ –, wußten sie ja von vornherein, daß dieser Osteinsatz kein Ferienaufenthalt werden würde, sondern harte Aufbauarbeit bedeutete . . . Die nächsten Tage dienten dazu, die nötigsten ersten Vorbereitungen . . . zu treffen und sich im übrigen langsam an den

* Dr. Roland Freisler, geboren 1893 in Celle, NSDAP-Mitglied seit 1925, war von 1934–42 Staatssekretär im Reichsjustizministerium, danach – bis zu seinem Tod bei einem Bombenangriff im Februar 1945 – Präsident des berüchtigten ›Volksgerichtshofs‹. Er führte die Prozesse gegen die Verschwörer vom 20. Juli 1944 durch.

Ostwind zu gewöhnen. Schließlich wurde der Tag der Abreise auf den 15. November festgesetzt. Aber da begannen schon die ersten Schwierigkeiten: Wie sollte man dorthin überhaupt kommen? Die direkte Bahnverbindung war durch die Kriegsereignisse unterbrochen ... Da wurde schließlich ein Postautobus ›organisiert‹, und mit ihm ging es dann in den frühen Morgenstunden des 15. November 1939 von Posen los. Es war eine abenteuerliche Fahrt ... über Notbrücken, ...durch zerstörte Dörfer, in denen oft nur noch die nackten Schornsteine in den Himmel ragten, ... vorbei an frischen Soldatengräbern ...

Und dann ging es hinein nach Lodz. Der erste Eindruck dieser Stadt ... wird wohl allen Teilnehmern dieser Fahrt unvergeßlich sein. Er war einfach niederschmetternd! Zuerst zeigte sich uns die Stadt von ihrer ›lieblichsten‹ Seite: von dem im Norden gelegenen Judenviertel. Hier sahen wir nun zum ersten Male den Ostjuden in seiner ganzen abstoßenden Scheußlichkeit und Verkommenheit. Hätte man sie einzeln gesehen, dann hätte man sich mit ihrem Anblick vielleicht noch abfinden können, aber so wälzten sie sich in unübersehbaren Massen durch die ... Straßen, vorbei an halb verfallenen Holzhütten und unglaublich verwahrlosten Häusern ... Am Baluter Ring hatte man kurz zuvor 2 Juden und 1 Polen, die Wirtschaftssabotage begangen hatten, aufgehängt. Die Festbeleuchtung für unseren Einzug gab die brennende große Synagoge in der jetzigen Hermann-Göring-Straße (damals noch Aleja Kościuszki) ab. Als es dann aus dem eigentlichen Judenviertel hinweg in die innere Stadt ging, wurde das Bild nicht viel besser: Auch hier ... immer wieder Juden, auch hier Schmutz, Verkommenheit und Verfall, wo man hinsah, ein Stadtbild, dessen Häßlichkeit wirklich nicht zu überbieten war und das sich ... als typischer Ausdruck jüdisch-slawischer Seelenlosigkeit darbot ... Am liebsten wären alle mit den beiden Postfahrern wieder zurück nach Posen gefahren. Aber wir hatten hier ja eine Aufgabe zu erfüllen ..., um die es sich verlohnte, einmal alle persönlichen Empfindungen und Interessen zurückzustellen.

Das Ziel unserer Fahrt war das Sondergericht ...«

Es folgt eine kurze Schilderung dieses ›Stoßtrupps der deutschen Justiz‹ und die namentliche Aufzählung der Richter und Beamten des Sondergerichts – vom Landgerichtsdirektor Dr. Wels bis hinunter zum Justizangestellten Merkel, »einem Mann mit der massiven Figur eines Preisringers, von dem die Lodscher glaubten, er sei der Scharfrichter, den sich das Sondergericht gleich mitgebracht habe«.

Nach einer kurzen Beschreibung des ›tatkräftigen Vorgehens‹ dieses Sondergerichts heißt es in dem Bericht weiter: »Mit Hilfe des Sondergerichts war es unseren beiden Quartiermachern, die mit dem Dienstwagen des Landgerichts vorausgefahren waren, gelungen, uns in dem Hause Magistracka 36 (jetzt Kurfürstenstraße) Unterkünfte zu besorgen. Es war zwar, wie damals die meisten besseren Häuser in Lodz, ein Judenhaus und demgemäß in palästinensischem Flachdachstil errichtet, aber erst vor kurzem nach ganz modernen Gesichtspunkten erbaut, mit 3- und 5-Zimmer-Wohnungen, die allen modernen Komfort, wie Zentralheizung, Kachelbad, Parkettfußboden usw. hatten. Das hinderte allerdings nicht, daß sie zum Teil verwanzt waren, aber darauf hatten wir uns schon von vorneherein eingerichtet. Da es selbstverständlich nicht ging, daß wir mit den jüdischen Hausbewohnern, die damals fast alle noch in den Wohnungen saßen, unter einem Dach oder gar in einer Wohngemeinschaft hausten, wurden die Juden nach damaligem Lodscher Brauch mit Hilfe der Polizei kurzerhand ›evakuiert‹, wobei natürlich die für uns nötigen Einrichtungsgegenstände wie Möbel, Wäsche, Geschirr usw. in den Wohnungen bleiben mußten. Nachdem dann das Haus gründlich gereinigt worden war, richteten wir uns wohnlich ein ..., wobei die polnischen Dienstmädchen, z.T., gleichsam als lebendes Inventar, in den Wohnungen geblieben waren ...«

Im weiteren geht der Bericht auf das ›Leben und Treiben in Litzmannstadt‹ in den ersten Wochen nach dem Ende des Polenfeldzuges ein und schildert die Schwierigkeiten, mit denen die ›Herren vom Land- und Amtsgericht‹ konfrontiert waren: »Die Industriewerke hatten zum großen Teil die Arbeit noch nicht wiederaufgenommen, so daß überall auf den Straßen die Arbeitslosen verwahrlost und bettelnd herumstreunten. Das Geschäftsleben hatte zwar eine Hochkonjunktur in dem Handel mit Mangelwaren, die damals hier noch punkt-, karten- und bezugscheinfrei zu kaufen waren, was dann von den meisten auch weidlich ausgenutzt wurde ... Die Landeswährung war damals noch der Złoty; die Währungsumstellung auf die deutsche Mark wurde erst Ende November 1939 vorgenommen. In der Lebensmittelversorgung traten durch die unterbrochenen Verkehrsverbindungen dauernd Stokkungen ein, so daß anfangs nur mit größten Schwierigkeiten Brot zu bekommen war, von Fleisch ganz zu schweigen ... Die ungünstigen Verpflegungs- und Unterkunftsverhältnisse erhielten dadurch noch ein besonderes Gewicht, daß die erste Aufbauzeit in den außerordentlich harten und schneereichen Winter 1939/40 fiel, der uns hier gleich mit allem Nachdruck zum Bewußtsein brachte, was ein Winter im Osten bedeutete . . .«

Der Bericht schildert dann, wie sich die ›Herren‹ dennoch ausreichend beköstigen und gegen die Kälte schützen konnten – im Gegensatz zur Bevölkerung, von deren Not nicht die Rede ist. Dabei spielte ein Umstand eine große Rolle, der in dem Bericht ausführlich behandelt wird: »Tonangebend war im Lodz jener Tage einzig und allein der Uniform tragende Deutsche. Er war nun der Herr des Landes und wurde als solcher auch allgemein respektiert und behandelt. Das fing an auf der Straßenbahn, die er ganz selbstverständlich unentgeltlich benutzen konnte, sowie in den Ladengeschäften, in denen er ebenso selbstverständlich bevorzugt vor allen anderen Kunden bedient wurde, und hörte auf beim Verkehr mit dem Publikum und den anderen Behörden, wo sich auch nur der Uniformierte rasch und gründlich durchsetzen konnte, ohne Gefahr zu laufen, mit Juden und Polen auf eine Stufe gestellt zu werden . . .«

Denn solche Ungeheuerlichkeiten kamen tatsächlich vor. Der Bericht verzeichnet eine Fülle solcher ›peinlichen Vorfälle‹: »Da kam es vor, daß einmal der Staatsanwalt beim Sondergericht auf der Straße von einem Polizeibeamten nachdrücklich aufgefordert wurde, bei einem Möbeltransport mit Hand anzulegen, oder daß ein Richter, als er gerade zum Dienst ging, von einem volksdeutschen Hilfspolizisten die Anweisung erhielt, ihm aus einem Laden Schnaps zu besorgen, oder daß ein anderer Richter gezwungen wurde, für einen Uniformierten Platz zu machen und den Bürgersteig zu verlassen . . .« Dann waren für die ›Herren vom Amts- und Landgericht‹, die »das dringende Bedürfnis hatten, durch den Rundfunk mit der Heimat verbunden zu bleiben«, 34 zuvor bei Polen und Juden beschlagnahmte Radioapparate ›bereitgestellt‹ worden; sie sollten sofort abgeholt werden. »Das war jedoch einfacher gesagt als getan, denn woher sollte der Justizbeamte in so kurzer Zeit ein geeignetes Transportmittel nehmen? Schließlich wurde das Problem kurzerhand in der Weise gelöst, daß ein Polizist von der Wache im Regierungsgebäude innerhalb weniger Minuten 34 Juden von der Straße auflas, jedem von ihnen einen Apparat in die Hand drückte und mit dieser eigenartigen Karawane, angeführt von dem Justizbeamten und am Schluß bewacht von dem Polizisten, nun der Transport der Apparate durch die Straßen von Lodz bewerkstelligt wurde . . .« Aber wie leicht hätte es passieren können, daß der Polizist, statt eines Juden, einen der Richter auch zu dieser Arbeit gezwungen hätte! »Unter diesen Umstän-

den war es dringend nötig, daß auch hier die hier eingesetzten Justizbeamten mit Uniformen ausgerüstet wurden, was dann auch geschah.«
Die Herren vom Amts- und Landgericht besorgten sich jeder eine Uniform, die der des Heeres »weitgehend angeglichen« war, »mit Schulterstücken, und zwar hatten die Richter und Staatsanwälte geflochtene (Majors-), die Beamten des gehobenen und mittleren Dienstes gerippte (Leutnants-)Schulterstücke«.
Nun konnten sie nicht mehr mit Juden oder Polen verwechselt werden, so daß die Welt für sie wieder in Ordnung war.
Dieser insgesamt 54 Schreibmaschinenseiten umfassende Bericht wurde übrigens verfaßt von dem damals, im Jahre 1939, einunddreißigjährigen Landgerichtsrat Dr. Oskar Haidinger* aus Berlin, der bis mindestens 1942 in Lodz amtierte und dort »der deutschen Justiz das ihr gebührende Ansehen verschaffen« half.

* Schon bald nach Kriegsende konnte Dr. Oskar Haidinger beim Landgericht in Hamburg Verwendung finden. Bereits im Oktober 1950 wurde der bewährte Jurist als Bundesrichter nach Karlsruhe versetzt. Von 1961 an war er Senatspräsident am Bundesgerichtshof, bis er 1981 in den verdienten Ruhestand trat.

15. Eine Künstlerin auf Tournee II

»Da saßen wir, Jadwiga, Olga und ich, nun in Starogard fest. Obwohl es erst Mitte November war, froren wir erbärmlich, denn die beiden Kammern, die uns der Wirt zugewiesen hatte, waren nicht geheizt. Wir wagten uns nicht hinunter an den warmen Ofen im Gastraum, denn dort hatten wir deutsche Soldaten und SS-Leute sitzen sehen, und einige davon waren ziemlich betrunken gewesen. Gegen 22.30 Uhr – für die polnische Bevölkerung war längst Sperrstunde, aber aus der Wirtschaft drang noch immer Lärm nach oben – sagte Olga, sie ginge jetzt hinunter und werde versuchen, vom Wirt etwas zu trinken für uns zu bekommen. Ich begleitete sie. Als wir die Tür zum Schankraum öffneten, sahen wir, daß dort noch mehr als ein Dutzend Soldaten bei Bier und Schnaps saßen. Sie bemerkten uns aber nicht, und wir machten dem Wirt Zeichen, zu uns an die hintere Tür zu kommen, weil wir uns nicht in den Raum wagten. Als er begriffen hatte, was wir wollten, und zu uns kam, ging die Tür zur Straße auf, und zwei deutsche Polizisten kamen herein. Der eine sah uns, ging direkt auf uns zu, schob den Wirt beiseite, packte uns und befahl uns in barschem Ton, mit zur Wache zu kommen. Ohne auf unsere Einwände zu hören, führten uns die Polizisten ab.

Das Wachlokal war nur ein paar Schritte entfernt in einem alten Turm. Sie brachten uns in einen großen Raum im ersten Stock. Dort waren schon sieben oder acht Mädchen und junge Frauen, die ängstlich auf eine Gruppe von Männern starrten: einen Wehrmachtoffizier, einen SS-Führer und zwei in braunen Uniformen, ein Älterer und ein Jüngerer. Alle vier waren angetrunken, und einer der Braununiformierten wandte sich an ein etwa 17jähriges Mädchen, das ihm am nächsten stand: ›Zieh dich aus, du Miststück – wird's bald?!‹ brüllte er und klopfte dabei mit einer Reitgerte gegen seine Stiefelschäfte. Ich drückte mich in den Hintergrund, während die anderen wie gebannt auf die Unglückliche starrten, die sich zögernd das Kleid über den Kopf zog. Der andere Braununiformierte riß ihr die Unterwäsche vom Leib.

Der Ältere, der sich kaum noch auf den Beinen halten konnte, versuchte dann, die Nackte zu betasten. Sie wich vor ihm zurück. Da legte ihr der SS-Mann von hinten ein zum Strick gedrehtes Tuch um den Hals und versuchte, sie zu erdrosseln. In seiner Todesangst schlug und trat das Mädchen um sich. Der SS-Mann stolperte, fiel rückwärts zu Boden, und das Mädchen stürzte über ihn. Der Braununiformierte wollte mit der Reitgerte auf sie einschlagen, stieß aber dabei den Tisch um, auf dem Gläser und Flaschen standen. Diesen Augenblick benutzte ich, eine Fensterluke zu öffenen und hinauszuschlüpfen. Ich landete auf einem Dach, suchte die rückwärtige Seite und ließ mich dort von der Dachrinne aus auf den Boden fallen. Es war zum Glück nicht tief, und ich landete auf weicher Erde, ohne mich zu verletzen. Es war ein Friedhof, auf dem ich mich befand, und ich versteckte mich dort. Aus der offenen Luke vernahm ich Brüllen und Schreie, dann mehrere Schüsse. Ein paar Sekunden später rief eine Männerstimme: ›Los, haut ab!‹ Dann rannten mehrere Personen auf der Straße davon. Ich wollte mich gerade wegschleichen, als ich wieder Geräusche und Männerstimmen hörte. Dann wurde von außen etwas Schweres über die Friedhofsmauer geworfen – fünfmal, in kurzen Abständen . . . Danach war es still.

Als ich nachsah, was sie über die Mauer geworfen hatten, fand ich die Leichen des nackten Mädchens und von drei weiteren Frauen; Olga war nicht darunter. Die Fünfte atmete noch. Nachdem ich ihr eine blutende Wunde am Hals notdürftig verbunden hatte, kam sie zu sich.

›Nicht schießen! Bitte nicht . . .!‹ flüsterte sie.

Ich schleppte sie durchs Friedhofstor auf die Straße bis zu einem Haus, aus dessen Parterrefenster ein Lichtschein drang. Dort ließ ich sie an der Tür, läutete und machte mich eilig davon.

Zum Gasthaus wagte ich mich nicht zurück und lief ziellos durch die dunklen Gassen. Ich kam dann zu einem größeren Platz, wo mehrere große Lastwagen standen.

Die Tür des ersten Wagens ging auf, und ein Mann stieg aus dem Fahrerhaus. Ich konnte nicht erkennen, ob es ein Zivilist oder ein Soldat war. Er ging langsam um das Fahrzeug herum und trat kräftig gegen jeden Reifen, um zu prüfen, ob genug Luft darin war. Mit dem letzten Reifen stimmte etwas nicht. Er zog eine Taschenlampe aus der Jacke und richtete den Lichtstrahl auf das Rad.

Ich nahm allen Mut zusammen und fragte ihn auf polnisch: ›Bitte, nehmen Sie mich mit?!‹

Er fuhr erschrocken zusammen und richtete seine Lampe nun auf mich. Ich hatte gerade noch erkennen können, daß er eine Uniform trug, wiederholte rasch meine Frage auf deutsch und setzte hinzu: ›Ich hatte einen Unfall – ich kann nicht mehr . . .‹
›Mein Gott, wie sehen Sie denn aus!‹ sagte er. ›Kommen Sie . . .‹
Er half mir ins Fahrerhaus, holte eine Schnapsflasche hervor und reichte sie mir. Nach dem zweiten Schluck fühlte ich mich etwas besser. Er zündete zwei Zigaretten an und reichte mir eine. Im Schein des brennenden Streichholzes sah ich sein junges Gesicht. Er war kaum älter als achtzehn Jahre.
›Ich muß gleich los‹, sagte er. ›Morgen früh um 9 Uhr soll ich in Berlin sein . . . Wollen Sie mit?‹
Ohne lange zu überlegen, nickte ich.
Es war kurz nach Mitternacht, als wir von Starogard abfuhren. Unterwegs erzählte ich ihm, was mir dort gerade zugestoßen war.* Ich verschwieg ihm auch nicht, daß ich aus Lodz geflüchtet war, vorher in Warschau gelebt und alle meine Angehörigen verloren hatte. Nur daß ich Jüdin war, wagte ich ihm nicht zu sagen. Ich ließ ihn in dem Glauben, die Tochter deutscher Eltern zu sein, die aus beruflichen Gründen in Warschau ansässig geworden war. Das war nicht mal eine Lüge, denn Vaters Familie stammte aus Deutschland. Auch ein Bruder meiner Mutter, Onkel Max, ein Kunstmaler, wohnte in Berlin. Ich wußte seine Adresse. Mich bei ihm verstecken zu können, war jetzt meine einzige Hoffnung.
Als ich Kurt – so hieß der Soldat, der mich mitgenommen hatte – dann erzählte, daß ich bis vor kurzem Musik studiert hatte, war alles andere für ihn unwichtig. Den halben Weg von Westpreußen nach Berlin unterhielten wir uns über seine und meine Lieblingskomponisten und die schönsten Aufführungen, die wir kannten, bis ich irgendwann einschlief. Als ich wieder erwachte, dämmerte

* Es gibt eine interessante Ergänzung zu ihrer Schilderung: eine Aktennotiz des Ministerialrats Dr. Günther Joel vom damaligen Reichsjustizministerium, einen Vorfall betreffend, bei dem im November 1939 in Pr. Stargard (vormals Starogard) vier polnische Frauen getötet und eine verletzt worden waren.
Danach handelte es sich bei den an der Tötung beteiligten Deutschen um den kommissarischen Landrat Johst, Träger des Goldenen Ehrenzeichens der NSDAP, den kommissarischen Kreisarzt Dr. Völkner, den Major Sala von der 166. Division in Elbing sowie um den SS-Scharführer Schicks. Auf Anordnung des Gauleiters von Danzig-Westpreußen, der sich auf einen ›Generalpardon des Führers‹ berief, wurden Johst, Dr. Völkner und Schicks außer Verfolgung gesetzt; Major Sala, vom Divisionsgericht zunächst wegen vierfachen Mordes zum Tode verurteilt, wurde begnadigt.
Der Berichterstatter Dr. Joel war nach dem Kriege bis zu seiner Pensionierung Ministerialdirektor und Leiter der Abteilung III im Bundesjustizministerium.

es schon, und Kurt sagte: ›In einer halben Stunde sind wir da – schade, daß ich keinen Urlaub habe! Aber nächstes Mal gehen wir zusammen in ein Konzert . . .‹
›Aber ich weiß doch gar nicht, wo und wie ich unterkommen kann‹, wandte ich ein. ›Ich habe keine Papiere, nur etwas polnisches Geld und an Kleidung bloß, was ich anhabe . . .!‹
Zugleich wurde mir klar, daß ich Onkel Max aufs höchste gefährden würde . . . Da sagte Kurt: ›Ich werde Sie bei meiner Mutter unterbringen . . . Sie wohnt draußen in Zehlendorf und hat genug Platz. Meine Eltern sind geschieden. Sie ist allein mit dem Hausmädchen . . .‹
Kurts Mutter, Frau Wesendonck, bewohnte ein älteres, spitzgiebeliges Haus mit Garten in der Alexanderstraße in Zehlendorf-West. Sie war eine mittelgroße, korpulente Brünette von etwa fünfzig Jahren, und sie empfing mich, nachdem Kurt mit ihr gesprochen und ihr meine Lage erklärt hatte, überraschend freundlich: ›Kommen Sie, Kindchen – ruhen Sie sich ein Stündchen aus . . . Später können Sie mir alles erzählen und mir ein wenig helfen – Sie können doch Maschineschreiben?!‹
Zweiundzwanzig Monate lang blieb ich dann bei Frau Wesendonck. Ich bewohnte ein Dachstübchen mit Blick auf den Garten, das ich aber kaum mehr als zum Schlafen benutzte, denn den ganzen Tag über und oft bis tief in die Nacht hinein war ich für Frau Wesendonck beschäftigt. Meine Mahlzeiten nahm ich mit Erna, die seit zwanzig Jahren im Hause war, in der Küche ein. Von Anfang an hatte sich Erna energisch, aber freundlich meiner angenommen. Für Frau Wesendonck schrieb ich ›Gutachten‹ säuberlich ab und band sie in blaue, mit goldenen Tierkreiszeichen geschmückte Pappdeckel ein. Sie erstellte nämlich – mit Hilfe von Handbüchern, Tabellen und viel Phantasie – für einen ständig wachsenden Kreis von Auftraggebern Horoskope. Sie mußte dabei vorsichtig sein, denn ›gewerbsmäßige Wahrsagerei‹, so erfuhr ich später, war im Nazi-Reich offiziell streng verboten, und sie tat es deshalb, wie sie häufig betonte, ›nur aus Gefälligkeit, Kindchen, um den Menschen zu helfen . . .‹
Sie schien aber glänzend dabei zu verdienen, und im Haushalt herrschte niemals Mangel, weder an rationierten Lebensmitteln, Zigaretten, Kaffee und alkoholischen Getränken noch an Handwerkern oder Bezugscheinen für bewirtschaftete Waren wie Textilien oder Schuhe. So machte es ihr nichts aus, mich mitzubeköstigen und zu kleiden.
Ihre Horoskope erfreuten sich großer Beliebtheit, nicht nur bei

Frauen, Bräuten und Müttern von Soldaten, sondern auch bei Geschäftsleuten, Anwälten und Bankiers, ja sogar dem einen oder anderen hohen SS-Führer oder Parteifunktionär. Ihre Hauptkundschaft aber waren Leute von Bühne, Funk und Film, und ich wurde bald mit vielen berühmten Stars bekannt, wenn auch nicht persönlich, so doch durch die Horoskope, die ich schrieb. Einige jüngere Künstlerinnen und andere Leute, die – wie ich bald herausfand – aus unterschiedlichen Gründen der Frau Wesendonck Kundschaft zuführten, lernte ich auch persönlich kennen. Sie traf sich sehr oft mit diesen Freunden, meist in besonders guten Restaurants der ›Sonderklasse‹, wo nur Stammgäste und Prominente einen Tisch bekamen, und manchmal nahm sie mich zu diesen Abendessen mit.

›Das ist meine Nichte Sonja‹, pflegte sie mich vorzustellen, ›ich wüßte nicht, was ich ohne sie täte . . .!‹

Vom ersten Tag an wurde ich von ihr – dann auch von allen anderen – ›Sonja‹ genannt.

Da ich nur selten und nie allein das Haus verließ, mit Frau Wesendonck stets mit einem Taxi die Hin- und Rückfahrt zu dem einen oder anderen Prominentenlokal machte und keine Karten brauchte, fiel die Tatsache, daß ich ohne Papiere war, überhaupt nicht auf. Alle Einkäufe und anderen Besorgungen in der Stadt erledigte Erna. Einen Hausmeister oder andere neugierige Mitbewohner gab es in der Villa nicht, und so wurde es zweiundzwanzig Monate lang von niemandem bemerkt, daß ich nicht polizeilich gemeldet war.

Nur Kurt machte sich manchmal deshalb Sorgen, wenn er auf Urlaub zu Hause war. Die wenigen Male, die er nach Berlin kam, waren für mich die glücklichsten Tage in diesen fast zwei Jahren. Er ist – aber da war ich schon nicht mehr bei Frau Wesendonck – im Frühjahr 1942 in Rußland gefallen.

In Zehlendorf merkte man zunächst wenig vom Krieg. Nur ab und zu war Fliegeralarm. Im März 1941 wurden die Luftangriffe häufiger, bald auch stärker, im Juni ließen sie etwas nach. In der Nacht vom 19./20. September krachte es erstmals auch in unserer Nähe. Wir saßen im Keller, lauschten auf das Flakfeuer und die deutlich vernehmbaren Einschläge, als wir es heftig an die Haustür klopfen hörten. Erna lief rasch nach oben, und gleich darauf rief sie mir zu: ›Schnell, Fräulein Sonja! Wir müssen auf den Speicher! Es brennt!‹

Zusammen mit dem Nachbarn, der uns alarmiert hatte, konnten wir den Brand rasch löschen. Eine Stabbombe hatte das Dach durchschlagen, und Erna und ich erstickten das Feuer mit ein paar

Eimern Sand. Der Nachbar nahm die Bombe mit der Schaufel auf und beförderte sie in den Garten.
Das Ganze dauerte nur etwa zehn Minuten, und kaum waren wir fertig, als Entwarnung kam. Frau Wesendonck erschien dann, noch sehr aufgeregt, belohnte uns mit Sekt, und nun konnte ich auch den Nachbarn näher in Augenschein nehmen: Ein ziemlich großer, schlanker Mann von Mitte Dreißig mit dunkelblondem Haar, braunen Augen und Adlernase, ein recht nervöser Typ, der ununterbrochen redete. Dabei merkte ich, daß seine Aufmerksamkeit gar nicht Frau Wesendonck galt, mit der er sprach, sondern vor allem mir. Schließlich erkundigte er sich: ›Und wer ist diese reizende junge Dame, die so wacker mitgelöscht hat? Ich wußte gar nicht, daß . . .‹
›Meine Nichte Sonja‹, fiel ihm Frau Wesendonck ins Wort. ›Sie hilft mir, und ich . . .‹, aber noch bevor sie ihren üblichen Spruch loswerden konnte, redete er schon weiter.
›Sonja – ein hübscher Name! Studieren Sie in Berlin, gnädiges Fräulein? Nein? Schade! Aber Sie sollten unbedingt mal eine meiner Vorlesungen . . . Als Gasthörerin – es wäre mir eine große Freude . . . Spielen Sie Tennis? Ja? Ich würde mich riesig freuen . . . Und sehen Sie sich doch mal meine Bibliothek an . . .! Ich habe ein eigenes Institut . . .‹
Er berichtete dann noch von seinen eigenen schriftstellerischen Versuchen: ›. . . natürlich streng wissenschaftlich, aber auch gemeinverständlich . . . Ich werde mir gestatten, Ihnen etwas von mir . . . Es wird Sie bestimmt interessieren . . .! Darf ich . . .? Also, gut, ich bringe es Ihnen morgen . . . Es war mir eine Freude!‹
›Mein Gott‹, sagte Erna, als er endlich gegangen war, ›der hat aber Feuer gefangen, Fräulein Sonja! Und dabei ist er verheiratet und hat zwei Töchter . . .‹
Von Frau Wesendonck erfuhr ich dann, daß der so redselige Nachbar ein Herr Professor Höhn sei.
›Ein sehr einflußreicher Mann‹, sagte sie.
›Sie nennen ihn den SS-Professor‹, fügte Erna düster hinzu, ›hoffentlich macht er uns keinen Ärger . . .‹
Am nächsten Morgen – ich konnte gerade noch die Horoskope verstecken, die ich getippt hatte – brachte mir der Professor, nun in SS-Uniform, das versprochene Buch.
›Frank* – Himmler – Best – Höhn‹, lautete die Verfasserangabe,

* Dr. Hans Frank, geb. 1900 in Karlsruhe, 1933–34 Reichskommissar für die Gleichschaltung der deutschen Justiz, 1933–45 Reichsminister ohne Geschäftsbereich, von

und der Titel der Schrift war: ›Grundfragen der deutschen Polizei‹.
›Wie ist Ihr Familienname, Fräulein Sonja?‹ erkundigte er sich und hielt seinen Füllfederhalter schon bereit.
›Wesendonck‹, sagte ich, ohne lange zu überlegen.
›Natürlich‹, sagte der Professor, ›mit ck, nicht wahr? Ich gestatte mir, Ihnen die Schrift zu widmen – verzeihen Sie meine Eile – ich muß zur Vorlesung!‹
Ich bedankte mich, noch ganz verwundert, daß ein Professor seine Vorlesung in SS-Uniform hielt, in Stiefeln und mit einer Pistole am Koppel!
Er hatte sich bereits verabschiedet und war schon an der Tür, als er sich noch einmal umdrehte.
›Sie sind hier gar nicht gemeldet, Fräulein Sonja – oder? Ich habe nämlich heute früh nachgefragt, weil ich Sie mit einem schon gewidmeten Exemplar überraschen wollte . . . Aber Sie sind ja wohl nur vorübergehend auf Besuch hier . . . Ich hoffe aber sehr, daß Sie noch eine Weile bleiben – und meine Bibliothek besichtigen oder . . . Also, auf Wiedersehen!‹
Ich war wie vor den Kopf geschlagen.
Daß ausgerechnet dieser Wichtigtuer so rasch herausgefunden

Oktober 1939 an Generalgouverneur von Polen. 1946 in Nürnberg als Hauptkriegsverbrecher zum Tode verurteilt und hingerichtet.
Heinrich Himmler, geb. 1900 in München, seit 1929 ›Reichsführer SS‹, 1936 Staatssekretär und Chef der deutschen Polizei, 1943–45 Reichsinnenminister, vom 21. 7. 1944 an auch Oberbefehlshaber des Ersatzheeres. Beging am 20. 5. 1945 in britischer Haft Selbstmord.
Dr. Werner Best, geb. 1903 in Darmstadt, seit 1935 SD-Führer und Chef-Justitiar der Gestapo, 1942–45 SS-Obergruppenführer und Reichsbevollmächtigter in Dänemark, dort 1948 zum Tode verurteilt, zu Haft begnadigt, 1951 freigelassen, seit 1957 Rechtsberater des Stinnes-Konzerns. Ein Verfahren gegen ihn wegen des Verdachts, als Chef einer Einsatzgruppe in Polen 1939/40 für die Ermordung von rund 11 000 Angehörigen der polnischen Intelligenz verantwortlich zu sein, wurde eingestellt.
Dr. Reinhard Höhn, geb. 1904 in Gräfenthal/Thüringen, seit 1933 SD-Führer, seit 1935 ›Hitlers jüngster Professor‹, Ordinarius für Staatsrecht an der Universität Berlin, daneben hauptamtlicher Führer im SD-Hauptamt, später – zuletzt als SS-Oberführer – dem Reichssicherheitshauptamt zugehörig. Höhn lebte nach der Kapitulation unter falschem Namen in Norddeutschland, arbeitete als Heilpraktiker, bis in der britischen Besatzungszone eine Amnestie für politisch Belastete erlassen wurde, nahm wieder seinen richtigen Namen an, wurde Vorsitzender der Volkswirtschaftlichen Gesellschaft e.V. in Hamburg und ist seit 1956 Leiter der ›Akademie für Führungskräfte der Wirtschaft‹ in Bad Harzburg.
Als Stellvertreter des SS-Obergruppenführers Reinhard Heydrich im Polizeiausschuß verfügte Prof. Höhn über einen direkten Draht zur Polizeiführung, ebenso zu Himmler, der sich Höhns Institut für die Dauer des Krieges ›beordert‹ hatte.

hatte, daß ich nicht polizeilich angemeldet war! Vielleicht wußte er sogar, daß ich schon fast anderthalb Jahre hier lebte ...! Frau Wesendonck und ich waren ja hin und wieder mit dem Taxi weggefahren und heimgekommen, und möglicherweise hatte er oder seine Frau mich auch schon mal auf der Terrasse sitzen gesehen ...

Vor lauter Sorgen und Ängsten vergaß ich fast die Schrift, die mir der Professor überreicht hatte. Als ich sie mir dann ansah, erschrak ich noch mehr. Der Artikel, den er selbst geschrieben hatte, war mit folgender Verfasserangabe versehen: ›SS-Obersturmbannführer Professor *Dr. Höhn,* Stellvertretender Vorsitzender des Ausschusses für Polizeirecht der Akademie für Deutsches Recht:

Altes und neues Polizeirecht

Als der Nationalsozialismus die Macht in Deutschland übernahm, sah er alle Grundlagen des Volks- und Staatslebens auf das tiefste erschüttert.

Das Staatsgefüge und der Bestand des deutschen Volkes waren durch den zahlenmäßig starken, in der Wahl der Mittel unbedenklichen, alle Bindungen zerstörenden Kommunismus bedroht.

Die lebendige Substanz der Volksgemeinschaft war unter Einwirkung der internationalen städtischen Zivilisation und Denkweise, durch übertriebene Fürsorge für das Schwächliche, Kranke und Entartete und durch ungehindertes Einströmen artfremden Blutes einer fortschreitenden Zersetzung ausgesetzt.

Die Verherrlichung des Fremden und Kranken, die Zerstörung der Ehrfurcht vor dem geistigen Besitztum und Ahnenerbe und die Förderung des weltanschaulichen Anarchismus waren die beherrschenden Richtlinien deutscher Kulturpolitik.

Das wirtschaftliche Leben stand unter dem Grundsatz des ungehemmten Wettbewerbes und Klassenkampfes; unlautere Konkurrenz und Ausbeutung kennzeichneten die Lage, die durch äußere Machtlosigkeit und Tributpflicht noch verschärft war.

Jedes Volk trägt zur Erhaltung seiner selbst zwei Urfunktionen in sich, die Abwehr des äußeren und die Abwehr des inneren Feindes. *Die Abwehr des inneren Feindes ist Aufgabe der Polizei.* In dem Augenblick, in dem der Nationalsozialismus, nachdem er die Polizei von marxistischen und kommunistischen Elementen gereinigt hatte, mit ihr die inneren Feinde fassen wollte, trat ihm hemmend ein Rechtssystem entgegen, das der *vollendete Ausdruck derjenigen Weltanschauung* war, die der Nationalsozialismus mit der Machtübernahme politisch in ihren Exponenten besiegt hatte, und als deren letzte Auswirkung die soeben gekennzeichneten Verfallserscheinungen übriggeblieben waren. Die Revolution war auf legalem Wege vollzogen worden. Die bestehenden Gesetze galten nach allgemeiner Meinung weiterhin fort, soweit sie nicht aufgehoben waren ...‹

Da hatte ich ja genau den richtigen Verehrer! Er war nicht nur in der SS, sondern auch ein hohes Tier bei der Polizei! Ich war mir im klaren darüber, daß ich nicht mehr lange in der Zehlendorfer Villa bleiben konnte, und Erna, mit der ich darüber sprach, gab mir recht. Sogar ›Tantchen‹, die meine Arbeit als für sie unentbehrlich ansah, mußte schließlich einsehen, daß es sehr gefährlich wäre, mit meiner ›Abreise‹ noch allzu lange zu warten. Wenn ich nur gewußt hätte, wo ich nun hin sollte!

Von meinem Onkel Max wußte ich ja nicht mal, ob er und seine Familie noch in der alten Wohnung lebten und wie sie sich jetzt durchschlugen. Die Lage der Juden in Berlin hatte sich, wie ich gehört hatte und auch aus den Zeitungen entnehmen konnte, sehr verschlechtert. Seit Anfang des Jahres mußten sie einen gelben Stern an der Kleidung tragen und auch ihre Wohnungen kennzeichnen ... Würden sie mich überhaupt aufnehmen können?

Aber da hatte Frau Wesendonck eine Idee: ›Wir werden mal mit Marianne sprechen ... Ich denke, sie wird dich für eine Weile bei sich wohnen lassen können ...‹

Schon am nächsten Tag zog ich um.

Marianne, eine alleinstehende Frau um die Dreißig, wohnte nahe dem Bahnhof Grunewald in einer geräumigen Etagenwohnung. Sie war berufstätig – ›Bei einer Importfirma, glaube ich‹, sagte Frau Wesendonck, ›Eisen, Stahl und so ...‹, immer sehr schick angezogen, und bei den wenigen Malen, die ich sie bei den ›Abendessen im Freundeskreis‹ in dem einen oder anderen Lokal getroffen hatte, war sie mir recht sympathisch vorgekommen. Als sie dann, trotz meiner fehlenden Papiere und Lebensmittelkarten, sofort gesagt hatte: ›Geht in Ordnung, Sonja, du kannst bei mir wohnen!‹, da fiel ich ihr vor Freude um den Hals.

Über ein halbes Jahr lebte ich dann bei Marianne, in einem Zimmerchen am Ende eines langen Korridors, neben der Küche. Ich ging in dieser Zeit überhaupt nicht mehr aus dem Haus, und verschwand, wenn Marianne Besuch bekam, was sehr häufig der Fall war, in meine Kammer. Wenn ich tagsüber allein war, räumte ich auf, wischte Staub und polierte Gläser, alles auf Zehenspitzen und unter Vermeidung jedes verdächtigen Geräuschs. Meine Anwesenheit fiel ein halbes Jahr lang niemandem auf.

Mich mit zu beköstigen, fiel Marianne nicht schwer, denn ihre

Freunde und Verwandten sorgten so gut für sie, daß nie Mangel herrschte. Der einzige heikle Punkt waren die häufigen Fliegeralarme.

War Marianne noch nicht zu Hause, wenn die Sirenen ertönten, konnte ich auf keinen Fall in den Keller gehen. Hatte sie Besuch, mußte ich ebenfalls oben bleiben. Nur wenn wir mal allein waren, nahm sie mich bei Alarm mit hinunter. Ich war dann ›eine Freundin aus Steglitz‹, die nicht mehr nach Hause konnte und bei ihr übernachtete. Das erregte bei den Nachbarn keinen Argwohn.

Im Frühjahr 1942 häuften sich die Fliegerangriffe auf Berlin. Zum Glück blieb unsere Gegend weitgehend verschont. Ende Mai, als es auch in Grunewald krachte und wir zufällig allein waren, gingen wir wieder mal zusammen in den Luftschutzraum.

Die Mitbewohner kannten mich schon als gelegentlichen Gast und nahmen weiter keine Notiz von mir, aber als dann Entwarnung kam, sagte der Hausmeister zu Marianne: ›Sie kriegen übrigens zum 1. Juni Einquartierung, Frau Peters – jeder muß Opfer bringen, und Sie haben noch am meisten Platz, nicht wahr? Ein Zimmer müssen Sie abgeben an zwei Herren von der Luftschutzschule. Bettwäsche muß gestellt werden, und fürs Reinemachen müssen Sie auch sorgen. Aber dafür zahlt das Quartieramt Ihnen auch 80 Pfennig pro Tag . . .‹

Das war ein schwerer Schlag!

Wie sollte ich mich vor zwei Mitbewohnern dauernd verbergen? Auch Marianne war ratlos.

Schließlich kam ihr eine Gedanke: ›Paß auf, Sonja, wir machen aus der Not eine Tugend – von morgen an bist du in Steglitz ausgebombt und ziehst, weil du sonst keine Bleibe hast, zu mir. Dann bist du schon da, wenn sie uns hier Leute einquartieren, und du brauchst dich vor ihnen und den Hausbewohnern nicht mehr zu verstecken . . .‹

›Aber ich kann mich doch nicht polizeilich ummelden – ich habe keine Papiere . . .‹, wandte ich ein.

›Ein paar Wochen lang wird es gehen‹, meinte Marianne, ›und dann werden wir schon einen Ausweg finden . . .‹

Aber es ging nur eine Woche lang gut, und ich genoß diese paar Tage, wo ich tagsüber Wasser laufen lassen und mich ohne Rücksicht auf Geräusche bewegen, bei Alarm mit in den Keller gehen und sogar mal auf der Straße frische Luft schöpfen konnte. Dann kam eines Abends der Hausmeister, zusammen mit dem Blockwart der Partei und einer älteren Frau von der NS-Volkswohlfahrt. Marianne war zum Glück schon da und öffnete ihnen. Ich hörte im

Bad, wo ich gerade Wäsche zum Trocknen aufhängte, ihr mehrstimmiges ›Heil Hitler, Frau Peters!‹, dann Mariannes freundliches ›Kommen Sie doch bitte herein – meine Freundin ist leider im Moment nicht da . . .‹, und schloß rasch die Tür.
Soweit ich die Unterhaltung noch verstehen konnte, wollten sie mir, der in Steglitz Ausgebombten, behilflich sein – mit Ummeldung, Anerkennung als Fliegergeschädigte, Bezugscheinen und Beihilfen. Sie brauchten dazu nur einen von mir ausgefüllten Fragebogen und – meine Kennkarte . . .
›Einquartierung brauchen Sie jetzt nicht mehr aufzunehmen, Frau Peters‹, sagte der Hausmeister, ›Sie haben ja nun schon welche . . .‹ Und die Frau erklärte, als sie endlich alle drei wieder gingen: ›Wir werden Ihrer Freundin die Laufereien zu den Ämtern nach Möglichkeit abnehmen – Sie ist doch in der Partei, nicht wahr – oder in einer Gliederung . . .?‹
›Du mußt weg, Sonja‹, sagte Marianne zu mir. Diesmal wußte sie keinen Rat mehr. ›Zwei, drei Tage werde ich sie vielleicht noch hinhalten können – aber dann . . .‹ Nun blieb bloß noch Onkel Max. Vor dem Krieg hatten er und seine Frau in Westend gewohnt, in der Reichsstraße.
Marianne war sehr skeptisch: ›Die können dich wahrscheinlich gar nicht aufnehmen . . . Aber versuch es – sei nur ja vorsichtig! Und ruf mich auf alle Fälle an . . .! Ich werde mich inzwischen umhören – vielleicht gibt es doch noch eine andere Möglichkeit . . .‹
Am nächsten Morgen – es war der letzte Sonntag im Mai 1942 – schlich ich mich aus dem Haus und ging zu Fuß den mir von Marianne beschriebenen Weg nach Westend. Ich fand die Straße, dann auch das Haus und auf der großen Tafel im Eingang den Namen meines Onkels. Sein Titel, ›Professor‹, war mit roter Farbe durchgestrichen, hinter dem ›Max‹ stand, ebenfalls in Rot, ein zweiter Vorname: *Israel.* Um jeden Irrtum auszuschließen, war das Schild – und dann auch die Wohnungstür – noch besonders gekennzeichnet: mit einem Judenstern und weißen Papierstreifen mit der Aufschrift *›Juden‹*. Fünf weitere Namensschilder zeigten an, daß Onkel Max über seine Wohnung längst nicht mehr allein verfügte. Am liebsten wäre ich umgekehrt.
›Du hast ja keinen Stern am Mantel . . .!‹ stellte meine Tante Grete entsetzt fest, kaum daß sie mich erkannt hatte.
›Um Gottes willen, Wanda, wenn das jemand sieht . . .!‹ Sie war eine abgerackerte alte Frau, arbeitete, wie sie mir dann erzählte, in einer Munitionsfabrik im Norden, sechzig Stunden in der Woche und täglich eine Stunde Fußweg hin und eine zurück.

›Ein großes Glück‹, nannte sie das, weil das doch ›kriegswichtig‹ sei und sie sich davon Schutz versprach, auch für Onkel Max, der nur zur Schlachthofreinigung eingeteilt war. Onkel Max, der früher so lebensfroh war und, wie meine Mutter oft behauptet hatte, ›genial‹ in seinen Einfällen, hockte teilnahmslos mit am Tisch. Nur bei einem Geräusch im Flur zuckte er zusammen und schaute ängstlich zur Tür.

›Die Gestapo . . .‹, erklärte mir meine Tante flüsternd. ›Der Herr Schütz vom Judendezernat macht häufig Kontrolle – aber heute, am Sonntagmorgen . . .‹

›Gerade heute‹, unterbrach sie Onkel Max. ›Er kommt doch immer, wenn man ihn nicht erwartet! Sag ihm lieber gleich alles, Wanda – wer dich versteckt hat und wo – sie kriegen doch alles heraus . . .‹

Ich ließ die Tasche, die Marianne für mich gepackt hatte, für sie stehen, küßte die beiden rasch und ging.

Von einer Telefonzelle rief ich Marianne an. Als ich ihre Stimme hörte, wurde mir plötzlich klar, in welcher unwirklichen Welt ich dreißig Monate lang gelebt hatte. Ich konnte kein Wort herausbringen.

›Hallo‹, rief Marianne, ›hallo – Sonja? Hör zu – ich habe eine Lösung gefunden – es wird noch ein paar Tage dauern, aber das macht nichts! Solange schließe ich dich ein und sage, du bist zu Verwandten nach Mecklenburg . . . Du kannst tatsächlich bald verreisen – mit allem, was man so braucht . . .‹

Ich war sprachlos.

›Du bist am Reichskanzlerplatz? Wir treffen uns in zwanzig Minuten am Bahnhof Zoo, am Foto-Automaten . . .!‹ – Ja«, schloß Frau ›Uta Wandel‹ ihren Bericht, »und dann kam sie und erzählte mir von Herrn Desch und seinen Freunden . . .«

16. Plan 7

Als ich vom Urlaub zurückkam, wartete ›Krupa‹ auf mich am Bahnhof in Rouen. Es war das erste Mal, daß er, daß überhaupt jemand mich abholte.
»Sie haben Erwin verhaftet«, sagte er, noch bevor ich etwas fragen konnte.
Vor fünf Tagen war die Geheime Feldpolizei im Stabsquartier in Caudebec-en-Caux erschienen. Ein blasser und verstörter Major Zobel hatte Erwin ›dienstenthoben‹ und den Doppeldoktor zum neuen Wachhabenden bestimmt. Erwin war von den Geheimen sofort gefesselt und durchsucht worden. Dann hatten sie seine Sachen beschlagnahmt und waren mit ihm in einem Kübelwagen davongefahren. Über die Gründe, sagte ›Krupa‹, wäre bisher nichts zu erfahren gewesen, nur ›Latrinengerüchte‹.
»Wo ist er jetzt?«
»Hier in Rouen, im Gefängnis. Es heißt, übermorgen käme er nach Paris – vor das Kriegsgericht . . .«

Am nächsten Morgen stand ich vor dem Gefängnistor, zwischen wartenden Frauen mit Kindern, die ihren Männern Wäsche und Zigaretten bringen wollten. Mit einer Bescheinigung unseres Stabs, unterschrieben von Major Zobel, kam ich bis zu dem ›Zentrale‹ genannten Glaskäfig im Zellenbau, den sich Gestapo und Geheime Feldpolizei reserviert hatten. Auf den ›Kettenhund‹, einen Unteroffizier, der dort als Wachhabender saß, machte mein gestempelter Schein keinen Eindruck.
»Nur mit Sondererlaubnis vom Feldkommissar«, sagte er und widmete sich wieder seinem Frühstück.
»Bloß ein paar Minuten – ich brauche dringend eine dienstliche Auskunft . . . Der Schlüssel für unser X_3-Gerät ist so kompliziert – wir sind sonst aufgeschmissen . . .«
»Schreib die Fragen auf«, sagte er kauend, »ich will mal sehen, was sich machen läßt . . . Komm um elf noch mal vorbei.«
Das war schon ein kleiner Fortschritt, und er hatte mich geduzt.

Ich nahm einen neuen Anlauf: »Mensch, das ist mein Kumpel – seit dreieinhalb Jahren waren wir überall zusammen . . .« Ich legte eine tropenfeste 50er-Packung englischer Beutezigaretten neben seine Thermosflasche und zeigte ihm dann ein kleines Foto von einem schönen blonden Mädchen. »Sie erwartet ein Kind von ihm . . .«
Vermutlich gab das Foto, das mir ›Krupa‹ eigens zu diesem Zweck geliehen hatte, den Ausschlag. Er trank seinen Becher aus. Die Zigaretten waren plötzlich verschwunden, und dann bedeutete er mir, ihm zu folgen und schloß Erwins Zelle für mich auf.
»Eine Minute!« sagte er und schloß hinter mir ab.
Er lag klein und schmal auf seiner Pritsche. Als er mich erkannte, machte er Anstalten, sich aufzurichten.
»Laß, Erwin – bleib liegen!«
Sein Kopf war mit weißer Gaze umwickelt. Nur ein Auge, Mund und Nasenlöcher waren frei.
Er konnte nur sehr mühsam sprechen: »Diese Schweine – wie bei meinem Vater . . . Aber sie haben nichts von mir erfahren – wegen Bruneval, weißt du?«
Ich war fassungslos.
Was hatte Erwin mit dem britischen Kommandounternehmen am Cap d'Antifer zu tun?
Er sah meine Verwirrung und flüsterte: »Laß mal – besser, du weißt von nichts – gib mir lieber 'ne Zigarette . . .«
Ich zündete sie ihm an, schob sie ihm vorsichtig zwischen die geschwollenen Lippen und ließ ihn ziehen.
»Du mußt jetzt Plan 7 machen, verstehst du?« stieß er hastig hervor. »Versprich es mir . . .!«
Ich versprach es ihm. Dann sagte er: »Mach's gut – du wirst noch von mir hören – ich mach's anders als mein Vater . . .«
Am nächsten Tag verbreitete sich die Nachricht wie ein Lauffeuer in der Stadt und bei allen Truppenteilen ringsum: Beim Abtransport hatte sich Erwin vor den einlaufenden Zug geworfen und dabei den Feldkommissar, an den er gekettet war und der seine ›verschärfte Vernehmung 2. Grades‹ geleitet hatte, mit sich gerissen.
Tags darauf meldete ich mich auf der Adjutantur und bat, den Herrn Oberst sprechen zu dürfen.
Oberst Keßler war überrascht und nicht gerade erbaut von meinem Anliegen. Er ging nachdenklich im Zimmer auf und ab. Dann sagte er: »Haben Sie sich das auch gut überlegt? Die Sache ist jetzt so lange gutgegangen – ich habe Sie zum Reserveoffizier eingereicht – am 20. April nächsten Jahres können Sie Leutnant sein.«

Er sagte nicht: ›Führers Geburtstag‹.
»Das Oberkommando hat sich doch sehr wohlwollend verhalten«, fügte er hinzu. »Wir haben ja in der Gruppe noch einen Fall – einen verdienten Offizier, bei dem allerdings die Ehefrau teilweise nichtarisch ist . . .« Er seufzte, und ich wußte, daß er von sich selbst sprach. Er war bekümmert, daß man ihn noch immer nicht zum General befördert hatte. »Überlegen Sie sich's lieber noch einmal!«
»Jawohl, Herr Oberst!«
»Wenn es sich darum handeln sollte, daß Sie einen längeren Studienurlaub haben wollen – darüber läßt sich reden . . . Das will ich dann gern befürworten. Aber – lassen Sie das andere . . .! Damit handeln Sie sich nur große Schwierigkeiten ein . . .«
Damit war Plan 7 in Gang gesetzt, wie ich es Erwin versprochen hatte.
Wir hatten verschiedene Möglichkeiten ausgeknobelt, wie wir es fertigbringen könnten, aus der Wehrmacht entlassen zu werden. Die siebte Lösung hatte Erwin allein und eigens für mich ausgetüftelt, und er war sehr stolz darauf. Wie die meisten altgedienten Soldaten kannte er alle Vorschriften. Es war sein besonderes Vergnügen, Lücken zu entdecken und Haarspaltereien der Militärbürokratie zur Verblüffung vorgesetzter Stellen zu unserem Vorteil auszulegen.
»Mit deinen nichtarischen Großeltern allein ist es nicht getan«, hatte er gefunden. »Du bist jetzt dreieinhalb Jahre beim Kommiß, und da machst du dich sehr unbeliebt, wenn du das, was sie offenbar vergessen wollten, wieder hervorkramst. Natürlich – wenn du darauf bestehst, entlassen sie dich. Aber zu Hause wirst du es dann nicht leicht haben . . . Immerhin«, fügte er nach einigem Nachdenken hinzu, »es wäre ein hübscher Eröffnungszug für eine Partie nach Plan 7 . . . Bei unserem Alten weiß man ja, wie er reagieren wird . . .«
Nachdem ich bei Oberst Keßler Einsicht gezeigt hatte, wartete ich vierzehn Tage. An einem Morgen, an dem ich dienstfrei hatte, meldete ich mich krank.
»Und was fehlt dir?« wollte der UvD* wissen und zückte sein Notizbuch.
»Kopfschmerzen, Stiche in der Brust, Fieber . . .«
Auf das Stichwort ›Fieber‹ hin geschah, was Erwin vorausgesagt hatte. Ich bekam ein Thermometer, das er zehn Minuten später

* UvD = Unteroffizier vom Dienst

wieder abholte. Er warf nur einen kurzen Blick darauf und sagte im Weggehen: »Es wird etwas dauern . . .«

»Beim Kommiß sind zivilistische Bräuche, wie Pulsfühlen oder die Hand auf die Stirn legen, verpönt«, hatte Erwin gesagt. »Da läßt man dich dein Fieber messen, und damit basta. Wenn du mehr als 38° hast, schafft man dich erst mal ins Revier.« Ich hatte es durch kräftiges Reiben auf 38,4° gebracht. Das für uns zuständige Revier war laut Aushang im UvD-Zimmer das ›Luftwaffenkriegslazarett Rouen, Hotel Dieu‹, das telefonisch um Entsendung eines ›Sankra‹* zu bitten war.

Schon um elf Uhr lag ich in einem Bett in der Infektionsabteilung des beschlagnahmten ›Hotel Dieu‹, und eine etwa siebzigjährige Nonne fragte mich, ob ich ›Vollkost‹ oder ›Schonkost‹ brauchte. Die Ordensschwestern, denen man feindliche Soldaten zur Pflege anvertraut hatte, waren so vorsichtig gewesen, keine Schwester unter sechzig Jahren an die Deutschen auszuliefern. *Mère Thérèse,* die mich nun betreute, wurde von mir gemäß Plan 7 nach und nach ins Vertrauen gezogen: Sie erfuhr, daß ich nicht sehr krank sei und deshalb täglich die heilige Messe besuchen wollte, was ihr sehr gefiel; daß ich Frankreich liebte und Freunde in der Stadt hätte; daß mir eigentlich gar nichts mehr fehlte, außer das Ende dieses schrecklichen Kriegs, und daß ich mich gern noch eine Weile im ›Hotel Dieu‹ ausruhen, dafür aber auch nützlich machen wollte.

Den Luftwaffen-Oberstabsarzt bekam ich nur einmal zu sehen, als er für etwa acht Sekunden in der Tür stand und die Patienten fragte, ob es besondere Vorkommnisse gebe. Wir antworteten vorschriftsmäßig im Chor mit ›Nein, Herr Oberstabsarzt‹, aber da war er schon weg. Der junge französische Assistenzarzt, der uns behandelte, zeigte sich von meinem Zustand befriedigt, riet aber zu weiterer Bettruhe, obwohl das Fieber gottlob abgeklungen sei. Nach vierzehn Tagen nahm er meinen Vorschlag, mich im Labor nützlich zu machen, dankbar an. »Die kritische Phase«, hatte Erwin gesagt, »ist die dritte Woche. Vorher denkt kein Mensch daran, dich wieder als gesund zu entlassen, und bis dahin mußt du dich beliebt und unentbehrlich machen – irgend etwas wird sich schon finden . . .«

Im Labor arbeiteten ein Medizinstudent aus Le Havre und eine junge, sehr tüchtige medizinisch-technische Assistentin, die mit unserem Stationsarzt befreundet war. Sie brauchte dringend Hilfe, und sie brachte mir bei, Urinproben auf alles Erdenkliche hin zu untersuchen.

* Sanitätskraftwagen

Später lernte ich auch mit dem Hämoglobinometer umzugehen, Leukozyten zu zählen, was eine besonders zeitraubende Arbeit war, und Färbungen mit Fuchsin, Eosin und Methylenblau vorzunehmen. Ich erntete dafür viele Komplimente, auch von *Mère Thérèse,* bekam vom Stationsarzt die Erlaubnis, jeden Abend zwei, drei Stunden auszugehen, um mich ›zu kräftigen‹, und wäre vielleicht noch bis zur Rückeroberung von Rouen durch die Alliierten Patient im ›Hotel Dieu‹ geblieben, wenn nicht Plan 7 eine völlige Genesung in der zwölften Woche vorgesehen hätte.

»Bei einem Lazarettaufenthalt von mehr als 90 Tagen Dauer«, hatte Erwin die Vorschrift zitiert und ernst darauf hingewiesen, daß von der Dauer der *Krankheit* nicht die Rede war, »ist der Patient nicht zu seinem Truppenteil, sondern zu seiner Stammabteilung zu entlassen. Unsere befindet sich in Hannover . . .«

Ehe ich dorthin fuhr, verabschiedete ich mich von meinen Freunden in Caudebec und meldete mich bei Oberst Keßler ab. »Sehen gut erholt aus«, stellte er zufrieden fest. »Wieder ganz hergestellt? Na, fein . . . Ihr Gesuch habe ich befürwortet. Es müßte beim Luftgau schon durch sein. Schätze, in etwa vierzehn Tagen werden Sie Ihr Studium aufnehmen können – gerade rechtzeitig zum Wintersemester . . .«

Zunächst hatte ich Erholungsurlaub, dann fuhr ich nach Hannover, und auf der Schreibstube der Flakkaserne lagen bereits meine Entlassungspapiere und mein Wehrpaß. Der Unteroffizier blätterte sie noch einmal durch, ehe er sie mir aushändigte. »Ach, du meine Güte . . .!« rief er plötzlich. »Sie sind ja noch gar nicht vereidigt . . .!«

Ich dachte an Erwin, der das bewerkstelligt hatte, und antwortete rasch, wie es mir von ihm beigebracht worden war: »Sie kennen doch die Richtlinien – in diesem Fall LwDV 2741–40, nicht wahr? Da ist zwar nicht ausdrücklich von der normativen Kraft des Faktischen die Rede, aber ihr Vorrang gegenüber kriegsbedingten bürokratischen Versäumnissen ist eindeutig . . . Ich bin seit nunmehr drei Jahren, elf Monaten, siebenundzwanzig Tagen und – genau neun Stunden und sechs Minuten Soldat, davon mehr als die Hälfte im Fronteinsatz . . .«

»Ja, ja, ist ja schon gut«, sagte er und gab mir die Entlassungspapiere. »Außerdem kommen Sie ja wieder – dann wird das nachgeholt . . .«

Ich war indessen fest entschlossen, nie wiederzukommen, denn das war ja das Ziel des Plans 7.

An diesem Tag, dem 18. Oktober 1942, meldete der Wehrmachtsbericht, daß im größtenteils eroberten Stalingrad ›letzte Widerstandsnester‹ der Sowjets ›gesäubert‹ würden; am Kaukasus, südlich von Pjatigorsk und bei Mosdok, leistete der Gegner noch ›erbitterten Widerstand‹; im Nordabschnitt vor Leningrad und im Mittelabschnitt, östlich von Orel, waren die deutschen Stellungen weiter ausgebaut worden. Das Afrikakorps unter Feldmarschall Rommel stand knapp hundert Kilometer westlich von Kairo und bereitete sich auf die letzte Etappe des Vormarschs zum Suezkanal vor. Die ›Bandenbekämpfung‹ in Jugoslawien war laut OKW-Bericht ›erfolgreich‹ . . .

Hitlers Macht schien größer und gefestigter als je zuvor. Selbst Herr Desch, den ich am Nachmittag, gleich nach meiner Ankunft aus Hannover, besucht hatte, war nicht mehr so zuversichtlich wie sonst.

»Wir müssen uns darauf einrichten«, sagte er, »daß es noch Jahre dauern kann, und bis dahin . . .«

Ich konnte mir denken, was er meinte: Düsseldorf war erst im letzten Monat das Ziel eines britischen ›Tausend-Bomber-Angriffs‹ gewesen, der große Zerstörungen verursacht und zahlreiche Todesopfer gefordert hatte. Der Druck der Gestapo war noch stärker geworden. In Hamburg, so erfuhr ich von Herrn Desch, hatte das Sondergericht soeben einen erst Siebzehnjährigen wegen heimlichen Abhörens des Londoner Senders und Verbreitung von ›Feindpropaganda‹ zum Tode verurteilt* ; in Köln, Essen und Wuppertal waren in der vergangenen Woche bei Razzien, Haussuchungen und Ausweiskontrollen mehr als achtzig Personen festgenommen worden; etwa die Hälfte davon hatte die Gestapo in Konzentrationslager eingeliefert. Seit Monaten war die ›Evakuierung‹ der Juden im Gange, und die Gestapo hatte nur die wenigen ›privilegierten‹ oder in kriegswichtigen Betrieben arbeitenden Männer und Frauen bislang verschont.

»Es ist kaum zu fassen«, sagte Herr Desch, »wie sie mit ihnen umgehen! Er zeigte mir den Durchschlag eines Transportberichts: »Vertraulich! An Geh. Staatspolizei-Leitstelle Düsseldorf. Betr. Evakuierung von Juden nach Riga. Transportbegleitung in Stärke von 1/15 . . . Der . . . vorgesehene Judentransport umfaßte 1007 Juden aus Duisburg, Krefeld . . .; Düsseldorf war nur mit 19 Juden vertreten. Der Transport setzte sich aus Juden beiderlei Geschlechts und verschiedenen Alters, vom Säugling an bis zum Alter

* Es handelte sich um Helmut Hübener, geboren am 8. 1. 1925; er wurde am 27. Oktober 1942 in Hamburg hingerichtet.

von 65 Jahren, zusammen. Die Ablassung des Transports war für 9.30 Uhr vorgesehen, weshalb die Juden bereits ab 4 Uhr an der Verladerampe . . . bereitgestellt waren. Die Reichsbahn konnte jedoch den Sonderzug . . . nicht so früh zusammenstellen, so daß mit der Einladung . . . erst gegen 9 Uhr begonnen werden konnte. Das Einladen wurde, da die Reichsbahn auf eine möglichst fahrplanmäßige Ablassung des Zuges drängte, mit der größten Hast vorgenommen. Es war daher nicht verwunderlich, daß einzelne Wagen überladen waren. Dieser Umstand hat sich während des ganzen Transports bis Riga nachteilig ausgewirkt . . . Auf dem Wege vom Schlachthof zur Verladerampe hatte ein männlicher Jude versucht, Selbstmord durch Überfahren mittels der Straßenbahn zu verüben. Er wurde jedoch . . . nur leichter verletzt. Ebenfalls hatte sich eine ältere Jüdin unbemerkt von der Verladerampe – es regnete und war sehr dunkel – entfernt, sich in ein nahegelegenes Haus geflüchtet, entkleidet und auf ein Klosett gesetzt. Eine Putzfrau hatte sie jedoch bemerkt, so daß auch sie dem Transport wieder zugeführt werden konnte.
Die Verladung der Juden war gegen 10.15 Uhr beendet. Nach mehrmaligem Rangieren verließ der Zug dann . . . den Güterbahnhof Düsseldorf-Derendorf in Richtung Wuppertal . . . Nach dem letzten Rangieren stellte ich fest, daß der Wagen des Begleitkommandos (2. Klasse) anstatt in die Mitte des Zuges am Ende der Personenwagen, also als 21. Wagen einrangiert worden war. Die falsche Einrangierung hatte folgende Nachteile:
a) Der Dampfdruck erreichte infolge fehlerhafter Heizungsanlagen die hinteren Wagen nicht. Infolge der Kälte konnte die Kleidung der Posten nicht trocknen (fast während des ganzen Transports regnete es), so daß ich mit Ausfällen wegen Erkrankung zu rechnen hatte . . .«*
»Wir müssen eine neue Route finden«, sagte Herr Desch, »und es ist jetzt noch dringender . . . Übrigens, kennst du Herrn Wrobel? Nein? Ich werde dich morgen mit ihm bekanntmachen. Ich glaube, er könnte dich gut gebrauchen in seinem Büro . . . Sein Unternehmen ist übrigens kriegswichtig – mit Kennziffern, von denen man nur träumen kann . . .!«
Kennziffern waren eine neue Einrichtung, die ich noch nicht kannte. Herr Desch erklärte sie mir: Kriegswichtige Betriebe erhielten solche Kennziffern für Telefon- und Fernschreibverbin-

* Der volle Wortlaut dieses Transportberichts findet sich bei H. G. Adler, ›Der verwaltete Mensch‹, Tübingen, 1974, S. 461 ff.

dungen, Fahrkarten und Platzreservierungen, Bezug von Maschinen, Ersatzteilen, Rohstoffen, ausländischen Währungen und Genehmigungen aller Art. Aus der Kennziffer ergab sich auch die Dringlichkeit und der Grad der Bevorzugung, den der Inhaber beanspruchen konnte.

Wrobel & Co. nahm in allen diesen Bereichen offenbar eine Spitzenstellung ein, denn als ich das kleine Büro zum erstenmal betrat, telefonierte Herr Wrobel, ein robuster Mittfünfziger mit dünnem rötlichem Haarkranz um seine Glatze, gerade mit Lissabon. Er lud mich mit einer Handbewegung ein, Platz zu nehmen. Ich griff nach der Zeitung, die vor mir auf dem Besucherstuhl lag. Es war die Londoner ›Times‹ von vorgestern!

Außer Herrn Wrobel, dem Inhaber und ›Betriebsführer‹, gab es in der Firma noch Herrn Dr. Metzger, der zugleich Experte für Erdöl und ›Betriebsobmann‹ war; Fräulein Lachmann als Sekretärin für ihn und Herrn Wrobel; Frau Baum, die die Finanzen, die Buchhaltung, alle Personalsachen und die Kaffeeküche betreute, sowie Fräulein Kasparek, das Lehrmädchen, zuständig für den Abziehapparat, den Postversand und die Abholung der Zeitungen von der Hauptpost.

»Sie kommen wie gerufen«, begrüßte mich dann Herr Wrobel. »Unser Dr. Junghans mußte vorige Woche in die Klinik – es geht ihm nicht gut, und er ist auch schon über Siebzig ... Er war bisher unser Experte für Kohle und Stahl – Sie werden ihn ersetzen, nicht wahr?«

Ehe ich einwenden konnte, daß ich keinerlei Fachkenntnisse hätte, außerdem nur zum Besuch der Universität freigestellt sei, sagte er: »Ich weiß, ich weiß – die Materie ist Ihnen neu, aber Sie werden sich rasch einarbeiten. Die Hauptsache ist, daß Sie aus dem Englischen und Französischen alles schnell und korrekt übersetzen können. Spanisch und Portugiesisch macht Dr. Metzger, und bei Schwedisch hilft uns Herr Konsul Ekström – der wohnt im ersten Stock. Was die Analysen betrifft, so zeige ich Ihnen, wie man da verfährt ... Sind Sie schon immatrikuliert? Lassen Sie sich irgendwo einschreiben, am besten in Köln – da geht wegen der vielen Luftangriffe alles drunter und drüber, und dort kenne ich auch einen Professor ...«

Er fegte alle meine Bedenken beiseite: »Ich regle alles – können Sie gleich anfangen? Das ist wunderbar! Wir sind bei Kohle und Stahl sehr im Rückstand ... Ich sage Ihnen jetzt noch die Kennziffern – die sind natürlich streng geheim, wie alles hier ... Das übrige erklärt Ihnen Dr. Metzger – unser Hausnazi, aber ganz harmlos ...

Sie dürfen ihm nur nicht den Glauben an den ›Führer‹ und den Endsieg rauben . . . Bäumchen, ich meine: Frau Baum regelt das Vertragliche, auch Steuer und Krankenkasse, und sie wird Ihnen gleich mal Ihren Sonderausweis fertigmachen – den brauchen Sie, wegen der Kennziffern. Haben Sie ein Paßfoto? Ach, das hat mir ja schon Herr Desch gegeben – auf den ist Verlaß! Sie können sich nebenan bei Dr. Metzger häuslich einrichten – da ist jetzt ein Schreibtisch frei . . .«

Dr. Metzger, ein stiller hagerer Mann schwer zu schätzenden Alters, der am Revers ein Parteiabzeichen trug, hieß mich willkommen, gab mir einen großen Packen englischer und amerikanischer Zeitungen und Fachzeitschriften und sagte: »Lesen Sie sich erst mal ein – später erkläre ich Ihnen, worauf Sie achten müssen . . . Sie waren bis jetzt Soldat? Nun, da haben Sie ja Ihre Pflicht getan. Jetzt haben Sie eine andere, ebenso wichtige Aufgabe, und bis zum Endsieg werden Sie bestimmt nicht mehr eingezogen . . .«

»Sind Sie da ganz sicher?«

»Absolut – unsere Kennziffer hat höchste Priorität . . .«

Dann machte ich mich an die Lektüre des ›Economist‹ und des acht Tage alten ›Wall Street Journal‹ und dachte an Erwin und seinen Plan 7, der nun durchgeführt war.

17. Anspannung aller Kräfte

»Dieses Schwein! Dieser Verbrecher! Dieser dreimal verfluchte, größenwahnsinnige Strolch ...! Und dieses ganze widerlich feige Gesindel von betreßten Lakaien um ihn herum!«
Herr Wrobel brüllte so laut, daß Frau Baum und ich im übernächsten Zimmer erschrocken zusammenfuhren.
»Mein Gott«, sagte ich, »wenn das jemand gehört hat ...!«
»Dem Konsul ist das egal«, meinte Frau Baum und wandte sich wieder den Papieren zu, die sie für mich vorbereitet hatte. Im ersten Stock wohnte Herr Ekström, der schwedische Konsul, darüber war nur noch die Junggesellenwohnung von Herrn Wrobel. Den ausgebauten Keller hatte Herr Desch angemietet – als Lagerraum und ›für alle Fälle‹.
»Und Dr. Metzger ...?«
»Der tut so, als hörte er es nicht«, gab Frau Baum gleichmütig zur Antwort. »Der leidet nur darunter, daß Wrobel seinen geliebten Führer haßt, aber mehr nicht ... So – hier sind Ihre ganzen Reiseunterlagen!«
Ich ging zu Herrn Wrobel, der mir Instruktionen für meine erste Reise für die Firma geben wollte. Er saß erschöpft, mit rotem Kopf und offenem Kragen, in seinen Sessel zurückgelehnt.
»Manchmal *muß* ich es einfach herausschreien – sonst platze ich ...«
Es war Anfang Februar 1943, einige Tage nach der Katastrophe von Stalingrad, über deren Ablauf und Ausmaß wir uns aus der Presse Schwedens und der Schweiz inzwischen genauer hatten informieren können.
Am 19. November 1942, als laut Wehrmachtbericht ›letzter Widerstand eingeschlossener sowjetischer Verbände in Stalingrad‹ schon fast gebrochen war, hatten die Sowjets ihre Gegenoffensive am Don eröffnet, um die deutsche 6. Armee, die an der Wolga stand, abzuschneiden. Hitlers sehnlichster Wunsch, wenn schon nicht Moskau und auch nicht Leningrad, dann doch wenigstens Stalingrad zu erobern und nicht mehr preiszugeben, machte ihn blind

und taub gegen alle Warnungen seiner militärischen Berater. Er befahl, allen Einkesselungsgefahren zum Trotz, Stalingrad um jeden Preis zu halten. Die rund dreihunderttausend Mann der 6. Armee sowie deren rumänische Hilfstruppen würden, sollten sie wirklich vorübergehend abgeschnitten werden, aus der Luft versorgt werden können.

Eine Woche später, nachdem die deutsche Front nördlich und südlich von Stalingrad unter dem Druck der sowjetischen Offensive zusammengebrochen war – einzelne Abschnitte hatten den hartnäkkigen Angriffen nicht standgehalten –, war die 6. Armee vollständig eingeschlossen. Ein Versuch, mit einer neuen Heeresgruppe unter Feldmarschall v. Manstein den Ring wieder aufzubrechen, scheiterte im Laufe des Dezember, vor allem deshalb, weil Hitler einen gleichzeitigen Ausbruchsversuch der 6. Armee streng untersagt hatte. Mit diesem Verbot war die einzige und letzte Chance vertan, die Eingeschlossenen noch zu retten. Auch die Versorgung aus der Luft, die er dem Befehlshaber der 6. Armee, General Paulus, zugesagt hatte, erwies sich als unmöglich. Es gelang lediglich, an die dreißigtausend Schwerverwundete und zwanzigtausend rumänische Hilfstruppen aus dem Kessel von Stalingrad auszufliegen. Am 24. Januar 1943, nachdem Hitler schon einmal zuvor Paulus untersagt hatte, ein sowjetisches Kapitulationsbegehren einer Antwort zu würdigen, kam eine neue Aufforderung der Sowjets, die in aussichtsloser Lage befindlichen Überlebenden der 6. Armee sollten sich ergeben. Daraufhin hatte Marschall Paulus an Hitler gefunkt: ›Truppen ohne Munition und Verpflegung . . . Keine einheitliche Befehlsführung mehr möglich . . . 18 000 Verwundete ohne Mindesthilfe an Verbandszeug . . . Weitere Verteidigung sinnlos. Zusammenbruch unvermeidbar. Armee erbittet, um noch vorhandene Menschenleben zu retten, sofortige Kapitulationsgenehmigung.‹

Hitlers Antwort lautete: ›Verbiete Kapitulation. Die Armee hält ihre Position bis zum letzten Mann und zur letzten Patrone . . .‹ In der Hoffnung, Paulus so zu einem möglichst ›ruhmreichen Ende‹ anzuspornen, beförderte er ihn am 30. Januar zum Generalfeldmarschall. Tags darauf funkte Paulus zurück: ›Der Russe steht vor dem Bunker . . . CL‹ – eine internationale Abkürzung, die bedeutete: ›Diese Station wird nie wieder senden‹.

Am 2. Februar hatte jede deutsche Kampftätigkeit in und um Stalingrad aufgehört. Rund 91 000 Überlebende der 6. Armee, darunter vierundzwanzig Generale und ein Feldmarschall, zogen bei Temperaturen von −25 Grad in die Gefangenschaft. Nur etwa fünftausend von ihnen sahen nach vielen Jahren die Heimat wieder. Am 3. Februar 1943 meldete ein verspäteter Wehrmacht-Sonderbericht: ›Der Kampf um Stalingrad ist zu Ende. Ihrem Fahneneid bis zum letzten Atemzug getreu, ist die 6. Armee unter der vorbildlichen Führung des Generalfeldmarschalls Paulus der Übermacht des Feindes und der Ungunst der Verhältnisse erlegen.‹ Dann wurde der zweite Satz aus Beethovens 5. Symphonie gespielt und eine viertägige Nationaltrauer verkündet. Alle Kinos, Theater und Vergnügungsstätten blieben für diese Zeit geschlossen.

Hitler, so wußte Herr Wrobel zu berichten, hatte einen Tobsuchtsanfall bekommen, als ihm mitgeteilt wurde, daß Paulus und seine Generale lebend in die Hände der Sowjets gefallen waren.

›Stellen Sie sich vor‹, hatte der ›Führer‹ geschrien, ›jetzt wird er nach Moskau gebracht. Er wird Geständnisse machen ... Es wird keine Woche vergehen, und Seydlitz ... und sogar Paulus sprechen im Rundfunk ...!‹

Hier irrte der ›Führer‹ sich übrigens nicht: General v. Seydlitz trat in Moskau an die Spitze des antifaschistischen ›Nationalkomitees Freies Deutschland‹ und stellte sich für Propagandasendungen zur Verfügung, und im Sommer 1943 sprach erstmals auch Feldmarschall Paulus über Radio Moskau zum deutschen Volk.

Doch mit allen seinen anderen Prognosen hatte der ›Führer‹ unrecht, und die Folgen seiner Befehle waren für die deutsche Wehrmacht vernichtend, nicht allein bei Stalingrad. In Südrußland konnten sich die am Kaukasus und schon dicht vor den Ölfeldern von Grosny stehenden deutschen Armeen gerade noch vor einer drohenden Einkesselung retten und den langen Rückmarsch antreten. Die Hoffnung, mit sowjetischem Beute-Öl den Treibstoffmangel im deutschen Herrschaftsbereich zu beheben, hatte sich damit zerschlagen.

In Nordafrika war den Briten am 2. November 1942 bei El Alamein mit frischen Truppen ein entscheidender Durchbruch im italienischen Abschnitt gelungen. Marschall Rommel, der befürchten mußte, von den Engländern eingekesselt zu werden, hatte um Erlaubnis zum Rückzug gebeten. Er sei, funkte er nach Hause, in verzweifelter Lage und seit Wochen ohne Nachschub; die Briten beherrschten den Luftraum und bombardierten pausenlos die deutschen Stellungen.

Wieder verbot Hitler den Rückzug, wieder war ›Aushalten bis zum letzten Mann‹ seine einzige Antwort. Doch am 4. November hatte Rommel dann auf eigene Faust den Rückzug angeordnet, um von seinem Afrikakorps noch zu retten, was zu retten war: die Reste seiner Panzer- und motorisierten Verbände. Die ganze Infanterie blieb zurück und geriet in Gefangenschaft. In den folgenden vierzehn Tagen wurden Rommels letzte Einheiten – knapp zehntausend deutsche Soldaten mit nur noch sechzig Panzern sowie etwa fünfundzwanzigtausend Italiener – von den sie verfolgenden Briten an der libyschen Küste entlang immer weiter nach Westen getrieben, bis ganz Libyen in englischer Hand war.

Währenddessen waren Briten und Amerikaner im westlichen Nordafrika gelandet und hatten mit rund hunderttausend Mann ganz Marokko und Algerien besetzt. Darauf waren unter Bruch des Waffenstillstandsabkommens deutsche Truppen in den bisher unbesetzten Teil Frankreichs einmarschiert, und Hitler hatte zudem noch rund 250000 Mann nach Tunesien geschickt, um wenigstens diesen letzten Zipfel afrikanischen Territoriums zu halten. Doch es war zu spät: Bis zum Ende des Frühjahrs büßte die Wehrmacht alle nach Tunesien entsandten Soldaten, Panzer und Geschütze sowie die Reste des Afrikakorps ein. Dort gerieten mehr deutsche Soldaten in Gefangenschaft als in Stalingrad.

Dies hatte, neben den militärischen Auswirkungen, natürlich auch sehr ernste Folgen für die deutsche Kriegswirtschaft und bedeutete zugleich eine wesentliche Stärkung des angloamerikanischen Rüstungspotentials, weil alle Rohstoffquellen Afrikas und Vorderasiens dem deutschen Zugriff entzogen und den Alliierten wieder frei zugänglich waren. Welche Konsequenzen sich daraus ergaben, wußte in Deutschland niemand besser als die Mitarbeiter von Wrobel & Co. Denn wir stellten aus den uns zur Verfügung stehenden Meldungen und für einen sehr kleinen ausgewählten Empfängerkreis in Staat und Wirtschaft allwöchentlich genaue und ungeschminkte Berichte zusammen, aus denen die Produktionsergebnisse der amerikanischen und britischen Industrie ersichtlich waren.

Neben dieser kriegswichtigen Aufgabe befaßte sich Wrobel & Co. auch noch mit anderen Dingen. So hatten Herr Wrobel, Frau Baum, Fräulein Lachmann und ich – Dr. Metzger und Fräulein Kasparek waren schon nach Hause gegangen – erst am Abend zuvor ausführlich die veränderte Lage, zumal in bezug auf die Türkei, diskutiert. Durch den Rückzug des Afrikakorps aus Ägypten und Libyen und den der deutschen Heeresgruppe A vom Kaukasus und der östlichen Schwarzmeerküste hatte der Druck Berlins auf die Regierung in Ankara merklich nachgelassen. Herr Desch, der an unserem Gespräch teilnahm, war mit Herrn Wrobel übereingekommen, sofort eine neue Balkanroute zu erkunden.

Herr Wrobel hatte eine Möglichkeit entdeckt, die so ausgefallen war, daß die Wahrscheinlichkeit bestand, Gestapo und SD würden vorerst nicht darauf kommen: Täglich verkehrte nämlich ein Flugzeug einer neutralen Linie, der SAS, von Stockholm nach Istanbul mit Zwischenlandungen in Berlin, Wien, Budapest und Sofia. Zwischen Berlin und Wien konnte die Maschine ohne Paßkontrolle benutzt werden, sofern Plätze verfügbar waren, denn das war ja ein deutscher Inlandsflug. Die Fluggesellschaft – das wiederum wußte Herr Wrobel inzwischen von Konsul Ekström – würde ohne weiteres für einen Passagier, der beispielsweise von Berlin nach Istanbul zu reisen wünschte, *zwei* Tickets ausstellen – eins von Berlin nach Wien und eins für den Rest der Strecke. Die Frage war, ob dieser Reisende in Wien dann doch noch von der deutschen Grenzpolizei kontrolliert würde oder einfach im Flugzeug bleiben und den deutschen Machtbereich ohne Wissen der Behörden verlassen könnte. Für die türkische Einreiseerlaubnis würden die Freunde von Herrn Desch in Istanbul sorgen.
Herr Wrobel war der Meinung, daß dieser Trick gelingen müßte. »Es gibt in Berlin ohnehin nur Flugtickets für Leute mit Kennziffern. Ich bin ziemlich sicher, daß die Gestapo nur auf diejenigen achtet, die weiter als bis nach Wien buchen. Da wir sicherstellen können, daß sie von einem gleichzeitig ausgestellten Anschlußtikket nach Istanbul nichts erfährt, müßte es eigentlich klappen . . .«
Dies sollte Fräulein Lachmann ausprobieren, und zu diesem Zweck fuhr sie gleich nach Berlin, um am nächsten Morgen mit einem Inlandflugschein nach Wien, dann mit einem Anschlußticket gleich weiter nach Istanbul und zwei Tage später wieder zurückzufliegen. Offiziell hatte sie den Auftrag, einen türkischen Korrespondenten anzuwerben, der über die Erdölförderung im Nahen und Mittleren Osten regelmäßig berichten sollte.
Ich hingegen, so war verabredet worden, sollte mit dem Zug nach Wien reisen, dort die Abfertigung der Maschine beobachten, mit der Fräulein Lachmann unkontrolliert nach Istanbul zu fliegen gedachte, und vorsorglich einen weiteren Fluchtweg erkunden.
»Sie kommen heute kurz vor Mitternacht in Wien an, und morgen vormittag fahren Sie hinaus zum Flughafen, schauen sich alles genau an und geben mir telefonisch Bescheid – Sie wissen ja, wie eilig es ist«, hatte mir Herr Wrobel erklärt und nach einem Blick auf Herrn Desch hinzugefügt: »Seine ›Warteliste‹ ist schon sehr lang . . .«
»Und mit wem soll ich in Wien Kontakt aufnehmen wegen der Ausweichmöglichkeit?«

»Der Herr meldet sich bei Ihnen um 15 Uhr in der Hotelhalle – vielleicht ein paar Minuten später. Er wird Sie ansprechen – ein Herr mit prächtigem Schnurrbart und ungarischem Akzent. Er wird Sie nach ›Renate‹ fragen. Sie benutzen dann in Ihrer Antwort das Wort ›herzlich‹, und er muß dann das zweite Stichwort, ›Heirat‹ einflechten . . .«

Schon am nächsten Mittag konnte ich von meinem Hotel am Kärntner Ring aus unserem Düsseldorfer Büro die erfreuliche Mitteilung machen, daß ›die Dame einen guten Flug gehabt‹ habe und ›bereits zu unserem Geschäftsfreund unterwegs‹ sei.

Ich hatte am Flughafen durch die Glasscheiben Fräulein Lachmann gesehen, wie sie mit den anderen SAS-Passagieren aus Berlin ausstieg, dann aber nicht den Ausgang zur Stadt benutzte, sondern in den Transitraum ging. Dreißig Minuten später war sie – zusammen mit Fluggästen, die in Wien zustiegen und die Paßabfertigung passieren mußten – unkontrolliert weitergeflogen.

Ich hatte noch gewartet, bis die große sechsmotorige Maschine – sie war in einem leuchtenden Orangerot angestrichen, damit sie für Flak und Jäger als neutral erkennbar wäre – wieder in der Luft war und Kurs auf Budapest genommen hatte.

Schon um 14.40 Uhr suchte ich mir einen günstigen Platz in der Hotelhalle für mein Rendezvous mit dem ›prächtigen Schnurrbart‹. Unsere neue ›Reiseroute‹ hatte, so fand ich, zwei schwache Stellen: Von der einen, der Ausgabe des Flugtickets nebst Anschlußflugschein, meinte Herr Wrobel zwar, es gäbe da keine Gefahr des Verrats, aber das schien mir nicht so sicher. Die andere Schwachstelle lag völlig außerhalb unserer Einflußmöglichkeiten: Da alle Passagiere das Flugzeug aus Berlin in Wien verlassen mußten, weil es dort aufgetankt wurde, bestand die Gefahr, daß diejenigen, die im Transitraum auf den Weiterflug warteten, von der Gestapo beobachtet wurden. Es war nicht auszuschließen, daß einzelne Leute, die ihr verdächtig vorkamen, doch noch überprüft wurden. Dann würde sich sofort herausstellen, daß sie zwar gültige Tickets für den Weiterflug nach Istanbul hatten, aber weder ein deutsches Ausreise- noch ein türkisches Einreisevisum . . . Dieses Risiko war zu groß, und um so gespannter wartete ich auf den Herrn mit der Ersatzlösung.

Nur kam der nicht.

Ich hatte mich schon entschlossen, Herrn Wrobel nochmals anzurufen, als mit fast zweistündiger Verspätung ein ungarischer Major in Honveduniform die Hotelhalle betrat, sich umblickte, auf mich zustürzte, mich in die Arme schloß, schnurrbärtig abküßte und da-

bei freudig bewegt ausrief: »Welchä Freudä! Hast du gäwartet langä? Was gibt es Neies von Renatä? Habt ihr euch gä-hei-ratät?!«
»Herzlich willkommen«, sagte ich, sehr erleichtert. Es war kein Irrtum möglich: Dies war mein Mann.
Er kam dann schnell zur Sache: Am Flughafen Budapest habe er eine absolut sichere, unkontrollierte Zusteigemöglichkeit für Passagiere nach Istanbul erkundet – mit Hilfe des dort diensttuenden ›Kameraden‹ . . .! Noch wichtiger aber war die zweite Mitteilung: Vom Wiener Ostbahnhof aus könnten unsere ›Reisenden‹ an bestimmten Tagen ohne Kontrolle, Paßabfertigung, ja sogar ohne Fahrkarte in einen Zug steigen, der – ohne Halt an der Grenze! – bis Hegyeshalom und von dort nach kurzem Aufenthalt weiter nach Budapest fuhr . . .!
»Ist Militärzug – wird kommandiert von mir – jedän Dienstag und jedän Donnerstag«, erläuterte er mir.
Die ›Reisenden‹ brauchten nur eine Bahnsteigkarte zu lösen, zu einer bestimmten Zeit zum Zug nach Preßburg zu gehen, aber nicht diesen, sondern den auf dem Nachbargleis am selben Bahnsteig abfahrbereiten ungarischen Militärzug zu besteigen, und zwar den vordersten 1. Klasse-Wagen, gleich hinter der Lokomotive.
Sollte es, so fügte er noch hinzu, einmal besonders ›pressieren‹, ließe sich das Ganze auch an anderen Wochentagen durchführen. Nur müßte man ihn dann schon einen Tag zuvor benachrichtigen. Dienstags und donnerstags genügte es, ihn am Vormittag zu verständigen, wenn zur Abfahrt um 17 Uhr ein ›Reisender‹ käme. Für seine telefonische Benachrichtigung sollten wir uns der direkten Leitung bedienen, die von der ungarischen Militärmission am Wiener Ostbahnhof nach Hegyeshalom führe. Bei der Mission brauche man nur seinen Namen zu nennen – der Telefonist wisse Bescheid. Er sei dann entweder gleich selbst am Apparat oder der Bahnhofskommandant in Hegyeshalom, ein ›guter Kamerad‹.
Sehr erleichtert fuhr ich noch in der Nacht zurück nach Düsseldorf.
»Das ist ja großartig! Da können wir ja gleich anfangen! Ist auf den Major Verlaß?« wollte Herr Wrobel wissen, nachdem ich ihm alles berichtet hatte.
»Ich hoffe es – von seiner Pünktlichkeit einmal abgesehen . . . Es ist wirklich ganz einfach. Da kann eigentlich nichts schiefgehen. Wer um 17 Uhr in Wien in den richtigen Wagen des Militärzugs einsteigt, kann ohne Kontrolle bis Istanbul reisen . . .«

Am 18. Februar 1943 verkündete der Reichspropagandaminister Dr. Joseph Goebbels im Berliner Sportpalast den ›totalen Krieg‹ und forderte die ›äußerste Anspannung aller Kräfte‹. Herr Desch hatte dazu bemerkt, das gelte nun auch für uns. Der – leider recht kostspielige – neue Fluchtweg über Wien und Budapest müßte jetzt so rasch wie möglich ausgenutzt werden, denn wir wüßten ja nicht, wie lange er noch offen sei. Ich bekam den Auftrag, sofort in Wien ein ›Auslieferungslager‹ einzurichten. Einige besonders gefährdete Personen sollten in Kürze dorthin gebracht werden. Weil die Gestapo bereits nach ihnen fahndete, konnten sie nicht mit der Bahn reisen. Es war vorgesehen, alle zusammen als ›Beiladung‹ mit einem Lastzug nach Wien zu bringen. Da immer nur eine Person jeweils dienstags und donnerstags den Militärzug und tags darauf das Flugzeug benutzen konnte, mußten die anderen bis zu ihrer Abreise in Wien sicher untergebracht werden. Eine kleine Pension am Ostbahnhof erwies sich dafür als hervorragend geeignet. Die Inhaberin, Frau Hacha, die Herrn Desch von Wiener Freunden empfohlen worden war, versorgte die erste ›Sendung‹ und begleitete den jeweils abreisenden Gast selbst bis zur Sperre.

Bis Ende Juli 1943 klappte alles vorzüglich. Dann wurde der Andrang so groß, daß ein neues ›Zwischenlager‹ gefunden werden mußte. Von Wien aus, wo ich gerade war und wo mir Frau Hacha ihr Leid geklagt hatte, rief ich Herrn Wrobel an: »Wir haben hier keinen Platz mehr«, erklärte ich ihm. »Das Auslieferungslager kann keine Ware mehr unterbringen. Wir versenden jetzt auch sonnabends – aber das ist auch das Äußerste . . .«

Ich bekam von ihm den Auftrag, mich in Niederbayern nach einem geeigneten ›Zwischenlager‹ umzusehen.

»Sagen Sie, wir müßten Maschinen auslagern und einige bombengeschädigte Belegschaftsmitglieder vorübergehend unterbringen – jeweils für etwa vier Wochen«, empfahl mir Herr Wrobel. »Und natürlich zahlen wir anständig . . .«

Eine Woche lang reiste ich kreuz und quer durch Niederbayern. Überall hieß es, es wären schon mehr als genug Evakuierte und Bombengeschädigte am Ort, und es gäbe keine Quartiere mehr. Maschinen hätten sich leicht unterbringen lassen, zumal gegen gute Bezahlung, aber an noch mehr Menschen aus den Großstädten war niemand interessiert.

Im Zug nach Grafenau traf ich zwei Frauen aus Hamburg, deren Wohnungen wenige Tage zuvor bei dem stärksten Luftangriff, den die Hansestadt bis dahin erlebt hatte, vollständig vernichtet worden waren.

»Wir saßen unten im Keller«, erzählte die eine, »als eine Brandbombe in den Lichtschacht fiel ... Wir wollten den Durchstieg zum Nebenhaus aufbrechen, aber von dort kamen schon die Nachbarn und schrien uns zu, daß beide Häuser in Flammen ständen und gleich einstürzen würden. Der Hauswart wollte uns verbieten, aus dem Keller auf die Straße zu flüchten. Er stellte sich uns in den Weg und fuchtelte sogar mit seiner Pistole herum ...! Wir waren alles Frauen, einige davon schwanger, andere mit kleinen Kindern – aber dem haben wir's gezeigt! Der hatte uns oft genug gepiesackt, weil ihm unsere Hakenkreuzfähnchen am Balkon nicht groß genug waren ... Wir haben ihn zu dritt gepackt und ihm einen Stoß gegeben, daß er rückwärts umfiel. Mit Wolldekken, die wir in Wasser getaucht hatten, über dem Kopf und um den Leib gewickelt, sind wir dann gerade noch herausgekommen ...«
Sie sparte auch nicht mit abfälligen Bemerkungen über ›Bonzen‹, die ihre Familien längst in Bayern untergebracht hätten und während des Großangriffs mit dem Auto geflüchtet wären, und berichtete, wie alles ringsum lichterloh gebrannt hätte, wie es immer heißer geworden wäre und wie sie sich vor dem Feuersturm in die nahen Schrebergärten geflüchtet und dort in die Beete geworfen hätten.
»Es war die Hölle«, sagte die andere Frau aus Hamburg, »und wer da lebend rausgekommen ist, hat nur noch an Flucht gedacht. Ich bin dann mit denen gezogen, die aus Hammerbrook und Eilbek kamen ... Alte und Kranke und Mütter mit Kindern, mit Fahrrädern, Karren und Kinderwagen ... Ich habe nichts mehr retten können – nur ein bißchen Wäsche, zwei Gläser mit Marmelade und zwei Bücher ...!« Sie zeigte sie voller Stolz: ›Das Wunschkind‹ von Ina Seidel und – mir stockte der Atem – ›Briefe aus dem Gefängnis‹ von – Rosa Luxemburg ...!
Ich beugte mich rasch etwas vor, so daß meine Nachbarin, die ein Parteiabzeichen trug, den Titel nicht erkennen konnte, und gab der Frau aus Hamburg ein Zeichen, sie solle aufhören. Aber sie fuhr unbeeindruckt fort: »Wer *das* mitgemacht hat, ist geheilt! Mir kann keiner mehr kommen – weder mit großen Sprüchen noch mit Drohungen ...! Das mach' ich nicht mehr mit: den ganzen Tag in der Fabrik stehen und nachts Fliegeralarm ...« Da hielt der Zug. Die Parteigenossin stand auf. »Das ist ja – unerhört!« empörte sie sich beim Aussteigen. »Anzeigen müßte man so was! Ich bin auch Hamburgerin, aber eine, auf die unser Führer sich verlassen kann – Heil Hitler!«

Damit warf sie die Abteiltür zu.
Ein älterer Mann, der bisher geschwiegen hatte, wandte sich an die beiden Frauen aus Hamburg und sagte: »Sie sollten nicht so daherreden – heute früh haben sie in Pronfelden unseren Arzt, den Dr. Geiger, abgeholt, und der ist sogar in der Partei ... Es heißt, er kommt nach Berlin, vor den Volksgerichtshof, weil er unvorsichtig dahergeredet hat – so wie Sie eben ...«

Die Anklage des Oberreichsanwalts beim Volksgerichtshof in der Strafsache gegen den praktischen Arzt Dr. med. Alois Geiger aus Pronfelden, Bezirk Grafenau (Niederbayern), 53 Jahre alt, nicht vorbestraft, lautete, er habe ›am 30. Juli 1943 in der niederbayerischen Ortschaft Waldhäuser es unternommen, die Wehrkraft des deutschen Volkes zu zersetzen und zugleich den Feind des Reiches zu begünstigen, indem er zu einer schwangeren Patientin geäußert hat, der Krieg sei für uns verloren, die Führung von Italien sei festgenommen ...‹ – ein Verbrechen nach § 5, Abs. 1 Nr. 1 KSSVO, §§ 91b, 73 StGB.
Einziges Beweismittel: Die staatspolizeiliche Vernehmung der Zeugin ›Ehefrau Else Nilli, zur Zeit Waldhäuser, Bezirk Grafenau, Jugendherberge‹, die aber in der Hauptverhandlung gar nicht gehört worden war.
Frau Nilli hatte erst *nach* dem Urteil, das auf Todesstrafe und Ehrverlust auf Lebenszeit lautete, an ihrem Evakuierungsort richterlich vernommen werden können. Reichsanwalt Dr. Rothaug war dazu eigens aus Berlin angereist, weil von der Ehefrau des Verurteilten ein Gnadengesuch eingereicht worden war. Ein Freund und Kollege des Dr. Geiger, der ›Alter Kämpfer‹ war, hatte sich ebenfalls eingesetzt und auch die Reichsärztekammer um Unterstützung gebeten; Dr. Geiger sei immerhin ›Mitglied der NSDAP unter der Nr. 5220606 gewesen und bisher als weltanschaulich einwandfrei beurteilt worden‹. Die Reichsärztekammer aber hatte bereits mitgeteilt, daß sie nicht beabsichtige, ›von sich aus auf das Gnadengesuch Einfluß zu nehmen. Heil Hitler! i. A. gez. Dr. Kosmehl‹.
Der mit dem Verurteilten befreundete ›Alte Kämpfer‹, der Arzt Dr. Heinrich Pfau in Waldkirchen, hatte in seiner ›Erklärung‹ zum Gnadengesuch hervorgehoben: ›Geiger war immer ein ruhiger, nach außen kaum in Erscheinung tretender Mann ... Wäre er von den Idealen des Nationalsozialismus nicht überzeugt gewesen, hätte er sich niemals zum Beitritt in die NSDAP gemeldet ... Körperlich und seelisch geschwächt durch den schweren Beruf, Tag

und Nacht in ärztlicher Bereitschaft bei schwierigstem Gelände, durch Schlaflosigkeit erregt, fiel er in einem Zustand der Schwächung einer Unbedachtheit zum Opfer, deren Tragweite er sich nicht bewußt war und wie er sie sicherlich auch nicht gewollt hat ... Auf keinen Fall kann ich mir vorstellen, daß er mit seinen Äußerungen etwas zum Schaden des Deutschen Volkes propagieren wollte ...‹
Bei dieser Sachlage kam alles auf die weitere Aussage der bisher nur polizeilich vernommenen Zeugin, Frau Else Nilli, an, eine hauptamtliche BDM-Führerin bei der Reichsjugendführung, Ehefrau eines gleichfalls dort tätigen HJ-Bannführers, der zur Zeit im Kriegsdienst beim Regiment ›Großdeutschland‹ war. Frau Nilli, von Dr. Rothaug einvernommen, blieb bei dem, was sie zuvor dem HJ-Bannführer und Polizeimeister in Zwiesel zu Protokoll gegeben hatte, und sie fügte noch hinzu: ›Ich hielt die Ausführungen des Dr. Geiger für eine unglaubliche Verhetzung, die ich um so gefährlicher bewerten mußte, als er den Mut aufbrachte, seine Machenschaften an mir, einer Soldatenfrau, zu erproben. Seine Äußerung bezüglich des von mir erwarteten vierten Kindes war keine Anerkennung, sondern gleichsam ein Vorwurf, daß ich es verantworten könne, im Angesicht der bevorstehenden Niederlage noch ein Kind auf die Welt zu bringen. Das war der klare Sinn der Äußerungen des Dr. Geiger‹. Der vernehmende Reichsanwalt Dr. Rothaug hatte dazu vermerkt: ›Unter diesen Umständen ... schlage ich nunmehr vor, von dem Begnadigungsrecht keinen Gebrauch zu machen‹, und damit war das Schicksal des Landarztes besiegelt. Der Scharfrichter Röttger erhielt den Auftrag, im Gefängnis Plötzensee ›den Alois Geiger mit dem Fallbeil hinzurichten‹. ›Gegen eine Freigabe der Leiche zur schlichten Bestattung keine staatspolizeilichen Bedenken ... gez. Popp, SS-Obersturmbannführer und Polizeidirektor‹.

Nach einigen Tagen gab ich die Suche nach einem ›Zwischenlager‹ in Niederbayern auf und beschloß, in eine weniger von Evakuierten und Flüchtlingen überlaufene Gegend zu fahren, wo ich mich auskannte und wo sich auch meine Mutter schon aufhielt. Am Nachmittag eines heißen Augusttages kam ich an, ging aber nicht gleich zu ihr, sondern kehrte erst bei Lisa ein. Sie hatte mich schon am Haltepunkt aus dem Zug steigen sehen. Kaffee und Kuchen standen bereits auf dem Tisch, als ich eintrat. »Probier mal – der ist noch von meiner Hochzeit. Wir haben nämlich letzten Sonntag geheiratet!« Ich gratulierte ihr.

Nun war sie also die Wirtin des einzigen Gasthofs weit und breit, einer bescheidenen Einkehr in einer einsamen Gegend des Fichtelgebirges, verwaltete auch die Postagentur und kümmerte sich um das kleine Fahrradgeschäft, in dessen Werkstatt der Wirt mit Reparaturen – auch von Nähmaschinen, handbetriebenen Butterzentrifugen oder Volksempfängern – vollauf beschäftigt war. Hier auf dem Land fiel es kaum noch auf, daß die dreiundzwanzigjährige Lisa nicht von der Arbeit im Freien so stark gebräunt war, und ihr krauses schwarzes Haar steckte unter einem blauen Kopftuch, wie es auch die Bäuerinnen hier trugen. Denn Lisa war – so jedenfalls stand es in den Akten der Staatspolizeileitstelle Koblenz – ein ›Negermischling‹ aus der Besatzungszeit nach dem Ersten Weltkrieg, bei ihrer Mutter, einer Friseuse, in Kesselheim aufgewachsen. Bis 1936, als sie die Volksschule beendet hatte, waren ihr – von Hänseleien und einigen Kränkungen durch die ehrgeizige Turnlehrerin abgesehen – aus ihrer ›nichtarischen‹ Abstammung keine Schwierigkeiten erwachsen. Nur hatte sie keine Lehrstelle gefunden und bei ihrer Mutter mitgearbeitet, bis im Januar 1940 eines Morgens ein Gestapobeamter gekommen war. Sie sollte, wie sie erfuhr, nach Polen deportiert werden.

Unterwegs hatte sie dem Beamten ausreißen und sich verstecken können, war dann mit einem holländischen Schleppkahn rheinabwärts nach Düsseldorf gekommen und von Klosterschwestern aufgenommen worden. Deren Oberin hatte sich dann bei Fräulein Bonse Rat geholt, und die hatte Lisa meiner Mutter mitgegeben, die gerade dabei war, mit einem Teil ihrer Möbel und des übrigen Hausrats ins Fichtelgebirge umzuziehen.

Das war gerade drei Jahre her, und nun hatte Lisa den zwölf Jahre älteren Wirt geheiratet, dessen zwei Gästezimmer meine Mutter damals gemietet hatte ...

»Und mit den Papieren ging alles glatt?« erkundigte ich mich. »Wer ist denn hier der Standesbeamte ...?«

»Na, der Bürgermeister natürlich! Wenn du jetzt hinaufgehst, dann nimm die Post für ihn mit – er hat sie noch nicht geholt ...«

Beim Bürgermeister, dem ›alten Arnold‹, wie er genannt wurde, obwohl er erst Anfang Vierzig war, wohnte meine Mutter inzwischen fast ständig. Sie hatte dort mehr Platz als im Wirtshaus, verstand sich gut mit der Bäuerin und hatte mit deren Hilfe nach und nach in der winzigen, abgelegenen, aus zerstreuten Gehöften bestehenden Gemeinde weitere Quartiere beschaffen können. Fast alle Bauern und deren Söhne waren bei der Wehrmacht, und die Frauen waren froh, ihre knappe Haushaltskasse aufbessern zu

können, indem sie an solche empfohlenen Sommer- und bald auch Wintergäste Zimmer vermieteten.
Ein besonders gern gesehener, nunmehr ständiger ›Feriengast‹ war der ›Major a. D.‹ v. Elken, der sich in einem Häuschen, wo auch der Umformer für die Stromversorgung untergebracht war, ein Zimmer eingerichtet hatte. Mein ›Onkel Erich‹, der nicht mehr an eine Flucht ins Ausland dachte, genoß bei den Einheimischen großes Ansehen – ein richtiger Major, und doch immer freundlich . . .!
Ebenfalls sehr beliebt war ›Oberschwester‹ v. Anders, die stets gerufen wurde, wenn sich jemand verletzt hatte. Sie wohnte bei Bauern am Hang gegenüber dem Arnoldschen Anwesen, zusammen mit der ›ausgebombten Konzertpianistin‹ Uta Wandel, die den Bauersfrauen manchmal, wenn sie sie allzusehr bedrängten, Horoskope stellte.
Meine Mutter, der ich, als wir allein waren, von meiner vergeblichen Suche nach einem ›Zwischenlager‹ in Niederbayern erzählte, sah mich erstaunt an.
»Warum bist du nicht gleich zu uns gekommen? Wir haben doch hier alles, was ihr braucht!«
Es gab, wie ich dann erfuhr, ein Forsthaus, vom Haltepunkt der Eisenbahn in knapp einstündigem Fußmarsch zu erreichen, mitten im Wald. Der Förster war 1940 eingezogen worden und nun im ›Warthegau‹ eingesetzt. Seine Frau hatte nicht länger so einsam leben wollen und war mit ihren Kindern vor einigen Wochen ebenfalls nach Westpreußen gezogen. Die Schlüssel zu dem nun leerstehenden Forsthaus hatte der Bürgermeister in Verwahrung, dazu den Auftrag, es nur an ›ordentliche, zuverlässige Leute‹ zu vermieten – falls sich überhaupt ein Interessent finden sollte.
Es war ein geradezu idealer Platz. Der einzige Zugangsweg führte am Arnoldschen Hof vorbei, und es gab eine Telefonleitung zum Gasthof von Lisas Mann, an jedem Ende ein altes Feldtelefon aus dem Ersten Weltkrieg mit Handkurbel, eine Errungenschaft, mit der sich das Försterehepaar das Leben im Wald sehr erleichtert hatte.
Platz war dort genug vorhanden, wie meine Mutter und ich noch am selben Tag feststellten. Nahm man auch noch den Heustadel hinzu, ließen sich leicht zwei Dutzend Leute unterbringen. Eine Quelle versorgte das Haus mit Wasser. An Brennholz fehlte es auch nicht, und was die Ernährung betraf, so würden, versicherte mir meine Mutter, die Arnolds für Brot, Kartoffeln und etwas Speck sorgen können.

»Man kann sich da ja auch Hühner halten«, meinte sie auf dem Rückweg. »Pilze und Beeren findet man im Wald – es wird schon gehen . . .«

Eine Stunde später konnte ich von Lisas Poststelle aus Herrn Wrobel telefonisch davon verständigen, daß der Versand beginnen könnte.

»Na endlich! Die Ware muß ganz dringend weg – der Lkw steht schon seit heute früh beladen auf dem Hof in Plauen . . .«

Ich rechnete nach und sagte: »Es sind kaum mehr als sechzig Kilometer von dort über Hof . . . Sie können den Wagen gleich losschicken . . .« Ich nannte ihm den Treffpunkt, von wo aus ich den Fahrer auf dem letzten Stück begleiten wollte.

»Ausgezeichnet – ich rufe zurück, sobald ich weiß, wann die Sendung eintrifft. Können Sie auch nachts ausladen . . .?«

»Aber natürlich – das machen wir besonders gern! Wir wissen, was von der Heimatfront gefordert wird . . .«

Ich wartete in der Gaststube auf den Rückruf, setzte mich zu Lisas Mann, dem ›alten Arnold‹ und einigen anderen, zu denen sich dann auch ›der Herr Major‹ gesellte, auf dessen abendliche Erläuterung der Kriegslage die Dorfbewohner schon brannten.

Mein ›Onkel Erich‹ war, wie ich dann merkte, nicht nur ein militärischer Fachmann, sondern auch ein Experte für psychologische Kriegsführung geworden, der den Einheimischen die verwirrenden Nachrichten von den diversen Fronten eindrucksvoll zu erklären verstand:

Am 2. August hatten die Amerikaner erstmals die rumänischen Erdölfelder bombardiert. ›Major v. Elken‹ erläuterte seinen Zuhörern die Folgen: »Nun wird es bald keinen Treibstoff mehr geben. Schon jetzt müssen sie in Berlin die Ernte mit Pferden einfahren . . . Sie staunen, lieber Herr Bürgermeister, daß mitten in der Reichshauptstadt Getreide, Kartoffeln und Kohl angebaut werden? Hier – sehen Sie selbst . . .!« Und dann zeigte er ihnen Bilder aus dem ›Illustrierten Beobachter‹, die diese Tatsache belegten.

»Steht es wirklich schon so schlecht?« fragte einer aus der Runde. »Wir kriegen doch Gemüse aus Italien und Weizen aus Rußland . . .«

»Aus Italien kommt kaum noch etwas«, versicherte ihm ›Major v. Elken‹. »Dort geht es jetzt drunter und drüber . . . In Mailand haben die Arbeiter alle politischen Gefangenen befreit. Die Herrschaft Mussolinis und seiner Faschisten ist beendet, den Duce haben sie abgesetzt und halten ihn auf einer Insel vor Neapel gefangen. Sizilien haben die Amerikaner und Engländer schon erobert. Bald werden sie auch auf dem Festland sein. Das OKW muß jetzt Truppen von der Ostfront abziehen, um Italien so lange es geht zu halten, und das gerade jetzt, wo die Russen überall zur Offensive übergegangen sind . . .« Da wurde ich von Lisa zum Telefon gerufen.

»In anderthalb Stunden wird die Sendung eintreffen«, ließ mich Herr Wrobel wissen, und noch in der Nacht zogen zwei Frauen und sieben Männer, von denen zwei aus einem Transport ins KZ Sachsenhausen hatten entfliehen können, ins Forsthaus ein.

Am nächsten Tag fuhr ich zurück nach Düsseldorf und widmete mich wieder meinen kriegswichtigen Aufgaben.

18. Einer, der der Hölle entrann

Am 18. August 1943 beging General Hans Jeschonnek, Generalstabschef der Luftwaffe, aus Verzweiflung Selbstmord. Seine Abfangjäger hatten weder die britisch-amerikanischen Luftangriffe auf das Industriegebiet von Wiener Neustadt, die Kugellagerfabriken von Schweinfurt und die Messerschmitt-Flugzeugwerke in Regensburg noch den auf die Raketenversuchsanstalt in Peenemünde verhindern können.
An der Ostfront mußte die Wehrmacht am 22. August Charkow räumen und das wichtige Industriegebiet im Donezbecken aufgeben. Dem Vorstoß der sowjetischen Truppen in Richtung Orel konnten die erschöpften deutschen Soldaten der Heeresgruppe Mitte nur noch mit hinhaltendem Widerstand begegnen. An eine Offensive der Wehrmacht war an der Ostfront nicht mehr zu denken. Im OKW-Bericht war nur noch von ›Frontbegradigungen‹, ›Abwehr starker feindlicher Angriffe‹ und ›Rückwärtskonzentration‹ die Rede.
Am 3. September schloß die neue italienische Regierung ein Waffenstillstandsabkommen mit den Alliierten, deren Truppen bereits in Kalabrien und bei Salerno gelandet waren. Hitler ließ daraufhin Rom und alle Schlüsselstellungen im mittleren und nördlichen Italien von der Wehrmacht besetzen und am 12. September den gefangengehaltenen Mussolini durch einen kühnen Handstreich eines SS-Kommandos befreien und nach Deutschland bringen. Am selben Tag besetzten die Briten Brindisi, und in der folgenden Woche mußte die Wehrmacht erst Sardinien, dann Korsika räumen.
Während der letzten Septembertage eroberte die Rote Armee Brjansk und Poltawa, überschritt auf breiter Front den Dnjepr und warf die Wehrmacht hinter Krementschug zurück. Am 6. Oktober begann auf dem rund zwölfhundert Kilometer langen Frontabschnitt zwischen Witebsk und dem Schwarzen Meer eine neue Herbstoffensive der Sowjets. Auf der Krim-Halbinsel wurde erneut, wie bei Stalingrad, eine deutsche Armee abgeschnitten, der Hitler den Rückzug verboten hatte.

Am 1. November nahmen auf der Krim gelandete sowjetische Truppen Perekop ein, und in der Ukraine hatte der Angriff auf die letzten deutschen Stellungen vor Kiew begonnen.
Am selben Tag meldete sich bei Wrobel & Co erstmals die Gestapo. Ein etwas blasses Fräulein Lachmann bat Dr. Metzger, mit dem Besucher zu sprechen, denn Herr Wrobel war verreist. Sie warf mir einen ängstlichen Blick zu.
»Was kann er nur wollen?« flüsterte sie, mehr zu sich selbst. Gemeinsam versuchten wir, etwas von dem zu erlauschen, was nebenan im Zimmer des Chefs gesprochen wurde, aber wir konnten nicht herausbekommen, wovon die Rede war.
Dann wurde die Tür aufgerissen, und Dr. Metzger fragte sichtlich erregt: »Hat jemand die Schlüssel zum Panzerschrank?«
Wir sahen ihn entsetzt an und waren zunächst sprachlos. Dann faßte sich Fräulein Lachmann und fragte mit gespielter Verwunderung: »Zum *Panzer*schrank? Was meinen Sie denn *da*mit, Herr Dr. Metzger ...? Den gibt es doch gar nicht mehr!«
Dabei machte sie ihm Zeichen, die der Gestapomann nicht sehen konnte, bis Dr. Metzger endlich begriff.
»Ach ja, richtig«, sagte er etwas zögernd, »das habe ich glatt vergessen! Wir haben ihn ja nach dem Luftangriff im alten Büro gelassen ...«
Das mußte, wenn es stimmte, vor meiner Zeit gewesen sein. Jedenfalls stand jetzt im Luftschutzkeller ein Panzerschrank, den Herr Wrobel dem königlich schwedischen Konsulat übereignet und mit einer entsprechenden Aufschrift hatte versehen lassen. Die Schlüssel waren allerdings in Wrobels Besitz geblieben, und nur Frau Baum hatte ein zweites Paar, für alle Fälle.
»Tja, da können wir im Moment nichts machen«, hörten wir Dr. Metzger zu dem Besucher sagen. »Aber unser Betriebsleiter, Herr Wrobel, wird morgen gegen Mittag zurück sein und Ihnen die nötige Aufklärung geben. Vielen Dank jedenfalls, daß Sie offiziell noch nichts veranlaßt haben. Sie können versichert sein, daß alles seine Ordnung hat! Nochmals besten Dank – Heil Hitler!«
Er hatte ihn zur Tür begleitet. Als er zurückkam, sank er auf seinen Stuhl und ächzte: »Auf was habe ich mich da bloß eingelassen – Lügen sind eines deutschen Mannes unwürdig ...!« Wir versuchten ihn zu trösten, wollten aber nun auch wissen, was den Gestapo-Kommissar zu Wrobel & Co geführt hatte.
»Fräulein Kasparek!« teilte uns Dr. Metzger mit, und seine Stimme zitterte vor Empörung. »Sie hat uns angezeigt – diese Denunziantin!«

Fräulein Kasparek war von der Polizei beim Kauf von Schwarzmarktware erwischt worden. Wohl um sich Straffreiheit zu verschaffen, hatte sie erklärt, sie könnte etwas ›Wichtiges‹ aussagen: Bei Wrobel & Co würde Feindpropaganda gesammelt, vervielfältigt und verbreitet . . .!
Natürlich hatte Wrobel & Co, was die reguläre, durch Kennziffer abgesegnete Tätigkeit betraf, nichts zu befürchten, weil – so erfuhr ich jetzt – Herr Wrobel eng mit dem Rüstungsministerium und dem OKW zusammenarbeitete und Rückendeckung von der militärischen Abwehr hatte. Aber gerade weil zwischen Abwehr und SD, der seinerseits mit der Gestapo verflochten war, eine heftige Rivalität bestand, mußte es unbedingt vermieden werden, daß der Kommissar seine Nase allzutief in unsere Angelegenheiten steckte – ganz abgesehen von allem anderen, was wir sonst noch machten . . .
Am nächsten Tag kam Herr Wrobel von seiner Reise zurück und tobte. Fräulein Kasparek wurde von ihm fristlos entlassen, und beinahe wäre er gleich, wütend wie er war, zur Gestapo-Leitstelle gestürmt, um sich, wie er brüllend kundtat, ›jede Einmischung zu verbitten‹. Frau Baum gelang es, ihn dazu zu bewegen, sich die Sache noch mal in Ruhe zu überlegen, und in der folgenden Nacht löste die Royal Air Force das Problem auf ihre Weise: Sie flog einen ›Tausend-Bomber-Angriff‹ auf Düsseldorf, der gewaltige Zerstörungen anrichtete und zahlreiche Todesopfer forderte. Dabei wurde auch die Gestapo-Leitstelle in der Prinz-Georg-Straße ausgebombt. Der ›Vorgang‹, zu dem Herr Wrobel sich noch hatte äußern sollen, geriet danach wohl in Vergessenheit, denn in den folgenden Monaten hörten wir nichts mehr davon.
Auch Wrobel & Co war durch den schweren Bombenangriff in Mitleidenschaft gezogen. Eine in der Nähe explodierte Luftmine hatte alle Fenster des Hauses eingedrückt; der Dachstuhl hatte gebrannt, und Herrn Wrobels Wohnung darunter hatte unter dem Feuer und den Löscharbeiten gleichermaßen gelitten. Er selbst war heil davongekommen und hatte bei Konsul Ekström ein Notquartier bezogen. Fräulein Lachmann und ich fanden ihn nach langem Suchen in der Küche auf dem Fußboden sitzend, einen Arm um den schlafenden Konsul, mit dem anderen den Takt zu dem Lied schlagend, das er vor sich hinsang: *»Wir werden weitermarschieren, bis alles in Scherben fällt, denn heute gehört uns Deutschland und morgen . . .«*
Er verstummte, als er uns sah.
»Schön, daß es euch noch gibt«, versicherte er uns mit schwerer Zunge. »Uns gibt es auch noch, meinen Freund und mich . . .« Er versuchte, den Konsul zu tätscheln. Dann fiel ihm noch etwas ein:

»Bäumchen ist auch da – ausgebombt . . .« Er sah sich mit glasigen Augen suchend um. »Eben war sie noch da – vielleicht holt sie etwas zum Trinken – es ist nichts mehr da . . .« Er machte eine vage Handbewegung in Richtung auf zahlreiche leere Flaschen. »Bäumchen wollte . . .«
Er schien sich plötzlich an etwas zu erinnern und versuchte aufzustehen. Wir halfen ihm auf die Beine. Der Konsul sank zur Seite, nachdem er seine Stütze verloren hatte, schlief aber weiter.
Nach einer kalten Dusche und einem starken Kaffee war Herr Wrobel wieder imstande, sich zu erinnern: Kurz nach dem Fliegeralarm, noch ehe die ersten Bomben gefallen waren und als er mit dem Konsul gerade den Luftschutzraum aufgesucht hatte, war Frau Baum gekommen, mit ihr ein merkwürdig aussehender Mann: kahlköpfig, hohlwangig, mit lederner grauer Haut und glanzlosen, tiefliegenden Augen. Er trug einen eleganten Anzug, zu dem weder sein Gesicht noch seine großen, knochigen, zerschundenen Hände paßten.
»Ein Sonderfall«, hatte Frau Baum erklärt. »Er kommt aus Polen . . .«
Der Mann hatte nichts gesagt und war von Frau Baum in dem von Herrn Desch ›für alle Fälle‹ angemieteten Keller untergebracht worden, wo ein Feldbett stand.
»Es ist der Golem«, flüsterte Herr Wrobel, noch immer betroffen. ›Herr Golm‹, wie wir ihn dann nannten, blieb zwei Tage im hinteren Keller. Dann hatte Herr Desch ein Transportmittel besorgt, mit dem ›Herr Golm‹, begleitet von einer schwarzgekleideten und tief verschleierten Frau Baum, ohne Zwischenstation den Wiener Ostbahnhof erreichte – kurz vor 17 Uhr, so daß er sofort nach Budapest weiterfahren konnte und anderntags bereits in Istanbul eintraf. Ausnahmsweise wurde er mit einem gültigen schwedischen Paß ausgestattet, und Konsul Ekström besorgte für ihn noch vor der Abfahrt ein türkisches Einreisevisum.
Ich sah ihn kurz, als er im schwarzen Paletot und Zylinder den sonst nur für Begräbnisse 1. Klasse benutzten Wagen eines Bestattungsinstituts bestieg. Es war eine gespenstische Szene, wie er sich, ohne nach links oder rechts zu schauen, zum Auto begab und darin Platz nahm. Die rauchgeschwärzten Ruinen der gegenüberliegenden Häuser lieferten den passenden Hintergrund dazu.
Ich hatte vorgeschlagen, ›Herrn Golm‹ ins Fichtelgebirge zu bringen, wo er im Forsthaus gut aufgehoben gewesen wäre. Aber Herr Desch und dann auch Herr Wrobel hatten erklärt, es käme in diesem Fall nichts anderes in Frage als eine sofortige Ausreise in ein neutrales Land. Erst nach dem Kriege erfuhr ich den Grund.

›Herr Golm‹ war ein ›Schaliach‹, ein Sendbote, gewesen. Im Sommer 1943 hatte er auf unbekannten Wegen von Palästina aus sein Ziel, eine Kleinstadt im südlichen Polen, erreicht und sogar zwei der Kontaktleute gefunden, denen er Briefe, Geld und einiges andere übergeben sollte. Möglicherweise war er irgendwo über den Wäldern der Beskiden aus einem amerikanischen Flugzeug mit dem Fallschirm abgesprungen wie etwa dreißig andere todesmutige Sendboten der Jahre 1943/44, die den von völliger Vernichtung bedrohten jüdischen Gemeinden Mut machen, ihre erlöschende Widerstandskraft stärken und ihnen die Gewißheit geben sollten, daß man sie nicht vergessen hatte.
Er war nur ganz kurze Zeit an seinem Zielort geblieben, denn seine zweite Aufgabe war der Versuch, mit möglichst vielen und genauen Informationen aus dem Machtbereich Hitlers nach Palästina zurückzukehren. Wie die meisten der Sendboten hatte er diesen Auftrag nicht erfüllen können. Er war aufgegriffen und mit zahlreichen anderen Juden ins Lager Treblinka nahe Warschau eingeliefert worden. Dort waren, wie er inzwischen erfahren hatte, bereits annähernd 650000 Männer, Frauen und Kinder ermordet worden, davon im Vorjahr allein 310000 Juden aus Warschau.
Bei der Einlieferung ins Lager Treblinka hatte der ›Funktionshäftling‹, von dem er nach versteckten Wertsachen durchsucht worden war, das Antwortschreiben gefunden, das er nach Palästina hatte bringen sollen. Es begann mit den Worten: ›Nach langem Warten haben wir heute mit größter Freude Euren Sendboten und Euren Brief empfangen . . .‹ Es folgte ein detaillierter Bericht über die fortschreitende Vernichtung der Juden in Polen und Litauen, den verzweifelten Aufstand im Warschauer Getto, der am 19. April 1943 begonnen hatte und am 16. Mai zusammengebrochen war. Die SS, die mit Artillerie, Panzern und Flammenwerfern gegen die unzulänglich bewaffneten Männer und Frauen vorgegangen war, hatte rund 800 Mann verloren.
›Wenn ihr diesen Brief erhalten haben werdet‹, hieß es am Schluß des Antwortschreibens, ›wird von uns schon niemand mehr am Leben sein . . . Wir schreiben den Brief in größter Eile, da der Schaliach keine Zeit hat . . . Hiermit bestätigen wir den Erhalt von 50000 RM (fünfzigtausend Reichsmark) . . .‹*

* Ein ähnlicher Brief, der in die Hände der SS fiel und im Eichmann-Prozeß in Jerusalem als Dokument der Anklage (ET 1108) vorgelegt wurde, ist abgedruckt bei H. G. Adler, ›Der verwaltete Mensch‹, Tübingen, 1974, S. 471 f. Er stammt von Hersch Springer und anderen im Zwangsgetto von Bendsburg (Bedzin) in Ostoberschlesien und trägt das Datum vom 17. Juli 1943.

Auf den ›Funktionshäftling‹ machte die Tatsache, daß der Bote unter höchster Lebensgefahr aus dem sicheren Ausland nach Polen gekommen war, mindestens ebensoviel Eindruck wie die am Schluß des Briefs erwähnte Geldsumme, die er mitgebracht hatte. Er verhalf ›Herrn Golm‹ zu einem ›Kommando‹, wodurch er der sofortigen Vernichtung entging.
Das ›Kommando‹, dem er während der folgenden Wochen angehörte, hatte die Aufgabe, die Leichen der Tag für Tag Ermordeten zu verbrennen. Die Männer, die diese entsetzliche Arbeit verrichteten, konnten nicht, wie viele andere ihrer Leidensgenossen, daran zweifeln, daß das Ziel ihrer gnadenlosen Verfolger die vollständige Ausrottung sämtlicher Juden war. Sie hatten sich deshalb aus SS-Beständen einige Maschinenpistolen und Handgranaten beschafft und waren entschlossen, einen Aufstand zu wagen. Als der Diebstahl der Waffen bemerkt wurde, mußten sie früher als geplant losschlagen: Am 2. August schossen sie ihre Bewacher nieder, steckten Baracken und Wachtürme in Brand und zerstörten mit Handgranaten die elektrisch geladene Stacheldrahtumzäunung. Wer von den Gefangenen noch die Kraft dazu hatte, wagte die Flucht. Mindestens zweihundert, möglicherweise auch sechshundert Häftlinge brachen aus dem Lager Treblinka aus, doch die meisten der Entflohenen wurden im Laufe der nächsten Stunden und Tage von der SS wieder gefaßt und erschossen. Nur wenige entkamen* – darunter ›Herr Golm‹.
Ein Kranführer der O.T., der für ›kriegswichtige‹ Bauvorhaben in den besezten Gebieten zuständigen ›Organisation Todt‹, hatte ihn dann versteckt. Dieser Kranführer, ein Kommunist, der selbst bis 1936 im KZ gewesen war, brachte ihn später mit einem Baufahrzeug nach Berlin zu Genossen, die den Flüchtling in ihrer Laube am Bahngelände von Siemensstadt wohnen ließen und von ihren spärlichen Lebensmittelrationen mitbeköstigten.

Frau Baum, die mir einige Monate nach Kriegsende diese Geschichte des ›Herrn Golm‹, dessen wahren Namen sie auch nicht kannte, berichtete, hatte sie mit der Unterbringung des aus Treblinka Geflohenen in Berlin-Siemensstadt enden lassen. »Den Rest kennen Sie ja . . .«, sagte sie. »Er wollte unbedingt ins Ausland, um

* Mindestens 52 namentlich bekannte, aus Treblinka entflohene Häftlinge erlebten das Kriegsende in Freiheit. Eine Folge des August-Aufstands war eine starke Einschränkung der Vergasungen. Im November 1943 wurde das Lager aufgelöst; zuvor hatte die SS alle ›Arbeitsjuden‹ und ›Funktionshäftlinge‹ ermordet und die Spuren der Massenvernichtung beseitigt

seinen Auftrag zu erfüllen und die Nachrichten über die Judenvernichtung in Polen schnellstens bekannt zu machen, und das ist ihm ja auch gelungen . . .«

»Und wie ist er dann an Sie geraten?«

Sie zögerte mit der Antwort.

»Haben Sie nie etwas von der Gruppe Baum gehört?« fragte sie dann. »Sie hatten doch in Berlin einige Kontakte, und ›der Baum‹ war in Widerstandskreisen doch ein Begriff . . .!«

Jetzt erinnerte ich mich, was die drei aus Berlin geflüchteten jungen Juden mir geraten hatten, ehe sie von Paris über die Pyrenäen nach Spanien weitergereist waren: ›Wenn du Anschluß an die Aktiven suchst, frag deinen Onkel Erich nach dem Baum . . .‹

Damit war, wie ich jetzt erfuhr, der damals knapp dreißigjährige Buchhalterssohn und gelernte Elektriker Herbert Baum gemeint gewesen, Leiter des Unterbezirks Berlin-Südost des illegalen kommunistischen Jugendverbands. 1941 war er als Jude zur Zwangsarbeit bei Siemens dienstverpflichtet worden. Zusammen mit seiner Frau Marianne, einigen zuverlässigen Genossen und – ebenfalls bei Siemens arbeitenden – Angehörigen einer Gruppe sozialistischer Zionisten organisierte er einen Widerstandskreis, dem sich auch mehrere Studenten anschlossen.

Die ›Gruppe Baum‹, der etwa siebzig junge Männer und Frauen angehörten, stellte zunächst Flugblätter her, die in den Siemenswerken, dann auch in der Stadt, heimlich verteilt wurden und zum Widerstand gegen die Nazi-Herrschaft aufriefen. Als Goebbels im Frühjahr 1942 eine antisowjetische Propagandaausstellung, ›Das Sowjetparadies‹, vorbereiten ließ, plante die ›Gruppe Baum‹ zunächst, dort ebenfalls Flugblätter zu verteilen. Als sich das als undurchführbar erwies, wurde beschlossen, die Ausstellung in Brand zu setzen. Mitarbeiter am Kaiser-Wilhelm-Institut, die zur Gruppe gehörten, besorgten den dafür geeigneten Zündstoff. Schon am Tag nach der Eröffnung, am 18. Mai 1942, legten Herbert und Marianne Baum, drei weitere Frauen und zwei Männer dort Feuer. Ein Großteil der Ausstellung brannte aus, den Rest konnte die Feuerwehr retten, aber die geplante Wanderschaft der Propagandaschau durch alle größeren Städte Deutschlands mußte unterbleiben, und der – vor der Öffentlichkeit nicht zu verheimlichende – Anschlag erregte großes Aufsehen. Die mutige Tat stärkte den Widerstand in Berlin, und die Kunde davon verbreitete sich im ganzen Reich.

Indessen gelang es der Gestapo sehr rasch, die Täter ausfindig zu machen. Unter den zunächst wahllos Verhafteten war einer, der den brutalen Verhörmethoden nicht gewachsen war und die ›Gruppe Baum‹ verriet. Herbert und Marianne Baum sowie alle unmittelbar Beteiligten wurden schon am 20. Mai festgenommen. Sie starben teils, wie Herbert Baum, unter der Folter, teils durch das Fallbeil. Auch die meisten übrigen Mitglieder der Gruppe wurden hingerichtet oder im KZ ermordet. Darüber hinaus verhaftete die Gestapo fünfhundert völlig unbeteiligte Berliner Juden, brachte sie nach Lichterfelde in die ehemalige Kadettenanstalt und erschoß noch am selben Abend jeden zweiten dieser Unschuldigen. Die übrigen kamen ins KZ Sachsenhausen, wo sie im Herbst 1942 umgebracht wurden. Einen Tag nach der Massenverhaftung wurden auch alle Familienangehörigen der Geiseln festgenommen, nach Auschwitz gebracht und dort ermordet.

»Ich war gerade bei Genossen im Nebenhaus, als mein Bruder und meine Schwägerin von sechs Gestapo-Beamten abgeholt und in den Wagen gestoßen wurden«, sagte Frau Baum. »Sie hielten mich dann bei sich versteckt, bis Herr Desch und seine Freunde mich nach Düsseldorf holten. Sie wollten mich ins Ausland schaffen, aber ich bestand darauf, hierzubleiben und etwas für die Sache zu tun. Ich hätte es, nach allem, was ich in Berlin erlebt hatte, draußen nicht ausgehalten . . .«

»Aber warum haben Sie denn bloß Ihren Namen nicht geändert – das war doch besonders gefährlich . . .!«

»Ich habe ihn geändert, denn ich war verheiratet. Mein Mann ist damals auch ermordet worden. Als mir Herr Desch neue Papiere besorgte, bat ich ihn, dafür meinen Mädchennamen zu verwenden – er ist ja nicht gerade selten, und ich wollte ihn nun gerade wieder tragen . . . Nur den Vornamen und das Geburtsdatum haben wir vorsichtshalber geändert . . .«

19. ›Tante Martha‹ wird beerdigt

Am 6. November 1943 eroberten die sowjetischen Truppen Kiew zurück. Auch an den anderen Abschnitten der Ostfront hatte die Wehrmacht die Initiative verloren, leistete zwar noch hartnäckigen Widerstand, mußte aber immer weiter zurückweichen.
In Italien hielten die Briten und Amerikaner bereits das untere Drittel der Halbinsel besetzt. Ende November nahmen sie die Offensive an der Sangro-Front wieder auf. Am 3. Dezember begannen die Kämpfe um den von der Wehrmacht zum Sperriegel ausgebauten Höhenzug, rund 120 Kilometer südlich von Rom, in dessen Zentrum das Kloster Monte Cassino lag.
Für Hitler waren jedoch die Abwehrkämpfe an der Ostfront und in Italien nur noch von zweitrangigem Interesse. Seine Hauptsorge galt inzwischen dem ›Atlantikwall‹, der Befestigung der Westküste Frankreichs, Belgiens und Hollands sowie Dänemarks. Er erwartete eine große Invasion der Westmächte – ›im Frühjahr 1944, wenn nicht schon eher‹ – und hielt dafür große Reserven in Bereitschaft.
Bei Wrobel & Co waren wir uns jedoch darin einig, daß mit einer Invasion in Westeuropa vor dem nächsten Sommer nicht zu rechnen sei. Nach unseren Berechnungen würde es noch mindestens ein halbes Jahr dauern, bis die Amerikaner und Engländer die erforderliche mehrfache Überlegenheit zu Lande, zu Wasser und in der Luft erreicht und alle Transportprobleme, auch die des Treibstoffnachschubs, bewältigt haben würden. »Wir müssen uns darauf einstellen«, meinte Herr Wrobel, »daß der Krieg erst in etwa einem Jahr beendet sein wird – immer vorausgesetzt, unser größter Feldherr aller Zeiten* bekommt nicht doch noch seine ›Wunderwaffe‹ . . .«
Damit meinte er jene – später als V 1 und V 2 bekannt gewordenen und gegen Südengland eingesetzten – Raketenwaffen, die in Pee-

* Hitler hatte sich auf dem Höhepunkt seiner Macht als den ›größten Feldherrn aller Zeiten‹ feiern lassen. Im Volksmund wurde dies spöttisch abgekürzt: ›Gröfaz‹.

nemünde entwickelt worden waren. In der schweizerischen Presse hatten wir bereits Berichte über neue deutsche Flugkörper ›mit einer Reichweite von 260 Kilometern‹ gefunden.
Im Laufe des Dezember stießen die Alliierten in Italien auch in Richtung Pescara vor. An der Ostfront hatten die Sowjets Tscherkassy zurückerobert und den Angriff auf Witebsk begonnen. Kurz vor Jahresende durchbrachen sie in der Ukraine in breiter Front die deutschen Stellungen.
Um den Strom an Kriegsmaterial und Lebensmitteln zu unterbinden, der über die Nordatlantik- und Eismeerroute nach Murmansk floß und der nach Westen vordringenden Roten Armee Nachschub brachte, ließ Hitler das deutsche Schlachtschiff ›Scharnhorst‹ auslaufen. Aber am 26. Dezember wurde die ›Scharnhorst‹ von einem britischen Flottenverband gestellt, in Brand geschossen und versenkt. Von den sechzehnhundert Mann Besatzung konnten nur 36 gerettet werden.
In den ersten Januartagen 1944 überschritt die vordringende Rote Armee im Mittelabschnitt die alte polnische Ostgrenze. Am 14. Januar begann sie auch im Nordabschnitt eine Offensive, durchbrach den Ring um Leningrad und beendete die seit drei Jahren andauernde Hungerblockade der Viermillionenstadt. Am 22. Januar landeten die Amerikaner überraschend rund hundert Kilometer hinter den deutschen Verteidigungsstellungen in Italien und errichteten bei Anzio und Nettuno Brückenköpfe. In den letzten Januartagen erlebte Berlin eine weitere Serie nächtlicher Großangriffe aus der Luft, die viele tausend Todesopfer forderte.
Inzwischen machte die sowjetische Offensive im Nordabschnitt weitere Fortschritte, und im Südabschnitt der Ostfront stand die Rote Armee schon an der rumänischen Grenze. Hitler verweigerte den Kommandeuren die dringend erbetenen Verstärkungen, weil er mit einer unmittelbar bevorstehenden Invasion in Westeuropa rechnete. Und weil er einen Sündenbock brauchte, dem er die Schuld an der sich stündlich verschlechternden Kriegslage geben konnte, entließ er den Chef der militärischen Abwehr, Admiral Wilhelm Canaris. Er behauptete, der Nachrichtendienst der Wehrmacht hätte völlig versagt, und unterstellte den gesamten Bereich der Informationsbeschaffung und -auswertung sowie der Spionageabwehr dem Reichssicherheitshauptamt. SS-Bridagdeführer Walter Schellenberg wurde mit der Zusammenfassung und Umorganisation beauftragt, der abgesetzte Canaris unter Hausarrest gestellt.
Für Wrobel & Co war das ein schwerer Schlag. Die Firma ver-

dankte einen Großteil ihrer durch Kennziffern abgesicherten Vorrechte und Freiräume ihren bisherigen guten Beziehungen zur militärischen Abwehr und ihrem Chef.

Noch am Abend dieses 25. Februar, an dem Herr Wrobel die Hiobsbotschaft erhalten hatte, überlegte er mit Frau Baum, Fräulein Lachmann und mir, was jetzt zu tun wäre.

»Von heute an müssen wir auf alles gefaßt sein«, erklärte er uns. »Der SD wird uns bald sehr genau auf die Finger sehen – wir müssen Vorkehrungen treffen, nicht nur als Firma, auch jeder für sich ...«

Dann kam Herr Desch mit einer weiteren schlechten Nachricht: Es gäbe deutliche Anzeichen dafür, daß Ungarn und möglicherweise auch Rumänien von der Wehrmacht besetzt würden. Hitler befürchtete, sie könnten sonst mit den Kriegsgegnern einen Separatfrieden schließen.

»Sobald der SD die Kontrolle am Flughafen Budapest übernimmt, ist es mit der ›Balkanroute‹ aus«, sagte er. »Es sind noch neun Leute in Wien, die ausgeflogen werden müssen. Mein Informant rechnet damit, daß Ungarn in spätestens vierzehn Tagen besetzt wird ...«

Am übernächsten Tag fuhr ich nach Wien, nachdem Herr Desch für die neun alle nötigen Papiere besorgt hatte.

»Unser Major muß begreifen, wie sehr es brennt! Er kann sie nicht mehr einzeln mit über die Grenze nehmen ...!« hatte er mir eingeschärft.

Doch der Major, den ich noch am Abend traf, war zunächst gegen jede Änderung des bewährten ›Reiseprogramms‹. Als ich ihm unsere Gründe darlegte, war er sehr betroffen, wollte an einen Einmarsch erst gar nicht glauben, willigte aber schließlich ein, alle neun bis zum nächsten Sonntag ›abzufertigen‹. Wir verabredeten ein Kennwort – zur Verständigung im Notfall, etwa bei einem noch früheren Einmarsch der Wehrmacht. Je nachdem, ob von einem Fliegerschaden, dem Tod oder der Beerdigung einer ›Tante Martha‹ die Rede wäre, müßten dann unterschiedliche Maßnahmen getroffen werden.

Nach meiner Rückkehr aus Wien meinte Herr Desch: »Du solltest jetzt auch so bald wie möglich ins Fichtelgebirge reisen und unsere Freunde dort von der veränderten Lage unterrichten ...«

Wir kamen überein, daß ich in drei Tagen hinfahren würde. Bei Wrobel & Co hatte man, während ich in Wien war, die Berechnungen abgeschlossen, die Aufschluß über die Kriegsproduktion der USA und Großbritanniens im zweiten Halbjahr 1943 gaben. Auch eine Statistik über alliierte Schiffsverluste und -neubauten lag bereits vor. Der sich ergebende Vorsprung der Westmächte auf fast allen Gebieten war enorm, und zudem gab es kaum noch Ausfälle auf der Nordatlantikroute, weil die deutschen U-Boote dort nicht mehr eingesetzt werden konnten. Der Grund dafür war die Radarüberlegenheit der Briten. Sie hatten so viele U-Boote versenken können, daß das deutsche Marineoberkommando die Angriffe auf die Geleitzüge einstellen mußte. Fast unbehelligt schafften sie jetzt die ungeheuren Waffen- und Materialmengen über den Atlantik, die für die Invasion Westeuropas benötigt wurden.

»Sagen Sie das den Leuten im Fichtelgebirge«, riet mir Herr Wrobel. »Man muß ihnen Mut machen, denn es wird wohl noch etwa ein Jahr dauern . . .«

Am nächsten Tag, dem 1. März, hatte ›Griesgen‹ Ney Geburtstag. Da er bei der Standortkommandantur Düsseldorf Dienst hatte und sich nur am Abend freimachen konnte, lud er nicht zu sich nach Hause, sondern in Herrn Deschs Wohnung ein. Etwa ein Dutzend Freunde kamen, auch Fräulein Bonse, die die neuesten Londoner Rundfunkmeldungen mitbrachte: Der sowjetische Vormarsch im Baltikum hatte die Eisenbahnlinie Narwa–Reval überschritten! ›Tante Änne‹ wollte wissen, ob es Neues von den Kämpfen um Monte Cassino gäbe, wo das altehrwürdige Kloster von alliierten Bombenflugzeugen weitgehend zerstört worden war.

»Alle Mönche leben und sind in Sicherheit«, berichtete Fräulein Bonse. »Auch die Bibliothek und alle Kunstschätze konnten gerettet werden . . .«

»Gott sei Dank!« rief ›Tante Änne‹. »Aber, trotzdem – das Kloster hätte niemals bombardiert werden dürfen . . .!«

Gegen halb elf verabschiedete ich mich.

›Griesgen‹ Ney gab mir ein Kuvert und ein schweres Päckchen mit.

»Falls wir uns nicht mehr sehen, bevor du übermorgen ins Fichtelgebirge fährst . . .«

Ich wußte schon, daß in dem Umschlag ein Wehrpaß für den ›Major a. D.‹ steckte, außerdem Marken für Zucker und Seife, die dringend benötigt wurden. Und in dem Päckchen war eine Pistole für die Leute im Forsthaus.

Ich fuhr mit der letzten Straßenbahn nach Hause, wo ich zur Zeit ganz allein wohnte, und überlegte mir, wo ich die Sachen bis zu meiner Abfahrt verstecken sollte.

Ich erwachte, als unten, vor meinem Fenster, ein Auto hielt. Es war kurz nach 6 Uhr früh.
Ich sprang aus dem Bett, prüfte mit einem Blick, ob ich die Skala des Radioapparats verstellt hatte und spähte auf die Straße: Vor unserer Haustür stand ein schwarzer Personenwagen, daneben ein Mann in einem knöchellangen Ledermantel.
Zu einem zweiten, den ich nicht sehen konnte, hörte ich ihn sagen: »Ich warte hier – mach nicht so lange!«
Es klingelte.
Der Wehrpaß für Onkel Erich ...! Er steckte samt den Marken im Seitenfach des Koffers, den ich morgen packen wollte, und der lag auf dem Hängeboden im Korridor ... Die Pistole ...! Ich hatte sie ausgepackt und in die Tasche meines Bademantels gesteckt, und der hing am Haken im Bad ...
Es klingelte zum zweitenmal.
Ich ging rasch zur Wohnungstür und drückte den Öffner für die Haustür, als es zum drittenmal klingelte.
Ich hörte ihn die Treppe heraufkommen.
Er kam wirklich allein, würde also wohl jetzt noch keine Haussuchung machen ... Aber, wer konnte die belastenden Dinge wegschaffen? Frau Kurz aus dem dritten Stock hatte zwar einen Wohnungsschlüssel ...
Er stand schon vor der Tür und klopfte fordernd.
»Aufmachen! Geheime Staatspolizei!«
»*Wer* ist da ...?«
»Geheime Staatspolizei! Machen Sie auf!«
Vielleicht hörte ihn Frau Kurz und würde bei Wrobel & Co anrufen ...
»Was wollen Sie denn?«
Jetzt schrie er: »Nun machen Sie endlich auf! Ich habe einen Haftbefehl!«
Ich ließ ihn herein.
Es war ein kleiner, untersetzter Mann. Er hatte die Hände in den Manteltaschen und marschierte in die Wohnung, wie wenn sie ihm gehörte.
»Ziehen Sie sich an – und ein bißchen fix!«
Er sah sich überall um, öffnete alle Türen, schaute hinein, sah auch flüchtig in die Schränke.
»Zeigen Sie mir bitte Ihren Ausweis«, sagte ich.
Er warf mir einen etwas verwunderten Blick zu, ließ mich aber seine Marke sehen.
Ich dachte an Erwins Ermahnungen, schluckte einmal und er-

klärte: »Ich bin Angehöriger der Wehrmacht und unterstehe nur deren Gerichtsbarkeit. Laut Luftwaffendienstvorschrift dürfen Sie mich gar nicht . . .«
». . . außer auf frischer Tat!« Er grinste. »Nun machen Sie schon . . .!«
Beim Waschen kam mir eine Idee: Ich nahm den Bademantel vom Haken und legte ihn auf den Boden. Frau Kurz würde ihn, ordentlich wie sie war, aufheben und das Gewicht der Pistole spüren. Ich würde die Tür zum Bad offenlassen . . .
»Sind Sie endlich fertig?«
»Sofort . . .! Welche frische Tat soll ich denn begangen haben, während ich schlief?«
»Das hören Sie schon noch – und werden Sie ja nicht frech!«
Er blieb bei mir, während ich mich anzog, und drängte zur Eile. Als ich die Wohnungstür von außen abschloß, streckte er mir die Hand entgegen.
»Die Schlüssel! Die brauchen wir nämlich . . .«
Ich gab sie ihm. Jetzt kam alles darauf an, ob er die Tür versiegeln würde. Dann würde sich Frau Kurz nicht hineintrauen . . . Aber er war bereits auf der Treppe, klapperte in der Manteltasche ungeduldig mit meinem Schlüsselbund. Mit einer Kopfbewegung forderte er mich auf, ihm vorauszugehen. An der Haustür blickte ich noch einmal rasch nach oben und erkannte das blasse Gesicht von Frau Kurz, die über das Treppengeländer spähte.
Er befahl mir, mich nach hinten zu setzen. Er selbst nahm neben seinem Kollegen Platz, der am Steuer saß und keine Notiz von mir nahm. Während der nächsten zwanzig Minuten sprachen sie kein Wort, das mich betraf. Sie redeten von Überstunden, von schulischen Erfolgen ihrer Kinder, über Zimmerlinden und deren Pflege. Dann waren wir am Ziel.
»Los, raus!« herrschte mich der Fahrer an.
Er lieferte mich an der Pforte ab. Ein Mann in einem verwaschenen graublauen Arbeitskittel nahm mich in Empfang und gab dem im Ledermantel drei neue Haftbefehle.
»Einer in Bilk, zwei in Derendorf«, sagte er. »Beeilt euch – die sollen um acht Uhr hier sein . . .«
Der im Ledermantel fluchte.
»Da runter!« raunzte der Mann im Kittel. Er brachte mich in den Keller und schloß mich in eine winzige Zelle ein.
Ich sah auf meine Uhr. Es war genau halb sieben.
Kurz nach neun Uhr wurde ich von einem älteren Mann in Zivil aus der Zelle geholt und in ein Zimmer im ersten Stock gebracht.

Ich konnte gerade noch einen Blick auf das Türschild werfen: ›. . ., Reg. Rat, Sturmbannführer‹.
Er saß an einem großen Schreibtisch voller Akten, ein glatzköpfiger Mann um die Fünfzig. Er schickte meinen Begleiter fort, warf mir nur einen Blick zu und vertiefte sich wieder in seine Akten. Erst nach einer Weile blickte er auf und sagte ganz sachlich: »Schlimm. Sehr schlimm sogar – kann Sie den Kopf kosten. Und das für nichts, für eine dreckige Laus von einem Juden. Das hätten Sie doch bedenken müssen – als deutscher Offizier!« Ich hoffte, er würde mir meine Verblüffung nicht anmerken. Ich war bis zuletzt nur ein schlichter Gefreiter gewesen und als Unteroffizier entlassen worden. Konnte es sein, daß ich ohne mein Wissen inzwischen Leutnant geworden war? Oder lag eine Verwechslung vor . . .?
»Da staunen Sie, was?« sagte der Glatzkopf. »Wir wissen alles – das ist unsere Aufgabe. So, und nun packen Sie mal aus! Wie war das mit dem Juden Bernstein? Woher kannten Sie den überhaupt?«
Jetzt wußte ich endlich, um was es ging:
Dr. Bernstein, vor 1933 ein bekannter, den Nazis verhaßter Anwalt, hatte damals nach Holland flüchten können und war dort, als 1940 die Wehrmacht einmarschierte, untergetaucht. Vor einigen Wochen hatte er erneut fliehen müssen. Er war dann auf Empfehlung von Fräulein Bonse von Herrn Desch auf die ›Balkanroute‹ geschickt worden. Ich selbst hatte ihm, ehe er mit einem Ferntransporter nach Wien abreiste, seinen neuen Paß ausgehändigt. Da er in Wien angekommen war, konnte er nur am Wiener Ostbahnhof erwischt worden sein . . . – vielleicht die anderen auch! Was war da zu machen? Was wußten sie schon?
»Beantworten Sie endlich meine Fragen!« herrschte mich der Glatzkopf an, aber inzwischen hatte ich mich wieder gefaßt.
»Sie wissen doch, Herr Regierungsrat: Ich darf Ihnen nur meinen Namen, Dienstgrad und die Feldpostnummer nennen. Das ist die Vorschrift. Für jede weitere Auskunft brauche ich die Genehmigung meiner vorgesetzten Dienststelle . . .«
Ich erwartete einen Tobsuchtsanfall. Statt dessen lächelte er und klappte die Akte zu. »Hätte ich mir ja denken können . . . Aber freuen Sie sich nicht zu früh! Sie bleiben in U-Haft, und demnächst – da können Sie sich drauf verlassen! – werden Sie mir *alles* erzählen, nicht nur die schlimme Sache mit dem Juden Bernstein . . .«
Ich wurde wieder in die Zelle im Keller und zwei Stunden später ins Untersuchungsgefängnis in der Ulmenstraße gebracht. Ein gemütlicher Justizwachtmeister, der die ›Zugänge‹ betreute, fragte mich: »Haben Sie schon was zu essen bekommen?«

Um 17 Uhr war die Aufnahmeprozedur erledigt. Ich kam in eine geräumige Zelle im U-Haft-Flügel. An meiner Tür hing außen ein Schild: ›Einzelhaft. Gestapo. Besuchersperre. RK.‹ Während ich noch grübelte, was ›RK‹ bedeuten könnte, wurde aufgeschlossen und ein schwarzgekleideter älterer Herr trat ein.
»Du willst beichten, mein Sohn?«
Er nickte dem Wachtmeister zu, er möge uns allein lassen, setzte sich neben mich auf das Klappbett, wartete, bis sich draußen die Schritte entfernt hatten und sagte dann: »Ich bin der Anstaltspfarrer. Ich habe veranlaßt, daß Sie als RK, römisch-katholisch, geführt werden, sonst hätte ich nicht kommen können. Eine Dame läßt Ihnen sagen, daß Tante Martha beerdigt worden ist – sie hat nicht zu leiden brauchen, bis auf den einen Schmerz, von dem Sie ja wohl schon wissen . . .«
Mir fiel ein Stein vom Herzen! Alle anderen, außer Dr. Bernstein, waren in Sicherheit, die Aktion war beendet.
»Die Dame wüßte gern von Ihnen, wo das Papier ist – und die Märkchen . . .«, flüsterte er mir zu, und ich erklärte ihm, wo ich Onkel Erichs Wehrpaß und die Lebensmittelmarken versteckt hatte.
Er nickte zufrieden, sah auf die Uhr und sagte: »Wir haben nur wenig Zeit – gleich ist Einschluß für die Nacht, da muß ich weg . . . Die gute Frau hat das Päckchen aufgehoben, soll ich Ihnen noch ausrichten. Herr Schneider wird es gleich holen, zusammen mit dem anderen . . .« Frau Kurz hatte also die Pistole gefunden! Nun brauchte ich mir wegen einer Haussuchung keine Sorgen mehr zu machen.
»Haben Sie mir noch etwas mitzuteilen . . .?«
Ich sagte ihm in aller Eile, was ich wußte: daß man mir bislang nur ›Beihilfe‹ im Fall Dr. Bernstein zur Last legte, auch daß man mich für einen Offizier hielte und offenbar an die Firma heranwollte.
»Vielleicht könnte sich mal ein Vorgesetzter um mich kümmern«, schloß ich.
»Ach ja«, sagte er, »Ihr Chef läßt Sie grüßen. Zeitgewinn sei alles, soll ich Ihnen sagen. Spanien und Portugal seien für Sie freigegeben, eventuell auch Schweden und die Türkei – in etwa drei Wochen könnten Sie auch Rumänien haben – was immer das heißen soll . . .«
Er steckte den Zettel wieder ein, auf dem er sich Notizen gemacht hatte, drückte mir dann Zigaretten und Schokolade in die Hand.
»Von Ihrer Tante Änne – sie betet für Sie . . ., daß Sie nicht nur einen, sondern drei Schutzengel haben mögen . . .«

20. Die drei Schutzengel

Der Monat März verging, ohne daß sich die Gestapo um mich kümmerte. Ich blieb in strenger Einzelhaft, konnte weder Post noch Besuch empfangen und wartete mit wachsender Ungeduld auf eine Änderung dieses Zustands. Auch der Pfarrer, mein erster Schutzengel, ließ sich nicht mehr sehen. Meine einzige Nachrichtenquelle war die Zeitung, die mir der Justizwachtmeister zusteckte, wenn er sie gelesen hatte.

Den täglichen Wehrmachtsberichten war zu entnehmen, daß die sowjetischen Truppen überall vorrückten und den Dnjestr bereits überschritten hatten. Anscheinend waren sie schon in Rumänien eingedrungen. Mitte März – vier oder fünf Tage später, als der Gewährsmann von Herrn Desch vorausgesagt hatte – wurde Ungarn von der Wehrmacht besetzt – ›auf Wunsch des ungarischen Reichsverwesers, Admiral Miklós v. Horthy‹, wie es in der Sprachregelung des Reichspropagandaministeriums hieß. Horthy hatte den ›Führer‹ eigens aufgesucht, um ihm diese Bitte vorzutragen. In Budapest war ein ›Reichsbevollmächtigter‹ eingesetzt worden ... Bald darauf hatte die amerikanische Luftwaffe, wie schon Anfang März gegen Berlin, erstmals einen ›Terrorangriff‹ auf Wien geflogen. Aber am ›Atlantikwall‹ rührte sich noch nichts. Die Invasion im Westen ließ weiter auf sich warten ...

Anfang April wurde ich plötzlich verlegt: in das kleine Polizeigefängnis von Ratingen, in die Nähe des dortigen in einem Schulgebäude untergebrachten Ausweichquartiers der Gestapo-Leitstelle Düsseldorf. Nun konnte es nicht mehr lange dauern, bis meine Vernehmung beginnen würde. Aber es vergingen nochmals vierzehn Tage, bis eines Morgens ein – von dem Polizeimeister als ›Herr Kommissar‹ angeredeter – Gestapobeamter erschien und mich zum Verhör mitnahm.

»Wir gehen zu Fuß«, sagte er. »Versuchen Sie unterwegs keine Dummheiten!«

Er zeigte mir seine Pistole und legte mir Handschellen an. Auf der Straße sagte er zu meiner Überraschung: »Wir sind ja eigentlich

Kollegen – ich mache Abwehr im Innern, gegen Sabotage und so . . .«
»Wichtige Sache«, sagte ich versuchsweise. »Und viel zu tun, was?«
Er nickte.
»Vor allem die vielen Ausländer . . .«, sagte ich, um das Gespräch in Gang zu halten. Ich wußte, daß insgesamt fast zehn Millionen Ausländer – meist Zwangsarbeiter aus den besetzten Gebieten, aber auch, entgegen der Genfer Konvention, Kriegsgefangene – in der deutschen Rüstungsindustrie und Landwirtschaft arbeiteten. Da gab es bestimmt viele Fälle von Sabotage.
»Ja«, bestätigte er mir. »Die vielen Ausländer sind ein ernstes Problem, auch für die Sicherheit . . . Sie machen uns schwer zu schaffen . . . Ich wünschte, ich hätte Fremdsprachen gelernt – dann wäre ich nicht in diesem Laden, sondern hätte auch so 'ne interessante Aufgabe . . .«
»*So* eine?« fragte ich und hielt ihm meine gefesselten Hände hin.
Er lachte
»Wird schon nicht so schlimm werden«, meinte er. »Hauptsache, Sie packen tüchtig aus und helfen uns . . .! Dann werden sie diese Panne mit dem Juden als kleinen Betriebsunfall gelten lassen . . .«
»Hoffentlich – man kann sich seine V-Männer ja nicht aussuchen – oder?«
Er schwieg zu dieser kühnen Behauptung. Dann fragte er plötzlich: »Was meinen Sie? Können wir diesen Krieg überhaupt noch gewinnen?«
»Es müßte ein Wunder geschehen . . .«
»Ja«, seufzte er, »und dann geht es *uns* an den Kragen, aber *ihr* habt fein vorgesorgt . . .«
Dazu wollte ich mich nicht äußern, und er fuhr fort: »Ist doch völlig klar – ihr von der Abwehr habt eure Auslandsbeziehungen und eure Schutzjuden – da kann euch nichts passieren! Da wäscht eine Hand die andere . . . Dafür wird's kleinen Leuten wie mir um so dreckiger gehen . . . Die hängen uns alle auf . . .!«
»Na ja – so betrachtet, könnten Sie recht haben . . .« Und dann wagte ich mich noch etwas weiter vor: »Im Augenblick sitze *ich* in der Tinte, und *Sie* haben noch alle Möglichkeiten. Aber, wenn es mal umgekehrt sein sollte . . .«
»Ja, ja, so ist es! Ich werde mir das mal durch den Kopf gehen lassen«, sagte er zu meiner großen Erleichterung und fügte hinzu: »Jedenfalls besten Dank für das Angebot . . .!«
Dann führte er mich in das Gebäude, das ich schon kannte.

Der Glatzkopf gab sich kurz angebunden.

»Sie hatten ja genügend Zeit zum Nachdenken. Wollen Sie jetzt aussagen?«

»Wenn eine Genehmigung vorliegt, Herr Regierungsrat, selbstverständlich ...«

»Liegt vor.« Er klopfte auf meine Akte, die inzwischen auf doppelten Umfang angeschwollen war. »Kommissar Richter« – er deutete mit dem Kinn auf meinen Begleiter – »wird sie Ihnen zeigen. Sie bekommen von ihm Papier und Bleistifte – Sie können auch eine Schreibmaschine haben ... Er wird Ihnen die Komplexe nennen, auf die es uns zunächst ankommt. Ich wünsche einen umfassenden und lückenlosen Bericht von Ihnen – ist das klar?«

»Und wann kann ich mit meiner Entlassung rechnen?«

Er tat überrascht und empört.

»Ich höre wohl nicht recht?! Wenn Sie ganz großes Glück haben, bleiben Sie in Schutzhaft und kommen nicht vor den Volksgerichtshof! Das hängt ganz von Ihnen ab – wie gründlich Sie auspacken – verstanden?! Und versuchen Sie nicht, uns Märchen zu erzählen! Die Schutzhaft kann auch im KZ vollzogen werden, damit Sie ganz klar sehen!«

Auf dem Rückweg verhielt sich Kommissar Richter, der eine schwere Tasche mit Papier und meiner Akte sowie die Reiseschreibmaschine trug, zunächst schweigsam.

Dann fragte er mich plötzlich: »Für welche Wirtschaftsbereiche waren Sie eigentlich zuständig?«

»Kohle, Eisen, Stahl ...«

»... und Legierungsmetalle, nicht wahr? Wo kriegen wir eigentlich Chrom her?«

Er will mir nur auf den Zahn fühlen, dachte ich und sagte: »Vor allem aus der Türkei und vom Balkan, aber ...«

»Ja?«

»Ich bin seit über sechs Wochen ohne Informationen. Kann sein, daß die Türkei gar nicht mehr liefert. Die Alliierten haben die Türken schon im Februar unter Druck gesetzt ... Je nachdem, ob die Wehrmacht die Schwarzmeerhäfen noch hält oder nicht, werden sie die Lieferungen einstellen.«

»Und wie lange würden dann unsere Vorräte noch reichen?«

Ich überlegte, worauf er wohl hinauswollte, tat dabei, als ob ich rechnete und sagte schließlich: »Wenn wir alles zusammenkratzen, wohl etwa bis Mai oder Juni, vielleicht auch noch vier Wochen länger ...« Ich wußte ziemlich sicher, daß sie noch bis zum Herbst reichen würden, hielt es aber für besser, die Lage noch schwärzer

zu malen, und fügte hinzu: »Ohne Chrom gibt es weder Panzer noch Geschütze, Granaten, Flugzeuge, Lkws oder U-Boote – aber das wissen Sie ja . . .«
Er nickte
»Die Türkei hat die Lieferungen soeben eingestellt«, sagte er dann. »In etwa drei Monaten käme demnach unsere Kriegsproduktion zum Erliegen . . .«
Wir kamen an einem kleinen Café vorbei. Er warf einen Blick durch die Scheiben, sah, daß dort niemand saß und sagte: »Ich werde Ihnen eine Tasse Kaffee spendieren . . .«
Dann nahm er mir die Handschellen ab, gab mir die Schreibmaschine zum Tragen, und wir gingen zusammen hinein.
Nachdem uns eine alte Frau Ersatzkaffee serviert hatte, nahm Kommissar Richter das Gespräch wieder auf: »Nehmen wir mal an, der Krieg sei zu Ende, wir wären unter alliierter Besatzung, ich säße im Knast und Sie wären frei – was könnten Sie für mich tun?«
»Nehmen wir mal an«, erwiderte ich vorsichtig, »es wäre so, dann *könnte* ich sicherlich für Sie einiges tun, indem ich beispielsweise erklärte, der Gestapo-Kommissar Richter hat mir damals, als ich in der Patsche saß, enorm geholfen – das würde Sie, meiner Schätzung nach, wahrscheinlich retten, immer vorausgesetzt, Sie hätten mir wirklich geholfen und das ließe sich beweisen . . .«
Er nickte, trank einen Schluck des heißen Gebräus und verzog das Gesicht.
»Ihr Vater ist bei der australischen Armee«, sagte er, mehr zu sich selbst. »Ihre Mutter ist zwar in Düsseldorf gemeldet, aber wegen der Luftangriffe aufs Land gezogen, wahrscheinlich nach Oberbayern. Wir haben sie noch nicht ausfindig machen können . . .«
»Dabei sollte es auch bleiben«, sagte ich, sehr auf der Hut. Vielleicht war das Ganze nur eine Falle?
»Das geht in Ordnung«, fuhr er fort. »Aber, wo finde ich Sie, wenn ich Sie brauche . . .?«
»Tja – wo finden Sie mich? Das hängt ja wohl nicht allein von mir ab – oder?«
Er nickte, zog dann plötzlich meine Akte aus der Ledertasche, legte sie auf den Tisch und blätterte darin. Ich beugte mich etwas vor und versuchte herauszufinden, was alles darin war, aber er hielt sie so, daß ich nichts erkennen konnte.
»Ah, nichtarisch sind Sie ja auch . . .!«
Er schien das erfreulich zu finden, denn er meinte: »Alles in allem – gar nicht schlecht . . .! Wenn ich nur wüßte, wie wir . . . ich meine: wie ich Sie nach Kriegsende finde . . .«

»Es bleibt uns gar nichts anderes übrig«, erklärte ich ihm, »als einen ›Briefkasten‹ auszumachen. Wer da nach Kriegsende zuerst hinkommt, hinterläßt für den anderen eine Nachricht – oder schickt sie durch einen Boten . . . Irgendein Weg wird sich schon finden . . .«
»Und wo? Am besten wohl in Düsseldorf – vielleicht ein Café?«
»Das wäre eine Möglichkeit«, sagte ich und dachte an ›Tante Änne‹.
»Aber – wenn das Haus zerstört sein sollte?«
»Dann fragt man in der Nachbarschaft, wo die Inhaber geblieben sind. Wir haben ja noch etwas Zeit, uns auf ein geeignetes Lokal zu einigen . . .«
»Na gut – vielleicht etwas Ländliches, im Linksrheinischen . . . Und nun schreiben Sie mal!« Er gab mir Papier und einen Füller.
Ich schrieb, was er mir diktierte: Daß ich dem Kriminalkommissar Gottlieb Richter aus Moers hiermit bestätigte, er habe mir und meinen Freunden nach besten Kräften geholfen und so das Leben gerettet.
Dann ließ er mich den Text ins Englische übersetzen.
Nachdem er das Papier sorgfältig weggesteckt hatte, schob er mir meine Akte hin, nahm sich eine der ausliegenden Lesemappen und begann darin zu blättern.
Ich las nun, was die Gestapo alles herausgefunden hatte: Auskünfte von Oberst Keßler und Major Zobel, beide sehr positiv, eine Anfrage von Herrn Wrobel, wann ich meine ›äußerst kriegswichtige, unentbehrliche‹ Arbeit endlich wiederaufnehmen könnte, ein Schreiben von ›Pg. Dr. Metzger‹, der mich, sein ›absolut loyales Gefolgschaftsmitglied‹, ebenfalls nicht länger missen wollte, und einiges mehr. Es gab nur eine negative Auskunft: Ein mir unbekannter Dr. Siegfried Segnitz, wohl der für uns zuständige SD-Spitzel, bescheinigte mir eine ›ablehnende Einstellung dem Nat. Soz. gegenüber‹, konnte aber keine stichhaltigen Beweise dafür liefern.
Ich erfuhr, daß ich Leutnant der Reserve war – ›Oberstleutnant Wrobel‹ hatte die Beförderung veranlaßt, und zwar bei der ›Abt. Ausl. Wirtsch.‹ der militärischen Abwehr . . . Und auch der Grund für meine Verhaftung wurde mir klar durch ein Fernschreiben der Wiener Gestapo: Kurz nach meiner Abreise aus Wien war Dr. Bernstein bei einer Routineausweiskontrolle am Ostbahnhof erst durch seine Nervosität aufgefallen, dann dadurch, daß er *zwei* Reisepässe hatte – einen, den er hervorzug und gleich wieder wegstecken wollte, einen anderen, den er dann vorwies. Er war festge-

nommen worden, hatte jedoch noch vor seiner Vernehmung Selbstmord begangen. Im Jackenfutter fand die Gestapo einen Zettel, auf dem sich der Tote Namen und Adresse meines Vaters und meinen Vornamen notiert hatte – trotz meiner Bitte, sich die Adresse nur einzuprägen, aber ja nicht aufzuschreiben ... Das war es also!

Immerhin: Sie wußten offenbar nichts von der ›Balkanroute‹ – im Fernschreiben hieß es: ›B. wollte anscheinend nach Preßburg reisen‹ –, und mir konnten sie bisher nicht nachweisen, Dr. Bernstein zu neuen Papieren und zur Flucht auch nur mitverholfen zu haben.

Aus den übrigen Blättern der Akte erfuhr ich, was sie bisher unternommen und nun mit mir vorhatten: Das RSHA, Abteilung Ausland-Abwehr, hatte die Leitstelle Düsseldorf angewiesen, mich erst mal aus dem Verkehr zu ziehen – ohne Post oder Besuch und in Einzelhaft. Denn waren Ermittlungen angestellt worden, meinen Vater betreffend ... Auch Wrobel & Co war unter die Lupe genommen worden, und dabei waren sie offenbar zu der Einschätzung gekommen, daß unser Büro ›eine wichtige Schaltstelle‹ des militärischen Nachrichtendienstes ›mit besonders interessanten Auslandskontakten‹ sei – und dabei bezogen wir doch fast alle unsere Informationen nur aus Zeitungen, und auch die Informanten in den neutralen Hauptstädten schickten Berichte, die selten mehr enthielten, als wir bereits aus der englischen, amerikanischen, schwedischen und schweizerischen Presse wußten ...!

Das letzte Blatt der Akte war die Anweisung des RSHA, mich streng zu isolieren. Ein Mitarbeiter der ›Gruppe D des SD-Amts Ausland–Abwehr‹ würde mich demnächst vernehmen. Ich sollte inzwischen ausführliche Darstellungen unserer ›wichtigen‹ Auslandskontakte anfertigen, speziell ›im Hinblick auf mögliche *politische* Nutzbarmachung‹, außerdem meine Tätigkeit bei Wrobel & Co genau beschreiben.

»Das wird sich schwer machen lassen ohne meine Unterlagen«, sagte ich.

Herr Richter legte die Illustrierte beiseite und nahm die Akten wieder an sich.

»Das ist *Ihre* Sache – ist Ihnen sonst nichts aufgefallen?«

»Sie meinen die ›politische Nutzbarmachung‹ ...?«

Er nickte.

»Das kann doch wohl nur bedeuten, daß die vom RSHA auf eigene Faust mit der anderen Seite verhandeln wollen – oder?«

»Genauso sehe ich das auch.«

Er erhob sich, und dann gingen wir, ich wieder in Handschellen, zum Polizeigefängnis, wo ein Beamter Herrn Richter mit den Worten empfing: »Eben kam ein Anruf für Sie, Herr Kommissar! Der Häftling soll noch heute verlegt werden – nach Anrath . . .«
Dort verbrachte ich viereinhalb Monate in strenger Einzelhaft. In derselben Abteilung des düsteren alten, südwestlich von Krefeld gelegenen Gefängnisses waren noch achtzehn Holländer. Jeder Kontakt untereinander und mit der Außenwelt war uns verboten. Wir sahen uns nur beim täglichen ›Spaziergang‹. Da gingen wir fünfzehn Minuten lang im Kreis – auf einem besonderen Hof, getrennt von den übrigen Gefangenen. Sprechen war streng untersagt, aber natürlich flüsterten wir doch miteinander, und so erfuhr ich einiges:
Sie waren alle SD-Gefangene, einige schon seit achtzehn Monaten, schrecklich abgemagert, weil sie – wie ich – nicht zur Arbeit eingesetzt werden durften und deshalb sogenannte ›Faulenzerrationen‹ erhielten, die unter dem Existenzminimum lagen. Mit ihren Angehörigen hatten sie seit ihrer Verhaftung keinerlei Kontakt; sie waren – und so stand es auch auf ihren Zellentüren – ›NN‹-Gefangene.
NN – das bedeutete ›Nacht und Nebel‹ und ging zurück auf einen ›Führer‹erlaß vom Dezember 1951, worin es hieß: ›Von diesen Zivilpersonen darf keine Nachricht in ihr Heimatland dringen. Die Bevölkerung muß über ihr Schicksal im ungewissen gelassen werden . . .‹
Mein Zellennachbar, ein Elektroschweißer aus Rotterdam, hatte vor vierzehn Monaten abends den Hund ausgeführt. Eine deutsche Streife war vorbeigekommen, der Hund hatte sie angebellt und war von den Soldaten erschossen worden. Ihn, Marinus, hatten sie gleich mitgenommen. Die Familie wußte nichts über seinen Verbleib.
Das also war NN . . .
Jedesmal, wenn wir vom ›Spaziergang‹ zurückkamen und im Abstand von sechs Stufen die schmale Eisentreppe zum ersten Stock hinaufstiegen, tat mal der eine, mal der andere der Holländer so, als wäre er ausgerutscht, fluchte dabei so laut er konnte: »Godsverdorie . . .!«, und dann brüllten die anderen siebzehn im Chor, daß es durch das ganze Gefängnis hallte: »Hollands Glorie!«
Zwei der drei Aufseher, die abwechselnd Dienst im NN-Flügel hatten, begnügten sich mit etwas Geschrei und Drohungen; sie hatten es aufgegeben, etwas gegen diese tägliche kleine Demonstration holländischen Widerstandsgeistes zu unternehmen. Nur

einer, Oberwachtmeister Wißmann, meldete regelmäßig den, der zuerst laut geflucht hatte, als ›Rädelsführer‹ zur Bestrafung, und das gab drei Tage Dunkelarrest bei Wasser und Brot.
Als ich schon zwei Wochen in Anrath war, erkundigte sich Marinus, mein Vordermann beim Hofgang, was es mit dem Schreibmaschinenklappern auf sich hätte, das täglich aus meiner Zelle vernehmbar war.
»Die Gestapo will von mir eine ausführliche Begründung, warum Deutschland den Krieg schon verloren hat«, flüsterte ich ihm zu.
Er drehte sich um und sah mich ungläubig an.
Auf der Treppe wäre er an diesem Tag an der Reihe gewesen. Ich sah, wie er schon tief Luft holte, und kam ihm zuvor. »Godsverdorie . . .!« brüllte ich Oberwachtmeister Wißmann an und sah, wie er rot anlief.
»Hollands Glorie!« donnerte es durch den Bau.
Sie nickten mir zu und lachten, und ich bekam drei Tage Dunkelarrest.

Anfang Mai wurde ich aus der Zelle geholt und ins Vernehmungszimmer gebracht.
»Sind die Berichte fertig?« wollte Kommissar Richter wissen.
»Ich komme nicht gut voran . . . Es ist schwer, so ohne Unterlagen . . . Ich kann mich auch höchstens ein, zwei Stunden konzentrieren – der Hunger . . .«
»Sie spielen auf Zeit«, stellte er fest. »Das täte ich wahrscheinlich auch . . . Aber – übertreiben Sie es nicht!«
Dann packte er Butterbrote aus.
Während ich aß, las er, was ich geschrieben hatte. Als er an die Stelle kam: ›. . . Die Förderung der Erzgruben von Nikopol sichert die Manganversorgung des Reichs noch auf viele Jahre‹, bemerkte er trocken: »Das war einmal . . .! Nikopol hat doch längst wieder der Iwan! Schon Anfang April waren die Sowjets 300 Kilometer weiter westlich und haben Odessa genommen . . . Im Augenblick räumt die Wehrmacht die letzten Stützpunkte auf der Krim . . .«
»Da sehen Sie es«, sagte ich. »Ganz ohne neuere Informationen geht es eben nicht . . .!«
»Wie steht es denn mit den ›politisch nutzbaren‹ Auslandskontakten? Darauf sind sie doch besonders scharf . . .«
»Tja, ich könnte einen Treff in Lissabon vorschlagen. Ein englischer Geschäftsmann, der noch im Februar dort war, ist ein Schwager von Lord Palmer, dem Rüstungsminister. Da ließe sich etwas vermitteln . . .«

»Hm, hört sich ganz gut an ... Ich versteh' zwar wenig davon, aber darauf beißen sie vielleicht an ... Aber hier steht davon noch gar nichts –« Er zeigte auf meine schriftlichen Ausarbeitungen.
»Ich wollte erst mal Ihre Meinung hören ... Ich könnte noch andere Vorschläge machen, aber der Haken bei allen ist, daß sie dann *mich* dazu gar nicht mehr brauchen – verstehen Sie? Und wir wollen uns doch nach Kriegsende lebend wiedersehen, nicht wahr?«
»Hm – da ist etwas dran ... Das muß bedacht sein ... Na, Sie haben ja noch etwas Zeit – es wird Ihnen schon noch was einfallen ... Übrigens, ich habe über unseren Nachkriegstreff nachgedacht. Am besten wäre wohl ein Café im Linksrheinischen – man weiß ja nicht, wie lange sie brauchen werden, um überzusetzen, und ich wohne schließlich in Moers ... Kennen Sie ein Lokal in Oberkassel?«
Ich dachte nach, aber nur darüber, ob ich damit ›Tante Änne‹ und ›Griesgen‹ Ney gefährden könnte. Schließlich sagte ich: »Wir sind auf der Fahrt hierher an einem Café vorbeigekommen ...« Ich beschrieb ihm die Lage.
»Das ist das Café Ney – das kenne ich. Das ist direkt an der Haltestelle der Bahn nach Moers ... Abgemacht – das nehmen wir!«

Beim nächsten Hofgang konnte ich den anderen einiges über die sich für Deutschland täglich verschlechternde Kriegslage berichten: Im April war Odessa und soeben die Krim von den Sowjets erobert worden. Schon halb Italien war in der Hand der Westalliierten. Nur im Westen rührte sich noch nichts.
»Woher weißt du das?« fragte Marinus.
»Von dem, der mich verhört hat – sie kriegen langsam kalte Füße, und da reden sie mit einem ... Nächste Woche werde ich wieder verhört ...«
»Wir brauchten einen Funker«, sagte Marinus.

Im Keller unter unserem Flügel war eine Elektrowerkstatt, wo ein Gefangener allerlei Reparaturen ausführte, auch an Radioapparaten. Pünktlich um Mitternacht klopfte er eine Kurzfassung der wichtigsten Meldungen aus London in Morsezeichen an die in die Zellen führenden Heizungsstränge. Man brauchte nur das Ohr an den Heizkörper zu legen, Papier und Bleistift zu haben – und Morsekenntnisse.
Von nun an gab es beim Hofgang ein tägliches Bulletin:
›2000-Bomber-Angriff auf Berlin – 1000-Bomber-Angriff auf Bu-

karest – Sewastopol erobert – Der Weg nach Rom freigekämpft – Die Wehrmacht in Italien auf dem Rückzug!‹

Ende Mai wurde ich wieder ins Vernehmungszimmer geholt, aber diesmal wartete dort nicht Kommissar Richter, sondern der SD-Führer aus Berlin, der mich – wie ich aus meiner Akte wußte – nochmals vernehmen sollte, ein jüngerer Mann in Zivil. Er gab sich ganz freundlich, las interessiert meine diversen Berichte und fragte mich plötzlich: »Wissen Sie eigentlich, um was es uns geht?«
Ich versuchte mich vor einer Antwort auf diese heikle Frage zu drücken, aber es war gar nicht nötig – er redete drauflos: Wie dringend es sei, die Westmächte davon zu überzeugen, daß sie *gemeinsam* mit Deutschland Europa gegen den Bolschewismus verteidigen müßten; daß es *Wahnsinn* sei, uns kaputtzumachen ... Schließlich sagte er: »Zwei Ihrer Vorschläge scheinen mir ganz interessant. Ich werde sie prüfen lassen ... Überlegen Sie weiter – vielleicht fällt Ihnen noch etwas ein. Der Kommissar kann mich dann verständigen ...«
Eine Woche später, in der Nacht vom 5. zum 6. Juni, berichteten die Klopfzeichen von der Befreiung Roms, von heftigen Luftangriffen auf den ›Atlantikwall‹ und französische Eisenbahnknotenpunkte, vom weiteren Vormarsch der Roten Armee und von Erfolgen der jugoslawischen Partisanen. Dann kam etwas ganz Ungewöhnliches: ›Erwarte weitere sehr wichtige Meldung – komme später wieder – Ende.‹
Ich blieb auf dem Boden sitzen und wartete stundenlang, mit dem Ohr an der Heizung. Endlich, gegen Morgen, klopfte es wieder. Ich schrak aus dem Halbschlaf auf und schrieb mit.
Endlich die Meldung, auf die wir schon so lange gewartet hatten!
Beim Aufschluß um 6 Uhr brüllte ich die Neuigkeit hinaus: »Die Invasion hat eben begonnen! Mit 7000 Schiffen und 16000 Flugzeugen haben sie in Frankreich angegriffen und sind gelandet! Bald sind sie hier!«
Oberwachtmeister Wißmann starrte mich fassungslos an.
»Zellenkoller, was? Nehmen Sie sich zusammen, Mann, sonst kommen Sie in die Beruhigungszelle!«
Aber als er dann in seiner ›Zentrale‹ die 7-Uhr-Nachrichten des ›Großdeutschen Rundfunks‹ gehört hatte, kam er sehr aufgeregt wieder. Unterstützt von einem Kollegen, durchsuchte er meine Zelle Zentimeter für Zentimeter. Dann folgte eine Leibesvisitation. Schließlich fragte er mich, fast verzweifelt: »Los, sagen Sie mir, wie Sie das erfahren haben! Es passiert Ihnen nichts – Ehrenwort!«

»Ich kann es mir auch nicht erklären, Herr Wißmann – stimmt es denn? Ich habe manchmal so was – es ist eine besondere Gabe . . .«
Am Nachmittag kam Kommissar Richter.
»Was haben Sie bloß angestellt? Die sind hier ganz aus dem Häuschen . . .«
Er grinste. Dann sagte er: »Die Landung in der Normandie ist ihnen tatsächlich gelungen – es muß die Hölle gewesen sein! Wie lange, meinen Sie, wird es dauern, bis sie hier sind . . .?«
»Nicht lange, hoffe ich . . .«
»Sie halten sich doch an unsere Abmachung!?«

Knapp siebenhundert Kilometer Luftlinie lagen zwischen unserem Gefängnis und der Seinebucht, wo Amerikaner, Briten und Kanadier eine Bresche in den Atlantikwall geschlagen hatten. Die Alliierten waren der Wehrmacht in jeder Beziehung weit überlegen. Sie hatten die volle See- und Luftherrschaft errungen. Fast 16000 Bomber und Jäger waren am Invasionstag bei den Alliierten im Einsatz, denen die deutsche Luftwaffe ganze 350 Maschinen entgegenstellen konnte, von denen 90 gleich abgeschossen wurden. Zur See war die Überlegenheit der Angreifer ebenso gewaltig.
Binnen zehn Tagen landeten in der Normandie rund 620000 Mann, dazu fast hunderttausend Fahrzeuge aller Art und mehr als zweihunderttausend Tonnen Kriegsmaterial. Aber noch war die seit Monaten auf eine Invasion vorbereitete Wehrmacht durchaus in der Lage, härtesten Widerstand zu leisten. Würden die Alliierten überhaupt durchbrechen können – ins Innere Frankreichs, über die Ardennen, durch den Westwall . . .?
Wir waren von schrecklichen Zweifeln geplagt und warteten voller Ängste auf den längst fälligen Gegenstoß der deutschen Armeen in Frankreich, von dessen Erfolg oder Mißlingen alles abhing.
Wir wußten natürlich nicht, daß Hitler die Landung in der Normandie, das größte Unternehmen dieser Art, das es je gegeben hatte, zunächst für ein bloßes Täuschungsmanöver hielt und die ›richtige‹ Invasion bei Calais, mit Stoßrichtung Ruhrgebiet, erwartete. Fast eine Woche lang verweigerte er den in der Normandie sich verzweifelt wehrenden deutschen Verbänden jede Verstärkung oder Entlastung. Als er dann endlich den Einsatz der in Reserve gehaltenen ›Panzergruppe West‹ genehmigte, war es dafür zu spät. Ihr Angriff brach im Bombenhagel und Geschützfeuer der Alliierten zusammen.
Aber die Amerikaner und Engländer kamen trotzdem nicht voran. Den ganzen Juni und Juli hindurch blieb es beim Stellungskrieg im

Küstenbereich. Während die Sowjets bereits vor Warschau standen und tief in Finnland und Rumänien eingedrungen waren und auch die alliierten Truppen in Italien schon den Golf von Genua, Florenz und Rimini erreicht hatten, warteten wir vergebens auf einen alliierten Durchbruch in Frankreich.

Von dem mißglückten Versuch, Hitler durch ein Attentat zu beseitigen, erfuhren wir einen Tag später. Am 20. Juli hatte zwar vom frühen Nachmittag an beim Wachpersonal große Aufregung geherrscht, aber wir hatten nicht herausfinden können, warum. Um so größer war unsere Enttäuschung, als wir hörten, daß der Anschlag mißlungen war. In den folgenden Tagen gab es in Anrath viele ›Zugänge‹. Offenbar waren Massenverhaftungen im Gange.

Als ich Anfang August wieder zu Kommissar Richter ins Vernehmungszimmer gebracht wurde, schien er mir recht niedergeschlagen.

Die Engländer waren in der Normandie endlich durchgebrochen, hatten bei Avranches die deutschen Linien auf breiter Front durchstoßen. Aber es würde noch Wochen dauern, ehe sie den Rhein erreichten.

»Wir sind jetzt Tag und Nacht im Einsatz«, erklärte er. »Es sind in den letzten Tagen mehr Leute verhaftet worden, als sonst in einem Jahr . . .«

»Wegen des 20. Juli . . .?«

»Auch, natürlich – das ganze Umfeld und alle, die sich früher mal verdächtig gemacht haben . . . Aber das ist nicht alles! In Frankreich ist der Teufel los! Plötzlich gibt es dort überall bewaffnete Banden, Streiks und Revolten . . . Sie greifen sogar die Wehrmacht an! Drei Leute von uns sind schon nach Frankreich versetzt worden und einer nach Oberitalien – da ist es genauso . . . In Jugoslawien sind die Partisanen zum Angriff übergegangen, und in Warschau muß die SS einen Massenaufstand bekämpfen! Außerdem machen uns die täglichen Luftangriffe langsam kaputt. Die Fremdarbeiter werden immer gefährlicher, eine Sabotage nach der anderen, dazu die vielen Deserteure und ihre Helfershelfer – Edelweißpiraten und so . . . Einen Kollegen haben sie in Köln überfallen und umgebracht . . .«

Ich begriff nun, warum der Kommissar so niedergeschlagen war und offenbar Angst hatte.

»Was macht meine Sache?« fragte ich. »Haben Sie etwas aus Berlin gehört?«

»Sie wollen keine weiteren Berichte mehr – ich nehme die Schreibmaschine wieder mit . . .«

»Was hat das zu bedeuten?« fragte ich, sehr erschrocken.
Er zuckte nur die Achseln.

In Frankreich ging auf einmal alles sehr schnell: Bis auf einige Häfen im Norden und Süden eroberten die Alliierten, nachdem sie auch an der Mittelmeerküste gelandet waren, in kürzester Zeit neun Zehntel des Landes. Am 26. August zog de Gaulle in Paris ein.
Im Osten hatte die Rote Armee bereits am 2. August die Weichsel überschritten, bedrohte Ostpreußen und hatte auch im Südosten gewaltige Fortschritte gemacht. Die Ölfelder von Ploesti fielen am 30. August in ihre Hand, tags darauf Bukarest. Schon eine Woche vorher hatte sich die neue rumänische Regierung von Deutschland losgesagt. Der Seitenwechsel der Rumänen hatte ein so gewaltiges Loch gerissen, daß die Wehrmacht die ganze Balkanhalbinsel räumen mußte.
Amerikanische Truppen standen bereits in Oberitalien, in Frankreich am Rande der Argonnen, in Belgien vor Brüssel. Die Front war nur noch wenig mehr als hundert Kilometer von Anrath entfernt und rückte täglich näher.
Die ›Politischen‹ im ›NN-Flügel‹ mußten jetzt damit rechnen, aus dem linksrheinischen Gebiet verlegt zu werden.
Am 1. September nachmittags wurde mir eröffnet, daß ich morgen auf Transport käme.
»Hier ist Ihr Schutzhaftbefehl . . .«
Der rote Schein trug die Unterschrift Kaltenbrunners*, eines Hochzeitsgastes meiner Cousine Gudrun, gab als Haftgrund ›Judenbegünstigung‹ an und wies mich ›für die Dauer des Krieges‹ in ein Konzentrationslager ein, dessen Namen mir bis dahin unbekannt gewesen war: Flossenbürg . . .
»Wo ist das?« fragte ich den Justizwachtmeister.
»Keine Ahnung – morgen früh werden Sie erst mal nach Düsseldorf gebracht . . .«
Am 5. September war ich noch immer in Düsseldorf. Am 2. hatte mich ein Zellenwagen ins Gefängnis Ulmenstraße gebracht, wo ich zwei Tage blieb, denn der 3. war ein Sonntag. Am Montag hatte man die ›Transporter‹ ins Polizeigefängnis in der Kavalleriestraße

* Dr. jur. Ernst Kaltenbrunner, geb. 1903 in Ried (Oberösterreich), Führer der österreichischen SS, von 1938 an Staatssekretär für die öffentliche Ordnung in der ›Ostmark‹, 1943–45 als Nachfolger Heydrichs Chef der Sicherheitspolizei und des SD, SS-Obergruppenführer, Chef des RSHA, maßgeblich beteiligt an der ›Endlösung der Judenfrage‹. 1946 in Nürnberg hingerichtet.

verlegt, aber der für unseren Transport vorgesehene Zug am 4. war ausgefallen – Brüssel war von den Alliierten erobert worden, und die Alarmeinheiten zur Sicherung der Grenze bei Aachen hatten natürlich Vorrang im Bahnverkehr . . .
Eine Hoffnung keimte bei uns auf.
Am 6. September führten sie uns – etwa achtzig Transportgefangene aller Art, Männer und Frauen, Deutsche und Ausländer, Kriminelle und Politische, zu Zuchthaus oder Sicherheitsverwahrung Verurteilte, Angeklagte, die vor den Volksgerichtshof kamen, und ins KZ Eingewiesene – zum zweitenmal auf den Bahnsteig, alle aneinandergekettet, bewacht von Justizbeamten und Bahnpolizisten mit Hunden.
Diesmal kam der Zug mit den angeforderten Zellenwagen. Auf den Blechschildern an den Waggons las ich die Richtungsangabe: TRIER über Köln – Koblenz – Cochem . . .
Wir wurden einzeln in enge Käfige gesperrt, aber die Aussicht, in genau die Richtung gebracht zu werden, die ich mir gewünscht hatte, machte die Fahrt erträglich.
In Köln verließ uns der größte Teil des Transports. Auch mein Käfig wurde kurz geöffnet. Der Beamte sah auf seine Liste, brummte etwas und schloß mich wieder ein.
Mittags, in Koblenz, war wieder ein längerer Halt. Es gab einen Napf mit Suppe und ein Stück Brot, und der Wachtmeister fragte mich: »Flossenbürg – wo ist das?«
»Mir wurde gesagt: bei Trier . . .«
In Trier hatte er dann einige Schwierigkeiten, mich loszuwerden, aber er konnte sich durchsetzen. Am Abend dieses Tags war ich in der ›Zugangsabteilung‹ des Trierer Strafgefängnisses. Ein mürrischer Wachtmeister schimpfte: »Das ist jetzt schon der zweite, den sie uns schicken, diese Idioten! Was sollen wir mit diesen KZlern?! Ich kenne kein Lager Flossenbürg . . .«
Ich hoffte inständig, daß es vorerst keine Rückreise geben würde, aber schon am nächsten Morgen kam ich wieder auf Transport. Vier Tage später, am 11. September, erreichten die Amerikaner bei Trier die Reichsgrenze . . .
Unsere Rückfahrt endete in Köln. Dort wurde ich an den zweiten Flossenbürger gefesselt, einen schweigsamen Landwirt, der zur Wehrmacht eingezogen worden war und als ›Bibelforscher‹ den Eid auf den ›Führer‹ standhaft verweigert hatte. Zu fünft verbrachten wir die Nacht in einer Einzelzelle des Klingelpütz. Am nächsten Tag ging es weiter, diesmal nach Hannover. Unterwegs hörten wir von Mitgefangenen, sie seien aus Aachen und Düren

evakuiert worden, weil dort die Kämpfe schon in vollem Gange seien ... Beinahe hätten sie uns von Hannover wieder zurück ins Rheinland geschickt, aber dann holten sie uns doch aus dem Zug, und wir durften bis zum Montag, dem 11., in Hannover bleiben. »Dann geht ein Transport nach Magdeburg und Leipzig ...«, sagte der Wachtmeister.

Vom 13. bis zum 18. September blieben wir in Leipzig. Dann beschloß man, uns nach Kassel zu schicken, von dort nach Würzburg. Unterwegs erfuhren wir, daß zehntausend Amerikaner, Briten und Polen aus der Luft bei Arnheim am Niederrhein gelandet waren und dort, zusammen mit Tausenden von Holländern, gegen eine SS-Division kämpften ...

Am 20. September – Finnland hatte kapituliert, und die finnischen ›Waffenbrüder‹ kämpften nun gegen die Reste der Wehrmacht – wurden wir von Würzburg nach Nürnberg, tags darauf nach Hof gebracht. Am 22. ging es über Bayreuth weiter nach Weiden in der Oberpfalz. Wir hörten, daß die Russen Reval erobert und der deutschen Armee in Kurland den Rückweg abgeschnitten hatten.

Die dünne Suppe im Weidener Gefängnis war unsere Henkersmahlzeit. Fritz, der Bibelforscher, mit dem ich seit der Abfahrt von Trier zusammen war, sah dem KZ sehr gefaßt entgegen.

»Gott will es so«, war alles, was er dazu sagte.

Ich mußte mich sehr zusammennehmen, um nicht vor Wut zu heulen. Das jetzt noch! Wo man in Anrath gewiß schon das amerikanische Geschützfeuer hören konnte ...

Ein Lkw der SS holte uns am nächsten Morgen, dem 24. September, ab. Nach einem Blick auf unsere Schutzhaftbefehle sagte der Fahrer: »Nach zehn Tagen im Steinbruch seid ihr beide bei Jehova ...« Wir fuhren durch Floß und weiter hinauf in den Oberpfälzer Wald. Die Gegend wurde immer rauher. Vom Ort Flossenbürg ging es nochmals bergauf. Dann sahen wir am kahlen Hang die Wachttürme, den Stacheldrahtzaun, das Lagertor.

»Zwei Zugänge – ein Bibelheini, ein Politischer ...«

SS-Männer mit Maschinenpistolen, Häftlinge in Zebrakleidung, hohläugig und ausgemergelt. Ein wohlgenährter Kapo mit dem grünen Winkel der Kriminellen und einem dicken Knotenstock. Dann das Kommando: »Absitzen – da hinein zum Einkleiden ...!«

Der Kammerbulle, ebenfalls Häftling, musterte uns unwirsch. »Schade um die neuen Klamotten – ihr geht ja wohl morgen in den Steinbruch ...«

Ein anderer Funktionshäftling kam in die Kleiderkammer, klein

und drahtig, mit rotem Winkel. Er musterte erst Fritz, dann fiel sein Blick auf mich, und wir erkannten uns fast gleichzeitig.
»Menschenskind – du! Und ich dachte . . .«
Er hielt inne und schien angestrengt nachzudenken.
Dann sagte er: »Du mußt hier raus – so schnell wie möglich! Kannst du Sprachen?«
Ich konnte nur nicken.
»Das machen wir! In ein paar Tagen geht ein Transport ins neue Außenlager Hersbruck. Die brauchen da dringend einen Dolmetscher – den machst du! Ich setz' dich sofort auf die Liste – da bist du sicher . . .«
Ich wies mit einer Kopfbewegung auf Fritz.
Er begriff.
»Klar – also, den auch . . . Ich komm' nachher in eure Baracke. Dann reden wir . . .«
Damit verschwand er, mein mir von ›Tante Änne‹ versprochener dritter Schutzengel, ein Kommunist aus Düsseldorf.

21. Warten auf Befreiung

»Fous le camp, salaud, vas te promener!« schrie der Professor aus der hinteren Ecke.

»Was sagt er?« fragte mich der SS-Scharführer, ein ›Volksdeutscher‹ aus Siebenbürgen, der gerade eingetreten war.

»Sie sollen um Himmels willen vorsichtig sein, Scharführer! Das hier ist die Seuchenbaracke – Typhus, Fleckfieber, vielleicht die Pest . . .«

Er war schon wieder draußen.

Durch die Tür rief er mir zu: »Kommen Sie mal raus – aber bleiben Sie mir vom Leibe . . .!«

Ich sagte dem Professor Bescheid und ging hinaus.

»Mit wieviel Mann ist der Block belegt?« fragte er und hielt sich dabei sein Taschentuch vor Mund und Nase.

»217, Scharführer«, sagte ich aufs Geratewohl.

»Wie viele können noch laufen . . .?«

Ich erschrak.

»Das kommt darauf an, Scharführer, wie weit . . .«

»Bis zur Rampe – das Lager muß geräumt werden! In einer Stunde fährt der Zug nach Dachau . . .«

Wir wußten es schon, hatten die ganze Nacht beraten, was das Klügste wäre – hierbleiben, auf die Amerikaner warten und dabei riskieren, daß sie die Baracken samt den verbliebenen Gefangenen in die Luft sprengten oder anzündeten . . .? Oder mitfahren ins ebenfalls Ungewisse?

Alle, die sich an der Diskussion noch beteiligen konnten, waren dafür, hierzubleiben. Nur der Professor und ich hatten uns entschlossen, mitzufahren.

»Keiner von denen da drinnen ist geh- oder transportfähig«, sagte ich dem Scharführer.

»Aber Sie kommen doch mit?!«

»Jawohl, Scharführer, und der Franzose auch . . .«

»Also, in 30 Minuten ist Abmarsch – nehmen Sie Ihre Decke mit!«

Das war um den 20. März 1945 Fünf Monate hatten wir hier ausgehalten – im ›Außenlager Hersbruck des KL Flossenbürg‹, zwanzig Kilometer östlich von Nürnberg, im Tal der Pegnitz. Außer Fritz, dem Bibelforscher, der schon im Januar am Fleckfieber gestorben war, und einigen Kapos aus Flossenbürg mit grünem Winkel, die alle Posten in Küche, Schreibstube und Kleiderkammer besetzt hatten, war ich der einzige Deutsche unter den Häftlingen. Wir hatten Gefangene aus fast allen Ländern Europas hier: Franzosen, Belgier, Holländer, einige Polen, Juden aus Ungarn, Deportierte aus Jugoslawien und Griechenland, Tschechen, italienische Offiziere, Spanier, die gegen Franco gekämpft hatten, Zigeuner, Norweger, kanadische und sowjetische Piloten, die abgeschossen worden waren.
Im Oktober 1944 war ich, zusammen mit zwölfhundert weiteren Häftlingen, in das noch im Aufbau befindliche Lager Hersbruck verlegt worden. Wir sollten in der Umgebung unterirdische Produktions- und Lagerstätten für die Rüstungsindustrie bauen. Neben diesen ›Stollenbau-Kommandos‹ gab es auch solche, die in den Betrieben der umliegenden Städte eingesetzt wurden, in Sulzbach-Rosenberg und in den Vororten Nürnbergs.
Im November und Dezember, als die Rote Armee schon in Ostpreußen, in Ungarn und in die östliche Tschechoslowakei eindrang und die Westalliierten Aachen und das Saartal besetzt hatten, trafen bei uns die Transporte aus den Lagern Groß-Rosen und Auschwitz ein, die von der SS geräumt worden waren. Die erschöpften und nahezu verhungerten Neuankömmlinge kamen in eilig errichtete neue Baracken, die als ›Schonung‹ bezeichnet wurden. Ein jüdischer Arzt aus Krakau wurde der ›Schonung I‹ zugeteilt, ein Heilgehilfe aus Paris wurde Blockältester, und weil der Krakauer Doktor zwar Deutsch, aber nicht Französisch sprach, kam ich zu ihnen als Dolmetscher. Bis dahin hatte ich, nur nebenbei mal als Sprachkundiger gebraucht, beim Stollenbau nahe Pommelsbrunn gearbeitet.
Ich war froh, dort wegzukommen, wo es ständig Ärger gab, weil die Stollen immer wieder einbrachen. Es gab große Könner unter den Häftlingen, die jeden Anschein von Sabotage geschickt zu vermeiden verstanden ... Außerdem setzte der Winter ein, und durch meine Zebramontur pfiff der Wind. Ein weiterer Vorteil der ›Schonung‹ war, daß die SS-Leute Angst hatten, sich bei den völlig verlausten, tuberkulösen und von vielen anderen Krankheiten geplagten Häftlingen zu infizieren. Sie ließen sich nur selten bei uns sehen. Ihre Furcht war durchaus begründet: Fritz, der Bibelfor-

scher, den wir als zweiten Heilgehilfen angefordert hatten, war der erste vom ›Personal‹, der Fleckfieber bekam und daran starb. Der nächste war der Arzt, und von da an übernahm der französische Blockälteste, den wir, weil es ihn freute, ›Professor‹ nannten, die ärztliche Betreuung. Wir hatten ohnehin keinerlei Medikamente. Er konnte den Sterbenden allenfalls mit feuchten Wickeln das Fieber etwas lindern und ihnen Mut zusprechen. Am meisten half er uns durch seinen unverwüstlichen Optimismus.

Er brachte uns durch den Januar, indem er täglich die Kriegslage, die er sowenig kannte wie wir, in den für die Alliierten rosigsten Farben schilderte: Sie hätten schon drei Dutzend deutsche Großstädte erobert – Köln, Frankfurt und Hamburg, die anderen Städtenamen kannte er nicht ... In drei, vielleicht schon in zwei Wochen würden sich die Amerikaner bis Nürnberg, die Sowjets bis zur nahen tschechischen Grenze durchgekämpft haben, und dann wären es nur noch Tage, ja vielleicht bloß Stunden, bis sie uns befreit hätten und wir von ihnen so viel Essen, Medikamente und Rotwein bekämen, wie wir wollten ... Mitte Januar ergatterte ich eine drei Tage alte Zeitung, die einer vom Arbeitskommando mitgebracht hatte. Im Wehrmachtsbericht war von einem US-Luftangriff auf Frankfurt und vom Erfolg der deutschen Ardennenoffensive die Rede, von Vergeltungsschlägen gegen England mit V 1 und V 2, von Kämpfen in Oberitalien und an den Grenzen Ostpreußens. Es war eine bittere Enttäuschung ...

An meinem 24. Geburtstag, Ende Januar, bekam ich Fieber und Schüttelfrost. »Das geht rasch vorüber«, tröstete mich der Professor. »In ein paar Tagen sind die Amis hier, und dann kurieren wir dich im Handumdrehen!

Am nächsten Tag war mein Fieber noch höher, und ich konnte kaum noch atmen vor Schmerzen.

»Bitte, frag, ob ich Post habe ...«, bat ich den Professor. Die wenige Post, die für die Hälinge eintraf, wurde verteilt. Es war verboten, sich danach zu erkundigen. Aber als Blockältester konnte er es wagen, sich mal auf der Schreibstube umzuhören. Kurz vor Weihnachten hatte ich endlich ein Formular für Häftlingspost erwischt und meiner Mutter ins Fichtelgebirge geschrieben, daß es mir gutgehe, aber daß ich für meine Kameraden dringend Medikamente brauchte. Der Krakauer Doktor hatte mir einige genannt, dazu etliches, was er zur Verbesserung der Ernährung für sehr wünschenswert hielt.

»Meinst du denn, daß deine Mutter ...?« wollte der Professor einwenden.

»Klar –! Meine Mutter schafft alles . . .!«
Also ging er und kam zurück mit einer kleinen Kiste, die sie dort schon vor ein paar Tagen selbst abgegeben hatte. Sie war nicht abzuweisen gewesen. Jetzt hatten wir Salz, Zwiebeln, Traubenzukker, Knoblauch sowie Tabletten und Ampullen nebst einer Spritze. Ich bekam vom Professor eine intravenöse Injektion von zehn Kubikzentimetern, die ein Pferd hätte umwerfen müssen. Am nächsten Tag hatte ich keine Schmerzen mehr. Das Fieber ging zurück. Als ich wieder auf den Beinen war, hatten die Russen Ostpreußen abgeschnitten, drangen schon in Pommern ein und rückten gegen die Oder vor. Amerikaner, Briten und Franzosen standen am Rhein.
»Sie haben den Rhein überschritten! In zehn, zwölf Tagen sind sie hier!« behauptete der Professor. Er hatte an der SS-Küche Abfälle gestohlen und dabei eine Unterhaltung der Köche belauscht.
»Stimmt das wirklich . . .?«
»*Pas de blague – c'est vrai!* Diesmal ist es wahr!«
Inzwischen waren vierzehn Tage vergangen. Die Amerikaner waren noch etwas über 80 Kilometer von Hersbruck entfernt, zwischen Würzburg und Kitzingen, und jetzt sollten wir das Lager räumen . . .
Ein Teil der Gefangenen war bereits evakuiert worden – zu Fuß übers Gebirge in die Tschechoslowakei. Uns wollte die SS jetzt nach Süden, nach Dachau, evakuieren.
»Wir können sie doch nicht allein zurücklassen, Professor«, gab ich zu bedenken und deutete auf die Kranken. Seit Dezember waren mehr als hundert der ausgemergelten Auschwitzer und Groß-Rosener gestorben. Auch die Medikamente hatten bei ihnen nichts mehr genützt. Aber vielleicht würden ihnen die amerikanischen Ärzte noch helfen können . . .
Der Professor glaubte nicht daran, aber die Kranken selbst wollten um keinen Preis noch einmal auf Transport. Wir versorgten sie mit Wasser und dem wenigen Brot, das wir noch hatten. Ein Medizinstudent aus Prag übernahm vom Professor die ›Schonung I‹.
Am nächsten Tag zogen wir in Dachau ein – ein paar hundert Elendsgestalten. Zwölf waren unterwegs gestorben, zwei bei einem Tieffliegerangriff erschossen worden. Wir schleppten uns zu dem uns zugewiesenen Block. Ich war noch einer der Kräftigsten – mit gerade noch 40 Kilo Körpergewicht.
»Sie da, Sie sind doch Deutscher?«
Es war der 2. Lagerführer, der mich entdeckt hatte. »Morgen früh melden Sie sich – Sie dürfen fürs Vaterland kämpfen!«

Das hat gerade noch gefehlt!
Der Professor beruhigte mich: »Er hat sich deinen Namen nicht notiert!«
Aber er sorgte dann doch dafür, daß ich die Jacke eines tags zuvor gestorbenen Franzosen bekam, mit einem schwarzen F auf dem roten Winkel und einer anderen Nummer.
»Jetzt kann dir nichts mehr passieren! Das wäre ja noch schöner – wo morgen oder spätestens übermorgen die Amerikaner hier sein werden!«
Aber es verging eine Woche nach der anderen, ohne daß etwas geschah. Das Ruhrgebiet war längst besetzt, Berlin von der Roten Armee eingeschlossen. Die Briten standen schon an der Elbe, die Amerikaner hatten bereits die tschechische Grenze überschritten und Hersbruck befreit . . .
Wären wir bloß dageblieben! Seit Tagen gab es keinerlei Verpflegung mehr. Um mich starben täglich Kameraden. Ich hatte Phlegmone, eitrige Zellgewebsentzündung, in den Beinen und Hungerödeme. Auch der Professor wußte keinen Rat mehr, er war selbst am Ende. Wir dämmerten dahin, schenkten den Gerüchten, die SS habe sich abgesetzt, keinen Glauben mehr, und als wir plötzlich ein ungeheures Geschrei hörten, war unser erster Gedanke: Nun machen sie uns alle nieder . . .!
Die Barackentür wurde aufgerissen. Wir sahen einen Soldaten im Kampfanzug.
»Someone in here who speaks English . . .?« rief er und fingerte nach einer Zigarette.

BERNT ENGELMANN

Du deutsch?

Geschichte der Ausländer
in Deutschland.
240 Seiten, stb 4, DM 16,80

*

Mit 6,5 Prozent ist der Ausländeranteil an Deutschlands Bevölkerung bei weitem nicht so hoch wie der vieler europäischer Nachbarländer. Trotzdem werden in unserem Land jene Stimmen immer lauter, die vor einer »Überfremdung« warnen und die behaupten, Ausländer nähmen den Deutschen Arbeitsplätze und Wohnraum. Bernt Engelmann setzt sich mit diesen aberwitzigen Vorurteilen detailliert auseinander. Er belegt, daß Deutschland historisch schon immer ein Einwanderungsland gewesen ist, und entwirft das Schreckbild einer deutschen Gesellschaft, Kultur und Wirtschaft, die ohne die Bereicherung durch ausländische Einflüsse auskommen müßte.

BERNT ENGELMANN

Die Beamten

Unser Staat im Staate.
192 Seiten, stb 15,
Originalausgabe, DM 16,80

*

Noch heute funktioniert die deutsche Ministerialbürokratie wie vor achtzig Jahren. In quantitativer Hinsicht allerdings hat es gewaltige Veränderungen gegeben. Während 1913 im Deutschen Reich rund 400 Beamte die verwaltungsmäßigen Belange von 80 Millionen Menschen zu erledigen vermochten, so bewältigen heute etwa 20 000 Bürokraten diese Aufgabe. Natürlich sind viele neue Verpflichtungen hinzugekommen; unzweifelhaft ist aber auch der fast schon sprichwörtliche Leerlauf im deutschen Beamtenapparat. Mit seinen kritischen Recherchen dokumentiert und analysiert Bernt Engelmann die Misere der deutschen Verwaltung.

BERNT ENGELMANN

Die Aufsteiger

Wie Herrschaftshäuser
und Finanzimperien entstanden.
304 Seiten, stb 43, DM 18,80

*

»Die Aufsteiger« gibt den Blick frei auf die Gründungsmythen der modernen Industriegesellschaften und belegt dabei, daß nicht alle Legenden und Darstellungen von der Entstehung des großen Reichtums der Rothschilds und Rockefellers, der DuPonts und Agnellis, aber auch der Königshäuser von Holland oder Großbritannien der Wahrheit entsprechen. In vielen Fällen – das belegt dieses Buch – wurden die Millionen schlichtweg durch kleine und große Betrügereien, Schiebereien und Entmündigungen anderer Familienmitglieder, aber auch durch Umgehung bestehender Gesetze »erworben«. Die Enthüllung dieser Vorgänge ist verbunden mit der Darstellung der zeitgeschichtlichen und historischen Ereignisse.

BERNT ENGELMANN

Deutschland-Report

353 Seiten, zahlreiche Fotos,
stb 45, DM 18,80

*

Was ist des Deutschen Vaterland? Darauf gibt es eine Fülle von Antworten, überraschende und nachdenklich stimmende. Eindeutig steht fest, was schon der Brockhaus von 1834 über »Deutschland« ausgesagt hat: Es ist das Herz Europas. Dieser Report soll ein Beitrag zur gründlichen Diagnose des Herzens Europas sein, wobei scheinbaren Nebensächlichkeiten – den Kranzgefäßen sozusagen – besondere Beachtung zuteil wird. Engelmann, ein Meister der gegen den Strich gekämmten Geschichte, zeigt schon in seinem historischen Vorspann: was sich da stolz wieder Deutschland nennt, hat es nie dauerhaft in bleibenden Grenzen gegeben.